Karl Marx

E O NASCIMENTO DA SOCIEDADE MODERNA

Michael Heinrich

Karl Marx

E O NASCIMENTO DA SOCIEDADE MODERNA
BIOGRAFIA E DESENVOLVIMENTO DE SUA OBRA

VOLUME 1
1818-1841

TRADUÇÃO
CLAUDIO CARDINALI

© Michael Heinrich, 2018
© desta edição Boitempo, 2018
Traduzido do original em alemão *Karl Marx und die Geburt der modernen Gesellschaft: Biographie und Werkentwicklung*, erster Band: *1818-1841* (Stuttgart, Schmetterling, 2018)

Direção editorial	Ivana Jinkings
Edição	Bibiana Leme
Assistência editorial	Thaisa Burani
Tradução	Claudio Cardinali
Revisão da tradução	Nélio Schneider
Preparação	Thais Rimkus
Revisão	Thaís Nicoleti
Pesquisa iconográfica	Artur Renzo
Coordenação de produção	Livia Campos
Capa	Maikon Nery
Diagramação	Crayon Editorial

Equipe de apoio Allan Jones, Ana Carolina Meira, Ana Yumi Kajiki, André Albert, Carolina Yassui, Eduardo Marques, Elaine Ramos, Frederico Indiani, Heleni Andrade, Isabella Barboza, Isabella Marcatti, Ivam Oliveira, Kim Doria, Marlene Baptista, Maurício Barbosa, Renato Soares, Thaís Barros, Tulio Candiotto

CIP-BRASIL. CATALOGAÇÃO NA PUBLICAÇÃO
SINDICATO NACIONAL DOS EDITORES DE LIVROS, RJ

H383k
v.1

Heinrich, Michael, 1957-
 Karl Marx e o nascimento da sociedade moderna : biografia e desenvolvimento de sua obra, volume 1: 1818-1841 / Michael Heinrich ; tradução Claudio Cardinali. - 1. ed. - São Paulo : Boitempo, 2018.
 : il.

 Tradução de: Karl Marx und die geburt der modernen gesellschaft: biographie und werkentwicklung, v. 1: 1818–1841
 Inclui bibliografia e índice
 caderno de imagens; cronologia
 ISBN 978-85-7559-628-9

 1. Marx, Karl, 1818-1883. 2. Comunistas - Biografia. I. Cardinali, Claudio. II. Título.

18-49114	CDD: 920.93354
	CDU: 929:330.85

É vedada a reprodução de qualquer
parte deste livro sem a expressa autorização da editora.

1ª edição: maio de 2018

Esta publicação foi realizada com o apoio da Fundação Rosa Luxemburgo e fundos do Ministério Federal para a Cooperação Econômica e de Desenvolvimento da Alemanha (BMZ). O conteúdo da publicação é responsabilidade exclusiva do autor e não representa necessariamente a posição da FRL.

A edição contou também com o apoio da Fundação Lauro Campos e da Fundação Maurício Grabois.

BOITEMPO EDITORIAL
Jinkings Editores Associados Ltda.
Rua Pereira Leite, 373
05442-000 São Paulo SP
Tel.: (11) 3875-7250 / 3875-7285
editor@boitempoeditorial.com.br | www.boitempoeditorial.com.br
www.blogdaboitempo.com.br | www.facebook.com/boitempo
www.twitter.com/editoraboitempo | www.youtube.com/tvboitempo

Para Karin (1955-2013),
com quem tanta coisa começou.

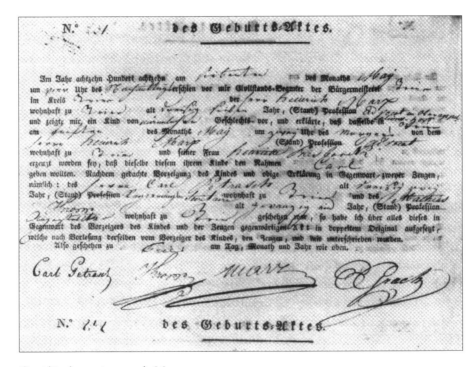

Certidão de nascimento de Marx.

Sumário

PREFÁCIO 11

INTRODUÇÃO – Por que Marx? 15
    1. Uma travessia e um livro 15
    2. A cifra "Marx" 18
    3. O propósito 25

CAPÍTULO 1 – A JUVENTUDE PERDIDA 37
    1. O que se sabe com certeza 38
    2. Trier entre o idílio e o pauperismo 42
        História e vida cultural 44
        As condições sociais 48
    3. Os pais de Karl Marx 53
        A situação dos judeus no século XVIII e no começo do século XIX ... 54
        Família e formação de Heinrich Marx 60
        A mãe: Henriette Presburg 67
        O memorando de Heinrich Marx 72
        O batismo 75
        Êxito profissional e reconhecimento social 80
    4. A "promessa de Constituição", a "Revolução de Julho" e o
        "ataque à guarda de Frankfurt" – situação política na Alemanha ... 82
    5. Os incidentes do cassino de Trier em 1834 e as opiniões políticas
        de Heinrich Marx 91
    6. O amigo paternal: Johann Ludwig von Westphalen 99
        Contexto familiar 100
        Vida profissional e posicionamento político 102
    7. Karl Marx no ginásio 108
        Reformas educacionais na Prússia 109

O ginásio de Trier e seus professores 114

Os trabalhos de conclusão do ginásio – primeiras percepções acerca do desenvolvimento intelectual do jovem Marx 120

8. Vínculos e impulsos 130

Vida familiar 130

Judaísmo 131

Amigos de infância 134

Poesia, esgrima, dança 138

Experiências e perspectivas de um formando 141

Capítulo 2 – Partida e primeira crise 145

1. Interlúdio em Bonn 146

Vida estudantil no início do século XIX 146

Universidade e estudos em Bonn 149

O círculo literário 154

As tabernas e o suposto duelo 157

2. Jenny von Westphalen 163

Infância e juventude 163

O noivado com Karl 169

3. O primeiro ano em Berlim 174

A cidade e as visitas feitas pelo jovem Karl 174

Hegel e a Universidade de Berlim 181

Savigny e Gans 192

Estudos jurídicos e não jurídicos do jovem Marx 203

Experimentos literários 208

4. A primeira crise intelectual: afastamento da literatura e passagem à filosofia hegeliana 221

Por que Marx desistiu de seus experimentos poéticos? 222

A crítica de Hegel aos românticos e a passagem de Marx à filosofia hegeliana 226

5. Divergências com Jenny e com o pai 235

Capítulo 3 – Filosofia da religião, o início do "jovem hegelianismo" e os projetos de dissertação de Marx (1838-1841) 265

1. A vida de Marx em Berlim (1838-1841) 267

Edgar von Westphalen e Werner von Veltheim 267

A relação com Jenny e com a mãe 271

Problemas financeiros 275

Os amigos do "clube de doutores": Rutenberg, Köppen, Bauer 278

A situação política na Prússia 286

2. Crítica da religião no século XVIII e no início do XIX 290
   "Teologia natural" e a crítica da crença na revelação divina 292
   Reimarus, Lessing e a "querela dos fragmentos" 295
   A separação kantiana entre crença e saber 298
   Supranaturalismo, racionalismo (teológico) e a teologia
     do sentimento de Schleiermacher 301
3. A filosofia da religião de Hegel e os debates da década de 1830 304
   A relação entre religião e filosofia em Hegel 304
   David Friedrich Strauß e a "divisão" da escola hegeliana 310
4. O início do "jovem hegelianismo" 315
   Arnold Ruge e a fundação dos Anais de Halle 315
   A disputa entre Leo e Ruge 320
   A expansão dos debates: as críticas iniciais de Ludwig Feuerbach a Hegel, o
     manifesto contra o romantismo e a primeira crítica explícita à Prússia 324
   Uma consideração à parte: seria a oposição entre "velhos" e
     "jovens" hegelianos mera construção histórico-filosófica? 334
5. Bauer e Marx 342
   A teologia especulativa de Bruno Bauer (1834-1839) 342
   Ateísmo e crítica aos Evangelhos (1839-1841) 348
   O desenvolvimento religioso e os estudos filosófico-religiosos do jovem
     Karl Marx 354
   A amizade de Marx e Bauer 361
6. Os projetos de dissertação de Marx 365
   Os estudos histórico-filosóficos de Marx e seu primeiro
     projeto de dissertação (1839-1840) 366
   O manuscrito da dissertação 374
   Átomos e autoconsciência 376
   Deus e imortalidade 384
   Localização político-filosófica 387
   Por que Jena? 393

APÊNDICE – As possibilidades da escrita biográfica hoje: sobre a
metodologia em uma biografia de Marx 399
1. Crítica da escrita biográfica tradicional 399
2. O debate em torno da "nova biografia" 404
3. Consequências para uma biografia de Marx 409
   Pessoa e sociedade 409
   Vida e obra – significado e espectro de ações possíveis 412
   Forma da representação, rupturas e contingências na história de vida ... 415
   Precisão histórica e o caráter perspectivo de toda biografia 416

Anexos da edição brasileira 421
  Considerações de um rapaz acerca da escolha de uma profissão 421
  Carta de Karl Marx (em Berlim) a Heinrich Marx (em Trier) 425

Bibliografia 433

Obras de Karl Marx e Friedrich Engels 461
  Obras de Karl Marx 461
  Obras de Friedrich Engels 463

Índice onomástico 465

Prefácio

Por exemplo, pediram-me já há muito tempo, por escrito,
por parte da Meyers Konversations lexikon [Enciclopédia Meyer],
que lhes enviasse uma biografia. Eu não só não a fiz,
como nem sequer respondi à carta.[1]

Karl Marx provavelmente não teria consentido em uma biografia sua, muito menos uma de vários volumes. Em carta a Wilhelm Blos, em Hamburgo, ele enfatiza que não dava

> a mínima para a popularidade [...]. Comprovei essa aversão a todo tipo de culto à personalidade, por exemplo, no período em que participei das internacionais [ou seja, a Associação Internacional dos Trabalhadores (1864-1876), M. H.], quando impedi que se tornassem públicas as várias tentativas incômodas – vindas de diversos países – de reconhecimento; nem sequer as respondi, a não ser uma ou outra vez, rejeitando-as.[2]

A intenção desta biografia não é cultuar uma personalidade. Marx não será colocado em um pedestal, tampouco será condenado. Nem a história nem o processo de formação de teorias importantes serão reduzidos, aqui, ao impacto de "grandes homens". Trata-se de analisar o processo histórico em que Karl Marx se desenvolveu como pessoa, teórico, político e revolucionário, um processo em que ele atuou não apenas com a publicação de análises e comentários mas também por meio da fundação de periódicos e do esforço para reformar organizações como a Liga dos Comunistas ou a Associação Internacional dos Trabalhadores.

A recepção ampla e cada vez mais internacional da obra de Marx – iniciada na última década de sua vida – continua até hoje. No século XX, diversas revoluções e fundações de Estados, que pretendiam superar as relações capitalistas burguesas, basearam-se na teoria marxiana. Além disso, uma enorme quantidade de partidos e grupos políticos – com grandes diferenças entre si e que, em alguns

---

[1]   Carta de Karl Marx a Ludwig Kugelmann, 26 de outubro de 1868, MEW 32, p. 573.
[2]   Carta de 10 de novembro de 1877, MEW 34, p. 308.

casos, se combatiam ferozmente – designavam-se "marxistas". O amplo impacto político resultou na transformação da pessoa Marx em ícone – seja positivo, como fizeram os seguidores, seja negativo, como fizeram os opositores. Ao mesmo tempo, a vasta obra marxiana foi tratada, na maioria das vezes, de modo bastante seletivo.

Sabe-se que os textos publicados pelo próprio Marx são apenas a ponta de um gigantesco *iceberg* que só seria explorado gradativamente no decorrer do século XX. Cada geração teve acesso a uma "obra completa" diferente, da qual se retirava apenas o que parecia ser mais relevante. Só hoje, no início do século XXI, graças à nova Marx-Engels-Gesamtausgabe [Edição Completa da Obra de Marx e Engels] (MEGA-2), é que temos um panorama – aproximado – de sua obra completa.

Apesar de o próprio Marx sempre destacar que toda produção intelectual está ligada a um período histórico específico, sua obra foi, muitas vezes, separada de seu processo de criação, sendo vista como um sistema de afirmações atemporais. Além disso, muitas vezes, os processos de aprendizagem de Marx – que sempre resultaram em reformulações e inovações teóricas e que, sobretudo, deixaram muita coisa em aberto – não foram de fato percebidos; é como se Marx fosse, desde sempre, "Marx". Em contraposição, falou-se muito, nas últimas duas décadas, de uma "historicização", da necessidade de colocar a obra e a vida de Marx em seu contexto histórico. Por um lado, trata-se de um mecanismo de rejeição – o Marx historicizado seria objeto da história e não teria, hoje, mais nada para nos dizer; por outro, foi uma espécie de exercício obrigatório, depois do qual se continuou fazendo tudo como antes. No entanto, uma historicização adequada não exige apenas a mudança de perspectiva – ou seja, uma dedicação maior à análise do contexto histórico –, mas se trata também de uma tarefa real de pesquisa, na qual algumas de nossas certezas talvez sejam refutadas.

A leitura de algumas biografias de Marx talvez dê a impressão de que as afirmações sobre sua vida já estariam, desde o início, fixadas, e de que o material biográfico só serviria de apoio para conclusões preexistentes. Em contrapartida, assumo explicitamente que a imagem que eu tinha, tanto da pessoa quanto da obra e de seu desenvolvimento, transformou-se durante esses anos em que trabalhei nesta biografia. E esse processo de pesquisa ainda está longe do fim.

Este primeiro volume trata da juventude de Karl Marx em Trier e dos estudos em Bonn e em Berlim, além da tese de doutorado – sua primeira obra autônoma. Em algumas biografias de Marx, esse período é o tema de um ou dois capítulos curtos e introdutórios, como se a parte realmente interessante só começasse depois. Espero contradizer esse julgamento. Creio que os tempos de escola, as tentativas

PREFÁCIO 13

poéticas, os estudos filosófico-religiosos e também a dissertação* de Marx mereçam uma análise mais detalhada do que tem sido feita até hoje. Além disso, os processos políticos e os debates da Prússia na década de 1830 devem ser destacados. Não pretendo afirmar, com isso, que essa fase inicial represente uma espécie de chave para compreender toda a vida e a obra de Marx; ainda haveria muitas reviravoltas imprevisíveis em seu desenvolvimento. Não obstante, as experiências e os aprendizados dos tempos de faculdade são o pano de fundo diante do qual sua atuação jornalística e política dos anos seguintes aconteceria.

Não só o objeto de uma biografia é histórico; também a pessoa que a escreve, com seus questionamentos e seus pressupostos, é produto da época e das condições sociais em que está inserida. Não se pode escapar desse tipo de influência, mas é possível, dentro de certo limite, lidar de maneira consciente com ela. Nos últimos oito anos, participei de conferências em diversos países; tive a oportunidade, sobretudo no Brasil, na China e na Índia, de realizar seminários e cursos sobre Marx, discutindo com pessoas que atuam nos mais diversos contextos políticos e sociais. As experiências que tive e as diferentes perspectivas em relação a Marx e sua obra que conheci nesse período me ajudaram a entender melhor a localização histórica de meus próprios julgamentos, levando-me a questionar certezas aparentes.

A linguagem também é condicionada no âmbito cultural, apesar de, a princípio, não estarmos conscientes desse condicionamento. Já se criticou, diversas vezes, o fato de se utilizar – em alemão, assim como em outras línguas – as formas masculinas como gerais e válidas para todos os gêneros. Não obstante as diversas tentativas de superar esse problema, nenhuma alternativa conseguiu, até agora, se impor. Por tratar, sobretudo, de textos do século XIX, quando ainda não se utilizavam caracteres neutros como "x", "@" ou "*", não farei uso desse tipo de recurso; tentarei deixar claro, por meio da designação explícita, que as lutas sociais não foram feitas somente por homens (trabalhadores, cidadãos), mas também por mulheres (trabalhadoras, cidadãs)**.

Sem ajuda, não teria sido possível escrever este livro. Gostaria de agradecer a algumas pessoas pela leitura de partes do manuscrito e pelas diversas sugestões, pelos incentivos e pelas críticas, em especial: Valeria Bruschi, Ana Daase, Andrei

---

* Para traduzir *Dissertation*, utilizamos "tese" e "dissertação" praticamente como sinônimos. Vale lembrar que a atual estrutura bacharelado/mestrado/doutorado ainda não existia no século XIX, sendo essa *Dissertation* o único trabalho acadêmico mais elaborado necessário para a obtenção do grau de doutor. (N. T.)

** Além de manter, na tradução, toda tentativa explícita do autor de utilizar uma linguagem mais neutra, tentei evitar termos claramente problemáticos: por exemplo, via de regra, não traduzi *Mensch* por "homem", mas por "pessoa" ou "ser humano", dependendo do contexto. (N. T.)

Draghici, Raimund Feld, Christian Frings, Pia Garske, Jorge Grespan, Rolf Hecker, Jan Hoff, Ludolf Kuchenbuch, Martin Kronauer, Sofia Lalopoulou, Christoph Lieber, Kolja Lindner, Urs Lindner, Jannis Milios, Hanna Müller, Antonella Muzzupappa, Arno Netzbandt, Sabine Nuss, Oliver Schlaudt, Dorothea Schmidt, Rudi Schmidt, Hartwig Schuck, Kim Robin Stoller, Ingo Stützle, Ann Wiesental e Patrick Ziltener. Também agradeço a Bibiana Leme, da Boitempo, e aos tradutores Claudio Cardinali e Nélio Schneider, pela cooperação construtiva e, em especial, pela paciência e pela compreensão por um projeto que mudou tantas vezes de rumo.

Sobre as citações

Os textos de Marx e Engels serão sempre citados de acordo com a edição da MEGA-2 (Berlim, Walter de Gruyter), que vem sendo publicada desde 1975. Os algarismos romanos representam a seção; os números arábicos, o volume; e, em seguida, indica-se o número da página. Ou seja, "MEGA III/1, p. 15" significa: terceira seção, primeiro volume, página 15. Paralelamente, menciono (se disponível) a localização da passagem na Marx Engels Werke (MEW) [Obra Completa de Marx e Engels] (Berlim, Karl Dietz), sendo que o primeiro algarismo representa o volume, e o segundo, o número da página. Se não for citada a MEGA como referência de algum texto, é porque ele ainda não se encontra em nenhum dos volumes por ela publicados. Vale ressaltar que os textos citados a partir da MEGA estão na ortografia original*. Se o contrário não for indicado, os grifos das citações são todos de Marx. Minhas intervenções explanatórias em um trecho citado serão feitas entre colchetes e identificadas com minhas iniciais [M. H.]. As obras de Hegel serão citadas de acordo com a edição de vinte volumes da Suhrkamp (caso tenham sido publicadas nela); HW 7, p. 15 significa Hegel Werke [Obra Completa de Hegel], volume 7, página 15.

---

* Essa informação não tem validade na edição brasileira; por exemplo, tanto a grafia "antiga" *capitalistisch* quanto a contemporânea *kapitalistisch* serão traduzidas por "capitalista". Além disso, para a tradução das citações, sempre que possível foi feito uso das versões publicadas em português pela Boitempo, na coleção Marx-Engels. (N. T.)

Introdução

Por que Marx?

1. Uma travessia e um livro

A viagem durou mais de dois dias. Em 10 de abril, uma quarta-feira, às oito horas da manhã, o vapor *John Bull* zarpava de Londres; na sexta-feira, ao meio-dia, a embarcação chegaria ao porto de Hamburgo. A travessia havia sido bastante tempestuosa, e a maioria dos passageiros permanecera nos beliches, com enjoo. Apenas um pequeno grupo havia ficado na sala comunal, apesar da tempestade, ouvindo as aventuras contadas por um alemão. Ele passara os últimos quinze anos viajando pelo leste peruano e alcançara regiões até então pouco exploradas. Os presentes escutavam com um frêmito as histórias de seus encontros com os povos indígenas, de costumes tão estranhos aos europeus.

Um dos passageiros entretidos com essas histórias se sentia, como ele mesmo escreveria depois, apesar da tempestade, "canibalmente bem [...], que nem quinhentos suínos" – se essas palavras peculiares surpreendem, que seja dito: foram tiradas do *Fausto*, de Goethe, um dos livros favoritos do viajante*. Tratava-se de um homem de aparência bem cuidada, cerca de 1,70 metro de altura e meio corpulento. Seu cabelo uniformemente ondulado – penteado para trás, destacando sua grande testa – era ainda cheio, mas já bastante grisalho. Abaixo das sobrancelhas escuras, como outrora também os cabelos, brilhava um par atento de olhos castanho-escuros. Envolvendo o rosto, havia uma barba cheia e densa, na qual fios escuros e brancos se misturavam. Ele aparentava ser uns dez anos mais velho do que realmente era, apesar de ainda não ter nem cinquenta, e isso se devia, principalmente, ao grisalho espalhado pelos cabelos e pela barba. Sua

---

* "Canibalmente bem estamos / Que nem quinhentos suínos!"; Johann Wolfgang von Goethe, *Fausto: uma tragédia – primeira parte* (trad. Jenny Klabin Segall, 4. ed., São Paulo, Editora 34, 2010), p. 229. (N. T.)

aparência era imponente. Quando ele conversava, ainda era possível ouvir o jeito sossegado de falar da região do rio Mosela, revelando o local onde passara a juventude. Esse passageiro levava consigo a extensa segunda parte do manuscrito de um livro que pretendia entregar pessoalmente a seu editor, em Hamburgo. Ele poderia tê-lo enviado por correio marítimo, como havia feito, alguns meses antes, com a primeira parte desse manuscrito, mas a questão lhe era importante demais. O longo trabalho investido nesse livro praticamente o havia arruinado em termos financeiros e de saúde. Além disso, o que para ele era ainda pior, sua esposa e seus filhos também sofreram muito com as constantes tensões e as privações – e ainda sofriam. Em uma carta, ele escreve que, por essa obra, havia "sacrificado saúde, felicidade e família". Assim, era-lhe um grande alívio poder, por fim, entregá-la pronta ao editor. Após alguns atrasos na produção editorial e na revisão, a obra seria enfim publicada, em setembro de 1867, sob o título: *O capital: crítica da economia política*[1].

Em 1844, 23 anos mais cedo, Karl Marx já havia começado a preparar uma crítica fundamental da economia. Em 1845, ele chegou a assinar contrato com uma editora, a fim de publicar uma obra em dois volumes, *Crítica da política e da economia nacional*. Nessa época, Marx era um jovem autor emergente, que havia enfrentado as autoridades prussianas como redator-chefe da *Rheinische Zeitung* [Gazeta Renana], jornal de cunho liberal, em 1842-1843 – o periódico acabou sendo proibido. O jovem Marx era considerado genial e erudito. Apesar de sua pena afiada ser observada pela censura alemã de modo bastante crítico, alguns editores se mostraram dispostos a trabalhar com ele. Mas, em vez de realmente escrever essa obra em dois volumes, Marx começou, com seu amigo Friedrich Engels, um trabalho diferente, que acabou ficando na gaveta e que só seria publicado quase noventa anos depois, sob o título *A ideologia alemã*. Ape-

---

[1] Cf., para detalhes sobre a viagem de Marx, sua carta a Engels do dia 13 de abril de 1867; MEW 31, p. 287. Acerca da estada de Marx em Hamburgo, Michael Sommer, "Karl Marx in Hamburg", *Sozialismus*, ano 35, caderno 1, 2008, p. 55-9; e Jürgen Böning, *Karl Marx in Hamburg: der Produktionsprozess des Kapital* (Hamburgo, VSA, 2017). A passagem mencionada do *Fausto* é cantada no episódio da taberna de Auerbach; Johann Wolfgang von Goethe, *Faust: der Tragödie*, erster Teil (1808) (Munique, Deutscher Taschenbuch, 2000, Werke, v. 3.), versos 2.293-4 [ed. bras.: Johann Wolfgang von Goethe, *Fausto*, cit., p. 74]). A carta de Marx a Sigfrid Meyer, citada no texto, foi escrita no dia 30 de abril de 1867 (MEW 31, p. 542). Detalhes sobre a aparência de Marx encontram-se em Manfred Kliem, *Karl Marx: Dokumente seines Lebens* (Leipzig, Reclam, 1970), p. 15 e seg. Franziska Kugelmann – "Kleine Züge zu dem großen Charakterbild von Karl Marx", em *Mohr und General: Erinnerungen an Marx und Engels* (Berlim, Dietz, 1983), p. 253 – menciona o "sossegado dialeto renano"; contudo, por vir de Hanôver, ela provavelmente não estava familiarizada com a diferença entre o dialeto renano e aquele falado em Trier e na região do rio Mosela.

sar de Marx ainda ter publicado alguns escritos em que questões econômicas também desempenhavam papel importante – por exemplo, o *Manifesto Comunista*, lançado em 1848 e que só se tornaria conhecido posteriormente –, sua grande obra sobre a crítica da economia foi sendo sempre adiada.

No turbulento período revolucionário de 1848, quando Marx desempenha um importante papel como autor e redator-chefe da *Neue Rheinische Zeitung* [Nova Gazeta Renana], não havia como pensar em longos tratados teóricos. Após a derrota da revolução, Marx e sua família tiveram de abandonar a Alemanha o mais rápido possível. Para ele, assim como para muitos outros refugiados políticos dessa época, Londres se tornou o último – e bastante miserável – refúgio. A família Marx só conseguiu sobreviver ali graças ao generoso apoio do amigo Friedrich Engels.

Em Londres, Marx também continuou perseguindo seu plano de escrever uma análise abrangente da economia capitalista. Em certo sentido, foi nessa cidade, o centro do capitalismo na época, que ele reconheceu o que seria necessário para fazer tal análise; e ainda assim passariam anos até que ele pudesse pensar em uma publicação. Com certa dificuldade, Marx encontrou um editor, contudo lhe entregou apenas uma curta parte inicial da grande obra planejada: dois capítulos, tratando da mercadoria e do dinheiro, publicados em 1859 sob o título *Para a crítica da economia política: primeiro caderno*. Quando Marx foi a Hamburgo encontrar seu novo editor, mais oito anos já haviam se passado desde a publicação dessa crítica.

O livro publicado em 1859 foi, em termos de impacto, um verdadeiro fracasso. Até mesmo os amigos políticos mais próximos de Marx se mostraram decepcionados; eles não viam de que maneira aquele tratado sobre mercadoria e dinheiro, por vezes difícil e muito abstrato, poderia ajudá-los em seus debates políticos. Num primeiro momento, Marx pretendia publicar uma continuação direta do "primeiro caderno", mas após alguns anos desistiu do projeto. A partir de 1863, ele começou a planejar uma obra autônoma, *O capital*, que seria composta de quatro livros. A segunda parte do manuscrito do primeiro livro, intitulado *O processo de produção do capital*, foi levada por Marx em abril de 1867 a seu novo editor, em Hamburgo.

Marx contava com grande êxito, afinal, havia aprendido com o fracasso de 1859. Ele tentou expor as partes teóricas de maneira mais popular e compreensível. Além disso, o tema tratado não era apenas mercadoria e dinheiro, mas todo o processo de produção capitalista, contendo descrições concretas do trabalho fabril, da miséria das famílias trabalhadoras e da luta pela redução da jornada de trabalho. Não mais se podia acusá-lo de que o texto era árido demais e acessível somente a especialistas.

Até certo ponto, as condições políticas também haviam se alterado. Em setembro de 1864, fundou-se em Londres a Associação Internacional dos Tra-

18 KARL MARX E O NASCIMENTO DA SOCIEDADE MODERNA

balhadores (AIT). Marx tornou-se membro do conselho geral da AIT e rapidamente seu principal líder. Nos anos seguintes, a Internacional ganhou cada vez mais força, tanto na Inglaterra como em outros países. Associações de trabalhadores e sindicatos passaram a se desenvolver. Tudo isso alimentou a esperança de que o livro caísse num solo muito mais fértil do que aquele do escrito de 1859. No funeral de Marx, Engels destaca, com razão, em seu discurso: "Marx era, antes de tudo, um revolucionário. Contribuir, de uma maneira ou de outra, para o declínio da sociedade capitalista e das instituições estatais criadas por ela, contribuir para a libertação do proletariado moderno [...], essa era a verdadeira tarefa de sua vida"[2]. Contudo, Marx não cumpria essa tarefa lutando em barricadas nem com inflamados discursos populares, mas sobretudo por meio da análise científica das relações capitalistas – sua arma mais poderosa. Uma semana após ter deixado Londres para levar o manuscrito a Hamburgo, Marx escreveria, acerca de seu livro: "Certamente, esse é o projétil mais temível já lançado na cabeça dos burgueses [*Bürgern*] (proprietários de terra inclusive)"[3].

No entanto, o Livro I d'*O capital* não obteve o êxito que Marx esperava. Os mil exemplares da primeira edição foram vendidos somente após quatro anos. Apesar de seu imenso esforço, ele não terminaria os outros livros da obra. Após a morte de Marx, Engels publicaria o segundo (1885) e o terceiro (1894) a partir dos manuscritos deixados por Marx – e é claramente perceptível o caráter inacabado desses dois volumes. Com isso, estavam disponíveis os três livros (teóricos) d'*O capital* (o quarto trataria da história da teoria econômica), mas ainda se passariam décadas até que fossem publicados outros textos importantes deixados por Marx. Ainda assim, nenhum autor dos últimos duzentos ou trezentos anos exerceu influência tão abrangente e duradoura com suas perspectivas e análises, tanto no plano científico quanto no político, como Marx. Já há uns cem anos, muitos críticos proclamam, repetidamente, a novidade em tom triunfal: "Marx está morto". Pois essas afirmações, repetidas com frequência, são justamente o indício mais certo de seu contrário: se Marx estivesse de fato obsoleto em termos científicos e políticos, não seria necessário evocar tanto sua morte.

2. A cifra "Marx"

Por que a teoria marxiana exerce tamanha influência? Por que sempre volta a agitar os ânimos? Teria ela ainda alguma validade para nossos problemas atuais? Uma objeção óbvia à possível atualidade da teoria de Marx é o tempo transcor-

---

[2] MEW 19, p. 336.
[3] Carta a Johann Philipp Becker, 17 de abril de 1867, MEW 31, p. 541.

rido desde seu surgimento. Esse é justamente o argumento destacado em duas das biografias mais recentes. Para Jonathan Sperber[4], Marx estaria tão enraizado no século XIX que suas teorias não teriam mais nenhuma importância para o presente. Stedman Jones[5] não chega a rejeitar a teoria marxiana completamente, como Sperber, mas também tenta evidenciar os limites do pensamento de Marx, que basicamente teria ficado preso em temas e questões de sua época. Mas, antes de tirar conclusões precipitadas, partindo dessa distância temporal, de que as teorias marxianas estariam necessariamente ultrapassadas, seria preciso analisar primeiro a relação entre as profundas transformações políticas e econômicas do século XIX e nossa situação atual.

Na Europa e nos Estados Unidos, tem-se proclamado a cada dez ou vinte anos uma nova "era". No fim da década de 1990, falava-se da "era da internet"; isso, depois de se proclamar, desde a década de 1960, a "era do computador". Também já se descobriu, repetidas vezes, a "sociedade de serviços". Durante o "milagre econômico" alemão da década de 1960, falava-se muito da "sociedade de consumo"; e, nos anos 1980, da "era pós-materialista". A estilização das respectivas mudanças técnicas ou econômicas mais recentes em uma nova "era" estabelece uma ligação entre as experiências cotidianas e os novos fenômenos, chamando a atenção dos meios de comunicação. Contudo, em geral após alguns anos, torna-se claro que a nova era não acarretava tantas mudanças quanto se esperava. Levando em conta crise, desemprego e precarização do trabalho, sobretudo as concepções de um período pós-materialista e pós-capitalista perderam muito de sua antiga plausibilidade.

Nesse tipo de concepção, esquece-se facilmente que, ao menos na Europa e na América do Norte, muitas estruturas sociais e econômicas fundamentais, apesar de todas as mudanças, mantiveram-se as mesmas nos últimos 150 anos ou desenvolveram-se dentro de limites dados e ainda compreensíveis. Muitos dos alicerces técnicos, econômicos, sociais e políticos das sociedades europeias modernas e do capitalismo moderno foram estabelecidos no período entre 1780 e 1860, quando profundas transformações ocorreram. É possível ilustrar por meio de um pequeno experimento mental quão próxima de nós – na Europa ocidental e na América do Norte – está, hoje, a última fase desse período de transformações e quão distante está o período anterior a 1780.

Imaginemos que uma pessoa instruída seja deslocada 150 anos – da França ou da Inglaterra do ano de 1710 para o mesmo país no ano de 1860. Essa pessoa não só ficaria espantada com as muitas transformações mas também seria difícil explicar-lhe o que é, por exemplo, um telégrafo ou uma máquina a

---

[4] *Karl Marx: sein Leben und sein Jahrhundert* (Munique, Beck, 2013).
[5] Stedman Jones, *Karl Marx: die Biographie* (Frankfurt am Main, Fischer, 2017).

vapor. Por milênios, os meios de transporte mais rápidos eram, na terra, o cavalo e, no mar, o barco a vela; agora, com as locomotivas e os barcos a vapor, transportava-se uma quantidade até então inimaginável de pessoas e bens em um período de tempo muito menor. Enquanto aquela pessoa de 1710 só conhecia manufaturas bem pequenas, que não representavam muito mais que a continuação dos estabelecimentos de artesãos, existiam agora as impressionantes e imensas fábricas capitalistas com máquinas gigantescas e chaminés fumegantes. Antigamente, o trabalho assalariado quase só existia sob a forma de remuneração diária, e a expressiva maioria da população vivia num ambiente rural; agora, um profundo processo de transformação estava em andamento: o campo se esvazia, enquanto as cidades se tornam cada vez maiores. O número de trabalhadores assalariados nas indústrias, em especial de trabalhadoras assalariadas, cresce a uma velocidade impressionante. Essa nova classe trabalhadora não aumenta só em quantidade, ela também passa a se organizar em associações e organizações políticas, reclamando participação política. O "direito divino" dos governos monárquicos e imperiais ainda se sustenta; contudo, camadas cada vez mais abrangentes passam a questioná-lo de forma radical; a própria religião perde um espaço significativo. Em contrapartida, as reivindicações por soberania popular e sufrágio universal se difundem cada vez mais. O visitante de 1710 até já conhecia os jornais, mas antes como meio ocasional que era publicado em tiragens menores e que apresentava notícias curiosas para uma pequena camada instruída. Em 1860, os jornais publicados regularmente com uma tiragem massiva já estavam bem estabelecidos; tratava-se do primeiro "meio de comunicação de massa". Eles não somente apresentavam notícias como também tornavam públicos importantes debates políticos. Até mesmo a aparência das pessoas alterou-se bastante. Usando uma peruca esbranquiçada, calça até os joelhos e meia-calça de seda, um cidadão abastado ou um nobre não chamaria a atenção na Inglaterra nem na França em 1710 – diferentemente do que aconteceria em 1860. Tais vestimentas ainda eram conhecidas, por exemplo, na corte real inglesa, mas apenas em ocasiões oficiais, como referência a uma época passada.

A situação seria bem diferente se deslocássemos uma pessoa similarmente instruída da Europa ocidental de 1860 ao ano 2010, ou seja, também 150 anos. Num primeiro momento, essa pessoa também se veria em um mundo estranho e surpreendente, mas ela provavelmente não teria tanta dificuldade para compreender as relações atuais. Mesmo a diferença de vestimentas em relação à atualidade não é tão grande quanto no primeiro caso. Se alguém andasse hoje pelas ruas de Paris ou Londres vestido como Marx – como o conhecemos por meio de diversas fotografias –, suas roupas não chamariam a atenção. Até mesmo a internet poderia ser facilmente compreendida: um sistema telegráfico mais desenvolvido, sendo que cada pessoa possui uma linha telegráfica em casa, por meio da qual se podem enviar, além de sinais em código Morse, imagens (em 1860, a fotografia já era conhecida havia anos) e sons. As locomotivas (a vapor) se desenvolveram, passando a ser mais rápidas e movidas a eletricidade. Como os barcos a vapor outrora haviam revolucionado o transporte marítimo, os "barcos aéreos" possibilitam também a conquista do espaço aéreo. As plantas industriais capitalistas se tornaram, de certo modo, maiores, possuindo máquinas ainda mais eficientes. Soberania popular e sufrágio universal, isto é, também incluindo mulheres, não são mais considerados conceitos políticos radicais, mas, antes, reconhecidos como princípios – ora mais, ora menos respeitados – em muitos países do mundo (mesmo sem as consequências politicamente transformadoras almejadas com tais mudanças). E os meios de comunicação não existem somente sob sua forma impressa, mas também por "transmissão" eletromagnética, sob a forma de rádio e televisão.

Enquanto, para a pessoa deslocada da Inglaterra ou da França de 1710 para o ano de 1860, as mudanças mencionadas representam uma profunda ruptura com basicamente tudo o que era considerado evidente e inalterável, para aquela deslocada de 1860 para o ano de 2010, a maioria das mudanças ainda poderia ser interpretada dentro de seu horizonte de experiências: trata-se, em grande parte, de crescimentos e desenvolvimentos do que já era conhecido. Se observarmos a diferença qualitativa do antes/depois – destacando apenas uma esfera –, então a locomotiva a vapor, o barco a vapor e o telégrafo foram as transformações historicamente fundamentais em termos de mobilidade e telecomunicação humana. A diferença que elas representam são muito mais fundamentais em relação ao estado anterior das coisas do que o avião e a internet em relação ao barco a vapor e ao telégrafo.

Não é exagero considerar as profundas transformações políticas e econômicas ocorridas entre 1780 e 1860 – num primeiro momento, na Europa ocidental e na América do Norte – como uma ruptura fundamental entre épocas da história da humanidade[6]. A economia passa a ser dominada por um capitalismo *moderno*, que rege não apenas o comércio, como antes, mas também a produção, e que acarreta crises econômicas recorrentes. Associada a esse processo, desenvolve-se na Europa ocidental e na América do Norte uma sociedade que se torna, no século XIX, cada vez mais secular, baseando-se na igualdade formal e na liberdade individual dos cidadãos (depois também das cidadãs e das *people*

---

[6] Tal ruptura de épocas, ocorrida no século XIX, é destacada já no título de obras recentes de orientação historiográfica global; por exemplo, Jürgen Osterhammel, *Die Verwandlung der Welt: eine Geschichte des 19. Jahrhunderts* (Munique, Beck, 2009), ou Christopher Bayly, *Die Geburt der modernen Welt: eine Globalgeschichte, 1780-1914* (Frankfurt am Main, Campus, 2006).

of colour*), mesmo com uma enorme desigualdade material. Essa ruptura de épocas ainda é determinante para as relações sociais e econômicas, mesmo que haja, de um ponto de vista mundial, uma significativa diferenciação tanto das formas do capitalismo como dos sistemas políticos.

Marx foi um produto dessa ruptura de épocas e, ao mesmo tempo, representou uma excepcional instância de reflexão sobre ela. Com a expressão "sociedade moderna", utilizada no título desta biografia, Marx visava justamente à diferença entre sociedades pré-capitalistas/pré-burguesas e capitalistas/burguesas. No prefácio d'*O capital*, ele escreve que "a finalidade última desta obra é desvelar a lei econômica do movimento da sociedade moderna"[7]. Contudo, as análises marxianas da sociedade moderna – que não é estudada somente n'*O capital* e que não se limita, de modo nenhum, a essa "lei econômica do movimento" – não se apresentam em um estado acabado, elas têm um importante desenvolvimento que está atrelado a rupturas significativas e a mudanças de concepção. Nesse sentido, discute-se, entre outras coisas, até que ponto a concepção de sociedade moderna de Marx representa uma perspectiva eurocêntrica e até que ponto ela vai além dessa perspectiva.

A chegada das relações capitalistas à produção funcionou como motor fundamental para mudanças sociais e econômicas desconhecidas até então, tanto na Europa quanto no resto mundo: o capitalismo enquanto *modo de produção*, uma vez estabelecido, tende a expandir-se e a transformar as relações pré-capitalistas. No entanto, o resultado desse processo de expansão definitivamente não foi nem é homogêneo. Em seu processo de desenvolvimento histórico, o modo de produção capitalista baseou-se não apenas no trabalho assalariado livre mas também na escravidão e em outras formas de trabalho não livres, que ainda hoje não desapareceram completamente, mas são, antes, continuamente reproduzidas[8]. As formas políticas associadas ao modo de produção capitalista também são bastante variadas; nem todas se desenvolvem, necessariamente, na direção do parlamentarismo, da divisão dos poderes e dos direitos humanos. Também na Europa, esse processo se revelou reversível, como demonstraram, entre outros, os regimes fascistas na primeira metade do século XX. De um ponto de vista mundial, a "sociedade moderna" não se mostra, de maneira nenhuma, homogênea.

---

[*]   Conceito utilizado inicialmente nos Estados Unidos para se referir a todas as pessoas etnicamente "não brancas". O termo aparece principalmente em contextos que tratam de desigualdades sociais relacionadas à cor da pele. (N. T.)

[7]   MEGA II/5, p. 13-4; MEW 23, p. 15-6 [ed. bras.: Karl Marx, *O capital: crítica da economia política*, Livro I: *O processo de produção do capital*, trad. Rubens Enderle, 2. ed., São Paulo, Boitempo, 2017, p. 79].

[8]   Cf. Heide Gerstenberger, *Markt und Gewalt: die Funktionsweise des historischen Kapitalismus* (Münster, Westfälisches Dampfboot, 2017).

N'*O capital*, Marx se ocupa da análise das estruturas fundamentais do modo de produção capitalista – não de modo limitado, baseado em modelos simplistas, como fazem as ciências econômicas atualmente, mas por meio da investigação das relações sociais que constituem o fundamento da dinâmica das relações de classe e dos conflitos sociais. Sua análise também não se limita às condições do capitalismo britânico da época. Estas somente lhe servem, como ele destaca no prefácio do Livro I, de "ilustração" para sua "exposição teórica"[9]. No fim do manuscrito do Livro III, Marx afirma, acerca do conteúdo desse desenvolvimento teórico, que se tratava de "expor apenas a organização interna do modo de produção capitalista, por assim dizer, em sua média ideal"[10]. Ou seja, Marx não trata de uma forma histórica específica do capitalismo, mas de estruturas fundamentalmente importantes para qualquer forma assumida pelo capitalismo. Nesse sentido, a análise de Marx – independentemente da avaliação que se faça de seus resultados específicos – ainda é pertinente; ela trata, afinal, de questões que também são relevantes para as sociedades contemporâneas.

Mas não é apenas a atualidade temática que torna necessário o debate com a teoria marxiana. Uma teoria fundamental sobre a sociedade nunca é puramente analítica. Ela também é dirigida por questões acerca do significado da emancipação humana, da possibilidade e do sentido de se falar em liberdade, igualdade, solidariedade e justiça, além das condições sociais sob as quais estas seriam mesmo possíveis.

Para a burguesia e seus porta-vozes teóricos, a possibilidade de liberdade e emancipação já estava dada com a superação das dependências e dos privilégios feudais, com o desenvolvimento do livre mercado e das eleições livres. A oportunidade de acumular riquezas por meio do mercado e a possibilidade de trocar um governo impopular concretizaram para a burguesia tanto a emancipação do indivíduo quanto a liberdade política da sociedade em geral. O enorme poder dessa promessa liberal de felicidade e liberdade expôs-se, enfim, nas décadas de 1980 e 1990, com o triunfo do neoliberalismo.

A essa promessa liberal de felicidade, Marx opõe a ideia de que a libertação das relações pessoais de domínio e servidão das épocas pré-capitalistas não é, de modo nenhum, idêntica à liberdade do domínio e da servidão em si. Em vez das relações pessoais de domínio entram, sob condições capitalistas, as impessoais,

---

[9]   MEGA II/5, p. 12; MEW 23, p. 12 [ed. bras.: Karl Marx, *O capital*, Livro I, cit., p. 78].

[10] MEGA II/4.2, p. 853; MEW 25, p. 839 [ed. bras.: Karl Marx, *O capital: crítica da economia política*, Livro III: *O processo global da produção capitalista*, trad. Rubens Enderle; São Paulo, Boitempo, 2017, p. 893]

objetivas – a "coerção muda" das relações econômicas, mencionada n'*O capital*[11]. E, em vez da violência feudal, entra o Estado burguês: na medida em que, por meio do poder estatal, garante a propriedade privada sem distinções pessoais, respeitando a liberdade e a igualdade dos cidadãos, ele possibilita justamente que essa "coerção muda" se desenvolva de modo bastante efetivo.

Por suas próprias atividades políticas como autor e redator de jornais progressistas, como alguém que realizava trabalho de formação política em associações de trabalhadores, como membro da Liga dos Comunistas e do conselho geral da Associação Internacional dos Trabalhadores, mas sobretudo por sua crítica fundamental do capitalismo, Marx influenciou diretamente o desenvolvimento da situação política. Na segunda metade do século XIX, enquanto ele estava vivo, e ainda mais fortemente no século XX, grande parte do movimento dos trabalhadores, assim como diversos grupos e partidos de oposição, orientou-se, mais ou menos intensamente, segundo suas ideias – ou no que se considerava serem suas ideias. A partir do último quarto do século XIX, "Marx" tornou-se uma cifra, inseparável do desenvolvimento político e intelectual posterior. Praticamente todas as concepções políticas e econômicas fundamentais que surgiram e foram influentes no século XX, independentemente de terem sido progressistas ou conservadoras, relacionaram-se, de uma maneira ou de outra, com as ideias de Marx. Desde o fim do século XIX, "Marx" é o ponto de atrito do qual não mais se pode desviar.

Ao mesmo tempo, esse ponto de atrito foi com frequência encoberto por seu próprio impacto e suas próprias metamorfoses. Muitas vezes, tomou-se a crítica marxiana por idêntica ao "marxismo" – ou seja, a maneira como essa crítica foi incorporada e utilizada pelo movimento dos trabalhadores e pelos diversos partidos de esquerda. Essa identificação foi fortemente promovida pelos partidos comunistas que surgiram após a Revolução Russa de 1917. A União Soviética se apresentava como resultado da execução consequente dos ensinamentos marxista-leninistas, sendo Lênin considerado o continuador de Marx, tão genial quanto este. O "marxismo-leninismo" foi utilizado sob o regime de Stálin como ideologia para justificar um domínio brutal do partido sobre a sociedade e um domínio não menos brutal dos dirigentes do partido sobre o partido. Durante a Guerra Fria, os partidos-Estado comunistas concordavam ao menos em um ponto com seus críticos burgueses: uns e outros consideravam a política desses partidos expressão autêntica das ideias marxianas. Marx ainda foi responsabilizado pelos piores crimes do stalinismo. Tanto no Leste quanto no Oeste, sempre eram os pequenos grupos de esquerda – via de regra, fragmentários e pouco influentes – que destacavam a diferença fundamental entre a crítica marxiana e as diversas formas do marxismo oficial-partidário e do socialismo autoritário de Estado.

---

[11] MEGA II/5, p. 592; MEW 23, p. 765 [ed. bras.: *O capital*, Livro I, cit., p. 808].

É uma simplificação grosseira afirmar que Engels tenha sido o "criador" do marxismo, como faz o subtítulo da edição alemã de sua biografia escrita por Tristam Hunt[12]. Em contraposição à identificação das obras de Marx com as de Engels – nas quais pouco importa qual dos dois disse o que, já que se consideram suas afirmações válidas para ambos –, feita sobretudo pelo marxismo-leninismo, é necessário, por um lado, não deixar que se apaguem as diferenças entre eles. Por outro, nem Engels nem Marx podem ser reduzidos ao que foi feito com seus escritos pelas gerações posteriores.

Com o colapso do "socialismo real" praticado na União Soviética e em seus Estados-satélites, também a crítica marxiana do capitalismo e o "marxismo" em todas as suas formas pareciam, por um momento histórico, ter chegado ao fim. Aparentemente, o capitalismo havia vencido sua alternativa. A partir de então, apenas se poderia trabalhar no melhoramento do capitalismo realmente existente, sendo que todas as tentativas de erradicá-lo – vistas como esforços antiquados – estariam fadadas ao fracasso; essa era uma convicção muito difundida no início dos anos 1990. No entanto, hoje, não só se tornaram cada vez mais evidentes os potenciais destrutivos do capitalismo mundialmente vitorioso, por meio de guerras, crises econômicas e da progressiva degradação do meio ambiente, como também ganha novamente força a compreensão de que a análise marxiana não é idêntica ao que partidos políticos autoritários dela fizeram.

3. O propósito

O que não falta são biografias de Marx. Desde os primeiros trabalhos mais abrangentes de Spargo[13] e Mehring[14], já foram publicadas quase trinta grandes biografias de Marx. Por isso, é necessário justificar a apresentação de mais um livro abrangente sobre sua vida.

Não surpreende o fato de que as biografias mais antigas estejam cheias de imprecisões, umas maiores, outras menores. Parte dos erros poderia ter sido descoberta se os autores tivessem pesquisado mais minuciosamente; outra parte só se esclareceria depois, com o surgimento de documentos inéditos. Mas a mera correção de erros existentes não seria mais que uma justificativa fraca para a pu-

---

[12] *Friedrich Engels: der Mann, der den Marxismus erfand* [O homem que inventou o marxismo] (Berlim, Propyläen, 2012). O original tem um título muito mais preciso: *The Frock-Coated Communist: the Revolutionary Life of Friedrich Engels* [O comunista de sobrecasaca: a vida revolucionária de Friedrich Engels] (Londres, Allen Lane, 2009).

[13] John Spargo, *Karl Marx: sein Leben und Werk* (1909) (Leipzig, Meiner, 1912).

[14] Franz Mehring, *Karl Marx. Geschichte seines Lebens* (1918) (Berlim, Dietz, 1960, Gesammelte Schriften, v. 3).

blicação de uma nova biografia. Tampouco seria um argumento muito forte a constatação de que muitas biografias de Marx têm um caráter unilateralmente tendencioso – muitos defensores da teoria marxiana transfiguraram a pessoa Marx, e muitos críticos tentaram complementar sua crítica à obra por meio da comprovação de características pessoais ruins. Mencionarei aqui três pontos para justificar minha empreitada e caracterizar o que há nela de conceitualmente novo.

O *primeiro ponto* está relacionado a um fenômeno que chamo de "superestimação biográfica". Uma biografia conta a vida de uma pessoa; via de regra, reivindica poder aproximar essa pessoa da leitora e do leitor, alega poder retratá-la com todas as suas virtudes e fraquezas pessoais. Franz Mehring, grande historiador da antiga social-democracia, escreve no prefácio de sua biografia, acerca da representação que pretendia fazer de Marx: "Recriá-lo em sua dimensão poderosamente áspera foi a tarefa que me propus"[15]. Mehring foi encorajado pela filha de Marx, Laura, que – como ele afirma nesse prefácio – o "considerava a pessoa que havia penetrado mais profundamente em sua [de Marx, M. H.] essência humana e que poderia representá-la da maneira mais exata possível"[16].

Outras biografias talvez não o afirmem tão claramente, mas muitas vezes têm a mesma pretensão de penetrar na "essência humana" da pessoa retratada. Alguns biógrafos baseiam essa pretensão no fato de terem conhecido pessoalmente o indivíduo em questão, outros se referem ao fato de que puderam estudar documentos íntimos, como diários ou cartas pessoais. Assim, a primeira publicação completa das cartas trocadas entre Marx e Engels, na década de 1930, serviu de justificativa para o trabalho de diversos biógrafos, já que então – por fim – se tinha acesso também ao Marx "privado". Mas mesmo essa ideia é bastante limitada, pois, afinal, nem todas as cartas foram preservadas, e várias delas, justamente as de caráter privado, foram separadas – e provavelmente destruídas[17] – pela filha mais nova de Marx, Eleanor, após a morte do pai.

Muitas leitoras e muitos leitores (não só das biografias de Marx) acabam considerando válidas as pretensões abrangentes dos biógrafos e creem, após a leitura, conhecer o retratado não só como autor, artista ou político, mas também como "pessoa". No entanto, nem mesmo os primeiros biógrafos de Karl Marx – John Spargo e Franz Mehring – chegaram a conhecê-lo pessoalmente. Além do problema da distância temporal, a pretensão de uma biografia de desvendar a "essência" ou o "caráter" de determinada pessoa só pode cumprir-se de maneira fragmentária. Claro, toda pessoa tem pensamentos, sentimentos e desejos de que só ela mesma

---

[15] Ibidem, p. 9.
[16] Ibidem, p. 7.
[17] Cf. a carta de Eleanor a sua irmã Laura do dia 26 de março de 1883; Olga Meier (org.), *Die Töchter von Karl Marx: unveröffentlichte Briefe* (Frankfurt am Main, Fischer, 1983).

está mais ou menos consciente e que não são partilhados com ninguém ou o são apenas com poucas pessoas mais próximas. Como sabemos por experiência própria, fatores como nossos medos e nossas esperanças, nossa vaidade e nossos desejos de vingança desempenham um papel importante em nossas ações, sem que necessariamente os revelemos aos outros. Por meio de análises minuciosas de cartas, diários e declarações de amigos e familiares, é possível, em uma biografia, esclarecer alguns contextos e demonstrar que uma obra ou uma intervenção pública talvez tenham sido realizadas de modo diferente do que se acreditava até então. Porém, nunca saberemos ao certo se descobrimos todas as motivações e intenções da pessoa retratada. Não se trata, aqui, do domínio do "inconsciente", mas, antes, de ideias conscientes da pessoa em questão, que talvez até tenham sido discutidas em um pequeno círculo, mas das quais não se preservaram testemunhos.

A pretensão de representar a essência de outra pessoa é superestimar as possibilidades de uma biografia. Contudo, é bastante compreensível. A análise intensiva da vida de uma pessoa, a leitura das mais íntimas cartas e a intromissão em suas discussões públicas e privadas com frequência produzem na biógrafa ou no biógrafo a impressão de profunda familiaridade com a pessoa retratada. Crê-se conhecê-la com precisão e saber como ela se sentia e o porquê de ter reagido de certa maneira, e não de outra. Por isso, muitos biógrafos tendem a considerar como fatos as hipóteses que lhes parecem especialmente plausíveis, apresentando-as até mesmo como tais. Para as leitoras e os leitores, esse procedimento é desastroso. Se um autor deixa claro que está expressando uma suposição, a pessoa que lê a obra de maneira crítica se vê desafiada a verificar a plausibilidade dessa suposição utilizando seus próprios conhecimentos. Por outro lado, se quem escreve apresenta determinado "fato" como se ele fosse comprovado por fontes, quem lê tende a aceitar tal "fato" por partir do pressuposto de que o autor ou a autora avaliou minuciosamente as fontes para afirmá-lo. Se os fatos razoavelmente confirmados e as hipóteses – mais ou menos plausíveis – não forem diferenciados das meras especulações e se talvez ainda forem enriquecidos com um pouco de psicologia vulgar, ultrapassa-se com facilidade o limite entre a biografia e a *ficção biográfica*.

Este é o primeiro esforço que guiará a presente biografia: tento *evitar todo tipo de ficção biográfica*. Isso não significa que abdico completamente das suposições. É necessário, antes, diferenciar com precisão e também deixar claro quando se trata de uma informação mais ou menos certa, baseada nas fontes disponíveis – cuja credibilidade terá de ser discutida em cada caso –, e quando se trata de uma suposição, sendo que a plausibilidade de cada hipótese também deverá ser discutida.

A necessidade de diferenciar informações relativamente comprovadas por fontes de meras suposições pode parecer evidente para algumas pessoas, ao passo que outras, familiarizadas com os debates epistemológicos mais recentes, talvez levantem o argumento de que separar os fatos históricos comprovados das meras hipóteses não é, de modo nenhum, tarefa tão simples assim. Ora, não pretendo defender aqui um positivismo ingênuo que crê que a ciência se reduz à constatação de fatos. Como qualquer representação de um curso histórico, esta biografia também está, necessariamente, ligada a um momento subjetivo que se expressa na composição e na ponderação dos fatos individuais e nas conclusões daí tiradas[18]. Não obstante, há uma diferença significativa na maneira de lidar com as fontes e de refletir sobre o *status* das afirmações feitas a partir delas. Assim, por exemplo, quando se trata das intenções que levaram a pessoa a agir de determinada maneira, é significantemente diferente se a constatação dessa intenção foi feita com base em uma autoavaliação da pessoa em questão ou em mera suposição sustentada em certos indícios. Tal diferença precisa ser evidenciada na representação.

Muitas biografias de Marx utilizam as fontes de maneira bastante questionável. Alguns autores, como Friedenthal[19], simplesmente não indicam as fontes detalhadas de cada informação, dificultando qualquer tentativa de verificá-las. Outros autores até citam as fontes, mas não as utilizam de maneira crítica; contentam-se com citar qualquer fonte para determinada afirmação – isso não vale muito se a informação tiver sido retirada de outra biografia que, por sua vez, não cita as fontes. Em determinadas biografias de Marx, encontram-se também criações puramente fantasiosas, como em Wheen[20] – mencionarei algumas no momento apropriado. Entre as biografias de Marx, a de Sperber[21] possui a maior referência bibliográfica até agora. Em quase todas as páginas há várias notas com referência à literatura, de modo que se tem a impressão de que até mesmo as informações menos importantes são comprovadas por fontes. Contudo, infelizmente nem sempre é o caso. Se analisarmos as fontes referidas, veremos que em alguns casos elas simplesmente não comprovam aquilo que foi afirmado na respectiva passagem. Também mencionarei alguns desses casos em momento oportuno.

A maioria das biografias utiliza informações de outras biografias de maneira bastante acrítica; assim, mantêm-se na literatura biográfica erros e lendas que já foram refutados há muito tempo por pesquisas específicas. Por causa dessa maneira questionável de lidar com as fontes, resolvi não utilizar simplesmente as informações de outras biografias. Neste livro, tentei indicar, para cada informação *biográfica* sobre Marx, a fonte contemporânea mais confiável possível ou, ao

---

[18] Cf. o texto "As possibilidades da escrita biográfica hoje: sobre a metodologia em uma biografia de Marx", à p. 399 deste volume.

[19] *Karl Marx. sein Leben und seine Zeit* (Munique, Piper, 1981).

[20] Francis Wheen, *Karl Marx* (1999) (Munique, Goldmann, 2002).

[21] Jonathan Sperber, *Karl Marx*, cit.

menos, usar estudos que analisaram essas fontes de modo preciso. Quando necessário, a confiabilidade de uma fonte também será abordada. Enquanto muitas biografias se assemelham a um romance de formação, escrito da perspectiva de um narrador onisciente, esta tem, por vezes, traços de um romance policial: o que expressa determinado texto? Quão plausível é a afirmação de um terceiro? O que é de fato possível inferir de certo indício? Porém, nem sempre essas investigações resultam em conclusões claras.

O *segundo ponto* que serve de justificativa para esta biografia está ligado à relação entre vida e obra. Ainda não existe uma biografia de Marx que trate de sua vida e de sua obra de maneira igualmente abrangente. A maioria das biografias se contenta com um rápido panorama de sua obra. Certos biógrafos só conhecem as teorias marxianas de modo superficial e, ainda assim, alguns deles fazem julgamentos bastante ambiciosos. Uma exceção é a biografia de David McLellan[22], que, com grande competência, tenta sistematicamente tratar também da obra. Contudo, ele coloca o "jovem" Marx, tanto qualitativa quanto quantitativamente, no centro de sua interpretação dos escritos. Outra exceção é a biografia dupla de Marx e Engels, em três volumes, apresentada por Auguste Cornu entre 1954 e 1968. Contudo, ela só contém o período até 1846. Em termos de abrangência e detalhe, a obra de Cornu é – para esse período –, até o momento, incomparável, mesmo havendo, em uma série de pontos específicos, erros factuais e, por vezes, também alguns julgamentos questionáveis. Ainda é preciso destacar que as obras de Cornu e McLellan foram publicadas antes de 1975, ou seja, antes do início da nova publicação das obras completas de Marx e Engels pela MEGA-2[23].

A importância da MEGA-2[24] para o debate acerca da obra de Marx merece enorme destaque – tal afirmação demanda uma justificativa. Se observarmos a obra completa de Marx, veremos que os textos não publicados por ele próprio representam, tanto quantitativa quanto qualitativamente, parte bastante signi-

---

[22] *Karl Marx: Leben und Werk* (Munique, Praeger, 1974).

[23] A MEGA-1 começou a ser publicada por *David Riazánov* (1870-1938) a serviço do Instituto Marx-Engels de Moscou – o primeiro volume saiu em 1927, em Frankfurt am Main. Esse projeto teve de ser interrompido na década de 1930, vítima do stalinismo e do nacional-socialismo. Riazánov foi assassinado a tiros pelos carrascos de Stálin. Sobre Riazánov e a primeira MEGA, cf. *Beiträge zur Marx-Engels-Forschung: neue Folge*, Sonderband 1: *David Borisovic Rjazanov und die erste MEGA* (Hamburgo, Argument, 1997); e Rolf Hecker, "Erfolgreiche Kooperation: das Frankfurter Institut für Sozialforschung und das Moskauer Marx-Engels-Institut (1924-1928)", em *Beiträge zur Marx-Engels-Forschung: neue Folge*, Sonderband 2 (Hamburgo, Argument, 2000); e "Fortsetzung und Ende der ersten MEGA zwischen Nationalsozialismus und Stalinismus (1931-1941)", em *Beiträge zur Marx-Engels-Forschung: neue Folge*, Sonderband 3 (Hamburgo, Argument, 2001).

[24] Nesta obra, quando usarmos apenas "MEGA", trata-se sempre da MEGA-2.

ficativa do todo. As publicações póstumas aconteceram com grandes intervalos de tempo, de modo que, a partir do fim do século XIX, além de cada nova geração apresentar questões diferentes a Marx, já que os problemas históricos haviam se alterado, também sua "obra completa" conhecida era outra. Ainda é preciso destacar que, em termos de fidelidade ao texto, havia grande diferença qualitativa entre cada uma das edições. Os textos não publicados por Marx estavam em diversos níveis de elaboração. Os primeiros editores, começando por Friedrich Engels, que publicou os livros II e III d'*O capital*, tentaram tornar os escritos não terminados mais legíveis e, sobretudo, mais sistemáticos, de modo que os textos finais se aproximassem da forma – supostamente – planejada por Marx para a respectiva obra. Contudo, com as intervenções, as mudanças e as reformulações editoriais, houve também mudanças de conteúdo; muitas ambivalências e rupturas encontradas nos manuscritos originais foram mascaradas. O público recebia um texto mais ou menos modificado, no qual a extensão das alterações não era explicitada[25]. Por isso, a obra de Marx e Engels só se encontrará disponível, de fato, quando os trabalhos da MEGA estiverem concluídos: por um lado, *completa*, já que todos os manuscritos e excertos serão publicados; por outro, *fiel ao original*, já que os manuscritos serão apresentados em seu estado original, (quase) sem intervenções editoriais[26]. Mas a MEGA não oferece

---

[25] Esse *modus operandi* não se limitava aos textos de Marx; até o início do século XX, tal prática editorial era bastante comum.

[26] A MEGA segue princípios editoriais histórico-críticos: todos os textos serão publicados integralmente, fiéis ao original e com todas as variações (no caso de textos impressos, com as diferenças entre as edições individuais; no caso de manuscritos, com supressões, substituições e alterações). As intervenções dos editores se reduzem ao mínimo necessário e são rigorosamente registradas. Além do texto em si, há um aparato crítico contendo suas variações, notas explanatórias, índice remissivo, uma descrição precisa dos manuscritos, assim como do surgimento e da tradição do respectivo texto. A MEGA está estruturada em quatro seções: I. Obras (sem *O capital*), II. *O capital* e trabalhos preparatórios, III. Cartas (contém não somente as cartas *de* mas também as cartas *a* Marx e Engels), IV. Excertos (trechos de livros que com frequência contêm notas e comentários). Dentro das respectivas seções, os textos serão ordenados e apresentados de modo basicamente cronológico. A seção II já está disponível na íntegra. A história e os princípios editoriais da MEGA foram estudados minuciosamente em Rolf Dlubek, "Die Entstehung der zweiten Marx-Engels-Gesamtausgabe (MEGA) im Spannungsfeld von legitimatorischem Auftrag und editorischer Sorgfalt", em *MEGA-Studien*, t. I (Berlim, Dietz, 1994); Gerald Hubmann, Herfried Münkler e Manfred Neuhaus "'... es kömmt drauf an sie zu verändern': zur Wiederaufnahme der Marx-Engels-Gesamtausgabe (MEGA)", *Deutsche Zeitschrift für Philosophie 49*, caderno 2, 2001; Richard Sperl, *"Edition auf hohem Niveau": zu den Grundsätzen der Marx-Engels-Gesamtausgabe* (Hamburgo, Argument, 2004); Manfred Neuhaus e Gerald Hubmann, "Halbzeit der MEGA: Bilanz und Perspektiven", em *Z. Zeitschrift marxistische Erneuerung*, n. 85, mar. 2011.

apenas, pela primeira vez, uma base fidedigna de textos para a análise da obra de Marx e Engels; tendo em vista que o volume com o aparato crítico apresenta um esboço das condições de surgimento e da tradição de cada texto, há na MEGA uma grande quantidade de informações biograficamente relevantes[27].

Mas por que alguém interessado sobretudo na obra de Marx deveria ler sua biografia? Não é suficiente analisar os argumentos apresentados pelo próprio Marx? Apesar de todas as tentativas "marxistas" de sistematização, não se pode desconsiderar o fato de que a obra de Marx é bastante fragmentada: a maioria dos trabalhos fundamentais ficou inacabada, sendo que uma parte deles são manuscritos não publicados. Com frequência, as numerosas cartas trocadas por Marx nos apresentam importantes complementos e explicações. Trata-se de um gênero de texto completamente diferente dos escritos publicados e dos manuscritos não publicados. Em cartas, discute-se com amigos, tenta-se interessar conhecidos por algo ou convencer editores das vantagens de projetos específicos. Uma compreensão adequada das cartas, daquilo que nelas se pode ou justamente não se pode dizer, depende do contexto biográfico. Mas esse não é o único motivo pelo qual alguém interessado nas teorias de Marx deveria ocupar-se também de sua biografia.

A obra de Marx não é só fragmentária, ela é uma sucessão de fragmentos. Constitui-se de uma série permanente de tentativas interrompidas, de recomeços que não são continuados ou o são, mas de maneira diferente da planejada de início. Essas diversas abordagens contêm não apenas mudanças temáticas mas também, com frequência, novas concepções teóricas, que representam rupturas com os conceitos antigos. Marx definitivamente não isentou sua própria obra de crítica. Analisando o desenvolvimento geral de suas obras, é possível reconhecer tanto importantes continuidades quanto várias rupturas profundas. Nos últimos setenta anos, muitas discussões se deram em torno da seguinte questão: seria necessário interpretar o desenvolvimento intelectual de Marx como uma empreitada basicamente contínua, na qual, após os *Manuscritos econômico-filosóficos*, de 1844 (alguns dizem após a *Crítica da filosofia do direito de Hegel*, de 1843, ou mesmo após a tese de doutorado, *Diferença entre a filosofia da natureza de Demócrito e a de Epicuro*, de 1841), nenhuma mudança fundamental teria acontecido, ou teria ocorrido uma "ruptura" nesse desenvolvimento – quase sempre datada no ano de 1845, quando foram escritas as "Teses sobre Feuerbach" e *A ideologia alemã*?

---

[27] Sobre o período (até 1841) tratado neste primeiro volume da biografia, já estão disponíveis todos os volumes das quatro seções da MEGA. Sobre as fases posteriores, ainda existem lacunas; mas, como a data de publicação dos volumes individuais da MEGA não segue sua ordem cronológica, não há nenhum período longo da vida de Marx sobre o qual não esteja disponível ao menos um volume.

Tendo em vista a complexidade da obra marxiana e de seu desenvolvimento, ambas as hipóteses me parecem falhas, tanto a da continuidade quanto a de uma ruptura – com a difundida oposição entre o "jovem" Marx (filosófico, humanista) e o "velho" Marx (econômico, científico). As linhas temáticas perseguidas por Marx sempre foram muito variadas. Mesmo que, a partir de 1843-1844, ele tenha se dedicado intensamente aos estudos de economia política, o desenvolvimento d'*O capital* como sua "principal obra" ainda não estava necessariamente dado: além da crítica da economia, Marx também fez, a partir de 1843, a crítica da política e do Estado; suas investigações moviam-se sempre por diversas áreas. Além disso, havia, em paralelo aos temas principais, uma grande variedade de temáticas menores, que apareciam ocasionalmente e, por vezes, desapareciam de novo. Entre outras áreas, Marx estudou intensamente matemática, ciências naturais, antropologia, linguística e, com frequência, questões ligadas à história. Essa diversidade de temas só pode ser compreendida em toda sua abrangência se levarmos em consideração os inúmeros artigos de jornal escritos por Marx e, sobretudo, seus cadernos de excertos – que serão publicados *na íntegra*, pela primeira vez, na seção IV da MEGA. Em todas essas áreas, há tanto linhas de continuidade quanto rupturas de dimensões diversas, sendo que tais rupturas não aconteceram necessariamente ao mesmo tempo. Mas só é possível compreender tudo isso estando disposto a conceber as obras de Marx como expressão de um processo de aprendizagem em aberto, permanente e, de modo nenhum, linear, em vez de vê-las como formulações – bem ou malsucedidas – de verdades atemporais. A investigação dos processos de aprendizagem de Marx – incluindo seus impasses –, de suas experimentações com diversos conceitos e da maneira como ele tratava as novas experiências é, para mim, um dos aspectos mais fascinantes de trabalhar nesta biografia.

Em vida, Marx foi não somente um pesquisador, dedicado a trabalhos científicos, mas um jornalista político, tendo escrito um grande número de artigos para jornais e revistas, além de ter sido uma figura política e revolucionária que fez alianças, participou da construção de diversas organizações e se envolveu em discussões políticas que resultaram em profundas rupturas com aliados da época e em perseguição estatal. É importante destacar que a obra científica, as intervenções políticas e o engajamento político não eram, de modo nenhum, atividades claramente distintas entre si. As ideias científicas desenvolvidas influenciavam as atividades jornalísticas e políticas; por outro lado, essas atividades muitas vezes exigiam uma interrupção dos trabalhos científicos, levantando novos temas e problemáticas, levando à formação de novos conceitos e, assim, influenciando a própria pesquisa científica. Nesse sentido, sem levar em consideração a vida de Marx, somente se pode falar de sua obra científico-analítica e de seu desenvolvimento dentro de um quadro limitado. Para compreender por que, em sua obra, Marx perseguiu determinados temas e abandonou outros, por que aconteceram tantas interrupções, recomeços e mudanças temáticas, é preciso considerar os desenvolvimentos políticos em que estava envolvido, os conflitos e os debates a que se referia e, não menos importante, suas condições de vida por vezes bastante turbulentas.

Chegamos, assim, ao *terceiro ponto* que guia a presente biografia: a maneira de situar o desenvolvimento da vida e da obra no contexto histórico. Certamente, toda biografia se ocupa da análise da situação histórica da pessoa em questão. Com frequência, uma biografia promete, já no título, retratar a pessoa "e sua época". Não há uma biografia de Marx que não trate da história do século XIX, mesmo que, em geral, elas se limitem à história política, não apresentando muito mais que um contexto amplo para a narração biográfica. Muitas vezes, justamente por serem conhecidas as grandes fases do desenvolvimento da vida e da obra, presume-se, mesmo que implicitamente, uma inexorabilidade, mais ou menos rígida, desse desenvolvimento. Mas, se quisermos nos aproximar das rupturas e contingências dessa vida, é preciso, antes, esclarecer as circunstâncias em que está inserida. Isso é válido não somente para as circunstâncias *stricto sensu* do curso da vida mas também para as condições gerais sob as quais se dá o desenvolvimento intelectual e científico de Marx. Nesse sentido, muitos de seus críticos tendem a menosprezar suas realizações, considerando-o um aluno de segunda classe de Ricardo, Hegel ou Feuerbach – sem, contudo, analisar mais pormenorizadamente a relação entre Marx e esses autores. Ao mesmo tempo, muitos marxistas tendem a elevar Marx com exagero: Ricardo, Hegel e muitos outros até são mencionados como fontes, mas suas contribuições se apagam ao lado das de Marx, sendo reduzidas a meros estímulos. Também com frequência, as opiniões (tardias) de Marx – não só sobre Smith, Ricardo, Hegel e Feuerbach mas também sobre antigos companheiros, como Bruno Bauer e Ferdinand Lassalle, ou adversários posteriores, como Mikhail Bakunin – são tomadas de modo acrítico e utilizadas como referência para toda a exposição. No entanto, a posição de Marx em relação a essas pessoas mudou, em alguns casos, várias vezes; ou seja, não se podem tratar suas opiniões como se fossem homogêneas. Além disso, também é preciso analisar de maneira crítica as próprias avaliações de Marx.

Só é possível representar adequadamente a história da vida e da obra de Marx se os debates contemporâneos em que ele esteve envolvido não forem reduzidos a meras informações de segundo plano e se seus amigos e opositores não forem apresentados como figurantes. É evidente o fato de que uma biografia de Marx também precisa tratar da vida e da obra de Friedrich Engels, que não só o ajudou financeiramente em muitas ocasiões mas que foi, durante quase quarenta anos, seu mais importante parceiro de discussões e companheiro político. Também sua esposa,

Jenny von Westphalen, desempenhou papel importante e merece destaque. Contudo, houve ainda outras pessoas que tiveram grande importância para Marx em fases específicas de sua vida; também é necessário considerá-las minuciosamente.

A tarefa de situar Marx nos conflitos de sua época e evidenciar a originalidade de suas realizações, assim como suas interdependências e seus limites intelectuais, não foi completamente cumprida nas biografias publicadas até o momento[28]. Por isso, teremos de analisar em detalhes não só a política mas também a produção científica do século XIX, as fontes de Marx e seus contemporâneos – também alguns com quem ele teve uma relação distante ou apenas indireta. Chegamos, assim, a um problema fundamental da escrita biográfica. É de fato possível retirar uma única pessoa, uma única vida, do fluxo da história? Para o historicismo, forma historiográfica dominante sobretudo na Alemanha do século XIX e do início do século XX, essa possibilidade era evidente; afinal, partia-se do pressuposto de que a história era feita por "grandes homens", cujas atitudes eram "compreendidas" pelos biógrafos por meio de um processo de "empatia". Assim, a biografia tornou-se elemento central de pesquisa e exposição histórica. No entanto, se considerarmos a importância das condições estruturais sob as quais se dá a vida em sociedade, veremos que a questão é mais complexa. Nos debates do século XX acerca da possibilidade de se escrever uma biografia, desenvolveu-se um enorme ceticismo, que culminou em uma rejeição radical defendida pelo famoso sociólogo francês Pierre Bourdieu, segundo o qual toda biografia se basearia na ilusão de que é possível delimitar uma vida[29].

Essa crítica é apropriada no sentido de que é impossível separar as pessoas das condições em que elas atuam. Contudo, nem suas ações nem seus pensamentos são completamente determinados pelas circunstâncias; algumas coisas se tornam possíveis, outras não; algumas ações são impulsionadas, outras só podem ser realizadas com a superação de grandes obstáculos. Mas as condições que tornam possíveis nosso pensar e agir não são estáticas. Elas se alteram devido às ações humanas, sendo que novas possibilidades de ação surgem e possibilidades já existentes se alteram. Uma pessoa não é simplesmente uma unidade constante, que primeiro recebe influências e depois produz ações. Não obstante, uma representação tripartida, construída a partir desse esquema simplista, é a

---

[28] Também aqui se destaca a obra de Auguste Cornu – *Karl Marx und Friedrich Engels: Leben und Werk* (Berlim, Aufbau, 1954-1968, 3 v.) –, que só trata do período até 1846, em relação a outras biografias. No entanto, tal obra parte das informações disponíveis há mais de cinquenta anos.

[29] Pierre Bourdieu, "Die biographische Illusion", em *Praktische Vernunft: zur Theorie des Handelns* (Frankfurt am Main, Suhrkamp, 1998) [ed. bras.: "A ilusão biográfica", em Janaína Amado e Marieta de Moraes Ferreira, *Usos e abusos da história oral*, 8. ed., Rio de Janeiro, Editora FGV, 2006].

base de muitas biografias: após a fase de formação na juventude e no início da idade adulta, vem o momento em que o adulto maduro exerce um impacto direto em seu entorno e, por fim, a última fase da vida e o legado (o impacto indireto) deixado pelo indivíduo em questão[30].

Uma pessoa (assim como sua obra) é o resultado de um processo permanente de constituição que ocorre em diferentes níveis[31]. Sendo tal perspectiva levada a sério, torna-se evidente que é preciso ter muito cuidado com esse tipo de divisão em grandes fases da vida. Via de regra, por trás desses cortes, escondem-se interpretações – mais ou menos questionáveis –, postas como se fossem fatos objetivos. Evitei, portanto, esse tipo de divisão na presente biografia. Para a divisão dos capítulos, orientei-me, por um lado, pelas respectivas condições externas sob as quais Marx vivia, em quais cidades se encontrava, quais atividades exercia etc. e, por outro, no desenvolvimento de seus pensamentos e suas obras. Assim, nem sempre foi possível evitar certas sobreposições cronológicas entre os capítulos individuais, tampouco antecipações e repetições. O fato de essa biografia abranger diversos volumes se deve ao tamanho do assunto tratado. Ou seja, os volumes individuais *não* representam nenhum tipo de unidade independente, nem da vida nem do desenvolvimento da obra. Por isso, a contagem dos capítulos também é contínua nos três volumes.

---

[30] A biografia de Marx escrita por Sperber, já citada, dividida em três partes, ainda segue esse esquema tradicional: I. A formação, II. A luta, III. O legado. Sperber não tenta sequer justificar os limites bastante arbitrários que dividem as três fases (1847 e 1870). A absurdidade de tal divisão fica bem evidente na vida de Marx: mesmo quando, já em idade avançada, ele se mostrou disposto não só a aprender (com mais de cinquenta anos de idade, estudou russo para ter acesso à literatura econômica russa) mas também a descartar suas próprias concepções. Sua "luta" não começa só em 1847, mas, no mais tardar, após o término de seus estudos, quando ele se torna redator-chefe da *Gazeta Renana*, em 1842, e logo se confronta com a censura – até que, por fim, o jornal é proibido em 1843. Além disso, foram considerados seu "legado" não só *O capital* como também seus escritos de juventude não publicados, por exemplo os *Manuscritos econômico-filosóficos*, de 1844.

[31] Analisarei mais detalhadamente os problemas metodológicos relacionados à escrita biográfica no apêndice "As possibilidades da escrita biográfica hoje: sobre a metodologia em uma biografia de Marx", à p. 399 deste volume.

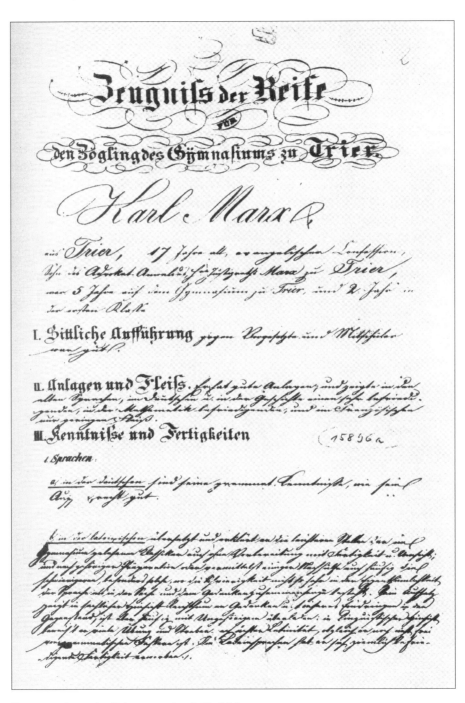

Primeira página do diploma escolar de Karl Marx.

1
A JUVENTUDE PERDIDA

O jovem causava impressão, uma poderosa impressão:

> Esteja preparado para conhecer o maior, talvez o *único e verdadeiro, filósofo* vivo, que em breve, onde quer que apareça publicamente (nos escritos, assim como na cátedra), chamará a atenção da Alemanha. [...] [Ele] ainda é um rapaz bem jovem (tem cerca de 24 anos, no máximo) e dará o golpe derradeiro na religião e na política medievais; ele combina o mais afiado humor com a mais profunda seriedade filosófica. Imagine Rousseau, Voltaire, Holbach, Lessing, Heine e Hegel unificados em uma pessoa – e eu digo *unificados*, não juntados de qualquer jeito –, pois então terá: dr. Marx.[1]

Moses Hess (1812-1875), que escreveu essas frases em 1841 ao amigo Berthold Auerbach, era seis anos mais velho que Marx e havia lançado dois livros nos quais tentara politizar a filosofia mais recente da época. Em contraste, o jovem Marx não havia, até então, publicado mais que dois poemas. Ainda assim, já era considerado por seus amigos como um futuro astro no céu dos filósofos.

O jovem não causava impressão somente em seus amigos. Com apenas 24 anos de idade e sem experiência prática em nenhuma profissão, tornou-se, em outubro de 1842, redator-chefe da *Gazeta Renana*, em Colônia, que não era um jornal provinciano qualquer, mas antes o porta-voz da burguesia liberal renana. Como sociedade acionária bem provida de capitais, a *Gazeta Renana* estava a caminho de se tornar um dos periódicos mais importantes da Alemanha.

Como foi que o jovem Marx conseguiu desde tão cedo causar tal impressão naqueles ao seu redor? Karl Marx nasceu em 1818, em Trier, que era na época uma cidadezinha no extremo oeste do reino da Prússia. Em Trier, passou a infância e a

---

[1] Moses Hess, *Briefwechsel* (org. Edmund Silberner, Haia, Mouton, 1959), p. 79-80.

38 KARL MARX E O NASCIMENTO DA SOCIEDADE MODERNA

juventude junto com os vários irmãos, frequentou o ginásio, recebeu seus primeiros estímulos intelectuais e conheceu, já então, sua futura esposa, Jenny von Westphalen. Família, escola, amigos, o ambiente em que se cresce, as experiências e os conflitos ao longo da infância e da juventude, tudo isso exerce grande influência no desenvolvimento de uma pessoa. Tanto as esperanças e os sucessos quanto os medos e os fracassos dessa fase podem ter consequências duradouras. No entanto, sobre as esperanças e os medos do jovem Marx nada se sabe. Sua infância e sua juventude, o período anterior à prova de conclusão do ginásio [*Abiturprüfung*], "perderam-se". Marx não escrevia diários nem memórias de juventude, não existem relatos de pessoas que tenham testemunhado sua adolescência, tampouco cartas de terceiros em que ele seja citado. Nem sequer comentários avulsos de parentes, conhecidos ou professores foram transmitidos. Também entre seus colegas de classe ninguém publicou, após Marx tornar-se conhecido, quaisquer memórias que o envolvessem. Apenas sua filha mais nova, Eleanor, divulgou duas anedotas após a morte do pai, ambas curtas e difíceis de precisar temporalmente. De resto, só é possível deduzir algumas informações a partir de documentos oficiais.

1. O que se sabe com certeza

Karl Marx veio ao mundo em Trier, no dia 5 de maio de 1818, uma terça-feira, às duas horas da madrugada, como filho de Heinrich Marx e sua esposa, Henriette (nascida Presburg). Assim registra o livro de nascimentos da cidade, bem como o primeiro nome "Carl"[2]. Marx escrevia, na maioria das vezes, "Karl", enquanto o nome composto "Karl Heinrich", que aparece em muitas biografias, só foi utilizado nos anos de estudo[3].

---

[2] Cf., acerca das informações que se seguem, principalmente Heinz Monz, *Karl Marx: Grundlagen der Entwicklung zu Leben und Werk* (Trier, NCO, 1973), p. 214 e seg., assim como a extensa publicação com fontes de Manfred Schöncke, *Karl und Heinrich Marx und ihre Geschwister* (Bonn, Pahl-Rugenstein Nachfolger, 1993).

[3] A assinatura "Carl Heinrich Marx" aparece tanto no formulário de inscrição da Universidade de Bonn de 1835 quanto em seu certificado de saída da mesma instituição; fac-símile em Ingrid Bodsch (org.), *Dr. Karl Marx: vom Studium zur Promotion – Bonn, Berlin, Jena. Begleitbuch zur gleichnamigen Ausstellung des StadtMuseum Bonn* (Bonn, Verlag Stadtmuseum, 2012), p. 15 e 160. Na Universidade de Berlim, ele se matriculou como "Karl Heinrich Marx"; fac-símile em Museum für Deutsche Geschichte (org.), *Karl Marx und Friedrich Engels: ihr Leben und ihre Zeit* (4. ed., Berlim, Dietz,1986), p. 26. A mesma grafia também se encontra na capa de sua dissertação, de 1841; fac-símile em MEGA I/1, p. 9 [ed. bras.: *Diferença entre a filosofia da natureza de Demócrito e a de Epicuro*, trad. Nélio Schneider, São Paulo, Boitempo, 2018, p. 20]. Em todos os outros documentos oficiais, como no certificado de conclusão do ginásio de 1835 – fac-símile em MEGA I/1, p. 471 – ou no contrato matrimonial de 1843 – Manfred Kliem, *Karl Marx*, cit., p. 141–, encontra-se apenas "Karl" ou "Carl". Também as iniciais "K. H. M." foram utilizadas por Marx apenas nas

A JUVENTUDE PERDIDA 39

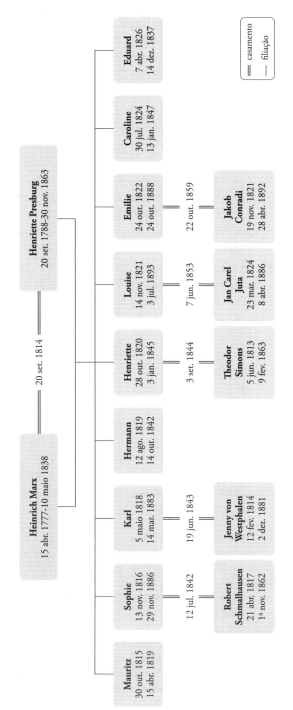

* De acordo com Heinz Monz, *Karl Marx*, cit., e Manfred Schöncke, *Karl und Heinrich Marx und ihre Geschwister*, cit.

40 KARL MARX E O NASCIMENTO DA SOCIEDADE MODERNA

Karl não foi o primeiro filho do casal: eles tiveram um menino em 1815, Mauritz David, e uma menina em 1816, Sophie. No entanto, Mauritz David faleceu já em 1819. Nos anos que se seguiram, nasceram Hermann (1819), Henriette (1820), Louise (1821), Emilie (1822), Caroline (1824) e Eduard (1826), totalizando sete irmãos e irmãs com quem Marx cresceu. Nem todos tiveram uma vida longa. Eduard, o mais jovem, morreu em 1837, com onze anos de idade. Outros três morreram com pouco mais de vinte anos: Hermann, em 1842; Henriette, em 1845; e Caroline, em 1847. A causa de óbito indicada nos três casos: tuberculose, uma doença muito comum no século XIX. As três irmãs restantes tiveram uma vida consideravelmente mais longa, superando inclusive a do irmão Karl. Sophie faleceu em 1886; Emilie, em 1888; e Louise, em 1893.

Os pais, Heinrich (1777-1838) e Henriette (1788-1863), casaram-se em 1814. Ambos vinham de famílias judaicas, mas converteram-se ao cristianismo protestante. Karl Marx foi batizado em 26 de agosto de 1824, junto com os seis irmãos nascidos até então. Na ocasião, o pai já havia sido batizado – porém não se sabe a data exata desse acontecimento. A mãe foi batizada um ano mais tarde, no dia 20 de novembro de 1825. No batismo dos filhos, ela declarou, segundo o registro da paróquia, que não queria ser batizada enquanto seus pais ainda estivessem vivos, por respeito a eles, mas que gostaria que os filhos o fossem[4].

O pai de Marx era um advogado respeitado em Trier, e sua renda permitiu à família certa prosperidade. Tanto a casa alugada na Brückengasse (hoje Brückenstraße), na qual Karl Marx nasceu[5], quanto a casa comprada pela família no outono de 1819 (um pouco menor que a outra, mas central, localizada na Simeonstraße), na qual o jovem Karl cresceu, estavam entre os melhores e mais tradicionais prédios da cidade[6].

Como mostram recibos de despesas com educação, Karl, com doze anos de idade, foi inscrito na terceira série* do ginásio de Trier no semestre de inverno de 1830-1831[7]. Em 1835, com dezessete anos, ele fez a prova de conclusão do

---

coletâneas de poemas dedicadas a seu pai e a Jenny (cf. próximo capítulo). O fato de o nome "Karl Heinrich Marx" ainda ser erroneamente divulgado deve-se à cópia, durante décadas, de duas fontes iniciais e incorretas: Friedrich Engels utilizou-o em um esboço biográfico escrito em 1892 para o *Handwörterbuch der Staatswissenschaften* [Dicionário das Ciências do Estado] – MEGA I/32, p. 182; MEW 22, p. 337 – e Franz Mehring o fez quando apresentou, em 1918, a primeira biografia abrangente de Marx.

[4] Heinz Monz, *Karl Marx*, cit., p. 242.

[5] A casa onde Marx nasceu – um típico prédio tradicional de Trier, em estilo barroco – existe ainda hoje, como museu: a Karl-Marx-Haus.

[6] Jürgen Herres, *Das Karl-Marx-Haus in Trier: 1727-heute* (Trier, Karl-Marx-Haus, 1993), p. 20.

* Equivalente ao atual oitavo ano do ensino fundamental no Brasil. (N. T.)

[7] Heinz Monz, *Karl Marx*, cit., p. 11.

ginásio [*Abitur*]. Os trabalhos finais da escola são seus textos mais antigos – com exceção de um poema provavelmente anterior. Não se sabe se Karl frequentou escola primária. Na época, o ensino básico não era particularmente bom e, como ele entrou direto na terceira série do ginásio, talvez tenha tido aulas particulares antes. Em uma carta de 1848 a Marx, o livreiro Eduard Montigny mencionou ter-lhe dado aulas de redação outrora[8].

Os únicos acontecimentos pessoais de que temos conhecimento sobre a juventude de Marx foram transmitidos através de duas anedotas contadas por sua filha Eleanor. Doze anos após a morte de Marx, ela escreveu:

> Minhas tias [as irmãs de Marx, M. H.] contavam-me com frequência que Mohr* [apelido que acompanhou Marx durante toda a vida], quando jovem, era um terrível tirano; ele as obrigava a descer o Markusberg** em Trier com a carruagem em galope veloz e, o que era ainda pior, fazia questão de que elas comessem o bolo que ele próprio havia feito com as mãos sujas, usando uma massa mais suja ainda. Mas elas aceitavam tudo o que ele fazia, sem discutir, já que Karl lhes contava, como recompensa, histórias maravilhosas.[9]

Em um esboço biográfico escrito por Eleanor pouco após a morte de Marx, lê-se que ele "era ao mesmo tempo amado e temido por seus colegas de escola – amado porque estava sempre disposto a aprontar alguma travessura e temido por causa de sua facilidade para escrever versos satíricos e textos difamando inimigos"[10].

Eleanor também relata que a futura esposa de Marx, Jenny von Westphalen, e seu irmão mais novo, Edgar, estavam entre os primeiros parceiros de brincadeira de Marx. Edgar era da mesma classe que ele, e ambos fizeram a confirmação*** no dia 23 de março de 1834[11]. No entanto, não se sabe como nem quando nasceu a amizade entre as crianças. Sabemos que a irmã mais velha de

---

[8]   MEGA III/2, p. 471.

*   Algumas traduções brasileiras utilizam o termo "mouro", que, traduzido para o alemão, resultaria em *Maure*, não em *Mohr*. Na Idade Média, *Mohr* ainda era utilizado para designar os habitantes do norte da África, mas, desde o século XVI, o termo é utilizado de maneira generalizada para designar uma pessoa de pele escura. Manteremos, nesta tradução, o original alemão. (N. T.)

**   Monte – com estrada de mesmo nome – na parte oeste da cidade. (N. T.)

[9]   Eleanor Marx, "Karl Marx: lose Blätter" (1895), em *Mohr und General*, cit., p. 245.

[10]   Idem, "Karl Marx (Erstveröffentlichung: Progress May 1883, 288-294, June 362-366)", (1883), em David Rjazanov, *Karl Marx als Denker, Mensch und Revolutionär* (1928) (Frankfurt am Main, Makol, 1971), p. 32.

***Rito sacramental protestante comparável ao crisma católico. (N. T.)

[11]   Heinz Monz, *Karl Marx*, cit., p. 254 e 338.

Marx, Sophie, era amiga de Jenny, mas não há certeza sobre qual das amizades veio primeiro: se a das duas moças ou a dos dois rapazes, Karl e Edgar. Ou, ainda, se a amizade das crianças foi consequência da relação amistosa entre os pais das duas famílias.

Edgar foi o único dos colegas com quem Marx manteve a amizade para além dos tempos de escola. Não sabemos se ele tinha relações amistosas com outros colegas durante esse período. Seria precipitado, porém, partindo dessa falta de informações, concluir que ele não tinha amigos – voltarei à questão no fim do capítulo.

Segundo as informações de Eleanor, os principais incentivadores intelectuais do jovem Marx foram seu pai e seu futuro sogro, *Ludwig von Westphalen* (1770- -1842). Sob a influência do segundo, ele descobriu "seu 'primeiro amor' pela escola romântica; enquanto seu pai lia Voltaire e Racine com ele, Westphalen o fazia com Homero e Shakespeare"[12]. O fato de Marx ter dedicado sua tese de doutorado a Ludwig von Westphalen, com uma mensagem bastante emocional, mostra a importância que o sogro tinha para ele.

Isso é tudo o que sabemos sobre a vida de Marx no período anterior à prova de conclusão do ginásio. Ainda assim, podemos analisar o contexto, as condições de vida em Trier, sua situação familiar, a escola. Especialmente sobre seu pai e aquele que viria a ser seu sogro foram descobertas mais algumas informações nas últimas décadas. Não se podem deduzir características pessoais nem desenvolvimentos posteriores diretamente de seu entorno; no entanto, temos um pano de fundo inicial, diante do qual o jovem Marx lidou com suas primeiras experiências.

2. Trier entre o idílio e o pauperismo

A cidade onde Marx nasceu era provinciana. Em 1819, Trier tinha pouco mais de 11 mil habitantes, além de aproximadamente 3.500 soldados estacionados[13]. Não era uma população particularmente grande, nem mesmo levando em consideração que a maioria das pessoas vivia no campo e que as cidades eram bem menos populosas do que hoje. Apesar do baixo número de habitantes, Trier – que até meados do século XIX ainda era circundada por muros – expandiu-se consideravelmente. As construções eram espaçadas umas das outras, com muitas áreas livres usadas, mesmo dentro da cidade, como terra para cultivo, jardinagem ou pasto. Ainda em 1840, havia em Trier mais áreas não construídas do que construídas. Ao lado de construções em pedra, ainda se encontravam sobrados

---

[12] Eleanor Marx, "Karl Marx" (1883), cit., p. 32.
[13] Heinz Monz, *Karl Marx*, cit., p. 57-8.

de madeira e, em certo bairro, até mesmo "barracos em condições piores do que na mais ínfima cidade rural"[14].

A Trier em que Marx cresceu tinha características rurais, com apenas duas ruas principais, sendo o restante vielas laterais e ruelas[15]. Por meio das proibições contidas em uma prescrição de 1818, que visava à regulação de vias públicas[16], é possível conhecer as condições higiênicas e estruturais do período: a construção das casas teria, a partir desse momento, de seguir um padrão de alinhamento, casas com risco de desabamento (aparentemente não eram poucas) teriam de ser demolidas, chaminés de todos os tipos não poderiam mais conduzir a fumaça direto à rua, teriam de ser prolongadas até o telhado; tornou-se proibido simplesmente despejar o esgoto de cozinhas, estábulos e estabelecimentos comerciais na rua, assim como água suja e o conteúdo de penicos; porcos e bezerros não poderiam mais ser abatidos na rua.

Em Trier havia importantes ruínas de construções romanas e, do lado de fora, uma paisagem impressionante. Ambos foram ambientes de relevância para a juventude de Marx. As construções romanas e as coleções de antiguidades ilustravam vivamente as extensivas aulas de latim; a paisagem convidava, por si só, a passeios e caminhadas. A partir da redação original da dedicatória de sua tese de doutorado[17], é possível deduzir que o jovem Marx costumava fazer longas caminhadas com seu futuro sogro, Ludwig von Westphalen. A aparência da cidade e da paisagem naquela época foi descrita por *Ernst von Schiller* (1796--1841) – o segundo filho do poeta *Friedrich Schiller* (1759-1805) foi juiz no tribunal distrital [*Landgericht*] de Trier entre 1828 e 1835 – em uma carta de 1º de junho de 1828 a sua irmã Emilie:

> A cidade se alonga – por uma razoável extensão, mas interrompida por muitos jardins – pela margem direita do [rio] Mosela, sobre o qual conduz uma ponte de pedra de oito arcos. O limite norte da cidade é fechado pela Porta Nigra*, uma gigantesca construção [...]. Dentro da cidade, na parte oeste, encontra-se a descomunal praça e o palácio do Trigésimo Regimento de Infantaria. Na parte sudeste da cidade ficam as ruínas romanas, ainda grandiosas, das termas e do anfiteatro [...]. No sul e no norte da cidade ficam os esplêndidos edifícios das antigas e ricas abadias

---

[14] Gottfried Kentenich, *Geschichte der Stadt Trier von ihrer Gründung bis zur Gegenwart: Denkschrift zum Hundertjährigen Jubiläum der Zugehörigkeit der Stadt zum Preussischen Staat* (Trier, Lintz, 1915), p. 746.

[15] Ibidem, p. 747.

[16] Impressa integralmente em ibidem, p. 713 e seg.

[17] MEGA I/1, p. 11-2 e 887; MEW 40, p. 259-60.

* Prédio histórico cujas fundações datam do século III d.C. (N. T.)

subordinadas diretamente à autoridade imperial* [...]. Na margem esquerda do Mosela, erguem-se rochedos escarpados de cor avermelhada e, entre eles, amendoeiras e grandes castanheiras. No alto dos rochedos, vê-se uma capela de peregrinação; em seu ponto mais alto, uma cruz solitária, da qual se olha para baixo e se vê a íngreme profundeza. Por trás desses rochedos, altas montanhas se elevam, com uma bela floresta copada de castanheiras, carvalhos e faias [...]. Entre os rochedos, no meio da floresta, flui um riacho que deságua no Mosela; após ter se distanciado quinze minutos de sua nascente, ele cai de uma altitude de setenta pés em um desfiladeiro no interior do rochedo, onde a luz do sol nunca brilha. A sensação constante de frescor e o barulho exclusivo da queda-d'água nesse lugar são magníficos. Do alto das montanhas e dos rochedos, olha-se para a cidade, lá embaixo, como se olha para um mapa. É um vale extremamente belo. Todas essas belezas ficam tão próximas que é possível ir e voltar de lá em algumas horas.[18]

História e vida cultural

Trier, fundada pelos romanos em torno de 16 a.C., é uma das cidades mais antigas da Alemanha. Nos primeiros séculos depois de Cristo, desenvolveu-se e tornou-se a maior cidade romana ao norte dos Alpes. No século IV, era uma das sedes residenciais do imperador do Império Romano do Ocidente, com aproximadamente 80 mil habitantes. A casa na Simeonstraße, onde Karl Marx cresceu, ficava bem próxima da mais famosa construção romana em Trier, a Porta Nigra.

Ao longo da Idade Média e da Idade Moderna, o número de habitantes de Trier caiu drasticamente, em especial por causa de guerras, doenças e crises de fome; em 1695, menos de 3 mil pessoas habitavam a cidade[19]. A partir da Idade Média, Trier passou a formar um eleitorado [Kurfürstentum] junto às regiões adjacentes. O arcebispo de Trier era um dos três eleitores eclesiásticos que, com os quatro eleitores seculares, elegiam os reis da Alemanha. Além de muitas igrejas, conventos e mosteiros, o palácio mencionado por Ernst von Schiller tem suas origens no período do eleitorado. A partir do século XII, uma prestigiosa relíquia passou a ser guardada em Trier: o Manto Sagrado – a túnica supostamente usada por Jesus. Raramente esse manto é exibido ao público, o que, então, atrai massas de fiéis ao local. A mulher de Karl Marx, Jenny, vivenciou e relatou uma dessas exibições ao visitar Trier em 1844.

---

*   *Reichsunmittelbarkeit*: condição de algumas instituições, ou pessoas, do Sacro Império Romano--Germânico, na qual o beneficiário se encontrava imediatamente abaixo do imperador na hierarquia de poder. (N. T.)

[18]   Karl Schmidt, *Schillers Sohn Ernst: eine Briefsammlung mit Einleitung* (Paderborn, Schöningh, 1905), p. 335-6.

[19]   Gottfried Kentenich, *Geschichte der Stadt Trier von ihrer Gründung bis zur Gegenwart*, cit., p. 534.

A forte presença da Igreja católica em Trier não foi abalada nem mesmo pela Reforma Protestante – no começo do século XIX, os protestantes eram apenas uma insignificante minoria lá. As consequências urbanísticas do catolicismo foram caracterizadas por *Johann Wolfgang von Goethe* (1749-1832), que conheceu Trier em 1792, da seguinte maneira:

> A cidade em si tem um caráter notório: ela alega ter mais edifícios religiosos do que qualquer outra cidade de mesmo porte; pois que não se queira negar-lhe essa fama, haja vista que ela está, dentro dos muros, carregada de igrejas, capelas, mosteiros, conventos, colégios católicos e edifícios de cavalarias e de irmandades, que quase a esmagam; e do lado de fora ela é obstruída por abadias, *stifte** e mosteiros [da Ordem dos Cartuxos], que quase a cercam por completo.[20]

Goethe participou da primeira campanha militar contra a França revolucionária. As tropas da velha Europa monárquica – aquela Europa que olhava para a França revolucionária com total desdém – tiveram de recuar diante da Batalha de Valmy, que se tornaria famosa. Ao retornar, Goethe passou um tempo em Trier. Nesse período, conheceu um jovem professor com quem fez caminhadas nas quais aprendeu coisas sobre a cidade. Nesses passeios, Goethe pôde "desfrutar de agradáveis conversas científicas e literárias"[21]. Por cerca de quarenta anos após a estada de Goethe, o jovem professor, *Johann Hugo Wyttenbach* (1767-1848), foi diretor do ginásio de Trier, onde também deu aulas ao jovem Karl. Ainda trataremos dele aqui.

Quando Karl Marx nasceu, 26 anos depois da visita de Goethe, o aspecto da cidade havia se alterado consideravelmente. Em 1794, Trier foi ocupada por tropas francesas. Além de repelir as potências monárquicas, a França revolucionária obteve territórios significativos. O domínio francês acarretou transformações profundas e decisivas para Trier, modificando fundamentalmente a vida na cidade em vários âmbitos. Já em 1798, introduziu-se a legislação francesa – que era bastante avançada para a época – e, em 1804, o *Code civil* napoleônico. Dessa forma, suprimiram-se os privilégios estamentais; diante da lei, todos os cidadãos eram iguais. Aboliram-se a servidão hereditária dos camponeses e as corporações; a liberdade econômica passou a vigorar. Os processos judiciais tornaram-se públicos, e tribunais de júri passaram a ser convocados para os processos penais, ou seja, apostava-se na participação dos cidadãos, o que se refletia nos julgamentos. O poder da Igreja foi limitado, e o casamento civil obrigatório foi introduzido.

---

* Instituições religiosas conduzidas por grupos eclesiásticos e sustentadas por contribuições da nobreza. (N. T.)

[20] Johann Wolfgang von Goethe, *Campagne in Frankreich 1792* (1822) (Munique, Deutschen Taschenbuch, 2000, Werke, v. 10), p. 292-3.

[21] Idem.

A partir de 1802, a maioria dos mosteiros e *stifte* foram fechados e muitos edifícios foram demolidos. Grande parte do patrimônio da Igreja foi transferido para o Estado e, posteriormente, leiloado. Como o patrimônio não foi dividido para a venda, uma quantidade significativa de recursos era necessária para a compra – recursos dos quais somente a burguesia urbana dispunha. Depois da compra, os bens eram divididos e vendidos, gerando grandes lucros. A consequência foi um aumento enorme da riqueza das já abastadas camadas superiores[22].

A ocupação francesa mostrou-se vantajosa para a indústria e o comércio, sobretudo a partir de 1800: Trier passou a ter acesso aos mercados franceses – havia fábricas de papel de parede, uma de porcelana e várias de produtos têxteis que proviam o Exército francês[23]. Além disso, graças ao bloqueio continental de *Napoleão Bonaparte* (1769-1821) ao Reino Unido, os fabricantes estavam protegidos da concorrência superior dos ingleses. Após a campanha fracassada de Napoleão na Rússia, acabou também a dominação francesa. No Congresso de Viena, em 1815, a Trier católica foi incorporada, juntamente com a Renânia, à Prússia protestante.

No período prussiano, havia em Trier uma série de famílias abastadas – e, entre elas, algumas ainda mais ricas. A descrição que Ernst von Schiller fez da "sociedade local", em carta de 12 de abril de 1828 a sua esposa, aplica-se bem a essas camadas abastadas:

> As damas maquiam-se em demasia, algumas com gostos que desconheço. [...] Elas trabalham, ou seja, tricotam em pequenos círculos e em grupos nos passeios. Às sextas-feiras, das cinco às seis, vão à palestra de história de Wyttenbach [...]. Entre as cinco e as oito horas das quartas-feiras, no verão, vai-se ao Gilberts Garten, onde se tomam café e vinho, ouve-se música, fuma-se e tricota-se [...]. Nos outros dias da semana, de vez em quando, as famílias – ou as damas sozinhas, que apreciam a região – vão ao Wettendorfs Häuschen e saboreiam um café ou um chocolate. Uma vez a cada duas semanas, há diversão noturna no cassino, quando as damas também participam e quando, sobretudo, se dança. Mas, acima de tudo, as pessoas se visitam *en famille* pelo menos uma vez por semana, isto é, os bons amigos [...]. Aqui, tomamos chá e cerveja, jogamos *whist*, fumamos e tricotamos; e às oito e meia comemos salada, carne assada, língua, queijo e semelhantes – acompanhando tudo, tomamos vinho. Depois da janta, ainda se fuma um cachimbo e, depois, lá pelas dez, dez e meia, vai-se para casa.[24]

---

[22] Gabriele B. Clemens, "Trier unter dem Hammer – die Nationalgüterverkäufe", em Elisabeth Dühr e Christl Lehnert-Leven (orgs.), *Unter der Trikolore: Trier in Frankreich, Napoleon in Trier 1794-1814* (Trier, Städtisches Museum Simeonsstift, 2004).

[23] Cf. Michael Müller, "Die Stadt Trier unter französischer Herrschaft (1794-1814)", em Kurt Düwell e Franz Irsigler (orgs.), *2000 Jahre Trier*, v. III: *Trier in der Neuzeit* (Trier, Spee, 1988), p. 377-98.

[24] Karl Schmidt, *Schillers Sohn Ernst*, cit., p. 329-30.

A JUVENTUDE PERDIDA 47

Gross estima que "o topo da sociedade de Trier" seria composto nessa época de dez a doze personalidades: os generais da guarnição, os presidentes dos governos distritais e dos tribunais, alguns comerciantes ricos, banqueiros e proprietários de terras e, por último, mas não menos importante, o bispo *Josef von Hommer* (1760--1836). Eles teriam se encontrado com frequência em prolongados jantares de domingo, regados a ingredientes refinados, cuja fama teria chegado a Berlim[25].

Apesar da baixa população local, a vida cultural de Trier era diversificada[26]. A Sociedade para Pesquisas Úteis [Gesellschaft für nützliche Forschungen], fundada em 1801, teve aqui papel importante. Em 1817, ela foi dividida em duas seções: uma tratava de história natural e física e outra era responsável por história e antiguidades – esta última se dedicava, entre outras coisas, à exploração e à conservação das antiguidades de Trier[27]. Wyttenbach, citado por Goethe, foi um dos cofundadores e também secretário da sociedade por muitos anos; seus estudos arqueológicos o tornaram conhecido para muito além de Trier[28]. Ele também fundou a biblioteca municipal de Trier, para a qual salvou milhares de volumes que estavam nas bibliotecas secularizadas dos mosteiros e dos *stifte*, tanto de regiões próximas como de locais distantes. Assim, a biblioteca dispunha de um vasto conjunto de manuscritos e edições antigas. O ginásio pelo qual ele era responsável também abrigava uma coleção de moedas e uma de itens naturais [*Naturaliensammlung*], além de uma coleção de antiguidades. Em palestras públicas – citadas por Schiller –, ele se dirigia à burguesia intelectual e àquela interessada em educação. O anseio por educação já crescia intensamente desde o fim do século XVIII; em várias cidades, aconteciam, com certa regularidade, palestras públicas de estudiosos conhecidos. As palestras mais famosas foram as que *Alexander von Humboldt* (1769-1859) deu na Sociedade Filarmônica de Berlim entre 1827 e 1828 sobre o cosmos, nas quais mais de oitocentas pessoas estiveram presentes[29]. Pelo que se pode comprovar, ciclos de palestras vespertinas já aconteciam no ginásio de Trier desde 1802[30].

---

[25] Guido Gross, "Trier und die Trierer im Vormärz", em Elisabeth Dühr (org.), "*Der schlimmste Punkt der Provinz" Demokratische Revolution 1848/49 in Trier und Umgebung* (Trier, Städtisches Museum Simeonstift, 1998), p. 77.

[26] Cf. descrição em Emil Zenz, *Geschichte der Stadt Trier im 19. Jahrhundert*, v. I (Trier, Spee, 1979), p. 159-79.

[27] Guido Gross, *Trierer Geistesleben: unter dem Einfluß von Aufklärung und Romantik (1750-1850)* (Trier, Lintz, 1956), p. 93 e seg.

[28] Ibidem, p. 102.

[29] Alexander von Humboldt, *Die Kosmos-Vorträge 1827/28 in der Berliner Singakademie* (Frankfurt am Main, Insel, 2004), p. 12.

[30] Guido Gross, "Zur Geschichte des Friedrich-Wilhelm-Gymnasiums", em Jakob Schwall (org.), *400 Jahre Friedrich-Wilhelm-Gymnasium Trier* (Trier, Paulinus. 1962), p. 34.

Karl Marx e o nascimento da sociedade moderna

A partir de 1832, formou-se em Trier uma viva cena literária ao redor de *Eduard Duller* (1809-1853), poeta proveniente de Viena, e de seu amigo, o tenente silesiano *Friedrich von Sallet* (1812-1842), que também escrevia poemas[31]. Havia também um teatro, no qual foram apresentados clássicos de Schiller e *Gotthold Ephraim Lessing* (1729-1781) – principalmente as peças históricas românticas –, assim como diversas óperas. A ópera romântica e de horror *O franco-atirador* [*Der Freischütz*], de *Carl Maria von Weber* (1786-1826), foi exibida numerosas vezes com grande sucesso – por exemplo, em 1834[32]. É bem possível que também o jovem Karl, que escreveu seus primeiros poemas nos tempos de escola, tenha ido a uma das apresentações.

A Sociedade Literária do Cassino [Literarische Casinogesellschaft], fundada em 1818, formava o centro da vida social de Trier (o mesmo "cassino" mencionado por Schiller). Sua finalidade foi definida em seus estatutos: "Manter uma sociedade de leitura juntamente com um local de associação para divertimento convivial para pessoas cultas"[33]. No prédio do cassino, concluído em 1825, havia uma sala de leitura com uma série de jornais estrangeiros; bailes e concertos aconteciam com frequência e, em ocasiões especiais, banquetes eram organizados[34]. As camadas burguesas mais elevadas e os oficiais da guarnição faziam parte da Sociedade do Cassino. O pai de Karl, Heinrich Marx, foi um de seus cofundadores, em 1818[35]. Sociedades parecidas (em parte com o mesmo nome) surgiram no fim do século XVIII e no início do XIX também em outras cidades alemãs; elas eram importantes pontos de cristalização da cultura burguesa emergente. Nesses locais, expressavam-se críticas às circunstâncias políticas. Em 1834, o cassino de Trier foi palco de dois acontecimentos políticos sobre os quais ainda falaremos.

As condições sociais

Trier não era um idílio Biedermeier, como se poderia supor a partir das descrições das belas paisagens e da vida cultural. A substituição da dominação francesa pela prussiana teve importantes consequências econômicas e sociais. Trier perdeu contato com importantes mercados franceses, indo parar em uma desfavorável posição periférica no extremo oeste da Prússia, com péssimas ligações viárias ao

---

[31] Guido Gross, *Trierer Geistesleben*, cit., p. 136.

[32] Ibidem, p. 129-30.

[33] Citado em Gottfried Kentenich, *Geschichte der Stadt Trier von ihrer Gründung bis zur Gegenwart*, cit., p. 731.

[34] Cf. Peter Franz Schmidt, *Geschichte der Casino-Gesellschaft zu Trier* (Trier, Jacob Lintz, 1955), p. 11 e seg.

[35] Cf. a lista de nomes, publicada em ibidem, p. 88, da ata da assembleia geral convocada para o dia 28 de janeiro de 1818.

restante do reino. A recém-obtida região de Trier era considerada pelo regime prussiano principalmente do ponto de vista estratégico-militar – para a mobilização de suas tropas no caso de um conflito com a França[36]. Não havia recursos estatais para incentivar a economia local, principalmente à medida que o regime passava, cada vez mais, a seguir os princípios do liberalismo econômico: apenas o mercado livre deveria proporcionar o desenvolvimento econômico.

Muitos órgãos públicos, que no período dos príncipes-eleitores [*Kurfürsten*] e da ocupação francesa tinham sede em Trier, foram então transferidos para Colônia ou Coblença. A universidade, fechada no período francês, não foi reaberta; em vez disso, fundou-se em Bonn, em 1818, uma universidade para a região do Reno. Em comparação com o período francês, a carga fiscal também aumentou pesadamente. A Prússia precisava financiar os custos de guerra e, para isso, onerava a província do Reno desproporcionalmente. Também em relação ao período anterior, o imposto fundiário aumentou de modo significativo, enquanto os grandes latifundiários nobres da Prússia oriental eram, em geral, isentos. O então recém-introduzido imposto sobre cereais e carnes levou ao aumento do preço dos alimentos, atingindo em especial a parte mais pobre da população[37]. Nada disso contribuiu para que a população de Trier – de maioria católica e que havia convivido bem com a dominação francesa – simpatizasse com a Prússia protestante. O regime prussiano, por sua vez, tinha grande desconfiança em relação à cidade, por suspeitar que a simpatia desta pela França fosse grande[38].

No começo do domínio prussiano, a Renânia sofreu um forte declínio econômico, assim como as regiões do Mosela e do Sarre [*Saarland*]. Trier e arredores foram particularmente afetados por tal declínio. A fábrica têxtil, que antes produzia para o Exército francês, empregando mais de mil trabalhadores, uma fábrica de porcelana com seus cem empregados e uma fábrica de cobertores passaram a ter um volume de vendas tão baixo que a produção precisou ser suspensa; restaram apenas as pequenas empresas[39].

Os problemas com as vendas não eram apenas resultado da perda dos mercados franceses. Após o fim do bloqueio continental, que obstruía a venda de mercadorias inglesas no continente, os fabricantes locais ficaram sujeitos a uma concorrência muito forte. Também as indústrias siderúrgicas na região do Eifel e do Hunsrück, as únicas regiões industriais nas proximidades de Trier, registra-

---

[36] Heinz Monz, *Karl Marx*, cit., p. 52.

[37] Manfred Heimers, "Trier als preußische Bezirkshauptstadt im Vormärz (1814-1848)", em Kurt Düwell e Franz Irsigler (org.), *2000 Jahre Trier*, v. III: *Trier in der Neuzeit*, cit., p. 401.

[38] Cf. Heinz Monz, *Karl Marx*, cit., p. 110 e seg.

[39] Manfred Heimers, "Trier als preußische Bezirkshauptstadt im Vormärz (1814-1848)", cit., p. 402.

KARL MARX E O NASCIMENTO DA SOCIEDADE MODERNA

ram fortes perdas. O vale do Mosela, cuja pobreza já havia sido objeto de relatos do século XVII[40], também passava por grandes problemas. Num primeiro momento, os viticultores do Mosela se beneficiaram do domínio prussiano. A legislação aduaneira prussiana de 1818 colocou-os praticamente em posição de monopólio, de maneira que as áreas de cultivo puderam ser expandidas consideravelmente. No entanto, com o aumento da quantidade de vinho, veio a diminuição de sua qualidade. Após o fechamento de acordos aduaneiros entre a Prússia e as regiões de Hesse e Württemberg, em 1828 e 1829, os vinhos do sul da Alemanha começaram a suplantar largamente o vinho do Mosela no mercado prussiano. A pobreza entre os viticultores do Mosela cresceu consideravelmente e, na década de 1830, como consequência da criação da união aduaneira [*Zollverein*] alemã, a situação piorou ainda mais. No início dos anos 1840, Marx ajudou a dar ampla visibilidade à miséria dos viticultores do Mosela por meio de reportagens da *Gazeta Renana**.

Assim, no mais tardar a partir do fim dos anos 1820, toda a região em volta de Trier encontrava-se em declínio econômico. Como consequência, a situação das pequenas empresas de Trier também foi comprometida, já que os arredores da cidade eram suas principais áreas de vendas. As camadas abastadas em Trier passaram a ver diante de si um grande número de artesãos empobrecidos e uma enorme massa de trabalhadores pobres, em parte desempregados, que viviam em bairros superpovoados. A miséria dessa gente mostrava-se por uma mendicância crescente, pelo aumento no número de processos civis, pela venda de bens domésticos, pela penhora de objetos, assim como pelo aumento da prostituição[41]. Também em Trier se via com clareza aquele novo fenômeno social que se espalhou por toda a Europa ocidental na primeira metade do século XIX: o *pauperismo*. Pobres já existiam anteriormente, mas, como consequência dos primórdios da industrialização, grande parte da população empobreceu; inclusive trabalhadores e artesãos que até então conseguiam se sustentar sem problemas com seu próprio trabalho. Não se podia imaginar como essas pessoas conseguiriam, algum dia, sair da pobreza. Em Trier, cerca de um quarto da população dependia completamente da assistência pública e de medidas privadas de ajuda. A superlotação ameaçava, já em 1826, o asilo regional de pobres. Quatro anos depois, financiado por emissão e venda de títulos, foi criado um armazém público [*Brotfruchtmagazin*], que com vendas baratas, pretendia influenciar o preço do pão e prover os pobres. Em 1831, foi criado

---

[40] Heinz Monz, *Karl Marx*, cit., p. 45.

* Ver Karl Marx, *Os despossuídos: debates sobre a lei referente ao furto de madeira* (trad. Nélio Schneider, São Paulo, Boitempo, 2017). (N. E.)

[41] Heinz Monz, *Karl Marx*, cit., p. 83 e seg.

A JUVENTUDE PERDIDA   51

um estabelecimento para distribuir sopa. Aparentemente, Heinrich Marx se comoveu com aquela miséria social, tendo em vista que comprou dois títulos do armazém. Apenas dezesseis cidadãos abastados haviam comprado mais; em geral, comprava-se apenas um título[42].

Wilhelm Haw (1793-1862), prefeito de Trier por muitos anos, salientou o empobrecimento de grande parte da população repetidas vezes em seus relatórios ao governo, pedindo subvenções por parte do Estado. No entanto, tais auxílios não foram concedidos – ou o foram em quantidades muito reduzidas – pelo regime economicamente liberal da Prússia. Como os relatórios de Haw mostram, inclusive as "classes médias" estavam ameaçadas pela pobreza. Estas, escreve ele, até conseguiam dissimular sua miséria, mas o número de vendas judiciais forçadas e de objetos penhorados revelava a verdadeira situação[43].

Após uma análise detalhada dos registros de contribuição de 1831-1832, Herres chegou à seguinte conclusão: nos períodos economicamente favoráveis, cerca de 20% dos domicílios de Trier dependiam diretamente de auxílios públicos e, em períodos desfavoráveis, 30%. Entre 40% e 50% dos domicílios não estavam abaixo do limite de pobreza, mas em situação bastante instável. Acidentes ou doenças poderiam rapidamente empurrá-los para a pobreza[44]. Sendo assim, a camada inferior, composta de pobres e daqueles em risco de pobreza, abrangia 80% dos domicílios.

Os domicílios restantes (20%) tinham uma renda mínima de duzentos táleres por ano e pertenciam às camadas médias e superiores – somente esses domicílios eram registrados como contribuintes. Entre eles, havia ainda uma grande diferença de renda e de bens. Cerca de 10% do total de domicílios (ou seja, metade dos domicílios tributados) tinha uma renda anual entre 200 e 400 táleres. Aproximadamente 8,8% dispunham de 400 a 2.500 táleres. Os domicílios de fato ricos, com renda anual acima de 2.500 táleres, constituíam 1,2% do total de domicílios (cerca de 6% dos domicílios tributados)[45]. De acordo com os registros de contribuição analisados por Herres, os dois cidadãos mais ricos de Trier obtinham rendimento de cerca de 30 mil táleres por ano. O prefeito Wilhelm Haw, que lutava pela assistência aos pobres, tinha rendimento total de aproximadamente 10 mil táleres (por seu cargo, mas principalmente graças a suas posses); o bispo católico Josef von Hommer, de cerca de 8 mil táleres. Ludwig von Westfallen e Heinrich Marx tinham rendas anuais de 1.800 e 1.500 táleres,

---

[42] Ibidem, p. 96 e seg.

[43] Ibidem, p. 73.

[44] Jürgen Herres, "Cholera, Armut und eine 'Zwangssteuer' 1830/32: zur Sozialgeschichte Triers im Vormärz", em *Kurtrierisches Jahrbuch*, ano 30, 1990, p. 185.

[45] Ibidem, p. 167.

respectivamente; Hugo Wyttenbach, diretor do ginásio, tinha rendimentos aproximados no valor de 1.000 táleres[46]. Com base nesses dados, é possível resumir a distribuição dos rendimentos da seguinte maneira:

Rendimento anual nos domicílios de Trier em 1831-1832[47]	
1,2%	> 2.500 táleres
8,8%	400-2.500 táleres
10%	200-400 táleres
80%	< 200 táleres (pobres ou em risco de pobreza)

Em 1825, tendo em vista as condições em Trier, surgiu um dos primeiros escritos socialistas da Alemanha: *Was könnte helfen?* [O que poderia ajudar?], de *Ludwig Gall* (1792-1863). Gall foi secretário do governo distrital na cidade a partir de 1816, e seu pensamento foi influenciado pelos socialistas utópicos *Robert Owen* (1771-1858), *Charles Fourier* (1772-1837) e *Henri de Saint-Simon* (1760-1825). No prefácio de seu escrito, ele descreveu vigorosamente as miseráveis condições de vida dos trabalhadores. Para Gall, o dinheiro, que tudo domina, seria a causa dos problemas sociais: aqueles que trabalham seriam completamente dependentes daqueles que dispõem de dinheiro. Contudo, Gall não visava a uma completa revolução das relações sociais, tampouco à supressão do dinheiro. Seu objetivo era a melhoria da posição dos pobres em relação à dos ricos por meio de ajuda estatal. O Estado deveria ocupar pobres e mendigos com trabalhos úteis, possibilitando, assim, que eles se sustentassem. Os pobres também deveriam ser fortalecidos por meio de entidades cooperativas promovidas pelo Estado. Em um periódico fundado em 1828, que só teve o primeiro número publicado, Gall propagou suas ideias; estas, no entanto, não encontraram grande ressonância em Trier. Não se sabe se o jovem Karl Marx teve acesso ao escrito de Gall[48].

Ao longo dos anos 1820 e 1830, a pobreza se manteve em pauta em Trier. Ela teve um papel importante nos relatos detalhados, inicialmente anônimos, sobre a vida no local publicados em 1840 sob a forma de cartas no periódico *Trierer Philantrop* e pouco depois impressos como livro. O autor, *Johann Heinrich Schlink* (1793-1863), foi conselheiro do tribunal distrital e amigo de Heinrich

---

[46] Ibidem, p. 189 e seg.

[47] De acordo com Jürgen Herres, "Cholera, Armut und eine 'Zwangssteuer' 1830/32", cit.

[48] Cf., sobre Gall, Dieter Dowe, *Aktion und Organisation: Arbeiterbewegung, sozialistische und kommunistische Bewegung in der preußischen Rheinprovinz 1820-1852* (Hanôver, Verlag für Literatur und Zeitgeschehen. 1970), p. 43-4; Heinz Monz, *Karl Marx*, cit., p. 105 e seg.; Heinz Monz, *Ludwig Gall: Leben und Werk* (Trier, NCO, 1979).

Marx. Segundo Schlink, apesar do princípio introduzido pelos franceses de igualdade perante a lei, havia "três classes principais" na sociedade:

> Primeiro, o povo (aqueles que trabalham por um salário diário); segundo, a classe média; terceiro, a classe burguesa mais alta [*höhere Bürgerstand*], abrangendo os funcionários públicos e os oficiais militares. [...] Na classe mais baixa, incluo todos aqueles que obtêm o pão de cada dia com as próprias mãos e que não têm propriedade (aqueles que trabalham por um salário diário). Essa classe, muito numerosa, foi colocada em uma situação de grande desconforto pela atual estagnação de tantas indústrias, de forma que a pobreza generalizada se revela aqui com nitidez. [...] E, para sair dessa situação precária, penhoram-se frequentemente os utensílios domésticos – com a esperança, em muitos casos ilusória, de recuperá-los um dia [...]. Além disso, cresce a tendência ao consumo de bebidas alcoólicas; a família começa a degradar-se cada vez mais e logo não consegue subsistir sem o auxílio da Comissão de Auxílio aos Pobres* ou do hospital[49].[50]

Schlink não se limitou à descrição das condições; ele pressentia algo ruim para o futuro: "Entretanto, o pauperismo aumenta por toda parte com uma intensidade tal que, vez ou outra, ele já se mostra ameaçadoramente, de modo que será necessário, por fim, impor um limite à proliferação do proletariado"[51]. Por trás da piedade para com os pobres e sua miséria, nota-se o medo de que as massas pudessem um dia rebelar-se contra seu destino miserável recorrendo à violência. Esse medo predominava na burguesia da época. Também nos depararemos com restos desse medo em 1842 em Marx, no período em que era editor da *Gazeta Renana*.

3. Os pais de Karl Marx

Karl Marx provinha de uma família judaica que, por parte de pai, gerou muitos rabinos. Contudo, seus pais se converteram ao cristianismo (protestante). Surge aqui a pergunta: que papéis tiveram a tradição judaica e o batismo cristão para

---

* *Armenkommission*: comissão fundada em 1805 pelo regime prussiano para administrar e coordenar as fundações municipais, religiosas e privadas de auxílio aos necessitados. (N. T.)

[49] Os hospitais eram, até o século XIX, com frequência responsáveis não só pelos doentes, mas também pelos idosos debilitados e pelos pobres, que recebiam ali pelo menos uma refeição quente.

[50] Citado em Gottfried Kentenich, *Geschichte der Stadt Trier von ihrer Gründung bis zur Gegenwart*, cit., p. 759-60. Kentenich refere-se a um autor anônimo. Sobre a autoria de Schlink, cf. Hubert Schiel, *Die Umwelt des jungen Karl Marx: ein unbekanntes Auswanderungsgesuch von K. M.* (Trier, Jacob Lintz, 1954), p. 15-6.

[51] Ibidem, p. 761.

Karl Marx? Em uma parte da literatura biográfica, nem sequer se entra nessa questão. Em outra parte, ela é considerada a chave para entender a psique de Marx e, por vezes, também sua obra – contudo, a análise do judaísmo e do batismo é feita, via de regra, de maneira completamente a-histórica. Mas a origem judaica e a conversão ao cristianismo tinham, no começo do século XIX, um significado diferente do que tinham no século anterior. Antes de nos aproximarmos da família de Karl Marx, precisamos entender um pouco melhor a profunda transformação social e política que as comunidades judaicas vivenciaram na Europa ocidental do século XIX.

A situação dos judeus no século XVIII e no começo do século XIX

Na sociedade estratificada do século XVIII, o acesso desigual a poder e influência, a riqueza e a renda eram determinados não só pelo patrimônio herdado mas também por uma vasta gama de normativas estamentárias e regulamentações legais. Nascer em camada nobre, burguesa ou camponesa não apenas determinava as condições concretas de vida como estabelecia basicamente o que era permitido ou proibido a cada indivíduo. Existia no cotidiano uma série de privilégios e proibições, que regulavam até mesmo questões de vestimenta: usar veludo e seda, por exemplo, só era permitido aos notáveis [*Honoratioren*] da cidade, isto é, doutores, jurados, conselheiros e prefeitos. O restante dos cidadãos (independentemente de sua renda) tinha de se contentar com outros tecidos.

Nessa sociedade estamentária, a maioria dos judeus vivia em condições extremamente precárias. Devido à maneira como as corporações de ofício eram organizadas – excluindo os judeus –, o acesso a um grande número de profissões artesanais lhes era negado. Tendo em vista que a propriedade de terras era proibida aos judeus, também o setor agrícola ficava fora de cogitação. Logo, restavam quase exclusivamente os negócios comerciais e monetários. Também a situação legal dos judeus era incerta. Eles eram vistos como estranhos, sendo tolerados somente na medida em que pudessem acarretar vantagens comerciais. Para obter o direito de estabelecimento, tinham de pagar diversas taxas e impostos especiais, comprar sua proteção, e tudo isso repetidas vezes.

Entre a população judaica, havia consideráveis diferenças sociais. Entre as três principais camadas havia um mundo de diferenças. A pequena camada superior, composta dos abastados "judeus da corte" [*Hofjuden*], permanentemente prestava serviços às cortes dos príncipes [*Fürstenhöfe*]. Havia ainda uma pequena camada média, composta majoritariamente de comerciantes e banqueiros, os "judeus protegidos" [*Schutzjuden*] – estes possuíam "cartas de proteção" concedidas pelos respectivos monarcas, através das quais certos direitos lhes eram garantidos. Os judeus da larga camada inferior, em grande parte desprotegidos legalmente, trabalhavam como servos e ajudantes ou vendiam produtos em pequenos comércios e de porta em porta, vivendo às margens do mínimo existencial[52].

Um regulamento promulgado em 1744 por *Frederico II da Prússia* (1712- -1786) em Breslau, então capital da Silésia [*Schlesien*], ilustra bem como os judeus eram tratados no século XVIII – isso levando em consideração que o monarca prussiano, que havia convidado *Voltaire* (1694-1789) a sua corte, era um dos soberanos mais progressistas do século XVIII. Ele teria tomado conhecimento, segundo consta, de que

um enorme enxame, gente do povo judeu, infiltrou-se e alastrou-se, de tal maneira que suas práticas, assim como seus negócios e suas atividades, [...] não só representam grande desvantagem para nossos cofres reais, mas também causam uma série de pesados prejuízos à classe de comerciantes estabelecida aqui, fiel a nossa capital Breslau.

Então, ele decidiu

agir, por meio da legislação presente, contra esse flagelo, expulsando da cidade todo o vicioso povo judeu. E os negócios e as atividades daqueles judeus comerciantes, de boa reputação e honestos, dos quais nossa moeda breslaviana indispensavelmente precisa, [...] e dos quais não podemos prescindir por serem úteis nas importantes transações com a comunidade judaica polonesa, deverão ser restringidos de tal maneira [...] que não possam mais surgir grandes desvantagens para nossos comerciantes.[53]

O desdém com que se encaravam os judeus é evidente. O "povo judeu" [*Juden-Volck*], em sua totalidade, é considerado como "vicioso" [*liederlich*], como um povo que deveria ser "expulso", independentemente de quão longa era sua presença na cidade. E até mesmo àqueles que reconhecidamente praticavam um comércio "honesto" só foi permitido fazer negócios na medida em que fossem úteis ao Estado ou que não gerassem desvantagens para "nossos comerciantes", ou seja, os comerciantes alemães ali estabelecidos[54].

---

[52] Andreas Reinke, *Geschichte der Juden in Deutschland 1781-1933* (Darmstadt, Wissenschaftliche Buchgesellschaft, 2007), p. 9 e seg.

[53] Citado em ibidem, p. 11.

[54] O regulamento citado do esclarecido Frederico não era de maneira nenhuma exceção; a hostilidade em relação aos judeus atravessou todo o seu reinado; Mordechai Breuer, "Frühe Neuzeit und Beginn der Moderne", em Michael A. Meyer (org.), *Deutsch-Jüdische Geschichte in der Neuzeit*, v. I: *Tradition und Aufklärung 1600-1780* (Munique, Beck, 1996), p. 143 e seg. A situação não era melhor sob o domínio de *Maria Teresa da Áustria* (1717-1780), oponente católica de Frederico (que era protestante). Em 1745, partindo de sua iniciativa, os judeus foram expulsos de Praga, com a justificativa de que teriam apoiado o inimigo prussiano durante a guerra; ibidem, p. 149.

A maior parte da população cristã encarava os judeus com uma profunda desconfiança – com raízes em uma centenária tradição antijudaica da Idade Média. O cotidiano de uma expressiva maioria da população judaica não era marcado simplesmente por sua situação jurídica incerta; era também cheio de humilhações e insultos, uns menores, outros maiores, por parte de seu entorno cristão. Considerar os judeus – com poucas exceções – "eticamente corrompidos" ou em uma situação moral bem abaixo da de seu entorno não judaico era lugar-comum, compartilhado por aqueles iluministas do século XVIII que se engajavam por melhorias para eles, como *Christian Wilhelm von Dohm* (1751-1820)[55]. A novidade em sua concepção era que, para ele, se a difícil situação legal e social dos judeus melhorasse, eles seriam enfim capazes de uma "melhoria civil"[56].

Com a Revolução Francesa, iniciou-se uma mudança fundamental. Na França, ela proporcionou aos judeus, em primeiro lugar, a completa igualdade perante a lei. Em 1791, a Assembleia Nacional revogou todas as leis especiais contra os judeus e deu ao judeu (homem) todos os direitos e os deveres de um cidadão francês (homem). No decorrer das conquistas francesas, a igualdade de direitos dos judeus espalhou-se para outros territórios na Europa ocidental, como a área à esquerda do rio Reno, que pertencia anteriormente à Alemanha e da qual Trier fazia parte. Todavia, essa igualdade foi logo, em grande parte, revogada por Napoleão em 1808. Como reação às acusações de que os judeus praticavam especulação imobiliária e conduziam operações financeiras duvidosas, as dívidas ainda não pagas aos judeus foram reduzidas e até completamente canceladas. Além disso, para exercer diversas profissões, os judeus passaram a precisar de "patentes", que só lhes eram concedidas se tivessem boa reputação. Em círculos judaicos e cristãos liberais, falava-se em *décret infame*, já que não se investigaram as acusações isoladas, pressupondo, mais uma vez coletivamente, como no passado, que os judeus seriam desonestos e usurários[57].

Também em outros Estados se discutia no começo do século XIX cada vez mais a igualdade dos judeus – considerando que os aspectos econômicos desempenhavam um papel importante. Na Prússia, após a devastadora derrota sofrida em 1806 diante de Napoleão, iniciava-se um processo de modernização econômica, administrativa e legislativa que levou à abolição da servidão cam-

---

[55] Christian Wilhelm Dohm, *Ueber die bürgerliche Verbesserung der Juden* (Berlim, Nicolai, 1781).

[56] Cf. Andreas Reinke, *Geschichte der Juden in Deutschland 1781-1933*, cit., p. 13 e seg.

[57] Stefi Jersch-Wenzel, "Rechtslage und Emanzipation", em Michael A. Meyer (org.), *Deutsch--Jüdische Geschichte in der Neuzeit*, v. II: *Emanzipation und Akkulturation 1780-1871* (Munique, Beck, 1996), p. 28-9.

ponesa em 1807 e à introdução da liberdade econômica em 1810. Em um parecer de 1809, *Wilhelm von Humboldt* já exigia a imediata igualdade dos judeus, em vez de um processo meramente gradativo[58]. Como consequência, aprovou-se em 1812 um decreto que lhes concedia igualdade parcial: os judeus que viviam na Prússia seriam declarados cidadãos daquele Estado e teriam os mesmos direitos que a maioria cristã. Foi-lhes permitida a prática de qualquer profissão, assim como a aquisição de terras e o magistério, desde que tivessem as qualificações exigidas para tanto. O decreto deixou em aberto a questão da admissão dos judeus ao funcionalismo, indicando que esta seria regulamentada no futuro[59].

De modo geral, delineou-se na Europa ocidental do começo do século XIX uma abertura social: os judeus podiam exercer muito mais profissões do que até então e eram bem menos discriminados no âmbito legal. Não eram mais necessariamente existências toleradas, vivendo às margens da sociedade em constante ameaça: tinham perspectivas de pertencer de fato a essa sociedade.

Dentro das comunidades judaicas aconteceram significativas mudanças na virada do século XVIII para o XIX. Já na segunda metade do século XVIII surgiu uma corrente judaico-iluminista, a *haskalá*, cujo principal representante foi *Moses Mendelssohn* (1729-1786)[60]. A camada judaica mais abastada, composta de comerciantes, banqueiros e donos de fábricas, aproximava-se cada vez mais dos valores, da cultura e do comportamento da burguesia cristã, que se formava no mesmo período. Tal desenvolvimento chegou a um ponto alto na virada do século nos salões de Berlim: sobretudo mulheres de famílias ricas convidavam personalidades conhecidas da literatura, da ciência e da filosofia para ir a suas casas, onde um convívio pouco convencional tornava-se possível, indo além dos limites entre os estratos e as religiões. Em tais espaços, podia-se discutir literatura e filosofia de maneira casual. Não foram poucos os salões desse tipo iniciados por jovens mulheres judias, sendo as mais famosas *Henriette Herz* (1764-1847) e *Rahel Varnhagen* (1771-1833).

Por um lado, os judeus ainda eram excluídos das associações – que estavam em estágio inicial de desenvolvimento –, das muitas sociedades de leitura e das lojas maçônicas, por meio das quais se desenvolveu a vida burguesa (intelectual) na Alemanha. Por outro lado, no começo do século XIX havia para os judeus muito mais possibilidades de começar uma formação acadêmica do que até

---

[58] Wilhelm von Humboldt, "Über den Entwurf zu einer neuen Constitution für die Juden" (1809), em *Politische Denkschriften* (Berlim, Behr, 1903, Gesammelte Schriften, v. 10).

[59] Stefi Jersch-Wenzel, "Rechtslage und Emanzipation", cit. p. 32 e seg.

[60] Michael Graetz, "Jüdische Aufklärung", em Michael A. Meyer (org.), *Deutsch-Jüdische Geschichte in der Neuzeit*, v. I: *Tradition und Aufklärung 1600-1780*, cit.

58 KARL MARX E O NASCIMENTO DA SOCIEDADE MODERNA

então, sendo possível conseguir reconhecimento social mediante profissão e formação. O pai de Karl Marx, que estudou direito e se tornou advogado durante o domínio napoleônico, pertenceu à primeira geração de judeus que aproveitaram as novas possibilidades de ascensão social e intelectual-burguesa.

Com a derrota de Napoleão e a restauração que se seguiu, foi revogada em parte a abrangente igualdade legal dos judeus nos territórios alemães antes ocupados pela França. A validade do discriminante decreto napoleônico de 1808 foi reafirmada sob o domínio da Prússia, e o decreto prussiano de 1812, que havia garantido igualdade parcial aos judeus, passou a ser tratado de maneira restritiva. Os judeus foram definitivamente excluídos do funcionalismo, levando em conta uma interpretação bastante abrangente de "funcionalismo": aos judeus não foi proibido apenas o exercício de cargos como professor, juiz e oficial militar; eles também não podiam se tornar advogados nem farmacêuticos[61]. O ministro do Interior prussiano *Friedrich von Schuckmann* (1755-1834) chegou a questionar fundamentalmente a necessidade do decreto de 1812:

> Sem dúvida existem judeus individuais que são lícitos e honrosos, e eu até conheço alguns; mas a natureza desse povo como um todo é, de fato, invariavelmente composta de vaidade ignóbil, ganância imunda e astuta vigarice; e é impossível que um povo que vê a si mesmo com espírito nacionalista [*Nationalgeist*] os considere como iguais.[62]

Como se pode depreender dessa declaração, a situação dos judeus a partir de 1815 não piorou somente em termos legais. Na Alemanha, manifestavam-se cada vez mais pessoas que se opunham por princípio à emancipação judaica. Um ensaio do historiador berlinense *Friedrich Rühs* (1781-1820) lançado em 1815 tornou-se particularmente influente; já em 1816 foi publicada a segunda edição, ampliada. Rühs entendia a nação alemã como comunidade étnica [*Abstammung*], de costumes, linguística e, em última análise, religiosa (cristã). Como os judeus estariam fora dessa comunidade, principalmente por causa da religião, também não se poderia conceder-lhes nenhum tipo de participação igualitária na vida social e política[63]. Em uma detalhada resenha desse ensaio, o professor de filosofia de Heidelberg, *Jakob Friedrich Fries* (1773--1843), concordou com a argumentação e ainda a reforçou. A intenção de ambos, tanto de Rühs como de Fries, era que os judeus fossem convertidos ao

---

[61] Heinz Monz, "Die jüdische Herkunft von Karl Marx", em *Jahrbuch des Instituts für deutsche Geschichte*, Tel Aviv University, v. 2, 1973, p. 176.

[62] Citado em Heinz Monz, *Karl Marx*, cit., p. 32.

[63] Friedrich Rühs, *Ueber die Ansprüche der Juden an das deutsche Bürgerrecht* (Berlim, Realschulbuchhandlung, 1816).

cristianismo e, como consequência, assimilados completamente ao povo alemão. Para Rühs, os judeus que não quisessem converter-se poderiam ficar no país, mas sem direitos civis. Para Fries, eles deveriam ser expulsos, e aos judeus convertidos deveriam ser impostas restrições por alguns anos (por exemplo, a proibição da prática de negócios financeiros), antes de serem reconhecidos como cidadãos plenos[64]. Tais ideias, como as de Rühs e Fries, não eram mais baseadas em uma hostilidade religiosa contra os judeus, como fora o caso na Idade Média e na Moderna (*antijudaísmo*), mas antes em uma hostilidade pós-religiosa, secular (*antissemitismo*). O antissemitismo em Rühs e Fries tem base étnico-nacionalista [*völkisch*], mas ainda não racista[65]. Do ponto de vista do *antijudaísmo*, o pertencimento de uma pessoa ao judaísmo acaba com a conversão ao cristianismo. O *antissemitismo étnico-nacionalista* encara os judeus convertidos com grande desconfiança por não se ter certeza de que eles haviam de fato adotado a cultura e a religião da comunidade – o que, entretanto, era considerado possível. Para o *antissemitismo racista*, conversão e assimilação cultural são irrelevantes, pois parte-se do princípio de que não se podem perder os supostos traços característicos de raça[66].

Acompanhando a piora da situação econômica, ocorreu em diversas partes da Alemanha no ano 1819 uma série de atos violentos contra os judeus, que acabaram recebendo a designação de "Tumultos Hep-Hep" [*Hep-Hep Unruhen*] – o grito "Hep-hep! Morra, judeu" [*Hep-Hep! Jud' verreck*] frequentemente acompanhava saques e ataques contra judeus[67].

O fato de que a Prússia foi em grande parte poupada de tais tumultos não significava que não havia ali uma atmosfera antissemita: não só os círculos já estabelecidos mas também as correntes oposicionistas, como as associações estudantis [*studentische Burschenschaften*], estavam impregnados de antissemitismo. O antissemitismo étnico-nacionalista propagado por Rühs e Fries conquistava

---

[64] Jakob Friedrich Fries, *Ueber die Gefährdung des Wohlstandes und Charakters der Deutschen durch die Juden* (Heidelberg, Mohr und Winter, 1816).

[65] Cf., sobre o tema, Gerald Hubmann, *Ethische Überzeugung und politisches Handeln: Jakob Fries und die deutsche Tradition der Gesinnungsethik* (Heidelberg, Universitätsverlag C.Winter, 1997), p. 176 e seg.

[66] Até hoje não há uniformidade na utilização dos termos antijudaísmo e antissemitismo. Frequentemente, considera-se toda forma de hostilidade aos judeus como antissemita, o que, no entanto, nivela importantes diferenças históricas. Para uma discussão criteriosa acerca dos termos antissemitismo e antijudaísmo, cf. Johannes Heil, "'Antijudaismus' und 'Antisemitismus': Begriffe als Bedeutungsträger", em *Jahrbuch für Antisemitismusforschung 6*, Frankfurt am Main, Campus, 1997.

[67] Stefi Jersch-Wenzel, "Rechtslage und Emanzipation", cit., p. 43 e seg.

60 KARL MARX E O NASCIMENTO DA SOCIEDADE MODERNA

cada vez mais seguidores, ainda que tenha encontrado críticos vigorosos[68]. A questão da "emancipação judaica" se manteve controversa por décadas. Ela foi também o pano de fundo do artigo "Sobre a questão judaica", que Marx escreveu em 1843 – texto que foi por vezes considerado antissemita no século XX. Voltaremos a esse tema.

Família e formação de Heinrich Marx

Heinrich (nascido Herschel) Marx provavelmente veio ao mundo no dia 15 de abril de 1777, em Saarlouis[69], como segundo filho de *Mordechai* (também chamado de *Marx Levi*, *c.* 1746-24 de outubro de 1804) e sua esposa, *Chaje Lwów* (também chamada Eva Levoff, *c.* 1757-13 de maio de 1823). O casal teve oito

---

[68]   Diversos pensadores se mostraram críticos em relação às ideias antissemitas, não só escritores judeus, como Saul Ascher em seu escrito *Die Germanomanie: Skizze zu einen Zeitgemälde* (Berlim, Achenwall, 1815), mas também teólogos protestantes, como Johann Ludwig Ewald, em *Ideen, über die nöthige Organisation der Israeliten in Christlichen Staaten* (1816) (Heidelberg, Manutius, 1999), "Der Geist des Christenthums und des ächten deutschen Volksthums, dargestellt, gegen die Feinde der Israeliten" (1817), em Johann Anselm Steiger, *Projüdische Schriften aus den Jahren 1817 bis 1821* (Heidelberg, Manutius, 2000); "Beantwortung der Fragen: was sollten die Juden jetzt, und was sollte der Staat für sie thun?" (1821), em Johann Anselm Steiger, *Projüdische Schriften aus den Jahren 1817 bis 1821*, cit. É digna de nota a crítica satírica do conde de Bentzel-Sternau, "Anti-Israel: eine Vorlesung in der geheimen Akademie zum grünen Esel als Eintrittsrede gehalten" (1818), em Johann Anselm Steiger (org.), *Karl Christian Ernst von Bentzel-Sternau, Anti-Israel: eine projüdische Satire aus dem Jahre 1818 – Nebst den antijüdischen Traktaten Friedrich Rühs' und Jakob Friedrich Fries' (1816)* (Heidelberg, Manutius, 2004).

[69]   Há diferentes informações sobre o ano e o dia de nascimento de Heinrich Marx. No censo de 1802, constava que ele tinha dezessete anos de idade, o que significaria um nascimento em 1785. Na certidão de óbito, de 1838, consta que tinha 56 anos de idade ao morrer, o que indicaria nascimento em 1782. Esse também é o ano que Mehring indica, sendo posteriormente copiado em muitas outras biografias de Marx; inclusive no índice de nomes da MEGA I/1. No entanto, para o matrimônio em 1814, o irmão de Heinrich, Samuel, confirmou que Heinrich havia nascido em abril de 1777 em Saarlouis; Heinz Monz, *Karl Marx*, cit., p. 217 e nota 33. Por fim, Monz encontrou o certificado de conclusão da escola de direito em Coblença, no qual consta como data de nascimento o dia 15 de abril de 1777; Heinz Monz, "Advokatanwalt Heinrich Marx – Die Berufsausbildung eines Juristen im französischen Rheinland", em *Jahrbuch des Instituts für deutsche Geschichte*, Tel Aviv University, v. 8, p. 133. Em uma lista de membros de uma loja maçônica de Osnabrück, que só foi encontrada em 1988 na Biblioteca Nacional da França, em Paris, há o registro do dia 24 de março de 1782 como data de nascimento de Heinrich Marx; Nikolaus Sandmann, "Heinrich Marx: Jude, Freimaurer und Vater von Karl Marx – Anmerkungen zu einer überraschenden Entdeckung in der Nationalbibliothek Paris", em *Humanität*, caderno 5, 1992, p. 14. No entanto, como "abril de 1777" aparece em dois documentos oficiais importantes, é mais provável que seja a data real.

filhos. Inicialmente, Mordechai era rabino de Saarlouis; depois, entre 1788 e sua morte, rabino de Trier, onde substituiu seu falecido sogro, *Moses Lwów* (?-1788). Este, por sua vez, fora rabino em Trier desde 1764. Atualmente se sabe que havia, entre os antepassados de Moses Lwów, não só rabinos em Trier mas também conhecidos escribas [*Schriftgelehrte*] judeus[70]. Evidentemente, havia na família de Heinrich Marx a consciência dessa tradição rabínica. Georg Adler relata, em um apêndice biográfico de seu escrito publicado em 1887, no qual ele analisa e discute a crítica da economia de Marx:

> Da parte do primo de Karl Marx, o sr. dr. Marx em Breslau, a quem agradeço pelas observações acerca da família Marx, foi-me mostrado um enorme acervo composto em parte por decisões jurídicas baseadas no Talmude, em parte por tratados teológicos, todos escritos pelos rabinos citados.[71]

Os rabinos não eram apenas pastores e professores. Nas comunidades judaicas, que resolviam suas questões internas autonomamente até o fim do século XVIII, também atuavam como juristas. Para o exterior, eles eram representantes das comunidades. Com frequência, o alto prestígio dos rabinos não era correspondido com altas rendas nem sequer com rendas satisfatórias; não raro, precisavam de outra profissão para ganhar dinheiro. Também o avô de Karl Marx, Mordechai, exerceu seu cargo sob condições mais ou menos precárias[72], trabalhando simultaneamente como comerciante[73]. Após sua morte, o posto de rabino

---

[70] Bernhard Wachstein, "Die Abstammung von Karl Marx", em Josef Fischer (org.), *Festskrift i anledning af Professor David Simonsens 70-aarige fødselsdag* (Copenhage, Hertz, 1923), e H. Horowitz, "Die Familie Lwów", em *Monatsschrift für Geschichte und Wissenschaft des Judentums* (Frankfurt am Main, J. Kaufmann, 1928), compilaram as informações fundamentais acerca da família Lwów; Bernhard Brilling, "Beiträge zur Geschichte der Juden in Trier", em *Trierisches Jahrbuch*, Trier, Lintz, 1958, encontrou nelas algumas coisas sobre os antepassados de Mordechai. Tais dados foram minimamente complementados e alguns detalhes foram corrigidos por Heinz Monz, *Karl Marx*, cit., p. 215 e seg., e Gero von Wilcke, "Karl Marx' Trierer Verwandtschaftskreis: zu seinem 100. Todestag", em *Genealogie: Zeitschrift für deutsche Familienkunde*, caderno 12, 1983, p. 775 e seg.

[71] Georg Adler, "Zur Orientierung über Marx' Leben und Entwicklungsgang" (1887), apêndice, em *Die Grundlagen der Karl Marxschen Kritik der bestehenden Volkswirtschaft* (Hildesheim, Olms, 1968), p. 226, nota 1. Trata-se, aqui, do primo de Karl, *Moses Marx* (1815-1894), filho do irmão mais velho de Heinrich, Samuel; cf., sobre Moses Marx, Manfred Schöncke, *Karl und Heinrich Marx und ihre Geschwister*, cit., p. 58 e seg. H. Horowitz, em "Die Familie Lwów", cit., analisa alguns desses tratados.

[72] Cf. Albert Rauch, "Der Große Sanhedrin zu Paris und sein Einfluß auf die jüdische Familie Marx in Trier", em Richard Laufner e Albert Rauch (orgs.), *Die Familie Marx und die Trierer Judenschaft* (Trier, 1975, Schriften aus dem Karl-Marx-Haus, n. 14), p. 23.

[73] Heinz Monz, *Karl Marx*, cit., p. 242.

Heinrich Marx e irmãos*

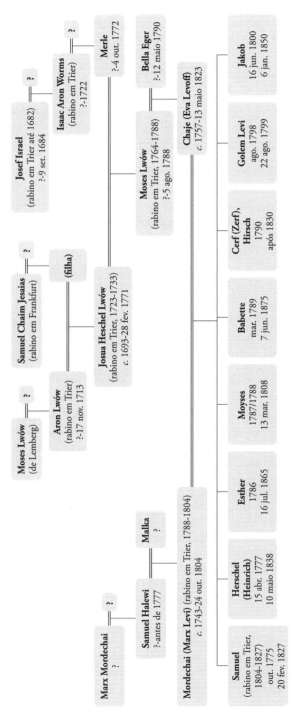

* De acordo com Bernhard Wachstein, "Die Abstammung von Karl Marx", cit., H. Horowitz, "Die Familie Lwów", cit., Bernhard Brilling, "Beiträge zur Geschichte der Juden in Trier", cit., e Manfred Schöncke, *Karl und Heinrich Marx und ihre Geschwister*, cit., Josua Heschel Lwów, bisavô de Heinrich Marx, menciona em um relatório jurídico que os famosos juristas judeus *Josef ben Gerson Cohen* (c. 1511-28 jan. 1591) e *Meir Katzenellenbogen* (c. 1482-12 jan. 1565) teriam sido seus antepassados (Bernhard Wachstein, "Die Abstammung von Karl Marx", cit., p. 284-5). Consequentemente, Wachstein supõe que a primeira mulher do pai de Josua, Aron Lwów (ou até mesmo a mulher do pai de Aron, Moses Lwów), teria sido filha de Moses Cohen (rabino em Luck) e sua esposa, Nessla, já que Moses Cohen descendia de Josef ben Gerson Cohen e Nessla descendia de Meir Katzenellenbogen. Com base nessa suposição, Wachstein fornece uma árvore genealógica que vai até o século XV. No entanto, Horowitz ("Die Familie Lwów", cit., p. 487, nota 2) identificou a mulher de Aron como sendo filha do rabino de Frankfurt Samuel Chaim Jesaias. Assim, Monz (*Karl Marx*, cit., p. 222) fornece uma árvore genealógica ampliada, na qual o pai de Aron, Moses Lwów, teria se casado com a filha de Moses Cohen e Nessla. Contudo, não há nenhuma fonte que mencione a mãe de Aron, esposa de Moses Lwów; não sabemos sequer se Moses Cohen e Nessla tiveram, de fato, uma filha. Possivelmente, o parentesco com Gerson e Katzenellenbogen se deu por outros caminhos. Assim, não reproduzi aqui essa árvore genealógica ampliada, limitando-me a antepassados cujo parentesco foi comprovado.

ficou num primeiro momento vago, até que seu filho mais velho, *Samuel* (1775-
-1827), tornou-se rabino de Trier[74]. Este declarou, em 1808, em seu nome e no
de seus irmãos, que eles adotariam o sobrenome Marx. Até o início do século
XIX, os judeus muitas vezes não tinham sobrenomes claros[75]. Na França, a
adoção de um sobrenome fixo passou a ser exigida em 1808. O mesmo aconteceu na Prússia com o decreto de 1812, que tornou a adoção de sobrenome uma
das condições para a igualdade legal. A família de Samuel não era a única em
Trier que se chamava Marx. O sobrenome Marx (vindo de Marcos) era especialmente difundido em regiões católicas.

A viúva de Mordechai, Chaje, casou-se novamente em 1809, dessa vez com
Moses Saul Löwenstamm (1748-1815), rabino-chefe da comunidade alemã em
Amsterdã. Embora vivesse com seu segundo marido em Amsterdã, ela manteve
o contato com seus filhos em Trier – onde morreu, em 1823, apenas alguns dias
após o quinto aniversário de Karl.

Como rabino de Trier, Mordechai e sua família viveram no edifício da sinagoga, que estava em situação precária e era pequeno demais, na rua Weberbach[76].
Ali cresceu Heinrich Marx, sob condições muito simples e em espaço bem redu-
zido, situação da qual ele claramente queria se libertar. Mas tal caminho não foi
fácil, como as poucas alusões em cartas a seu filho Karl demonstram. Em novembro de 1835, ele escreveu a Karl, que na época estudava em Bonn: "Desejo ver
em você aquilo que talvez teria sido de mim se eu também tivesse vindo ao
mundo sob tão favoráveis auspícios"[77]. Os auspícios não tão favoráveis não eram
simplesmente a situação familiar simples, mas também a discriminação enquanto judeu[78]. Em outra carta enviada a Karl, datada de agosto de 1837, lê-se: "Além
da existência, não obtive nada de meus [familiares]; para não ser injusto, recebi
amor de minha mãe"[79]. Aparentemente lhe faltou, com exceção do amor de mãe,
apoio emocional. A relação com o pai não deve ter sido muito próxima, senão
ele teria dito "amor de meu pai e de minha mãe" em vez de "amor de minha mãe".

---

[74] Samuel era casado com *Michle Brisack* (1784-1860), que viveu mais de trinta anos após a morte do marido. O casal teve sete filhos; Heinz Monz, *Karl Marx*, cit., p. 219-20.

[75] Ao longo da Idade Média na Europa – iniciando-se na nobreza e passando posteriormente também aos cidadãos ricos –, houve um processo de transformação de epítetos em sobrenomes fixos, o que facilitava a resolução de questões relacionadas a heranças. Em algumas regiões rurais, os sobrenomes só se estabeleceram nos séculos XVII e XVIII. As comunidades judaicas se arranjaram sem sobrenomes fixos.

[76] Heinz Monz, "Advokatanwalt Heinrich Marx", cit., p. 126.

[77] MEGA III/1, p. 290; MEW 40, p. 617.

[78] Cf. a carta citada a seguir, enviada à mais alta comissão de justiça da Prússia [*Immediat-Justiz Kommission*].

[79] MEGA III/1, p. 311.

64 KARL MARX E O NASCIMENTO DA SOCIEDADE MODERNA

Não se sabe nada acerca das opiniões políticas e religiosas do pai de Heinrich Marx. Sabemos um pouco mais sobre o irmão de Heinrich, Samuel, que sucedeu o pai como rabino de Trier. Samuel participou do *Grand Sanhédrin* [Grande Sinédrio] em Paris no ano 1807 – uma assembleia de rabinos notáveis convocada por Napoleão para tratar de questões de direito religioso, assim como do futuro desenvolvimento das comunidades judaicas e da ampliação das possibilidades profissionais para os judeus. Aparentemente, Samuel ficou tão impressionado que no mesmo ano – em uma cerimônia de comemoração do aniversário de Napoleão na principal sinagoga de Trier – pediu à juventude judaica que aprendesse ofícios artesanais, agricultura e ciências[80].

Seu irmão mais novo, Heinrich, queria claramente atender a esse chamado. Sobre sua juventude e o início da vida adulta não se sabe nada. Certo é que Heinrich foi secretário do consistório judaico em Trier entre 1809 e 1810[81]. Em 1811 e 1812, trabalhou como tradutor no tribunal de Osnabrück, onde também se tornou membro, em 1812, da loja maçônica *l'Etoile anséatique* [estrela hanseática], que havia sido fundada havia pouco tempo[82]. Ainda em Osnabrück, Heinrich Marx tentou, sem sucesso, obter a permissão para realizar o exame exigido para tornar-se tabelião de notas[83]. No dia 31 de janeiro de 1813, ele se matriculou na escola de direito em Coblença, fundada em 1806 sob o domínio francês, obtendo no dia 8 de novembro de 1813 o *certificat de capacité*[84]. Entre os diplomas oferecidos, tratava-se do mais baixo, tendo como exigência simplesmente um curso de um ano (dividido em três trimestres) de direito penal e

---

[80] Albert Rauch, "Der Große Sanhedrin zu Paris und sein Einfluß auf die jüdische Familie Marx in Trier", cit., p. 21.

[81] Cilli Kasper-Holtkotte, *Juden im Aufbruch: zur Sozialgeschichte einer Minderheit im Saar-Mosel--Raum um 1800* (Hanôver, Hahnsche Buchhandlung, 1996), p. 313, nota 322; Heinz Monz, "Advokatanwalt Heinrich Marx", cit., p. 126.

[82] Heinrich Marx assinou (com todos os outros presentes) o protocolo de uma assembleia extraordinária do dia 19 de dezembro de 1812, assim como a lista de membros do dia 21 de janeiro de 1813; Nikolaus Sandmann, "Französische Freimaurerlogen in Osnabrück während der napoleonischen Annexion", em *Osnabrücker Mitteilungen*, v. 98 (Osnabrück, Meinders & Elstermann, 1993), p. 137 e 144 (onde também foram publicadas informações detalhadas sobre as discussões que aconteciam nessa loja). As lojas maçônicas surgiram no século XVII e eram vinculadas aos ideais de liberdade, igualdade, fraternidade, tolerância e humanidade. Independentemente da posição social, os membros se consideravam "irmãos". Por causa do princípio do silêncio – discussões internas e costumes maçônicos não deveriam ser expostos ao mundo exterior –, os maçons são, até hoje, objeto frequente das mais diversas teorias conspiratórias.

[83] Heinz Monz, "Neue Funde zum Lebensweg von Karl Marx' Vater", em *Osnabrücker Mitteilungen*, v. 87 (Osnabrück, Meinders & Elstermann, 1981).

[84] Heinz Monz, "Advokatanwalt Heinrich Marx", cit., p. 133.

processual[85]. No entanto, Heinrich Marx não se inscreveu para o primeiro trimestre, mas para o segundo, o que indica que ele talvez já possuísse conhecimentos jurídicos prévios[86]. Isso também é sugerido em outro documento. Em janeiro de 1811, o consistório judaico de Trier queixou-se da rejeição dos judeus à administração francesa. Heinrich Marx foi referido como um dos exemplos: apesar de ter concluído com sucesso a Escola Central (direito) em Coblença, ele não conseguia emprego[87]. Logo, Heinrich Marx provavelmente completara algum tipo de formação jurídica antes mesmo de 1811[88].

---

[85] Lutwin Mallmann, *Französische Juristenausbildung im Rheinland 1794 bis 1814: die Rechtsschule von Koblenz* (Colônia, Böhlau, 1987), p. 122.

[86] Heinz Monz, "Neue Funde zum Lebensweg von Karl Marx' Vater", cit., p. 60.

[87] Cilli Kasper-Holtkotte, *Juden im Aufbruch*, cit., p. 383, nota 34.

[88] Heinrich Marx é apresentado como mentiroso por Jonathan Sperber, *Karl Marx*, cit., p. 28: "Seu anseio por estudar direito – manifestado em declarações que certamente são falsas, a saber: que ele teria estudado na escola de direito de Coblença antes mesmo de nela estar inscrito e também que teria estudado direito em Berlim antes mesmo da fundação da Universidade de Berlim – era maior do que suas capacidades correspondentes". Em uma nota relativa a essa frase – ibidem, p. 575, nota 16 –, Sperber indica Cilli Kasper-Holtkotte, *Juden im Aufbruch*, cit., p. 383, e Manfred Schöncke, *Karl und Heinrich Marx und ihre Geschwister*, cit., p. 123, como fontes de sua afirmação. O primeiro, como há pouco mencionado, havia citado a carta de reclamação do consistório de Trier. Sperber não explica o que estaria errado na afirmação ali contida de que Heinrich Marx teria concluído com sucesso a Escola Central. Não é muito plausível que o consistório tenha dado falsas informações justamente sobre o irmão do rabino em uma queixa oficial. O contrário é mais provável: o caso de Heinrich Marx foi mencionado porque tinham certeza de que os fatos indicados estavam corretos. A segunda afirmação de Sperber – de que Heinrich Marx teria declarado que estudou direito em Berlim – não é totalmente certa. Na passagem indicada por Sperber, Schöncke apresenta um requerimento de Heinrich, do dia 15 de janeiro de 1813, ao prefeito [*Präfekt* – as prefeituras aqui mencionadas eram unidades territoriais jurídico-administrativas com origens no Império Romano (N. T.)] Keverberg, no qual se trata da emissão de um documento de cidadania [*Bürgerkarte*]. Nesse requerimento, Heinrich Marx menciona que residiu em Berlim para fins de "estudos" (*études*) ao alcançar a maioridade, sem especificar tais estudos. Com maioridade, Heinrich provavelmente quis dizer ter alcançado, no ano de 1807, o trigésimo ano de vida, não o 21º – a partir do qual podia casar-se sem permissão dos pais, de acordo com a legislação francesa; cf. Heinz Monz, "Neue Funde zum Lebensweg von Karl Marx' Vater", cit., p. 63-4. Mesmo partindo do pressuposto de que Heinrich quis dizer estudos jurídicos com "estudos", ainda assim a tentativa por parte de Sperber de associar a Heinrich Marx uma mentira se baseia em uma falta de conhecimento dos fatos históricos. Já antes de 1800 havia em Berlim palestras públicas que possibilitavam os "estudos". Após o fechamento da Universidade de Halle pelos franceses em 1806, alguns professores se mudaram para Berlim e começaram a dar palestras anunciadas publicamente em diversas áreas do conhecimento – antes mesmo da fundação da universidade. *Theodor Schmalz* (1760-1830), que posteriormente seria o reitor-fundador, deu palestras jurídicas já a partir de 1807. Os temas indicados por Rudolf Köpke, *Die Gründung der königlichen*

66 Karl Marx e o nascimento da sociedade moderna

É certo que Heinrich Marx trabalhou a partir de janeiro de 1814 como *avoué* em Trier[89]. Os *avoués* tinham a função de preparar os processos judiciais e de formular as alegações por escrito. Os advogados, que precisavam concluir um ciclo de estudos mais longo, faziam a defesa perante o tribunal. Principalmente na Alemanha, onde não se conhecia esse sistema de divisão da advocacia antes da ocupação francesa, os *avoués* eram vistos como semi-instruídos e não tinham tanto prestígio[90]. Como mostram os memorandos de Heinrich Marx – ainda a ser tratados –, seus conhecimentos eram muitos maiores do que os de um *avoué*, de maneira que se torna bastante plausível afirmar que seus estudos não se limitaram aos dois trimestres em Coblença. Suas capacidades foram claramente reconhecidas: a partir de 1816, Heinrich Marx passou a ser considerado advogado em Trier; em 1820, foi nomeado oficialmente advogado [*Advokat-Anwalt*] (podendo exercer todas as atividades relacionadas à advocacia)[91].

Nenhuma imagem de Heinrich Marx foi encontrada. Mas ele provavelmente se parecia com seu filho Karl (contudo, sem barba, que não estava em moda no início do século XIX). A filha mais jovem de Karl, Eleanor, relata sobre uma fotografia do avô que o pai sempre levava consigo, mas que nunca queria mostrá-la a estranhos, por alegar que ela não se parecia o bastante com o original. Eleanor faz o seguinte comentário sobre a imagem: "O rosto me parece muito belo; olhos e testa como os do filho, mas a área ao redor da boca e do queixo era mais delicada. O todo tinha traços de um tipo claramente judaico, mas de um tipo judaico belo"[92].

Friedrich-Wilhelms-Universität zu Berlin (Berlim, Schade, 1860, p. 141) – reimpressos em Heinz-Elmar Tenorth, "Eine Universität zu Berlin: Vorgeschichte und Einrichtung", em *Geschichte der Universität Unter den Linden*, v. 1: *Gründung und Blütezeit der Universität zu Berlin 1810-1918* (Berlim, Akademie, 2012) –, demostram que não se tratava de palestras populares, mas antes de aulas específicas de direito. Ou seja, os estudos jurídicos já eram possíveis em Berlim anos antes da fundação da universidade. Além disso, como a cidade esteve sob ocupação de tropas francesas entre 1806 e 1808, Heinrich Marx, que à época ainda era cidadão francês, também pôde estudar sem temer problemas com as autoridades prussianas.

89 Heinz Monz, "Advokatanwalt Heinrich Marx", cit., p. 134-5.

90 Cf., acerca da formação jurídica em Coblença e da formação como *avoué*, Lutwin Mallmann, *Französische Juristenausbildung im Rheinland 1794 bis 1814*, cit., p. 61, 114 e 122.

91 Heinz Monz, *Karl Marx*, cit., p. 256.

92 Eleanor Marx, "Ein Brief des jungen Marx", em *Mohr und General*, cit., p. 240. Tal fotografia, de acordo com Eleanor, teria sido retirada de um velho daguerreótipo. Como Heinrich Marx morreu já em 1838, não é possível que se tratasse de um daguerreótipo dele próprio, mas, sim, de uma pintura dele. Marx relata em carta datada de 15 de dezembro de 1863 a sua esposa Jenny que sua mãe havia legado o "retrato do pai" a sua irmã Sophie (MEGA III/12, p. 453; MEW 30, p. 644).

A mãe: Henriette Presburg

No dia 22 de novembro de 1814, casavam-se Heinrich Marx, já com 37 anos de idade, e Henriette Presburg, onze anos mais jovem. Proveniente da cidade de Nijmegen, nos Países Baixos, Henriette nasceu no dia 20 de setembro de 1788 como filha de *Isaak Preßburg* (1747-1832) e sua esposa, *Nanette Cohen* (c. 1764--1833). Ela teve três irmãos mais novos: David (1791-após 1829), Markus (também chamado de Martin, 1794-1867) e Teitie (1797-1854), que posteriormente passaria a se chamar Sophie e se casaria com Lion Philips (1794-1866)[93]. Karl Marx também teria, anos depois, mantido relações com a família Philips. O neto de Sophie e Lion fundaria, em 1891, o grupo Philips, existente até hoje.

Não se sabe ao certo como se deu a união entre Heinrich e Henriette. É bem possível que a mãe de Heinrich, que morava com seu segundo marido em Amsterdã, tenha tido um papel importante. O casamento parece ter sido em grande parte harmônico; não se sabe de quaisquer tensões ou conflitos. Na única carta preservada de Heinrich a sua esposa, datada de 12 de agosto de 1837, ele a chama de "Minha querida, cara Hansje" [*Mein lieb gut Hansje*] e termina sentimentalmente com "Fique bem, minha cara, segunda e melhor metade de mim" [*Lebe wohl Du mein theures zweytes, besseres Ich*][94]. Heinrich escreveu a Karl em 16 de setembro de 1837 que se considerava uma pessoa rica por "possuir o amor de uma mulher inesquecível"[95].

Não se sabe muito sobre Henriette. As primeiras informações provêm da filha de Karl Marx, Eleanor, que escreveu a *Wilhelm Liebknecht* (1826-1900)

> que a mãe de Mohr, nascida Preßburg, era uma judia holandesa. No começo do século XVI, os "Preßburg" – cujo nome se deduz da cidade de *Preßburg* [atual Bratislava, capital da Eslováquia, M. H.] – migraram para a Holanda, onde seus filhos seriam rabinos por séculos. A mãe de Mohr falava holandês; até sua morte, ela falava um alemão ruim e com dificuldades.[96]

A informação dada por Eleanor de que a mãe de Marx vinha de uma velha família de rabinos foi repetida em muitas biografias. No entanto, não se pode afirmar com segurança que os antepassados de Henriette tenham sido de fato

---

[93] Heinz Monz, *Karl Marx*, cit., p. 221-2; Jan Gielkens, *Karl Marx und seine niederländischen Verwandten: eine kommentierte Quellenedition* (Trier, 1999, Schriften aus dem Karl-Marx-Haus, n. 50), p. 37-8.

[94] MEGA III/1, p. 313.

[95] MEGA III/1, p. 319; MEW 40, p. 632.

[96] Wilhelm Liebknecht, "Karl Marx zum Gedächtnis: ein Lebensabriß und Erinnerungen", em *Mohr und General*, cit., p. 144.

Henriette Presburg e irmãos*

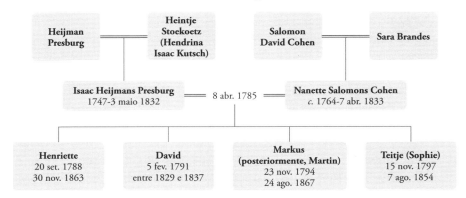

* De acordo com Heinz Monz, *Karl Marx*, cit., e Jan Gielkens, *Karl Marx und seine niederländischen Verwandten*, cit. Monz ainda fornece uma linhagem mais abrangente do pai de Henriette; contudo, ele se baseia parcialmente em suposições. Reproduzi aqui apenas os nomes de antepassados comprovados.

rabinos, já que a parte comprovada da árvore genealógica não é muito vasta[97]. Possivelmente, Eleanor confunde aqui a mãe de Karl Marx com a mãe de seu avô, Heinrich. Sobre esta, pode-se de fato dizer que provinha de uma família cujos "filhos [foram] rabinos por séculos"[98]. O pai de Henriette, Isaak Preßburg, certamente não era rabino, mas antes "leitor" [*Vorleser*] e "cantor" [*Vorsänger*] (*gazzan*) da comunidade judaica em Nijmegen. Ele era vendedor de produtos têxteis, cambista e vendedor de bilhetes da loteria e aparentemente se tornou rico graças a essas atividades. Em 1814, ele conseguiu livrar seus dois filhos do serviço militar com a disponibilização de substitutos e, no mesmo ano, sua filha Henriette recebeu um considerável dote no valor de 20 mil florins pelo casamento com Heinrich Marx[99]. Provavelmente, Heinrich e Henriette só conseguiram fundar sua família graças a esse dote, já que Heinrich Marx – que nessa época estava apenas no começo da carreira de advogado – ainda não devia dispor de economias significativas.

---

[97] Cf. Heinz Monz, *Karl Marx*, cit., p. 223-4 e 228. Utilizando como evidência as similaridades de nome *e* o pressuposto de que os antepassados de Isaak Preßburg foram rabinos, Monz chegou a uma linhagem na qual seria possível inclusive interpretar um parentesco distante entre Karl Marx e Heinrich Heine; Heinz Monz, "Karl Marx und Heinrich Heine verwandt?", em *Jahrbuch des Instituts für deutsche Geschichte*, Tel Aviv University, v. 2, 1973, p. 224-9. Contudo, tal hipótese está associada a enormes incertezas.

[98] Árvore genealógica com dados sobre as atividades enquanto rabinos em Heinz Monz, *Karl Marx*, cit., p. 222.

[99] Jan Gielkens, *Karl Marx und seine niederländischen Verwandten*, cit., p. 32.

O fato de que os conhecimentos de alemão de Henriette se mantiveram ruins por toda a vida é claramente demonstrado em suas cartas preservadas[100]. Tais cartas tratam de temas cotidianos, não permitindo concluir se ela tinha quaisquer interesses intelectuais. Já John Spargo, que escreveu a primeira grande biografia de Marx ainda antes de Franz Mehring, concluiu que ela "tivera uma alma simples e dócil, do tipo dona de casa, sem grandes dons intelectuais"[101]. Mais tarde, essa opinião seria simplesmente repetida pela maioria das biografias de Marx[102] ou até mesmo reforçada: assim, ela logo se torna em Wheen – sem referência a quaisquer novas informações – uma semianalfabeta: "Ela era iletrada, mal conseguia ler e escrever"[103]. Também em Mary Gabriel se fala de "Henriette Presburg, *who was neither educated nor cultured*"[104] [Henriette Presburg, que não era educada, tampouco culta]. A mais nova forma de depreciação de Henriette vem de Sperber, que afirma que Heinrich Marx teria desejado uma carreira profissional e participação na vida pública, nas quais "sua esposa holandesa", com sua "forma piedosa feminina e judia, orientada completamente às tarefas da casa", não se encaixaria[105]. Contudo, Sperber não apresenta nenhuma evidência dessa piedade específica, tampouco do porquê de Henriette não se encaixar no mundo burguês de Trier. Não há nenhuma prova, por exemplo, de que ela não tenha participado dos bailes organizados pela Sociedade do Cassino e pela cidade. Aliás, é possível deduzir de uma de suas cartas que as danças na família Marx não eram de maneira nenhuma incomuns. Em fevereiro/março de 1836, ela escreveu a seu filho Karl, levemente adoecido: "Não vá dançar, querido Carl, até que esteja completamente recuperado"[106].

Existem sérias dúvidas em relação à imagem de Henriette como dona de casa iletrada[107]. De fato, os comentários nas cartas de Heinrich Marx deixam

---

[100] As cartas a Karl encontram-se em MEGA III/1; as cartas aos parentes holandeses foram impressas em Jan Gielkens, *Karl Marx und seine niederländischen Verwandten*, cit.

[101] John Spargo, *Karl Marx*, cit., p. 10.

[102] Cf., por exemplo, Auguste Cornu, *Karl Marx und Friedrich Engels: Leben und Werk*, v. 1: *1818--1844* (Berlim, Aufbau, 1954), p. 53; David McLellan, *Karl Marx*, cit., p. 14; Saul K. Padover, *Karl Marx: an Intimate Biography* (Nova York, McGraw-Hill, 1978), p. 13.

[103] Francis Wheen, *Karl Marx*, cit., p. 22.

[104] Mary Gabriel, *Love and Capital: Karl and Jenny Marx and the Birth of a Revolution* (Nova York, Little, Brown and Co., 2011), p. 16.

[105] Jonathan Sperber, *Karl Marx*, cit., p. 36.

[106] MEGA III/1, p. 294-5; MEW 40, p. 622.

[107] Heinrich Gemkow, "Aus dem Leben einer rheinischen Familie im 19. Jahrhundert: Archivalische Funde zu den Familien Westphalen und Marx", em *Jahrbuch für westdeutsche Landesgeschichte*, v. 34, 2008, p. 506, nota 33; e Gareth Stedman Jones, *Karl Marx*, cit., p. 45, estão entre os poucos que criticam a unilateralidade da imagem da mãe que predomina nas biografias de Marx.

KARL MARX E O NASCIMENTO DA SOCIEDADE MODERNA

claro que ela era uma dona de casa e uma mãe preocupada, que passou a se dedicar rápida e completamente a sua crescente família. O jovem Karl devia ter uma visão parecida, provavelmente expressa em uma carta do ano 1837 que se perdeu, tendo em vista a resposta de seu pai: "Você mesmo descreveu de maneira tão bela a vida de sua magnífica mãe, percebeu tão profundamente como a vida dela é um sacrifício constante de amor e fidelidade; e você realmente não exagerou"[108]. Na primeira carta preservada de Karl, datada de 10 de novembro de 1837, ela é chamada de "mãe-anjo" e "grandiosa e admirável mulher"[109]. Também a irmã de Karl, Emilie, escreveu em 1865 sobre sua mãe: "Ela se preocupou, se inquietou e sofreu tanto pelos filhos"[110]. Mas seria precipitado simplesmente pressupor que Henriette fora iletrada e não muito inteligente. Há algumas evidências do contrário. Por exemplo, em uma carta a seu filho Karl, que começava seus estudos em Bonn, escrita em novembro de 1835, ela demonstra certo senso de ironia. Após advertir Karl, em um tom solto e leve, sobre questões de limpeza e organização, continua: "Peço que me informe sobre tudo o que tenha a ver com as tarefas domésticas; sua gentil musa não se sentirá ofendida pela prosa de sua mãe, diga-lhe que pelo mais baixo se obtém o mais alto e o melhor"[111]. E um comentário sobre Napoleão III em uma carta a Sophie e Lion Philips datada de 2 de fevereiro de 1853[112] demonstra que ela seguia atentamente os desenvolvimentos políticos. A caracterização da mãe como "pequena e delicada, muito inteligente"[113] provém da irmã de Karl, Sophie[114]. Tampouco a declaração da filha de Marx, Laura, em 1907 a John Spargo – segundo a qual a mãe de Marx, quando lhe perguntaram sobre sua crença em Deus, teria respondido que acredita nele não a favor de Deus, mas a favor de si mesma[115] –, aponta na direção daquela falta de espírito que é pressuposta pela maioria das biografias de Marx.

Já em idade adulta, Karl Marx, que desde o início da década de 1840 se distanciara de sua mãe, também fez uma declaração interessante. Após uma visita a Trier no ano 1861, ele relatou a *Ferdinand Lassalle* (1825-1864) que a mãe também havia despertado seu interesse "por causa de seu fino *esprit* e da

---

[108] MEGA III/1, p. 312.

[109] MEGA III/1, p. 18; MEW 40, p. 11.

[110] Citado em Manfred Schöncke, *Karl und Heinrich Marx und ihre Geschwister*, cit., p. 341.

[111] MEGA III/1, p. 292; MEW 40, p. 619.

[112] Jan Gielkens, *Karl Marx und seine niederländischen Verwandten*, cit., p. 145-6.

[113] Citado em Manfred Schöncke, *Karl und Heinrich Marx und ihre Geschwister*, cit., p. 556.

[114] Sophie foi internada em 1883 em uma clínica psiquiátrica; a declaração citada se encontra no questionário de entrada da instituição.

[115] *Marx-Engels-Jahrbuch 8*, Berlim, Dietz, 1985, p. 300.

inabalável igualdade de caráter"[116]. Não há nenhuma indicação de que essa declaração tenha sido irônica.

Claro que esse *esprit* da mãe foi direcionado principalmente a seu progresso e ao progresso de seus filhos. Assim, Marx escreve, pouco antes de seu quinquagésimo aniversário, em uma carta a Engels: "Meio século sobre as costas e ainda pobre! Minha mãe tinha razão! 'Se a Karell tivesse juntado um capital, em vez de etc.!'"[117]. Uma nota do genro de Marx, Paul Lafargue, também indica essa direção. "A família Marx sonhou com uma carreira de escritor ou de professor para o filho; em sua opinião, ele se rebaixava ao envolver-se com a agitação socialista e ao ocupar-se com a economia política, que à época ainda era desprezada na Alemanha"[118]. O fato de a família se envergonhar da agitação socialista só pode estar relacionado à mãe e possivelmente aos irmãos, já que o pai de Marx havia morrido antes mesmo que ele se engajasse politicamente.

Como é possível ler na carta que Jenny Marx enviou no dia 4 de junho de 1860 a Ferdinand e Louise von Westphalen[119], a mãe parecia também disposta a ajudar o filho Karl em problemas concretos, apesar de todas as diferenças familiares e políticas – por exemplo, com suporte financeiro em 1859-1860 em uma ação por difamação contra Karl Vogt[120]. Também durante a mencionada visita a Trier, em 1861, ela destruiu notas promissórias de Marx, o que aconteceu, como este destaca em uma carta a Engels de 7 de maio, sem que ele houvesse pedido: "Eu mesmo não falei nada com ela sobre *moneymatters* [questões de dinheiro], foi ela quem tomou a iniciativa em relação a esse tema"[121].

Mesmo que as informações disponíveis não permitam uma descrição detalhada da personalidade da mãe de Karl Marx, fica claro que a imagem de uma dona de casa sem espírito e iletrada, dominante na literatura sobre o tema, não corresponde aos fatos.

---

[116] Carta de 8 de maio, em MEGA III/11, p. 463; MEW 30, p. 602.

[117] MEW 32, p. 75. ["*Wenn die Karell Kapital gemacht hätte, statt etc.!*" Ao citar o comentário de sua mãe, Marx "imita" seu sotaque holandês, onde *Karl* se torna *Karell*; também o uso do artigo definido feminino em alemão, *die*, em vez do masculino, *der*, pode ser visto como interferência do holandês, que utiliza somente o artigo *de* para se referir tanto ao masculino quanto ao feminino. (N. T.)]

[118] Paul Lafargue, "Karl Marx: persönliche Erinnerungen", em *Mohr und General*, cit., p. 303-4.

[119] Rolf Hecker e Angelika Limmroth (org.), *Jenny Marx: die Briefe* (Berlim, Karl Dietz, 2014), p. 267.

[120] Ibidem, p. 16.

[121] MEGA III/11, p. 458; MEW 30, p. 161-2.

O memorando de Heinrich Marx

É possível perceber a capacidade de argumentação jurídica e também o posicionamento político de Heinrich Marx a partir de dois memorandos preservados, escritos em 1815 e 1816-1817. Após o Congresso de Viena, a Renânia tornou-se prussiana, mas não estava claro se continuaria vigendo o decreto napoleônico de 1808, cujo conteúdo discriminava fortemente os judeus em diversas áreas. No dia 13 de junho de 1815, Heinrich Marx apresentou ao governador-geral prussiano von Sack um memorando que se manifestava pela anulação desse decreto[122].

De maneira introdutória, Heinrich Marx salienta que não pretendia apresentar um tratado a favor de seus correligionários, por não considerar necessário fazê-lo, afinal:

> Tolerância está na ordem do dia. Quem, no século XIX, pensaria em afirmar que se deve ser intolerante com os judeus? E por quê? Talvez por serem eles circuncidados ou por comerem pão ázimo na Páscoa? Partilhar essa opinião seria ridículo, e alguém de mente fraca [*schwacher Geist*] preferiria fazer papel de maldoso a papel de ridículo.[123]

Se pensarmos no antijudaísmo então difundido, é impossível evitar a impressão de certa ironia. No entanto, o argumento citado surge de uma intenção nem um pouco irônica. Partindo de um pensamento esclarecido e que prega a tolerância, o preconceito contra os judeus parece de fato ridículo. O Estado prussiano a partir de Frederico II reivindicava para si justamente ser "esclarecido", e Heinrich Marx indica as consequências dessa reivindicação. Para isso, ele não se refere apenas implicitamente à alegação da monarquia prussiana de ser esclarecida. Em sua carta de apresentação ao memorando, ele se refere ao rei da Prússia como o "homem de Estado mais esclarecido"[124]. Portanto, a consequência sugerida por Heinrich Marx é que esse monarca pareceria ridículo se aquiescesse ao preconceito contra os judeus.

---

[122] O escrito "Einige Bemerkungen über das napoleonische Dekret vom 17. März 1808 bei Gelegenheit der glücklichen Vereinigung unseres Landes mit der königlichpreußischen Monarchie" [Algumas notas acerca do decreto napoleônico de 17 de março de 1808 por ocasião da unificação bem-sucedida de nossa região à monarquia real prussiana] foi publicado pela primeira vez em Adolf Kober, "Karl Marx' Vater und das napoleonische Ausnahmegesetz gegen die Juden 1808", em *Jahrbuch des Kölnischen Geschichtsvereins*, ano 14, 1932, texto em que também se encontra uma detalhada descrição das cláusulas do decreto napoleônico. O memorando foi reimpresso em Manfred Schöncke, *Karl und Heinrich Marx und ihre Geschwister*, cit., p. 141 e seg.

[123] Manfred Schöncke, *Karl und Heinrich Marx und ihre Geschwister*, cit., p. 141-2.

[124] Ibidem, p. 146.

Sua opinião sobre aqueles que propagavam preconceitos contra os judeus é explicitada na seguinte passagem:

> Bem-estar humano e espírito cívico estão na ponta da língua de todo e qualquer vigarista, mesmo que este tenha acumulado riquezas à custa de viúvas e órfãos desamparados e lançado famílias boas e trabalhadoras na miséria. São sobretudo esses lobos em pele de cordeiro que injuriam cruelmente seus *confrères* [confrades, colegas, correligionários] em Israel. Se quiséssemos acreditar neles, seria então o baixo nível de humanidade dessa *race* [raça] o motivo de seu ódio, e a única vontade em seus corações seria sua *regénération* [regeneração]. Mas, na verdade, eles estão tão obcecados contra os descendentes de Jacó por encontrarem, uma vez ou outra, judeus inúteis em seus caminhos e até talvez tenham de compartilhar com eles.[125]

Heinrich Marx até reconhece que as acusações contra alguns judeus individuais podem ser legítimas. Contudo, esse também seria o caso de alguns cristãos individuais, o que o motiva a fazer o seguinte comentário: "O espírito de mansidão do cristianismo pôde muitas vezes ser obscurecido pelo fanatismo; a moral pura do evangelho pôde ser manchada por padres ignorantes"[126]. É possível encontrar uma estratégia argumentativa semelhante em sua carta de apresentação, na qual ele inicialmente reconhece: "Estou distante de afirmar que não seja necessário adotar medida alguma para que meus correligionários mereçam a bem-aventurança que é tornar-se um cidadão". Mas logo acrescenta, quase furioso: "Não se pode alcançar um propósito digno tratando de maneira degradante, esmagando, todo germe de bondade. Pelo contrário, a bondade deveria ser incentivada; a maldade, exterminada com a raiz. Mas isso só pode e só será feito por um governo paternal"[127].

Heinrich Marx analisa detalhadamente o decreto napoleônico e aponta uma série de contradições a princípios legais básicos. Sobretudo, opõe-se decididamente à punição de um grupo inteiro como consequência da conduta inadequada de um indivíduo. Um "legislador sensato" encontraria meios de identificar o culpado. "E, se não conseguir, então preferirá jogar um véu por cima de pequenos vícios a emitir a sentença de condenação para milhares de seus súditos [...]. Mas uma punição que afeta toda uma seita só pode ter como motivação a mais abominável intolerância." E ele adiciona que, se houver usura, a lei deverá agir com todas as forças, o que pressuporia em primeiro lugar a existência de leis, "que, seja dito de passagem, também seriam rédeas benéficas para alguns incircuncidados"[128].

---

[125] Ibidem, p. 142.
[126] Idem.
[127] Ibidem, p. 147.
[128] Ibidem, p. 145.

74 Karl Marx e o nascimento da sociedade moderna

Esse memorando demonstra que Heinrich Marx não era só alguém versado em direito, mas também alguém que sabia argumentar de maneira inteligente e com bastante autoconfiança. Não se tem informação sobre uma possível resposta. Com a apresentação de seu escrito, Heinrich Marx provavelmente não fez amigos no governo, tendo em vista que o decreto foi mantido; afinal, sua opinião acerca de um monarca que validasse o decreto criticado ficara bem clara.

Na virada de 1816 para 1817, Heinrich Marx apresentou outro escrito à mais alta comissão de justiça das províncias renanas. Tal comissão deveria verificar até que ponto e de que maneira o "direito renano", em vigor nas províncias do Reno (ou seja, o que ainda vigorava do direito francês), poderia ser ajustado ao direito da Prússia. Para tal fim, a comissão solicitou sugestões. Heinrich Marx enviou um parecer acerca dos Tribunais de Comércio[129].

Somente comerciantes faziam parte dos Tribunais de Comércio – organizados como os da França –, cuja função era julgar exclusivamente litígios comerciais de banqueiros e comerciantes. Heinrich Marx se manifestou de forma contrária a tais tribunais, por considerar nociva a mera existência de foros especiais. O Tribunal de Comércio seria um foro privilegiado, que só serviria a determinada "classe"[130]. Além disso, era questionável que o tribunal fosse conduzido por leigos em direito, que também perseguiam os próprios interesses econômicos. Assim, "o advogado [fala] a ouvidos surdos, tendo o azar de repreender um desses abastados [*Crösuse*]"[131].

A comissão mostrou-se impressionada pela argumentação e recomendou que o autor publicasse seu texto no renomado Arquivo de Legislação, Ciências Jurídicas e Administração Jurídica do Baixo-Reno [*Niederrheinischen Archiv für Gesetzgebung, Rechtswissenschaft und Rechtspflege*], o que acontecia em poucos casos[132]. Heinrich Marx concordou com a publicação, mas pediu que seu nome e sua cidade fossem preservados, pois temia que o escrito lhe acarretasse inconveniências em Trier – temor que não era infundado, haja vista que as propostas no conteúdo do texto implicariam que os comerciantes perdessem parte de seus privilégios, além da caracterização nada amistosa dos "abastados". Em seu escrito, vem à tona toda a amargura resultante da discriminação por ser judeu, com frequência vivenciada por ele:

> Mas infelizmente minhas condições são tais que, como pai de família, tenho de ser cauteloso. A seita a que a natureza me acorrentou não tem muito prestígio, como se sabe, e a província local não é exatamente a mais tolerante. E, se tenho de passar por muitas e diversas dificuldades e tenho de gastar meus baixos

---

[129] Ibidem, p. 154 e seg.
[130] Ibidem, p. 154.
[131] Ibidem, p. 160.
[132] Lutwin Mallmann, *Französische Juristenausbildung im Rheinland 1794 bis 1814*, cit., p. 176.

rendimentos quase completamente, até que alguém se digne de acreditar que um judeu também possa ter certo talento e direitos, então ninguém poderá me levar a mal por ter me tornado, até certo ponto, hostil.[133]

Seu pedido foi respeitado e seu ensaio foi publicado sem indicação de nome, em 1817.

Outro escrito, que tratava da questão da usura, foi enviado por Heinrich Marx ao ministro da Justiça, *Friedrich Leopold von Kircheisen* (1749-1825), no dia 30 de junho de 1821. Na carta de apresentação, lê-se que sua motivação para escrever o "curto ensaio" foi o "profundo desejo de contribuir para a erradicação de um vício tão baixo quanto nocivo, a saber, a usura"[134]. Até agora, esse escrito não foi encontrado. Somente se preservou a curta resposta de Kircheisen do dia 27 de julho de 1821, na qual este confirma o recebimento do texto e comenta que "reconheceu com prazer a boa vontade" de Heinrich ao proceder contra "os pecados de sua raça"[135]. Na medida em que se parte do pressuposto de que Heinrich Marx não se referia aos "judeus usurários", mas de maneira geral à usura, tem-se na resposta do ministro da Justiça – que reduz a usura a um "pecado" dos judeus – um exemplo do ódio com que os judeus eram constantemente confrontados.

O batismo

As mudanças legais pelas quais a Renânia passou ao se tornar uma nova província da Prússia tiveram impacto direto sobre a família Marx. O futuro profissional de Heinrich Marx tornou-se muito incerto, já que não mais se permitiam judeus no funcionalismo – as atividades relacionadas à advocacia também eram consideradas parte do setor público.

O presidente do Tribunal Superior Regional [*Oberlandesgericht*], *Christoph Wilhelm Heinrich Sethe* (1767-1855) – que relatou no dia 23 de abril de 1816 o número de judeus no sistema judiciário renano –, havia recomendado ao governo que concedesse uma autorização excepcional para que três advogados judeus (entre os quais estava Heinrich Marx) continuassem exercendo suas atividades. Ele salientou que o presidente do tribunal de recursos de Trier emitira uma "declaração bastante louvável" de Heinrich Marx, descrevendo-o da seguinte maneira: "Vasto conhecimento; muito aplicado; apresenta-se bem; e absolutamente justo". O próprio Sethe menciona um ensaio que Heinrich Marx teria entregado ao governo em Aachen e que revelaria seus "pensamentos e conheci-

---

[133] Carta de 17 de janeiro de 1817, impressa em Manfred Schöncke, *Karl und Heinrich Marx und ihre Geschwister*, cit., p. 151.

[134] Manfred Schöncke, *Karl und Heinrich Marx und ihre Geschwister*, cit., p. 171.

[135] Ibidem, p. 172.

mentos" [*Kopf und Kenntnisse*][136]. Todavia, Kircheisen, ministro da Justiça da Prússia, negou o pedido de autorização excepcional. O ministro do Interior Schuckmann pronunciou-se com a mesma opinião[137]. Isso significava que Heinrich Marx só tinha duas saídas: ou desistia de sua profissão ou teria de deixar-se batizar como muitos outros judeus da época[138].

Não se sabe a data exata de batismo de Heinrich Marx, mas seria revelador sabê--la, na medida em que se poderia, a partir da data, deduzir de que maneira Heinrich lidou com a pressão exercida sobre ele. Em seu rascunho biográfico de 1892, Friedrich Engels indicou que Heinrich Marx e sua família teriam se convertido ao cristianismo em 1824[139] – informação que foi repetida por Mehring e outros biógrafos. No entanto, apenas as crianças foram batizadas em 1824. No registro da paróquia, consta que o pai já havia sido batizado pelo capelão militar [*Divisionsprediger*] Mühlenhoff. Mühlenhoff foi capelão militar de 1817 a 1820 em Trier, de modo que o batismo provavelmente aconteceu nesse período. Stein[140] presume que o batismo teria acontecido já em 1816-1817, depois do texto do presidente do Tribunal Superior Regional, Sethe, datado de 23 de abril de 1816 e antes da fundação da Congregação Evangélica de Trier em meados de 1817 – tendo em vista que um batismo feito por um capelão militar não seria mais necessário após a fundação da congregação. Quase todas as biografias mais recentes indicam esse período para o batismo (ou seja, antes mesmo do nascimento de Karl Marx). Contudo, Monz[141] já destacou que se tratava de uma congregação civil e militar, de maneira que um batismo feito pelo capelão da divisão também seria possível após 1817. Como os registros de paróquia da congregação militar só foram conservados a partir de 1820 – sem o registro do batismo de Heinrich Marx –, Monz conclui que o batismo teria acontecido entre os dias 23 de abril de 1816 e 31 de dezembro de 1819[142].

A mais provável solução para o enigma é fornecida por um interessante episódio da história dos judeus de Trier[143]. No dia 21 de junho de 1817, Heinrich

---

[136] Ibidem, p. 148-9. Até agora, o ensaio citado não pôde ser encontrado. Não se trata do memorando de 1815 ao governador-geral von Sack, mencionado, já que este tinha sede em Düsseldorf. Isso quer dizer que Heinrich Marx escreveu pelo menos quatro ensaios.

[137] Heinz Monz, *Karl Marx*, cit., p. 247.

[138] A igualdade de direitos para os judeus só viria com a Constituição do Império Alemão de 1871.

[139] MEW 22, p. 337.

[140] Hans Stein, "Der Übertritt der Familie Heinrich Marx zum evangelischen Christentum", em *Jahrbuch des Kölnischen Geschichtsvereins*, cit.

[141] Heinz Monz, *Karl Marx*, cit., p. 243-4.

[142] Ibidem, p. 245.

[143] Cf. Richard Laufner, "Heinrich Marx und die Regulierung der Steuerschulden der trierischen Judenschaft", em Richard Laufner e Albert Rauch (orgs.), *Die Familie Marx und die Trierer Judenschaft*, cit., p. 5-17.

Marx e Samuel Cahn foram convocados à Comissão para Amortização das Dívidas dos Judeus [*Judenschuldentilgungskommission*]. As tais dívidas dos judeus eram os impostos especiais que lhes eram prescritos – impostos que tinham origens ainda no período da ocupação francesa e que eram pagos coletivamente pela comunidade judaica. A comissão tinha a função de registrar todos os cidadãos judeus e dividir entre eles tais dívidas fiscais, juntamente com os juros acumulados – tarefa bastante ingrata, que logo gerou uma série de reclamações. Em uma das queixas, foi levantada a questão de por que Heinrich Marx não apareceu na lista de devedores [*Verteilungsrolle*] elaborada por Samuel Cahn. Em sua resposta de 9 de abril de 1819, Cahn justifica tal fato argumentando que Heinrich Marx trabalhara tanto de maneira gratuita para a comissão que sua omissão da lista não era mais que uma pequena compensação. Não se fala de conversão ao cristianismo, sendo possível supor que Heinrich Marx ainda não houvesse sido batizado até então. Seguindo tal suposição, o batismo de Heinrich Marx teria acontecido entre os dias 3 de abril e 31 de dezembro de 1819 – ou seja, relativamente tarde: três anos após a rejeição da autorização excepcional para os advogados judeus.

Outro acontecimento, de certa forma peculiar, também poderia explicar um possível batismo em 1819, como Schöncke[144] conclui. No dia 12 de agosto de 1819, nascia Hermann, o quarto filho de Heinrich e Henriette – não em Trier, como os outros, mas em Nijmegen. Pode-se assumir que Henriette, grávida, não teria realizado uma viagem de Trier a Nijmegen sem motivo convincente. A possível justificativa: ela preferiu comunicar pessoalmente a seus pais – em vez de enviar uma carta – que seu marido acabara de ser batizado ou que estava prestes a sê-lo.

Não há dúvida de que o batismo de Heinrich Marx foi imposto por sua situação profissional, o que também é confirmado a Wilhelm Liebknecht pela filha mais nova de Karl Marx, Eleanor[145]. Se Heinrich Marx houvesse negado o batismo, todo o esforço de anos para conseguir uma formação em direito e para exercer a advocacia teria sido em vão. E, sem sua profissão, ele não teria conseguido alimentar a família. Nesse sentido, não havia nenhuma alternativa ao batismo. No entanto, não se sabe quão difícil foi para ele tomar essa decisão, tampouco se o batismo realmente foi responsável pela ruptura com a família – afirmada por alguns autores – e por um conflito com seu filho Karl.

Aparentemente, Heinrich Marx tentou adiar o batismo. Talvez ele acreditasse poder evitá-lo. Quando por fim foi batizado, tornou-se o único, em um primeiro momento, da família. Tudo isso contraria a suposição de que o

---

[144] *Karl und Heinrich Marx und ihre Geschwister*, cit., p. 562.
[145] Wilhelm Liebknecht, "Karl Marx zum Gedächtnis", cit., p. 144.

batismo teria sido para ele um ato voluntário ou até uma medida emancipatória, como supõe Mehring[146]. Por outro lado, Heinrich Marx tampouco parece ter tido um vínculo muito forte com a religião judaica. Na inventariação notarial de sua biblioteca após sua morte, registrou-se apenas um livro, sem especificação, em hebraico[147]. Como é possível ler em uma carta de 1835 a seu filho Karl, que à época estudava em Bonn, Heinrich Marx até tinha crença, mas acrescentava a ela um deísmo iluminista. Ele recomendou a Karl a "pura crença em Deus" – aquilo em que "Newton, Locke e Leibniz" já teriam crido[148]. Tal afirmação corresponde ao comentário de Eleanor de que o pai de Marx tenha sido "impregnado pelas ideias francesas do século XVIII sobre religião, ciência e cultura"[149]. Ele provavelmente não se importava com cultos específicos, de maneira que o batismo também não lhe causou conflito religioso interno. Ainda assim, ser obrigado a batizar-se para exercer sua profissão lhe deve ter sido penoso e humilhante. *Eduard Gans* (1797-1839), um dos mais importantes pensadores hegelianos – que, apesar da qualificação acadêmica excepcional, só recebeu uma cátedra após ser batizado (e que futuramente seria um dos professores universitários de Karl Marx em Berlim) –, expressou o que muitos judeus instruídos provavelmente sentiram ao ser confrontados com o batismo enquanto pressuposto indispensável à entrada no funcionalismo: "Se o Estado é tão mesquinhamente inflexível que não me permite servi-lo de acordo com minhas capacidades, a não ser que eu manifeste um credo em que não acredito – e cujo ministro bem sabe que não acredito –, pois então que sua vontade seja feita"[150].

É bem provável que Heinrich Marx tenha vivenciado o batismo com sentimentos parecidos. O adiamento pode ter sido uma tentativa de evitar tal hipocrisia exigida pelo Estado. Talvez Heinrich quisesse poupar a mãe ainda viva e o irmão, que era rabino em Trier, de tal amargura. Sobre sua mãe, Heinrich Marx escreveu: "Como lutei e sofri, enquanto foi possível, para não a entristecer"[151] – ele poderia perfeitamente estar se referindo ao batismo. No batismo de seus filhos em 1824, Henriette também declarou que não queria ser batizada por respeito a seus pais, que ainda viviam. Contudo, ela foi batizada já no ano seguinte, apesar de os pais estarem vivos.

---

[146] Franz Mehring, *Karl Marx*, cit., p. 13.

[147] Manfred Schöncke, *Karl und Heinrich Marx und ihre Geschwister*, cit., p. 294.

[148] MEGA III/1, p. 291; MEW 40, p. 617.

[149] Eleanor Marx, "Karl Marx" (1883), cit., p. 32.

[150] Citado em Hanns Günther Reissner, *Eduard Gans: ein Leben im Vormärz* (Tubinga, Mohr, 1965), p. 36.

[151] MEGA III/1, p. 311.

Não se sabe ao certo por que o batismo dos filhos de Heinrich e Henriette aconteceu justamente no ano 1824[152]. Por um lado, a decisão pode ter sido influenciada pela morte da mãe de Heinrich, em 1823. Por outro, o filho vivo mais velho, Karl, estava então em idade escolar. Crianças judias que estudavam em escolas cristãs estavam sujeitas a provocações tão agressivas por parte dos colegas que até mesmo o governo distrital emitiu uma ordem para inibir tal comportamento[153]. Realizar o batismo dos filhos naquele momento pode ter sido consequência da vontade de protegê-los dessas provocações. No entanto, não se sabe ao certo se as crianças foram à escola no ensino básico ou se tiveram aulas particulares.

Na católica cidade de Trier, a família Marx se converteu ao protestantismo, não ao catolicismo. Para Heinrich Marx, influenciado por ideias racionalistas e iluministas, o catolicismo – com seus santos e sua crença em milagres e em relíquias – provavelmente foi menos cogitado que o protestantismo – com sua orientação mais racionalista[154].

Blumenberg[155] e principalmente Künzli[156] afirmaram que após o batismo teria ocorrido uma ruptura entre Heinrich Marx e sua família, porém não há indícios de tal rompimento. Künzli simplesmente afirma que a consequência provável da conversão ao cristianismo de alguém provindo de uma tradicional família de rabinos seria uma ruptura na família. A única alusão às relações familiares aparece em uma carta de agosto de 1837. Da cidade de Bad Ems, onde Heinrich Marx fazia uma cura termal, ele escreveu à esposa: "Abraços e beijos ternos à cara cunhada [Michle Brisack, esposa de seu falecido irmão, Samuel – M. H.] e a seus filhos"[157]. Nem mesmo Künzli poderia contestar que, nessa época, a relação familiar era tranquila. Assim, ele supõe que Heinrich Marx tenha procurado "novamente" um contato mais próximo movido por um "sentimento de culpa dos renegados"[158]. Mas falar em "re"aproximação significaria pressupor a ocorrência de uma ruptura. Künzli não cita nenhum documento que comprove essa ruptura nem o sentimento de culpa mencionado. Também após o batismo, Heinrich manteve um relacionamento próxi-

---

[152] Não sabemos se o batismo foi realmente comemorado com uma grande festa, como é afirmado em algumas biografias. Não existe nenhuma evidência para tal afirmação.

[153] Cf. Heinz Monz, "Die jüdische Herkunft von Karl Marx", cit., p. 181-2.

[154] No entanto, no protestantismo também houve um movimento contrário ao racionalismo: o pietismo. O jovem Engels cresceu em uma casa de família pietista (cf. próximo volume).

[155] Werner Blumenberg, *Karl Marx: mit Selbstzeugnissen und Bilddokumenten* (Reinbek, Rowohlt, 1962), p. 15.

[156] Arnold Künzli, *Karl Marx: eine Psychographie* (Viena, Europa, 1966).

[157] MEGA III/1, p. 313.

[158] Arnold Künzli, *Karl Marx*, cit., p. 43.

80   Karl Marx e o nascimento da sociedade moderna

mo não só com a família de seu irmão mas também com outros integrantes da comunidade judaica. O respeitado médico judeu *Lion Berncastel* (*c.* 1770--1840) provavelmente foi o médico da família Marx[159]. Em parceria com ele, Heinrich Marx era proprietário de um vinhedo em Mertesdorf[160].

Êxito profissional e reconhecimento social

Heinrich Marx foi um advogado respeitado em Trier. Sua relação com os colegas de profissão deve ter sido especialmente boa. Os padrinhos e as madrinhas de batismo da maioria de seus filhos eram advogados e as respectivas esposas. Os padrinhos de batismo de Karl foram os advogados Johan Friedrich Bochkoltz e Johann Paulin Schaak[161]. Ludwig von Westphalen relata em uma carta de janeiro de 1838 a seu filho Ferdinand que Heinrich Marx estivera doente, mas, por ser tão estimado, seus colegas conduziriam seus processos para ele[162]. Posteriormente, Karl Marx menciona que seu pai fora "por muito tempo *battonier* da ordem local dos advogados [*barreau*]", ou seja, presidente da ordem dos advogados de Trier[163].

Provavelmente havia uma relação mais próxima entre Heinrich e os advogados *Ernest Dominik Laeis* (1788-1872) e o já citado – na parte sobre Trier – Johann Heinrich Schlink. Em 1824, Laeis e sua esposa estavam entre os padrinhos de batismo das crianças; em 1838, Laeis e Schlink fizeram o requerimento da certidão de óbito de Heinrich Marx junto ao cartório civil; em 1842, ambos estavam entre as testemunhas do casamento da irmã de Karl, Sophie, com o advogado Wilhelm Robert Schmalhausen[164]. Após a morte de Heinrich Marx, Schlink assumiu a tutela dos filhos ainda menores de idade, entre os quais Karl. Na época, a maioridade só era alcançada com 21 anos[165].

Quando, em 1825, o prefeito Wilhelm Haw – exercendo sua função de presidente da Comissão para Amortização das Dívidas dos Judeus – foi processado por alguns cidadãos judeus insatisfeitos com os encargos obrigatórios,

---

[159] Cf. cartas de maio a junho de 1836, em MEGA III/1, p. 297.

[160] Heinz Monz, *Karl Marx*, cit., p. 252.

[161] Ibidem, p. 257.

[162] Heinrich Gemkow, "Aus dem Leben einer rheinischen Familie im 19. Jahrhundert", cit., p. 520.

[163] Carta de 3 de março de 1860 a Julius Weber; MEGA III/10, p. 340; MEW 30, p. 504.

[164] Heinz Monz, *Karl Marx*, cit., p. 257 e 231, nota 19.

[165] A informação sobre a tutela de Schlink foi retirada dos arquivos do registro de herança de Heinrich Marx, impressos em Manfred Schöncke, *Karl und Heinrich Marx und ihre Geschwister*, cit., p. 287; outra evidência encontra-se em Heinrich Gemkow, "Kleine Nachträge zur Biographie der Studenten Karl Marx und Edgar von Westphalen", em *Beiträge zur Marx-Engels-Forschung*, Heft 3 (Berlim, Institut für Marxismus-Leninismus beim ZK der SED, 1978).

Heinrich Marx foi seu advogado[166], o que também indica sua elevada reputação. No ano 1831, o governo provincial enfim nomeou Heinrich Marx "conselheiro judicial" [*Justizrat*][167], título que somente foi concedido a um total de quinze juristas nos tribunais de Trier, Colônia, Aachen e Coblença[168].

A ética particular de Heinrich Marx, inspirada por Kant e Fichte, foi expressa com especial clareza em uma carta a seu filho Karl, que na época estudava em Berlim:

> A mais primordial das virtudes humanas é o vigor e a vontade de se sacrificar, de colocar o Eu em segundo plano quando o dever, quando o amor o exigir; porém não se trata daquele sacrifício cintilante, romântico e heroico, produto de um momento de entusiasmo ou heroísmo. Até mesmo o maior dos egoístas é capaz de tanto, afinal, é justamente nesse momento que o *Eu* brilha com força. Não! É o sacrifício que se repete diariamente, a cada hora, sacrifício que nasce do coração puro da pessoa boa, dando à vida seu único encanto e embelezando-a apesar de todas as coisas desprezíveis.[169]

O êxito profissional se refletiu em certa prosperidade econômica. Já em 1819, Heinrich Marx poderia ter comprado uma casa na Simeonstraße. De acordo com os dados fiscais analisados por Herres, Heinrich foi tributado no ano 1832 por rendimentos no valor de 1.500 táleres anuais[170], fazendo, assim, parte dos primeiros 30% das camadas médias e altas de Trier – que tinham renda anual de mais de duzentos táleres[171]. Levando em conta que as camadas médias e altas representavam apenas de 20% a 25% da população[172], a família Marx tinha então uma renda que se situava entre as 6% ou 8% mais altas da população total. Com essa renda, a família Marx acumulou certo patrimônio; eles possuíam diversos terrenos agrícolas, dos quais também faziam parte cotas de vinhedos. A posse de vinhedos era uma forma de garantir uma "aposentadoria", popular entre os cidadãos abastados de Trier[173]. A família Marx também tinha empregados domésticos. Em 1818, havia pelo menos uma empregada[174] e nos anos 1830 e 1833 constata-se respectivamente a presença de "duas criadas"[175].

---

[166] Richard Laufner, "Heinrich Marx und die Regulierung der Steuerschulden der trierischen Judenschaft", cit., p. 13-4.

[167] Manfred Schöncke, *Karl und Heinrich Marx und ihre Geschwister*, cit., p. 215.

[168] Lutwin Mallmann, *Französische Juristenausbildung im Rheinland 1794 bis 1814*, cit., p. 174.

[169] Carta de 12-13 de agosto de 1837; MEGA III/1, p. 312.

[170] Jürgen Herres, "Cholera, Armut und eine 'Zwangssteuer' 1830/32", cit., p. 197.

[171] Ibidem, p. 167.

[172] Ibidem, p. 185.

[173] Heinz Monz, *Karl Marx*, cit., p. 274.

[174] Cf. Manfred Schöncke, *Karl und Heinrich Marx und ihre Geschwister*, cit., p. 161.

[175] Ibidem, p. 295.

82 KARL MARX E O NASCIMENTO DA SOCIEDADE MODERNA

Contudo, Heinrich Marx não estava nada satisfeito com o que havia alcançado na vida. Assim ele escreve a seu filho Karl: "Em minha condição, também alcancei alguma coisa – o suficiente para ter você, mas definitivamente não o bastante para me satisfazer"[176].

4. A "promessa de Constituição", a "Revolução de Julho" e o "ataque à guarda de Frankfurt" – situação política na Alemanha

Em janeiro de 1834, Heinrich Marx se envolveu em um incidente político que revelaria algumas de suas posições políticas. Karl, que ainda não havia completado dezesseis anos de idade, também deve ter vivenciado o caso conscientemente. Para compreender a relevância política dos acontecimentos em Trier – a serem detalhados na subsequente quinta seção –, é necessário analisar mais a fundo o desenvolvimento político entre 1815 e 1834. Tal desenvolvimento também é pano de fundo para uma série de debates e conflitos que serão abordados no próximo capítulo.

Nos últimos anos de domínio napoleônico, cresceu a insatisfação da população alemã, tanto nos territórios ocupados pela França como nas regiões dependentes desta. Como consequência das guerras constantes, a população pagava mais impostos, e os homens jovens eram cada vez mais forçados a entrar no Exército francês. Mais do que nunca, os franceses passaram a ser vistos como força ocupante; ao mesmo tempo, uma consciência nacional alemã se difundia. A guerra de 1813-1815 contra Napoleão foi logo exaltada como "guerra de libertação", sendo apoiada por grande parte da população. Já na declaração de guerra da Prússia à França – enfraquecida pela campanha da Rússia –, em 1813, havia um apelo do rei Frederico Guilherme III da Prússia "a meu povo"; ele pedia o apoio dos "prussianos e alemães" em sua luta contra Napoleão. Tal apelo teve grande ressonância. O Exército prussiano se expandiu com a recém--formada *Landwehr* – espécie de milícia civil. Além disso, surgiram voluntariamente as associações de caçadores. A mais famosa dessas tropas voluntárias [*Freikorps*] foi organizada pelo major *Adolf von Lützow* (1772-1834) e contava com a participação de muitos estudantes e escritores. Entre eles estava também o jovem poeta *Theodor Körner* (1791-1813), que exaltou com entusiasmo a tropa em um poema que se tornaria popular: "Lützows verwegene Jagd" [A audaciosa caçada de Lützow]. O próprio Körner morreu em combate, o que aumentou ainda mais sua fama.

Após a derrota de Napoleão, grande parte da população alemã esperava por mais liberdade política e por maior participação, em âmbito nacional, dos prín-

---

[176] Carta de 12-13 de agosto de 1837; MEGA III/1, p. 313.

cipes de suas regiões. No decreto de 22 de maio de 1815, Frederico Guilherme III expressou a possibilidade da criação de uma Constituição e da convocação de um espaço que representaria todas as regiões da Prússia – o que, a partir de então, passou a ser visto como "promessa de Constituição"[177].

Na cidade de Weimar, governada então pelo grão-duque liberal e amigo de Goethe *Carlos Augusto* (1757-1828), havia sido introduzida já em 1816 uma Constituição que previa, entre outras coisas, abrangente liberdade de imprensa. Também os estados do sul da Alemanha obtiveram Constituições. Em 1818, introduziu-se na Baviera uma Constituição que incluía uma "segunda Câmara", eleita por sufrágio censitário (sendo a primeira Câmara representante da nobreza e do clero). No mesmo ano, foi introduzida também em Baden uma Constituição, assim como uma "segunda Câmara" – com influência política e não mais sendo eleita por princípios estamentários. Em 1819, segue uma Constituição no reino de Württemberg e, em 1820, no grão-ducado de Hessen. No entanto, a promessa de Constituição não foi cumprida na Prússia. Círculos conservadores ganharam força, de forma que uma Constituição não mais interessava ao rei – a consequência foi uma insatisfação constante na burguesia liberal. Além disso, a "Confederação Germânica" – que substituiu o dissolvido [primeiro] *Reich* Alemão –, fundada no Congresso de Viena, não foi de modo nenhum precursora do Estado-nação alemão, mas antes uma aliança entre Estados por meio da qual os príncipes alemães [*Fürsten*] asseguravam o próprio domínio.

As associações estudantis [*Burschenschaften*] eram as representantes mais radicais dentro do movimento de resistência aos acontecimentos da época. Tratava-se de um movimento político de jovens, organizado por aqueles estudantes que haviam se politizado na "guerra de libertação". O "movimento dos ginastas" [*Turnerbewegung*], fundado em 1811 por *Friedrich Ludwig Jahn* (1778-1852), tinha um objetivo parecido. Nesse caso, o treinamento físico era na verdade uma formação pré-militar. Entre os esportes treinados estava também a esgrima, que era praticada por muitos rapazes. Os simples uniformes de treino cinza, além do costume de se dirigir uns aos outros pelo primeiro nome, eram expressões de igualdade burguesa, que pretendia ir além das diferenças entre as camadas sociais, assim como das muitas fronteiras regionais dentro da Alemanha. Esses movimentos nacionalistas não eram necessariamente antimonarquistas, mas priorizavam a unidade da "nação" em relação às dinastias monárquicas e dos príncipes.

---

[177] Cf. Reinhart Koselleck, *Preußen zwischen Reform und Revolution: allgemeines Landrecht, Verwaltung und soziale Bewegung von 1791-1848* (1967) (2. ed., Stuttgart, Klett, 1975), p. 214 e seg. e 286-7; Christopher Clark, *Preußen: Aufstieg und Niedergang 1600-1947* (Munique, DVA, 2007), p. 395.

Com a permissão do grão-duque de Weimar, aconteceu no dia 18 de outubro de 1817 o "Festival de Wartburg" – organizado pelas associações estudantis – no castelo de Wartburg, nas proximidades de Eisennach, contando com a participação de centenas de estudantes. Tamanho evento político não tinha precedentes na Alemanha. A intenção do festival era comemorar um aniversário duplo: de um lado, os trezentos anos da afixação das teses de *Martinho Lutero* (1483-1546) e, consequentemente, o início da Reforma Protestante; do outro, o quarto aniversário da Batalha de Leipzig, na qual Napoleão sofrera uma derrota decisiva. Ambos os acontecimentos eram considerados pelas associações estudantis marcos da libertação da Alemanha: sendo o primeiro a libertação do domínio estrangeiro papal vindo de Roma e o segundo a libertação do domínio estrangeiro francês. Um dos pontos altos do festival foi a queima de escritos "não germânicos" e de insígnias dos Exércitos da Prússia, de Hesse e da Áustria – o objetivo era um Estado-nação alemão, não uma forma dinástica de governo. Entre os escritos queimados estavam: os dramas do poeta – considerado agente do tsar – *August von Kotzebue* (1761-1819), que criticara severamente as associações estudantis e o movimento dos ginastas por considerá-los terreno fértil para a revolução; e também a *Germanomanie* (1815), onde o jornalista judeu *Saul Ascher* (1767-1822) expressara suas opiniões contrárias à "excitada ideia de uma germanidade [*Deutschheit*]"[178] e ao antissemitismo crescente do movimento nacional. Principalmente pela influência de Jakob Friedrich Fries e de seus estudantes, o antissemitismo étnico-nacionalista tornou-se parte essencial do nacionalismo das associações estudantis[179]. Apenas uma pequena corrente influenciada pelo heidelberguiano *Friedrich Wilhelm Carové* (1789-1852) – aluno de Hegel – não era explicitamente antissemita, defendendo a admissão de judeus nas associações[180]. Após o festival de Wartburg, as associações estudantis foram proibidas, o que não impediu, contudo, que elas continuassem recebendo grande apoio.

Um ano e meio após o festival de Wartburg, no dia 23 de março de 1819, August von Kotzebue foi assassinado pelo estudante de teologia e membro de uma associação estudantil *Karl Ludwig Sand* (1795-1820). Esse acontecimento serviu de pretexto para a Confederação Germânica, que deliberou os "decretos de Karlsbad", cuja função era combater tendências nacionais e liberais. Essas ideias passaram a ser vistas como "incitações ao ódio" [*Volksverhetzung*], e seus autores, como "demagogos" perigosos. Reforçou-se o controle sobre estudantes e professores; estes, se tivessem tendências nacionalistas ou liberais, eram proi-

---

[178] Saul Ascher, *Die Germanomanie*, cit., p. 11.
[179] Gerald Hubmann, *Ethische Überzeugung und politisches Handeln*, cit., p. 191 e seg.
[180] Ibidem, p. 188, nota 150.

bidos de exercer a profissão; as praças públicas com aparelhos de ginástica foram fechadas. Uma censura prévia foi introduzida para periódicos e materiais impressos com menos de 320 páginas[181].

A política de reformas da Prússia, implantada após a derrota de 1806, chegava definitivamente a seu fim. Por causa de sua crítica aos decretos de Karlsbad, Wilhelm von Humboldt foi exonerado de todos os seus cargos públicos[182]. Contudo, o governo prussiano teve dificuldades em impor sua política de repressão perante os tribunais. Não porque os tribunais fossem simpáticos às ideias nacionais e liberais dos processados, mas antes porque muitos juízes insistiam no cumprimento das disposições legais. Não queriam punir meras intenções, mas delitos que houvessem de fato ocorrido[183].

E. T. A. Hoffmann (1776-1822) descreveu satiricamente o espírito da repressão nascente em seu conto "Meister Floh" [Mestre pulga], de 1822. Hoffmann, que é conhecido hoje sobretudo como poeta do romantismo, foi conselheiro do Tribunal Regional Superior de Berlim e, entre 1819 e 1821, membro da "comissão para investigação de casos de alta traição e outras atividades perigosas para o Estado", tendo sido confrontado com acusações espantosas. O herói de seu conto é acusado de ter raptado uma "dama distinta". O conselheiro Knarrpanti – caricatura do então chefe de polícia de Berlim e posteriormente ministro da Justiça da Prússia *Karl Albert von Kamptz* (1769-1849) –, que investiga o caso, responde à objeção de que, na verdade, rapto nenhum teria acontecido, com as seguintes palavras:

> Uma vez determinado o criminoso, encontra-se o crime cometido naturalmente. Somente um juiz superficial e leviano – mesmo quando não for possível confirmar a acusação principal por teimosia do acusado – é incapaz de interrogá-lo de tal maneira que se consiga descobrir um mínimo defeito qualquer, justificando assim sua detenção.[184]

Devido à acusação de conter citações de arquivos dos processos, "Meister Floh" foi censurado e iniciou-se um processo disciplinar contra Hoffmann, que morreu em 1822, antes da conclusão do processo. Seu conto só pôde ser publicado sem censura em 1908.

---

[181] Alexa Geisthövel, *Restauration und Vormärz 1815-1847* (Paderborn, Schöningh, 2008), p. 20 e seg.

[182] Lothar Gall, *Wilhelm von Humboldt: ein Preuße von Welt* (Berlim, Propyläen, 2011), p. 333 e seg.

[183] Christina von Hodenberg, *Die Partei der Unparteiischen: der Liberalismus der preußischen Richterschaft 1815-1848/49* (Göttingen, Vandenhoeck & Ruprecht, 1996), p. 243 e seg.

[184] E.T.A. Hoffmann, "Meister Floh: ein Märchen in sieben Abenteuern zweier Freunde", em *Späte Prosa, Briefe und Aufzeichnungen, Juristische Schriften* (Frankfurt am Main, Deutscher Klassiker, 2004, Sämtliche Werke in Sechs Bänden, v. 6), p. 375.

Muito tempo após os estados do sul da Alemanha conseguirem uma Constituição e uma representação popular com certo direito à participação, estabeleceram-se na Prússia, em 1823, os chamados "parlamentos provinciais" [*Provinzialstände*]. Tratava-se de representantes – limitados às províncias individuais – das camadas nobres, das cidades e de regiões rurais, sendo que só eram elegíveis aqueles que possuíam terras. Esse parlamento provincial não havia sido concebido como representante do povo, não tendo sequer direito real à participação política. Sua função era meramente aconselhar os governos provinciais; e isso, de preferência, de maneira bem discreta.

Grande parte da população ficou decepcionada com o descumprimento da promessa de Constituição feita pelo rei da Prússia e com a política autoritária. Assembleias políticas foram proibidas, manifestações políticas nos jornais foram censuradas. Sob tais condições, acompanhavam-se os acontecimentos no exterior com grande interesse – podia-se falar mais abertamente destes do que das condições políticas na Alemanha. A luta pela independência da Grécia contra o Império Otomano foi acompanhada com grande simpatia. Desde a segunda metade do século XVIII, principalmente na Alemanha, a Grécia antiga passou a ser considerada o ponto mais alto da arte "clássica" e, pelas reformas do ensino na Prússia, as atividades relacionadas à Antiguidade na Grécia passaram a ter grande importância nas aulas do ginásio. Além disso, a Atenas antiga era considerada reduto de liberdade e democracia. O entusiasmo pela Grécia antiga unia conservadores e liberais. O "filo-helenismo" era bastante difundido entre as pessoas cultas e também se manifestava pelo apoio prático à luta pela independência grega[185]. O rei da Prússia e seu governo encaravam tais iniciativas com desconfiança, temendo que rebeldes estivessem por toda parte; a população da recém-conquistada (1815) província do Reno era vista com especial desconfiança.

Nessa época repressiva de restaurações, a Revolução de Julho de 1830 em Paris caiu como um raio do céu sem nuvens. Hoje, essa revolução praticamente desapareceu da consciência geral, tendo ocorrido entre a "grande" Revolução Francesa de 1789 e as revoluções europeias de 1848-1849, mas para contemporâneos tratou-se de um acontecimento de enorme importância. O rei da França *Carlos X* (1757-1836) aproveitou-se da fraqueza do Império Otomano e conquistou a cidade de Argel em 1830[186]. Após esse sucesso militar, ele dissolveu a Câmara dos

---

[185] O filo-helenismo não se limitou à Alemanha. Lord Byron, o famoso poeta inglês, participou da luta pela libertação e morreu em 1824, na Grécia. Após a intervenção militar de grandes potências europeias – Inglaterra, França e Rússia –, fundou-se em 1830 um pequeno Estado grego. Em 1832, o príncipe bávaro Oto tornou-se o primeiro rei da Grécia.

[186] Nos anos que se seguiram, a França ocupou toda a Argélia, que só alcançaria sua independência em 1962, após uma dominação colonial desastrosa e oito anos de uma guerra de independência extremamente violenta, a Guerra da Argélia.

Deputados em julho de 1830 e limitou o sufrágio censitário, assim como a liberdade de imprensa. Em Paris, aconteceram protestos que acabaram se tornando lutas de barricadas. Após três dias, Carlos X teve de abdicar e fugir para a Grã-Bretanha. Tal acontecimento é exaltado na famosa pintura *A liberdade guiando o povo*, de *Eugène Delacroix* (1798-1863), na qual se vê Mariane, de peito nu, à frente do povo, segurando a bandeira tricolor – proibida pelos Bourbons – e usando um barrete jacobino. No entanto, nas condições em que a França se encontrava, as forças radicais inspiradas pelos jacobinos não conseguiram se impor. A grande burguesia, politicamente moderada, conseguiu que *Luís Filipe de Orleans* (1773-1850), primo distante de Carlos X, fosse coroado rei. Luís Filipe entendeu-se com a Câmara dos Deputados, entrando para a história como "rei burguês" ou "rei cidadão". Contudo, ele logo se mostrou como representante dos interesses de apenas parte da grande burguesia. Greves e revoltas de trabalhadores foram reprimidas violentamente – como as revoltas dos tecelões de seda de Lyon nos anos 1831 e 1834[187]. A política corrupta de Luís Filipe e seus apoiadores foi caricaturada em incontáveis publicações de *Honoré Daumier* (1808-1879) – a grande era das caricaturas políticas começava, assim como a de sua perseguição pelo governo[188].

O público alemão se manteve atualizado acerca dos acontecimentos na França por *Ludwig Börne* (1786-1837), com *Cartas de Paris* (1832-1834), e também por *Heinrich Heine* (1797-1856) e sua série de artigos "Franzosische Zustande" [A situação francesa][189], publicada primeiramente no jornal de Augsburgo *Allgemeine*

---

[187] Karl Marx caracterizaria com precisão os resultados da Revolução de Julho, vinte anos mais tarde, em *As lutas de classes na França*. "Quem reinou sob Luís Filipe não foi a burguesia francesa, mas *uma facção* dela: os banqueiros, os reis da bolsa, os reis das ferrovias, os donos das minas de carvão e de ferro e os donos de florestas em conluio com uma parte da aristocracia proprietária de terras, a assim chamada *aristocracia financeira*. Ela ocupou o trono, ditou as leis nas Câmaras, distribuiu os cargos públicos desde o Ministério até a agência do tabaco. A *burguesia industrial* propriamente dita compunha uma parte da oposição oficial, isto é, ela só estava minoritariamente representada na Câmara. [...] A *pequena burguesia* em todos os seus matizes, assim como a *classe camponesa*, havia sido totalmente excluída do poder político. [...] Devido ao aperto financeiro em que se encontrava, a monarquia de julho de antemão era dependente da alta burguesia, e sua dependência da alta burguesia tornou-se fonte inesgotável de um aperto financeiro crescente. [...] A monarquia de julho nada mais foi que uma companhia de ações destinada à exploração do tesouro nacional da França, cujos dividendos eram distribuídos entre os ministros, as Câmaras, 240 mil eleitores e seus acólitos. Luís Filipe era o diretor dessa companhia"; MEGA I/10, p. 119 e seg.; MEW 7, p. 12 e seg. [ed. bras.: *As lutas de classes na França de 1848 a 1850*, trad. Nélio Schneider, São Paulo, Boitempo, 2012, p. 37 e seg.].

[188] Cf. Neue Gesellschaft für Bildende Kunst Berlin (NGBK) (org.), *Honoré Daumier und die ungelösten Probleme der bürgerlichen Gesellschaft* (Berlim, NGBK, 1974).

[189] Heinrich Heine, "Französische Zustände" (1832), em *Samtliche Schriften* (org. Klaus Briegleb, Frankfurt am Main, Ullstein, 1981), v. 5.

Zeitung [Gazeta Geral] (à época um dos jornais políticos diários mais importantes da Alemanha) e lançada depois como livro. A partir de meados de 1832, após as intervenções de *Friedrich von Gentz* (1764-1832) – que foi por muito tempo o funcionário mais próximo do chanceler de Estado [*Staatskanzler*] austríaco *Clemens Wenceslaus von Metternich* (1773-1859), ainda comandante do movimento reacionário alemão –, a publicação dos artigos de Heine foi proibida. Eles – com sua acuidade analítica – eram críticos demais[190]. Heinrich Heine não era somente um importante poeta; ele também se mostrou, em ensaios e polêmicas, um lúcido analista da sociedade. Como ainda veremos, o jovem Marx também seria influenciado teoricamente por Heine, com quem fez amizade em Paris em 1844.

Apesar de não ter tido a importância nem o impacto da Revolução Francesa de 1789, a Revolução de Julho de 1830 mostrou claramente que levantes revolucionários ainda eram prováveis e que podiam ter certo êxito. Para monarcas e príncipes, a Revolução de Julho representou um assustador *déjà vu*, ao qual reagiram com a intensificação da repressão e do controle. Na província do Reno, o governador distrital *Heinrich Schnabel* (1778-1853) desenvolveu um sistema de informantes, a pedido do ministro do Interior da Prússia, que monitorou durante dez anos não só a população mas também as autoridades locais[191].

Para muitos membros da oposição, a Revolução de Julho foi uma fonte de esperança da qual de fato emanou um impulso revolucionário, abrangendo até mesmo outras partes da Europa. Após se separar dos Países Baixos, em 1830, a Bélgica se tornou um Estado independente com uma monarquia constitucional relativamente liberal. Essa Bélgica liberal também foi importante para Marx como refúgio em meados dos anos 1840. Nos Estados Papais (que à época abrangiam grandes áreas da Itália) e em alguns outros Estados da península Itálica, houve tumultos. Em novembro de 1830, iniciou-se em Varsóvia uma insurreição de oficiais poloneses contra o domínio russo, que só pôde ser contida em setembro de 1831. Essa insurreição provocou um entusiasmo em relação à Polônia que durou anos nos círculos liberais da Alemanha e da França. A caminho do exílio na França, os militares poloneses derrotados foram saudados com entusiasmo ao atravessar a Alemanha. Até mesmo na Inglaterra, que não havia sido afetada pelos abalos revolucionários, as coisas seriam abaladas. Em 1832, aconteceu a primeira grande reforma eleitoral: o número de pessoas com direito ao voto aumentou e os distritos eleitorais foram reorganizados, o que a longo prazo teve efeito na força dos partidos.

---

[190] Gerhard Höhn, *Heine Handbuch: Zeit, Person, Werk* (3. ed., Stuttgart, Metzler, 2004), p. 283.

[191] Cf. Joseph Hansen, *Gustav von Mevissen: ein rheinisches Lebensbild (1815-1899)* (Berlim, Reimer, 1906), v. 1, p. 219 e seg.

Na Alemanha, houve uma série de agitações locais. Na Saxônia e, principalmente, no eleitorado de Hessen, a causa da instabilidade social foi a pobreza extrema de parte da população. Utilizando a pressão social, a oposição constitucionalista conseguiu impor constituições em ambas as regiões. Também Hanôver e Braunschweig obtiveram constituições após protestos no começo da década de 1830. No entanto, nada havia se alterado nos dois maiores Estados alemães, tampouco na Prússia e na Áustria.

Com certo atraso, a onda revolucionária também chegou ao sul e ao sudoeste alemães. Após as eleições em Baden e na Baviera, a oposição se tornou maioria em ambos os parlamentos, agravando o conflito político. Intensificou-se a censura, o que jornalistas e editores não aceitaram sem protesto. Estes obtiveram algumas vitórias espetaculares nos tribunais. Para assegurar a liberdade de imprensa, fundou-se em 1832 a Associação da Pátria Alemã pela Defesa da Imprensa Livre [*Deutsche Vaterlandsverein zur Unterstützung der Freien Presse*]; ela teve um papel determinante na organização do "Festival de Hambach", que aconteceu dos dias 27 a 30 de maio nas ruínas do castelo de Hambach. Divulgado como festividade pública – assembleias políticas estavam proibidas –, o evento foi antes a primeira manifestação política de massas na Alemanha, contando com a participação de 20 mil a 30 mil pessoas[192]. Vários cidadãos conhecidos de Trier estiveram presentes, como os comerciantes Lautz e Cetto[193]. Exigiam-se liberdade de associação, liberdade de expressão e de imprensa, direitos civis e a unidade nacional da Alemanha. Para simbolizar tais exigências, utilizou-se pela primeira vez amplamente a bandeira tricolor com as faixas horizontais preta, vermelha e dourada (cores que haviam sido utilizadas como marca distintiva pela tropa voluntária de Lützow, já citada). Representantes das associações estudantis exigiram a formação de um governo provisório e o começo de uma insurreição armada – proposta que foi, porém, rejeitada por sua impraticabilidade.

A reação da Confederação Germânica foi uma repressão maciça àqueles que haviam discursado no Festival de Hambach e àqueles que o haviam organizado. Muitos foram processados, outros tantos fugiram para o exterior. A mais famosa vítima de Trier foi o membro da associação estudantil (e posteriormente advogado) *Johann August Messerich* (1806-1876), de Bitburg. Ele foi detido em Trier em 1834 e condenado a treze anos de prisão, sendo, contudo, libertado em 1839[194]. Tais acontecimentos chamavam a atenção do

---

[192] Cf. acerca do Festival de Hambach e da consequente onda de repressão: Hans-Ulrich Wehler, *Deutsche Gesellschaftsgeschichte* (Munique, Beck, 2008), 5 v.

[193] Heinz-Günther Böse, *Ludwig Simon von Trier (1819-1872): Leben und Anschauungen eines rheinischen Achtundvierzigers*, tese de doutorado, Universität Mainz, 1951, p. 8, nota 41.

[194] Heinz Monz (org.), *Trierer Biographisches Lexikon* (Trier, WVT, 2000), p. 294.

público e, logo, também devem ter chegado aos ouvidos de Karl, à época com dezesseis anos de idade[195].

A repressão que se seguiu ao Festival de Hambach teve como consequência uma radicalização ainda maior. Grupos estudantis planejaram uma ofensiva em Frankfurt, sede do *Bundestag* – ou seja, do congresso fixo de representantes da Confederação Germânica –, na qual pretendiam invadir as duas delegacias de polícia, armar-se, depois tomar posse do caixa da confederação e capturar os representantes dos Estados alemães. Esperava-se que tal acontecimento tivesse como implicação o começo da revolução geral alemã. O ataque à guarda de Frankfurt foi realizado no dia 3 de abril de 1833 por aproximadamente cinquenta pessoas – sobretudo membros das associações estudantis. Um dos envolvidos era o jovem *Karl Schapper* (1812-1870), com quem Marx trabalharia posteriormente na "Liga dos Justos". O plano todo havia, contudo, sido revelado, o que o levou ao fracasso já no início da execução. Ainda assim, a população simpatizou fortemente com as associações estudantis. A Confederação Germânica reagiu com uma perseguição que durou anos. Até 1842, investigaram-se mais de 2 mil suspeitos, muitos dos quais emigraram para os Estados Unidos da América[196].

Em carta à família, *Georg Büchner* (1813-1837) – considerado hoje um dos mais importantes poetas alemães –, à época com dezenove anos de idade, demostra uma opinião precisa acerca dos acontecimentos em Frankfurt:

> Se há algo que pode ajudar em nossos dias, esse algo é a *violência*. Sabemos o que esperar de nossos príncipes [*Fürsten*]. Tudo o que concederam até agora foi resultado da necessidade que os forçou a fazê-lo [...]. Nossas instâncias representativas regionais são uma sátira para a razão sensata [...]. Acusam-se os jovens de utilizarem violência. Mas não estamos nós em um estado eterno de violência? [...] Pois o que é que vocês chamam de *estado legal*? Uma *lei* que transforma uma significativa maioria dos cidadãos em animais de carga, só para que as necessidades artificiais de uma ínfima e corrupta minoria sejam saciadas? E essa lei, sustentada por pura violência militar e pela burra esperteza de seus agentes, essa lei é uma *violência pura e eterna* à justiça e à razão; e eu lutarei contra ela onde puder com *voz e mãos*.[197]

Ainda assim, Büchner duvidava da possibilidade de uma insurreição revolucionária. Ele continua:

---

[195] Posteriormente, Marx se tornaria amigo de Messerich. "Seu grande amigo Messerich", lê-se em uma carta a Marx de 1864 enviada por seu cunhado Johann Jacob Conradi; MEGA III/12, p. 493. É improvável que essa amizade já existisse em 1834, haja vista que Messerich era doze anos mais velho que Marx e estudava desde 1839 em Bonn e Heidelberg.

[196] Alexa Geisthövel, *Restauration und Vormärz 1815-1847*, cit., p. 38.

[197] Georg Büchner, *Werke und Briefe* (Münchner Ausgabe) (Munique, Hanser, 1988), p. 278.

Se não fiz parte do que já aconteceu e *não farei parte* daquilo que possa acontecer, não é por reprovação ou medo, mas somente porque considero uma empreitada inútil, no momento atual, qualquer movimento revolucionário, e porque não partilho da cegueira daqueles que veem nos alemães um povo disposto a lutar por seus direitos.[198]

Ainda no mesmo ano, Büchner participou da fundação da secreta "Sociedade de Defesa dos Direitos Humanos" em Gießen. Em 1834, escreveu o mais importante manifesto da revolução social na Alemanha antes do *Manifesto Comunista*, de 1848: os chamados *Hessischen Landboten* [O mensageiro rural de Hessen]. Nesse manifesto, além de formular o grito de guerra que posteriormente se tornaria famoso, "*Friede den Hütten! Krieg den Palästen!*" [Paz às cabanas, guerra aos palácios!], ele fundamentou sua crítica com dados e fatos que demonstravam a exploração do povo e o esbanjamento das camadas dominantes. Para ele, a preparação de uma revolução feita pelo povo se daria por meio de formação e crítica, e não por meio de ações isoladas como o ataque à guarda de Frankfurt. Büchner não esperava nada dos liberais: "O único elemento revolucionário no mundo é a relação entre os pobres e os ricos", escreveu em 1835 a *Karl Gutzkow* (1811-1878)[199]. No entanto, o grupo ao redor de Büchner – aqueles que distribuíram o *Hessischen Landboten* – foi descoberto, e ele teve de fugir para Estrasburgo. O mais importante líder do grupo ao lado de Büchner, *Friedrich Ludwig Weidig* (1791-1837), foi preso em 1835, sendo contínua e pesadamente maltratado pelo juiz de instrução responsável pelo caso. Ele morreu em 1837 na prisão – num suposto suicídio. Apenas alguns dias antes, morrera Büchner, aos 23 anos, de febre tifoide, em Zurique.

5. Os incidentes do cassino de Trier em 1834 e as opiniões políticas de Heinrich Marx

Também em Trier, na década de 1820, crescia cada vez mais o descontentamento com o governo prussiano. Entre as principais causas das insatisfações estavam o fraco desenvolvimento econômico, a promessa de Constituição não cumprida pelo rei e a conduta prepotente do Exército prussiano. A Revolução de Julho em Paris havia dado impulso às tendências liberais. Em um relatório do governo, citado por Höfele[200], fala-se de "conclamações anônimas", debates

---

[198] Idem.

[199] Ibidem, p. 303.

[200] Karl Heinrich Höfele, *Die Stadt Trier und der preußische Staat im Vormärz, Inaugural-Dissertation an der J. W. Goethe Universität zu Frankfurt am Main*, dissertação inaugural da universidade J. W. Goethe, Frankfurt am Main, 1939, p. 28.

acalorados e livreiros colocando à venda descrições "enaltecedoras" dos acontecimentos em Paris. Em um escrito anônimo intitulado "Viva a Constituição Nacional" – entregue às direções das Sociedades do Cassino em várias cidades renanas em setembro de 1830 –, reivindicavam-se uma Constituição, reformas e uma profunda separação entre a Renânia e a velha Prússia[201]. Tais críticas não eram práticas de grupos marginais nem de indivíduos, mas estavam disseminadas também entre a burguesia e os funcionários públicos das cidades. O presidente distrital em Trier chegou até a suspeitar de que por trás desse escrito estivesse "uma intriga do partido da justiça"[202]. Em outubro de 1830, ele fez uma reclamação junto ao prefeito Haw, afirmando que funcionários municipais expressariam opiniões ofensivas em público "sobre assuntos políticos internos e externos"[203]. No dia 29 de dezembro de 1830, a administração municipal organizou um banquete em homenagem ao comandante da cidade, prestes a se aposentar, o tenente-general von Ryssel; estiveram presentes apenas 79 dos 278 convidados[204].

O governo prussiano desconfiava da população da Renânia, temendo uma tentativa de anexação à França. Pequenos atos simbólicos de crítica também foram minuciosamente registrados. Por exemplo, em agosto de 1832, durante um banquete por ocasião da aposentadoria do presidente do Tribunal de Comércio – no qual Haw, prefeito de Trier, também estava presente –, houve um total de oito brindes, mas nenhum deles em nome da prosperidade do rei[205].

Em um posicionamento oficial do ministro da Justiça von Kamptz no dia 26 de janeiro de 1833, percebe-se a insatisfação do governo com grande parte do tribunal distrital de Trier. No documento, o sistema judiciário de Trier é acusado de não julgar agitações políticas com o rigor necessário, de dar muita liberdade aos que estavam em prisão preventiva por motivos políticos e de aceitar as alegações dos acusados sem verificar se realmente correspondiam aos fatos[206].

A partir da década de 1830, a Sociedade do Cassino – fundada originalmente a fim de proporcionar um espaço de convívio informal – transformou-se num centro de pensamento oposicionista; desenvolvimento que não surpreende, levando em conta que as tendências liberais e críticas em relação à Prússia eram difundidas exatamente nas camadas a que a maioria dos associados à

---

[201] Ibidem, p. 30-1; Heinz Monz, *Karl Marx*, cit., p. 126-7.
[202] Citado em Heinz Monz, *Karl Marx*, cit., p. 127.
[203] Ibidem, p. 129-30.
[204] Ibidem, p. 131.
[205] Ibidem, p. 132 e 193.
[206] Ibidem, p. 138-9.

Sociedade do Cassino pertencia, ou seja, membros da alta burguesia, do funcionalismo, advogados, comerciantes, médicos etc. Tais tendências oposicionistas manifestaram-se claramente em diversos acontecimentos de 1834.

No dia 12 de janeiro de 1834, deu-se um banquete festivo em comemoração do retorno dos delegados de Trier que haviam participado das sessões da assembleia da província do Reno [*Provinziallandtag*]. A iniciativa de realizar tal festividade partiu de quarenta cidadãos, que elegeram uma comissão organizadora com cinco membros, entre os quais estavam Heinrich Marx e seu amigo, já citado, o conselheiro judicial Schlink. A celebração contou com a participação de 160 pessoas. Além dos jornais de Trier, também os de Colônia relataram o evento, afinal, um banquete como aquele – em homenagem aos delegados – não era nada comum. Para substituir os encontros políticos, que estavam proibidos, foram organizados banquetes no sul da Alemanha. Na Prússia, esse costume era novo[207].

Heinrich Marx teve um papel importante na comissão organizadora, haja vista que discursou na abertura do evento; outros discursos se seguiram ao dele[208]. Ao lermos o discurso de Heinrich Marx hoje, temos a impressão, num primeiro momento, de que tenha sido totalmente inofensivo e até "respeitoso"[209]. Ele agradece aos delegados regressantes pelo trabalho realizado e ao rei pela criação da assembleia provincial. No entanto, em uma análise mais detalhada do discurso – encaixando-o no contexto das normas de utilização da linguagem da época –, fica claro que se tratava de uma resoluta crítica às condições políticas dominantes[210].

A própria recepção pública dos deputados e a organização de um banquete em sua homenagem havia sido um ato de oposição. Do ponto de vista do rei e do governo, os membros dessa assembleia não haviam sido eleitos como representantes dos interesses do povo, mas para atuar como conselheiros do governo

---

[207] Cf., acerca de tais formas de cultura oposicionista – das quais, entre outras, o canto também fazia parte –, James M. Brophy, *Popular Culture and the Public Sphere in the Rhineland 1800--1850* (Cambridge, Cambridge University Press, 2007).

[208] Todos os discursos foram publicados em Manfred Schöncke, *Karl und Heinrich Marx und ihre Geschwister*, cit., p. 226 e seg.

[209] Como é o caso, por exemplo, da interpretação de David McLellan, *Karl Marx*, cit., p. 16, que leva em consideração uma única frase na qual o rei da Prússia é elogiado.

[210] O mesmo discurso é utilizado por Arnold Künzli, *Karl Marx*, cit., p. 43 como evidência da "submissão oportunista" de Heinrich Marx, que teria "cuidadosamente escondido" toda sua oposição "atrás de um conformismo medroso". Fritz J. Raddatz, *Karl Marx: der Mensch und seine Lehre* (Hamburgo, Hoffmann und Campe, 1975), p. 17, seguindo Künzli, vê no discurso uma "mistura de servilismo, veneração divina ao monarca e, ainda assim, um perspicaz distanciamento". Além de ignorar o tom habitual da época para se referir ao rei (foi mencionado que até a ausência de um brinde ao monarca fora registrada pelo governo), ambos os autores dispensam uma análise mais detalhada do discurso. Em Jonathan Sperber, *Karl Marx*, cit., o discurso nem sequer é mencionado.

monárquico. Logo, estavam submetidos ao rei, não ao povo. Assim, uma recepção feita por seus eleitores, com o reconhecimento público de seu trabalho, significava tratá-los como representantes do povo – exatamente o que o rei *não* queria.

O discurso de Heinrich Marx começa com uma pequena, mas clara, afronta ao rei: o primeiro agradecimento não é direcionado a este, mas aos representantes da cidade. Em seguida, ele agradece ao rei "pela criação do primeiro órgão de representação do povo". Ora, representante do povo era precisamente o que a assembleia provincial não deveria ser! Ainda por cima, Heinrich fala da criação do "primeiro" órgão, insinuando que outros deveriam seguir: referência clara à convocação de um parlamento para a Prússia como um todo – desejo compartilhado por muitos cidadãos. Também o comentário de que o rei teria convocado a assembleia "para que a verdade chegue à escadaria de seu trono", pois "onde a Justiça senta no trono, também a Verdade deve ter seu lugar"[211], tem uma ponta crítica: o monarca necessita da assembleia para ouvir a verdade, e é somente ouvindo a verdade que ele pode governar justamente. Isso significa, pois, que uma possível dissolução da assembleia impediria o monarca de conhecer a verdade e, assim, um governo justo seria consequentemente impossível.

Nesse discurso, Heinrich Marx não demonstra uma posição republicana, tampouco essencialmente antimonarquista. Ele ainda tem esperança de melhoria das condições políticas vinda "de cima", ou seja, por meio de um monarca esclarecido. Mesmo assim, expressa com clareza sua crítica dentro das normas de linguagem da época. A julgar pela reação do ministro da Justiça von Kamptz, o governo entendeu muito bem sua crítica, considerando-a perigosa. Von Kamptz escreveu:

> A cidade de Trier deu o primeiro exemplo de como as tais sociedades de encontros diurnos, organizadas por pessoas privadas e reunidas por meio de inscrições, tomaram a liberdade de ressaltar e reprovar – de maneira ignorante e sem autorização para fazê-lo – as negociações, e até mesmo princípios, votações e o comportamento de membros individuais, de uma assembleia pela qual a majestade, o rei, é única e exclusivamente responsável. Uma expressiva maioria dos deputados da assembleia provincial já não se considera simples deputados da assembleia provincial, representantes das instâncias regionais da Alemanha, mas, sim, representantes do povo, sendo inclusive incentivados pelo público nessa loucura, na medida em que fazem e ouvem discursos em tavernas, como na Inglaterra, sobre seus méritos na assembleia, sobre perigos e planos que a ameaçam ou que foram evitados por ela, recebendo a coroa cívica das mãos do público.[212]

---

[211] Citado em Heinz Monz, *Karl Marx*, cit., p. 134.
[212] Citado em ibidem, p. 135.

A recepção dos deputados não foi o único acontecimento a demonstrar a posição oposicionista dos membros do cassino. Duas semanas depois, no dia 25 de janeiro, foi dado um jantar – por ocasião do aniversário de fundação da Sociedade do Cassino – que atraiu um grande número de participantes. Bebeu-se e, em um horário mais avançado, quando a maioria dos convidados já havia ido embora, também se cantou... em francês. Um capitão do Exército estacionado em Trier reportou ao general de sua divisão que diversos participantes do evento – entre os quais Heinrich Marx e *Johann Gerhard Schneemann* (1796-1864), um dos professores do jovem Karl – teriam começado a discursar e a entoar canções revolucionárias, entre as quais também o hino nacional francês, a *Marseillaise*. *Robert Schleicher* (1806-1846) estava presente – ele foi médico da família Westphalen[213] e posteriormente amigo de Karl e Jenny. Segundo o capitão do Exército, as coisas foram além do cantar. Um pano com as três cores da bandeira francesa e uma imagem de um monumento em memória dos mortos em batalha na Revolução de Julho teria sido estendido; em seguida, o advogado Brixius teria dito: "Se não tivéssemos vivido a Revolução de Julho francesa, estaríamos todos agora pastando como gado". Supostamente, o capitão teria ouvido tudo isso por uma janela, ao passar por acaso pelas proximidades do cassino. O general da divisão encaminhou o relatório ao presidente distrital, o que culminou em uma acusação de alta traição para Brixius. Contudo, ele foi absolvido pelo Tribunal Regional de Trier, no dia 15 de dezembro de 1834, por falta de intenção que configurasse crime de alta traição. Após a decisão, o ministro do Interior entrou com recurso. No entanto, o tribunal de recurso de Colônia confirmou a absolvição no dia 18 de julho de 1834, explicando que o ocorrido pode até não ter sido apropriado, mas que também não infringia o código penal[214].

Outro acontecimento também demonstra o espírito oposicionista de muitos dos membros do cassino. Em um discurso em junho de 1834 no cassino, [Jakob Christian] Schmeltzer, funcionário público de alto escalão, ao contar suas memórias, criticou os jacobinos e "foi silenciado pelas vaias da plateia e ridicularizado"[215]. Aparentemente, como consequência de todos esses acontecimentos, a Sociedade do Cassino sofreu tanta pressão que fechou, no dia 6 de julho de 1834. Mas já em agosto do mesmo ano foi novamente fundada[216].

Devido a tais acontecimentos, o governo da Prússia não desconfiava somente da população de Trier – também o prefeito Wilhelm Haw ficava cada vez mais na mira do governo. Já em 1832, o presidente distrital havia constatado

---

[213] Ibidem, p. 326.
[214] Ibidem, p. 135 e seg.
[215] Ibidem, p. 137.
[216] Idem; Peter Franz Schmidt, *Geschichte der Casino-Gesellschaft zu Trier*, cit., p. 31 e seg.

em Haw uma "inclinação ao francesismo". Haw tentou retratar o episódio do dia 25 de janeiro – quando músicas revolucionárias foram cantadas – como inofensivo e provocado pelo consumo excessivo de álcool. Ao mesmo tempo, criticou as atuações do presidente distrital e do general de divisão no caso, crítica que lhe rendeu um processo disciplinar. No dia 2 de agosto, foi revogada até mesmo sua função como chefe da polícia municipal. O governo suspeitava tanto de Haw que o vigiou em sua viagem a Bruxelas em 1838 – quando levava o filho para o início dos estudos na *École de Commerce*. Em 1839, houve uma discussão acerca dos direitos que o município tinha em relação ao governo distrital; a pressão exercida sobre Haw durante essa disputa foi tão grande que ele acabou renunciando ao cargo, declarando não mais ser capaz de representar os interesses dos cidadãos[217].

Considerando todos esses acontecimentos, torna-se nítida a difusão de posições esclarecidas e liberais na década de 1830 – em especial dos membros do aparelho judicial, assim como do prefeito Haw. Heinrich Marx tinha muitos amigos e conhecidos que pertenciam a tais círculos. Ele chegou até mesmo a representar o prefeito diante do tribunal. O fato de que Heinrich Marx foi eleito para o comitê que organizou a recepção dos deputados de Trier, fazendo inclusive o discurso de abertura, mostra quanto ele era estimado nesses círculos críticos. Considerando as circunstâncias da época, seu discurso foi corajoso, afirmando sua posição crítica também em público. Presume-se que o jovem Karl Marx tenha acompanhado esses acontecimentos, inclusive a postura crítica de seu pai, de maneira bastante consciente.

No entanto, Heinrich Marx também foi com frequência caracterizado como patriota em relação à Prússia. Edgar von Westphalen, já mais velho, referiu-se a Heinrich Marx, em uma carta a Engels, como "patriota e protestante *à la* Lessing"[218]. Também Mehring escreve que ele teria sido um "patriota prussiano", mas adiciona: "Não no sentido insípido que a palavra tem hoje", mas antes "com boa-fé no Iluminismo do velho Fritz[219]"[220]. Alguns autores copiaram o termo "patriota prussiano" de Mehring, mas omitiram a respectiva especificação.

---

[217] Esse debate foi retratado detalhadamente em Heinz Monz, *Karl Marx*, cit., p. 193 e seg. As tendências liberais e republicanas tornaram-se ainda mais explícitas nos anos seguintes. Na década de 1840, a *Trierische Zeitung* [Gazeta de Trier] passou a tomar posições "de esquerda"; na Assembleia Nacional de 1848, Trier foi a única cidade renana a eleger exclusivamente deputados da esquerda republicana (ibidem, p. 207).

[218] Citado em Heinrich Gemkow, "Aus dem Leben einer rheinischen Familie im 19. Jahrhundert", cit., p. 507, nota 33.

[219] Referência ao Iluminismo defendido pelo rei Frederico II da Prússia (1712-1786).

[220] Franz Mehring, *Karl Marx*, cit., p. 12.

Tais sentimentos patriotas foram identificados sobretudo em uma carta de Heinrich Marx a seu filho Karl, datada de 2 de março do 1837. Aparentemente, Karl, que começava sua carreira como escritor, o informou sobre suas intenções de estrear para o grande público com uma obra dramática. Heinrich o dissuadiu de escrever um drama como iniciante, argumentando que o perigo de fracassar em tal gênero era muito grande. Ele sugeriu uma ode tratando de um ponto decisivo da história da Prússia, a Batalha de Waterloo, na qual muita coisa estivera em jogo para a Prússia. "Tal ode, escrita de forma patriota, sensível e no modo de pensar alemão, bastaria por si só para fundamentar uma reputação e consolidar um nome"[221]. Logo, não são as opiniões políticas de Heinrich que estão em foco, mas antes a ponderação acerca das possibilidades de seu filho conseguir uma boa reputação para si. Mas ele também acrescenta o motivo pelo qual se poderia mostrar "entusiasmo" por esse momento da história. O simples fato de Heinrich Marx sentir necessidade de justificar sua sugestão já demonstra que o patriotismo prussiano não lhe era natural e óbvio. Como ele justifica esse entusiasmo? Uma vitória de Napoleão

> teria acorrentado eternamente a humanidade e principalmente o espírito. Apenas os liberais duas caras de hoje seriam capazes de adorar um Napoleão. Sob o domínio deste, não houve um sequer que tenha realmente ousado dizer em voz alta aquilo que se escreve diariamente e sem problemas em toda a Alemanha e a Prússia. E aqueles que estudaram sua história e o que ele entende sob o estranho termo "ideologia" podem, com a consciência tranquila, comemorar sua queda e a vitória da Prússia.[222]

É interessante observar a principal acusação de Heinrich Marx a Napoleão, a saber, a relação deste com os "ideólogos". *Destutt de Tracy* (1754-1836) cunhara na década de 1790 o conceito de "ideologia" como ciência das ideias e das percepções. Tratava-se de um projeto iluminista que analisava o pensar humano de maneira empírica e criticava as variadas formas do obscurantismo (ou seja, do "escurecimento" do mundo, que tinha sua base em superstições e na continuidade dogmática de tradições). Em termos políticos, Destutt de Tracy e seus seguidores eram republicanos moderados. Para eles, as liberdades espirituais e civis eram as mais importantes conquistas da revolução. De início, o jovem e ainda emergente Napoleão procurou o apoio desses respeitados "ideólogos", mas, à medida que se tornava um soberano autocrático e despótico – tendo procurado especialmente a ajuda da Igreja católica a caminho do trono imperial –, essa relação piorou. Não havia interesse em pesquisas independentes sobre temas

---

[221] MEGA III/1, p. 310; MEW 40, p. 628.
[222] MEGA III/1, p. 310; MEW 40, p. 629.

relacionados à política nem à filosofia moral – estas poderiam constituir a base de uma oposição a seu domínio. Afinal, os "ideólogos" serviam-lhe de bode expiatório, recebendo a culpa por tudo de ruim que a França havia sofrido desde a revolução. A conotação negativa que a palavra "ideologia" ainda hoje tem remonta à campanha difamatória de Napoleão contra os "ideólogos"[223]. Pois é justamente o lado anti-iluminista e iliberal de Napoleão que Heinrich Marx critica, dando preferência à vitória prussiana. Logo, Heinrich Marx estava longe de ser um admirador acrítico da Prússia[224].

Também em seu último texto (de 1838) – esboço de uma contribuição à "querela das igrejas" [*Kölner Kirchenstreit*], com discussão centrada em Colônia –, que teve algumas passagens corrigidas por Karl[225], Heinrich Marx posiciona-se do lado da Prússia. A discussão havia sido motivada pela questão da educação religiosa de crianças nascidas em famílias de confissão mista. De acordo com a legislação prussiana, a religião dos filhos deveria ser orientada pela religião do pai. Contudo, a Igreja católica, que dominava a região renana, exigia que a noiva católica prometesse, antes do matrimônio, criar os filhos em sua religião, de modo que todas as crianças nascidas em "famílias mistas" seriam educadas com o catolicismo. O arcebispo de Colônia nomeado em 1836, *Clemens August Droste zu Vischering* (1773-1845), defendia intransigentemente a posição católica na "questão dos matrimônios mistos". Alguns meses antes, ele já havia se posicionado contra o *hermesianismo* – doutrina do iluminista católico e professor de teologia *Georg Hermes* (1775-1831) – e proibido os alunos católicos do curso de teologia da Universidade de Bonn de participar das respectivas aulas, decisão que ele nem sequer tinha a permissão para tomar. No ápice da discussão sobre os matrimônios mistos, em novembro de 1837, o governo mandou deter o arcebispo, colocando-o em prisão domiciliar – isso o transformou em mártir nos círculos católicos conservadores e gerou um forte clima antiprussiano.

A abordagem violenta por parte do governo prussiano não é explicada apenas porque a religião desempenhava um papel importante na vida cotidiana ou porque o Estado prussiano se via como Estado protestante. Igualmente importante é o fato de que o papa – governante dos Estados Papais, que na época abrangiam grande parte da Itália – também representava um poder secular, tendo até mes-

---

[223] Cf., acerca do conflito entre Napoleão e os "ideólogos", Hans Barth, *Wahrheit und Ideologie* (1945) (Frankfurt am Main, Suhrkamp, 1974), p. 13-31.

[224] Arnold Künzli, *Karl Marx*, cit., p. 45, fala, em relação a essa carta, de um "entusiasmo pela Prússia que só podia manter-se vivo por meio de grande e humilhante submissão"; isso sem sequer abordar minimamente o *porquê* de Heinrich Marx preferir a vitória da Prússia.

[225] MEGA IV/1, p. 379-80.

mo uma relação de muita proximidade com a França católica; ao passo que a relação entre a Prússia e a França se mantinha tensa. Além disso, após a Revolução de 1830, havia surgido na Europa um Estado católico e liberal, a Bélgica. O governo da Prússia temia que esta pudesse representar para a Renânia um exemplo a ser seguido.

A detenção do arcebispo teve como consequência a publicação de uma série de opiniões sobre a questão. Esse conflito também foi de grande importância na formação política dos jovens hegelianos[226]. Em seu curto esboço, Heinrich Marx justifica a ação do governo prussiano como sendo uma defesa contra o perigo político proveniente de um catolicismo agressivo[227].

Em ambos os casos, tanto no enaltecimento da vitória da Prússia sobre Napoleão quanto em seu posicionamento em relação à querela das igrejas, Heinrich Marx demonstrou não ser de modo nenhum defensor cego do Estado prussiano autoritário. Ele defendeu o Estado da Prússia nos momentos em que o considerou (com ou sem razão) um defensor do Iluminismo e da liberalidade.

6. O amigo paternal: Johann Ludwig von Westphalen

Como ressaltado por Eleanor Marx em seu esboço biográfico (citado), o jovem Karl Marx foi estimulado intelectualmente não só por seu pai mas também por seu futuro sogro Johann Ludwig von Westphalen. Heinrich Marx e Ludwig von Westphalen tiveram uma relação amistosa por muitos anos. Havia diversos pontos comuns entre eles: ambos eram membros tanto da pequena congregação protestante de Trier como da Sociedade do Cassino. Além disso, é provável que, no âmbito profissional, o advogado Marx tenha tido contato com Westphalen – que tinha um alto cargo como funcionário público – durante seus processos. Por diversos motivos, supõe-se que num primeiro momento os dois tenham ficado de certa forma à margem da alta sociedade (católica) de Trier – o que pode ter contribuído para a ligação entre eles; Heinrich Marx por ser um judeu convertido ao protestantismo e Ludwig von Westphalen por ser um funcionário prussiano protestante vindo de outra região. No entanto, não se sabe ao certo

---

[226] Cf. capítulo 3.

[227] A discussão prolongou-se até 1842, sendo finalizada com um acordo – muito vantajoso para a Igreja católica – feito sob o governo do novo rei da Prússia, Frederico Guilherme IV. As chamadas *Kölner Wirren* [confusões de Colônia] não foram simples comédias provincianas. Elas foram, antes, catalisadores do desenvolvimento do catolicismo na Alemanha, levando enfim à fundação, em 1870, do Partido do Centro Alemão, de cunho católico. Este teve um papel importante durante o Império Alemão e a República de Weimar. O Partido do Centro somente perdeu importância após a Segunda Guerra Mundial e a fundação da CDU [União Democrata-Cristã], que passou a servir de partido cristão extraconfessional.

KARL MARX E O NASCIMENTO DA SOCIEDADE MODERNA

quando ou como a relação entre os dois começou. Bastante improvável é a história espalhada por Wheen[228] – sem referência à fonte –, segundo a qual Jenny, com cinco anos de idade, teria visto seu futuro marido pela primeira vez, na época um bebê de um ano, em uma visita de seu pai à casa da família Marx[229]. Supor que esse encontro realmente tenha acontecido implicaria afirmar que a amizade já existia em 1819. Porém, Ludwig von Westphalen não estava entre os padrinhos de batismo dos filhos de Heinrich Marx, em 1824 – ausência que seria improvável se uma amizade estreita entre os dois já existisse nessa época.

Contexto familiar

A família Westphalen não era uma das famílias prussianas antigas e nobres[230]. O pai de Ludwig nasceu em 1724, recebendo o nome, ainda completamente civil*, de *Christian Philip Westphal* (1724-1792) [231]. Após estudar direito nas universidades de Helmstedt e Halle, ele acompanhou um nobre da família Spiegel em uma viagem pela Europa – viagem que fazia parte da educação canônica da nobreza abastada da época. Em 1751, tornou-se secretário do duque *Ferdinand von Braunschweig* (1721-1792), três anos mais velho que ele. Este era irmão do

---

[228] Francis Wheen, *Karl Marx*, cit., p. 31.

[229] A mesma história já havia sido contada por Heinz Frederick Peters – também sem citar a fonte – em sua biografia de Jenny Marx, *Die rote Jenny: ein Leben mit Karl Marx* (Munique, Kindler, 1984), p. 26, com a informação adicional de que o pequeno Karl acabara de ser amamentado.

[230] Não há parentesco com a família nobre westfaliana de mesmo nome; cf. *Adelslexikon*, v. 16 (Limburg, Starke, 2005), p. 135-6.

* A adição da preposição *von* (partícula de nobreza) ao sobrenome indica o recebimento oficial de um título de nobreza. (N. T.)

[231] As principais referências acerca da vida de Philip Westphal se encontram nas obras de seu neto Ferdinand von Westphalen – *Philipp von Westphalen: Geschichte der Feldzüge Herzog Ferdinands von Braunschweig-Lüneburg*, v. 1 (Berlim, Decker, 1859), e *Westphalen, der Secretär des Herzogs Ferdinand von Braunschweig-Lüneburg: Biographische Skizze* (Berlim, Verlag der Königlichen Geheimen Ober-Hofbuchdruckerei, 1866), que também foram a base do estudo de Franz Mehring, *Die von Westphalen* (1892), em *Zur Deutschen Geschichte II* (Berlim, Dietz, 1960, Gesammelte Schriften, v. 6), p. 404-8. É possível encontrar mais informações sobre Philip e seu filho Ludwig no vasto anexo publicado em *Jenny Marx: Liebe und Leid im Schatten von Karl Marx* (Wuppertal, [Staats,] 1975). O autor desse livro, Lutz Graf [Conde] Schwerin von Krosigk (1887-1977), foi neto da meia-irmã de Jenny, Lisette. Em 1932, o chanceler imperial von Papen o nomeou ministro das Finanças do *Reich* alemão – posto que ele manteve inclusive durante todo o período nazista. Após a guerra, em 1949, foi condenado por crime de guerra (entre outros motivos, por pilhagem de propriedade judaica por meio das autoridades fiscais), mas recebeu anistia já em 1951. Os trabalhos mais recentes sobre a família Westphalen encontram-se em Heinrich Gemkow, "Aus dem Leben einer rheinischen Familie im 19. Jahrhundert", cit., e Angelika Limmroth, *Jenny Marx: die Biographie* (Berlim, Karl Dietz, 2014).

duque governante, um oficial prussiano. Ao que parece, uma estreita relação de confiança logo se desenvolveu entre Ferdinand e Philip Westphal.

O grande momento de ambos se deu com o começo da Guerra dos Sete Anos (1756-1763). A Prússia havia se aliado à Inglaterra – que por união pessoal também governava Hanôver – contra a França, a Áustria e a Rússia. A pedido do rei Jorge II da Grã-Bretanha, Ferdinand foi nomeado pelo rei da Prússia, Frederico II, ao posto de comandante-chefe do Exército – composto de forças da Inglaterra, de Hanôver e de Hesse – no oeste da Alemanha. Sua principal função era proteger o flanco oeste. Enquanto Frederico tentava derrotar os Exércitos russo e austríaco no leste, Ferdinand deveria manter as tropas francesas sob controle, de maneira que não pudessem intervir no outro *front*. Todavia, o Exército francês era quase sempre duas vezes mais potente que o comandado por Ferdinand. Além disso, o Exército francês era comandado centralmente, enquanto o de Ferdinand havia sido formado por uma coalizão, ou seja, seu funcionamento dependia de diversos príncipes. Apesar da inferioridade quantitativa de suas tropas, Ferdinand conseguiu derrotar o Exército francês em várias batalhas importantes. Philip Westphal, apesar de não ter sido soldado, foi o estrategista que contribuiu de forma decisiva para tais vitórias[232]. Além da função de secretário, ele não tinha outra posição oficial. Como é possível conferir na grande quantidade de documentos preservados, ele não só atuava na prática como chefe do Estado-maior mas também organizava o aprovisionamento do Exército e era responsável por toda a correspondência do duque. O fato de uma pessoa de origem civil ocupar tal posição militar de confiança era, na época, excepcional – como Franz Mehring[233] justificadamente salienta. Westphal também foi honrado pelo rei da Inglaterra, que lhe concedeu o título de "ajudante general" do Exército inglês.

Philip Westphal conheceu sua futura esposa, *Jeanie Wishart de Pittarow* (1742-1811), dezoito anos mais nova que ele, no campo militar. Jeanie visitava a irmã, que era casada com um general inglês. Seus antepassados pertenciam a uma tradicional família nobre escocesa. George Wishart, ancestral de seu pai, morreu na fogueira em 1547 por lutar pela reforma religiosa na Escócia. Archibald Campbell, Conde de Argyll (1629-1685), ancestral de sua mãe, foi líder de uma rebelião (fracassada) contra o rei Jaime II da Inglaterra e acabou sendo decapitado em Edimburgo. Mais tarde, Jeanie escreveria uma história de seus

---

[232] Cf., para uma descrição detalhada, Walther Mediger e Thomas Klingebiel, *Herzog Ferdinand von Braunschweig-Lüneburg und die alliierte Armee im Siebenjährigen Krieg (1757-1762)* (Hanôver, Hansche, 2011, Quellen und Forschungen zur Braunschweigischen Landesgeschichte, n. 46).

[233] *Die von Westphalen*, cit., p. 406.

antepassados, traduzida por seu filho Ludwig. Cada um dos filhos de Ludwig recebeu uma cópia dessa tradução[234]. Jenny, e por meio dela também Karl, tinham conhecimento preciso dessa linha de ancestrais[235].

Em 1764, Philip Westphal recebeu de Ferdinand um título de nobreza, provavelmente a fim de proporcionar a Jeanie um casamento em conformidade com a tradição estamentária. Philip Westphal tornou-se Philip Edler [Nobre] von Westphalen. Em 1765, casou-se com Jeanie. Após a guerra, ele abandonou suas funções junto ao duque e passou a viver como proprietário de terras, inicialmente na região da atual Baixa Saxônia e depois em Mecklenburg, onde morreu, no dia 21 de setembro de 1792. Seu projeto de escrever uma narrativa sobre as campanhas militares de Ferdinand não pôde ser concluído. Foi apenas em 1859 que seu neto – o filho mais velho de Ludwig, Ferdinand, que chegou a se tornar ministro do Interior da Prússia – publicou essa obra com base no legado do avô, acrescentando algumas informações biográficas sobre a família Westphalen.

Vida profissional e posicionamento político

Philip e Jeanie tiveram quatro filhos. Ludwig, nascido em Bornum, nas proximidades de Braunschweig, no dia 11 de julho de 1770, era o mais novo e o único que posteriormente constituiria uma família e teria filhos. Ele estudou direito na Universidade de Göttingen, que na época era uma das mais importantes da Alemanha. Entre seus professores estavam – de acordo com o obituário escrito por seu filho Ferdinand[236] –, entre outros: *Gustav Hugo* (1764-1844), um dos precursores da escola histórica do direito (com quem Karl Marx se confrontaria criticamente mais tarde); *August von Schlözer* (1735-1809), conhecido jornalista e historiador que cunhou o termo *Justizmord**, referindo-se ao último processo inquisitorial da Suíça em 1782; assim como *Georg Christoph Lichtenberg* (1742-1799), conhecido atualmente, sobretudo, por seus aforismos. Em 1794, Ludwig começou a trabalhar como assessor judicial, mas abandonou o funcionalismo em 1798. Ele adquiriu uma propriedade e tentou se estabelecer no setor agrícola. No mesmo ano, casou-se com *Elisabeth (Lisette) Luise Wilhelmine*

---

[234] Lutz Graf Schwerin von Krosigk, *Jenny Marx*, cit., p. 170.

[235] Em *Herr Vogt* (1860), Marx refere-se em uma passagem aos ancestrais de sua esposa; cf. MEGA I/18, p. 101; MEW 14, p. 433.

[236] Ferdinand von Westphalen, "Nekrolog auf Johann Ludwig von Westphalen", em *Triersche Zeitung*, n. 72, 15 mar. 1842; reimpresso em Manfred Schöncke, *Karl und Heinrich Marx und ihre Geschwister*, cit., p. 882-3.

* Homicídio cometido pelo próprio sistema judicial. Cinco anos antes, em 1777, Voltaire já havia utilizado um termo parecido: *assassins juridiques*. (N. T.)

Albertine von Veltheim, oito anos mais nova. O casal teve quatro filhos: Ferdinand, em 1799; Louise (Lisette), em 1800; Karl, em 1803; e Franziska, em 1807. Elisabeth morreu em 1807, com apenas 29 anos de idade; assim, Ludwig tornou--se viúvo com quatro filhos aos 37 anos. As duas filhas se mudaram para a casa de parentes da mãe, e os filhos ficaram com ele. Tal prática não era incomum à época, já que filhos homens costumavam sair de casa cedo, enquanto as filhas, via de regra, moravam com os pais até que se casassem. A mãe de Ludwig, Jeanie, cuidou da casa e da família até a morte, em 1811. Em 1812, Ludwig casou-se novamente. Sua segunda esposa, *Caroline Heubel*, nascida em 1779, não pertencia à nobreza; ela provinha de uma família abastada de funcionários públicos da Turíngia[237]. Com ela, Ludwig teve três filhos: Jenny, em 1814; Laura, em 1817 (que morreu já em 1822); e Edgar, em 1819[238].

Descrições muito positivas de Ludwig por parte das duas esposas foram conservadas. A primeira esposa o caracterizou como tendo uma "docilidade angelical, uma bondade de coração rara e um temperamento sempre constante"[239]. Em uma carta de 21 de dezembro de 1826 a seu primo – o editor e livreiro *Friedrich Perthes* (1772-1843) –, a segunda esposa escreveu:

> O destino trouxe-me um homem cuja grande alma e compreensão são comparáveis às de poucos. Devido a seu incrível carácter, eu desfruto de um paraíso aqui neste mundo; superamos todas as tempestades da vida com amor mútuo, já que muitas vezes, naturalmente, o destino não foi nada brando conosco. Em nossa vida juntos, já passamos por diversas angústias, mas quem tem um apoio assim, como ele é para mim, não perde nunca o equilíbrio.[240]

Ludwig von Westphalen não teve muito sucesso como proprietário de terras e fazendeiro. Ele havia comprado uma propriedade somente para poder casar-se com sua primeira esposa, a nobre Elisabeth von Veltheim, e proporcionar-lhe uma vida adequada a seu *status*. Por fim, Ludwig arrendou a propriedade – comprada em grande parte com crédito – e retornou em 1804 a sua antiga função em Braunschweig. As dívidas dessa época o perseguiriam por muito tempo.

---

[237] Cf., acerca da família Heubel, Angelika Limmroth, *Jenny Marx*, cit., p. 28-34.

[238] Konrad von Krosigk, "Ludwig von Westphalen und seine Kinder: Bruchstücke familiärer Überlieferungen", em *Zur Persönlichkeit von Marx' Schwiegervater Johann Ludwig von Westphalen* (Trier, 1973, Schriften aus dem Karl-Marx-Haus, n. 9), fornece informações valiosas acerca das relações entre os filhos do primeiro casamento, principalmente sobre Lisette, e os do segundo, Jenny e Edgar.

[239] Citado em Heinz Monz, *Karl Marx*, cit., p. 330.

[240] Citado em idem, "Politische Anschauung und gesellschaftliche Stellung von Johann Ludwig von Westphalen", em *Zur Persönlichkeit von Marx' Schwiegervater Johann Ludwig von Westphalen* (Trier, 1973, Schriften aus dem Karl-Marx-Haus, n. 9), p. 22.

Após a derrota da Prússia em 1806, Napoleão retirou o poder real dos nobres em Hanôver e Braunschweig e criou o reino da Westfália – que abrangia grande parte dos atuais estados de Hessen e da Baixa Saxônia –, colocando seu irmão mais novo, Jérôme, no trono. Ludwig von Westphalen começou a trabalhar em 1807 para o novo reinado, primeiramente como secretário-geral da prefeitura em Halberstadt e, depois, em 1809, como subprefeito em Salzwedel. Devido à pesada carga fiscal e ao constante recrutamento de homens para as frequentes guerras de conquista napoleônicas, Ludwig também se tornou, como muitos outros, opositor ao domínio de Napoleão. Mehring[241] relata que ele teria inclusive sido detido em 1813 pelo marechal Davoust. No mesmo ano, quando o domínio prussiano se iniciou em Salzwedel, ele foi nomeado governador distrital. Em 1816, os proprietários de terra ganharam outra vez o direito de eleger o governador distrital, oportunidade que utilizaram para se livrar de Ludwig von Westphalen, que provavelmente lhes parecia liberal demais. Além disso, seu segundo casamento, com uma "civil", não estava "de acordo com a tradição estamentária"[242].

Em seguida, o governo da Prússia o transferiu para Trier. Os funcionários mais liberais costumavam ser transferidos para a recém-conquistada Renânia. Em um primeiro momento, o governo pretendia lidar de forma cautelosa com a população local. Ludwig mudou-se para Trier levando consigo seu filho Karl – do primeiro casamento –, Jenny, à época com dois anos de idade, sua esposa, Caroline, e seu pai, então com 75 anos. Christiane, uma irmã solteira de Caroline, que cuidava da mãe enferma, e também o filho mais velho, Ferdinand, que logo faria a prova de conclusão do ginásio, ficaram em Salzwedel. Laura e Edgar nasceram em Trier. Após a morte da mãe, Christiane se mudou para Trier, vivendo na casa de Ludwig e Caroline até a morte, no ano 1842[243]. Comprovadamente a partir de 1818, duas criadas haviam sido empregadas na casa da família[244]. Helena Demuth – que depois cuidaria da casa de Karl e Jenny – deve ter chegado à casa dos Westphalen em 1828-1829, com oito ou nove anos de idade – ao menos de acordo com o relato de Eleanor Marx a Wilhelm Liebknecht[245].

Em Trier, Ludwig von Westphalen recebeu um posto alto no governo distrital. Em relação à posição anterior, o novo cargo representava certo rebaixamento. Não obstante, ele recebia a mais alta renda anual entre os funcionários do

---

[241] Franz Mehring, *Die von Westphalen*, cit., p. 414.

[242] Cf. Lutz Graf Schwerin von Krosigk, *Jenny Marx*, cit., p. 178.

[243] Cf. Angelika Limmroth, *Jenny Marx*, cit., p. 41; Heinz Monz, *Karl Marx*, cit., p. 329, nota 64.

[244] Angelika Limmroth, *Jenny Marx*, cit., p. 42.

[245] Cf. Wilhelm Liebknecht, "Karl Marx zum Gedächtnis", cit., p. 142.

governo em postos semelhantes: 1.800 táleres[246]. Tal renda era usada não somente para sustentar a casa – com seis a sete moradores – mas também para saldar as velhas dívidas de aquisições das propriedades, que por sua vez não eram muito lucrativas[247].

Nessa época, o conservador ministro do Interior Schuckmann (cujas opiniões antissemitas já mencionamos) impunha-se cada vez mais sobre o liberal chanceler de Estado *Karl August von Hardenberg* (1750-1822), de modo que as convicções liberais entre os funcionários públicos passaram a ser vistas com suspeita. Ludwig von Westphalen não foi mais promovido. Somente em 1834, ao se aposentar, recebeu o título de alto funcionário dignitário [*Geheimer Regierungsrat*][248].

Em Trier, Ludwig von Westphalen era responsável por diversas áreas da administração pública, entre as quais a guarda, as prisões, as instituições de caridade, o serviço de estatística e a imprensa oficial. Em suma, era confrontado diretamente com todos os problemas sociais locais. Nas avaliações de superiores, ele é, por um lado, elogiado por seu trabalho incansável e por seu amplo conhecimento, mas, por outro, criticado por suas exposições, que, supostamente, eram, na maioria das vezes, prolixas demais, o que o desviaria do essencial. No ano 1831, o presidente do distrito chegou a sugerir ao governo em Berlim que aposentasse Westphalen – sem sequer o informar. No ano seguinte, a sugestão foi retirada. Afinal, o próprio Ludwig pediu sua aposentadoria, concedida em 1834, devido a uma grave e persistente infecção pulmonar[249]. Após o "caso do cassino", o governo, provavelmente, passou a receber de bom grado a notícia de que um alto funcionário considerado politicamente suspeito estava saindo do serviço ativo.

É possível ver algumas das opiniões políticas de Ludwig von Westphalen em uma carta[250] enviada por ele no dia 7 de abril de 1831 ao editor – já citado –

---

[246] Heinz Monz, *Karl Marx*, cit., p. 331.

[247] Em uma carta a Engels de 23-24 de dezembro de 1859, Jenny Marx também menciona uma pensão vitalícia anual que Heinrich – um irmão mais velho de seu pai – exigia de sua mãe, apesar de ela só receber uma pequena pensão pela morte do marido (MEGA III/10, p. 137; MEW 29, p. 654). É possível que Ludwig – para possibilitar a compra da propriedade – tenha ficado com a parte de seu irmão da herança paterna, pagando-lhe, em troca, uma pensão vitalícia.

[248] Dois ou três anos depois, ele também recebeu uma ordem de mérito da Prússia. No *Adresskalender* [Diário Oficial Anual] de Trier de 1838 e 1840, ele é designado como cavaleiro de quarta classe da Ordem da Águia Vermelha; Manfred Schöncke, *Karl und Heinrich Marx und ihre Geschwister*, cit., p. 876. A Ordem da Águia Vermelha era a segunda mais alta ordem da Prússia, e a quarta classe, a mais baixa dessa ordem.

[249] Heinz Monz, *Karl Marx*, cit., p. 324 e seg.

[250] Publicada na íntegra em Heinz Monz, "Politische Anschauung und gesellschaftliche Stellung von Johann Ludwig von Westphalen", cit.

Friedrich Perthes, primo de sua esposa. Aparentemente, Perthes queria informações acerca da situação em Trier. Após a Revolução de Julho de 1830, muitos rumores passaram a circular – por exemplo, o de que "incitadores" franceses se houvessem mudado para a Alemanha e também o de que muitos alemães simpatizantes da França estivessem chamando à revolução. Nessa carta, Ludwig von Westphalen relata os problemas econômicos de Trier, as reclamações acerca "dos pesados, quase impagáveis, impostos" e "o terrível estado de emergência realmente existente em diversas regiões"[251]. Mesmo não existindo um "grande atrelamento ao Estado prussiano", ainda assim havia confiança no governo e "principalmente grande respeito e carinho pelo mais justo dos reis". Uma simpatia pela França encontrava-se em Trier "apenas entre as mais altas classes da sociedade civil, em particular entre advogados, banqueiros, comerciantes, médicos, tabeliães etc. Também os estudantes dos ginásios e das universidades foram contagiados por essa francomania"[252].

Sua própria opinião é expressa com máxima clareza na seguinte passagem. No ambiente político contemporâneo, haveria um conflito entre dois princípios completamente incompatíveis: "Aquele do velho direito divino contra o novo da soberania popular". Acerca dos abalos resultantes desse conflito, ele escreve:

> Somente *um* pensamento pode tranquilizar nessa situação, a saber: que os devaneios daqueles republicanos que querem mudar o mundo não são mais adequados a uma geração amadurecida na escola da desgraça e do pensar profundo. Consciente disso, e apesar do ameaçador surgimento de uma inquietante condição anarquista no oeste e no sul da Europa, permito-me ainda, sempre com prazer, ter a grande esperança – à qual dediquei o entusiasmo de minha juventude – de que, a partir do grande acontecimento mundial que tem provocado há oito meses uma agitação generalizada [ou seja, a Revolução de Julho e suas consequências, M. H.] e da confusão atual do mundo político – de certa maneira de sua destruição –, a *verdadeira* liberdade, em aliança inseparável com a ordem e a razão, vá surgir enfim como uma fênix das cinzas.[253]

Por um lado, essa carta mostra que Westphalen via as condições sociais de Trier de maneira crítica, reconhecendo que o sistema tributário da Prússia (no qual as camadas mais pobres arcavam com impostos mais pesados que no sistema francês anterior) resultava em um empobrecimento ainda maior da população. Por outro, a carta também deixa claro seu posicionamento político fundamental. Apesar de se distanciar dos "republicanos que querem mudar o

---

[251] Ibidem, p. 18.
[252] Ibidem, p. 14-6.
[253] Ibidem, p. 15, grifos do original.

mundo", Westphalen não é, de forma nenhuma, defensor de uma monarquia absolutista. A solução considerada por ele conveniente é posta vagamente: trata-se de uma "verdadeira liberdade" em aliança com "a ordem e a razão". Levando em conta suas esperanças de que a solução surgisse dos tumultos da Revolução de Julho – na qual o rei da casa dos Bourbon Carlos X foi deposto e substituído pelo "rei burguês" Luís Filipe –, não é difícil imaginar que por trás de sua sugestão estivesse escondida a ideia de uma monarquia constitucional. O fato de Ludwig von Westphalen ter se expressado de maneira tão vaga nessa carta possivelmente se explica pelo medo do controle e da espionagem que haviam sido intensificados especialmente no período posterior à Revolução de Julho. Tal medo também se evidencia nas linhas que sua esposa, Caroline, adicionou ao escrito: ela pede ao primo que queime a carta após a leitura[254].

O repúdio de Ludwig von Westphalen ao absolutismo ganhou expressão em uma carta de seu filho Ferdinand, que tinha opiniões consideravelmente mais conservadoras que as do pai. Ferdinand relata a seu cunhado Wilhelm von Florencourt, no dia 23 de novembro de 1830, que um parente de sua mãe fora um oficial da guarda sob o regime de Carlos X da França e que teria se mantido "ultracarlista" inclusive após a queda do monarca em 1830. Em seguida, ele escreve sobre o pai, Ludwig:

> Para o pai, é incompreensível o fato de alguém se agarrar obstinada e mesquinhamente a ideias obsoletas e a uma dinastia *bichada* (*iptissima verba*! [nestas mesmíssimas palavras]), juntamente com sua camarilha* de jesuítas e cortesãos – ainda mais em se tratando de um homem *jovem*.[255]

Um fato transmitido por *Maxim Kowalewski* (1851-1916) corrobora a posição crítica mencionada. Tendo vivido por um período – meados da década de 1870 – em Londres, o historiador e sociólogo russo encontrou-se frequentemente com Marx e Engels (depois, ambos examinariam em detalhes seu trabalho sobre as terras comunais na Rússia). Em 1909, Kowalewski publicou suas memórias de Karl Marx. Entre outras coisas, Marx lhe contara que seu sogro, Ludwig von Westphalen, teria sido um entusiasta das teorias de Saint-Simon e o primeiro a lhe falar de tais teorias[256]. *Henri de Saint-Simon* (1760-1825) considerava a "classe industrial" – que para ele era composta de todos aqueles envolvidos na produ-

---

[254] Ibidem, p. 18.

* Termo geralmente pejorativo que designa um grupo de pessoas pertencentes à corte de um rei ou príncipe – via de regra, não tinham uma função oficial, mas agiam como conselheiros dos monarcas. (N. T.)

[255] Citado em ibidem, p. 11, grifos do original.

[256] Maxim Kowalewski, "Erinnerungen an Karl Marx" (1909), em *Mohr und General*, cit., p. 355.

ção de bens e serviços – a única classe produtiva. Contrapondo-se a essa, estaria a classe parasitária e superficial da nobreza e do clero, que seria, infelizmente, predominante no país. Saint-Simon não negava a propriedade privada, tampouco o modo de produção capitalista. Ainda assim, considerando sua crítica fundamental à nobreza e ao clero, não surpreende que ele e seus seguidores tenham sido considerados revolucionários perigosos tanto na França da Restauração quanto na Prússia.

Não se sabe ao certo até que ponto Ludwig von Westphalen foi de fato influenciado pelas ideias de Saint-Simon. Não obstante, a entusiasmada dedicatória de Marx em sua dissertação destaca o fato de Ludwig se mostrar aberto a tudo o que é novo.

> Queria que todos aqueles que põem em dúvida a ideia tivessem a mesma sorte que eu: a de admirar um ancião dotado de vigor juvenil, que saúda cada progresso deste tempo com o entusiasmo e a lucidez da verdade e que, munido daquele idealismo claro como a luz do sol – advindo de uma convicção profunda, o único que tem ciência da verdadeira palavra, diante do qual comparecem todos os espíritos do mundo –, nunca recuou diante das sombras projetadas pelos fantasmas retrógrados, diante do céu toldado pelas nuvens muitas vezes tenebrosas deste tempo, mas sempre vislumbrou através de todas as dissimulações, com energia divina, olhar enérgico e certeiro, o empíreo que arde no coração do mundo. O *senhor, meu paternal amigo*, sempre foi para mim um vívido *argumentum ad oculos* [argumento óbvio] de que o idealismo não é coisa da imaginação, mas a pura verdade.[257]

Muitas das conversas entre Ludwig von Westphalen e Karl Marx devem ter acontecido durante as longas caminhadas que faziam juntos nos arredores idílicos de Trier. Em um parágrafo riscado da dedicatória citada, Marx havia originalmente adicionado que esperava estar em breve em Trier e "a seu lado vaguear novamente por entre nossas montanhas e florestas maravilhosamente pitorescas"[258].

7. Karl Marx no ginásio

Além da influência da própria família e do contato com Ludwig von Westphalen, também os tempos no ginásio devem ter contribuído enormemente para a formação do jovem Karl. Como mencionado no começo deste capítulo, é provável

---

[257] MEGA I/1, p. 12; MEW 40, p. 260 [ed. bras.: *Diferença entre a filosofia da natureza de Demócrito e a de Epicuro*, cit., p. 19].

[258] MEGA I/1, p. 887.

que Marx não tenha frequentado o ensino básico, mas antes recebido aulas particulares, de modo que pôde entrar direto na terceira série do ginásio, com doze anos de idade.

Reformas educacionais na Prússia

O ginásio prussiano em que o jovem Karl passou a estudar em 1830 era uma instituição relativamente nova, bem diferente do tipo de escola predominante trinta ou quarenta anos antes[259]. Até fins do século XVIII, predominavam na Alemanha as escolas em latim, nas quais se aprendia excessivamente a gramática latina, mas não a alemã. Também se ensinava muita teologia, já que os professores, não raramente, eram jovens teólogos que aguardavam a designação a uma paróquia própria. Para eles, o ensino não era mais que uma ocupação transitória e desagradável. Com frequência, as escolas se encontravam em más condições, os professores eram mal pagos e não tinham formação suficiente. Não havia requisitos obrigatórios nem provas de licenciatura, tampouco currículo escolar fixo. As primeiras tentativas de reforma ocorreram já no fim do século XVIII. O objetivo dos regulamentos de 1788 da Prússia era tornar a prova de conclusão do ginásio [*Abitur*] condição para a entrada nas universidades. Porém, em uma sociedade influenciada por relações estamentárias, não se conseguiu impor o novo regulamento, já que os filhos da nobreza, se tivessem um desempenho escolar ruim, ficariam excluídos do ensino superior. Tais tentativas iniciais de reforma foram ofuscadas pela Revolução Francesa e pela guerra que se seguiu.

Uma profunda reestruturação das instituições de ensino surgiria somente com a onda de reformas que se seguiu à derrota da Prússia em 1806. *Johann Gottlieb Fichte* (1762-1814), *Friedrich Schleiermacher* (1768-1834) e Wilhelm von Humboldt difundiam suas ideias acerca da formação humana e da educação de modo geral. Eles partiam do pressuposto de que o Estado – que garantia então a liberdade do indivíduo e a igualdade perante a lei – precisava de cidadãos responsáveis e instruídos. O Estado reformado certamente precisava de muitos funcionários qualificados.

Em termos *organizacionais*, somente após um decreto de 1810 [*Prüfungsedikt*] foram criados cursos obrigatórios para a formação de professores de ginásio – marcando o início dessa profissão, que se diferenciava das atividades de educadores do ensino básico ou profissionalizante[260]. O regulamento de 1812 acerca

---

[259] Cf., acerca do desenvolvimento do ginásio na Prússia, Karl-Ernst Jeismann, *Das preußische Gymnasium in Staat und Gesellschaft* (Stuttgart, Klett-Cotta, 1996, 2 v.), e Margret Kraul, *Das deutsche Gymnasium 1780-1980* (Frankfurt am Main, Suhrkamp, 1984).

[260] Margret Kraul, *Das deutsche Gymnasium 1780-1980*, cit., p. 37-8.

da prova de conclusão do ginásio não fez desse exame o único requisito para a entrada nas universidades. Ainda assim, a prova estava vinculada à atribuição de bolsas de estudo e à posterior entrada no funcionalismo. Ao estabelecer os conteúdos que seriam exigidos nos exames, esse regulamento contribuiu para a uniformização do ensino – até então norteado por um quadro de referência que cada escola executava de maneira diferente. Um currículo escolar geral para a província do Reno só passou a existir a partir de 1834. Por fim, estabeleceu-se em 1837 um currículo fixo para todos os ginásios prussianos, abolindo a organização autônoma de planos de ensino por parte das escolas individuais. Com o novo regulamento do exame de *Abitur*, introduzido em 1834 – que, após dividir a *Sekunda**, dividiu também a *Prima* (último ano do ginásio) em uma classe de dois anos (*Unterprima* [inferior] e *Oberprima* [superior]) –, o exame tornou-se requisito para a entrada no ensino superior[261]. As universidades não tinham mais o direito de escolher estudantes por conta própria ou por meio de exames especiais. Exclusivamente o desempenho escolar deveria ser considerado, não mais o *status*. Afinal, a "educação" havia se tornado um importante meio de ascensão social. Em paralelo, a padronização dos conteúdos ensinados passava a ser cada vez mais uma tarefa do Estado.

Em termos de *conteúdo*, as reformas educacionais da Prússia haviam sido fortemente influenciadas por ideias que depois seriam consideradas "neo-humanistas" por *Friedrich Paulsen* (1846-1908) em *Geschichte des gelehrten Unterrichts* [História do ensino erudito], de 1885. Ao passo que o ensino baseado no velho humanismo visava a uma "imitação do antigo", o neo-humanismo, que surgiu no fim do século XVIII,

> renunciava a tal objetivo, que havia sido tornado antiquado pela realidade; ele [o neo-humanismo] não pretende, pela leitura de autores da Antiguidade, criar uma imitação latina e grega, mas antes formar opinião e gosto, espírito e discernimento, nutrindo, assim, as habilidades de produção autônoma na própria língua.[262]

Especialmente a Antiguidade grega era concebida de maneira bastante idealizada, fato que estava ligado às ideias de *Johann Joachim Winckelmann* (1717-1768) sobre história da arte – no segundo ano da universidade, Marx se

---

* O numeral romano era utilizado para classificar as classes escolares, sendo o primeiro ano do ginásio chamado *Sexta* e o último *Prima*. (N. T.)

261 Para poder estudar em uma universidade, bastava a simples conclusão do ginásio. A avaliação das matérias individuais era qualitativa – ainda não existia uma nota média final.

262 Friedrich Paulsen, *Geschichte des gelehrten Unterrichts auf den deutschen Schulen und Universitäten vom Ausgang des Mittelalters bis zur Gegenwart mit besonderer Berücksichtigung auf den klassischen Unterricht* (Leipzig, Veit, 1885), p. 438.

confronta com tais ideias[263]. Na concepção de educação neo-humanista, o aprendizado das línguas antigas deveria contribuir para o desenvolvimento da "humanidade", ou seja, de um ser humano que desenvolve forças mentais e espirituais na direção de um todo harmônico. Em 1792, Wilhelm von Humboldt escreveu em *Ideen zu einem Versuch die Grenzen der Wirksamkeit des Staates zu bestimmen* [Ideias para uma tentativa de determinar os limites da atuação do Estado]: "O verdadeiro propósito do ser humano – não aquele das inclinações mutáveis, mas, sim, aquele prescrito pela razão eternamente inalterável – é a formação mais elevada e proporcional de suas forças na direção de um todo"[264]. Ele logo acrescenta um pressuposto para tal formação: "A liberdade é a primeira e indispensável condição para essa formação"[265]. Também a série de cartas *A educação estética do homem* (1795-1796), de Schiller – que se tornaria uma importante inspiração para as concepções neo-humanistas de ensino –, aponta em direção semelhante.

Entre 1809 e 1810, Humboldt foi dirigente do Departamento de Cultura e Educação do Ministério do Interior da Prússia. Nesse período, ele começou uma reforma no sistema escolar e universitário prussiano que tinha como base o neo-humanismo. Também na Baviera, a partir de 1807, houve uma reforma neo-humanista nas escolas, liderada por *Friedrich Immanuel Niethammer* (1766- -1848) – amigo de longa data de Hegel, com quem ele trocava cartas regularmente. O objetivo era que as escolas não transmitissem apenas conhecimentos práticos e úteis, mas também uma "formação humana geral", que seria alcançada, sobretudo, por estudos de culturas e línguas da Antiguidade. Ao lado do latim, que já era ensinado havia muito tempo, também o grego passou a ganhar importância. Ademais, não se tratava do mero ensino da gramática dessas duas línguas, pretendia-se antes estimular o confronto com os clássicos da filosofia, da historiografia e da literatura. No centro desse conceito de educação, estavam a língua, a filosofia e a arte. O objetivo de tal "formação" foi formulado de maneira programática por *Reinhold Bernhard Jachmann* (1767-1843) no primeiro volume do *Archiv der Nationalbildung* [Arquivo da educação nacional], publicado com Franz Passow. Segundo ele, o educador deveria partir do "ideal da humanidade psíquica e fisicamente perfeita".

---

[263] Cf. capítulo 2, item 4.

[264] Wilhelm von Humboldt, "Ideen zu einem Versuch die Grenzen der Wirksamkeit des Staates zu bestimmen" (1792), em *Werke* (Berlim, Behr, 1903, Gesammelte Schriften, v. 1), p. 106.

[265] Idem. Apesar de o texto integral não ter sido publicado em vida por Humboldt, um trecho (inclusive as frases citadas) foi impresso em 1792 em um dos tomos da coletânea *Neue Thalia*, organizada por Friedrich Schiller. Logo, a burguesia culta certamente tinha conhecimento de tais escritos.

Assim, a pura finalidade racional da humanidade é também a finalidade da pedagogia. É necessário formar cada indivíduo para que a humanidade se torne aquilo que ela deve ser. *Você, como qualquer outro, deve representar em si o ideal da humanidade perfeita.*[266]

Humboldt e seus aliados, que como Jachmann estavam reunidos na "comissão científica" do Ministério, não tinham em mente uma formação exclusiva para uma elite social. No relatório sobre o trabalho de seu departamento, Humboldt registra:

> Certamente existem alguns conhecimentos que devem ser comuns a todos, e mais ainda certa formação das opiniões e do caráter que não podem faltar a ninguém. É evidente que só se pode ser um bom artesão, comerciante, soldado e empresário quando se é, em si, independentemente de sua profissão específica, um bom homem e bom cidadão, decente e esclarecido na medida exigida por seu estrato.[267]

Por um lado, Wehler ressalta com razão a ambivalência que o conceito burguês de formação tinha no começo do século XIX – conceito que, apesar de ser um argumento social contra os privilégios da nobreza e da burguesia fundiária, também serviu de delimitação e defesa "em relação aos estratos de baixo"[268]. Por outro lado, é exatamente nesse contexto que a dimensão emancipatória da concepção defendida por Jachmann e Humboldt se torna clara: o ginásio – que já no século XIX havia se tornado uma das instituições mais importantes da delimitação "em relação aos estratos de baixo" e que hoje ainda o é – foi concebido por eles como escola unitária, uma escola para todos que partia do princípio da "perfectibilidade da natureza humana"[269]. Independentemente das classes sociais de origem dos alunos, aspirava-se ao aperfeiçoamento do ser humano por meio da educação. Mas havia *um* limite em que esses conceitos não mexiam: era tão natural pensar que os ginásios deveriam ser escolas exclusivas *para rapazes* que não foi preciso mencionar isso explicitamente uma vez sequer.

Havia, porém, um mundo de distância entre o nobre objetivo, que abrangia todas as classes sociais, e a realidade dos ginásios da Prússia. Ainda assim, não foram poucos os professores das primeiras gerações influenciados por essas ideias.

---

[266] Reinhold Bernhard Jachmann, "Ideen zur Nations-Bildungslehre", em *Archiv deutscher Nationsbildung*, v. 1 (Berlim, Maurer, 1812), p. 5.

[267] Wilhelm von Humboldt, *Bericht der Sektion des Kultus und des Unterrichts, Dezember 1809* (Berlim, Behr, 1903, Obra Completa, v. 10), p. 205.

[268] Hans-Ulrich Wehler, *Deutsche Gesellschaftsgeschichte*, cit., v. 1., p. 215-6.

[269] Reinhold Bernhard Jachmann, "Ideen zur Nations-Bildungslehre", cit., p. 7.

O jovem Marx teve aulas com tais professores e foi fortemente influenciado por essas ideias, como veremos adiante.

O ginásio não conseguiu se estabelecer como escola unitária, mas logo ofereceu à burguesia culta emergente oportunidades de ascensão, tanto pela formação obtida no ginásio quanto pela carreira de professor ginasial, que havia ganhado considerável prestígio. Em vez de se tornar uma escola para todos, a formação do ginásio passou a ser vista, após poucas décadas, como traço distintivo em relação à população geral. Outra consequência prática de uma formação escolar melhor na Prússia foi a redução do tempo de serviço militar. Aqueles que haviam completado o ensino secundário ou chegado ao antepenúltimo ano do ginásio podiam prestar o "serviço voluntário de um ano", que, além de mais curto, era também menos rigoroso que o serviço militar de três anos. No entanto, nessa alternativa mais curta era necessário arcar com os custos de armamento e vestimenta – motivo pelo qual tal opção ficou reservada às camadas em situação econômica mais elevada. Como veremos no próximo volume, o jovem Friedrich Engels aproveitou esse direito – principalmente para passar, durante seu período no serviço militar, um semestre na Universidade de Berlim, já que seu pai não lhe havia permitido estudar.

O período reacionário que se iniciou após os decretos de Karlsbad de 1819 gerou mudanças significativas para o ginásio. O impulso formador neo-humanista foi cerceado, e o aperfeiçoamento do ser humano foi privado de sua culminação política – ele ficou cada vez mais restrito à interioridade e tendeu para o puro esteticismo. O grego perdeu importância, já que a Antiguidade grega havia sido idealizada como lugar da liberdade. No decorrer do século XIX, o ginásio humanista acabou se tornando aquela instituição pedante e distante da vida real que a chamada "escola nova"* passou a combater a partir de aproximadamente 1890. Essa instituição quadrada, muitas vezes caricaturada, de modo nenhum é idêntica ao ginásio do começo do século XIX.

Os decretos de Karlsbad não só limitaram a liberdade de imprensa como proibiram as organizações estudantis [*Burschenschaften*] e a prática organizada de ginástica. Além disso, as universidades e, consequentemente, os ginásios passaram a ser controlados com mais rigor. O comportamento de professores que supostamente tinham influência sobre os pensamentos e as ações dos alunos passou a ser regulamentado tanto na esfera profissional quanto na esfera privada. Os professores deveriam, também na vida privada, ser bons exemplos (no sentido do Estado prussiano) para os alunos. As aulas deveriam servir exclusivamente à transmissão de conhecimentos, não à discussão de acontecimentos políticos. Assim, lê-se em um decreto do dia 30 de outubro de 1819 que seria imprescindível que nenhum professor,

---

* Ou "escola progressiva". (N. T.)

pela tendência de suas aulas, incite a juventude à arrogante presunção de achar que lhe competiria ter opinião própria acerca dos acontecimentos atuais e dos assuntos públicos e que teria sido especialmente convocado a intervir ativamente na organização da vida pública ou até mesmo a colocar em andamento uma sonhada melhoria na ordem das coisas.[270]

Nas aulas de história, não podiam fazer comparações com os acontecimentos contemporâneos, sobretudo se devia "evitar todo tipo inútil de argumentação e discussão com os jovens, para que aprendam desde cedo a seguir as leis impostas sem questionar e a se submeter docilmente à autoridade vigente". Os professores que não cumprissem tais ordens deveriam ser afastados do cargo[271].

Além de monitorar o comportamento escolar de alunos, os professores deveriam também, "por meios adequados, informar-se" para saber se eles "tinham ligações ou participavam de encontros entre si ou com outros jovens", além de "investigar os propósitos deles"; tudo deveria, então, ser reportado ao diretor[272]. O diretor, por sua vez, deveria monitorar os professores e registrar todas as constatações nos arquivos pessoais destes. Os conselhos escolares monitoravam e analisavam os diretores[273]. Em suma, professores e diretores não deveriam apenas lecionar e dar exemplo moral, mas também atuar como braço estendido do controle e da repressão estatal. Se tentassem escapar do cumprimento desse dever, seriam alvo de medidas repressivas.

O ginásio de Trier e seus professores

Uma escola jesuíta fundada em 1563 foi a precursora do ginásio de Trier. No período de ocupação francesa, o ginásio foi inaugurado como escola secundária, que a partir de 1809-1810 recebeu o nome *Collège de Trèves*. Quando a Renânia passou a fazer parte da Prússia, após o Congresso de Viena, o *collège* tornou-se "Ginásio de Trier", gerido pelo Estado. Só em 1896 a escola passaria a se chamar "Ginásio Friedrich-Wilhelm", como consta em muitas biografias de Marx[274].

O ginásio de Trier também sentiu os efeitos do controle reforçado que se seguiu aos decretos de Karlsbad. Já em 1819, professores e alunos que haviam

---

[270] Ludwig von Rönne, *Die höhern Schulen und die Universitäten des Preußischen Staates* (Berlim, Veit, 1855), p. 100.

[271] Ibidem, p. 101.

[272] Citado em Margret Kraul, *Das deutsche Gymnasium 1780-1980*, cit., p. 51.

[273] Idem.

[274] Cf. Eberhard Gockel, *Karl Marx in Bonn: alte Adressen neu entdeckt* (Bonn, Steiner, 1989), p. 8.

feito uma viagem a Bonn foram acusados de ter se encontrado com pessoas que, "devido a seus princípios nocivos e subversivos, teriam má fama"[275]. No fim da década de 1820, havia entre os alunos muitos "filo-helenos" – apoiadores da Grécia na luta pela independência[276]. Nicolaevsky e Maenchen Helfen[277] afirmam – sem citar as fontes – que, em 1833, um aluno foi encontrado com um exemplar dos discursos do Festival de Hambach e que, em 1834, alguns alunos do ginásio teriam redigido poemas com tendência política. Em 1833, o presidente distrital de Trier relatou a seu superior que, entre os alunos do ginásio, "reina um espírito nada bom que é mantido intencionalmente por diversos professores"[278]. Böse[279] refere-se a um relatório oficial de 1834, "segundo o qual professores e alunos eram suspeitos de práticas demagógicas e estavam sendo secretamente monitorados".

O grande nome do ginásio de Trier foi seu diretor de longa data, Johann Hugo Wyttenbach. Suas contribuições como pesquisador da Antiguidade e fundador da biblioteca municipal de Trier foram citadas ao caracterizarmos a vida cultural da cidade. Em 1804, Wyttenbach já era diretor da escola secundária francesa e, até 1846, manteve-se como diretor do ginásio. Seu pensamento havia sido fortemente influenciado pelo Iluminismo – quando jovem, fora apoiador dos jacobinos franceses. Também sob o domínio prussiano, ele manteve suas convicções liberais e humanistas[280]. Sobre sua relação com professores e alunos, é possível ler no relatório bastante crítico do conselheiro escolar *Johannes Schulze* (1786-1869), do ano 1818: "Com todos os professores, ele tem a mais amistosa das relações e trata os alunos com carinho; agora, seria desejável que fosse mais enérgico, sério, severo e enfático"[281]. Por ocasião de sua aposentadoria do serviço escolar, em 1846, com quase oitenta anos de idade, a *Gazeta de Trier* publicou:

---

[275] Relatório do ministro da polícia ao governo distrital de Trier do dia 28 de julho de 1819, citado em Heinz Monz, *Karl Marx*, cit., p. 146.

[276] Guido Gross, *Trierer Geistesleben*, cit., p. 60.

[277] Boris Nicolaevsky e Otto Maenchen-Helfen, *Karl Marx: eine Biographie* (1937) (Frankfurt am Main, Fischer, 1982) p. 13-4.

[278] Como formulado em Heinz Monz, *Karl Marx*, cit., p. 298.

[279] Heinz-Günther Böse, *Ludwig Simon von Trier (1819-1872)*, cit., p. 12.

[280] Heinz Monz, *Karl Marx*, cit., p. 160-8, baseando-se em cinco décadas de publicações de Wyttenbach, dá-nos uma visão geral de suas opiniões políticas e éticas. Em *Johann Hugo Wyttenbach: eine historische Biographie* (Trier, Kliomedia, 2012), Tina Klupsch apresenta uma biografia de Wyttenbach e, em "Wyttenbach, der Pädagoge", em *Kurtrierisches Jahrbuch*, ano 53, 2013, um esboço de suas ideias pedagógicas orientadas em Rousseau e no Iluminismo.

[281] Citado em Guido Gross, "Zur Geschichte des Friedrich-Wilhelm-Gymnasiums", cit., p. 27.

O que distinguia especialmente o diretor Wyttenbach era a maneira com que ele lidava com os jovens. Falava-se com ele como se fala com um amigo de confiança e, ainda assim, era possível sentir sua grande dignidade. Ele provocava entusiasmo por tudo o que era grandioso, nobre e bom e, ao lidar com a juventude, voltava a ser jovem.[282]

Como mencionado, os diretores dos ginásios não somente eram responsáveis pela garantia do andamento adequado das aulas mas também deveriam monitorar o mundo político dos professores, que lhes eram subordinados, denunciando-os eventualmente a seus superiores. Em vez disso, Wyttenbach posicionou-se diversas vezes em defesa de professores acusados, acabando por receber ele próprio a acusação de uma autoridade superior, em junho de 1833, de ser fraco demais e "pouco decidido em suas convicções"[283].

Um ano depois, Wyttenbach parece ter minado propositadamente a cooperação que se exigiu dele com as autoridades policiais. No dia 2 de outubro de 1834, o presidente distrital de Trier relatou à comissão ministerial em Berlim que Wyttenbach era

um homem tão erudito quanto respeitável, porém, aparentemente, sem a mínima energia ou autoridade e tão descuidado que acabou levando ao conhecimento dos professores do ginásio – em parte mal-intencionados – o relatório da administração da polícia entregue a ele sob sigilo, causando a publicação desse documento, fato que comprometeu a polícia.[284]

O que o presidente distrital considerou um descuido acabou sendo a melhor maneira de os professores monitorados se protegerem. Pode-se supor que Wyttenbach haja tomado tal decisão em plena consciência.

No caso de Wyttenbach, fascinado desde cedo pela Antiguidade clássica, as ideias de ensino neo-humanistas caíram em solo bastante fértil. Sua influência sobre os alunos se dava principalmente nas aulas de história – que ele reservava para si mesmo – nos últimos anos do ginásio. Segundo Gross[285], Wyttenbach, partindo da Antiguidade clássica, utilizava "a aula de história para levar um senso de dever e virtude aos jovens corações". Nos últimos três anos do ginásio, Karl também teve aulas de história com Wyttenbach. O tipo específico de humanismo expresso na redação de Marx no exame final em alemão era, provavelmente, resultado da grande influência do professor.

---

[282] Citado em ibidem, p. 34.

[283] Citado em Heinz Monz, *Karl Marx*, cit., p. 172.

[284] Citado em Heinrich Gemkow, "Edgar von Westphalen: der ungewöhnliche Lebensweg des Schwagers von Karl Marx", em *Jahrbuch für westdeutsche Landesgeschichte*, v. 25, 1999, p. 409, nota 22.

[285] Guido Gross, *Trierer Geistesleben*, cit., p. 148.

Quando o jovem Karl entrou no ginásio, em 1830, Wyttenbach já tinha 63 anos de idade. A maioria dos professores era consideravelmente mais jovem, e, como é possível deduzir das informações fragmentárias contidas nos arquivos preservados, ao menos alguns tinham opiniões bastante críticas em relação às condições sociais e políticas da época, tendo sido observados, consequentemente, com desconfiança pelas autoridades prussianas[286].

Vale mencionar, sobretudo, *Thomas Simon* (1794-1869), que deu aulas de francês a Karl na *Tertia**. Por muito tempo, ele trabalhou na assistência aos pobres e teve oportunidade suficiente, segundo suas próprias palavras, "de conhecer o estado calamitoso da vida social em sua real forma, que tantas vezes é de apertar o coração". Ele teria passado a se "dedicar à questão do povo pobre e negligenciado" por ter visto diariamente, como professor, "que não era a posse do dinheiro frio e sujo que dava humanidade ao ser humano, mas, sim, caráter, opinião, razão e compaixão em relação à prosperidade e às dores do próximo"[287]. Em 1849, Thomas Simon foi eleito à Câmara dos Representantes da Prússia, onde se juntou ao grupo de esquerda. Seu filho, *Ludwig Simon* (1819-1872), também frequentou o ginásio de Trier, prestando o exame final um ano depois de Karl. Em 1848, ele foi eleito para a Assembleia Nacional. Por causa de suas atividades durante os anos de revolução (1848-1849), o governo prussiano levantou diversos processos contra ele, condenando-o – mesmo em sua ausência – à pena de morte, o que o obrigou a emigrar para a Suíça.

Heinrich Schwendler, professor de francês de Marx nos dois últimos anos do ginásio, esteve sob suspeita do governo prussiano de ser autor de um panfleto agitador e foi acusado de ter "convicções nocivas" e de "conhecer bem todos os vigaristas da cidade local". Em 1834, uma comissão ministerial advertiu a respeito da "perniciosa orientação" de Simon e Schwendler. Em 1835, a autoridade supervisora escolar considerou desejável a demissão de ambos, faltando apenas encontrar motivo suficiente para fazê-lo[288].

Johann Gerhard Schneemann (1796-1864) havia estudado filologia clássica, história, filosofia e matemática. Publicou diversas contribuições à pesquisa sobre a Antiguidade em Trier e deu aulas de latim e grego a Karl no penúltimo e no antepenúltimo anos do ginásio. Em 1834, Schneemann também esteve envol-

---

[286] Cf., acerca dos professores de Marx, Heinz Monz, *Karl Marx*, cit., p. 169 e seg., assim como o *Trierer Biographische Lexikon*, cit. Utilizando-se do currículo escolar, Heinz Monz, *Karl Marx*, cit., p. 154 e seg., também dá uma visão geral das matérias abordadas.

* Comparável ao nono ano. (N. T.)

[287] Citado em Heinz-Günther Böse, *Ludwig Simon von Trier (1819-1872)*, cit., p. 11.

[288] Heinz Monz, *Karl Marx*, cit., p. 171-2 e 178.

vido no episódio do cassino, aquele em que canções revolucionárias foram entoadas, tendo sido, por isso, interrogado pela polícia.

Mesmo mal podendo manifestar opiniões políticas nas aulas (nesse caso, as demissões teriam seriam inevitáveis), Simon, Schwendler e Schneemann, provavelmente, expressavam suas posições pelo modo como abordavam as matérias e por meio de comentários isolados, dentro e fora da sala de aula. Assim, o ponto de vista crítico de Karl acerca das circunstâncias políticas – fruto da influência tanto de seu pai quanto de Ludwig von Westphalen – deve ter sido fortalecido nessas aulas.

A influência de *Johannes Steininger* (1794-1874) talvez tenha sido de outra natureza. No antepenúltimo e no penúltimo anos, Karl teve aulas de ciências naturais e física com ele; no penúltimo e no último, de matemática. De início, Steininger frequentara um seminário, mas abandonou a carreira religiosa em 1813 para estudar matemática, física e geologia em Paris. Como é possível ver no currículo escolar de 1817, ele ministrava, entre outras, aulas sobre o surgimento e o desaparecimento de montanhas e sobre "revoluções por meio das quais não somente se alterou a superfície da Terra, mas também se redistribuíram os seres orgânicos, sendo que antigas formas vegetais e animais desapareceram e, em contrapartida, outras surgiram"[289]. Com tal conteúdo de ensino, ele entrava em conflito com um cristianismo que se baseava em uma interpretação literal da Bíblia. Como consta em um relatório de 1827 do conselheiro escolar Lange, Steininger teve de se defender de hostilidades por parte do clero[290]. No ano 1834, a autoridade supervisora escolar duvidou de seus "sentimentos patrióticos", já que ele, como matemático e físico, citava as realizações dos franceses com especial predileção. Em 1837, Steininger foi denunciado em um escrito anônimo: com suas aulas, ele estaria havia vinte anos mexendo no cristianismo, "de modo que alguns jovens já perderam a crença"[291]. Steininger contestou essa acusação. Ao analisar sua defesa, fica claro que as consequências das pesquisas em ciências naturais para a compreensão literal da Bíblia foram tematizadas em aula. Segundo a alegação de Steininger, sempre que as verdades geológicas pareciam contradizer a Bíblia, ele destacava que tal contradição não afetava em nada a revelação divina[292].

---

[289] Citado em Guido Gross, "Professor Johann Steininger (1794-1874): erinnerungen an einen Trierer Pädagogen, Geologen und Historiker" em *Neues Trierisches Jahrbuch*, v. 34, 1994, p. 88.

[290] Idem.

[291] Citado em Heinz Monz, *Karl Marx*, cit., p. 170.

[292] Ferdinand Meurin, que frequentou o ginásio de Trier quase vinte anos após Marx, mencionou em suas memórias que, com frequência, as discussões nas aulas de Steininger "tinham pouca relação com a matemática"; Ferdinand Meurin, *Plusquamperfektum: Erinnerungen und Plaudereien* (2. ed., Coblenz, Schuth, 1904), p. 148.

A JUVENTUDE PERDIDA 119

Além dos estímulos críticos à religião, Marx, provavelmente[293], obteve conhecimentos básicos acerca de processos de história natural e geologia sobretudo por Steininger. Tais conhecimentos o ajudariam em futuros estudos de ciências naturais e também, na década de 1870, nos de geologia.

Johann Abraham Küpper (1779-1850) foi membro do conselho governamental e escolar do governo distrital em Trier e, ao mesmo tempo, pastor na pequena comunidade evangélica de Trier. A partir de novembro de 1831, deu aulas de religião evangélica no ginásio; Karl teve aulas com ele durante quatro anos. Küpper via o Iluminismo e o racionalismo como ameaças ao cristianismo. Com sua rejeição a Voltaire e Kant, suas aulas representavam o contrário daquilo que o jovem Karl conhecia tanto em casa como na maioria das aulas dos outros professores. Para Küpper, fazia parte da verdadeira religiosidade reconhecer a iniquidade do homem e compreender que este não pode libertar-se sozinho do pecado, mas precisa de um redentor, que é Jesus Cristo[294].

Vitus Loers (1792-1862), diferentemente da maioria dos outros professores do jovem Karl, era bastante conservador, além de muito fiel à Igreja e ao Estado. Sua relação com os alunos também parecia ser mais autoritária. Por exemplo, ele se recusou a dar aulas para um aluno que havia deixado o bigode crescer[295]. Loers era um filólogo respeitado que havia publicado diversos ensaios e livros[296]. Nos dois últimos anos do ginásio, Marx teve aulas de grego com ele e, no último ano, também de latim e ocasionalmente de alemão. Em 1835, foi nomeado vice-diretor do ginásio. Já em 1833 houvera uma proposta por parte do presidente distrital de Trier de substituir Wyttenbach na posição de diretor[297]. No entanto, as autoridades claramente recuaram da intenção de aposentar o tão respeitado Wyttenbach contra a vontade. Assim, colocou-se Loers como vice-diretor a seu lado. Estava claro para todos os envolvidos que tal decisão tinha como objetivo tirar a direção do ginásio das mãos do liberal Wyttenbach e

---

[293] Como destacado por Peter Krüger, "Johann Steininger (1794-1874): europaweit bekannter Geologe, Naturkundelehrer des Gymnasiasten Karl Marx", em *Beiträge zur Marx-Engels--Forschung: neue Folge* (Hamburgo, Argument, 2000), p. 156.

[294] Manfred Henke, "Die Vereinigung der Gläubigen mit Christo nach Joh. 15, 1-14, in ihrem Grund und Wesen, in ihrer unbedingten Nothwendigkeit und in ihren Wirkungen dargestellt – Bemerkungen zum Religionsaufsatz von Karl Marx und seinen evangelischen Mitschülern in der Reifeprüfung", em *Der unbekannte junge Marx: neue Studien zur Entwicklung des Marxschen Denkens 1835-1847* (Mainz, Haase & Köhler, 1973), p. 116 e seg.

[295] Heinz Monz, *Karl Marx*, cit., p. 176.

[296] Em *Plusquamperfektum*, cit., p. 138, Meurin menciona os autores romanos *Ovídio* (43 a.C.--17 d.C.) e *Virgílio* (70-19 a.C.) como poetas favoritos de Loers. Marx também estimava esses poetas, como as referências no Livro I d'*O capital* deixam claro.

[297] Ferdinand Meurin, *Plusquamperfektum*, cit., p. 172.

KARL MARX E O NASCIMENTO DA SOCIEDADE MODERNA

colocá-la nas de alguém fiel ao Estado prussiano. No dia 17 de novembro de 1835, houve uma cerimônia em comemoração da posse de Loers no cargo. Sobre tal acontecimento, Heinrich Marx escreveu a seu filho Karl, à época estudando em Bonn:

> Na ocasião da cerimônia do sr. Loers, o bom sr. Wyttenbach me pareceu em situação muito atormentada. Quase me vieram as lágrimas ante a afronta sofrida por esse homem cujo único defeito é a demasiada bondade. Fiz o melhor que pude para demonstrar-lhe minha elevada consideração e disse-lhe, entre outras coisas, que você também o admira muito e que quis escrever um poema em sua honra, mas acabou não tendo tempo. Ele ficou muito feliz com isso. Você poderia agora, por mim, enviar-me alguns versos para ele.[298]

Na mesma carta, é possível ler que Karl Marx e Heinrich Clemens foram os únicos alunos da classe a não se despedir de Loers, como era feito tradicionalmente[299]. Apesar de não sabermos os motivos de tal fato, presume-se que Karl tenha se decidido expressamente a não se despedir e a não agradecer a um professor reacionário pelas aulas.

Os trabalhos de conclusão do ginásio – primeiras percepções acerca do desenvolvimento intelectual do jovem Marx

Em agosto de 1835, Karl Marx fez os exames escritos de *Abitur*, juntamente com 31 colegas de escola. Seus trabalhos finais são (com exceção de dois poemas sem data precisa[300]) seus textos mais antigos de que se tem conhecimento. Além de uma tradução do alemão para o francês, de uma do grego antigo para o alemão e de uma do alemão para o latim – e também de uma prova de matemática[301] –, os alunos tinham de escrever uma redação para cada uma das seguintes matérias: latim, religião e alemão. Ao tratar desses textos, é necessário ter em conta que eles não necessariamente reproduzem a opinião do jovem Karl. Pode-se presumir que, apesar dos temas específicos das redações não terem sido abordados em aula,

---

[298] MEGA III/1, p. 292; MEW 40, p. 618.

[299] Ibidem, p. 291.

[300] Cf. próximo capítulo.

[301] Bernd Raussen, "Die mathematische Maturitätsprüfung im Jahre 1835 am Trierer Gymnasium: zugleich ein Beitrag zur Karl Marx Forschung", em *Kurtrierisches Jahrbuch*, ano 30, 1990, dedicou-se a uma análise pormenorizada da prova de matemática. Considerando que o jovem Karl escreveu a resposta correta de um exercício mesmo tendo errado o sinal na conta, e que Edgar von Westphalen foi o único a escolher um caminho parecido ao de Karl para resolver o cálculo, Raussen – ibidem, p. 229 e seg. – suspeita que Karl tenha colado de Edgar (também com alguns erros) nesse exercício.

pelo menos a temática geral o foi. Os professores, provavelmente, haviam deixado mais ou menos claro o que consideravam ser a perspectiva "correta" para analisar os respectivos problemas.

Em latim, o tema da redação foi dado com a seguinte pergunta: "Pode-se considerar o principado de Augusto como parte dos tempos áureos do Império Romano?". Marx comparou a época de Augusto com a antiga república e com o período do império de Nero[302]. Em comparação com os tempos de Nero, a época de Augusto foi vista com muitos aspectos positivos. Já em comparação com a república antiga, o resultado não foi tão claro: apesar de Augusto ter sido um soberano moderado, ainda assim os cidadãos não tinham liberdade. No entanto, Karl considera – a favor de Augusto – o fato de este ter posto fim ao caos causado pela guerra civil. Marx conclui que o Estado estabelecido por Augusto fora o mais adequado diante das condições postas. Como destacado pelos editores da MEGA, a redação de Marx não foi muito diferente das análises dos colegas de classe. Os alunos reproduziam sobretudo aquilo que Loers ensinava em aula, tentando formular tudo em um latim aceitável. A avaliação da redação de Karl, também escrita em latim, foi bastante positiva, mas terminava com a frase: "*Verum quam turpis litera!!!*" [Mas que letra vergonhosa!!!][303] – fato que não mudaria em nada posteriormente. Da *Quarta* até a *Obersekunda**, houve aulas de caligrafia[304], o que, contudo, de nada serviu para Marx.

A redação em religião tinha o tema: "A união dos fiéis com Cristo segundo João 15,1-14, representada em seu fundamento e em sua essência, em sua necessidade absoluta e em seus efeitos". Não se tratava de um problema a se discutir, mas antes da explicação e da justificação de uma afirmação dada por meio de uma passagem do Evangelho de João. Também aqui foram constatadas muitas semelhanças entre as redações, que provavelmente repetiam o que havia sido aprendido em classe[305]. O jovem Karl ressalta que o motivo para a unificação com Cristo seria "nossa natureza que tende ao pecado, nosso raciocínio inconstante, nosso coração corrompido, nossa condenabilidade diante de Deus"[306]. Se estamos unificados com Cristo, então somos virtuosos "por amor a ele", então temos "coração aberto ao amor humano, a tudo de nobre, tudo de grandioso, mas não por ambição, não por notoriedade, e

---

[302] A redação em latim encontra-se em MEGA I/1, p. 465-9 (a tradução alemã, em MEGA I/1, p. 1.212-5; MEW 40, p. 595-7). As redações em latim dos colegas de classe não foram publicadas.

[303] MEGA I/1, p. 1.212.

* Do oitavo ao penúltimo ano. (N. T.)

[304] Heinz Monz, *Karl Marx*, cit., p. 158.

[305] Manfred Henke, "Die Vereinigung der Gläubigen mit Christo nach Joh. 15, 1-14", cit., p. 127-8, chegou a tal constatação analisando as redações e comparando-as às posições de Küpper.

[306] MEGA I/1, p. 451; MEW 40, p. 599.

122 KARL MARX E O NASCIMENTO DA SOCIEDADE MODERNA

sim somente por Cristo"[307]. De fato, essas afirmações fazem parte da linha de argumentação teológica de Küpper – reconstruída por Henke –, mas, ainda assim, faltam aqui alguns aspectos (como a importância do ato de salvação de Cristo). Küpper avaliou a caracterização de Karl como "rica em ideias, florescente, poderosa", mas também registrou que "a essência da unificação em questão não foi sequer indicada, seu fundamento foi abordado somente por *uma* perspectiva, e sua necessidade foi insuficientemente demostrada"[308]. Os colegas de Karl foram avaliados de maneira igualmente crítica. No diploma de conclusão do ginásio de Marx lê-se: "Seu conhecimento acerca da moral e da doutrina cristã é bem evidente e fundamentado; ele também conhece a história da igreja cristã razoavelmente bem". Essas frases não têm grande relevância, já que as formulações de Küpper só reproduzem – em grande parte palavra por palavra – o texto do regulamento do exame de *Abitur* de 1834, no qual estavam registrados os conhecimentos exigidos dos alunos[309].

Não é possível concluir, com base nessa redação, se o jovem Marx era cristão devoto nessa época ou não. Mas é evidente que ele havia escrito exatamente o que era necessário para passar na prova. Em comparação com a redação em alemão – analisada a seguir –, tem-se a impressão de que ele não escreve com muito entusiasmo. O parágrafo de conclusão chega a ter um efeito divertido; nele, lê-se: "Portanto, a unificação com Cristo proporciona uma alegria que alguns se empenham em vão para encontrar – os epicuristas em sua filosofia leviana, e o pensador profundo nas profundezas mais ocultas do saber"[310]. Não se sabe se o texto reflete meramente as frases utilizadas em aula pelo professor de religião Küpper ou se já se tratava de um traço de ironia que se misturava nas formulações de Marx. De qualquer maneira, poucos anos mais tarde suas opiniões sobre a filosofia de *Epicuro* (c. 341-c. 271 a.C.) seriam bem diferentes.

O documento mais interessante é a redação de alemão: "Considerações de um rapaz acerca da escolha de uma profissão"*. Aqui, percebe-se o esforço do jovem Karl, em termos tanto estilísticos como de conteúdo. *Wilhelm Hamacher* (1808-
-1875) – professor que começara a dar aulas havia pouco tempo e que corrigiu a redação[311] – escreveu em sua avaliação, com um teor depreciativo, que o autor caíra, "também aqui, em seu habitual erro de procurar exageradamente expressar-
-se de maneira incomum e rica em termos imagéticos"[312]. O leitor de hoje talvez

---

[307] MEGA I/1, p. 452; MEW 40, p. 602.
[308] MEGA I/1, p. 1.191.
[309] Heinz Monz, *Karl Marx*, cit., p. 313, nota 84.
[310] MEGA I/1, p. 452; MEW 40, p. 601.
* Ver, neste volume, p. 421. (N. E.)
[311] Cf. MEGA I/1, p. 1.198; Wyttenbach somente a assinou.
[312] MEGA I/1, p. 1.200.

veja algo de exageradamente dramático nessa redação. Porém, é preciso levar em conta que as formulações dessa época eram em geral mais dramáticas que as de hoje e que se trata aqui de um entusiasmado jovem de dezessete anos.

Desde sua primeira publicação, em 1925, essa redação de Marx deu origem a interpretações numerosas e, em parte, muito abrangentes. Via de regra, o texto foi interpretado como expressão imediata do pensamento e do sentimento do jovem Marx. Künzli[313] e Hillmann[314], baseando-se nessa redação, tentam até tirar conclusões sobre os conflitos psicológicos do jovem Marx. Uma interpretação séria desse escrito tem, em primeiro lugar, de diferenciar a parte original de Marx daquilo que pode ser antes visto como fruto das aulas. É possível fazer tal diferenciação ao comparar a redação de Marx com as de seus colegas. Apesar de Monz[315] ter publicado tais redações na íntegra, ainda assim elas foram em grande parte ignoradas na literatura biográfica.

No último ano do ginásio, as aulas de alemão foram dadas por dois professores: na primeira metade do ano, por Loers, como substituto, e, na segunda metade, por Wilhelm Hamacher, novo naquela escola. Como Monz[316] presume, a escolha de um tema tão genérico para a redação provavelmente foi uma solução provisória. Wyttenbach já havia tratado de tal assunto muitas vezes em seus discursos de formatura[317]. Provavelmente ele também já o havia abordado, em termos gerais, em sala de aula. Pelo menos é o que indica a semelhança da estrutura básica dos textos de muitos alunos, inclusive de Marx: menciona-se a importância da escolha profissional para a vida, as graves consequências de uma decisão errada, o perigo de deixar-se iludir pela cintilante aparência de uma profissão, expõe-se a necessidade de uma avaliação detalhada das próprias inclinações e capacidades e, por fim, sugere-se o aconselhamento por parte de pessoas mais experientes (pais, parentes, professores). Também aparecem em diversas redações as ideias de que o ofício seria útil não somente para quem o exerce mas também para outras pessoas e de que o profissional se torna ele mesmo um elemento útil para a sociedade na medida em que faz algo para a prosperidade daqueles ao redor.

Contudo, o texto de Marx destaca-se visivelmente das outras redações não apenas por sua estrutura clara mas também por uma série de particularidades em termos de conteúdo. Logo no começo, Marx analisa a questão da escolha profis-

---

[313] Arnold Künzli, *Karl Marx*, cit., p. 79 e seg.

[314] Günther Hillmann, "Zum Verständnis der Texte", em *Karl Marx, Texte zu Methode und Praxis I: Jugendschriften 1835-1841* (Reinbek, Rowohlt, 1966), p. 214 e seg.

[315] Heinz Monz, "'Betrachtung eines Jünglings bei der Wahl eines Berufes': der Deutschaufsatz von Karl Marx und seinen Mitschülern in der Reifeprüfung", em *Der unbekannte junge Marx*, cit.

[316] Heinz Monz, *Karl Marx*, cit., p. 302.

[317] Por exemplo em seu discurso de 1832; cf. Johann Hugo Wyttenbach, *Schulreden vom Jahre 1799 bis 1846* (Trier, Lintz, 1847), p. 164-5.

sional de uma perspectiva mais ampla, antropológica, não abordada por nenhum de seus colegas de classe. Segundo ele, o animal teria uma esfera fixa de atuação, e somente o ser humano teria a escolha entre diferentes atividades. A particularidade do ser humano seria o resultado da criação divina. A "divindade", de acordo com Marx, teria dado à humanidade o objetivo geral de enobrecer-se e nunca deixaria "os habitantes da Terra completamente sem guia; ela fala baixo, mas com segurança"[318]. Ao todo, Marx menciona cinco vezes a "divindade", mais que todos os outros colegas – inclusive aqueles que haviam indicado "pastor" como aspiração profissional. Mais da metade dos alunos nem sequer menciona Deus na prova. O fato de Marx ter mencionado a "divindade" tantas vezes e também ter se referido de maneira positiva à religião no fim da redação – sem que a temática dada realmente o exigisse – são fortes indícios de que ele ainda seria religioso nessa época. É interessante, porém, o fato de que ele não fala de Deus, mas sim – de maneira mais distanciada – em "divindade". Em sua redação em religião, ele somente fala em divindade duas vezes no começo do texto; em seguida, menciona "Deus" cinco vezes, o que correspondia mais à linguagem protestante. Além disso, a iniquidade presente na natureza do ser humano, da qual se falou na redação religiosa, não tem mais importância nenhuma aqui. Tal fato poderia ser um sinal de que o jovem Karl não tinha em mente o Deus personificado do cristianismo, mas tendia antes a um deísmo sob a forma difundida no Iluminismo: não se abdica da existência de um Deus criador do mundo, mas ele não é imaginado na forma concreta que cada religião individual lhe dá. A carta de seu pai de novembro de 1835, já citada[319], indica que essa era a perspectiva de Heinrich.

Ao abordar as dificuldades que surgem com a escolha da profissão, Marx escreveu uma frase que se tornaria objeto de amplas interpretações na literatura: "Nem sempre podemos assumir a posição para a qual cremos ter sido vocacionados; nossas relações na sociedade já começam, até certo ponto, antes mesmo de estarmos em posição de determiná-las"[320]. Outros colegas também mencionaram suas próprias condições e a necessidade de correspondência entre estas e a profissão escolhida. Mas nenhum deles fez essa interessante generalização de que as relações nos determinam antes que possamos determiná-las. Franz Mehring viu já aqui a "primeira semente do materialismo histórico como pressentimento inconsciente"[321]; de certa forma, outros autores o seguiram

---

[318] MEGA I/1, p. 454; MEW 40, p. 591.

[319] MEGA III/1, p. 291; MEW 40, p. 617.

[320] MEGA III/1, p. 455; MEW 40, p. 592.

[321] Franz Mehring, *Aus dem literarischen Nachlass von Karl Marx, Friedrich Engels und Ferdinand Lassalle*, v. 4: *Briefe von Ferdinand Lassalle an Karl Marx und Friedrich Engels 1849-1862* (2. ed., Stuttgart, Dietz, 1913), p. 366.

nesse aspecto[322]. Contra tal posição, argumentou-se que o reconhecimento do efeito restringente das circunstâncias sobre o indivíduo seria uma visão do século XVIII[323]. É possível encontrar outras interpretações dessa passagem na literatura, umas menos, outras mais sutis[324]. A mim parece que uma explicação bem mais simples para tal frase seja mais plausível, a saber, que ela reflete as experiências do pai de Karl. Este cresceu em condições materiais simples e como judeu, de modo que suas aspirações profissionais eram limitadas tanto material quanto legalmente. A superação de tais limites, mesmo que parcial, custou-lhe enormes esforços. Heinrich Marx provavelmente conversou com seu filho sobre as condições restringentes de sua juventude, deixando ao mesmo tempo claro que ele, Karl, estava agora sujeito a restrições muito menores.

Como os outros alunos que prestaram o exame, Marx ressalta quão prejudicial para si mesmo pode ser um erro na escolha da profissão. Mas, ao passo que seus colegas de classe somente mencionam o sentimento de infelicidade, Karl vai além desse argumento. Se não formos capazes de cumprir um ofício, então teremos de dizer a nós mesmos que somos "inúteis na criação". A consequência seria o "autodesprezo"[325], que seria pior que qualquer censura vinda do mundo exterior e se manifestaria mesmo sem tal repreensão. Assim, Marx expressa as consequências de um fracasso pela própria incapacidade de maneira mais penetrante e mais existencial que todos os colegas. Ao mesmo tempo, fica claro que, para ele, insistir na *própria* decisão é muito mais importante que dar ouvidos ao elogio ou à censura dos outros – uma posição que também teria efeitos em sua vida futura.

Entretanto, havendo a possibilidade de escolher uma profissão livremente, devem-se considerar três critérios ao tomar a decisão, segundo o jovem Karl: devemos assumir a "posição" que, primeiramente, "garante a maior dignidade"; em segundo lugar, que se baseia em ideias de cuja verdade estamos convencidos; e, por fim, que oferece as melhores oportunidades "para que ajamos em prol da humanidade" e nos aproximemos "do objetivo geral, para o qual cada posição é apenas um meio: a perfeição"[326].

Acerca do primeiro critério, a dignidade, Marx escreve que principalmente ela "eleva o homem" e o "deixa lá, intocado, acima da multidão, sendo admi-

---

[322] Por exemplo, Auguste Cornu, *Karl Marx und Friedrich Engels*, v. 1, cit., p. 61.

[323] Cf., por exemplo, Günther Hillmann, *Marx und Hegel: von der Spekulation zur Dialektik* (Frankfurt am Main, Europäische Verlagsanstalt, 1966), p. 39-40, e Teodor Oiserman, *Die Entstehung der marxistischen Philosophie* (Berlim, Dietz, 1980), p. 51.

[324] Por exemplo, Rüdiger Thomas, "Der unbekannte junge Marx (1835-1841)", em *Der unbekannte junge Marx*, cit.

[325] MEGA I/1, p. 456; MEW 40, p. 593.

[326] Idem.

rado por esta"[327]. Esse desejo de se destacar "da multidão" e estar "acima dela" tem tons de um elitismo burguês, tomado pelo jovem Karl como pressuposto óbvio. Ele presume que a vasta "multidão" nem sequer pode alcançar a aspirada dignidade; apenas uma minoria poderia fazê-lo, ficando, assim, acima da multidão. Pois, então, que posição essa dignidade garante? "Dignidade somente pode garantir uma posição em que não figuramos como ferramenta servil, mas em que podemos, em nosso círculo, produzir autonomamente"[328]. Aqui fica claro o porquê de a vasta multidão estar excluída da dignidade aspirada. Excluindo talvez os mestres artesãos, os comerciantes e os agricultores autônomos (cuja dependência do mercado ainda não era tema para Marx), ninguém das classes mais baixas – em ocupações como trabalho doméstico, ofícios pagos por jornada ou nas fábricas que estavam surgindo – tinha condições de "produzir autonomamente".

Marx aponta a questão da digna posição dos formandos que podem aspirar a profissões como médico, advogado ou estudioso, nas quais "produzir independentemente" fica em primeiro plano. Ele não escreve sobre profissões que considerava indignas. No entanto, é possível pensar em duas áreas profissionais que poderiam ser potencialmente escolhidas por alunos terminando o ginásio e nas quais as pessoas poderiam tornar-se "ferramentas servis": o militarismo e o funcionalismo. Em ambos os casos, tratava-se de hierarquias rígidas em que as instâncias inferiores tinham que executar as ordens das superiores, independentemente de considerarem ou não tais tarefas corretas e adequadas. É provável que Marx considerasse degradantes estruturas autoritárias desse tipo.

Uma situação tão grave quanto para o jovem Karl seria quando a posição escolhida como profissão "se baseia em ideias que, no futuro, acabamos por considerar falsas". Nesse caso, só restaria a "autoilusão"[329] como salvação. Também aqui não se sabe bem quais atividades ele tem em mente, mas outra vez pode-se pensar no funcionalismo, por exemplo, quando o Estado se baseia em uma forma de governo que o próprio servidor considera inadequada.

O último critério – "prosperidade da humanidade" e "nosso próprio aperfeiçoamento" – é considerado por Marx o mais importante, devendo ser o "principal guia"[330] na escolha da profissão. A ideia de que se deve contribuir para a prosperidade da sociedade ou da humanidade inteira (a "humanidade" é mencionada ao todo seis vezes na redação) fazia parte já do pensamento iluminista.

---

[327] Idem.

[328] Idem.

[329] Idem.

[330] Ibidem, p. 457 e 594.

Tais noções também aparecem nos textos de muitos outros alunos; assim, pode--se supor que fizessem parte da matéria vista em aula – contudo, o que se entende por "prosperidade" [*Wohl*] não é especificado.

O momento do "aperfeiçoamento de si mesmo" foi um importante *tópos* da elevada cultura burguesa da época. Ele tem um papel central no texto *A educação estética do homem* (1795-1796), de Schiller, e é por excelência o tema de *Os anos de aprendizado de Wilhelm Meister* (1795-1796), de Goethe. Também para a concepção de ensino neo-humanista este era um ponto central: o ensino deveria visar ao aperfeiçoamento máximo possível do ser humano individual e, consequentemente, da humanidade[331].

Mesmo sem saber se, nessa época, Marx conhecia os textos mencionados, pode-se presumir que a ideia do aperfeiçoamento de si mesmo e da melhoria da humanidade desempenhasse um papel importante nas aulas de alemão e de história de Wyttenbach. Em seu discurso na formatura de 1834, ele caracterizou a escola como a instituição em que o jovem é "formado para a sagrada convicção no progresso e no enobrecimento"[332]. Como veremos adiante, o objetivo de desenvolver as capacidades individuais também terá papel central nas diversas concepções de comunismo de Marx.

O aperfeiçoamento de si mesmo também é indicado, ou pelo menos insinuado, como objetivo por outros alunos. Assim, Franz Ludwig Blaise espera, com a escolha profissional certa, "alegremente servir à sociedade humana como membro útil [desta] e contribuir para o enobrecimento das pessoas ao redor – o que, afinal, é o objetivo último de todos os esforços humanos"[333]. Edgar von Westphalen ressalta que se deve promover, "além da própria felicidade, também a do Estado e das pessoas ao redor, de acordo com as capacidades individuais"[334]. Alguns alunos destacam o conflito entre os interesses individuais e a utilidade para a sociedade em geral, ressaltando que também seria necessário arcar com certo ônus em prol da sociedade ou do Estado. Contrariando essa ideia, Marx é o único que contesta a existência de tal relação conflituosa, contestação que ele fundamenta com um argumento antropológico:

> a natureza do ser humano constitui-se de tal forma que o única modo de alcançar sua perfeição é por meio da contribuição para o aperfeiçoamento, para a prosperidade de seu entorno. Se ele realizar coisas só para si mesmo, pode até se

---

[331] Cf. a formulação programática de Jachmann, citada à p. 111 deste volume.

[332] Johann Hugo Wyttenbach, *Schulreden vom Jahre 1799 bis 1846*, cit., p. 175.

[333] Heinz Monz, "'Betrachtung eines Jünglings bei der Wahl eines Berufes'", cit., p. 52.

[334] Ibidem, p. 49.

tornar um famoso erudito, um grande sábio, um excelente poeta, mas nunca se tornará um ser humano completo e verdadeiramente grande.[335]

Aqui também fica clara a diferença em relação à redação em religião. Ao passo que lá a aspiração a coisas nobres e grandiosas seria uma consequência da união com Cristo, aqui não mais se fala de tal união. Basta a "natureza do ser humano", que já é constituída adequadamente para tanto.

Ao defender a ideia de que o aperfeiçoamento de si mesmo não estava meramente associado ao trabalho pelo bem-estar da humanidade, mas antes dependia desse trabalho, o jovem Marx vai além da argumentação tanto de seus colegas de classe como de Wyttenbach. No entanto, não chega a ser o caso de afirmar, como Monz[336] faz, que com isso Marx já "deixava para trás o ambiente burguês de muitos de seus colegas de classe". Não há nessa redação o mínimo sinal para supor que o jovem Marx visse um conflito entre o trabalho para o bem-estar da humanidade e o mundo burguês. Pelo contrário: como fica claro pelo desejo de elevar-se como ser humano digno acima da multidão, ele não questiona a hierarquia de classes posta, que não permite à maioria ter sequer um ofício "digno". Ele quer contribuir para a prosperidade da humanidade dentro do mundo burguês e como membro de uma elite burguesa.

Marx não indica uma profissão específica que contribuísse idealmente para o bem-estar da humanidade. Na última frase citada, dá alguns exemplos. É interessante observar as profissões que ele *não* menciona – mesmo em se tratando de profissões comumente escolhidas por formandos do ginásio –, a saber: comerciante, funcionário da administração pública, oficial militar ou advogado (ou seja, nem mesmo a profissão para a qual ele pretendia se preparar na universidade). Para Marx, as atividades mais prováveis são as do erudito, do sábio e do poeta – se, em seus trabalhos, estes se orientassem no bem-estar da humanidade, então poderiam se tornar homens "verdadeiramente grandes". Ao observar a dramática frase final de sua redação, mal se pode contestar o fato de que Marx aspirava a tornar-se tal homem:

> Se escolhermos uma posição em que podemos contribuir da melhor forma possível para a humanidade, então não haverá fardo que nos possa rebaixar, pois serão sacrifícios por todos; então, não desfrutaremos de uma alegria pobre, limitada, egoísta; nossa felicidade será a de milhões, nossos atos viverão serenos, mas terão efeitos eternos e nossas cinzas serão molhadas pelas lágrimas ardentes de pessoas nobres.[337]

---

[335] MEGA I/1, p. 457; MEW 40, p. 594.

[336] Heinz Monz, *Karl Marx*, cit., p. 309.

[337] Idem.

De fato, Marx acaba mencionando aqui o reconhecimento por parte dos outros – como consequência inevitável, mesmo que tardia, de uma ação vinculada a uma orientação interior, feita em prol da humanidade.

As provas orais realizaram-se em setembro. Por fim, dos 32 alunos que prestaram o exame, 22 passaram[338]. Monz tentou converter as avaliações quantitativas nas notas tradicionais de hoje, chegando à conclusão de que Marx, juntamente com outro aluno, teve o oitavo melhor resultado do grupo. Edgar von Westphalen, também com outro aluno, tirou a terceira melhor nota[339]. No certificado de conclusão do ginásio, emitido no dia 24 de setembro, há o seguinte registro acerca do "empenho" de Marx: "Ele tem boas aptidões e demonstra um empenho muito satisfatório em línguas antigas, alemão e história, satisfatório em matemática, e apenas um baixo empenho em francês"[340]. Tal avaliação não parece ser a de um aluno exemplar e sempre aplicado. Sobre sua relação com os clássicos latinos lidos em aula, lê-se que ele traduz e explica bem as passagens mais fáceis, mesmo sem preparação, e as mais difíceis, com um pouco de ajuda, "principalmente naquelas [passagens] em que a dificuldade consiste menos na especificidade da língua que no assunto e na coesão das ideias". A situação é parecida para os clássicos gregos[341]. No fim de seu certificado, há a indicação de que a banca examinadora o havia liberado, "nutrindo a esperança de que ele corresponderá às expectativas favoráveis, baseadas em suas aptidões"[342]. Apesar de soar como uma frase-padrão utilizada para alunos com bom desempenho, ela pode conter uma sutil avaliação – como nas atuais avaliações de desempenho no trabalho. Gemkow[343] reproduziu a frase respectiva do certificado de Edgar von Westphalen: "Que ele corresponderá às ótimas expectativas, baseadas em suas aptidões e na dedicação demonstrada até aqui". No caso de Edgar, que teve melhores resultados que Karl, não se fala apenas em expectativas "favoráveis", mas sim "ótimas", além disso, sua dedicação é mencionada – o que não é o caso no certificado de Karl.

A festa de formatura deu-se no dia 27 de setembro. Nas diversas classes, os melhores alunos de cada matéria foram premiados com livros. Além disso, houve também condecorações[344]. Sabemos de duas condecorações que Marx recebera em anos anteriores: em 1832, em línguas antigas e contemporâneas e, em

---

[338] Ibidem, p. 302.
[339] Ibidem, p. 298-9.
[340] Citado em ibidem, p. 312.
[341] Ibidem, p. 313.
[342] Ibidem, p. 314.
[343] Heinrich Gemkow, "Edgar von Westphalen", cit., p. 411.
[344] Ferdinand Meurin, *Plusquamperfektum*, cit., p. 139-40.

1834, em alemão[345]. Um colega de classe de Karl, *Jacob Fuxius* (1818-1891), fez um discurso comparando a morte de Sócrates com a de Sêneca ("*Comparatio mortis Socratis ac L. A. Seneca*"), e outro, *Heinrich von Notz* (1818-1848), fez o discurso de despedida dos alunos. No fim, Wyttenbach fez seu discurso anual de formatura, que naquele ano tratou da relação entre o ensino como transmissor do saber e a formação moral e ética[346].

8. Vínculos e impulsos

Vida familiar

Considerando tudo o que sabemos, pode-se conjecturar que Karl Marx tenha tido uma infância e uma juventude bastante tranquilas em Trier. Ele cresceu em condições relativamente prósperas, num meio burguês culto. Em termos de renda, a família Marx não chegava a pertencer à camada mais abastada (1,2%), mas ainda assim estava entre os domicílios mais ricos de Trier (10%)[347], e, como era normal, também tinha empregados a seu serviço. O fato de apenas um dos nove filhos ter morrido prematuramente indica o cuidado com que as crianças provavelmente foram criadas. Não há evidências de grandes conflitos em casa nem na escola, tampouco de castigos físicos. A relação entre Karl e seus irmãos também parece ter sido basicamente harmônica. Analisando o estilo das cartas preservadas dos pais, enviadas ao filho estudante, fica claro que eles definitivamente não eram autoritários – apesar de com frequência se mostrarem preocupados e de não economizarem em advertências[348].

---

[345] Manfred Schöncke, *Karl und Heinrich Marx und ihre Geschwister*, cit., p. 836 e 838.

[346] Heinz Monz, *Karl Marx*, cit., p. 316 e seg.

[347] Cf. os dados expostos, segundo Jürgen Herres, "Cholera, Armut und eine 'Zwangssteuer' 1830/32", cit.

[348] Por exemplo, após Karl se mudar em outubro de 1835 para Bonn, a fim de estudar, seu pai o repreende fortemente por não ter escrito após mais de três semanas. Seus pais já estavam muito preocupados: "Infelizmente, isso só confirma a opinião que tenho, apesar de suas boas qualidades, de que o egoísmo predomina em seu coração"; MEGA III/1, p. 289. Após uma resposta extensa de Karl, o pai deixa claro, na carta seguinte, que lamenta a severa repreensão: "Caro Karl! Em primeiro lugar, algumas palavras sobre minha última carta, que possivelmente lhe causou certo desgosto. Você sabe que não costumo me prender pedantemente a minha autoridade e que também admito a meu filho quando estou errado. De fato, eu havia lhe pedido que somente escrevesse após ter se acomodado melhor por aí. Entretanto, já que as coisas ainda estavam a decorrer, você não deveria ter interpretado minhas palavras tão literalmente, ainda mais porque você sabe quão receosa e preocupada é sua boa mãe"; MEGA III/1, p. 290; MEW 40, p. 616.

Após a morte precoce do primogênito, Mauritz David, todas as esperanças de Heinrich e Henriette direcionaram-se a Karl. Ele era um bom aluno, inteligente e aberto. Podia-se supor que viesse a ter êxito na universidade e na futura vida profissional, o que, nessa época – sem um sistema estatal de previdência social –, estava sempre associado à esperança de que o filho bem-sucedido um dia ajudasse financeiramente os irmãos e, se necessário, também os pais idosos. Em novembro de 1835, seu pai lhe escreve:

> Desejo ver em você aquilo que talvez teria sido de mim se eu também tivesse vindo ao mundo sob tão favoráveis auspícios. Você pode realizar e destruir minhas mais belas esperanças. Talvez seja injusto e ao mesmo tempo imprudente colocar as mais belas esperanças de alguém em outra pessoa, comprometendo, assim, sua própria tranquilidade. Mas, afinal, quem além da natureza tem culpa de que os homens, em geral não tão fracos, sejam de fato pais fracos?[349]

Tal declaração mostra quão elevadas eram as expectativas direcionadas a Karl e que havia sobre ele certa pressão pelo cumprimento destas. Mas também fica claro que o pai reflete sobre tais expectativas; Heinrich sabe que elas são um fardo para seu filho, fato que também admite a Karl. Essa reflexão sobre as próprias atitudes não era necessariamente típica à época (e talvez também não o seja hoje). Quando tratarmos, no próximo volume, do jovem Engels, conheceremos um tipo bem diferente de pai.

Karl com certeza foi incentivado com todos os meios possíveis. Antes de tudo, o apoio de seu pai e de seu futuro sogro – dois adultos com interesse intelectual e político, que não só estimulavam suas ideias mas que também o levavam a sério desde cedo como interlocutor – deve ter tido efeitos muito positivos em seu desenvolvimento intelectual. Apesar de sua mãe não ter sido tão inculta como grande parte da literatura sugere, ainda assim, não há evidência de que Karl tenha tido uma ligação intelectual tão forte com ela quanto a que teve com o pai.

Judaísmo

O fato de Karl Marx provir de família judaica gerou uma série de especulações na literatura. Por exemplo, Rühle conclui que Marx teria desenvolvido um complexo de inferioridade como consequência de sua saúde precária, sua ascendência judaica – que, segundo Rühle, Marx teria considerado um defeito por toda a vida – e sua condição de primogênito e único filho homem da família,

---

[349] MEGA III/1, p. 290; MEW 40, p. 617.

132 KARL MARX E O NASCIMENTO DA SOCIEDADE MODERNA

pressionado por grandes expectativas[350]. É definitivamente equivocada a afirmação de que Marx teria sido o primogênito e único filho homem. A afirmação de que o estado de saúde de Marx em idade avançada era ruim é verdadeira. Faltam-nos, contudo, informações sobre sua situação na juventude. Rühle não mostra um documento sequer que evidencie a afirmação de que Marx teria considerado sua origem judaica um defeito. Mesmo assim, ele afirma que o "pertencimento a uma raça não pôde ser lavado com água de batismo"[351]. Rühle visivelmente projeta na primeira metade do século XIX o antissemitismo racista da década de 1920. Como já foi demonstrado, era absolutamente possível escapar do antijudaísmo que predominava no início do século XIX por meio do batismo.

Alguns autores também afirmam que certas concepções centrais de Marx apresentariam analogias com a tradição judaica. Por exemplo, Karl Löwith interpreta a concepção de história de Marx como expressão de um "messianismo evidente" e conclui que Marx teria sido "um judeu no estilo do Velho Testamento"[352]. Gustav Mayer[353] também já havia argumentado de maneira parecida. Para confirmar se as ditas analogias realmente correspondem aos fatos, seria preciso debater no plano da obra de Marx. O que interessa aqui é a suposição de que a simples descendência de pais judeus bastasse para proporcionar ao jovem Marx experiência na tradição judaica e um pensamento judaico. Enquanto Löwith e outros simplesmente presumem tal hipótese, Künzli[354] e Massiczek[355] tentam demonstrá-la em detalhes. As conclusões de ambos os autores são antagônicas: Künzli pretende mostrar que a ascendência judaica de Karl Marx o teria conduzido, por fim, à "autoaversão judaica" e ao antissemitismo, enquanto Massiczek pretende demonstrar que o humanismo tipicamente marxiano apenas seria compreensível à luz das tradições que lhe foram transmitidas devido a sua ascendência judaica. Ambos os autores têm um grande problema: a *comprovação* real de suas conclusões por meio de fatos biográficos. Afinal de contas, ambos podem somente *afirmar*. Künzli afirma que o batismo de Heinrich Marx teria causado uma ruptura entre ele e a família e, depois, conduzido a um conflito traumático entre ele e Karl (este teria repudiado o pai, considerando-o fraco e oportunista, não somente pelo batismo mas também por causa de comen-

---

[350] Otto Rühle, *Karl Marx: Leben und Werk* (Hellerau, Avalun, 1928), p. 338 e seg.

[351] Ibidem, p. 444.

[352] Karl Löwith, *Weltgeschichte und Heilsgeschehen: die theologischen Voraussetzungen der Geschichtsphilosophie* (Stuttgart, Kohlhammer, 1953), p. 48.

[353] Gustav Mayer, "Der Jude in Karl Marx" (1918), em *Aus der Welt des Sozialismus: kleine historische Aufsätze* (Berlim, Weltgeist Bücher Verlagsgesellschaft, 1927).

[354] Arnold Künzli, *Karl Marx*, cit.

[355] Albert Massiczek, *Der menschliche Mensch: Karl Marx' jüdischer Humanismus* (Viena, Europa, 1968).

tários políticos moderados). Apesar de não citar nenhum documento que comprove tal afirmação, Künzli assegura repetidas vezes que as coisas aconteceram assim e ainda tira diversas conclusões do dito trauma de Marx. Massiczek reúne uma grande quantidade de material sobre o caráter específico da família judaica, os papéis distintos que mãe e pai desempenham, a intimidade especial das relações, entre outras tantas características. Além disso, ele cita teorias psicológicas com o intuito de demonstrar o efeito das experiências da primeira infância no desenvolvimento de uma pessoa. Ao pressupor que *todas* as famílias judaicas possuem as características especiais destacadas por ele, Massiczek conclui diretamente, sem análise mais aprofundada, que também a família de Karl Marx possuía tais características e que Marx teria carregado essa marca determinante por toda a vida. Baseando-se nas considerações de Massiczek, Monz também menciona, em uma publicação mais antiga, um "trauma" familiar, reflexo do batismo forçado pelo Estado; trauma este que também se teria manifestado diversas vezes na vida de Karl Marx[356].

Efetivamente, não há um indício sequer da comemoração de feriados judaicos na família de Karl Marx, tampouco de que as crianças tenham tido uma educação judaica – o que, por razões pragmáticas, também é pouco provável. O batismo de Heinrich Marx possivelmente aconteceu em 1819-1820, ou seja, pouco após o nascimento de Karl. Heinrich provavelmente estava consciente da necessidade de batizar seus filhos se quisesse poupá-los de certos inconvenientes. Educar os filhos no judaísmo – mesmo após o batismo cristão deles e de si mesmo – acarretaria grandes problemas para eles, que, afinal de contas, teriam de ocultar tal educação. Tal comportamento seria de se esperar de pais fortemente religiosos e que insistissem incondicionalmente na transmissão do judaísmo aos filhos. Não se sabe quão forte era a crença da mãe. Como demonstra a já citada carta de Heinrich Marx de novembro de 1835 a seu filho, seu posicionamento era antes racionalista e deísta. Ele acreditava em Deus, mas não tendia a nenhum culto específico. Nesse sentido, é pouco provável que uma educação judaica explícita, o cumprimento de regras judaicas ou a comemoração de feriados judaicos tenham realmente ocorrido. Da mesma forma, também o cristianismo protestante, para o qual a família se convertera, não deve ter desempenhado papel muito importante na criação de Karl Marx.

Isso não significa que o judaísmo tenha sido um tema completamente irrelevante para a família Marx. Certas perguntas com certeza surgiriam, no mais tardar quando os filhos já adolescentes percebessem que alguns parentes dos pais eram judeus, mas que eles não o eram. Também é plausível que o contexto

---

[356] Heinz Monz, *Gerechtigkeit bei Karl Marx und in der Hebräischen Bibel: Übereinstimmung, Fortführung und zeitgenössische Identifikation* (Baden-Baden, Nomos, 1995), p. 137 e 148.

judaico tenha contribuído para a maneira de pensar e as opiniões dos pais, além de se manifestar em algumas declarações e comportamentos. Contudo, não há nenhuma evidência para a tese de que uma constelação familiar especial tenha se formado a partir dessa situação. Künzli, Massiczek e Monz podem apenas afirmar que o fato de descender de uma família judaica *provavelmente* teve como consequência uma forte influência do judaísmo. No entanto, também é necessário levar em conta – além da falta de indícios para tal afirmação – que as tradições judaicas já não eram havia muito tempo as únicas influências a que os pais estavam sujeitos. O Iluminismo teve um papel decisivo no pensamento de Heinrich Marx, como demonstram diversas declarações dele. Também é provável que ele conhecesse a filosofia de *Immanuel Kant* (1724-1804), em certa medida. Em carta a Karl, Heinrich menciona de passagem a antropologia de Kant[357]. A forte influência do pensamento iluminista, provavelmente, foi, por si só, suficiente para causar certo distanciamento do judaísmo. Dentro da própria transformação pela qual as comunidades judaicas estavam passando no começo do século XIX – como já exposto –, tal distanciamento definitivamente não era mero caso isolado.

Há claras evidências – diferentemente da influência judaica – de que o jovem Marx tenha sido influenciado por ideias iluministas e humanistas (por exemplo, na redação final do ginásio). As convicções do pai, do "amigo paternal" Ludwig von Westphalen e também dos professores do ginásio de Trier apontavam em direção semelhante. Assim, é provável que suas influências sobre Karl tenham se fortalecido de forma mútua.

Amigos de infância

É sabido que Karl e Edgar von Westphalen foram amigos. Uma carta ainda não publicada de Edgar a Friedrich Engels, escrita três meses após a morte de Marx, mostra quão próxima deve ter sido a relação entre os dois na infância. Edgar escreveu, no dia 15 de junho de 1883:

> Sobre minha relação com Jenny e Marx, eu me expressarei melhor oralmente e em sua presença. Quando criança, cresci na casa dos M[ar]x. O velho M[arx] foi um patriota e um protestante *à la* Lessing. Fui sempre atraído por Emilie (Sra. Conradi)[358]. *Pacati tempi* [tempos pacatos, tranquilos].[359]

---

[357] MEGA III/1, p. 292; MEW 40, p. 618.

[358] Emilie, irmã de Marx nascida em 1822, casara-se em 1859 com o inspetor de obras hidráulicas Johann Jacob Conradi.

[359] Citado em Heinrich Gemkow, "Aus dem Leben einer rheinischen Familie im 19. Jahrhundert", cit., p. 507, nota 33.

Não existem informações diretas sobre nenhuma outra amizade do jovem Karl, o que levou uma série de biógrafos a concluir que ele não teria tido amigos na infância e que teria crescido de maneira bastante isolada. Assim, Otto Rühle[360] presumiu que, na infância, Marx teria vivenciado sua origem judaica como uma mácula, o que teria sido a motivação de seu alto desempenho intelectual, mas não o teria ajudado a fazer amigos[361]. Cornu[362] também escreve que Marx "não gostava muito de estar entre seus colegas de escola", e Francis Wheen[363] intitulou o primeiro capítulo de sua biografia, dedicado à juventude de Marx, de *The Outsider* [O Marginal]*. De fato, a ideia de que Marx possivelmente tenha ocupado tal posição marginal na escola não é de todo infundada. Uma declaração que ele faria depois (em carta a Engels do dia 17 de setembro de 1878[364]), na qual menciona os "jecas" do ginásio de Trier, é frequentemente utilizada como documento que comprovaria sua relação distanciada com os outros alunos. Contudo, é necessário destacar que Marx não rotula todos os colegas de escola de "jecas"; a frase continua da seguinte forma: "Jecas que se preparam para o seminário (católico) e que, em grande parte, recebem bolsas de estudo"[365].

Rühle e Wheen veem já nesse suposto posicionamento marginal do jovem Marx um primeiro sinal de cunho intelectual. No entanto, há uma série de indícios que contradizem essa ideia de aluno excluído e sem amigos. Marx conservou, por exemplo, o forte sotaque de sua cidade natal por toda a vida[366]. É pouco provável que esse sotaque tenha vindo dos pais, já que nenhum dos dois havia crescido em Trier. O contato com os empregados domésticos poderia ser uma explicação. Porém, parece-me mais provável que o sotaque tenha sido uma

---

[360] Otto Rühle, *Karl Marx*, cit., p. 17-8.

[361] Como já mencionamos aqui, Karl esteve acima da média, mas não foi um aluno excepcional. O desempenho de Edgar von Westphalen foi nitidamente melhor e, de acordo com seu certificado de conclusão escolar, ele também era mais aplicado que Karl.

[362] Auguste Cornu, *Karl Marx und Friedrich Engels*, v. 1, cit., p. 60.

[363] Francis Wheen, *Karl Marx*, cit.

* No sentido de estar à margem de um grupo. (N. T.)

[364] MEW 34, p. 78.

[365] Esses filhos de agricultores eram, via de regra, mais velhos (na classe de Marx, no último ano, os dois alunos mais velhos tinham 24 e 27 anos de idade; cf.: Heinz Monz, *Karl Marx*, cit., p. 299), seu desempenho escolar era, geralmente, pior que o de outros alunos e seu comportamento era, com frequência, um tanto tosco. Eles recebiam uma bolsa de estudos da Igreja e, terminada a escola, passavam a frequentar um seminário, tornando-se por fim clérigos católicos. Dos colegas de escola de Marx, onze tornaram-se padres.

[366] Cf. Franziska Kugelmann, "Kleine Züge zu dem großen Charakterbild von Karl Marx", cit., p. 253.

136 KARL MARX E O NASCIMENTO DA SOCIEDADE MODERNA

influência do contato com outras crianças, com quem, consequentemente, ele deve ter passado muito tempo da infância. Isso também corroboraria o relato de sua filha Eleanor, segundo a qual Karl, enquanto aluno, teria sido ao mesmo tempo popular (porque estava sempre disposto a participar de todas as travessuras) e temido por seus versos satíricos. Tal caracterização não se encaixa na de um aluno excluído.

É provável que Karl, mais ou menos no fim de seu período escolar, tenha sido amigo de *Heinrich Balthasar Christian Clemens* (1814-1852), que também prestava o exame de conclusão do ginásio. Como já foi mencionado, Karl e Heinrich Clemens foram os únicos alunos da classe que não se despediram do reacionário Vitus Loers. Heinrich Clemens também estudou em Bonn entre 1835 e 1836, assim como Karl. Mais tarde ele se tornaria tabelião em Saarlouis[367]. Quando Karl e Jenny se casaram em Kreuznach, em 1843, uma das testemunhas foi Heinrich Balthasar Christian Clemens, candidato ao tabelionato. Levando em conta que os nomes e a profissão são os mesmos, há grande probabilidade de que se tratasse aqui do antigo colega de classe de Karl[368]. Consequentemente, é bem possível que uma amizade tenha surgido na escola e se mantido por alguns anos.

Em diversas cartas de Heinrich Marx, é possível encontrar indícios de outras amizades da juventude. Em uma de 3 de fevereiro de 1837[369], fala-se de "seu amigo Karl von Westphalen". Trata-se aqui do meio-irmão de Edgar, nascido em 1803 e falecido já em 1840. Além disso, em três outras cartas, Heinrich menciona certo *Kleinerz*, também o designando como "amigo"[370]. Tendo em vista que ele também é chamado de "dr. Kleinerz" por Heinrich, supõe-se que tenha sido mais velho que Karl, assim como Karl von Westphalen. Não se sabe quem foi esse Kleinerz[371]. Também na carta de 3 de fevereiro de 1837, Heinrich

---

[367] MEGA III/1, p. 932.

[368] Heinz Monz, *Karl Marx*, cit., p. 351.

[369] MEGA III/1, p. 306; MEW 40, p. 625.

[370] MEGA III/1, p. 298; outras menções: p. 301 e 306.

[371] Erhard Kiehnbaum, "Der unbekannte Freund oder: wer war Kleinerz alias Richartz? Versuch einer biographischen Skizze", em Lars Lambrecht, *Umstürzende Gedanken: radikale Theorie im Vorfeld der 1848er Revolution* (Frankfurt am Main, Lang, 2013, Forschungen zum Junghegelianismus, n. 20), p. 191-210, suspeita de um erro na decifração do nome Kleinerz, que seria, na verdade, grafado Reinartz. Conseguiu-se identificar certo Franz Anton Reinartz (1831-1887), que frequentara o ginásio em Colônia e passara a estudar medicina em Berlim em outubro de 1837; porém, na época em que a carta de Heinrich foi escrita, ele ainda não havia recebido o título de doutor. Até o momento, não apareceram evidências de que Karl Marx tenha conhecido esse Reinartz.

Marx comenta: "O sr. v. Notz me disse que você virá nas férias de outono"[372]. Esse "sr. v. Notz" provavelmente é o pai do colega de classe de Karl, Heinrich von Notz, que na época também estudava em Berlim[373]. Esse possível contato, também nos tempos de faculdade, entre Karl e seu antigo colega de classe poderia indicar uma amizade que já existia desde o período escolar.

Por fim, há também um indício da década de 1850 sobre um antigo conhecido de Marx. Em um artigo de Engels sobre a Guerra da Crimeia, é mencionado um ex-oficial prussiano, de nome Grach, que combatia pela Turquia. No dia 13 de junho de 1854, Marx escreve a Engels dizendo que se tratava de um conhecido seu, "de Trier, que não era um desses instrutores prussianos, mas, sim, um talentoso *adventurer* [aventureiro] que foi tentar a sorte na Turquia já faz uns dezenove anos"[374]. Trata-se aqui de *Friedrich Grach*, nascido em Trier em 1812 (e falecido em 1854)[375]. Se em 1854 fazia dezenove anos que ele estava na Turquia – ou seja, desde 1835 –, quer dizer que Marx provavelmente já o conhecia nos tempos de escola.

Há também a possibilidade de que *Viktor Valdenaire* (1812-1881) tenha sido amigo de Karl na escola. Ele forneceu informações à *Gazeta Renana*, em 1843, sobre os acontecimentos da região do rio Mosela, participou ativamente da Revolução de 1848, visitou Marx em Londres no fim de 1856 e garantiu, por seus lances no leilão, que o vinhedo da falecida mãe de Marx fosse vendido a um preço melhor[376]. Valdenaire concluiu o ginásio em 1834, um ano antes de Karl, também em Trier. Ele era filho de *Nikolaus Valdenaire* (1772-1849), um dos quatro delegados da assembleia da província do Reno que foram recebidos em 1834 com um banquete no cassino – no qual Heinrich Marx fez o discurso inaugural. Em suma, os dois pais provavelmente se conheciam. É bem possível que uma relação de amizade entre Karl e Viktor se houvesse iniciado nos tempos de ginásio.

---

[372] Ibidem, p. 307 e 625.

[373] Manfred Kliem, *Karl Marx und die Berliner Universität 1836 bis 1841* (Berlim, Humboldt-Universitat zu Berlin, 1988), p. 23.

[374] MEGA III/7, p. 116; MEW 28, p. 367.

[375] Carl Grünberg, "Marx als Abiturient", em *Archiv für die Geschichte des Sozialismus und der Arbeiterbewegung*, ano 11, 1925, p. 429-30, já havia se referido a essa carta. Confundira, porém, o oficial militar Friedrich Grach com o colega de classe de Marx Emmerich Grach (o que ele acabou corrigindo no apêndice "Nachtrag zu: Marx als Abiturient", em *Archiv für die Geschichte des Sozialismus und der Arbeiterbewegung*, ano 12, 1926, p. 239). Em *Karl Marx und Friedrich Engels*, v. 1, cit., p. 60, Auguste Cornu cometeu o mesmo equívoco ao escrever, sem citar a fonte, que Marx teria tido uma relação próxima com Emmerich Grach.

[376] Carta de Conradi a Marx, 12 de março de 1864, MEGA III/12, p. 494.

138 Karl Marx e o nascimento da sociedade moderna

Sem contar Edgar, e partindo dos poucos documentos preservados, já é possível identificar seis pessoas que possivelmente foram amigas – com maior ou menor probabilidade – de Karl em sua juventude. Além disso, se for verdade que Karl, no segundo semestre em Bonn, foi eleito um dos "presidentes" da associação regional de Trier[377], então se tem mais um indício de que ele tivera, já em Trier, uma série de amigos e bons conhecidos – nada parecido como o marginalizado que Wheen sugere.

Poesia, esgrima, dança

O clima de mudança política e social que se seguiu à Revolução de Julho teve consequências na literatura. Até hoje se agrupam sob o nome Jovem Alemanha [*Junges Deutschland*] autores jovens que começaram, na maioria, a publicar no início da década de 1830. Contudo, esses autores não formaram um grupo propriamente dito – somente com a proibição de seus escritos pela Confederação Germânica em 1835 é que eles passaram a ser vistos como tal[378]. Os primeiros esforços literários e jornalísticos do jovem Friedrich Engels também foram influenciados pelo Jovem Alemanha. Tal clima de mudança deixou suas marcas literárias em Trier. No esboço sobre a vida cultural da cidade, mencionou-se o poeta Eduard Duller, que havia emigrado de Viena por causa da crescente censura, e o tenente silesiano estacionado em Trier desde 1832 Friedrich von Sallet, que também fazia poemas e já havia sido preso uma vez por escrever versos desrespeitosos. Ao redor dos dois, formou-se um pequeno círculo (*Kränzchen*)*, de acordo com a designação de Sallet[379], de jovens interessados em teatro e poesia. Entre outros, faziam parte desse círculo o filho de Johann Hugo Wyttenbach, o pintor *Friedrich Anton Wyttenbach* (1812-1845), assim como dois jovens professores do ginásio: *Nikolaus Saal* e *Franz Philipp*

---

[377] Cf. próximo capítulo.

[378] No dia 10 de dezembro de 1835, o parlamento alemão em Frankfurt proibiu a impressão e a distribuição de escritos do grupo Jovem Alemanha; explicitamente, citaram-se os nomes de Heinrich Heine, Karl Gutzkow, Heinrich Laube, *Ludolph Wienbarg* (1802-1872) e *Theodor Mundt* (1808-1861) (por pressa, esqueceu-se de mencionar o nome de Ludwig Börne, que também é considerado parte desse grupo). A proibição foi justificada com o argumento de que tais autores teriam como objetivo, "por meio de obras de ficção acessíveis a leitores de todas as classes, atacar a religião cristã da maneira mais insolente possível, degradar as relações sociais postas e destruir toda cultura e moralidade"; ver Alexander Miruss, *Diplomatisches Archiv für die Deutschen Bundesstaaten*, v. 3 (Leipzig, Renger'sche Buchhandlung, 1848), p. 397.

* Pequena coroa ou guirlanda. (N. T.)

[379] Cf. Guido Gross, *Trierer Geistesleben*, cit., p. 135.

Laven (1805-1859)[380]. Em 1834-1835, Laven redigiu o periódico literário *Treviris* – publicado duas vezes por semana –, no qual eram impressos, além de artigos de várias áreas do saber, da arte e da técnica, poemas do próprio Laven, de Sallet e de outros membros do círculo literário[381]. Não se sabe por quanto tempo esse círculo existiu. Em 1834, Duller mudou-se para Frankfurt am Main, onde passou a publicar a revista *Phönix*, cujo caderno de literatura era redigido por Karl Gutzkow, importante representante do grupo Jovem Alemanha. Em 1835, também houve nessa revista uma pré-tiragem do drama revolucionário de Georg Büchner, *A morte de Danton*[382].

Apesar de Karl não ter feito parte do círculo – a idade por si só era um obstáculo –, ele provavelmente sabia de sua existência e deve ter tido interesse em seus debates, haja vista que já escrevia poemas nos tempos de escola. Sua irmã Sophie, que anotou alguns dos poemas dele em seu caderno, datou o mais antigo como sendo de 1833[383]. Karl talvez conhecesse alguns dos membros do círculo pessoalmente; muitos deles eram alunos formados ou professores do ginásio de Trier. Há mais um indício: em 1843, pouco tempo após a precoce morte de Friedrich Sallet, houve um debate acerca de seu "Evangelho para leigos" [*Laien-Evangelium*] na imprensa. Marx, que na época era redator-chefe da *Gazeta Renana*, interveio no debate. Apesar de sua posição crítica em relação às opiniões religiosas de Sallet, Marx se empenhou em escrever uma defesa de Sallet enquanto *pessoa*. Ele argumentou minuciosamente, analisando ambos os lados: tanto o crítico da *Rhein-Mosel Zeitung* [Gazeta do Reno-Mosela] quando o defensor sem convicção da *Gazeta de Trier*[384]. O motivo para a resoluta entrada de Marx nesse debate pode ter sido, além da familiaridade com a obra de Sallet, o fato de que ele talvez o tenha conhecido pessoalmente em Trier.

---

[380] Heinz-Günther Böse, *Ludwig Simon von Trier (1819-1872)*, cit., p. 12-3; Guido Gross, *Trierer Geistesleben*, cit., p. 135-6.

[381] Guido Gross, *Trierer Geistesleben*, cit., p. 138.

[382] O próprio Büchner distanciou-se do grupo Jovem Alemanha. Ainda assim, apesar de todas as diferenças, ele estimava Gutzkow. "Em sua esfera, Gutzkow lutou corajosamente pela liberdade", escreveu Büchner a seus pais no dia 1º de janeiro de 1836. Acerca de sua própria relação com o grupo Jovem Alemanha, ele escreve: "A propósito, definitivamente não faço parte do grupo chamado Jovem Alemanha, o partido literário de Gutzkow e de Heine. Apenas uma completa incompreensão das relações sociais pode levar as pessoas a crer que a literatura de folhetim possa causar uma completa transformação de nossas concepções religiosas e sociais"; Georg Büchner, *Werke und Briefe*, cit., p. 313.

[383] MEGA I/1, p. 760 e seg.

[384] O artigo de Marx, "Die *Rhein-Mosel Zeitung* als Großinquisitor" foi publicado no dia 12 de março de 1843 na *Gazeta Renana*; MEGA I/1, p. 360-2; MEW 40, p. 431-3.

140 KARL MARX E O NASCIMENTO DA SOCIEDADE MODERNA

Possivelmente, outra área importante para o jovem Marx foi a ginástica. Em 1816-1817, havia começado em Trier a prática organizada de ginástica sob a supervisão do aluno de Jahn *Franz Heinrich Rumschöttel* (1795-1853)[385]. Após os decretos de Karlsbad de 1819 e a proibição da prática organizada de ginástica, as atividades tiveram de ser suspensas. Rumschöttel ainda seria monitorado por anos. Em 1831, Haw, o prefeito de Trier, fez um pedido para reintrodução da ginástica, que foi autorizado pelo governo. A partir de 1834 (possivelmente já em 1832)[386], Rumschöttel passou a organizar novamente a ginástica em Trier, da qual participavam não apenas alunos mas também adultos[387]. Em 1842, após a revogação oficial da proibição à ginástica organizada, Rumschöttel menciona a esgrima pela primeira vez em seu relatório. Schnitzler considera plausível que a esgrima – importante componente do conceito de ginástica de Jahn – já fizesse parte do programa de Rumschöttel desde o começo; ele simplesmente não a teria mencionado em documentos oficiais[388].

Não se sabe se o jovem Karl participou de tais treinos esportivos. Enquanto estudante em Bonn (e também depois), ele de fato foi um entusiasmado praticante de esgrima[389]. É bem possível que Karl tenha aprendido esgrima já em Trier, nomeadamente nas aulas de ginástica de Rumschöttel, onde ele também teria tido a oportunidade de encontrar alguns de seus colegas de escola, além de conhecer jovens adultos, alguns anos mais velhos que ele – talvez tenha conhecido aqui Kleinerz e Grach, já mencionados.

Por fim, também é provável que o jovem Marx gostasse de dançar. Se não fosse o caso, sua mãe não lhe teria recomendado, na carta já citada de fevereiro/março de 1836, que ele não dançasse enquanto não estivesse com a saúde completamente recuperada[390]. O jovem Karl provavelmente havia descoberto a dança antes de se mudar para Bonn. Tanto nas camadas burguesas cultas quanto nas nobres, saber dançar era uma das qualidades indispensáveis da sociabilidade de um jovem adulto, afinal, em bailes como aqueles organizados pela Sociedade do Cassino de Trier, podia-se conhecer de maneira casual um parceiro ou uma parceira "em conformidade com a tradição estamentária".

---

[385] Thomas Schnitzler, "Die Anfänge des Trierer Turnens (1817-1820) in Zusammenhang der deutschen Einheits-und Verfassungsbewegung", em *Kurtrierisches Jahrbuch*, ano 28, 1988.

[386] Cf. idem, *Zwischen Restauration und Revolution: das Trierer Turnen im Organisations – und Kommunikationssystem der nationalen Turnbewegung (1815-1852)* (Frankfurt am Main, Peter Lang, 1993), p. 92.

[387] Ibidem, p. 97-8.

[388] Ibidem, p. 100.

[389] Cf. próximo capítulo.

[390] MEGA III/1, p. 294-5; MEW 40, p. 622.

Experiências e perspectivas de um formando

A pobreza generalizada era visível em Trier. As condições sociais, a pesada carga tributária e as medidas municipais de assistência aos pobres tiveram como consequência constantes debates públicos, além da elaboração dos primeiros esboços socialistas – como mostra o exemplo de Ludwig Gall, já mencionado. O jovem Karl provavelmente conheceu cedo, de sua própria perspectiva, a pobreza de grande parte da população. Ela talvez tenha sido assunto nas conversas com Ludwig von Westphalen, que também lidava em sua vida profissional com as condições sociais da cidade, assim como nas conversas em casa. A pobreza dos clientes deve ter tido um papel importante em alguns dos processos conduzidos por seu pai. O fato de que os processos e as experiências do pai tenham sido temas de conversas, e consequentemente parte da vivência do jovem Karl, é demonstrado em uma carta que Marx enviou a Engels no dia 25 de março de 1868[391], na qual ele menciona tais conversas.

Em 1830, acontecia na França a Revolução de Julho; Karl tinha então doze anos, idade em que, ocasionalmente, o interesse por acontecimentos políticos é despertado pela primeira vez. Assim, o menino Karl também deve ter notado a agitação causada em Trier por tais acontecimentos. O período politicamente movimentado que se seguiu, o Festival de Hambach em 1832, o ataque à guarda de Frankfurt em 1833 e os acontecimentos do cassino de Trier de 1834 – com o consequente processo contra o advogado Brixius por alta traição – provavelmente foram vivenciados de maneira tão consciente pelo jovem Karl quanto as suspeitas nutridas pelo governo em relação a alguns alunos e professores do ginásio durante seu período escolar.

É provável que ele tenha discutido todos esses assuntos com o pai e com Ludwig von Westphalen. Ambos tinham uma visão de mundo iluminista e liberal. Não responsabilizavam os pobres pela pobreza, criticavam antes as relações políticas e sociais. Tanto Heinrich Marx como Ludwig von Westphalen posicionavam-se criticamente em relação à política autoritária e antissocial do governo prussiano. Não tinham ideais revolucionários, mas eram defensores de amplas reformas políticas e sociais.

Alguns dos professores de Karl, ou também os membros do círculo literário ao redor de Duller e Sallet, provavelmente defendiam posições um pouco mais radicais. Opiniões críticas e liberais devem ter sido predominantes entre os amigos de Karl. Heinrich Clemens partilhava com ele a aversão ao professor reacionário Loers. Viktor Valdenaire, de uma família liberal e

---

[391] MEW 32, p. 51-2.

que depois apoiaria a *Gazeta Renana* e participaria da Revolução de 1848, não deve ter sido conservador em sua juventude. É possível ter uma impressão acerca das opiniões políticas de Karl von Westphalen – que, de acordo com o testemunho de Heinrich Marx, com certeza tivera uma relação de amizade com Karl – por meio de uma carta que a esposa de Ferdinand, *Louise Florencourt* (1805-1861), enviou a seus pais em 1831. Segundo ela, Karl [von Westphalen] seria alguém cheio de "fervor revolucionário contra o estado das coisas na Prússia, que – como ele mesmo assegura, cheio de ira – não se manterá assim por muito tempo"[392].

Tanto em sua família quanto em seu círculo de amigos, o jovem Karl estava cercado de pessoas interessadas por política, esclarecidas e liberais, com quem ele podia discutir sobre os processos políticos e sociais que observava ao redor. No entanto, não se sabe ao certo nada acerca de suas opiniões políticas concretas. O fato de ele ter se decidido não se despedir de Loers pode indicar seu repúdio à postura autoritária do professor. Ainda assim, isso não diz muito sobre as ideias que Marx defendia na época. Sua redação final em alemão é o único documento em que aparecem alguns indícios. Podem-se observar três aspectos principais nesse texto. *Primeiro*: Marx ainda acredita em uma "divindade" – provavelmente concebida por ele de maneira bem abstrata. *Segundo*: ele rejeita toda forma de "submissão serviçal" como indigna, mas reconhece o fato imutável de que a grande "multidão" que constitui as classes mais baixas é obrigada a viver nessa situação indigna. *Terceiro*: ele demonstra o forte desejo de fazer algo "pela prosperidade da humanidade"; contudo, não deixa claro o que se deve fazer de concreto.

Parece-me bastante exagerada a posição defendida por Cornu[393] de que nessa redação final Marx "já havia tomado partido no grande conflito da época entre reação e democracia". O jovem Karl com certeza se opunha à reação, mas os defensores de uma monarquia constitucional esclarecida também o faziam – como seu pai e seu futuro sogro.

Mais importante que tais classificações essencialmente especulativas é o fato de que Marx, ao terminar o ginásio, nem sequer via a política como o domínio onde trabalharia pela "prosperidade da humanidade". Após o ginásio, ao sair da casa dos pais, ainda havia muito em aberto na vida de Karl. Ele estava bem mais interessado em literatura e arte do que em política. Uma carreira típica da burguesia culta, como advogado ou juiz – que permitisse uma atividade literária paralela –, seria tão plausível para Marx como a de um professor uni-

---

[392] Citado em Heinz Monz, *Karl Marx*, cit., p. 336.
[393] Auguste Cornu, *Karl Marx und Friedrich Engels*, v. 1, cit., p. 62.

versitário liberal e politicamente engajado. Uma carreira como poeta – que com sua obra atuasse na sociedade – talvez fosse a perspectiva de futuro mais agradável a Karl[394]. Ele provavelmente começou a estudar direito pela vontade de Heinrich, que desejava uma formação sólida para o filho. Em todo caso, o futuro revolucionário e teórico socialista ainda não se mostrava no recém--formado aluno do ginásio.

---

[394] Cf. próximo capítulo.

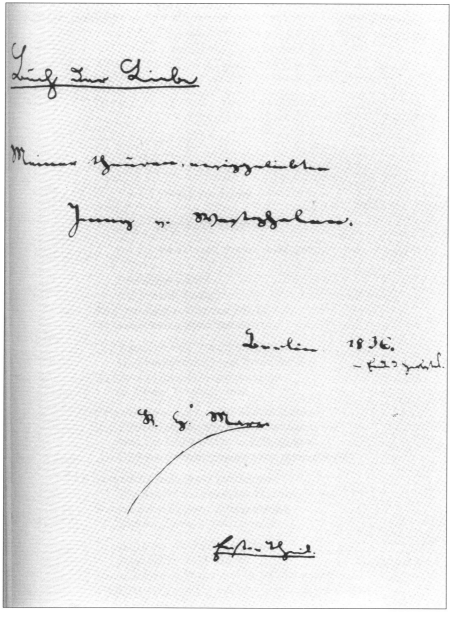

Capa da primeira parte do *Livro do amor*, seleção de poemas de Marx para Jenny.

2
PARTIDA E PRIMEIRA CRISE

No semestre de inverno de 1835-1836*, Marx começou os estudos em Bonn. Um ano depois, transferiu-se para a Universidade de Berlim, onde ficou por cinco anos – longe de sua noiva, Jenny von Westphalen. Em Bonn e Berlim, Marx estudou direito, embora, num primeiro momento, seu interesse pela atividade literária tenha sido maior. Escreveu poemas, fragmentos de um romance satírico e de um drama e procurou por oportunidades de publicação. No entanto, no verão de 1837, começou a questionar as concepções literárias que tivera até então e, no outono de 1837, viu-se em uma profunda crise intelectual e emocional. O andamento dos estudos e o futuro de Karl foram motivo de graves discussões com seu pai. No início de 1838, o estado de saúde de Heinrich piorou e, em maio, pouco após uma visita de seu filho, ele faleceu. Karl perdeu, então, sua mais importante referência familiar. Ao mesmo tempo, encontrava na filosofia hegeliana a base de uma nova orientação intelectual.

Poucos textos dos anos de estudo de Marx se conservaram. A primeira (e única) carta preservada desse período é do dia 10 de novembro de 1837 – quando ele já morava havia mais de um ano em Berlim. Essa carta é geralmente utilizada como fonte de informações sobre os temas em que Marx se envolveu em seu primeiro ano em Berlim. Contudo, ela também registra a crise do jovem de dezenove anos, aspecto que a literatura biográfica levou menos em consideração. Além dessa carta, restaram apenas poemas (em sua maioria dos anos 1835 e 1836) e esboços literários (da primeira metade de 1837). O primeiro texto científico preservado de Marx – apenas parcialmente – é sua tese de doutorado,

---

* Vale ressaltar que o sistema semestral alemão era – e ainda é – diferente do brasileiro. O semestre de inverno – que é o primeiro semestre escolar e universitário – vai aproximadamente (dependendo da época, da região e do nível de ensino) de setembro a março; o semestre de verão, de abril a agosto. (N. T.)

de 1841. As cartas enviadas por seu pai e os arquivos universitários são as principais fontes de informações sobre o período em Bonn e os primeiros semestres em Berlim. Apesar da escassez de fontes, é possível encontrar em muitas biografias uma série de descrições criativas da vida estudantil de Marx – por exemplo, fala-se de um duelo em que ele supostamente teria sofrido um ferimento na cabeça. Muitas dessas descrições detalhadas são fruto da fantasia dos biógrafos, não resultado dos poucos fatos conhecidos.

1. Interlúdio em Bonn

Aproximadamente três semanas após receber o certificado de conclusão do ginásio – na festa de formatura, dia 27 de setembro de 1835 –, Karl se mudou para Bonn a fim de estudar direito. Sua matrícula foi feita em 17 de outubro. No formulário de inscrição para as aulas, ele assina como *studiosus juris et cameralium* [estudante de direito e contabilidade pública][1]. Contabilidade pública designava, nos séculos XVIII e XIX, os conhecimentos de administração e contabilidade necessários para as carreiras mais altas do funcionalismo. É compreensível o fato de Karl ter escolhido Bonn como local de estudos: tratava-se da universidade prussiana mais próxima de Trier. Oito alunos que se formaram no ginásio com Karl começaram seus estudos em Bonn[2]. Não sabemos a data precisa de sua partida de Trier, tampouco o meio de transporte utilizado. Essa provavelmente foi a primeira viagem do jovem de dezessete anos sem os pais e talvez até sua primeira viagem para além das imediações de Trier.

Vida estudantil no início do século XIX

Durante seis anos, Marx foi "estudante". Há uma série de diferenças fundamentais entre a vida estudantil de hoje e a daquela época. Dessas, talvez a mais notável seja esta: não havia alunas, tampouco professoras – as universidades eram instituições exclusivas para homens, e essa situação não mudaria por um bom tempo. Enquanto na Universidade de Zurique, na Suíça, as mulheres passaram a estudar já na década de 1860, nas universidades alemãs elas só seriam

---

[1] Erhard Lange et al. (org.), *Die Promotion von Karl Marx: Jena 1841 – eine Quellenedition* (Berlim, Dietz, 1983), p. 186 e 221.

[2] A saber: Heinrich Clemens, Jakob Fuxius, Gustav von Horn, Emmerich Grach, Matthias Haag, Johann Baptist Müller, Karl Praetorius e Ernst Pütz; Manfred Schöncke, "'Ein fröhliches Jahr in Bonn'? Was wir über Karl Marx' erstes Studienjahr wissen", em *Beiträge zur Marx-Engels-Forschung: neue Folge* (Hamburgo, Argument, 1994), p. 247-8. Um ano depois, Edgar von Westphalen também começaria seus estudos em Bonn; Heinrich Gemkow, "Edgar von Westphalen", cit., p. 411.

admitidas como estudantes regularmente inscritas no fim do século XIX. Na Prússia, as mulheres só conquistaram o direito de estudar em 1908. Outra importante diferença: havia, então, muito menos estudantes do que hoje, tanto em números absolutos quanto percentuais em relação à população geral. Em 1840, havia na Alemanha quase 12 mil estudantes, cerca de 0,4% da população total[3]. Em 2016, em contrapartida, havia aproximadamente 2,8 milhões de estudantes nas universidades alemãs, o que representava 3,4% da população. Ou seja, em 1840, havia um estudante para cada 250 habitantes e, hoje, essa proporção é de 1 para 29. Diferentemente de hoje, as universidades da época não eram instituições de ensino em massa, sendo que o diploma universitário quase sempre garantia uma posição profissional elevada – embora as primeiras saturações por "excesso de acadêmicos" tenham ocorrido já no século XIX. Uma terceira diferença importante: em uma escala muito maior do que a de hoje – em que esse ainda é o caso –, os estudantes provinham das ricas camadas burguesas e nobres. Ainda que houvesse também poucos estudantes mais pobres, de famílias de artesãos, quase não havia alunos de famílias de trabalhadores. Uma significativa maioria provavelmente pertencia aos 10% ou 15% da população com as rendas mais altas. O fato de a maioria dos estudantes ser proveniente de famílias abastadas e ter, via de regra, muito dinheiro para gastar fazia de sua presença, em especial em cidades universitárias pequenas, um importante fator econômico. Como consequência, sua presença era valorizada, mas eles não eram necessariamente estimados.

Em termos mais concretos, as condições de vida dos estudantes também eram diferentes das atuais. A maioria deles não morava em apartamento próprio. Via de regra, eram inquilinos em casas de pequenos artesãos e, com frequência, de viúvas. Para muitos locadores, o dinheiro do aluguel era um valioso complemento de renda. Muitas vezes, os estudantes inquilinos ficavam com o melhor quarto do apartamento. Na maioria dos casos, os hospedeiros também prestavam pequenos serviços, faziam compras, lavavam a roupa suja e, por vezes, preparavam refeições[4]. Os estudantes não levavam somente dinheiro; graças a suas famílias e suas relações com os professores, que em geral faziam parte das camadas superiores locais, os estudantes tinham uma posição consi-

---

[3] Fritz Ringer, "Die Zulassung zur Universität", em Walter Ruegg (org.), *Geschichte der Universität in Europa*, v. III: *Vom 19. Jahrhundert zum Zweiten Weltkrieg 1800-1945* (Munique, C. H. Beck, 2004), p. 202.

[4] Cf., acerca das condições habitacionais dos estudantes em Bonn, Josef Dietz, "Bürger und Studenten", em Dietrich Höroldt (org.), *Stadt und Universität: Rückblick aus Anlaß der 150 Jahr-Feier der Universität Bonn* (Bonn, [L. Röhrscheid,] 1968, Bonner Geschichtsblätter, v. 22), p. 232-6.

KARL MARX E O NASCIMENTO DA SOCIEDADE MODERNA

deravelmente mais alta na hierarquia social do que os locadores e os comerciantes com quem eles se relacionavam no cotidiano. Era frequente os estudantes serem tratados com o respeito correspondente. Por outro lado, a maioria deles havia crescido em casas com empregados a seu serviço (como já dito, na casa dos pais de Karl havia pelo menos duas "criadas"), e muitos tinham o costume de se comportar "senhorialmente". Além disso, era também comum certa presunção acadêmica, um sentimento de superioridade em relação aos "filisteus" (ou seja, os cidadãos normais, os artesãos e os comerciantes) – para não mencionar o povo comum ("populacho"). Tendo em vista que normalmente era possível reconhecer as pessoas "com *status*" por sua vestimenta cara (e elas queriam ser reconhecidas), pode-se imaginar que a vida estudantil "em conformidade com seu *status*" não era barata. Já no período em Bonn houve reclamações de Heinrich sobre as altas despesas do filho, e, em Berlim, Karl chegou a ser processado por causa de dívidas, de acordo com um registro em seu certificado de saída da universidade[5]. As vestimentas provavelmente constituíam boa parte dos gastos. A sobrecasaca que Marx usa na única imagem preservada dos tempos em Bonn não deve ter sido das mais baratas.

Para a maioria dos estudantes, o início dos estudos era a primeira fase da vida sem o controle direto dos pais, que no século XIX costumava ser muito mais autoritário do que hoje. A nova liberdade era aproveitada quase sem limites. Com frequência, os estudantes bebiam juntos grandes quantidades de álcool até tarde nas tabernas e, por vezes, saíam, em seguida, cantando e arruaçando pela cidade. Ocasionalmente, envolviam-se em pequenas brigas com outros grupos de estudantes ou até com cidadãos locais. Se estes quisessem fazer uma queixa contra os estudantes – por não terem pago uma conta ou por terem causado algum dano –, tinham de se dirigir à universidade. Os estudantes possuíam (como resquício da ordem feudal) um *status* especial. Não estavam sujeitos à jurisdição comum: um juiz especial da universidade era responsável pelos casos que os envolviam. As universidades não dispunham apenas de uma jurisdição própria; por meio do "bedel" (traduzido, por vezes, como "zelador" – o que não condiz com a função na época), elas tinham também um pequeno poder executivo próprio. Os bedéis funcionavam como oficiais de diligências e policiais auxiliares. Transitavam à noite pelas tabernas a fim de garantir que os estudantes saíssem dos estabelecimentos no horário devido – quando estes eram obrigados a fechar –, além de ir atrás dos estudantes barulhentos, levando-os, quando necessário, ao juiz da universidade. Com frequência, esses juízes eram bem indulgentes com os estudantes. Contudo, nos anos 1830, após o Festival de Hambach e o ataque à guarda de Frankfurt, o governo prussiano passou a sus-

---

[5] Erhard Lange et al. (org.), *Die Promotion von Karl Marx*, cit., p. 192.

PARTIDA E PRIMEIRA CRISE   149

peitar das tendências políticas dos estudantes, de modo que, em muitos lugares, o regime dos juízes universitários se tornou mais severo. O juiz da Universidade de Bonn, *Friedrich von Salomon* (1790-1861), era conhecido muito além dos muros da cidade por seu rigor. Ele recebeu o apelido de Salamandra, sendo também caricaturado como tal[6]. Karl Marx também o conheceu pessoalmente, ainda que devido a um incidente pouco importante.

Universidade e estudos em Bonn

Em meados de 1830, Bonn (com quase 14 mil habitantes) não era muito maior do que Trier; no entanto, tinha uma universidade com aproximadamente setecentos estudantes[7], número significativo para a época. A Universidade de Bonn não era muito antiga. Com a reforma educacional da Prússia, foram fundadas as universidades de Berlim, em 1810, e de Breslau, em 1811. Em 1818, seguiu-se, então, a fundação – na nova província do Reno – da Universidade de Bonn.

Alguns dos primeiros professores em Bonn eram, na época, bem conhecidos. Entre eles estava, por exemplo, o filólogo da Antiguidade e arqueólogo *Friedrich Gottlieb Welcker* (1784-1868), que participara voluntariamente da guerra contra Napoleão. Ele havia sido detido por consequência dos decretos de Karlsbad, mas pôde depois prosseguir com a atividade docente. Seu irmão, *Carl Theodor Welcker* (1790-1869), foi um famoso jurista liberal que lecionava em Freiburg. Com *Karl von Rotteck* (1775-1840), publicou, entre 1834 e 1842, o *Dicionário do Estado*, em quinze volumes, bastante famoso na Alemanha no século XIX e no qual o conhecimento político da época foi retratado de um ponto de vista liberal. Na Prússia, essa obra foi proibida. O então conhecido escritor *Ernst Moritz Arndt* (1769-1860), cujo nacionalismo fervoroso estava ligado a um profundo ódio contra franceses e judeus, tornou-se professor em Bonn em 1818. No entanto, ele também foi suspenso em 1820, após os decretos de Karlsbad[8]; somente em 1840 pôde retomar as aulas, sendo reintroduzido no cargo pelo rei Frederico Guilherme IV da Prússia – pouco após tomar o trono. Ele manteve sua residência durante todo o período em que esteve suspenso. Os estudantes lhe tinham grande respeito, como relatou em suas memórias o jurista Karl Schorn[9] – que passara a estudar em Bonn no semestre de inverno de 1836-1837. *August*

---

[6] Cf. Hans Gerhardt, *Hundert Jahre Bonner Corps: die korporationsgeschichtliche Entwicklung des Bonner S.C. von 1819 bis 1918* (Frankfurt am Main, Deutschen Corpszeitung, 1926), p. 75.

[7] Dietrich Höroldt (org.), *Stadt und Universität*, cit., p. 346.

[8] Cf. p. 84 deste volume.

[9] *Lebenserinnerungen*, v. 1: *1818-1848* (Bonn, [P. Hanstein,] 1898), p. 68.

Wilhelm Schlegel (1767-1845) também foi chamado, já em 1818, para ser professor em Bonn. Assim como seu irmão, *Friedrich Schlegel* (1772-1829), ele era considerado um dos fundadores do romantismo alemão, além de ser uma grande personalidade da época.

De acordo com o atestado de saída da universidade, de 1836, Karl se matriculou em Bonn com o nome "Carl Heinrich Marx"[10]. Não sabemos se ele optou por utilizar o segundo nome "Heinrich" para honrar o pai ou se o nome "Carl Marx" simplesmente lhe soava prosaico demais. Após os estudos, ele não voltaria a utilizar o segundo nome.

Num primeiro momento, Karl morou no mesmo prédio que Christian Hermann Wienenbrügge e Wilhelm Kewenig – dois ex-alunos do ginásio de Trier que haviam se formado um ano antes dele[11].

Após sua chegada a Bonn, em meados de outubro, Karl demorou algum tempo para dar notícias aos pais. No dia 8 de novembro, seu pai lhe escreveu, zangado: já teriam se passado três semanas de sua partida e eles ainda não haviam recebido nenhuma notícia do filho[12]. Para Karl, essas três semanas provavelmente passaram muito rápido, tendo em vista que devem ter sido as primeiras longe da vigilância atenta dos pais. Em uma carta que não foi preservada, Marx descreve as novas condições de vida. A relação com Wienenbrügge foi amistosa desde o começo, já que Karl parece tê-lo descrito de maneira bastante positiva na primeira carta. Pelo menos é o que se pode interpretar das palavras do pai na mensagem seguinte, que o felicita por ter "encontrado um amigo nessa primeira importante fase da vida – e, ademais, um amigo muito digno". Segundo ele, ainda se guardavam boas lembranças de Wienenbrügge no ginásio de Trier, onde o próprio Heinrich Marx teria sido parabenizado pelo fato de seu filho ser amigo de Wienenbrügge[13].

Christian Hermann Wienenbrügge, nascido em 1813, estudou filosofia e filologia em Bonn. Segundo as listas de inscrição, Marx e ele também frequentaram alguns cursos juntos no primeiro semestre[14]. Pode-se imaginar que, num primeiro momento, Marx tenha se impressionado com Wienenbrügge, cinco anos mais

---

[10] Erhard Lange et al. (org.), *Die Promotion von Karl Marx*, cit., p. 186.

[11] Manfred Schöncke, "'Ein fröhliches Jahr in Bonn'?", cit., p. 247; Eberhard Gockel, *Karl Marx in Bonn*, cit., p. 30.

[12] MEGA-2 III/1, p. 289.

[13] Ibidem, p. 291.

[14] As listas de inscrição dos cursos frequentados por Marx foram analisadas por Helmut Deckert, "Karl Marx und seine Kommilitonen als Hörer Schlegels in Bonn: zu einem Marx-Autograph der Sächsischen Landesbibliothek", em *Festschrift zum 60. Geburtstag von Prof. Dr. phil. Hans Lülfing am 24. November 1966*, suplemento 83, Zentralblatt für Bibliothekswesen, Leipzig, Bibliographisches Institut, 1966.

velho e provavelmente bem mais versado que ele. Contudo, a amizade parece não ter durado muito tempo. No semestre seguinte, Marx mudou de apartamento[15]. Ele passou a morar no mesmo prédio que o colega de formatura Emmerich Grach[16]. Wienenbrügge nunca mais foi mencionado[17].

Graças a uma carta da mãe de Karl, é possível visualizar melhor as condições higiênicas habituais da época. Ela pede a Karl que não se esqueça de que o quarto deveria ser limpo toda semana (evidentemente, pelos locadores) e que ele mesmo deveria se lavar "toda semana com esponja e sabão"[18].

No primeiro semestre, Marx lançou-se aos estudos com todo o ímpeto. Ele escreveu ao pai contando que participaria de nove cursos; e Heinrich o aconselhou a não exigir demais de si mesmo[19]. Como é possível ver no formulário de inscrição, Marx de fato pagou nove cursos – era necessário, à época, pagar para frequentar os cursos, e o comprovante de que o estudante havia passado era feito pessoalmente pelo professor no fim do semestre –, mas três acabaram sendo riscados. Ele talvez tenha faltado tanto nesses cursos que perdeu a esperança de receber sequer um comprovante de participação[20].

Em seu atestado de saída de 1836[21], há o registro de três cursos – com as respectivas avaliações – da faculdade de direito, frequentados regularmente no semestre de inverno de 1835-1836: com *Eduard Puggé* (1802-1836), enciclopédia do direito ("muito dedicado e atento"); com *Eduard Böcking* (1802-1870), Instituições ("muito dedicado e constantemente atento"); com *Ferdinand Walter* (1794-1879), história do direito romano ("idem"). Além disso, frequentou três cursos da faculdade de filosofia: com o já mencionado Friedrich Gottlieb Welcker, mitologia dos gregos e romanos ("com excepcional dedicação e atenção"); com *Eduard d'Alton* (1772-1840), história recente da arte ("dedicado e atento"); e, por fim, com August Wilhelm von Schlegel, questões acerca de Homero ("dedicado e atento").

Também no semestre de verão de 1836, Marx se inscreveu em mais cursos do que os que de fato frequentou[22]. No atestado de saída, foram registrados apenas quatro cursos com avaliação: com Ferdinand Walter, história do direito

---

[15] Eberhard Gockel, *Karl Marx in Bonn*, cit., p. 30.

[16] Manfred Schöncke, "'Ein fröhliches Jahr in Bonn'?", cit., p. 251.

[17] Wienenbrügge estudou de 1837 a 1840 no seminário de Trier, tornando-se padre em 1841. Ele morreu em 1851; cf. *Lexikon Westfälischer Autorinnen und Autoren 1750-1950*, disponível em: <http://www.lwl.org/literaturkommission/alex/index.php?id=00000002>, acesso em 11 abr. 2018.

[18] MEGA-2 III/1, p. 292; MEW 40, p. 619.

[19] MEGA-2 III/1, p. 290; MEW 40, p. 616.

[20] Ingrid Bodsch (org.), *Dr. Karl Marx*, cit., p. 15.

[21] Erhard Lange et al. (org.), *Die Promotion von Karl Marx*, cit., p. 186 e seg.

[22] Ingrid Bodsch (org.), *Dr. Karl Marx*, cit., p. 17.

alemão ("dedicado"); com Eduard Puggé, direito internacional europeu e direito natural, que não puderam ser avaliados "por causa do falecimento repentino do professor Puggé, no dia 5 de agosto"[23]; e novamente com Schlegel, Elegias de Propércio ("dedicado e atento").

Apesar de estudar direito, Marx não frequentava apenas cursos dessa área. Era bastante comum, no século XIX, que os estudantes também fizessem cursos em áreas bem diferentes de suas disciplinas regulares. Na época, ainda havia uma ligação entre a universidade e a formação dos estudantes. A prática hoje comum de avaliar o aprendizado todo semestre por meio de uma grande quantidade de provas – testando um conhecimento decorado – provavelmente teria sido rejeitada e considerada absurda na época.

Com os seis cursos frequentados na faculdade de direito em Bonn, Marx adquiriu uma base jurídica sólida. Sua compreensão da teoria do direito provavelmente teve aqui as primeiras influências. Tanto o jovem Puggé, com quem Marx teve três cursos, quanto Böcking estudaram em Berlim e tiveram *Friedrich Carl von Savigny* (1779-1861) como professor[24]. Ambos eram representantes da escola histórica do direito, fundada por Gustav von Hugo e Savigny. Eles criticavam as teorias do direito natural e destacavam que o direito era condicionado historicamente – Savigny via no "espírito do povo" o fundamento do desenvolvimento do direito, que não deveria ser alterado por um legislador que agia partindo de princípios do direito natural. O terceiro jurista com quem Marx teve aulas foi Ferdinand Walter, que tivera como professor *Anton Friedrich Thibaut* (1772-1840), um dos oponentes de Savigny; no entanto, Walter afirmou – em suas memórias – que as intensas discussões metodológicas entre as escolas do direito não lhe interessavam[25]. Isso quer dizer que Marx conheceu dois representantes da escola histórica, mas nenhum de seus críticos. Voltaremos à escola histórica do direito ao analisar o período em que Marx esteve na Universidade de Berlim, na qual ele próprio teve aulas com Savigny.

Na faculdade de filosofia, o único professor de quem Marx frequentou mais de um curso foi August Wilhelm Schlegel. Heinrich Heine, que estudara em Bonn nos anos 1819 e 1820 e que futuramente seria amigo de Marx, já havia debochado da vaidade de Schlegel: este apareceria para as aulas sempre vestido de acordo com a última moda de Paris, usando luvas de couro branco e acompanhado de

---

[23] Puggé, tragicamente viúvo e pai de duas crianças pequenas, enforcou-se em seu gabinete. Num primeiro momento, o fato de que se tratara de suicídio foi ocultado; ibidem, p. 17 e 26.

[24] Cf., acerca de Böcking, Max Lenz, *Geschichte der Königlichen Friedrich-Wilhelms-Universität zu Berlin* (Halle, Buchhandlung des Waisenhauses, 1910, 4 v.), v. 2.1, p. 384-5.

[25] Ferdinand Walter, *Aus meinem Leben* (Bonn, Marcus, 1865), p. 110.

um servo em traje libré, o qual, por sua vez, levava consigo um castiçal prateado e ficava de pé ao lado da cátedra cuidando das velas[26]. Apesar disso, Schlegel parecia ainda impressionar o público. Como *Emanuel Geibel* (1815-1884) (sobre quem ainda falaremos) destacou: ainda se via no "ancião [em 1835, Schlegel tinha 68 anos de idade, M. H.] um homem genial, versado e sagaz"[27]. Marx também deve ter ficado muito impressionado com Schlegel. É o que indica, por exemplo, o fato de ele ter frequentado dois cursos do professor. Além disso, quatro décadas depois, Marx ainda se lembraria com prazer desses cursos: o folhetim de um jornal de Karlsbad (*Der Sprudel* [A fonte de água borbulhante], do dia 19 de setembro de 1875), no qual Marx fazia um tratamento em uma cura termal, cobria a passagem do famoso visitante pela cidade. Na conversa, de acordo com o artigo, "Marx nos dá muitas preciosidades do rico e bem conservado tesouro que são suas memórias". Entre elas, o fato de que, "quando o romantismo ainda entoava sua última canção livre[28], ele, um mancebo entusiástico de cachos escuros, sentava-se aos pés de A. W. Schlegel"[29].

No inverno de 1835-1836, talvez nas férias de Natal, Marx realizou uma viagem à Holanda. Considerando que sua mãe lhe perguntou, em carta de fevereiro/março de 1836, se ele havia gostado da cidade natal[30] dela, pode-se presumir que Nijmegen também tenha feito parte do roteiro de sua viagem. Martin Preßburg, irmão de sua mãe, ainda vivia lá; os pais dela já haviam morrido. No verão de 1835, a irmã de Karl, Sophie, visitara os parentes holandeses, passando pelas cidades de Maastricht, Liège, Aachen, Nijmegen e Zaltbommel[31]. Karl, possivelmente, fez uma viagem parecida. Na carta de fevereiro/março de 1836, seus pais se mostraram surpresos; afinal, Karl havia iniciado a viagem sem

---

[26] Heinrich Heine, "Die romantische Schule" (1836), em *Sämtliche Werke* (Düsseldorfer Ausgabe) (Hamburgo, Hoffmann und Campe, 1979), v. 8/1, p. 418-9.

[27] Emmanuel Geibel, *Jugendbriefe* (Berlim, Karl Curtius, 1909), p. 34.

[28] Trata-se, claramente, de uma alusão a um dos livros mais populares de Heinrich Heine, *Atta Troll*. No último capítulo, o próprio livro se torna objeto do poema: "Ah! É talvez a última / Canção livre do romantismo, / Nesses dias de incêndio e lutas / Seu som esmaecerá insignificante"; Heinrich Heine, "Atta Troll: ein Sommernachtstraum" (1843), em *Sämtliche Schriften*, cit., v. 7, p. 570 [tradução para o português em Maria Aparecida Barbosa, "Dança de urso, dança de Salomé: sobre *Atta Troll*, de Heinrich Heine", *Revista Pandaemonium Germanicum*, São Paulo, v. 20, n. 30, maio-jun. 2017, p. 21-37, disponível em: <www.revistas.usp.br/pg/article/view/128531>, acesso em: 7 nov. 2017].

[29] Citado em Egon Erwin Kisch, *Karl Marx in Karlsbad* (Berlim/Weimar, Aufbau, 1983), p. 75.

[30] MEGA-2 III/1, p. 295.

[31] Jan Gielkens, *Karl Marx und seine niederländischen Verwandten*, cit., p. 364. [Ela anotou essas informações em seu álbum de poesias, espécie de diário popular no século XIX, em que se escreviam versos e memórias. (N. T.)].

154 KARL MARX E O NASCIMENTO DA SOCIEDADE MODERNA

lhes ter avisado. O pai perguntou, preocupado: "Você, por acaso, não se feriu na esgrima?"[32]. Ao que parece, o filho já havia se acostumado a agir independentemente dos pais.

O círculo literário

A carta dos pais datada de fevereiro/março de 1836 é a única evidência contemporânea da participação de Marx em dois grupos – fato que é frequentemente mencionado e bastante enfeitado pela literatura biográfica. Assim, Heinrich Marx escreve: "Esse seu círculo me agrada mais, acredite, do que as tabernas"[33]. Percebe-se que se tratava de um círculo de poesia na continuação da carta, no trecho em que Heinrich concorda com a intenção do filho de esperar mais um pouco antes de publicar as próprias obras literárias.

Baseando-se em registros policiais – mas sem comprová-los –, Nicolaevsky e Maenchen-Helfen[34] escrevem que os fundadores dessa "liga de poetas" teriam sido "os estudantes Fenner von Fenneberg – um dos revolucionários mais ativos em 1848-1849, num primeiro momento em Viena, depois em Baden – e Biermann, de Trier", que já no ginásio teria sido suspeito de ter escrito "poemas subversivos". Trata-se aqui, claramente, de *Johann Michael Birmann*, que concluiu o ginásio em Trier no ano de 1832 e que já havia sido investigado pela autoria de poemas políticos[35]. A polícia teria monitorado o círculo, sem chegar a resultados concretos. Bodsch[36] destaca que Fenneberg e Birmann só estudaram na Universidade de Bonn até o semestre de verão de 1835. Ou seja, os dois saíram

---

[32] MEGA-2 III/1, p. 294. O termo "esgrima" provavelmente não foi utilizado no sentido esportivo, mas antes para designar a mendicância por parte dos aprendizes de artesão itinerantes. A palavra "esgrimir" [*fechten*] passou a ter também esse sentido na Alemanha a partir do século XVII Duden, *Das Herkunftswörterbuch: Etymologie der deutschen Sprache* (4. ed., Mannheim, Duden, 2007), p. 208.

[33] MEGA-2 III/1, p. 293; MEW 40, p. 621.

[34] Boris Nicolaevsky e Otto Maenchen-Helfen, *Karl und Jenny Marx: ein Lebensweg* (Berlim, Der Bücherkreis, 1933), p. 34-5, e *Karl Marx*, cit., p. 19-20.

[35] Cf. Heinz Monz, *Karl Marx*, cit., p. 128. Na MEGA-2 (III/1, p. 725), Birmann também é considerado – sem menção de fontes – cofundador do círculo de poesia. Também sem citar fontes, Auguste Cornu – *Karl Marx und Friedrich Engels*, cit., p. 66 – se refere a Biedermann (em vez de Birmann) e a Fenner von Fennersleben (em vez de Fenner von Fenneberg) como fundadores do círculo, causando certa confusão na literatura biográfica. *Karl Biedermann* (1812-1901) foi membro de associação estudantil e depois deputado parlamentar pelo partido liberal-nacionalista. No entanto, ele não estudou em Bonn. O fato de que Cornu claramente confundiu os nomes já foi ressaltado por Helmut Deckert, "Karl Marx und seine Kommilitonen als Hörer Schlegels in Bonn", cit., p. 42.

[36] Ingrid Bodsch (org.), *Dr. Karl Marx*, cit., p. 22-3.

PARTIDA E PRIMEIRA CRISE 155

de lá antes de Marx chegar; logo, não é possível que tenham participado concomitantemente do mesmo círculo. Além disso, não se sabe se o grupo fundado
por Fenneberg e Birmann era aquele de que Marx depois faria parte nem mesmo
se o círculo continuou existindo após os dois deixarem a universidade. Definitivamente, não há indícios para tais afirmações.

Há ainda mais uma fonte de informações, frequentemente citada, sobre esse
círculo. Trata-se das memórias de *Moriz Carrière* (1817-1895), que em 1836
passou a estudar em Göttingen e que depois lecionaria história da arte em Munique. Entre seus amigos dos tempos de faculdade estavam *Karl Ludwig Bernays*
(1815-1876), que na década de 1840 trabalharia com Marx em Paris, e *Theodor
Creizenach* (1818-1877), que se tornaria poeta e historiador literário. A respeito
desse círculo de amigos, Carrière escreve:

> Trocávamos cartas com Bonn, onde havia um grupo formado por Geibel, Karl
> Marx – que um dia se tornaria um famoso agitador e um pensador preciso – e
> Karl Grün; escrevíamos poemas para ver quem era o melhor. [...] Chegamos a
> planejar a publicação de um almanaque das musas* com os melhores poemas de
> Göttingen, Gießen e com contribuições de Bonn.[37]

Com base nessa afirmação, muitas biografias de Marx consideraram fato
garantido que Marx, Geibel e Grün tenham sido membros do círculo de Bonn.
Pode-se dizer, tendo em vista o posterior desenvolvimento dos três estudantes,
que seria no mínimo estranho se essa de fato fosse a composição do círculo:
Emanuel Geibel se tornaria um poeta contemplativo e conservador, apreciado
pela casa real prussiana; *Karl Grün* (1817-1887) seria um dos mais importantes
representantes do chamado "verdadeiro socialismo", concepção fortemente
combatida por Marx. Vale a pena analisar em detalhes a questão.

De acordo com as listas de inscrição do semestre de inverno de 1835-1836,
Geibel, Grün e Marx de fato frequentaram o mesmo curso de Schlegel sobre
Homero[38]; contudo, não há nenhuma outra evidência, salvo o comentário de
Carrière, que indique o pertencimento dos três a um círculo comum. Nenhum
dos três jamais mencionou esse círculo. Karl Grün – que, assim como Marx,
também se inscreveu em Bonn em outubro de 1835[39] – refere-se a Marx, em

---

* Forma de publicação – popular no território germanófono no século XIX e inspirada no periódico francês *Almanach des muses*, publicado por Claude-Sixte Sautreau de Marsy (1740-1815)
a partir de 1765 – em que se reuniam textos, poemas e comentários literários de diversos autores. (N. T.)

[37] Moriz Carrière, "Lebenserinnerungen (1817-1847)", org. Wilhelm Diehl, *Archiv für Hessische
Geschichte und Altertumskunde*, v. 10, caderno 2, Darmstadt, 1914, p. 167.

[38] Helmut Deckert, "Karl Marx und seine Kommilitonen als Hörer Schlegels in Bonn", cit., p. 42.

[39] Manfred Schöncke, "'Ein fröhliches Jahr in Bonn'?", cit. p. 242.

carta a Moses Hess no dia 1º de setembro de 1845, como "um velho amigo da universidade"[40]. No entanto, como Grün e Marx passaram a estudar em Berlim a partir de 1837, não se sabe ao certo se essa "amizade universitária" já existia em Bonn ou se só começou em Berlim.

A suposta participação de Emanuel Geibel é ainda mais contestável, como já observado por Deckert[41]. Geibel se mudou de Bonn na primavera de 1836; ou seja, Marx e ele só estiveram concomitantemente em Bonn durante um semestre. Também houve um período em que ambos estiveram inscritos na Universidade de Berlim. Contudo, não é possível encontrar nenhuma referência a Geibel nos escritos de Marx; Geibel, por sua vez, nunca mencionou Marx ou o círculo de poetas de Bonn. Este último fato é digno de nota; afinal, as cartas de Geibel à mãe[42] descrevem detalhadamente o período que ele passou em Bonn – além de dar muitos detalhes sobre a universidade e sua situação habitacional, ele relata minuciosamente as visitas que fez e as impressões que teve das pessoas com quem conversou. Nenhum pormenor é omitido. Não seria muito plausível afirmar que ele teria deixado de mencionar justamente o círculo de poesia de que fazia parte. Já em Berlim, analisando retrospectivamente o período em Bonn, ele escreve: "Lá, eu não dependia de quase ninguém além de mim mesmo"[43]. Provavelmente, Carrière se equivocou ao escrever suas memórias, quase quatro décadas depois dos acontecimentos[44], sobretudo ao levarmos em conta que ele mesmo não participara dos encontros em Bonn. Além disso, as informações de Carrière não são cronologicamente consistentes: Geibel deixou Bonn na primavera de 1836; Marx, no verão de 1836. De acordo com Carrière, foi somente por meio de Oppenheim e Creizenach – que se mudaram para Göttingen no outono de 1836 – que ele conheceu Bernays. Segundo Hirsch[45], Bernays só se matriculou em Göttingen em abril de 1837. Isso significa que o círculo de Göttingen, mencionado por Carrière, só pode ter se formado após a partida de Geibel e Marx de Bonn. Em suma, simplesmente não se sabe quem trocou cartas e competiu com quem nem quando tudo isso aconteceu. Pode até ser que Marx tenha participado de um círculo literário em Bonn entre 1835 e 1836, mas é pouco provável que Karl Grün e Emanuel Geibel tenham feito parte do mesmo grupo.

---

[40] Moses Hess, *Briefwechsel*, cit., p. 138.

[41] Helmut Deckert, "Karl Marx und seine Kommilitonen als Hörer Schlegels in Bonn", cit., 43.

[42] Emmanuel Geibel, *Jugendbriefe*, cit.

[43] Ibidem, p. 56.

[44] Diehl, o editor das memórias, indica que elas foram escritas entre 1874 e 1879; Moriz Carrière, "Lebenserinnerungen" (1817-1847), cit., p. 135.

[45] Helmut Hirsch, *Freund von Heine, Marx/Engels und Lincoln: eine Karl Ludwig Bernays Biographie* (Frankfurt am Main, Peter Lang, 2002), p. 32.

As tabernas e o suposto duelo

Sabe-se mais sobre as "tabernas" mencionadas por Heinrich Marx do que sobre o círculo literário. Após a Revolução de Julho de 1830, passaram a ser perseguidas não só as associações estudantis, já proibidas havia muito tempo, mas também as corporações estudantis (Corps), que eram, de certa forma, apolíticas. Essa perseguição parece ter sido especialmente intensa em Bonn[46]. Em suas memórias de 1876, *Heinrich Bürgers* (1820-1878), que estudou em Bonn pouco tempo após Marx – e com quem ele depois trabalharia por um período em estreita parceria –, faz a seguinte observação acerca da situação pós-perseguições: "Tudo se reduziu às atividades das corporações nas tabernas, que na verdade eram proibidas e estavam sendo rigorosamente vigiadas – como uma inconveniência tolerada – pelo curador e pelo juiz universitário"[47].

Quando Marx chegou a Bonn, a vida estudantil já havia se tornado em grande parte apolítica. Ela acontecia em dois tipos de espaço: ou nas descontraídas associações regionais, as *Tischgesellschaften*, ou nas corporações estudantis, que eram mais organizadas. Havia três associações do primeiro tipo em Bonn naquela época, nas quais se encontravam estudantes de Trier, de Colônia ou de Aachen. Também existiam três corporações em 1835: a Rhenania, a Guestphelia e a Borussia; em 1836, fundou-se ainda a Saxonia[48]. A "taberna" mencionada pelo pai de Marx provavelmente era o encontro dos estudantes vindos de Trier. Esse grupo se tornaria a corporação Palatia em 1838, quando Marx não estava mais em Bonn. O grupo dos estudantes de Trier já se dedicava extensivamente à esgrima. Na crônica histórica da corporação Palatia, do ano de 1899, é possível obter informações sobre seus precursores: "À frente do grupo de Trier, havia cinco presidentes, que dirigiam alternadamente os encontros semanais à noite na taberna. Frequentar a sala comunal de esgrima era obrigatório"[49]. De acordo com a crônica de Marx publicada em 1934 por Czobel – na qual há referência a informações enviadas por carta pelo prof. dr. F. Lenz, cuja pesquisa se baseava em arquivos da corporação Palatia –, Marx teria sido "um dos cinco presidentes" do grupo de Trier no semestre de verão de 1836[50].

---

[46] Cf. Dietrich Höroldt, "Stadtverwaltung und Universität", em *Stadt und Universität*, cit., p. 100-1, e, de maneira mais completa, Hans Gerhardt, *Hundert Jahre Bonner Corps*, cit., p. 58-78.

[47] Citado em Manfred Kliem, *Karl Marx*, cit., p. 68.

[48] Peter Kaupp, "Karl Marx als Waffenstudent: Burschenschafter an seinem Lebensweg", em *Darstellungen und Quellen zur Geschichte der deutschen Einheitsbewegung im 19. und 20. Jahrhundert*, v. 15 (Heidelberg, Winter, 1995), p. 142.

[49] Palatia, *Corps-Chronik der Palatia zu Bonn: vom 10. August 1838 bis Dezember 1898* (Bonn, J. F. Carthaus, 1899), p. XI.

[50] Ernst Czóbel, *Karl Marx: Chronik seines Lebens in Einzeldaten* (1934) (Frankfurt am Main, Makol, 1971), p. 3. Gerhardt também escreve, em sua história das corporações de Bonn, que

A única imagem que conhecemos de Marx em sua juventude se encontra em um desenho de 1836, no qual o grupo de estudantes de Trier foi retratado em frente à hospedaria Weißes Ross em Godesberg. Trata-se de uma imagem típica, feita semestralmente, dos grupos de estudantes que se encontravam nas tabernas[51]. Esse tipo de desenho era feito por encomenda. Via de regra, os estudantes eram retratados diante de uma paisagem, sendo que muitas vezes somente se fazia o desenho das cabeças em corpos já pré-desenhados, de modo que as pessoas representadas nem sequer precisavam estar no mesmo lugar ao mesmo tempo. Utilizando esse desenho, produziam-se cópias que eram vendidas aos estudantes[52].

Ainda na década de 1920, havia uma litografia dessa imagem na sede da corporação Palatia. Segundo Gerhardt[53], um certo conselheiro judicial Schneider – que teria sido presidente do Senado em Colônia – anotou em 1890 o nome das pessoas representadas (também o de Karl Marx) na parte de trás da cópia. Schneider também indica o nome de cinco pessoas que fizeram as provas de conclusão do ginásio com Marx (Fuxius, Praetorius, von Horn, Clemens e Pütz)[54]. Após examinar os arquivos da universidade, Bodsch[55] constatou que um Friedrich Schneider, nascido em Mayen, se matriculara em Bonn no semestre de inverno de 1836-1837; provavelmente se trata do conselheiro judicial Schneider, mencionado por Gerhardt. No entanto, Schneider não chegou a conhecer Karl Marx, que na época já havia deixado Bonn. Além disso, não é muito plausível que ele tenha identificado tantas pessoas passados mais de cinquenta anos; assim, não sabemos se de fato se trata de uma imagem do jovem Karl Marx. No entanto, é possível que esse conselheiro judicial Schneider tenha simplesmente transcrito nomes de outra cópia da imagem. Sem dúvida a figura associada a Marx se encaixa muito bem na descrição daquele jovem de "cachos escuros", mencionado na entrevista ao jornal de Karlsbad, já citada. A corporação Palatia se lembrava com prazer do famoso membro do grupo de Trier. Na crônica da corporação, publicada em 1913, escreveu-se acerca da imagem ali impressa: "Um deles, aquele que ali está, elegantemente reservado, e que, sendo o único a trajar uma sobrecasaca de cordão, parece representar a elegância dessa associação, era Karl Marx"[56].

Karl Marx teria pertencido, em 1836, "à direção" do grupo de Trier; Hans Gerhardt, *Hundert Jahre Bonner Corps*, cit., p. 101.

[51] Diversas dessas imagens foram publicadas em Hans Gerhardt, *Hundert Jahre Bonner Corps*, cit.

[52] Cf. Ingrid Bodsch (org.), *Dr. Karl Marx*, cit., p. 20.

[53] Hans Gerhardt, *Hundert Jahre Bonner Corps*, cit., p. 441-2, nota 226.

[54] Cf. ibidem, p. 442.

[55] Ingrid Bodsch (org.), *Dr. Karl Marx*, cit., p. 21.

[56] Palatia, *Pfälzer Leben und Treiben von 1838 bis 1913: dritter Beitrag zur Korpschronik – überreicht bei der Feier des 75. Stiftungsfestes der Bonner Pfälzer am 14. 15. 16. Juli 1913* (s.l., s.n., 1913), p. 11-2.

De acordo com as indicações de Schneider, *Heinrich Rosbach* (1814-1879) também é um dos estudantes representados no desenho. Rosbach já estudava medicina em Bonn desde 1832. Em 1838, concluiu seu doutorado e, em 1840, estabeleceu-se como médico em Trier. Era um ávido pintor, e foram preservados muitos de seus desenhos e duas aquarelas. De acordo com informações da família, um de seus desenhos mostra o jovem Karl Marx em Bonn. Essa imagem foi doada, em 2017, ao museu municipal Simeonstift de Trier.

De fato, o jovem Karl gostava de sair para beber com colegas, e a volta para a casa não era sempre silenciosa. No certificado de saída da universidade, há o registro de um castigo recebido: um dia no cárcere universitário "por perturbar o sossego noturno com arruaça e embriaguez"[57]. A sentença fora emitida pelo juiz universitário já citado, Friedrich von Salomon. De acordo com o livro de registros do cárcere, Marx deveria apresentar-se para a punição no dia 16 de junho, às dez da manhã, e lá ficaria até o mesmo horário do dia seguinte[58]. Schorn[59] descreve o "cárcere" universitário como uma "prisão [bem] alegre", "afinal, os detidos podiam receber visitas, que quase sempre estavam lá, e jogar cartas, bebendo vinho e cerveja", o que, contudo, tinha altos custos. Além disso, havia também as despesas com o almoço vindo da hospedaria e com a roupa de cama limpa. Schorn conclui, com isso, que "as punições no cárcere eram, antes de tudo, punições para os bolsos dos pais". As memórias de Heinrich Bürgers também fundamentam o argumento de que a vida estudantil podia tornar-se bastante cara. Segundo ele, não era de bom-tom falar de maneira "erudita" nos encontros em tabernas, de modo que, se alguém o fizesse, "logo se convocava a 'convenção da cerveja', segundo a qual o transgressor receberia a punição correspondente pagando uma rodada de cerveja"[60].

As despesas do filho também foram um tema recorrente nas cartas de Heinrich Marx; Karl necessitava de muito dinheiro, e seu pai não sabia exatamente como esse montante estava sendo gasto, já que Karl não especificava claramente os motivos. De qualquer forma, parte estava ligada à compra de roupas "em conformidade com seu *status*" e livros[61]. Por fim, Karl deve ter feito uma espécie de confissão ao pai. Em uma carta de Heinrich, sem data, escrita em maio ou junho de 1836, lê-se: "Caro Karl! Sua carta, que só recebi no dia 7, reforçou minha convicção na honestidade, na franqueza e na decência de seu caráter, o

---

[57] Erhard Lange et al. (org.), *Die Promotion von Karl Marx*, p. 188.

[58] Ingrid Bodsch (org.), *Dr. Karl Marx*, cit., p. 21.

[59] Karl Schorn, *Lebenserinnerungen*, v. 1, cit., p. 62.

[60] Citado em Manfred Kliem, *Karl Marx*, cit., p. 68.

[61] Em carta de fevereiro/março de 1836, Heinrich menciona a compra de muitos livros; MEGA-2 III/1, p. 293.

160 KARL MARX E O NASCIMENTO DA SOCIEDADE MODERNA

que me é mais importante do que o dinheiro [...]"[62]. Contudo, Karl parece não ter confessado tudo. Dois anos depois, em carta do dia 10 de fevereiro de 1838, Heinrich Marx fala em fazer "real justiça em relação à moral" de Karl e adiciona: "No que diz respeito a isso, já lhe dei prova absoluta em seu primeiro ano na carreira jurídica [ou seja, o ano em Bonn, M. H.], quando nem sequer exigi explicações sobre uma questão bastante obscura – mesmo tendo sido essa um tanto problemática"[63]. Na carta anterior, do dia 9 de dezembro de 1837, Heinrich Marx, referindo-se ao período em Bonn, fala do filho como "mandante desordeiro de uma trupe desordeira" (provavelmente alusão ao fato de Karl ter sido o presidente do grupo de Trier) e o lembra da "extravagância em Bonn"[64]. Assim também se poderiam explicar os grandes gastos: punições pela "convenção da cerveja", custos relacionados à presidência do grupo – vez ou outra ele talvez pagasse uma rodada de cerveja para todos os presentes –, gastos com equipamentos de esgrima e, quiçá, alguma brincadeira dos estudantes, cujos danos tiveram de ser pagos posteriormente.

Em carta do pai datada de maio-junho de 1836, há uma passagem que causou muita especulação na literatura:

> E então o duelo está assim tão atrelado à filosofia? É respeito pela opinião ou, antes, medo dela? E que opinião? Nem sempre é a dos melhores, mas ao mesmo tempo o é!!! Por toda parte o ser humano é tão inconsequente – não deixe essa propensão, e, se não for propensão, esse vício, criar raízes. Você pode acabar, no fim, destruindo as mais belas esperanças suas e de seus pais.[65]

Com base nessa carta, a maioria dos biógrafos partiu do pressuposto de que Marx, de fato, duelou em 1836. Atualmente, quando se ouve falar em um duelo do século XIX, pensa-se talvez em um duelo de pistolas ao amanhecer. Se Marx participou de um duelo, é pouco provável que tenha sido de um com pistolas, já que esse tipo de combate não era comum entre estudantes. É mais provável que se tratasse de um duelo estudantil de esgrima – cujo precursor era o duelo do século XVIII, que acontecia entre membros de diferentes associações estudantis. Durante o século XIX, o duelo passou a ter regras mais estritas e a modalidade passou a ser chamada de Mensur. Nesses duelos de esgrima, o mais importante não era o resultado, mas sim a própria disposição a participar da luta. O fato de Marx gostar de esgrima fica claro em carta do dia 10 de novembro de 1837, na qual garante ao pai que pretendia "parar de treinar a arte da

---

[62] Ibidem, p. 297.
[63] Ibidem, p. 328.
[64] Ibidem, p. 325.
[65] Ibidem, p. 297.

esgrima"[66]. Contudo, ele continuaria sendo um amante dessa atividade. Wilhelm Liebknecht[67] relata que Marx e ele, em Londres, na década de 1850, eram frequentadores de um "salão de armas" fundado por migrantes franceses, onde se podiam treinar a esgrima – o que Marx fazia com gosto – e o tiro com pistolas.

Em algumas biografias, o suposto duelo de Marx é associado a conflitos entre os diversos grupos estudantis. Gerhardt[68] relata conflitos entre a corporação "Borussia" e o grupo de Trier, que ainda não havia se tornado uma corporação. Entretanto, trata-se de um acontecimento do ano de 1837, quando Marx já havia deixado Bonn[69]; além disso, o motivo desse conflito era justamente o fato de que os estudantes organizados em corporações *não* queriam aceitar as solicitações de duelos de estudantes que não estivessem em uma corporação, por considerá-los "desqualificados".

Há ainda outro fato que foi muitas vezes associado pela literatura ao suposto duelo. No certificado de saída de Marx da Universidade de Bonn, datado do dia 22 de agosto de 1836, há o registro de uma denúncia acusando-o de "portar armas ilegais em Colônia. A investigação ainda não foi concluída"[70]. O tipo de arma não é mencionado no certificado, tampouco consta se ela teria alguma conexão com algum duelo – o que não impediu uma série de biógrafos de escrever as mais criativas especulações[71].

---

[66] Ibidem, p. 16.

[67] Wilhelm Liebknecht, "Karl Marx zum Gedächtnis", cit., p. 84-5.

[68] Hans Gerhardt, *Hundert Jahre Bonner Corps*, cit., p. 102 e seg.

[69] Peter Kaupp – "Karl Marx als Waffenstudent", cit., p. 144 – menciona conflitos que teriam ocorrido já no semestre de inverno de 1835-1836; contudo, não cita nenhuma fonte.

[70] Erhard Lange et al. (org.), *Die Promotion von Karl Marx*, cit., p. 188.

[71] Na publicação de 1933, Boris Nicolaevsky e Otto Maenchen-Helfen não dão detalhes acerca do duelo; já no livro publicado quatro anos mais tarde – *Karl Marx*, cit., p. 20 –, escrevem que Marx teria participado de um duelo com um membro da corporação Borussia e que teria sofrido um ferimento acima do olho esquerdo. Cornu – *Karl Marx und Friedrich Engels*, cit., p. 67 – também relata esse acontecimento, porém, aqui, o ferimento teria sido acima do olho direito. Uma análise cronológica já demonstra que não há plausibilidade nessa história. Se houve de fato um duelo, ele necessariamente aconteceu antes da resposta de Heinrich Marx. Se Karl houvesse anunciado suas intenções, o pai não teria se limitado a fazer meras advertências gerais; teria, antes, tentado convencê-lo a desistir da ideia. Além disso, não há prova de que Marx tenha tido um ferimento em duelo. Na carta mencionada – que o prof. Lenz enviou a Moscou, baseando-se nos arquivos da Palatia, com informações sobre o período que Marx passou em Bonn e sobre a qual talvez Nicolaevsky, Maenchen-Helfen e Cornu também tivessem conhecimento –, há somente a informação de que Fuxius, nascido em Trier, teria machucado o olho ao praticar esgrima (parte da carta foi publicada em Manfred Schöncke, "'Ein fröhliches Jahr in Bonn'?", cit., p. 243. Ainda assim, as afirmações infundadas de Cornu foram citadas diversas vezes: elas são mencionadas em Fritz J. Raddatz – *Karl Marx*, cit., p. 24 – e também têm um papel importante na pesquisa de Kaupp

Há algumas décadas, já se sabe mais sobre os acontecimentos de Colônia; ainda assim, tais informações foram ignoradas pelas biografias publicadas desde então. A partir de arquivos do juiz da Universidade de Berlim, sabe-se que o "procurador-mor real" de Colônia denunciou Marx, por fim, em maio de 1838 (quando ele já estudava, havia alguns anos, em Berlim). Marx estaria carregando uma bengala de lâmina consigo, quando, durante uma discussão, um de seus companheiros feriu alguém, que não estava envolvido na briga, com a arma. Marx foi condenado a pagar vinte táleres[72]. Enfim, o caso de Colônia não tinha relação nenhuma com os tais duelos, pertencendo antes à categoria "brigas de rua", sendo que não se sabe nada sobre o contexto do acontecimento.

Em relação ao suposto duelo, a única coisa que se pode deduzir da citada carta de Heinrich é que Karl havia defendido o duelo em si, traçando paralelos com a argumentação filosófica. Talvez ele fosse da opinião de que, assim como é preciso defender, com argumentos, sua posição filosófica própria, também seria necessário defender a honra própria, mas por meio do duelo. Tal atitude condiz perfeitamente com a postura de muitos estudantes da época. É possível que Marx tenha relatado, em carta que não se preservou, um duelo de que ele mesmo tenha participado. Mas não sabemos se ele, de fato, esteve envolvido em um desses duelos. Definitivamente não existem indícios de tal ferimento, tampouco da participação em um combate de pistolas. De qualquer maneira, Marx não manteve sua opinião acerca da atividade: em 1858, Ferdinand Lassalle foi desafiado para um duelo e pediu conselho a Marx, que declarou sua rejeição categórica[73].

Em um escrito direcionado à universidade, datado do dia 1º de julho de 1836, Heinrich Marx não apenas autoriza, mas diz que se trata de sua vontade

---

–"Karl Marx als Waffenstudent", cit., p. 150 –, que analisa Marx como um estudante esgrimidor. Aparentemente, Raddatz presumiu que a "arma ilegal" fora uma pistola e afirma, de forma precipitada, que Marx teria se envolvido em duelos com pistolas em Colônia. Em Wheen – *Karl Marx*, cit., p. 28 –, a história do duelo é enfeitada e floreada com uma série de criações fantasiosas: supostamente, os membros da Borussia teriam obrigado os outros estudantes a se ajoelhar e a jurar lealdade à nobreza prussiana; para não passar por tal humilhação, Marx teria adquirido uma pistola e, por fim, aceitado o desafio de duelar – nada disso é, nem parcialmente, comprovado. Essa lenda não foi sequer inventada pelo próprio Wheen; aparentemente, ela a copiou – assim como outras histórias – de Robert Payne, *Marx* (Londres, W. H. Allen, 1968), p. 44-5.

[72] Heinz Kossack, "Neue Dokumente über die Studienzeit von Karl Marx an der Berliner Universität", *Beiträge zur Marx-Engels-Forschung*, Heft 2 (Berlim, Institut für Marxismus-Leninismus beim ZK der SED, 1978), p. 105.

[73] MEGA-2 III/9, p. 168-9; MEW 29, p. 562-3.

"que ele vá, no próximo semestre, para a Universidade de Berlim"[74]. Muitas vezes, concluiu-se dessa passagem que Heinrich Marx tentara pôr um fim às extravagâncias do filho em Bonn – punição em cárcere por embriaguez, gastos excessivos, duelo – enviando-o para Berlim, onde o controle era muito mais severo[75]. Se levarmos em consideração o tom das cartas de Heinrich Marx, fica difícil imaginar que ele tenha feito valer sua força dessa maneira, enviando o filho para Berlim contra a vontade deste. Supor que a palavra autoritária do pai no fim do semestre de verão tenha provocado a mudança para Berlim implica ignorar o fato de que essa transferência já estava planejada havia muito tempo. Já em sua carta de fevereiro-início de março, Heinrich Marx escreve que, se as aulas das disciplinas de história natural em Bonn fossem de fato ruins, "você realmente faz bem em frequentá-las em Berlim"[76]. O fato de a mudança para Berlim ser mencionada aqui de maneira tão *en passant* indica que a decisão já havia sido tomada antes mesmo de fevereiro-março de 1836. Como a carta anterior de Heinrich, de novembro de 1835, não trata do tema, pode-se presumir que a mudança para Berlim já estaria planejada desde o começo dos estudos de Karl; ele primeiro passaria um ano em Bonn, cidade mais barata e mais próxima de Trier, para depois se transferir para Berlim a fim de finalizar os estudos na principal universidade da Prússia.

2. Jenny von Westphalen

Antes de mudar-se para Berlim, Karl regressa a Trier por um período, durante o qual ele e Jenny von Westphalen secretamente – como em geral se afirma na literatura biográfica – teriam noivado.

Infância e juventude

Jenny nasceu no dia 12 de fevereiro de 1814, em Salzwedel, e foi batizada como Johanna Bertha Julie Jenny. Ela foi a primeira filha que Ludwig von Westphalen teve com a segunda esposa, Caroline. O nome Jenny evoca o nome de sua avó Jeanie Wishart. No entanto, Jenny não chegou a conhecer a avó, que morrera em 1811. Provavelmente, também não se lembrava de Salzwedel: quando tinha dois anos de idade, seus pais tiveram de se mudar

---

[74] MEGA-2 III/1, p. 299.

[75] Ver, por exemplo, Auguste Cornu, *Karl Marx und Friedrich Engels*, v. 1, cit., p. 67; David McLellan, *Karl Marx*, cit., p. 26; Mary Gabriel, *Love and Capital*, cit., p. 23; ou Jonathan Sperber, *Karl Marx*, cit., p. 51.

[76] MEGA-2 III/1, p. 293.

164 Karl Marx e o nascimento da sociedade moderna

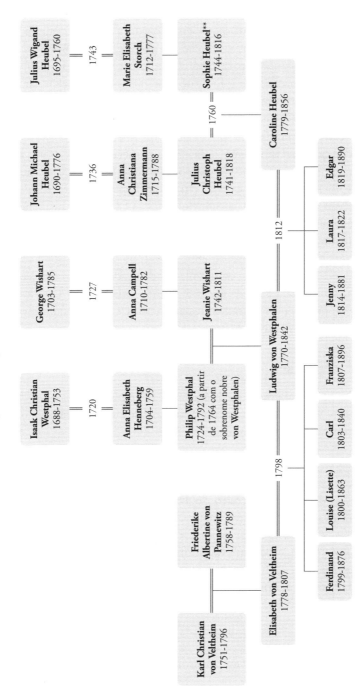

Jenny von Westphalen e irmãos*

* De acordo com informações em Heinz Monz, *Karl Marx*, cit., p. 321 e seg.; e em Gero von Wilcke, "Karl Marx' Trierer Verwandtschaftskreis", cit., p. 764 e 777-8.
** Sophie Heubel foi prima de segundo grau de seu marido; Angelika Limmroth, *Jenny Marx*, cit., p. 31.

para Trier, para onde seu pai fora transferido pelo governo prussiano. Em Trier, Jenny cresceu com seu meio-irmão Carl, nascido em 1803; sua irmã Laura, nascida em 1817 (mas que morreu já em 1822); e seu irmão Edgar, nascido em 1819. Uma irmã de sua mãe morava na mesma casa. Além disso, havia empregados a serviço da família, o que era comum em núcleos da alta burguesia. É possível comprovar, pelo menos a partir de 1818, a existência de duas "criadas" na casa[77].

Como mencionado no capítulo anterior, apesar de ter a maior renda anual em relação a todos os funcionários públicos em posição parecida (1.800 táleres), Ludwig von Westphalen sustentava um domicílio com muitas pessoas, pagava dívidas das antigas propriedades que havia comprado e também mandava uma pensão vitalícia a seu irmão mais velho, Heinrich. A situação financeira ficou tensa em muitos momentos; por isso, a perspectiva de aumentar o patrimônio – vislumbrada pela família na década de 1820 – causou-lhes, por certo tempo, grande euforia. Contudo, essa perspectiva não se tornou realidade[78].

Durante toda a vida, Jenny teve uma relação estreita com seu irmão mais novo, Edgar. Já as relações com os meios-irmãos, filhos do primeiro casamento de Ludwig von Westphalen, eram bem diferentes umas das outras. Sua relação com Carl, que havia se mudado para Trier com a família e com quem Jenny cresceu, manteve-se boa até sua morte precoce, em 1840 – Karl Marx também teve uma relação amistosa com ele[79].

Jenny teve uma relação por vezes difícil com Ferdinand, filho mais velho do primeiro casamento de seu pai[80]. A fim de concluir o ginásio, Ferdinand havia ficado em Salzwedel quando a família se mudou, em 1816, para Trier. Em seguida, começou a estudar em Halle. Em 1819, foi a Trier visitar a família pela primeira vez; aparentemente, tudo correu de maneira bem harmônica. Em sua segunda visita, no ano 1820, seu comportamento em relação à madrasta já foi mais negativo – ela, "cujo nível de educação e cuja vocação tanto diferiam dos dele [de seu pai, Ludwig, M. H.]". Sua principal

---

[77] Angelika Limmroth, *Jenny Marx*, cit., p. 42.

[78] Heinz Monz, "Politische Anschauung und gesellschaftliche Stellung von Johann Ludwig von Westphalen", cit., p. 20-1.

[79] Cf. capítulo anterior.

[80] Aparentemente, Jenny só conheceu suas meias-irmãs, Lisette e Franziska, depois; ambas tinham ido morar com parentes da mãe logo após esta falecer. Como é possível ler nas memórias de Ferdinand – parcialmente publicadas por Gemkow –, ele e Franziska foram a Trier visitar a família em 1834; Heinrich Gemkow, "Aus dem Leben einer rheinischen Familie im 19. Jahrhundert", cit., p. 497-524. Não se sabe se Jenny chegou a se encontrar com Lisette.

KARL MARX E O NASCIMENTO DA SOCIEDADE MODERNA

crítica era à maneira de educar de Caroline: "O princípio básico da mãe era deixar que as adoráveis crianças fizessem o que bem entendessem! Ela as elogiava, pode-se dizer, na presença deles, mesmo quando faziam as brincadeiras mais imbecis"[81].

Em 1821, a filha mais velha de Ludwig, Lisette, casou-se com Adolph von Krosigk, mas apenas Ludwig e Carl viajaram a Hohenerxleben para o casamento; sua segunda esposa, Caroline, e a filha Jenny, à época com sete anos de idade, ficaram em Trier. A informação de que apenas Ludwig e Carl estiveram presentes no casamento foi retirada da biografia de Lisette, escrita por sua filha Anna[82]. Limmroth[83] menciona uma informação dada por Gemkow, segundo a qual, em carta ainda não publicada, se lê que Caroline e Jenny não foram convidadas por solicitação explícita de Ferdinand.

A madrasta burguesa* parece ter se tornado cada vez mais inconveniente aos olhos de Ferdinand. Em carta do dia 1º de dezembro de 1839, enviada à noiva, Louise von Florencourt, ele chama a madrasta de "pessoa repulsiva"[84]. Caroline, por sua vez, não lhe virou as costas e continuou enviando-lhe cartas até pouco antes de sua morte, em 1856[85]. Ainda assim, parece que Ferdinand – que fez uma notável carreira após a morte de seu pai e que, no "período reacionário" após a derrota da Revolução de 1848-1849, chegou ao posto de ministro do Interior da Prússia – sempre a considerou uma mácula. Em 1859, ele publicaria os documentos de seu avô sobre as campanhas militares do duque Ferdinand [von Braunschweig] na Guerra dos Sete Anos, introduzindo também uma pequena história da família – na qual o segundo casamento de seu pai, bem como os filhos que ele teve com Caroline, simplesmente não é mencionado[86]. Àquela época, mais um acontecimento deve ter-se somado à aversão pela madrasta burguesa: sua filha havia se casado com Karl Marx, que, após a Revolução de 1848-1849, passou a ser considerado um perigoso agitador na Prússia – parentesco nada conveniente para um ministro do Interior conservador.

---

[81] Citado em ibidem, p. 511.

[82] Cf. Konrad von Krosigk, "Ludwig von Westphalen und seine Kinder, cit., p. 50.

[83] Angelika Limmroth, *Jenny Marx*, cit., p. 49.

* Isto é, que não era nobre. (N. T.)

[84] Citado em Heinrich Gemkow, "Aus dem Leben einer rheinischen Familie im 19. Jahrhundert", cit., p. 511.

[85] Fato que Ferdinand escreve a Jenny em carta do dia 25 de julho de 1856; Rolf Hecker e Angelika Limmroth (orgs.), *Jenny Marx*, cit., p. 211.

[86] Isso muito irritou Jenny; cf. sua carta a Friedrich Engels de 23-24 de dezembro de 1859. MEGA-2 III/10, p. 136-7; MEW 29, p. 653 e seg.

Não se sabe se Jenny frequentou a escola. O ginásio em que seu irmão Edgar estudava com Karl Marx era exclusivo para rapazes, como era comum na época. Ela possivelmente frequentou uma das escolas secundárias para moças que havia em Trier[87]. Em todo caso, sua mãe estava muito satisfeita com seu desenvolvimento. Em carta do dia 9 de fevereiro de 1827, ela escreve a seu primo, o editor e livreiro Friedrich Perthes: "Minha filha mais velha, Jenny, fará treze anos na segunda-feira, e posso afirmar que é bela de corpo e de alma, é nossa verdadeira alegria aqui em casa"[88].

A formação que Jenny recebeu na casa de seus pais excedia em muito a educação que as mulheres, inclusive as de círculos burgueses, costumavam receber na época. Em carta enviada por Carl von Westphalen a seu irmão Ferdinand no dia 11 de fevereiro de 1836[89], lê-se que Jenny teve, posteriormente, aulas de inglês com um professor de línguas, de nome Thornton, que não falava alemão, apenas francês, de modo que os exercícios de tradução eram do inglês para o francês. Em um círculo de leitura, Jenny também lia muitos livros franceses. Carl relata que Ludwig von Westphalen, ao chegar do Cassino, à noite, costumava fazer um resumo das notícias dos jornais. A influência de Ludwig no desenvolvimento intelectual de Jenny deve ter sido no mínimo tão forte quanto sua influência sobre Karl Marx. Inspirados por ele, ambos começaram a gostar de Shakespeare, o que se manteve pelo resto da vida; ele provavelmente também contribuiu para que ambos desenvolvessem, desde jovens, um olhar atento às relações políticas e sociais. Krosigk[90] relata que Jenny tomou posição, na década de 1830, em defesa do Jovem Alemanha, grupo de escritores cujos textos foram proibidos pelo parlamento alemão em 1835. Mesmo não havendo mais evidências que comprovem essa afirmação[91], ela se mostra bastante plausível, considerando as outras informações que temos sobre Jenny.

Normalmente com dezesseis ou dezessete anos de idade, as filhas das camadas "mais altas" frequentavam pela primeira vez um baile, sendo introduzidas,

---

[87]   Heinz Monz, *Karl Marx*, cit., p. 344.

[88]   Idem, "Politische Anschauung und gesellschaftliche Stellung von Johann Ludwig von Westphalen", cit., p. 23.

[89]   Publicada em Heinrich Gemkow, "Aus dem Leben einer rheinischen Familie im 19. Jahrhundert", cit., p. 514.

[90]   Lutz Graf Schwerin von Krosigk, *Die grosse Zeit des Feuers: der Weg der deutschen Industrie*, v. 1 (Tubinga, Rainer Wunderlich, 1957), p. 709.

[91]   Lutz Graf [Conde] Schwerin von Krosigk (cf., em relação a ele, a nota 231, à p. 100 deste volume), neto da meia-irmã de Jenny, Lisette, baseara-se em cartas da família que desapareceram durante ou pouco após a Segunda Guerra Mundial; ibidem, p. 710.

KARL MARX E O NASCIMENTO DA SOCIEDADE MODERNA

assim, à "alta" sociedade e ao mercado do casamento. Foi o que aconteceu com Jenny; e seu aparecimento provavelmente foi impressionante: mesmo passados vinte anos de sua mudança de Trier, ela ainda era lembrada como "rainha do baile"[92]. Com seus cabelos e olhos castanhos e sua delicada figura, ela correspondia ao ideal de beleza da época, o que lhe prometia boas chances no mercado do casamento, apesar do dote limitado que a acompanhava. Uma bela aparência e modéstia eram ali critérios decisivos a serem preenchidos por uma jovem mulher. Em um retrato provavelmente pintado no ano de 1832, Jenny usa um vestido verde de amplo decote, quase com os ombros livres, o que, como seu penteado, condizia com a moda do período Biedermeier. Uma longa fita escura pendurada em seu pescoço contrasta com o vestido verde. Angelika Limmroth[93] chama a atenção para o fato de que muito provavelmente se tratava de uma fita para pendurar o *lorgnon*. *Lorgnon*, pequenos óculos de leitura, era um acessório de moda popular na época e, ao mesmo tempo, símbolo de erudição[94]. Referindo-se a sua visita de 1834, o meio-irmão de Jenny, Ferdinand, escreveu sobre ela, em total conformidade com a imagem: "Jenny era uma moça bela, dotada do charme da juventude, de semblante expressivo e, com

---

[92]   No dia 15 de dezembro de 1863, Karl Marx escreve, de Trier, a Jenny, em Londres, dizendo que todo dia lhe perguntam da "mais bela moça de Trier" e da "rainha do baile"; MEGA-2 III/12, p. 453; MEW 30, p. 643.

[93]   Angelika Limmroth, *Jenny Marx*, cit., p. 257.

[94]   Não sabemos nada sobre o pintor do quadro em questão. Após a morte da mãe de Jenny, Caroline, Ferdinand menciona, em carta a Jenny, um retrato dela que estava pendurado no apartamento dos pais; contudo, ele não dá mais detalhes (carta do dia 27 de julho de 1856; Rolf Hecker e Angelika Limmroth (orgs.), *Jenny Marx*, cit., p. 213). Laura, a segunda filha mais velha de Karl e Jenny, afirmou em carta do dia 8 de janeiro de 1909, enviada a John Spargo – que preparava a primeira grande biografia de Karl Marx –, possuir uma pintura a óleo de sua mãe com dezoito anos de idade e que pretendia enviar-lhe uma fotografia dessa pintura; *Marx-Engels-Jahrbuch 8*, Berlim, Dietz, 1985, p. 304. A imagem descrita foi, então, publicada no livro de John Spargo, *Karl Marx*, cit., p. 23. Se a informação de Laura em relação à idade estiver correta, o quadro foi pintado em 1832. Em 1957, a imagem foi vendida à República Democrática Alemã (RDA) por um bisneto de Jenny. Há ainda uma segunda pintura a óleo, na qual supostamente está retratada a jovem Jenny. Aqui, ela não está utilizando a fita do *lorgnon*, mas sim um colar vermelho de corais, combinando com os brincos vermelhos. Esse retrato foi entregue por um neto de Jenny, em 1948, ao Instituto Marx-Engels-Lênin em Moscou. Apesar de as moças retratadas serem bastante parecidas, é possível que se trate de duas pessoas diferentes. Limmroth coloca em questão a atribuição da segunda pintura a Jenny: tendo em vista que retratos eram caros, não é muito provável que a família Westphalen fizesse duas pinturas de Jenny em um curto espaço de tempo. Além disso, não foram encontrados indícios de um segundo retrato nem nas cartas da família nem nas memórias escritas; Angelika Limmroth, *Jenny Marx*, cit., p. 261, nota 26.

seu raciocínio claro e sua postura de caráter enérgico, superior à maioria das moças da mesma idade"[95].

Não faltaram pretendentes à mão de Jenny – fato que não surpreende. Com o auxílio das memórias de Ferdinand[96] e das cartas[97] trocadas entre ele e sua esposa, Louise, sabemos que Jenny noivou em 1831, ou seja, aos dezessete anos de idade, com o segundo-tenente *Karl von Pannewitz* (1803-1856), onze anos mais velho, estacionado com seu regimento desde 1830 em Trier[98]. Pannewitz era parente distante da mãe de Lisette von Weltheim, primeira esposa de Ludwig von Westphalen[99]. Entretanto, Jenny parece ter reconhecido rapidamente que Karl von Pannewitz não era a pessoa adequada para ela: o noivado logo foi desfeito. A partir de uma carta de Louise é possível inferir que Jenny ficara muito incomodada pelo fato de que "faltava compreensão, sentido no projeto"[100]. Em 1831, Pannewitz foi transferido para outra cidade; provavelmente Jenny nunca mais o encontraria. Nessa época, noivados e casamentos eram questões sérias de família, e a opinião dos pais costumava ter um papel decisivo. Ainda assim, ao que parece, tanto o noivado quanto sua dissolução foram decisões exclusivas de Jenny, fato que demonstra o "caráter enérgico" destacado por Ferdinand, mas também a postura liberal de seus pais.

O noivado com Karl

Karl Marx já conhecia Edgar, irmão de Jenny, pelo menos desde 1830, quando ambos estavam no terceiro ano do ginásio de Trier. A amizade provavelmente começou cedo: como mencionado no capítulo anterior, Edgar, já mais velho, relata ter passado a juventude na casa dos Marx[101]. Considerando que Ludwig von Westphalen debatia literatura e política com Edgar e Karl em suas longas caminhadas – lembradas por Marx inclusive na dedicatória de sua dissertação –,

---

[95] Citado em Heinrich Gemkow, "Aus dem Leben einer rheinischen Familie im 19. Jahrhundert", cit., p. 512.

[96] Idem.

[97] Analisadas por Heinz Monz, "Politische Anschauung und gesellschaftliche Stellung von Johann Ludwig von Westphalen", cit.

[98] Ibidem, p. 29.

[99] Idem, *Karl Marx*, cit., p. 345, nota 10.

[100] Citado em "Politische Anschauung und gesellschaftliche Stellung von Johann Ludwig von Westphalen", cit., p. 30. Cf., acerca das reações ao noivado e sua dissolução, Lutz Graf Schwerin von Krosigk, *Jenny Marx*, cit., p. 26, e seg.), e Angelika Limmroth, *Jenny Marx*, cit., p. 53-4.

[101] Heinrich Gemkow, "Aus dem Leben einer rheinischen Familie im 19. Jahrhundert", cit., p. 507, nota 33.

é provável que Jenny os tenha acompanhado algumas vezes nesses passeios. Posteriormente, Jenny escreveria sobre sua relação com Edgar: "Ele era o ideal de minha infância e minha juventude, meu querido e único companheiro. Eu era apegada a ele com toda a alma"[102].

Nos primeiros anos de amizade de Karl e Edgar, a diferença de idade entre Jenny e Karl provavelmente ainda era notável. Em 1831, quando Jenny, com dezessete anos, noivou por um curto período, Karl tinha treze anos. Contudo, passados alguns anos, a diferença de idade perdeu a importância. A opinião que domina na literatura bibliográfica – tanto sobre Karl quanto sobre Jenny – é que eles noivaram secretamente no verão/outono de 1836. Angelika Limmroth, autora da mais completa biografia de Jenny Marx publicada até o momento, escreve que, após ter passado um ano em Bonn, Karl regressa a Trier no verão de 1836 e, "como se um raio os tivesse atravessado, a amizade juvenil torna-se um amor intenso"[103]. Também na MEGA-2[104] há a informação de que o noivado aconteceu nas "férias de outono de 1836". É evidente que Karl e Jenny noivaram, *no mais tardar*, no outono de 1836. A partir dessa época, Heinrich Marx (que foi informado sobre o segredo) passa a mencionar Jenny e o noivado em cartas. Por diversas vezes, Heinrich aconselha Karl, tendo em vista a responsabilidade que ele havia assumido, a terminar logo os estudos.

É questionável a afirmação de que o noivado realmente *só* aconteceu no verão/outono de 1836. A única declaração de Karl Marx acerca da data de noivado se encontra em uma carta a *Arnold Ruge* (1802-1880) do dia 13 de março de 1843: "Já estou noivo há mais de sete anos"[105]. Se em março de 1843 já fazia sete anos que Karl estava noivo, então o noivado necessariamente acontecera *antes de março de 1836*. Se Karl e Jenny não se encontraram em segredo após a partida de Karl de Trier, o noivado provavelmente aconteceu já em setembro ou outubro de 1835. Duas observações de Eleanor sugerem data parecida. Em suas memórias sobre o pai, publicadas em 1895, ela escreve: "Enquanto crianças, Karl e Jenny brincaram juntos; enquanto rapaz e moça – ele com dezessete, ela com 21 –, noivaram, e, como Jacó fez por Raquel, Marx teve de servir durante sete anos antes de casar-se com ela"[106]. Jenny fez

---

[102] Carta do dia 25 de maio de 1865; Rolf Hecker e Angelika Limmroth (orgs.), *Jenny Marx*, cit., p. 372.

[103] Angelika Limmroth, *Jenny Marx*, cit., p. 60.

[104] MEGA-2 III/1, p. 729.

[105] Ibidem, p. 44; MEW 27, p. 417.

[106] Eleanor Marx, "Karl Marx: lose Blätter", cit., p. 249. Como relatado no primeiro livro de Moisés, Jacó – filho de Isaque e neto de Abraão – amava Raquel. Porém, Labão, pai de Raquel, exigiu que Jacó trabalhasse para ele durante sete anos antes do casamento – o que ele fez.

22 anos no dia 12 de fevereiro de 1836. Se ela tinha 21 anos ao noivar com Karl, isso necessariamente aconteceu antes de fevereiro de 1836. Mesmo que o noivado tivesse ocorrido em outubro de 1835, antes da partida de Karl de Trier, ainda assim não se teriam completado oito anos quando eles se casaram, em julho de 1843, mantendo-se verdadeira a afirmação de que eles foram noivos durante sete anos. Também em outro texto de Eleanor, publicado dois anos depois, há menção do noivado de Karl – com dezessete anos de idade –, que foi aceito por seus pais quando ele tinha dezoito anos[107].

Assim, se as informações diretas de Karl e Eleanor Marx acerca da data aproximada do noivado não estiverem erradas, Karl e Jenny, no verão de 1836, já estavam secretamente noivos havia quase um ano. Parece-me plausível que o noivado tenha ocorrido nas três semanas entre as provas orais de conclusão do ginásio e a partida de Karl de Trier. O período tenso das provas já havia passado, e o momento da partida se aproximava – pela primeira vez, os amigos de juventude teriam de se separar por um período mais longo. Provavelmente, ambos estavam inseguros acerca do desenvolvimento dos sentimentos do outro: talvez Jenny – que estava na melhor idade para casar-se – conhecesse um rapaz em um baile de inverno; talvez Karl conhecesse outra mulher na nova cidade. A despedida iminente deve tê-los assustado um pouco, o que resultou no noivado secreto.

Não se sabe se Karl e Jenny tiveram a oportunidade de trocar cartas durante o primeiro ano. Não há mais como verificar se, talvez, a viagem de Karl à Holanda no inverno de 1835-1836 – da qual só temos conhecimento pelos comentários nas cartas de seus pais – na verdade foi um pretexto para encontrar-se com Jenny secretamente. De qualquer maneira, no verão de 1836, eles estiveram pela primeira vez juntos outra vez por algumas semanas[108], podendo então verificar como estava o amor. Eles não estavam simplesmente um ano mais velhos. Ao partir de Trier, em 1835, Karl ainda era um jovem recém-saído do ginásio, e Jenny já era uma jovem mulher. O ano em Bonn provavelmente fez de Karl um rapaz bem mais independente; Jenny o encontraria com outros olhos. De todo modo, o relacionamento parece ter se tornado muito mais intenso durante esse verão. Em uma famosa carta a seu pai, datada do dia 10 de novembro de 1837,

---

Contudo, na noite de núpcias, Labão colocou sua filha mais velha e menos bonita, Lea, na cama de Jacó. Para receber Raquel, Jacó teve de trabalhar mais sete anos, tendo, no fim, duas esposas. Ao menos Karl foi poupado dos outros sete anos.

[107] Idem, "Ein Brief des jungen Marx", cit., p. 237-8.

[108] Em carta do pai do dia 19 de março de 1836 – MEGA-2 III/1, p. 296 –, fala-se de uma visita rápida de Karl. Se ele passou a Páscoa de 1836 em Trier, provavelmente ficou poucos dias, a fim de não perder aulas na faculdade.

ao comentar o ano que havia se passado, Karl Marx escreve a respeito de sua partida de Trier em outubro de 1836: "Quando deixei vocês, um novo mundo havia se aberto para mim: o do amor [...]"[109].

O primeiro a saber do segredo (ou que talvez o tenha descoberto por acaso) foi o pai de Karl. De acordo com o relato de Eleanor, provavelmente aconteceram "discussões bastante acaloradas". "Meu pai", escreve Eleanor sobre Karl, "costumava dizer que ele era, na época, um verdadeiro *Orlando furioso*."[110] Mas, como é possível ler nas cartas de Heinrich Marx, ele acabou aceitando o noivado bem rapidamente, mantendo ainda o segredo em relação aos pais de Jenny.

É totalmente compreensível que, num primeiro momento, Karl e Jenny tenham mantido o noivado em segredo – afinal, ele contrariava as convenções da época. Contudo, o problema não era – como ainda se afirma hoje – a existência de uma suposta disparidade social muito grande entre as famílias de Karl e Jenny, tampouco o fato de a família de Karl ter origem judaica[111]. Este último fato representava o menor dos problemas. Nessa época, anterior ao surgimento do antissemitismo racista, os judeus convertidos, em especial os que faziam parte das classes altas, eram quase sempre aceitos socialmente[112]. Também não tinha muita importância o fato de o pai de Jenny ter sido nobre, enquanto a família de Karl não. O título de nobreza da família Westphalen não era muito antigo e era de um escalão baixo; além disso, Ludwig – que havia ele mesmo, no segundo matrimônio, se casado com uma "burguesa" – não era nenhum barão. Em contrapartida, Heinrich Marx era um dos cidadãos mais respeitados de Trier. A posição social de ambos os pais era semelhante. No que diz respeito à situação financeira, era antes a família Westphalen que tinha problemas. Após sua aposentadoria por razões médicas em 1834, Ludwig passou a receber apenas uma pensão de 1.125 táleres por ano, além dos baixos juros de uma herança da Escócia[113], ao passo que Heinrich Marx recebia cerca de 1.500 táleres por ano[114].

---

[109] MEGA-2 III/1, p. 10; MEW 40, p. 4.

[110] Eleanor Marx, "Ein Brief des jungen Marx", cit., p. 238. "Orlando furioso" [Orlando louco] é um famoso poema épico de Ludovico Ariosto (1474-1533) que se passa no tempo de Carlos Magno e contém uma série de aventuras fantásticas (como uma viagem à Lua).

[111] Por exemplo, lê-se em Francis Wheen, *Karl Marx*, cit., p. 29: "Pode parecer surpreendente que uma bela moça de 22 anos, proveniente da classe alta prussiana, filha do barão Ludwig von Westphalen, tenha se apaixonado por um pobre-diabo burguês [não nobre] e judeu".

[112] Um dos mais famosos exemplos é *Friedrich Julius Stahl* (1802-1861), que foi um dos precursores do conservadorismo prussiano e chegou a tornar-se *Kronsyndikus* [conselheiro jurídico do monarca] no reinado de Frederico Guilherme IV da Prússia.

[113] Heinrich Gemkow, "Aus dem Leben einer rheinischen Familie im 19. Jahrhundert", cit., p. 513.

[114] Jürgen Herres, "Cholera, Armut und eine 'Zwangssteuer' 1830/1832", cit., p. 197.

Os fatores que representavam um problema para a época eram, antes, estes: a diferença de idade entre os dois e o futuro profissional incerto de Karl. A imagem da família burguesa nessa época era clara: o homem deveria exercer uma profissão respeitável, ganhando dinheiro suficiente para possibilitar um nível de vida condizente com o *status* da família; a mulher deveria gerir os afazeres domésticos e criar as crianças. Assim, era comum no meio burguês que os homens – quando não provinham de uma família muito abastada – só começassem a procurar por uma noiva após os 25 anos de idade; ou seja, quando já tinham uma formação concluída e um emprego por meio do qual pudessem sustentar uma família[115]. Por isso, via de regra, o marido costumava ser seis ou sete anos mais velho que a esposa. Até mesmo uma diferença de dez anos de idade, ou mais, não era raridade. Como consequência, o candidato socialmente adequado para se casar com Jenny (com 21 ou 22 anos) seria um advogado, um comerciante, um oficial ou um funcionário público com 27 ou 28 anos; não um estudante de 17 ou 18 anos. Com o último o risco era duplo: por um lado, não se sabia quando (nem se) ele obteria diploma universitário, tampouco quais seriam suas perspectivas profissionais quando formado. Por outro, havia o risco – principalmente em se tratando de um rapaz de dezoito anos – de que seu primeiro amor não durasse tanto tempo. Se Karl viesse a desfazer o noivado após três ou quatro anos, suas perspectivas no mercado de casamento não mudariam muito. Para Jenny, porém, haveria uma piora significativa de chances. De um ponto de vista contemporâneo, talvez soe estranho, mas com 25 ou 26 anos ela já teria passado da idade ideal para casar-se – no começo do século XIX, a maioria das moças provenientes das camadas burguesas cultas se casava com idade entre 17 e 22 anos[116].

Heinrich Marx talvez visse os problemas com mais clareza que seu filho. No dia 28 de dezembro, ele escreveu a Karl em Berlim:

> Conversei com J[enn]y e queria ter podido acalmá-la de vez. Fiz o possível, mas nem tudo se resolve com palavras racionais. Ela ainda não sabe como os pais reagirão à notícia dessa relação. Além disso, a opinião dos parentes e do mundo não é um detalhe sem importância. [...] Ela está fazendo um sacrifício de valor incalculável por você – e essa demonstração de autorrenúncia só se pode compreender por meio do raciocínio frio. Ai de você, se um dia, em toda sua vida, esquecer-se disso![117]

---

[115] Cf., acerca do tema, Karin Hausen, "'... eine Ulme für das schwanke Efeu': Ehepaare im deutschen Bildungsbürgertum", em Ute Frevert (org.), *Bürgerinnen und Bürger: Geschlechterverhältnisse im 19. Jahrhundert* (Göttingen, Vandenhoeck & Ruprecht, 1988).

[116] Ibidem, p. 96.

[117] MEGA-2 III/1, p. 303.

174 KARL MARX E O NASCIMENTO DA SOCIEDADE MODERNA

Apesar de muitas tempestades e de alguns problemas conjugais, Karl e Jenny mantiveram-se juntos pelos 45 anos que se seguiram, até a morte dela. Em Heinrich Marx, encontraram um primeiro aliado.

3. O primeiro ano em Berlim

Quando Karl partiu de Trier para Berlim, em 1836, ainda não havia vias férreas que permitissem uma viagem de trem – ele precisou utilizar o veículo postal, puxado por cavalos. A viagem demorou entre cinco e sete dias e foi cara: além dos vinte táleres do cocheiro, era preciso pagar as refeições e as estadas ao longo do trajeto[118]. Era preciso atravessar as muitas fronteiras dos diversos Estados alemães. Graças à união aduaneira alemã [*Zollverein*] de 1833, pelo menos não era mais necessário pagar as taxas alfandegárias comuns até então. Antes da expansão da rede ferroviária, as viagens eram bastante caras e demoradas. Por isso, os pais de Karl nunca o visitaram em Berlim, e ele mesmo provavelmente só foi a Trier uma única vez durante o período que passou na capital.

A cidade e as visitas feitas pelo jovem Karl

Berlim foi a primeira grande cidade em que Marx viveu. Contudo, era naquela época consideravelmente menor do que hoje – tanto em termos de população quanto em termos de área. Muitos dos atuais bairros ainda eram, até o início do século XX, pequenas cidades autônomas. Ao viajar de Potsdam a Berlim, as carruagens passavam pelas localidades de Zehlendorf, Steglitz e Schöneberg, que à época ainda não pertenciam a Berlim. Atualmente, apenas os nomes das estações de metrô terminados em *Tor* [portão] indicam os antigos limites da cidade: Frankfurter Tor, Schlesisches Tor, Kottbusser Tor, Hallesches Tor, Oranienburger Tor. Naquela época, o antigo muro da cidade ainda existia; contudo, a área urbana, em rápido crescimento, já se expandia para além dos portões. Em 1834, viviam cerca de 265 mil pessoas em Berlim; em 1840, a população já era de 329 mil – aumento populacional de quase 25% em apenas seis anos. Esse enorme crescimento era consequência exclusiva da imigração, tendo em vista que a mortalidade infantil era tão alta que a população já residente não aumentava. Apesar desse crescimento populacional, Berlim ainda não se comparava com as outras grandes capitais europeias: em Londres, viviam 2,2 milhões de pessoas (1841) e, em Paris, 900 mil (1836)[119].

---

[118] Cf. Sepp Miller e Bruno Sawadzki, *Karl Marx in Berlin: Beiträge zur Biographie von Karl Marx* (1956) (Berlim, Das Neue Berlin, s.d.), p. 14 e 213.

[119] É possível encontrar muitas informações sobre a Berlim das décadas de 1830 e 1840 no segundo volume de Adolf Streckfuß, *500 Jahre Berliner Geschichte: vom Fischerdorf zur Weltstadt*

Quando Marx chegou, Berlim estava no meio de um processo de transformação: de cidade residencial, tornava-se cidade industrial. O número de pequenos artesãos, com um ou dois ajudantes, diminuía. Ao mesmo tempo, surgiam novas oficinas e grandes instalações industriais (com cinquenta empregados, já eram consideradas "grandes") e, com elas, emergia um proletariado vivendo em condições precárias – constituído por famílias artesãs pobres e pela população rural migrante. Por conta de seu posicionamento geográfico, Berlim sempre foi comercial – o rio Spree cruzava nesse local uma antiga rota comercial que ia de Aachen a Königsberg. Não era, no entanto, uma cidade muito rica.

No centro da cidade havia o imenso palácio dos Hohenzollern, um edifício barroco não tão vistoso, construído em grande parte no século XVII e no início do XVIII. Nos arredores havia ainda uma série de palácios menores pertencentes à nobreza prussiana. Os funcionários públicos e oficiais militares ditavam o ritmo da vida urbana. Na cidade, pobres e ricos viviam muito próximos – frequentemente, nos mesmos edifícios. Contudo, dentro do prédio a separação era clara: as "pessoas honrosas" moravam no andar térreo, no *bel-etage* (primeiro andar) e no "andar superior" (segundo andar); aqueles que não tinham muito dinheiro viviam no porão ou em um andar ainda mais alto que os outros; os mais pobres viviam nos vãos embaixo das escadas ou no sótão. O que se chama hoje em Berlim de "apartamento em edifício antigo" [*Altbauwohnung*] – grandes apartamentos, com pé-direito alto, em prédios de cinco andares – ainda não existia nos tempos de Marx. A maioria desses "edifícios antigos" só seria construída no fim do século XIX e no início do XX. Para construí-los, demoliram-se os típicos edifícios de três andares da época de Marx. Muitas das edificações históricas do século XIX, famosas hoje, também não existiam quando Marx estudou em Berlim: a *Rotes Rathaus* [prefeitura vermelha] surgiu cerca de trinta anos após sua estada na capital, e a catedral de Berlim, somente no fim do século XIX. Quando Marx chegou à cidade,

---

(4. ed., Berlim, Goldschmidt, 1886, 2 v.). Especialmente sobre a década de 1830, cf. L. Freiherr von Zedlitz, *Neuestes Conversations-Handbuch für Berlin und Potsdam zum täglichen Gebrauch der Einheimischen und Fremden aller Stände* (Berlim, [Arani,] 1834). Friedrich Saß – *Berlin in seiner neuesten Zeit und Entwicklung 1846* (1846) (Berlim, Frölich & Kaufmann, 1983) – e Ernst Dronke – *Berlin* (1846) (Berlim, Rütten & Löning, 1987) – dão uma descrição crítica tanto do cotidiano quanto da vida política em Berlim na primeira metade da década de 1840. Por causa de seu livro, Dronke chegou a ser condenado por crime de lesa-majestade; em 1848, ele fazia parte – com Marx – da redação da *Nova Gazeta Renana*. Sepp Miller e Bruno Sawadzki – *Karl Marx in Berlin*, cit. – e Manfred Kliem – *Karl Marx und die Berliner Universität 1836 bis 1841*, cit. – dedicaram-se especialmente à pesquisa sobre a vida de Marx em Berlim.

muitas ruas não eram sequer pavimentadas. Só existia iluminação a gás – sob responsabilidade de uma empresa inglesa desde 1826 – nas maiores ruas e nas praças; para as outras partes da cidade, restava a antiga iluminação a óleo. A partir das dez horas da noite, os guardas-noturnos municipais transitavam pelas ruas com lanças e cães.

Os vigias* de Berlim – homens que recebiam concessão da polícia e ficavam em pé nas esquinas esperando que seus serviços fossem solicitados – eram conhecidos por toda a Alemanha. A farsa *Eckensteher Nante im Verhör* [Interrogatório do vigia Nante], de *Friedrich Beckmann* (1803-1866), que estreou em 1833, foi encenada diversas vezes, tornando Nante (Ferdinand Stumpf, que de fato existiu) a personificação do humor popular berlinense.

Por ser a cidade onde o rei da Prússia residia, havia em Berlim uma grande quantidade de órgãos públicos governamentais e administrativos, além de uma vida cultural bastante diversificada. Havia uma casa de ópera, construída por Frederico II (a sede da Ópera Estatal de Berlim, que ainda existe); uma orquestra real (predecessora da atual Orquestra Estatal de Berlim [*Staatskapelle Berlin*]), que, por ter um grande número de violinistas e violoncelistas, também executava óperas e sinfonias; um balé; um grande teatro, com capacidade para 1.400 pessoas; assim como diversos teatros públicos e privados. O jovem Marx assistiu aqui à atuação de *Karl Seydelmann* (1793-1843), famoso ator da época, que deixou nele uma impressão duradoura. Wilhelm Liebknecht relata que nos passeios da família Marx – aos domingos, em Londres – muito se discutia sobre literatura e frequentemente se declamavam trechos das obras de Dante Alighieri e Shakespeare. Quando Marx "estava muito bem-disposto, dava-nos uma imitação de Seydelmann interpretando Mefisto. Ele adorava Seydelmann, a quem assistiu e ouviu em Berlim, e o 'Fausto' era seu poema alemão favorito"[120].

Nessa época, havia em Berlim três jornais. Além do estatal *Allgemeinen Preußischen Staatszeitung* [Gazeta Estatal Geral da Prússia] (chamado, a partir de 1843, de *Allgemeine Preußische Zeitung* [Gazeta Geral da Prússia]), publicado pelo governo desde 1819, havia também dois jornais fundados no século XVIII – cuja publicação passou a ser diária a partir da década de 1820: o *Vossische Zeitung* [Gazeta de Voss] (com nome oficial de *Königlich Privilegierte Berlinische Zeitung von Staats- und Gelehrten Sachen* [Gazeta Berlinense de Privilégio Real para Assuntos Eruditos e do Estado], mas que era chamado pelo nome do antigo proprietário) e o *Spenersche Zeitung* [Gazeta de Sperner]. Após os decretos de Karlsbad, ambos passaram e ser muito censurados; na década de 1830, a situação se agravou após

---

* Em alemão, *Eckensteher*; literalmente, "aquele que fica em pé na esquina". (N. T.)
[120] Wilhelm Liebknecht, "Karl Marx zum Gedächtnis", cit., p. 105.

o Festival de Hambach. Como consequência, ambos os jornais haviam se tornado, nessa época, basicamente apolíticos[121].

Para se informar politicamente, era preciso ler jornais estrangeiros, em especial os franceses, o que era quase impossível para as camadas mais pobres. A burguesia interessada em política frequentava as confeitarias berlinenses: nelas, não havia apenas pães e bolos, mas diversos jornais alemães e estrangeiros. As pessoas iam a tais lugares a fim de se informar e de discutir. Havia grande diferença entre o público das diversas confeitarias, no que diz respeito tanto à posição social quanto às opiniões políticas. As confeitarias das camadas mais baixas da burguesia tinham uma oferta limitada de periódicos, enquanto as das classes mais altas ofereciam uma grande variedade de jornais alemães e estrangeiros, adaptando-se também às preferências da clientela. Em frente ao palácio central, havia a confeitaria Jotsy, ponto de encontro de comerciantes e especuladores da Bolsa – funcionários públicos de altos cargos também eram vistos por ali. Os frequentadores do Kranzler, que ficava na Unter den Linden*, eram dândis ricos da aristocracia e tenentes da guarda real que se superavam mutuamente em seu esnobismo. Os conservadores, dos mais diversos tipos, encontravam-se na confeitaria Spargnapani, também na Unter den Linden. Em contrapartida, escritores, artistas e críticos das relações vigentes – mais ou menos radicais – iam ao Café Stehely, localizado na praça Gendarmenmarkt**. Friedrich Saß[122], em sua descrição das confeitarias de Berlim, caracteriza alguns dos frequentadores famosos do Stehely, como *Eduard Meyen* (1812-1870), *Max Stirner* (*Johann Caspar Schmidt*, 1806-1856) ou *Adolf Rutenberg* (1808-1869) – todos conhecidos de Karl Marx. Pode-se supor que o estudante Marx também tenha sido frequentador do Stehely. Saß não o menciona; afinal, na época em que escreveu seu livro, Marx já não vivia em Berlim havia muito tempo.

A burguesia abastada e a nobreza não precisavam das confeitarias: elas se encontravam nos salões, como no de Rahel Varnhagen [mencionada *en passant* no capítulo 2], ou nas diversas *Tischgesellschaften**** (via de regra exclusivas para homens), como a Deutsche Tischgesellschaft (sociedade de postura fundamentalmente antissemita, da qual nem mesmo judeus batizados podiam tornar-se membros), fundada por *Achim von Arnim* (1781-1831), ou a *Gesetzlose*

---

[121] Ludwig Salomon, *Geschichte des deutschen Zeitungswesens von den ersten Anfängen bis zur Wiederaufrichtung des Deutschen Reiches*, v. 3: *Das Zeitungswesen seit 1814* (Oldenburgo, Schulzesche Hof-Buchhandlung, 1906), p. 261 e seg. e 355-6.

* "Sob as Tílias", principal rua no centro de Berlim. (N. T.)

** Também na região central da cidade. (N. T.)

[122] Friedrich Saß, *Berlin in seiner neuesten Zeit und Entwicklung 1846*, cit., p. 52 e seg.

***Encontros em que se comia, bebia e discutia sobre diversos temas. (N. T.)

Gesellschaft [Sociedade sem Leis], que ainda existe (o nome deriva do fato de que não há regras de convivência estipuladas por essa sociedade). Nos encontros das *Tischgesellschaften* havia uma refeição conjunta, acompanhada de palestras e discussões.

Quando Marx começou seus estudos em Berlim, no inverno de 1836-1837, muito se discutia sobre o "caso Laube". *Heinrich Laube* (1806-1884) – escritor que fazia parte do grupo Jovem Alemanha, era amigo de Karl Gutzkow e se pronunciava, em artigos em periódicos, de maneira cada vez mais crítica em relação à casa real prussiana e a seus aliados, os tsares russos – foi detido em 1834 por causa de suas críticas, passando vários meses em prisão preventiva. Conduzido por *Gustav Adolf von Tzschoppes* (1794-1842) – membro da Comissão para Investigação de Práticas Demagógicas conhecido por sua avidez na perseguição de casos –, o Tribunal Regional Superior de Berlim julgou o caso e condenou Laube, no fim de 1836, a sete anos de prisão por ter criticado o rei da Prússia e o tsar russo e também por ter feito parte de uma associação estudantil na década de 1820. Contudo, os influentes defensores de Laube conseguiram uma redução da pena para dezoito meses, além da permissão para cumpri-la na propriedade do príncipe Heinrich von Pückler-Muskau[123].

Os primeiros anos de Marx em Berlim coincidiram com os últimos anos do reinado de Frederico Guilherme III da Prússia, no trono desde 1797. Ele foi bastante popular no começo do reinado, pois afetava modéstia quando aparecia em público, acabou com a política de *maîtresses**, comum no século XVIII, e demonstrava ter uma vida familiar quase burguesa com sua esposa Luise. Entretanto, graças ao não cumprimento da "promessa de Constituição" e a uma política cada vez mais reacionária, sua popularidade caiu, o que gerou desconfiança por parte do governo em relação à população. Nas décadas de 1820 e 1830, cada mínimo movimento de oposição (ou que o governo considerasse como tal) foi controlado e perseguido. Em 1837, quando o rei teria a oportunidade de comemorar quarenta anos no trono, prescindiu-se de qualquer tipo de festividade pública, pois protestos e transtornos eram temidos. Grande parte da população tinha esperanças de que o filho de Frederico Guilherme III mudasse as coisas: ele era conhecido por posicionar-se contra a monarquia militar do pai. Esperava-se que ele finalmente colocasse a Prússia no rumo de um Estado liberal com liberdades civis – esperanças que logo foram desenganadas com o início de seu reinado, em 1840.

---

[123] Heinrich Laube, *Erinnerungen 1810-1840* (1875), (org. Heinrich Hubert Houben, Leipzig, Hesse, 1909, Gesammelte Werke, v. 40), p. 351 e seg.; Heinrich Hubert Houben, "Heinrich Laube", em *Allgemeine Deutsche Biographie*, v. 51 (Leipzig, Duncker & Humblot, 1906).

* As *maîtresses-en-titre* eram as amantes oficiais dos monarcas; além de ter um cargo na corte, elas exerciam certa influência nas decisões reais. (N. T.)

Quando Marx, com dezoito anos de idade, chegou a Berlim, provavelmente levava consigo algumas cartas de recomendação de seu pai. Esse tipo de carta – escrita por pais, parentes próximos ou amigos dos pais – era direcionado a conhecidos ou parceiros de negócios e tinha como função ajudar os jovens estudantes a ingressar nos círculos sociais "mais altos" da nova cidade. Os estudantes faziam visitas, entregavam as cartas de recomendação e eram convidados a novas visitas e a participar de festas, nas quais talvez tivessem a oportunidade de conhecer personalidades importantes. Por vezes, surgiam relações mais estreitas entre os estudantes e as famílias para as quais as cartas haviam sido direcionadas; assim, os pais do rapaz passavam a receber informações sobre seu desenvolvimento.

A partir das cartas de Heinrich ao filho, depreende-se que Karl fez as tais visitas de apresentação a vários juristas em Berlim[124]. Alguns deles ocupavam posições bastante importantes. Por exemplo, *Johann Peter Esser* (1786-1856) e *Franz Ludwig Jaehnigen* (1801-1866), ambos conselheiros com altos cargos jurídicos, faziam parte da presidência do Tribunal de Recurso e Cassação, o mais alto tribunal do "direito renano", que ainda estava em vigor nas províncias renanas e que se baseava no *Code civil* napoleônico. Ambos haviam trabalhado no Tribunal Regional de Trier, provavelmente onde Heinrich Marx os conheceu. O conselheiro Meurin, outro conhecido de Heinrich com quem Karl se encontrou, também tinha ligações com esse tribunal; ele era o diretor da tesouraria.

Outros membros do Tribunal de Revisão Renano – Friedrich Carl von Savigny e *August Wilhelm Heffter* (1796-1880) – lecionavam na universidade. No semestre de inverno de 1836-1837, Marx frequentou um curso de Savigny; no semestre de verão de 1837, frequentou três cursos de Heffter de uma vez. Também havia um processo contra Heinrich Marx pendente nesse Tribunal de Revisão. O distrito de Irsch, que havia sido representado por Heinrich em 1832, processou-o por exceder os limites do mandato que lhe havia sido conferido. O processo foi negado no dia 7 de fevereiro de 1833 pelo Tribunal Regional de Trier; contudo, foi aceito pelo Tribunal de Recurso de Colônia no dia 12 de junho de 1833. Em seguida, Heinrich Marx entrou com um pedido de indeferimento junto ao Tribunal de Revisão de Berlim[125]. Desde então, até o inverno de 1836, o caso ficou parado nessa instância, sem avanços. Por isso, Heinrich Marx incumbiu o filho de ir aos conselheiros judiciais Reinhard, que o defendia no tribunal, e Sandt, o advogado da outra parte, a fim de obter informações sobre o andamento do processo[126]. Dez meses depois, nada havia acontecido.

---

[124] Carta do dia 9 de novembro de 1836, MEGA-2 III/1, p. 300.

[125] MEGA-2 III/1, p. 729.

[126] Carta do dia 9 de novembro de 1836, MEGA-2 III/1, p. 300.

180 KARL MARX E O NASCIMENTO DA SOCIEDADE MODERNA

Então Heinrich pediu ao filho que fosse até Reinhard e lhe solicitasse a aceleração do processo, independentemente do resultado: "Ganhando ou perdendo, já tenho preocupações demais e gostaria de livrar-me dessa"[127]. No entanto, tudo estava encaminhado, de modo que apenas alguns dias depois, em 23 de setembro, a questão foi julgada e a resolução do tribunal de Colônia foi "arquivada"; ou seja, o processo foi decidido a favor de Heinrich Marx[128].

Ao passar os contatos dos juristas de Berlim a Karl, Heinrich não tinha em mente apenas seu processo, mas, antes de tudo, pensava no avanço profissional do filho. Em sua carta do dia 9 de novembro, lê-se que Jaehnigen e Esser haviam se manifestado de maneira bastante positiva sobre Karl[129]. Aparentemente, durante certo período, houve inclusive uma relação mais estreita com a família Jaehnigen, tendo em vista que no verão de 1837, quando Karl esteve doente, a sra. Jaehnigen escreveu várias cartas a Jenny[130]. Todavia, Karl parece ter rompido esse contato: seu pai salienta, em relação a Jaehnigen, que Karl teria "perdido muito" e que ele talvez "pudesse ter agido de maneira mais inteligente"[131]. Não se sabe exatamente o que aconteceu.

O contato com o conselheiro Esser teria sido particularmente importante para uma futura carreira jurídica de Karl; afinal, ele era membro da Comissão Real de Exame Judiciário. Essa comissão tinha a função de examinar os juristas que seriam colocados – em todo o reino da Prússia – em cargos nos colégios regionais de justiça ou nos maiores tribunais de primeira instância[132]. Entretanto, além de Karl não gostar da ideia de construir a própria carreira por meio de contatos (é o que sugerem as palavras de Heinrich, que menciona os "princípios estritos" do filho em cartas[133]), suas aspirações profissionais também não envolviam uma carreira no poder Judiciário[134]. Ainda assim, Esser parece ter mantido a opinião positiva em relação a Karl. Em carta do dia 3 de março de 1860 a Julius Weber[135], Marx relata que Esser lhe oferecera um emprego no verão de 1843 – quando a *Gazeta Renana*, dirigida por Marx, já havia sido proibida.

Desconsiderando os juristas intermediados por Heinrich, Karl parece não ter tido outros contatos durante os primeiros meses em Berlim. Em sua carta de

---

[127] Carta do dia 16 de setembro de 1837, MEGA-2 III/1, p. 319; MEW 40, p. 633.

[128] MEGA-2 III/1, p. 729.

[129] Ibidem, p. 300.

[130] Cf. carta de Heinrich Marx de 12-14 de agosto de 1837, MEGA-2 III/1, p. 313.

[131] Idem.

[132] Manfred Kliem, *Karl Marx und die Berliner Universität 1836 bis 1841*, cit., p. 31-2.

[133] Por exemplo, em MEGA-2 III/1, p. 300.

[134] Cf. a seguir.

[135] MEGA-2 III/10, p. 345.

novembro de 1837, na qual ele analisa retrospectivamente o ano na nova cidade, lê-se: "Chegando a Berlim, rompi todas as ligações existentes até então [não se sabe a quais ligações ele se refere aqui, M. H.], fiz, sem vontade, algumas raras visitas e tentei afundar-me em ciência e arte"[136].

Hegel e a Universidade de Berlim

Até o começo do século XIX, Berlim não tinha uma universidade – mesmo sendo a capital da Prússia, Estado que se tornava cada vez mais potente. Teólogos e funcionários públicos estudavam na Universidade de Frankfurt an der Oder e, sobretudo, na Universidade de Halle. Todavia, pesquisas científicas eram feitas em Berlim na Academia de Ciências da Prússia, fundada em 1700 por *Gottfried Wilhelm Leibniz* (1646-1716). Propostas de fundar uma universidade em Berlim já existiam havia muito tempo, porém o projeto só começou a tomar forma após a derrota da Prússia em 1806, quando as tropas francesas ocuparam Halle e fecharam a universidade local. Como parte das vastas reformas feitas após a derrota para a França, fundou-se a Universidade de Berlim em 1809 – com início oficial das atividades docentes em 1810. Em 1828, ela foi nomeada em homenagem ao rei Frederico Guilherme [Friedrich-Wilhelm]. O nome atual – *Humboldt-Universität*, em homenagem aos irmãos Humboldt – somente seria atribuído à universidade após a Segunda Guerra Mundial. A universidade se instalou no Prinz Heinrich Palais*, na rua Unter den Linden – o edifício ainda hoje é o prédio principal da universidade.

Como dirigente do Departamento de Cultura e Educação, Wilhelm von Humboldt teve papel determinante na fundação da universidade. Também foram muito influentes conceitualmente, já antes de Humboldt, o filósofo Johann Gottlieb Fichte e o teólogo Friedrich Schleiermacher. Os fundadores não queriam que a universidade se tornasse somente um centro científico, queriam que promovesse também uma renovação intelectual. Em 1811, Fichte foi eleito o primeiro reitor da Universidade de Berlim, na qual logo estariam reunidos vários dos grandes eruditos da época. Na organização do currículo da universidade, utilizaram-se em parte matérias já existentes, mas também foram fundadas novas disciplinas, como a arqueologia e a filologia comparativa[137]. A medicina e as

---

[136] MEGA-2 III/1, p. 10; MEW 40, p. 4.

* Palácio construído para o príncipe Henrique da Prússia entre 1748 e 1753. (N. T.)

[137] Cf. Annette M. Baertschi e Colin G. King (orgs.), *Die modernen Väter der Antike: die Entwicklung der Altertumswissenschaften an Akademie und Universität im Berlin des 19. Jahrhunderts* (Berlim, Walter de Gruyter, 2009); Heinz-Elmar Tenorth (org.), *Geschichte der Universität Unter den Linden*, v. 4: *Genese der Disziplinen: die Konstitution der Universität* (Berlim, Akademie, 2010).

KARL MARX E O NASCIMENTO DA SOCIEDADE MODERNA

ciências naturais também estavam bem representadas. Assim, a Universidade de Berlim tornou-se rapidamente uma importante instituição.

Como em outros lugares, em Berlim os estudantes apoiaram com entusiasmo a "guerra de libertação" antinapoleônica de 1813 – e decepcionaram-se profundamente com o desenvolvimento político depois da vitória. O rei da Prússia não cumpriu a promessa de criar uma Constituição; em vez de um Estado liberal, desenvolveu-se uma monarquia autoritária e, após os decretos de Karlsbad de 1819, intensificaram-se consideravelmente a repressão, a censura e a espionagem[138]. Em Berlim, o controle dos estudantes era particularmente rigoroso.

Karl vom Stein zum Altenstein (1770-1840) desempenhou papel central no desenvolvimento inicial da Universidade de Berlim. Em 1817, ele foi designado o primeiro ministro da Cultura da Prússia – cargo que manteria até a morte. Durante seu período no cargo, reformou o sistema educacional prussiano. Entre outras coisas, expandiu a escolaridade obrigatória para todo o território da Prússia em 1825 e introduziu um currículo unificado para os ginásios em 1834. Após a renúncia de Humboldt, em 1819, e a morte do chanceler de Estado Karl August von Hardenberg, Altenstein passou a ser o último reformador em um cargo importante – e era preciso se defender dos ataques dos círculos conservadores, principalmente do "partido do príncipe herdeiro" (ou seja, os apoiadores do príncipe herdeiro, que se tornaria, posteriormente, o rei Frederico Guilherme IV). A Universidade de Berlim foi especialmente promovida por Altenstein. Sua política de convocação contribuiu de modo decisivo para a transformação da instituição em uma das melhores universidades da Alemanha.

Um importante acontecimento, tanto para a história inicial da universidade quanto para a vida intelectual de Berlim, foi a convocação de *Georg Wilhelm Friedrich Hegel* (1770-1831) para ocupar a cátedra de Fichte, que morrera em 1814. Um dos primeiros atos oficiais de Altenstein foi convidar Hegel, em dezembro de 1817 – com uma oferta bastante vantajosa em termos financeiros –, a transferir-se para Universidade de Berlim. Hegel aceitou e lecionou em Berlim de 1818 até morrer.

Esse empenho inicial de Altenstein em relação a Hegel, logo após se tornar ministro, não se devia simplesmente ao fato de que Hegel se tornara um importante filósofo – principalmente por causa de suas publicações, na época, mais recentes: em 1812-1813 e 1816, *Ciência da lógica*; em 1817, *Enciclopédia das ciências filosóficas*. Altenstein também considerava, por um lado, a filosofia uma espécie de ciência-guia no processo de reforma; por outro, via em Hegel um pensador com ideias politicamente liberais, sem, contudo, ser provocativo em demasia ou mesmo republicano. Nesse sentido, Hegel era uma excelente opção para os reformadores prussianos do grupo de Humboldt e Altenstein. No dia 1º

---

[138] Cf. capítulo anterior.

de maio de 1818, Goethe escreveu acerca da convocação – ele conhecia Hegel desde os tempos que este passara em Jena –, em uma carta ao famoso colecionador de arte *Sulpiz Boisserée* (1783-1854): "Parece que o ministro Altenstein quer adquirir uma guarda real científica para si"[139].

Hegel estava disposto a cumprir essas expectativas. Em seu primeiro discurso em Berlim, ele fala sobre a importância das reformas prussianas:

> E é especialmente esse *Estado* – que agora me absorve como parte de si –, que por meio da preponderância *intelectual* se elevou a seu *lugar* na *realidade* e no *cenário político*, que se igualou em *poder* e *autonomia* àqueles *Estados* que, em *meios externos*, lhe teriam sido superiores. Aqui, a formação e o florescimento da *ciência* são um dos *momentos* essenciais até mesmo na *vida estatal*.[140]

De maneira programática, Hegel leva isso às últimas consequências: "Esta universidade, a universidade do centro, há de ser também o *centro* de toda formação intelectual e toda ciência e verdade, e a *filosofia* encontrará seu lugar e especial atenção"[141]. Essa função especial da filosofia enquanto centro da formação intelectual deveria, no entendimento de Hegel (e também de Altenstein), ser preenchida sobretudo pela própria filosofia de Hegel.

No entanto, nem todos receberam bem Hegel. Friedrich Schleiermacher tornou-se seu principal oponente, impedindo, entre outras coisas, que ele fosse admitido na Academia de Ciências da Prússia. Apesar dessas oposições, Hegel desenvolveu diversas atividades em Berlim. Ele tentava penetrar filosoficamente cada vez mais áreas do conhecimento. Sua intenção não era impor a essas áreas certos princípios, por assim dizer, "de fora", mas, antes, revelar os princípios formadores e estruturantes nas próprias coisas. A penetração filosófica aspirada por Hegel pressupunha um vasto conhecimento especializado das respectivas áreas, independentemente de se tratar de política ou estética; assim, sua reflexão filosófica continha uma grande quantidade de conhecimento da realidade. Ao mesmo tempo, ele refletia sobre as condições históricas de sua filosofia: como se tornou possível pensar aquilo que ele apresentava ao público? Quais pressupostos intelectuais e concepcionais tiveram de ser estabelecidos e quem o fez? De maneira consciente, Hegel situa sua filosofia no meio de um processo de desenvolvimento histórico. A pretensão que sua filosofia tinha de chegar a um enten-

---

[139] Günther Nicolin (org.), *Hegel in Berichten seiner Zeitgenossen* (Hamburgo, Meiner, 1970), nota 264. A política de Altenstein, assim como o trabalho de Hegel na Universidade de Berlim, foi analisada detalhadamente na extensa obra de Max Lenz, *Geschichte der Königlichen Friedrich--Wilhelms-Universität zu Berlin*, cit.

[140] HW 10, p. 400.

[141] Idem.

184 KARL MARX E O NASCIMENTO DA SOCIEDADE MODERNA

dimento tanto universal quanto conclusivo fascinava seus contemporâneos. Logo, suas aulas passaram a ser frequentadas não só por estudantes mas também por outros professores, funcionários públicos (o mais famoso provavelmente foi Johannes Schulze, responsável pelas universidades no Ministério de Altenstein) e cidadãos cultos – isso, apesar do estilo de apresentação pouco atrativo de Hegel. *Heinrich Gustav Hotho* (1802-1873) – que foi seu aluno, fazia parte de seu círculo de amigos e foi responsável pela publicação, após sua morte, de *Cursos de estética* – descreveu o estilo de apresentação da seguinte maneira:

> Abatido, taciturno, ele se sentava lá com a cabeça inclinada para baixo, imerso em si mesmo, e folheava e procurava algo nos grandes cadernos, sem parar de falar [...], o pigarro e a tosse constantes atrapalhavam todo o fluxo da palestra, cada frase ficava lá, isolada, e saía com esforço, jogada, picotada e misturada.

Tudo isso "em forte dialeto suábio". Contudo, quem conseguia acompanhar Hegel, ainda segundo Hotho, via-se "lançado no mais estranho estado de tensão e angústia. A que abismos o pensamento era levado, por que contradições sem fim dilacerado [...]". Mas as conclusões de Hegel eram "tão claras e minuciosas, de uma veracidade tão simples, que quem fosse capaz de apreendê-las sentia-se como se ele mesmo as tivesse descoberto e pensado"[142].

Uma escola hegeliana começava a tomar forma em Berlim, e com *Jahrbüchern für wissenschaftliche Kritik* [Anais para a Crítica Científica], publicados desde 1827, ela também tinha um periódico próprio à disposição. Altenstein e Schulze promoviam quanto podiam os alunos de Hegel, na medida em que os convocavam a cátedras vagas e os defendiam de ataques. Após a morte repentina de Hegel – em 1831, ele foi uma das vítimas da epidemia de cólera que se espalhava por Berlim –, seus alunos e seus amigos, junto com sua mulher, fundaram a Associação de Amigos do Eternizado [*Verein der Freunde des Verewigten*] e rapidamente organizaram uma edição de sua obra, incluindo o conteúdo até então não publicado de seus cursos, que ia muito além de suas principais obras. Assim, por meio dessa "edição da Associação de Amigos", entre 1832 e 1845, publicaram-se pela primeira vez *Filosofia da história*, *Estética* e *Filosofia da religião* – o que aumentou muito o impacto da filosofia hegeliana. Quando Marx chegou a Berlim, em 1836, o hegelianismo era uma das tendências mais influentes na filosofia alemã, e Berlim era seu centro.

O jovem Marx também não escapou da influência dessa filosofia: "Prendo-me, de maneira cada vez mais firme, à atual filosofia mundana"[143], escreve ele ao pai em carta do dia 10 de novembro de 1837. De fato, Marx ainda estudaria Hegel outras vezes. Em diferentes momentos da vida, ele analisou diversas par-

---

[142] Citado em Günther Nicolin (org.), *Hegel in Berichten seiner Zeitgenossen*, cit., p. 246 e 248.
[143] MEGA-2 III/1, p. 17; MEW 40, p. 10.

tes da obra de Hegel, formulando também críticas que, de maneira nenhuma, apontavam na mesma direção sempre.

Até hoje há uma discussão controversa acerca da influência de Hegel sobre Marx. De fato, a análise da relação Marx-Hegel depende do modo de interpretar a filosofia hegeliana. As opiniões sobre Hegel dividem-se de maneira tão amplamente variada quanto as opiniões sobre Marx, com a diferença de que esse amplo espectro de opiniões existe tanto entre marxistas quanto entre críticos de Marx. Nos últimos cinquenta anos, a discussão sobre Hegel tem se beneficiado muito da edição historicamente crítica de suas obras – assim como acontece com a obra de Marx[144]. No entanto, a imagem de Hegel predominante no público geral manteve-se quase inalterada. O mesmo é válido para as diversas biografias de Marx, que via de regra traçam uma imagem bastante grosseira de Hegel. Na maioria das vezes, Hegel é visto como responsável por captar o desenvolvimento "dialético" da natureza, da história e da sociedade, mesmo que de maneira "idealista" – ou seja, como desenvolvimento e autoconhecimento do "espírito"; ou ele é considerado um metafísico distante da ciência, que observava a realidade exclusivamente através de modelos abstratos – produtos de sua filosofia do espírito –, criadores de uma imagem completamente distorcida e inútil. Como consequência, a influência de Hegel sobre Marx também é interpretada de maneira bem diversa: para uns, ela foi um importante impulso para o desenvolvimento de suas próprias investigações; para outros, uma tentação na direção de especulações não científicas – se Marx caiu nessa tentação ou não, essa também é uma questão que, por sua vez, foi respondida de diversas maneiras.

Abrirei mão de fazer aqui um esboço apressado da filosofia hegeliana – como os que se encontram em várias biografias de Marx –, uma vez que esse tipo de resumo, via de regra, gera desentendimentos[145]. Analisaremos alguns elementos específicos da filosofia de Hegel quando for necessário para acompanhar o desenvolvimento da obra de Marx. Quero apenas deixar claro, de início, que algumas das opiniões mais difundidas sobre Hegel se baseiam, antes, em preconceitos.

Analisar Hegel não é das tarefas mais fáceis: seu estilo de linguagem nos é estranho; não mais se conhecem, atualmente, as problemáticas filosóficas e políticas nas quais ele estava inserido; e, por vezes, Hegel apenas alude às posições que critica, pressupondo que o leitor as conheça. Hoje, os textos de Hegel muitas vezes parecem ser, em uma primeira leitura, não só incompreensíveis, mas sim-

---

[144] Desde 1968, a editora Meiner, de Hamburgo, tem publicado edições historicamente críticas do trabalho de Hegel sob o título *Gesammelte Werke* [Obra Completa].

[145] Para uma visão geral da obra e de suas fases, ver Walter Jaeschke, *Hegel Handbuch* (Stuttgart, Metzler, 2003). A mais recente biografia foi escrita por Terry Pinkard, *Hegel: a Biography* (Cambridge, Cambridge University Press, 2000).

plesmente impenetráveis. É bastante difundida a ideia de que ele foi um filósofo profundo, mas também quase inacessível. Tal imagem é inclusive reforçada por uma pintura de Hegel, bastante conhecida – mesmo por aqueles envolvidos apenas de forma superficial com sua obra. Trata-se de um retrato feito pelo pintor e restaurador *Johann Jakob Schlesinger* (1792-1855), amigo de Hegel, pouco antes da morte do filósofo, no ano 1831. No quadro, ele é retratado sem nenhum objeto – como livros ou manuscritos – diante de um fundo vermelho escuro, quase preto, vestindo uma camisa branca, fechada até o pescoço, por baixo de uma sobrecasaca verde com gola de pele. Tudo isso serve apenas de moldura para a cabeça, que se encontra exatamente no meio da imagem, chamando a atenção do observador direto para si. Schlesinger parece não querer disfarçar nada no retrato. O que se vê é um Hegel marcado pelo cansaço, com 61 anos de idade e nítidas bolsas embaixo dos olhos levemente avermelhados. Em algumas áreas, a pele se mostra flácida e enrugada; o cabelo, grisalho e esparso. As poucas mechas ainda restantes caem para a frente, grudadas na cabeça, mal escondendo as entradas no cabelo. A característica mais expressiva nesse retrato é o olhar, claro e concentrado. Hegel está absolutamente presente. Ele encara o observador – posicionado um pouco a sua esquerda –, mas sem virar a cabeça. Uma postura que carrega certa hesitação, um ceticismo, como se Hegel se perguntasse se de fato deveria gastar seu tempo com a pessoa diante dele. Corroborando essa postura, seu lábio superior parece estar, do lado esquerdo, levemente erguido, como se a boca quisesse manifestar uma reprovação, que acaba sendo, por educação, reprimida. Hegel parece inacessível. Ele está ocupado, concentrado em sua obra.

A potência sugestiva desse retrato tão difundido não deve ser subestimada[146]. Ao contrário do que a pintura de Schlesinger sugere, Hegel definitivamente não era um pensador distante da realidade prática. Em Jena, ele teve um filho – *Ludwig Fischer* (1807-1831) – fruto de uma relação extraconjugal com sua hospedeira, *Johanna Burkhardt* (nascida Fisher). Em 1811, casou-se com *Marie von Tucher* (1791-1855), vinte anos mais nova que ele. Eles tiveram, além de uma filha que morreu pouco após o nascimento, dois filhos: *Karl* (1813-1901) e *Immanuel* (1814--1891). A carreira acadêmica de Hegel só começaria a dar certo depois. Após terminar seus estudos em filosofia e teologia evangélica, ele trabalhou, de início, como professor particular em Berna e Frankfurt; apenas em 1801 ele faria sua habilitação em filosofia, em Jena. Porém, como só havia conseguido uma vaga mal paga como

---

[146] Por exemplo, Jonathan Sperber parece ter-se deixado levar por essa impressão: o tal retrato também aparece em sua biografia de Marx. Sobre Kant e Hegel, ele escreve: "As duas maiores figuras do idealismo alemão foram, por toda a vida, solteiros; casados, pode-se dizer, com o mundo etéreo da filosofia"; Jonathan Sperber, *Karl Marx*, cit., p. 61. De fato, Kant era solteiro, mas Hegel era casado e tinha os dois pés no chão.

professor adjunto na Universidade de Jena, assumiu, em 1807, a redação da *Bamberger Zeitung* [Gazeta de Bamberg], tendo imediatamente problemas com os órgãos de censura. Em 1808, tornou-se diretor do Ägidiengymnasium*, em Nuremberg. Somente em 1816 recebeu uma cátedra na Universidade de Heidelberg. Por fim, em 1818, ele foi convocado pela Universidade de Berlim. Hegel conhecia as necessidades da vida prática em todos os sentidos. Nas negociações com Altenstein acerca das condições de sua transferência a Berlim, o primeiro assunto abordado por Hegel foi o pagamento de um fundo de pensão para sua família, a fim de garantir, no caso de sua morte, a segurança financeira da mulher e dos filhos[147].

Igualmente problemática é a classificação – feita até hoje com a maior naturalidade – de Hegel como representante do "idealismo alemão". O próprio Hegel, assim como seus contemporâneos, ficaria bastante surpreso com ela. No verbete "idealismo" de uma enciclopédia de 1840, as teorias de Johann Gottlieb Fichte são classificadas como parte do idealismo filosófico, uma vez que ele interpretava o mundo exterior contraposto ao "Eu" (o "não-Eu") como uma posição [*Setzung*: o ato de pôr] do "Eu" (sendo que o "Eu" não é um Eu individual, mas, antes, a capacidade de raciocínio inerente a cada indivíduo, por isso a posição do "não-Eu" tampouco é uma posição individualmente arbitrária). No entanto, o sistema de Hegel foi explicitamente excluído do idealismo[148]. O mesmo argumento se encontra na enciclopédia de Wigand, publicada em 1848[149].

A genealogia do conceito "idealismo alemão" foi delineada por Jaeschke[150]. Apesar de a expressão encontrar-se, com um sentido pouco específico, já nos primeiros escritos de Marx e Engels – *A sagrada família* (1845) e *A ideologia alemã* (1845-1846), publicada postumamente –, ainda assim ela não teria, aqui, impacto nenhum. Somente o neokantiano *Friedrich Albert Lange* (1828-1875), em sua influente *História do materialismo* (1866), conseguiria estabelecer o termo num contexto de debate entre "materialismo" e "idealismo". A partir de 1880, o conceito foi consolidado como categoria da história da filosofia por outro neokantiano, *Wilhelm Windelband* (1848-1915), no segundo volume de

---

* Ginásio Egídio, uma das escolas protestantes mais tradicionais da Alemanha da época. (N. T.)

[147] Carta a Altenstein do dia 24 de janeiro de 1818, em G. W. F. Hegel, *Briefe von und an Hegel* (Hamburgo, Meiner, 1952-1977, 4. v.: v. 1-3 publ. Johannes Hoffmeister; v. 4, em duas partes, publ. reed. Friedhelm Nicolin), v. 2, p. 174.

[148] *Allgemeines deutsches Conversations-Lexicon für die Gebildeten eines jeden Standes* (Leipzig, Gebrüder Reichenbach, 1839-1844, 10 v., 2 supl.), v. 5, p. 490-1.

[149] *Wigand's Conversations-Lexikon: für alle Stände – von einer Gesellschaft deutscher Gelehrten bearbeitet* (Leipzig, Otto Wigand, 1846–1852, 15 v.), v. 6, p. 872.

[150] Walter Jaeschke, "Zur Genealogie des Deutschen Idealismus: Konstitutionsgeschichtliche Bemerkungen in methodologischer Absicht", em Andreas Arndt e Walter Jaeschke (orgs.), *Materialismus und Spiritualismus: Philosophie und Wissenschaften nach 1848* (Hamburgo, Meiner, 2000).

188   KARL MARX E O NASCIMENTO DA SOCIEDADE MODERNA

sua *História da filosofia recente*, no qual o "idealismo alemão" é visto, ao mesmo tempo, como facilitador da criação do Estado-nação alemão por *Otto von Bismarck* (1815-1898). Apenas mais tarde o conceito seria restringido ao triunvirato Fichte, Schelling e Hegel, apesar de que ainda se tinha – segundo Jaeschke[151] – grande dificuldade em definir o que havia de comum a esse "idealismo alemão". Assim, pode-se afirmar que a complexidade da filosofia pós-kantiana é antes ocultada do que iluminada pelo discurso naturalizado do "idealismo alemão"[152].

Outra interpretação que também se mantém inflexível é a de que Hegel teria sido um "filósofo do Estado prussiano", legitimando filosoficamente – em *Filosofia do direito*, de 1820 – a monarquia da Prússia, que, após o período de reformas, havia se tornado cada vez mais autoritária. Uma interpretação especialmente agressiva encontra-se na liberal *Das Staats-Lexikon* [Enciclopédia do Estado], de 1856, organizada por Rotteck e Welcker[153]. O nacionalista liberal *Rudolf Haym* (1821-1901) fala, inclusive – em sua biografia de Hegel, publicada em 1857 –, de uma "filosofia da restauração"[154]; a imagem de Hegel que se tinha na segunda metade do século XIX foi significantemente marcada por essa biografia. No século XX, alguns autores, como Popper[155], logo consideraram Hegel um precursor de Hitler[156]. Inclusive alguns autores marxistas seguiram a linha de Haym de crítica a Hegel – por exemplo, Cornu[157] ou, nos últimos anos, Antonio Negri, que con-

---

[151] Idem.

[152] O desenvolvimento da filosofia pós-kantiana é apresentado de maneira diferenciada em Walter Jaeschke e Andreas Arndt, *Die Klassische Deutsche Philosophie nach Kant: Systeme der reinen Vernunft und ihre Kritik 1785-1845* (Munique, Beck, 2012).

[153] Cf. os artigos "Hegelsche Philosophie und Schule" [Filosofia e escola hegeliana] e "Hegel (Neuhegelianer)" [Hegel (neo-hegelianos)], em Carl von Rotteck e Carl Welcker (orgs.), *Das Staats-Lexikon*, v. 6 (2. ed., Altona, Hammerich, 1846) –, em que foram listados todos os argumentos contra Hegel comuns na época, independentemente de fazerem sentido juntos. O autor, *Karl Hermann Scheidler* (1795-1866), foi cofundador da associação estudantil *Urburschenschaft* em 1815 e aluno de Jakob Friedrich Fries, que havia sido contundentemente criticado por Hegel.

[154] Rudolf Haym, *Hegel und seine Zeit: Vorlesungen über Entstehung und Entwicklung, Wesen und Werth der Hegel'schen Philosophie* (Berlim, Rudolf Gärtner, 1857), p. 361.

[155] Karl Popper, *Die offene Gesellschaft und ihre Feinde*, v. 2 (1945) (7. ed., Tubinga, Mohr Siebeck, 1992), p. 36 e seg.

[156] Sínteses da inconstante recepção da *Filosofia do direito* de Hegel encontram-se em Manfred Riedel, "Einleitung", em *Materialien zu Hegels Rechtsphilosophie*, v. 1 (Frankfurt am Main, Suhrkamp, 1975) e Herbert Schnädelbach, *Hegels praktische Philosophie: ein Kommentar der Texte in der Reihenfolge ihrer Entstehung* (Frankfurt am Main, Suhrkamp, 2000), p. 333-53. Uma análise mais completa, apesar de conter interpretações problemáticas, encontra-se em Henning Ottmann, *Individuum und Gemeinschaft bei Hegel*, v. 1: *Hegel im Spiegel der Interpretationen* (Berlim, Walter de Gruyter, 1977).

[157] Auguste Cornu, *Karl Marx und Friedrich Engels*, v. 1, cit., p. 78.

sidera o autor de *Filosofia do direito* um "filósofo da organização burguesa e capitalista do trabalho"[158]. Essa crítica não era partilhada por Marx e Engels. É o que indica a reação indignada de Marx a certa declaração de Wilhelm Liebknecht. No dia 10 de maio de 1870, Marx escreve a Engels: "Eu lhe escrevi dizendo que, se fosse só para repetir a velha porcaria de Rotteck-Welcker sobre Hegel, era melhor que ficasse de boca fechada"[159].

A crítica inicial a Hegel se inflamou, sobretudo, por causa da seguinte frase do prefácio de *Filosofia do direito*: "O que é racional é efetivo [*wirklich*]; e o que é efetivo é racional"[160]. Essa frase foi interpretada como justificativa filosófica do Estado prussiano existente, o que parece ter poupado aos críticos uma leitura mais rigorosa do texto principal de *Filosofia do direito*. Em 1827, no preâmbulo à segunda edição de *Enciclopédia das ciências filosóficas*[161], Hegel observa – referindo-se ao prefácio de *Filosofia do direito* – que ele já havia diferenciado, em *Ciência da lógica*, a "efetividade" [*Wirklichkeit*] da "existência" meramente acidental. Fato ignorado por seus críticos. Se levarmos em consideração essa diferença, veremos na frase criticada, em vez de uma justificação do existente, antes uma ameaça à existência do irracional: este não lograria efetividade nenhuma, tendo de "desmoronar" – como Hegel conclui no discurso introdutório de seu curso sobre "direito natural e ciências do Estado", de 1818-1819. Hegel argumenta aqui que o estado em que o direito se encontra se baseia no "espírito geral do povo", mas, quando

> o espírito do povo entra em uma etapa mais elevada, os momentos constituintes referentes à etapa anterior perdem o suporte; eles necessariamente desmoronam, e nenhuma força é capaz de segurá-los. Assim, a filosofia reconhece que somente o racional pode ter sucesso, ainda que as aparências exteriores pontuais pareçam lhe oferecer tão grande resistência.[162]

Também Engels, em sua obra tardia *Ludwig Feuerbach e o fim da filosofia clássica alemã* (1886), entende a controversa frase do prefácio como tendo certo senso crítico e subversor do existente, caracterizando também, de forma lacônica, a trajetória de seu impacto: "Nenhuma frase filosófica atraiu para si de tal forma a gratidão de governos limitados e a ira de liberais igualmente limitados"[163].

---

[158] Antonio Negri, "Rereading Hegel: The Philosopher of Right", em Slavoj Žižek et al. (org.), *Hegel & the Infinite: Religion, Politics, and the Dialectic* (Nova York, Columbia University Press, 2011), p. 37-8.

[159] MEW 32, p. 503.

[160] HW 7, p. 24.

[161] HW 8, p. 47-8.

[162] Transcrição de Homeyer em G. W. F. Hegel, *Vorlesungen über Rechtsphilosophie 1818-1831* (org. Karl-Heinz Ilting, Stuttgart, Frommann-Holzboog, 1973-1974, 6 v.), v. 1, p. 232.

[163] MEGA-2 I/30, p. 125-6; MEW 21, p. 266.

190 KARL MARX E O NASCIMENTO DA SOCIEDADE MODERNA

Observando o desenvolvimento das visões políticas de Hegel, é possível identificar mudanças significativas de opinião. O jovem Hegel não era apenas um apoiador da Revolução Francesa com tendências republicanas – em um texto escrito em 1796 ou 1797, suas palavras ganham, em certos momentos, um tom anarquista de crítica ao Estado:

> Começando pela ideia da humanidade, quero mostrar que não há ideia do *Estado*, porque o Estado é algo *mecânico*, tampouco há uma ideia de *máquina*. Apenas o que é objeto da *liberdade* chama-se *ideia*. Portanto temos de ir além do Estado! Pois todo Estado tem de tratar homens livres como engrenagem mecânica, e isso ele não deve fazer; portanto, ele deve *acabar*. [...] Ao mesmo tempo, quero expor aqui os princípios para uma *história da humanidade* e desnudar inteiramente toda a miserável obra humana de Estado, Constituição, governo e legislação.[164]

Em contraposição, o Hegel mais velho tenderia para uma monarquia constitucional – o que a Prússia ainda estava longe de ser.

Hegel pretendia publicar *Filosofia do direito* em 1819, porém, com os decretos de Karlsbad, as universidades perderam a imunidade à censura, e ele adiou a publicação. É muito provável que tenha alterado algumas partes do manuscrito. Como demonstrado por Ilting[165] – por meio de uma minuciosa comparação com as transcrições e anotações dos cursos (publicadas pelo próprio Ilting), feitas tanto antes quanto depois da publicação de *Filosofia do direito* –, Hegel evitou utilizar no texto impresso uma série de expressões mais fortes empregadas nas aulas. Ele queria evidentemente se prevenir de ataques dos reacionários. Ainda assim, o núcleo liberal de sua concepção – de que o Estado deveria possibilitar a liberdade do indivíduo – foi mantido. Publicidade dos processos jurídicos, tribunais com júri, liberdade de imprensa: todas essas reivindicações de direitos liberais, que ainda não haviam chegado ou que haviam chegado apenas parcialmente à Prússia, encontravam-se em *Filosofia do direito*, de Hegel. Além disso, o filósofo se via num *front* duplo: por um lado, criticava os círculos nacionalistas, exageradamente alemães, ao redor de Jahn, Fries e os românticos

---

[164] HW 1, p. 234-5 [ed. bras.: Joãosinho Beckenkamp, *Entre Kant e Hegel*, Porto Alegre, EdiPUCRS, 2004, p. 204-5]. Esse texto foi publicado pela primeira vez em 1917 com o título de *Das älteste Systemprogramm des deutschen Idealismus* [O mais antigo programa sistemático do idealismo alemão] e tem por base discussões entre Schelling, Hölderlin e Hegel. Os três, que se tornariam famosos, estudaram juntos – e por um período chegaram a dividir um quarto – na Tübinger Stift, a instituição de ensino da Igreja evangélica em Württemberg.

[165] Karl-Heinz Ilting, "Einleitung: die 'Rechtsphilosophie' von 1820 und Hegels Vorlesungen über Rechtsphilosophie", em G. W. F. Hegel, *Vorlesungen über Rechtsphilosophie 1818-1831*, cit.

(então reacionários), por outro, também criticava a teoria do Estado de *Karl Ludwig von Haller* (1768-1854), de cunho restaurador, e o conservadorismo de Gustav von Hugo e Savigny, representantes da escola histórica do direito[166].

Em *Filosofia do direito*, Hegel se esforça para interpretar a nova "sociedade burguesa", uma esfera que se localizava entre a vida familiar, por um lado, e a do Estado, por outro, e que não existia em formas anteriores de sociedade. O tema que trespassa sua obra é a possibilidade de *liberdade* dentro dessa nova constelação[167]. Em *Vorlesungen über die Philosophie der Geschichte* [Cursos sobre a filosofia da história], Hegel entende "liberdade" como "finalidade última para a qual toda a história do mundo sempre se voltou. Para esse fim, todos os sacrifícios têm sido oferecidos no imenso altar da Terra por toda a demorada passagem das eras"[168].

O importante papel da liberdade humana para Hegel não se limitava às análises teóricas. Como alguns arquivos policiais – que só vieram a ser analisados no século XX – comprovam, Hegel ajudou seus alunos que estavam sendo perseguidos e presos pelo Estado prussiano como "demagogos", tanto financeiramente quanto envolvendo-se pessoalmente nos casos[169].

Analisaremos a *Filosofia do direito* de Hegel em mais detalhes quando tratarmos da crítica formulada por Marx em 1843, no manuscrito de Kreuznach.

---

[166] Esses diversos *fronts*, os conflitos contemporâneos e a "política cultural" de Hegel em Berlim foram detalhadamente abordados por Domenico Losurdo, *Hegel und das deutsche Erbe: Philosophie und nationale Frage zwischen Revolution und Reaktion* (Colônia, Pahl-Rugenstein, 1989). Cf. também Jacques D'Hondt, *Hegel in seiner Zeit* (Berlim, Akademie, 1973); Otto Pöggeler, "Hegels Begegnung mit Preußen", em Hans-Christian Lucas e Otto Pöggeler (orgs.), *Hegels Rechtsphilosophie im Zusammenhang der europäischen Verfassungsgeschichte* (Stuttgart, Frommann--Holzboog, 1986); Hermann Klenner, *Deutsche Rechtsphilosophie im 19. Jahrhundert: Essays* (Berlim, Akademie, 1991), p. 143 e seg.; e Terry Pinkard, *Hegel*, cit., p. 418 e seg.

[167] Fato que é reconhecido em muitos trabalhos da atual pesquisa hegeliana – apesar de partirem de premissas bem diferentes. Darei aqui apenas dois exemplos: Klaus Vieweg, que interpreta *Filosofia do direito* – comentada detalhadamente por ele – como "o projeto teoricamente mais denso de uma filosofia sobre o livre-comércio na era moderna" – *Das Denken der Freiheit: Hegels Grundlinien der Philosophie des Rechts* (Munique, Wilhelm Fink, 2012), p. 19 – e Michael Quante, que vê em *Filosofia do direito* uma "importante e atual teoria sobre autonomia pessoal e livre arbítrio" – *Die Wirklichkeit des Geistes: Studien zu Hegel* (Frankfurt am Main, Suhrkamp, 2011), p. 327. O fato de ser possível tirar ainda muitas outras conclusões a partir de *Filosofia do direito* de Hegel foi evidenciado por Frank Ruda – *Hegels Pöbel: eine Untersuchung der "Grundlinien der Philosophie des Rechts"* (Konstanz, Konstanz University Press, 2011) –, que se baseou na relação de Hegel com o "populacho". Voltarei ao tema no segundo volume.

[168] HW 12, p. 33 [ed. bras.: G. W. F. Hegel, *A razão na história: uma introdução geral à filosofia da história*, trad. Beatriz Sidou, 2. ed., São Paulo, Centauro, 2001, p. 66].

[169] Cf. Jacques D'Hondt, *Hegel in seiner Zeit*, cit., p. 96 e seg.; Karl-Heinz Ilting, "Einleitung: Die 'Rechtsphilosophie' von 1820 und Hegels Vorlesungen über Rechtsphilosophie", cit., p. 51 e seg.

Savigny e Gans

Os debates sobre *Filosofia do direito* de Hegel influenciaram o curso de direito frequentado pelo jovem Karl em Berlim, mesmo que, de início, ele não estivesse consciente disso. Na faculdade de ciências jurídicas da Universidade de Berlim, havia uma irreconciliável oposição – tanto em termos teóricos quanto em termos pessoais – entre Friedrich Carl von Savigny, o mais importante representante da escola histórica do direito, e Eduard Gans, o mais importante hegeliano.

Savigny lecionava na Universidade de Berlim desde que ela fora fundada. Ele tinha a confiança do rei da Prússia e era o professor de direito do príncipe herdeiro. Mais ainda que Gustav von Hugo, Savigny fora o verdadeiro fundador da escola histórica do direito – que ganhara contorno nítido sobretudo após a "discussão acerca da codificação legal", no ano 1814, e a fundação da *Zeitschrift für geschichtliche Rechtswissenschaft* [Revista de Ciência Jurídica Histórica], em 1815. Ante o aparecimento de códigos civis influenciados pelo jusnaturalismo em diversos Estados europeus (como o *Code civil* na França, de 1804, ou o Código Civil Austríaco, de 1812) e a visão de que a fragmentação jurídica dos Estados alemães era nociva a seu desenvolvimento futuro, *Anton Friedrich Justus Thibaut* (1772-1840), um dos principais professores alemães de direito privado, reivindicava – em seu ensaio *Ueber die Nothwendigkeit eines allgemeinen bürgerlichen Rechts für Deutschland* [Sobre a necessidade de um direito civil geral para a Alemanha] (1814) – a unificação do direito alemão no âmbito tanto do direito privado quanto do processual e penal, sendo necessário, para isso, basear-se nas experiências dos códigos criados até então. Era evidente que uma uniformização jurídica desse tipo contribuiria para a unificação da Alemanha e para a criação de um conjunto de leis relativamente liberal – desde que essa uniformização acontecesse sobre uma base jusnaturalista. Ambas as consequências eram combatidas com todas as forças pelos círculos conservadores e aristocráticos.

Com estes dois escritos, *Vom Beruf unserer Zeit für Gesetzgebung und Rechtswissenschaft* [Da vocação de nossa época para a legislação e a jurisprudência] (1814) e o texto de introdução da primeira edição da *Revista de Ciência Jurídica Histórica*, "Sobre o propósito desta revista" (1815), Savigny fazia uma crítica decisiva a Thibaut. Savigny duvidava da possibilidade plena dos legisladores de criar leis efetivas. Em contrapartida, destacava o caráter histórico-tradicional do direito, que, assim como a língua na história e nos costumes de um povo – o "espírito do povo" –, tem raízes e não pode ser simples e arbitrariamente moldado por legisladores. Como consequência, Savigny contesta que "nossa época" tenha a "vocação para a legislação". Como alternativa, seria necessário primeiro encontrar as raízes históricas de cada matéria jurídica, para então classificá-las sistematicamente na totalidade do direito. Para ambos, o direito romano desempenhava papel central. Por um lado, Savigny pretendia demonstrar que o direito romano continuara em vigência na Alemanha por toda a Idade Média, não dependendo da existência de documentos escritos nem de aplicação formal de leis, mas, antes, da consonância com o espírito do povo. Por outro lado, o direito romano teria fornecido uma terminologia clara e uma sistematização para a organização do direito.

O fato de Savigny convocar o "espírito do povo" não implica, de modo nenhum, uma tendência democrática: o próprio povo não tinha a capacidade de reconhecer o espírito jurídico popular, somente os juristas instruídos. Além disso, o espírito do povo tampouco estava dado nas fontes; era necessário interpretá-lo. Para executar esse complicado ato – como destaca Hannah Steinke –, Savigny "não tinha a oferecer, afinal, nada além da intuição instruída dos estudiosos; nenhum procedimento de pesquisa metodologicamente explicado. [...] Este é o paradoxo do método da escola histórica: crer que justamente a vigência ou a caducidade objetivas de princípios jurídicos tivessem de ser encontradas por meio da intuição instruída"[170]. Esse "paradoxo" torna compreensível o fato de a escola histórica ter sido capaz de dar a conteúdos jurídicos conservadores uma aura de objetividade.

Com sua pesquisa histórica da Idade Média alemã, Savigny também incorporou temas do romantismo tardio, que havia se tornado conservador. Ele mantinha relações pessoais muito próximas com importantes representantes do romantismo tardio. Sua esposa, Kunigunde, era irmã de *Clemens Brentano* (1778--1842); e por muitos anos ele foi amigo de Achim von Arnim, marido da famosa *Bettina von Arnim* (1785-1859), outra irmã de Brentano e de quem ainda trataremos aqui.

Por ter sido o direito romano tão importante para Savigny, também o Digesto [ou Pandectas] – compilação de princípios jurídicos retirados das obras de diversos juristas romanos e ordenados por tema, organizada a pedido do imperador *Justiniano I* (482-565) – desempenhava para ele papel central. Ele regularmente oferecia um curso sobre o Digesto, que era bastante famoso e foi frequentado também por Karl Marx.

A "ciência jurídica" aspirada por Savigny deveria, segundo ele, reconhecer os verdadeiros conceitos jurídicos que teriam se desenvolvido, por um processo orgânico, no decorrer da história de um povo. Uma codificação só seria possível, ele continua, quando o desenvolvimento histórico do direito atingisse determinado cume. Porém, ela seria então supérflua, já que não mais poderia acarretar

---

[170] Hannah Steinke, "Die Begründung der Rechtswissenschaft seit 1810", em Heinz-Elmar Tenorth (org.), *Geschichte der Universität Unter den Linden*, v. 4, cit., p. 113.

avanço nenhum. Savigny defendia esse argumento com grande erudição, precisão no encadeamento das ideias e um estilo que impressionava seus contemporâneos. Ele era praticamente venerado, sobretudo em círculos de juristas. Em 1850, Bethmann-Hollweg dedicou sua publicação comemorativa dos cinquenta anos do doutoramento de Savigny ao "príncipe dos professores de direito alemães". Mesmo após a morte de Savigny, em 1861, a escola histórica do direito continuou dominando a ciência jurídica por décadas na Alemanha, o que contribuiu para que a elaboração de um código civil para o *Reich* alemão só tenha acontecido no fim do século XIX, entrando em vigor no dia 1º de janeiro de 1900. Também no século XX, Savigny foi admirado como um jurista excepcional por grande parte da ciência jurídica alemã, sendo seu antissemitismo, durante muito tempo, ignorado ou minimizado[171].

Em suma, pode-se afirmar que o núcleo da argumentação de Savigny se direciona contra o impulso emancipatório do Iluminismo, segundo o qual o próprio ser humano deveria tomar o controle e dar forma a suas relações sociais e, com isso, a suas relações jurídicas. Em contrapartida, Savigny defende a manutenção do direito tradicional, assim como das relações de dominação legitimadas por esse direito. Contudo, Savigny e a escola histórica do direito não podem se reduzir a esse aspecto conservador. Hermann Klenner destaca que a orientação de Savigny no direito romano "puro" – que, entre outras coisas, continha a primeira organização jurídica abrangente da dinâmica econômica da

---

[171] Esse antissemitismo não se manifestou apenas em seu debate com Eduard Gans, sobre o qual falaremos a seguir. Em ensaio de 1816, ele qualifica a igualdade entre judeus e cristãos de "humanitarismo mal utilizado" e afirma que "os judeus são e continuarão sendo, pois assim é sua essência, estranhos para nós [...]"; Friedrich Karl v. Savigny, "Erste Beylage: Stimmen für und wider neue Gesetzbücher", em Hans Hattenhauer (org.), *Thibaut und Savigny. Ihre programmatischen Schriften* (2. ed. ampl., Munique, Vahlen, 2002), p. 181-2. O antijudaísmo cristão de Savigny também se mostrou no caso do estudante de medicina judeu *Joseph Brogi*, que em 1811-1812 foi, de início, hostilizado por colegas de faculdade não judeus e, depois, quando começou a se defender, foi espancado. Por fim, Brogi apresentou o caso a Fichte, na época reitor da Universidade de Berlim. Contra a vontade de Fichte, o tribunal especial da universidade condenou não só os agressores mas também Brogi. Fichte se recusou a executar a sentença, solicitando ao governo, em fevereiro de 1812, seu afastamento do cargo de reitor. Savigny justificou a condenação de Brogi argumentando que seu "costume" (isto é, o fato de ele ser judeu, não cristão) teria sido o motivo da briga. Fichte foi afastado do cargo de reitor, e Savigny tornou-se seu sucessor. Cf. acerca do caso Brogi, Max Lenz, *Geschichte der Königlichen Friedrich-Wilhelms-Universität zu Berlin*, cit., v. 1, p. 410 e seg. Especificamente sobre o papel de Savigny, cf. Thomas Henne e Carsten Kretschmann, "Friedrich Carl von Savignys Antijudaismus und die 'Nebenpolitik' der Berliner Universität gegen das preußische Emanzipationsedikt von 1812", *Jahrbuch für Universitätsgeschichte* 5, 2002.

troca de mercadorias – também contribuiu para o recuo do direito feudal misto, que predominava na Alemanha, e para o desenvolvimento de um direito civil compatível com a produção capitalista de mercadorias[172].

Filosofia do direito de Hegel contrasta nitidamente com as ideias da escola histórica do direito. Logo no começo (terceiro parágrafo), com auxílio do manual de Gustav Hugo, essa escola é fundamentalmente criticada: Hegel a acusa de ter confundido os processos de compreensão e explicação do direito com a história de seu surgimento[173]. Savigny não chega a ser explicitamente mencionado por Hegel, mas no parágrafo 211 este escreve, referindo-se à posição daquele sobre a questão da codificação: "Negar que uma nação culta ou que sua classe jurista seja capaz de estabelecer um código civil" é "um dos maiores insultos" que se pode fazer a essa nação ou a essa classe[174].

Porém, não foi o próprio Hegel quem carregou o principal fardo do debate com Savigny, mas seu "aluno" Eduard Gans[175]. O difundido epíteto "aluno" não é tão adequado, já que Gans nunca frequentou os cursos de Hegel. Ele provinha de uma família judaica outrora rica de Berlim que perdera grande parte de seu patrimônio durante as turbulências da ocupação francesa. Gans estudou ciências jurídicas e fez seu doutorado em 1819, com Thibaut, em Heidelberg – na Prússia, nessa época, o doutoramento era quase impossível para judeus. Após o doutorado, ele retornou a Berlim, onde, por meio das leituras dos textos de Hegel, sobretudo *Filosofia do direito*, se tornou "hegeliano"[176]. Ele logo entrou para o círculo de amigos e alunos de Hegel, tendo sido de grande importância na fundação dos *Anais para a Crítica Científica*, publicados a partir de 1827.

---

[172] Hermann Klenner, *Deutsche Rechtsphilosophie im 19. Jahrhundert*, cit., p. 105.

[173] HW 7, p. 35.

[174] HW 7, p. 363.

[175] Ao contrário do que aconteceu com Savigny, Gans foi ignorado pelos estudiosos por muito tempo. A seguir, utilizarei as seguintes obras como apoio: a biografia de Gans, antiga, porém ainda única, Hanns Günther Reissner, *Eduard Gans*, cit.; Norbert Waszek, *Eduard Gans (1797-1839): Hegelianer, Jude, Europäer – Texte und Dokumente* (Frankfurt am Main, Lang, 1991, Hegeliana, v. 1); e os trabalhos de Johann Braun *Judentum, Jurisprudenz und Philosophie: Bilder aus dem Leben des Juristen Eduard Gans (1797-1839)* (Baden-Baden, Nomos, 1997), "Einführung des Herausgebers", em Eduard Gans, *Naturrecht und Universalgeschichte: Vorlesungen nach G. W. F. Hegel* (Tubinga, Mohr Siebeck, 2005), e "Einleitung", em *Eduard Gans, Briefe und Dokumente* (Tubinga, Mohr Siebeck, 2011). Acerca da discussão sobre Gans, cf. Reinhard Blänkner et al. (orgs.), *Eduard Gans (1797--1839): Politischer Professor zwischen Restauration und Vormärz* (Leipzig, Leipziger Universitätsverlag, 2002).

[176] Eduard Gans, *Das Erbrecht in weltgeschichtlicher Entwicklung*, v. 1 (Berlim, Maurer, 1824), p. XXX-XL.

196 KARL MARX E O NASCIMENTO DA SOCIEDADE MODERNA

Gans tentou começar uma habilitação em Berlim a partir de 1820. Sua esperança era o decreto emancipatório de 1812, que, apesar de excluir os judeus do funcionalismo, permitia que eles exercessem atividades docentes, desde que tivessem as qualificações necessárias. Contudo, em dois pareceres[177], a faculdade de direito contesta as qualificações específicas de Gans, sendo que no primeiro parecer também é questionado se sua confissão judaica não seria um empecilho para sua contratação. Savigny havia sido o responsável por essa recusa; além disso, no voto do segundo parecer, entregue à faculdade, seu texto contém uma série de estereótipos antissemitas[178]. Nesse parecer, ele analisa minuciosamente se seria adequado contratar professores judeus em uma faculdade de direito. Por fim, o caso foi decidido pelo rei. Por meio de uma ordem monárquica, no dia 18 de agosto de 1822[179], ele revogou a disposição do decreto de 1812, que possibilitava aos judeus exercer atividades acadêmicas docentes, declarando explicitamente que Gans não poderia ser contratado como professor adjunto da faculdade de direito. Essa "Lei Gans" ainda causaria discussão[180].

Gans passou a se concentrar na elaboração de sua principal obra na área jurídica, *O direito das sucessões no desenvolvimento histórico mundial*, em que ele começa a traçar uma história do direito universal sobre o direito das sucessões, partindo de *Filosofia do direito*, de Hegel. A estrutura dessa obra por si só representa uma crítica implícita à escola histórica do direito, que sempre analisou a história do direito do ponto de vista de um ou de alguns poucos povos. Gans, por sua vez, destaca já no prefácio do primeiro volume (1824) que a história do direito tinha de ser, necessariamente, a história universal do direito, já que nenhum povo e nenhuma época tinham importância exclusiva: "Cada povo só será considerado na medida em que esteja no estágio de desenvolvimento resultante do conceito [de história universal do direito]"[181]. No prefácio do segundo volume (1825), ele acusa a escola histórica não de explorar a história excessivamente, mas sim de explorá-la muito pouco. Em relação ao direito romano, ela praticaria uma pequeneza irrefletida, fazendo do aleatório e insignificante seu objeto de estudos. Sob influência da escola histórica, segundo Gans, a ciência jurídica teria, com a "expulsão de tudo o que é filosófico", caí-

---

[177] Publicados em Max Lenz, *Geschichte der Königlichen Friedrich-Wilhelms-Universität zu Berlin*, cit., v. 4, p. 448 e seg.

[178] Texto publicado pela primeira vez por Hermann Klenner e Gerhard Oberkofler, "Zwei Savigny--Voten über Eduard Gans nebst Chronologie und Bibliographie", *Topos*, caderno 1, 1991.

[179] Publicada em Johann Braun, *Judentum, Jurisprudenz und Philosophie*, cit., p. 70.

[180] Ibidem, p. 46-74.

[181] Eduard Gans, *Das Erbrecht in weltgeschichtlicher Entwicklung*, v. 1, cit., p. XXXI.

do em uma "ignominiosa irreflexão"[182]. Gans não poderia ter formulado o contraste em relação a Savigny e à escola histórica do direito de maneira mais afiada e polêmica.

Em 1819, Gans foi cofundador da Associação de Cultura e Ciência dos Judeus, sendo presidente desta de 1821 a 1824[183]. Após os acontecimentos na Universidade de Berlim, ele já não tinha mais esperanças de participar, enquanto judeu, no desenvolvimento do Estado prussiano. Em dezembro de 1825, ele se deixa batizar[184]. Poderia, dessa forma, oficialmente ocupar uma cátedra; ainda assim, a resistência por parte da faculdade teria impedido sua habilitação. Contudo, já em março de 1826, Altenstein – que via em Gans um aliado contra o conservadorismo – deu-lhe um cargo de professor adjunto, mesmo sem habilitação, o que era possível sem o consentimento da faculdade. No fim de 1828, ele conseguiu que o rei nomeasse Gans professor titular. Altenstein havia aguardado um momento oportuno para fazer sua sugestão de nomeação: o príncipe herdeiro, grande defensor de Savigny, estava em uma viagem ao exterior, e os conselheiros do rei não ofereceram resistência por já terem assegurado, pouco antes, a nomeação do teólogo conservador *Ernst Wilhelm Hengstenberg* (1802--1869) para uma vaga de professor (ainda falaremos dele no próximo capítulo). Savigny, que interpretou a nomeação de Gans como afronta pessoal, afastou-se de todas as atividades da faculdade, mantendo apenas suas aulas[185].

Já no ano 1827, Gans havia assumido o curso de filosofia da história de Hegel. Ele o complementava com temas jurídicos específicos, adicionava, no começo do curso, uma introdução sobre a história da filosofia e fazia um esboço, no fim, de uma história universal do direito, confrontando, assim, a escola histórica do direito, também dentro da docência, no plano histórico[186]. Além disso, ele tirava consequências da política contemporânea, tratava de questões constituintes, discutia as competências da assembleia estamentária ou a necessidade de uma oposição política, indo, portanto, muito além de onde Hegel havia

---

[182] Idem, *Das Erbrecht in weltgeschichtlicher Entwicklung*, v. 2 (Berlim, Maurer, 1825), p. VII-VIII.

[183] Cf. Hanns Günther Reissner, *Eduard Gans*, cit., p. 59 e seg.; Johann Braun, "Einleitung", cit., p. XI e seg.

[184] No capítulo anterior, citamos uma declaração de Gans em que fica clara sua própria opinião sobre esse batismo; vf. p. 78 deste volume.

[185] Cf Johann Braun, "Einleitung", cit., p. XIX-XX, e *Judentum, Jurisprudenz und Philosophie*, cit., p. 75-90.

[186] Esse notável curso, que Gans também dera nos semestres de inverno da década de 1830 com o título direito natural ou filosofia do direito em relação com a história universal do direito, foi reconstruído por Braun com a ajuda de diversas transcrições e anotações das aulas. Cf. Eduard Gans, *Naturrecht und Universalrechtsgeschichte: Vorlesungen nach G. W. F. Hegel* (Tubinga, Mohr Siebeck, 2005).

parado[187]. Gans chamou certa atenção com esse curso. Arnold Ruge, em suas memórias, menciona o seguinte episódio:

> Um dia, Hegel estava à mesa com o príncipe herdeiro. "É um escândalo", disse o anfitrião real, "que o professor Gans transforme todos os nossos estudantes em republicanos. Suas aulas sobre filosofia do direito, sr. professor [Hegel], são sempre frequentadas por centenas de pessoas e sabe-se bem que ele dá a vossas explicações um tom completamente liberal, quiçá republicano. Por que não passais vós mesmo a ministrar o curso?". Hegel não discordou dessa descrição, desculpou-se dizendo que não tinha conhecimento sobre as atividades de Gans e garantiu que daria ele mesmo o curso de filosofia do direito no semestre seguinte.[188]

Ruge não cita as fontes dessa descrição. Não sabemos se a conversa realmente aconteceu dessa maneira, o que até seria possível. De qualquer modo, Hegel retomou o curso de filosofia do direito no semestre de inverno de 1831-1832, mas morreu na segunda semana de aula.

A importância decisiva de Gans para a escola hegeliana foi evidenciada após essa morte repentina. Gans não só escreveu o obituário de Hegel, publicado na *Gazeta Geral da Prússia*[189], como também publicou, na edição da Associação de Amigos, dois textos políticos muito importantes: *Filosofia do direito* (1833) e *Lições sobre a filosofia da história* (1837). Além disso, Gans deveria escrever a biografia "oficial" de Hegel, o que não aconteceu por causa de sua morte precoce – a tarefa foi assumida por *Karl Rosenkranz* (1805-1879), que menciona esse fato em seu prefácio[190].

Filosofia do direito foi um texto complementado por Gans com "adendos" – assinalados como tais – elaborados a partir de anotações feitas durante as aulas de Hegel. Esses complementos eram, com frequência, mais politizados do que o texto da primeira edição. Em seu prefácio, Gans salienta os conteúdos liberais

---

[187] Cf. Manfred Riedel, "Hegel und Gans", em Hermann Braun e Manfred Riedel (orgs.), *Natur und Geschichte: Karl Löwith zum 70. Geburtstag* (Stuttgart, Kohlhammer, 1967); Hans-Christian Lucas, "Dieses Zukünftige wollen wir mit Ehrfurcht begrüßen": Bemerkungen zur Historisierung und Liberalisierung von Hegels Rechts-und Staatsbegriff durch Eduard Gans", em Reinhard Blänkner et al. (orgs.), *Eduard Gans (1797-1839)*, cit.; Johann Braun, "Einführung des Herausgebers", cit., p. XXI e seg.; Giovanni Sgro, "'Aus dem einen Metalle der Freiheit errichtet': zu Eduard Gans' Interpretation und Weiterentwicklung der Hegel'schen Rechtsphilosophie", em Lars Lambrecht (org.), *Umstürzende Gedanken*, cit., p. 26 e seg.

[188] Arnold Ruge, *Aus früherer Zeit*, v. 4 (Berlim, Duncker, 1867), p. 431.

[189] Impresso em Günther Nicolin (org.), *Hegel in Berichten seiner Zeitgenossen*, cit., p. 490-6.

[190] Karl Rosenkranz, *Georg Wilhelm Friedrich Hegels Leben* (1844) (Darmstadt, Wissenschaftliche Buchgesellschaft, 1977), p. XVI.

da filosofia do direito de Hegel e o defende da acusação de ter legitimado filosoficamente a restauração. Essa versão publicada por Gans de *Filosofia do direito* seria, a partir de então, largamente utilizada, inclusive por um período no século XX. Essa também foi a edição utilizada por Marx[191].

Além de seus cursos na faculdade de direito, Gans também dava palestras públicas, por exemplo, sobre a "história dos últimos cinquenta anos" – ou seja, o período a partir da Revolução Francesa –, que tinha um notável público interessado. De acordo com Lenz[192], essas palestras atraíam novecentos ou mais espectadores de "todos os estratos". Com isso, Gans gerava insatisfação nos mais altos círculos. Altenstein, enquanto ministro da Cultura, foi informado por um de seus colegas de gabinete de que um curso sobre a história de Napoleão, anunciado para o semestre de inverno de 1833-1834, "desagradaria a Sua Majestade"[193]. Gans cancelou o curso. Mas não havia desistido. Desde o verão de 1832, ele dava cursos sobre "direito estatal europeu, com foco na Alemanha" e, a partir de 1834, sobre "direito internacional" – ambos os objetos de estudo possibilitavam facilmente uma análise de questões políticas contemporâneas[194].

O escritor Heinrich Laube (já mencionado) destaca, em suas memórias sobre Gans, que, nos cursos, ele costumava ir até o limite do que era permitido dizer na Prússia.

> Com frequência, ele começava uma frase sobre o mais delicado dos temas de maneira assustadoramente audaciosa; todos ouviam atentamente, em silêncio, tanto o amigo preocupado quanto o inimigo à espreita, aguardando que o limite do conveniente fosse ultrapassado, mas, então, o excelente esgrimidor em discursos virava a situação com tanta habilidade que, no fim da frase, ele ainda estava, como no começo, seguro.[195]

---

[191] Na edição de 1955, publicada por Johannes Hoffmeister, prescindiu-se totalmente dos adendos, com o argumento de que eles distorciam a obra. Tal afirmação é falsa, como comprova uma análise das anotações e das transcrições completas, publicadas por Karl-Heinz Ilting, "Einleitung: Die 'Rechtsphilosophie' von 1820 und Hegels Vorlesungen über Rechtsphilosophie", cit. Nas Gesammelten Werken [Obras Completas], por se tratar de uma edição historicamente crítica, também se prescindiu dos adendos; na edição da Suhrkamp, eles foram mantidos. A edição de Gans (ou seja, com os adendos), republicada em 1981 por Hermann Klenner, ainda é, por conter notas detalhadas, a melhor para estudos – G. W. F. Hegel, *Grundlinien der Philosophie des Rechts oder Naturrecht und Staatswissenschaft im Grundrisse* (1821) (Berlim, Akademie).

[192] Max Lenz, *Geschichte der Königlichen Friedrich-Wilhelms-Universität zu Berlin*, cit., v. 2.1, p. 495.

[193] Citado em Johann Braun, "Einleitung", cit., p. XXVI.

[194] Ibidem, p. XXVII.

[195] Heinrich Laube, "Gans und Immermann" (1841), em *Vermichte Aufsätze* (org. Heinrich Hubert Houben, Leipzig, Hesse, 1909, Gesammelte Werke, v. 50).

KARL MARX E O NASCIMENTO DA SOCIEDADE MODERNA

Um livro sobre "a história dos últimos cinquenta anos", que já havia sido anunciado pela editora, não pôde ser publicado devido à morte precoce de Gans; o manuscrito não foi preservado[196]. Entretanto, outro livro foi publicado no verão de 1836, pouco antes de Marx chegar a Berlim: *Rückblicke auf Personen und Zustände* [Análises retrospectivas de pessoas e situações]. Gans analisa aqui, entre outras coisas, o saint-simonismo que havia conhecido em suas duas estadas em Paris, nos anos 1825 e 1830. Graças a sua familiaridade com a análise hegeliana da sociedade burguesa em *Filosofia do direito* e a seu próprio conhecimento sobre as relações industriais inglesas – adquirido em uma longa viagem pela Inglaterra, em 1831 –, Gans não só conseguiu fazer uma crítica à utopia social autoritária de Saint-Simon mas também chegou a uma notável compreensão – que vai muito além de Hegel – da história e da situação das relações de classe de então[197]:

> Eles [os saint-simonistas, M. H.] perceberam acertadamente que a escravidão ainda não acabou, que ela até foi revogada de maneira formal, mas que em termos materiais ainda está em perfeita forma. Assim como, antes, se opunham o senhor e o escravo, depois o patrício e o plebeu, então o senhor feudal e o vassalo, hoje se opõem o ocioso e o trabalhador. Ao se visitarem as fábricas da Inglaterra, encontram-se homens e mulheres, magros e miseráveis, servindo a uma única pessoa, sacrificando a saúde, os prazeres da vida, meramente por uma pobre subsistência. Não é isto escravidão, quando seres humanos são explorados como animais, quando, mesmo que fossem livres, acabariam morrendo de fome?[198]

Cornu[199] já indicava a possível influência dessas ideias sobre Marx, e Braun[200] destacou a semelhança entre a segunda frase dessa citação e a parte inicial do *Manifesto Comunista* ("Homem livre e escravo, patrício e plebeu, senhor feudal e servo, mestre de corporação e companheiro, em resumo, opressores e oprimidos, em constante oposição")[201]. Não sabemos se Marx leu o livro de Gans.

---

[196] Johann Braun, "Einleitung", cit., p. XXXVI.

[197] Cf. Norbert Waszek, "Eduard Gans und die Armut: von Hegel und Saint-Simon zu frühgewerkschaftlichen Forderungen", *Hegel-Jahrbuch*, 1988. Acerca da relação entre hegelianismo e saint-simonismo, cf. as contribuições em: Hans-Christoph Schmidt am Busch, Ludwig Siep e Hans-Ulrich Thamer et al (orgs.) *Hegelianismus und Saint-Simonismus* (Paderborn, Mentis, 2007).

[198] Eduard Gans, *Rückblicke auf Personen und Zustände* (1836) (Stuttgart, Frommann-Holzboog, 1995), p. 99-100.

[199] Auguste Cornu, *Karl Marx und Friedrich Engels*, v. 1, cit., p. 81, nota 86.

[200] Johann Braun, "Einleitung", cit., p. XXXIV-XXXV.

[201] Auguste Cornu, *Karl Marx und Friedrich Engels*, v. 1, cit., p. 80; MEW 4, p. 462 [ed. bras.: Karl Marx e Friedrich Engels, *Manifesto Comunista*, trad. Álvaro Pina e Ivana Jinkings, 1. ed. rev., São Paulo, Boitempo, 2010, p. 40]. Cornu chega a ver uma proximidade de Gans ao

Contudo, considerando que ele havia frequentado seus cursos, que Gans estava no centro da atenção pública e que Marx era um leitor assíduo, é bem possível que conhecesse o livro. Marx ainda não tinha, no fim da década de 1830, as noções de economia necessárias para compreender toda a dimensão das ideias de Gans. Ainda assim, a ideia de que a sociedade burguesa, no que diz respeito à exploração dos trabalhadores, não se diferenciava tanto das sociedades pré--burguesas quanto em geral era pressuposto pelos liberais, provavelmente, suscitou muitos pensamentos em Marx.

Gans também se engajava politicamente de forma direta, como no caso dos "sete de Göttingen", que repercutiu bastante na Alemanha. Em 1837, devido a diversos trâmites que regulavam a linha de sucessão real, chegou ao fim a união pessoal existente desde 1714 entre a Grã-Bretanha e o reinado de Hanôver. *Vitória*, com dezoito anos de idade, foi coroada rainha do Reino Unido da Grã-Bretanha e Irlanda, posição que ocuparia até sua morte, em 1901 – ainda não se sabia, então, o que isso significaria, mas começava a era vitoriana. Em Hanôver, *Ernesto Augusto* (1771-1851) subiu ao trono e revogou a Constituição relativamente liberal de 1833. Como reação, sete professores de Göttingen, entre os quais Jacob e Wilhelm Grimm, protestaram e foram demitidos do cargo, sendo que alguns foram inclusive expulsos do país. Por parte da população alemã, houve ampla solidarização com os professores demitidos – demonstrada, por exemplo, por meio da arrecadação de doações. Em Berlim, Gans também colaborou com a organização de uma dessas arrecadações, atraindo, mais uma vez, a desconfiança do governo. Sabemos, por meio de

---

"socialismo", afirmando que ele teria reivindicado uma "organização socialista do trabalho". Para tanto, ele se baseia em uma frase que se encontra pouco após o trecho citado. Gans vê o trabalhador, após o fim das corporações de ofício, "caindo do domínio dos mestres no domínio dos proprietários das fábricas", e responde à pergunta sobre haver ou não o que fazer contra isso da seguinte maneira: "Certamente, há. É a corporação livre, é a socialização". Eduard Gans, *Rückblicke auf Personen und Zustände*, cit., p. 101. Como é possível depreender do contexto, não se trata de uma socialização socialista dos meios de produção, mas, antes, de um tipo de organização pré-sindical. Cf. Norbert Waszek, "Eduard Gans und die Armut", cit., p. 359-60 e "Eduard Gans on Poverty and the Constitutional Debate", em Douglas Moggach (org.), *The New Hegelians: Politics and Philosophy in the Hegelian School* (Cambridge, Cambridge University Press, 2006), p. 38 e seg. Hans Stein – "Pauperismus und Assoziation", *International Review of Social History*, ano 1, 1936, p. 20 e seg. – destaca que, como reação ao pauperismo, a ideia de "associação" (também chamada "socialização" [*Vergesellschaftung*] ou "organização do trabalho") dominou os debates sociopolíticos na Europa ocidental a partir dos anos 1830. Tratava-se, aqui, de todas as formas de associações beneficentes, organizações fornecedoras de provisões, associações habitacionais ou de crédito; enfim, tudo o que ajudasse na melhoria da situação dos mais pobres – isso, dentro dos limites da sociedade capitalista.

Karl August Varnhagen von Ense (1785-1858)[202], que Gans conseguiu escapar de maneira bastante engenhosa da situação, utilizando a seu favor a espionagem de sua correspondência – da qual ele certamente era vítima:

> Em carta enviada à marquesa Arconati pelos correios, o professor Gans se exprime sobre sua arrecadação de dinheiro para os sete de Göttingen, de maneira que ele parece querer que as autoridades daqui saibam da coisa. Alguns dias atrás, o ministro von Rochow disse ao conselheiro Boeckh, atual reitor dessa universidade [de Berlim], que eles agora sabiam exatamente como as coisas haviam acontecido e que Gans de fato teria cometido tal insolência, mas de um modo que lhe permitiu sair ileso; e agora ele reproduz isso com as próprias palavras de Gans![203]

Outro acontecimento anotado no diário de Varnhagen mostra quão apreciado Gans era pelos estudantes da Universidade de Berlim. No dia 22 de março de 1838, cerca de seiscentos alunos foram até o prédio em que ele morava para cantar uma canção de aniversário. Além de Gans, os sete de Göttingen foram homenageados. Por acaso, o já mencionado conselheiro Tzschoppe, ávido na perseguição daqueles que presumia serem oposicionistas (caso, por exemplo, do poeta Heinrich Laube[204]), morava no mesmo prédio que Gans. Quando Tzschoppe apareceu na janela, um estudante gritou *"Pereat!"* ["Que morra!"] em sua direção[205]. Um *vivat!* aos sete de Göttingen e um *pereat!* a um funcionário público da Prússia era um escândalo. Tanto a polícia como o juiz universitário apuraram o caso, e Gans teve de se defender mais uma vez[206].

Gans não viveu muito tempo mais após esse incidente. Ele morreu no dia 5 de maio de 1839, no 21º aniversário de Marx, em consequência de um AVC. No semestre de inverno anterior, Gans havia dado mais um curso cujo tema com

---

[202] Varnhagen era marido de Rahel Varnhagen, mencionada no capítulo anterior. Em 1814, ele recebeu do rei da Prússia a ordem *pour le mérite* – a mais alta condecoração por bravura da Prússia – por seus méritos como oficial na guerra antinapoleônica e tornou-se, posteriormente, diplomata da Prússia. Apenas cinco anos após a condecoração, foi demitido por ter "inclinações democráticas". Varnhagen conhecia grande parte da elite política e cultural da Prússia. Em seu diário, escrito entre 1819 e 1858, registrou diversas conversas e informações contextuais de acontecimentos do meio político e cultural prussiano. Cf., sobre Varnhagen, Werner Greiling, *Varnhagen von Ense: Lebensweg eines Liberalen* (Colônia, Böhlau, 1993).

[203] Karl August Varnhagen von Ense, *Tageblätter* (org. Konrad Feilchenfeldt, Frankfurt am Main, Deutscher Klassiker, 1994, Werke, v. 5), p. 261.

[204] Vf. p. 178 deste volume.

[205] Karl August Varnhagen von Ense, *Tageblätter*, cit., p. 262-3.

[206] Adolf Streckfuß, *500 Jahre Berliner Geschichte*, cit., v. 2, p. 791-2; Johann Braun, *Judentum, Jurisprudenz und Philosophie*, cit., p. 190-4.

certeza atraíra um vasto público: "A história do período pós-Paz de Vestfália, com especial atenção ao direito estatal e internacional"[207]. O curso teve um número excepcional de frequentadores[208] e provavelmente contou com uma análise de diversas questões contemporâneas. Em suas memórias, o mineralogista *Karl Cäsar von Leonhard* (1779-1862) relata um encontro com Gans em 1833, em Dresden, e também menciona – contudo, sem citar a fonte – as supostas "últimas palavras" de Gans na cátedra. Poderia perfeitamente se tratar da conclusão desse curso:

> A história da nova era é a história de uma grandiosa revolução. Outrora foi a nobreza que fez as revoluções, os privilegiados em geral [ele provavelmente se refere à Revolução Gloriosa inglesa de 1688, M. H.], então veio a convulsão na França [a Revolução Francesa de 1789, M. H.] e criou a aristocracia do terceiro Estado, que assegurou seus privilégios com a ajuda do povo, quer dizer, do povo pobre, do populacho. Mas uma terceira revolução será a desse populacho, da gigantesca massa de não privilegiados e despossuídos; se ela ocorrer, o mundo estremecerá.[209]

Estudos jurídicos e não jurídicos do jovem Marx

No dia 22 de outubro de 1836, Karl Marx se matriculou na Universidade de Berlim[210], como demostra seu certificado de saída, datado do dia 30 de março de 1841. Nessa época, havia 1.700 estudantes inscritos na universidade – a faculdade de direito, com mais de quinhentos alunos, era a maior. Com isso, Berlim tinha mais do que o dobro de estudantes que Bonn, porém uma população vinte vezes maior. O número de estudantes em relação à população total da cidade era tão insignificante que eles também não tinham um papel economicamente tão importante quanto em cidades universitárias menores. O forte controle dos estudantes por parte das autoridades e sua importância secundária para a cidade também influenciavam o caráter da vida estudantil. *Ludwig Feuerbach* (1804-1872), que estudou na década de 1820 em Berlim, escreveu ao pai, no dia 6 de julho de 1824:

---

[207] Talvez o relato tirado das "memórias" do médico e poeta *Max Ring* (1817-1901), que estudou em Berlim entre 1838 e 1840, se refira a esse curso: "Com um ar triunfante, o velho covarde – o incomparável servo do professor liberal – nos avisou que 'este ano leremos a Revolução Francesa, e o trabalho será intenso'"; Max Ring, *Erinnerungen*, v. 1 (Berlim, Concordia, 1898), p. 128.

[208] Johann Braun, "Einleitung", cit., p. XXVIII-XXIX.

[209] Karl Cäsar von Leonhard, *Aus unserer Zeit in meinem Leben*, v. 2 (Stuttgart, Schweizerbart, 1856), p. 214.

[210] Erhard Lange et al. (org.), *Die Promotion von Karl Marx*, cit., p. 190.

Aqui, nem sequer pensamos em bebedeiras, duelos, passeios em grupo etc.; em nenhuma outra universidade reina tal diligência generalizada, tal senso para coisas mais elevadas que meras historinhas estudantis, tal aspiração à ciência, tal tranquilidade e silêncio como aqui.[211]

A Universidade de Berlim seria, segundo ele, uma verdadeira "casa de trabalho".

No certificado de saída de Marx estão contidos tanto os cursos que ele havia frequentado quanto as respectivas notas. No semestre de inverno de 1836-1837, ele frequentou estes: Pandectas [Digesto], com Friedrich Carl von Savigny ("dedicado"); direito criminal, com Eduard Gans ("muito dedicado"); e antropologia, com Henrik Steffens ("dedicado"). No semestre de verão de 1837, frequentou três cursos de August Wilhelm Heffter, direito canônico, processo civil alemão e processo civil prussiano, em todos avaliado como "dedicado"[212].

Tendo em vista que Marx já frequentara um curso sobre a história do direito romano em Bonn, não havia para ele real necessidade de frequentar o curso de Savigny sobre o Digesto. Talvez não quisesse perder a oportunidade de ver o famoso professor em ação na área em que era mais conhecido. Com Eduard Gans, Marx fez direito criminal, mas não frequentou seu célebre curso sobre direito natural e história universal do direito. Provavelmente, ao chegar a Berlim, Marx ainda não tinha ouvido muito sobre Gans. Além disso, já havia frequentado um curso de direito natural em Bonn, ministrado por Puggé, aluno de Savigny.

Henrik Steffens (1773-1845) defendia uma filosofia natural fortemente influenciada por *Friedrich Wilhelm Joseph Schelling* (1775-1854). Em sua antropologia especulativa, ele interpreta o ser humano como unidade entre espírito e natureza, como representante microcósmico do universo[213]. Provavelmente, Marx se confrontou com Schelling pela primeira vez, no mais tardar, no curso de Steffens.

Segundo Lenz, August Wilhelm Heffter teria, de início, sido bastante influenciado por Savigny, mas, depois, desenvolveu uma postura autônoma em relação aos alunos deste, aproximando-se da filosofia hegeliana[214]. Não se sabe o motivo de tal mudança. Antes de tornar-se – sem doutorado – professor em Bonn, ele foi conselheiro no Tribunal Regional de Düsseldorf. Em Berlim, le-

---

[211] Ludwig Feuerbach, *Briefwechsel I (1817-1839)* (org. Werner Schuffenhauer, Berlim, Akademie, 1984, Gesammelte Werke, v. 17), p. 48.

[212] Erhard Lange et al. (org.), *Die Promotion von Karl Marx*, cit., p. 190.

[213] Otto Liebmann, "Henrik Steffens", em *Allgemeine Deutsche Biographie*, v. 35 (Leipzig, Duncker & Humblot, 1893).

[214] Max Lenz, *Geschichte der Königlichen Friedrich-Wilhelms-Universität zu Berlin*, cit., v. 2.1, p. 498.

cionava desde 1833 e também era, como mencionado, membro do Tribunal de Revisão Renano[215]. O fato de ele não ter se posicionado claramente ao lado de Savigny na disputa contra Gans não significa, necessariamente, que tenha se aproximado da filosofia hegeliana. Em publicações e cursos, ele lidava mais com as questões jurídicas práticas do que com as filosóficas – como já demonstra o título do curso frequentado por Marx.

Em Berlim, Marx retomou os estudos com menos motivação do que tinha quando os havia iniciado em Bonn, onde concluíra seis cursos no primeiro semestre e quatro no segundo. Ainda assim, logo passou a elaborar ideias próprias sobre a teoria jurídica. Marx provavelmente enviou ao pai, já em dezembro de 1836, um primeiro texto ou, ao menos, um esboço mais longo, tendo em vista a resposta de Heinrich do dia 28 de dezembro:

> Há certa verdade em suas ideias sobre o direito, mas elas estão sistematicamente organizadas a fim de causar tormentas, e você não imagina quão violentas são as tempestades dos letrados. Se não der para suprimir as partes impróprias da questão, então será preciso, ao menos, formulá-las de maneira mais moderada e conveniente.[216]

Essas primeiras ideias eram apenas o começo de uma fase muito produtiva, a qual o próprio Marx relata em sua longa carta do dia 10 de novembro de 1837 – a única que se preservou de seus anos de estudo. Analisando o período retrospectivamente, Marx escreve: "Eu tinha de estudar jurisprudência, mas minha vontade era, sobretudo, confrontar-me com a filosofia"[217]. Ele tentou resolver esse dilema, por um lado, estudando a literatura jurídica e traduzindo, entre outros textos, os dois primeiros livros do Digesto; por outro lado, "tentando elaborar [...] uma filosofia do direito [...], um trabalho de quase trezentas folhas [*Bogen*]"[218]. É provável que ele não se refira aqui às folhas de impressão da época, que continham dezesseis páginas cada uma, mas, antes, a laudas comuns (talvez folhas escritas em ambos os lados), o que, ainda assim, significaria uma enorme quantidade de material escrito. Como introdução a essa obra, ele escreveu "algumas frases metafísicas"[219]. As formulações utilizadas por Marx indicam influência de Kant, cuja filosofia do direito, publicada em 1797, fora intitulada *Metafísica dos costumes*, e sua primeira parte, "Princípios metafísicos

---

[215] Friedrich Lauchert, "August Wilhelm Heffter", em *Allgemeine Deutsche Biographie*, v. 11 (Leipzig, Duncker & Humblot, 1880), p. 250-4.

[216] MEGA-2 III/1, p. 303.

[217] MEGA-2 III/1, p. 10; MEW 40, p. 4.

[218] Idem; idem.

[219] Idem; idem.

da doutrina do direito". É provável que Marx estivesse se referindo, com as "frases metafísicas", simplesmente a uma introdução filosófica. Em seguida, vinha "a filosofia do direito, ou seja, de acordo com minha perspectiva na época, a análise do desenvolvimento das ideias no direito positivo romano"[220]. Essa tentativa de sistematização, orientada no direito romano, expressa a influência de Savigny, que é mencionado por Marx no parágrafo seguinte, quando afirma ter "partilhado [com ele] o erro" de separar forma e conteúdo da doutrina do direito[221]. Marx faz para seu pai um desenho esquemático da subdivisão do direito empreendida por ele, mas então a interrompe e declara de maneira bastante autocrítica:

> Divisões tricotômicas atravessam todo o texto, a abrangência é cansativa e os conceitos romanos foram torcidos da maneira mais bárbara possível para que se encaixassem em meu sistema [...]. Na conclusão do direito privado material, vi que o todo estava errado; em seu fundamento, aproximava-se de Kant, na execução, divergia completamente dele [...].[222]

No fim, teria ficado claro para ele que, "sem filosofia, não seria possível penetrar [o tema]". Então, ele decide "escrever um novo sistema metafísico, em cujo fim fui novamente obrigado a admitir que tanto o sistema quanto todas as minhas tentativas anteriores estavam errados"[223]. Essa parece ter sido sua última tentativa no campo da filosofia do direito.

Os trabalhos jurídicos que Marx fez durante o primeiro semestre – e pouco após seu fim – foram fortemente influenciados pelas ideias de Kant e de Savigny. Marx tenta fazer algumas sistematizações do direito, mas percebe, por si só, que o resultado foi superficial e formal demais. *Filosofia do direito*, de Hegel, parece não ter importância alguma, nem na elaboração nem nessa crítica. Na carta, há um certo tom de crítica hegeliana, mas se trata, aqui, de uma avaliação retrospectiva, formulada *após* a transição para a filosofia hegeliana. Na literatura bibliográfica, afirmou-se muitas vezes, desde Mehring[224], que Eduard Gans teria sido o mais importante professor de Marx na universidade; contudo, não há nenhum indício de que ele tenha sido de fato influenciado por Gans nesse primeiro semestre. Nos dois semestres seguintes, Marx não frequentaria nenhum curso de Gans. Além disso, o professor não foi mencionado nem uma vez sequer na carta enviada ao pai. Apenas no semestre de verão de 1838 ele frequentaria

---

[220] Ibidem, p. 11; ibidem, p. 5.
[221] Idem; idem.
[222] Ibidem, p. 12-3; ibidem, p. 7.
[223] Ibidem, p. 15; ibidem, p. 7.
[224] Franz Mehring, *Karl Marx*, cit., p. 20.

direito fundiário prussiano com Gans[225]. No semestre de verão de 1837, Marx frequentou os três cursos já mencionados de Heffter e, no semestre de inverno de 1837-1838, faria apenas um curso: processo civil criminal, novamente com Heffter ("dedicado").

Os estudos jurídicos do primeiro ano em Berlim não sobrecarregaram o jovem Marx. Além de escrever poemas – dos quais trataremos a seguir –, ele leu uma quantidade enorme de obras. "Adquiri o costume de resumir todos os livros que lia."[226] Marx manteria esse costume até o fim da vida. Na MEGA, os resumos [excertos] preservados ocuparão (com os de Engels, cujo volume é muito menor) um total de 31 volumes. Nessa época, ele resumiu

> o *Laocoonte* de Lessing, o *Erwin* de Solger, a *História da arte* de Winckelmann, a *História alemã* de Luden [...]. Ao mesmo tempo, traduzi a *Germânia* de Tácito, a *Tristia* de Ovídio, comecei a aprender *privatim*, ou seja, por livros de gramática, inglês e italiano [...], li o *Direito criminal* de Klein e seus anais e toda a literatura mais recente – sendo que a última atividade foi apenas secundária.[227]

Marx ainda manteria por muitos anos, como passatempo, o costume de ler os originais de autores da Antiguidade e, em parte, traduzi-los. Não se preservou sua tradução de Tácito – em *Germânia*, o historiador romano *Tácito* (58-120) apresenta a cultura dos germanos em contraste com a sociedade romana, vista por ele como corrupta e decadente. A coletânea de poemas que Karl deu a seu pai de presente de aniversário em 1837 contêm uma tradução livre e em versos da primeira elegia da *Tristia* de Ovídio[228]. Na *Tristia*, *Ovídio* (43 a.C.-17 d.C.) lamenta sua solidão no exílio próximo ao mar Negro; ele havia sido expulso de Roma pelo imperador Augusto.

---

[225] Auguste Cornu – *Karl Marx und Friedrich Engels*, cit., p. 82 – afirma que Marx teria sido profundamente influenciado por Gans; Kliem refere-se a Gans como o "mais importante professor de direito *e* filosofia de Karl Marx" – Manfred Kliem, *Karl Marx und die Berliner Universität 1836 bis 1841*, cit., p. 16, grifo no original – e relata que, com a morte de Gans, Marx teria perdido seu "mentor" – ibidem, p. 52. Jonathan Sperber – *Karl Marx*, cit., p. 72 – chega a afirmar, em uma especulação, que a vida de Marx teria tomado outro rumo se Gans não tivesse morrido em 1839. Entretanto, além dos dois cursos frequentados por Marx – com um intervalo de um ano e meio entre eles – e da semelhança entre *Rückblicke auf Personen und Zustände* e o *Manifesto Comunista*, já mencionada (não havendo certeza se ou, sobretudo, *quando* Marx teria lido o livro de Gans), não há nenhuma evidência de que Gans tenha exercido forte influência sobre Marx. Tampouco se encontra, depois, menção de Marx a Gans que possa indicar um vínculo especial.

[226] MEGA-2 III/1, p. 15; MEW 40, p. 8.

[227] Idem; idem.

[228] MEGA-2 I/1, p. 628-37.

Não se preservou nenhum dos resumos mais antigos. Ainda assim, os títulos mencionados são bem reveladores. A *História do povo alemão*, de *Heinrich Luden* (1778-1847), mencionada por Marx, foi publicada em doze volumes entre 1825 e 1837. Era o mais novo trabalho sobre a história alemã disponível em 1837. Em 1841, Luden era um dos professores da faculdade de filosofia da Universidade de Jena, pela qual Marx recebeu seu título de doutor.

As três primeiras obras mencionadas por Marx sobre teoria da arte são particularmente interessantes. Os trabalhos de Winckelmann e de Lessing pertenciam, na época, ao cânone das classes cultas interessadas em arte. Gotthold Ephraim Lessing, em *Laocoonte, ou sobre as fronteiras da pintura e da poesia* (1766), havia criticado a interpretação de Winckelmann do famoso Grupo de Laocoonte, exposto no museu do Vaticano. Nesse texto, Lessing destaca diferenças fundamentais entre as possibilidades de representação das artes plásticas (pintura, escultura) e da poesia.

A *História da arte antiga* (1764), publicada em dois volumes, de *Johann Joachim Winckelmann* (1717-1768), exerceu grande influência na maneira como a arte grega antiga era interpretada na Alemanha. Para ele, a arte grega representava um ideal insuperável. Vinte anos depois, esse texto ainda reverberaria no trabalho de Marx. Na "Introdução" da planejada crítica à economia política, de 1857, Marx pressupõe a ideia de Winckelmann da arte grega como ideal insuperável, mas põe a questão de por que tal arte ainda exercia tamanha influência: "A dificuldade não está em compreender que a arte e o epos gregos estão ligados a certas formas de desenvolvimento social. A dificuldade é que ainda nos proporcionam prazer artístico e, em certo sentido, valem como norma e modelo inalcançável"[229].

A leitura do *Erwin*, de *Karl Wilhelm Ferdinand Solger* (1780-1819) – tratado sobre teoria da arte em forma de diálogo – é, de certa forma, inesperada. Trataremos, adiante, de Solger e da importância que ele possivelmente teve para Marx.

Experimentos literários

Karl escrevia poemas já nos tempos de escola. O mais antigo preservado (sobre Carlos Magno) é de em 1833[230]. Nessa época, os alunos eram encorajados a escrever poemas nas aulas de alemão; a limitação à mera análise é um desenvol-

---

[229] MEGA-2 II/1, p. 45; MEW 42, p. 45 [ed. bras.: Karl Marx, *Grundrisse: manuscritos econômicos de 1857-1858: esboços da crítica da economia política*, trad. Mario Duayer e Nélio Schneider, São Paulo/Rio de Janeiro, Boitempo/Editora da UFRJ, 2011, p. 63].

[230] MEGA-2 I/1, p. 760 e seg.

vimento posterior[231]. Seu amigo Edgar também escreveu poemas; preservou-se, inclusive, um de sua autoria redigido em 1830, quando ele tinha onze anos de idade[232]. Nessa época, escrever poemas era, nos meios burgueses, muito mais comum e difundido do que hoje. Esperava-se que uma pessoa culta fosse capaz de escrever ao menos alguns versos simples, a fim de proclamá-los em uma celebração ou dedicá-los a uma pessoa estimada.

No entanto, o jovem Karl queria mais. Ele revisava seus poemas e tentava melhorá-los. É possível que ele imaginasse para si, já nos últimos meses da escola, antes a carreira de poeta do que a de jurista. Uma série de poemas, o fragmento de um romance satírico, assim como trechos de um drama, foram preservados – textos escritos por Marx entre 1835 e 1837.

Como todo futuro poeta, o jovem Karl queria mostrar suas obras ao mundo. Em carta de fevereiro/março de 1836, no fim do primeiro semestre de Karl em Bonn, o pai dele escreve: "Você faz bem em esperar mais um pouco antes de publicar". Enfim, Marx já estava ao menos pensando em uma possível publicação. Porém, seu pai – homem que pensava de forma prática – tinha dúvidas; ele continua:

> Um poeta, um literato, se quiser mostrar-se publicamente, há de ser capaz de apresentar um trabalho habilidoso [...]. Digo-lhe com franqueza que fico profundamente feliz com suas inclinações e tenho muitas expectativas boas, mas me afligiria demais vê-lo estrear como um poetinha comum.[233]

Na carta seguinte, Karl provavelmente assegurou ao pai que não publicaria nada sem antes ouvir sua opinião. Em todo caso, o pai lhe agradece por tal decisão, mesmo não estando de fato convencido de que Karl cumpriria sua palavra[234]. Sua suspeita não fora infundada: passados poucos meses, Karl parece ter tentado encontrar oportunidades de publicação sem apresentar os trabalhos antes ao pai. A reação de Heinrich foi serena: ele queria apenas estar envolvido nas "negociações habituais"[235]. Contudo, o projeto não foi levado a cabo.

---

[231] Como é possível ver no currículo escolar do ginásio de Trier, um dos temas tratados nas aulas de alemão da *Quarta* [oitavo ano] (1831-1832) foi "prosódia e métrica"; na *Untersekunda* [primeiro ano do ensino médio] (1832-1833), falou-se "sobre o exercício estilístico em contos, descrições, pequenos poemas". Wilhelm Große, "'Ein deutsches Lesebuch für Gymnasialklassen' oder: Was hielt Karl Marx im Deutschunterricht in Händen? Zum Deutschunterricht in der ersten Hälfte des 19. Jahrhunderts am Gymnasium in Trier", *Kurtrierisches Jahrbuch*, ano 51, 2011, p. 355, nota 5. É possível que esse primeiro poema tenha sido fruto de atividades nas aulas de alemão.

[232] Heinrich Gemkow, "Edgar von Westphalen", cit., p. 407.

[233] MEGA-2 III/1, p. 294; MEW 40, p. 621.

[234] Carta de fevereiro/março de 1836, MEGA-2 III/1, p. 294; MEW 40, p. 621.

[235] Carta de maio/junho de 1836, MEGA-2 III/1, p. 297.

210 KARL MARX E O NASCIMENTO DA SOCIEDADE MODERNA

O ceticismo do pai em relação aos planos de publicação de Karl desaparece-ria nos meses seguintes. Em carta do dia 2 de março de 1837, Heinrich Marx pondera, inclusive, sobre qual seria o tipo de obra mais apropriado para que Karl, enquanto estreante, obtivesse sucesso na opinião pública[236]. Heinrich Marx parece realmente disposto a ajudar seu filho, apesar de Karl seguir um caminho diferente daquele proposto por ele.

Não obstante, alguns meses depois, em carta do dia 10 de novembro de 1837, Karl faz uma crítica devastadora às próprias criações poéticas. Como consequên-cia, ele também queimou os esboços que havia acabado de escrever e anunciou que queria "parar completamente" de escrever poemas[237]. Preservaram-se apenas os cadernos que ele havia dado de presente a Jenny e ao pai. Sabemos, por meio do relato de sua filha Laura, que futuramente tais poemas seriam apenas motivo de risada para Marx. Ela escreve a Franz Mehring, que preparava uma edição dos escritos não publicados de Marx, Engels e Lassalle e a quem Laura havia emprestado os cadernos com os poemas: "Preciso lhe dizer que meu pai tratava esses versos com bastante desrespeito; sempre que meus pais falavam deles, riam muito dessas tolices da juventude"[238].

Mehring, que também havia escrito trabalhos de história literária, considerou que os poemas não tinham valor estético e não adicionou um sequer em sua edição de escritos inéditos; ele somente cita algumas estrofes na introdução, intitulada "O poeta fantástico"[239]. Em sua biografia de Marx, ele tampouco adiciona os poemas. Mehring via uma justificativa para ignorar tais experimentos literários no fato de que o próprio Marx não teria publicado nenhum de seus poemas (o que não é verdade, como veremos a seguir). Além disso, Marx teria se iludido "apenas por alguns meses sobre a nulidade dessas criações". Marx não teria, segundo Mehring, "o gênio criador do poeta que faz um mundo partindo do nada"[240].

Ambas as interpretações de Mehring – de que, por um lado, os poemas de Marx não teriam valor estético nenhum e, por outro, Marx teria desistido de seus experimentos poéticos por ter percebido sua falta de talento – têm sido repetidas há cem anos, de maneira praticamente acrítica, por grande parte da literatura biográfica. Até mesmo nas biografias mais abrangentes, esses poemas

---

[236] MEGA-2 III/1, p. 309-10; MEW 40, p. 628; cf. capítulo anterior.

[237] Ibidem, p. 17; ibidem, p. 9.

[238] Franz Mehring, *Aus dem literarischen Nachlass von Karl Marx, Friedrich Engels und Ferdinand Lassalle*, v. 1: *Gesammelte Schriften von Karl Marx und Friedrich Engels 1841-1850* (Stuttgart, Dietz, 1902), p. 25-6.

[239] Expressão tirada por Mehring de carta de Heinrich Marx. Cf. MEGA-2 III/1, p. 306; MEW 40, p. 624.

[240] Franz Mehring, *Aus dem literarischen Nachlass von Karl Marx, Friedrich Engels und Ferdinand Lassalle*, v. 1, cit., p. 26-7.

são frequentemente vistos como uma curiosidade insignificante que não justifica uma análise mais extensiva[241].

No decorrer deste subcapítulo, ficará claro que as interpretações de Mehring sobre esse tema, por diversos motivos, têm pontos bastante criticáveis. Em primeiro lugar, deve-se ter em mente que ele não teve acesso a todos os poemas (preservados) de Marx, que se encontram em duas compilações diferentes. Por um lado, há os três cadernos que Karl organizou em outubro/novembro de 1836 e deu a Jenny como presente de Natal. Mehring teve acesso a esses três cadernos, que haviam sido guardados por Laura, filha de Marx. Por outro lado, há um caderno maior, que Marx deu a seu pai em abril de 1837, no sexagésimo aniversário de Heinrich. Nele, há alguns poucos poemas que também se encontravam nos cadernos dados a Jenny; os outros só foram escritos depois, no começo de 1837. Além disso, esse caderno contém fragmentos do romance satírico mencionado, *Escorpião e Félix*, e do drama *Oulanem*. Alguns dos novos poemas distinguem-se claramente, em termos qualitativos, dos primeiros. Além disso, em carta de novembro de 1837, Marx não os avalia de forma tão negativa – segundo ele, "o reino da verdadeira poesia apareceu-me, por um segundo, como um distante palácio de fadas"[242]. Esse caderno só foi descoberto na década de 1920, durante as preparações da MEGA-1, após a morte de Mehring, de modo

---

[241] O mesmo pode ser observado nas mais recentes biografias. Sperber afirma que, em relação a esses escritos de juventude, "o melhor é ficar calado" (*Karl Marx*, cit., p. 61), o que ele, de fato, faz. Neffe faz praticamente a mesma coisa, dedicando apenas um parágrafo de seis linhas ao "poeta fracassado"; *Marx: der Unvollendete* (Munique, Bertelsmann, 2017), p. 61. Stedman Jones até cita algumas passagens de poemas, com a mera intenção, contudo, de demonstrar sua insignificância; para ele, essas criações são apenas o resultado da "paixão de Karl pela ideia de que ele se tornaria um poeta" (*Karl Marx*, 2017, p. 64). Arnold Künzli – *Karl Marx*, cit., p. 148 e seg. – os analisa de maneira mais detalhada, mas apenas a fim de fundamentar, com arriscadas interpretações, sua tese de "autoaversão judaica" em Marx. Fora da literatura biográfica também houve pouco interesse pelos experimentos poéticos de Marx. Devido ao tema de suas pesquisas (Marx e a literatura), Michail Lifschitz – *Karl Marx und die Ästhetik* (Dresden, Verlag der Kunst, 1960), p. 41-8 –, Peter Demetz – *Marx, Engels und die Dichter: ein Kapitel deutscher Literaturgeschichte* (Frankfurt am Main, Ullstein, 1969), p. 52-62 – e Siegbert S. Prawer – *Karl Marx und die Weltliteratur* (1976) (Munique, Beck, 1983), p. 11-25 – fizeram análises mais extensas dos poemas de Marx; ainda assim, a avaliação de Demetz e Prawer é a mesma de Mehring, e a de Lifschitz, em grande parte, também. Günther Hillmann – *Marx und Hegel*, cit., p. 49-72 –, Leonard P. Wessel – *Karl Marx, Romantic Irony, and the Proletariat: the Mythopoetic Origins of Marxism* (Baton Rouge, Louisiana State University Press, 1979 – e Harold Mah – "Karl Marx in Love: the Enlightenment, Romanticism and Hegelian Theory in the Young Marx", *History of European Ideas*, v. 7, n. 5, 1986, p. 154-70, e *The End of Philosophy and the Origin of "ideology": Karl Marx and the Crisis of the Young Hegelians* (Berkeley, University of California Press, 1987) – fizeram análises dos poemas de Marx independentes da interpretação de Mehring.

[242] MEGA-2 III/1, p. 15; MEW 40, p. 8.

que ele não pôde ver os progressos de Marx. Entretanto, os cadernos analisados por Mehring haviam desaparecido após a morte de Laura. Assim, a MEGA-1 foi publicada sem o conteúdo desses cadernos. A consequência foi uma paradoxal situação em que, até a publicação da MEGA-2, se conhecia a devastadora interpretação de Mehring, mas não os poemas a que ela se referia. Ao mesmo tempo, havia poemas e fragmentos que Mehring, em grande parte, não conheceu. Os autores que repetiram as interpretações de Mehring acriticamente nem sequer perceberam essa discrepância.

Na década de 1950, os três cadernos reapareceram – em meio às coisas deixadas por *Edgar Longuet* (1879-1950), neto de Marx. Assim, pela primeira vez foi possível publicar, na MEGA-2, ambas as coletâneas – os três cadernos de 1836, entregues a Jenny, e o caderno dado ao pai em 1837. Além disso, também foi publicado o álbum de poesias organizado pela irmã de Karl, Sophie, que contém poemas de 1835 e 1836, assim como trechos de seu caderno de anotações, no qual se encontram versos ainda mais antigos. Na MEGA-2, os textos literários do jovem Marx ocupam aproximadamente trezentas páginas; isso levando em conta que se preservou apenas parte do que ele de fato escrevera.

A seguir, analisarei os experimentos literários de Marx mais detalhadamente, por um lado, porque a poesia foi uma primeira e importante orientação para o jovem Marx e, por outro, porque dessa forma é possível ver com clareza que o afastamento de Marx da atividade poética não teve relação nenhuma, como presumido por Mehring, com o fato de ele ter percebido sua suposta falta de talento. Veremos, adiante, que os motivos desse afastamento são de natureza bem diferente e que, muito provavelmente, também são a chave para a solução de outro problema do desenvolvimento intelectual do jovem Marx: sua passagem à filosofia hegeliana.

Não é difícil classificar os poemas de Marx como pertencentes ao "romantismo". É preciso, porém, diferenciar o uso coloquial que a palavra "romântico" tem hoje (entusiástico e idealista; direcionado a uma harmonia distante da realidade) da designação utilizada aqui, que se refere ao *romantismo literário* – que durou do fim do século XVIII até a primeira metade do século XIX*. Este último, por sua vez, não pode ser igualado ao *romantismo político* do início do século XIX, cujo principal representante foi *Adam Müller* (1779-1829). A caracterização do romantismo literário é bastante controversa. Por um lado, há um amplo consenso em relação a algumas de suas características, por exemplo a importância da subjetividade, o interesse pelo plano dos sentimentos, pela vivência interna, o anseio por outro indeterminado (e inalcançável) e também o fato de o romantismo expressar o sofrimento da vida em um mundo racional

---

* Na Alemanha. (N. T.)

demais, voltado ao comércio, assumindo com frequência uma postura distante e irônica, a chamada "ironia romântica". Também é evidente que no romantismo *tardio* se desenvolveram tendências que exaltavam a Idade Média e o catolicismo, sendo que muitos românticos dessa fase tinham inclinações políticas conservadoras. Contudo, o caráter geral do romantismo, sua relação com o Iluminismo e principalmente seus conteúdos políticos foram interpretados de maneiras bastante diversas nos últimos 180 anos.

O grupo Jovem Alemanha já via no romantismo, sobretudo, algo de retrógrado e católico; crítica que teve um primeiro ponto alto com o escrito *A escola romântica* (1835), de Heinrich Heine. Deu-se continuidade a essa crítica com a publicação, nos *Hallischen Jahrbücher* [Anais de Halle], do manifesto *O protestantismo e o romantismo* (1839-1840), de *Theodor Echtermayer* (1805-1844) e Arnold Ruge. Os *Anais de Halle* eram como um "organismo central" dos jovens hegelianos (voltaremos a falar deles no próximo capítulo). Historiadores literários liberais também consideravam o romantismo sobretudo um movimento contrário ao racionalismo do Iluminismo. *Rudolf Haym* aponta nessa direção em seu escrito *Escola romântica* (1870), que foi tão influente quanto sua biografia de Hegel de 1857, já mencionada. Ele basicamente caracteriza o romantismo como politicamente reacionário. Os primeiros estudos literários marxistas, em especial os de Franz Mehring, foram bastante influenciados por essa visão do romantismo como corrente politicamente reacionária. Também por esse motivo era muito importante para Mehring deixar claro que o contato de Marx com o romantismo fora rápido e sem consequências em seu desenvolvimento posterior.

No começo do século XX, o romantismo (alemão) foi então posto em um contexto nacionalista e exaltante da cultura alemã – e assim foi celebrado. Essa interpretação dominou o período nacional-socialista, o que levou a um desprestígio ainda maior do romantismo. Após a Segunda Guerra Mundial, não foram poucos os autores, principalmente anglo-saxões, que consideraram a suposta tendência alemã ao romantismo (antimoderno e antirracionalista) um importante elemento que teria contribuído para a ascensão do nazismo[243]. Nesse contexto em que a imagem do romantismo era negativa, alguns críticos de Marx tentaram provar que sua obra havia sido fortemente influenciada pelo romantismo[244].

Sobretudo a partir da década de 1960, ganharam destaque também os aspectos progressivos e modernos do romantismo, como a tematização do inconsciente ou da identidade do indivíduo, cuja compreensão havia se tornado problemática. O potencial racional e iluminista da primeira fase do romantismo alemão foi

---

[243] Cf., por exemplo, Gordon A. Craig, *Über die Deutschen* (Munique, Beck, 1982), p. 216 e seg.

[244] Por exemplo, Ernst Kux, *Karl Marx: die revolutionäre Konfession* (Erlenbach/Zurique, Eugen Rentsch, 1967).

destacado em especial por Ernst Behler, responsável pela edição crítica da obra de Friedrich Schlegel[245]. Depois, nos debates das últimas décadas, passou-se a diferenciar o romantismo inicial, progressista, interpretado como um segundo Iluminismo, de um romantismo tardio, que se tornou cada vez mais conservador[246]. Também os conteúdos românticos em Marx podiam agora ser vistos como absolutamente positivos[247]. Ainda voltaremos à questão de até que ponto os temas românticos continuariam influenciando a obra de Marx, por exemplo nos *Manuscritos econômico-filosóficos* de 1844. Por enquanto, tratamos apenas de seus experimentos poéticos.

O tema predominante nos cadernos dados a Jenny – os dois primeiros intitulados *Livro do amor* e o terceiro, *Livro das canções* – é o amor que Karl sentia por ela. Por um lado, o relacionamento deles lhe dava forças; por outro, estava presente o medo de perdê-la. Já no fim do primeiro poema ("Os dois céus" ["Die zwei Himmel"]), lê-se:

Se partes o laço, que eu sucumba,
Me leve a torrente, me devore a tumba;
Os dois céus, juntos, soçobraram,
Também a alma e o sangue evaporaram.[248]

Em "Orgulho humano" ["Menschenstolz"], o caráter eufórico toma conta: tudo parece ser possível, alcançável, Karl chega a se sentir "como os deuses":

Jenny! Posso eu dizer, contumaz,
Que tanto nossas almas se trocaram,
Ardendo como uma só chama audaz,
Que numa única corrente suas ondas se abraçaram?

---

[245] Ernst Behler, *Frühromantik* (Berlim, Walter de Gruyter, 1992).

[246] Acerca da situação atual do debate sobre os conteúdos políticos do romantismo, cf. os compêndios Klaus Ries (org.), *Romantik und Revolution: zum politischen Reformpotential einer unpolitischen Bewegung* (Heidelberg, Universitätsverlag Winter, 2012), e Michael Dreyer e Klaus Ries (orgs.), *Romantik und Freiheit: Wechselspiele zwischen Ästhetik und Politik* (Heidelberg, Universitätsverlag Winter, 2014).

[247] Cf., por exemplo, Ernst Behler, "Nietzsche, Marx und die deutsche Frühromantik", em Reinhold Grimm e Jost Hermand (orgs.), *Karl Marx e Friedrich Nietzsche: acht Beiträge* (Königstein im Taunus, Athenäum, 1978); Petra Röder, *Utopische Romantik, die verdrängte Tradition im Marxismus: von der frühromantischen Poetologie zur marxistischen Gesellschaftstheorie* (Würzburg, Königshausen & Neumann, 1982).

[248] MEGA-2 I/1, p. 485. [Tradução de Flávio Aguiar. No original: *Brichst Du das Band, so stürz' ich hinab,/ Mich umhüllt die Fluth, mich verschlingt das Grab,/ Es haben beide Himmel sich untergetauchet,/ Und die blutende Seele verhauchet.*]

Então eu lanço o alto desafio
Da luva ao rosto de um vasto mundo
E o anão que se agiganta sentirá que caiu
Mas meu lume não apagará o estrondo profundo.

Como os deuses, pisarei em seu chão,
Singrando por seu reino de ruína,
Em cada palavra, vitória, lume e ação,
No peito, de um criador a forte sina.[249]

Em um poema do segundo caderno, escrito um pouco depois[250], Karl não mais se mostra transbordante de euforia, mas, antes, reflete sobre seu próprio temperamento e suas próprias ambições. Esse poema provavelmente representa bem a imagem que ele tinha de si mesmo na época; por isso, vale ler um trecho mais extenso de "Sensações" ["Empfindungen"]:

Nunca eu consigo em descanso ficar,
No estado cuja força a alma inspira.
Nem consigo, sereno, me aquietar,
E a tempestade em sua errância me atira.

[...]

Quero o céu infinito acolher,
O mundo por pôr todo dentro de mim,
E amando e odiando em meu ser
Quero mover-me, sem pausa e sem fim.

Quero tudo em mim receber,
Da graça dos deuses desfrutar,
Com ousadia invadir o saber
E o canto e a arte explorar

---

[249] Ibidem, p. 489. [Tradução de Flávio Aguiar. No original: *Jenny! Darf ich kühn es sagen,/ Daß Wir unsre Seelen ausgetauscht,/ Daß in eins sie glühend schlagen,/ Daß ein Strom durch ihre Wellen rauscht?/ Dann werf' ich den Handschuh höhnend/ Einer Welt in's breite Angesicht,/ Und die Riesenzwerginn stürze dröhnend,/ Meine Gluth erdrückt ihr Trümmer nicht./ Götterähnlich darf ich wandeln,/ Siegreich ziehn durch ihr Ruinenreich,/ Jedes Wort ist Gluth und Handeln,/ Meine Brust dem Schöpferbusen gleich.*]

[250] Segundo datação do próprio Marx, o primeiro caderno seria do "fim do outono" e o segundo de "novembro" de 1836; ibidem, p. 479 e 525.

[…]

E assim se passa pelo tempo a se ir,
Do nada ao todo universal,
Desde o berço até o descair,
Eterno anseio, queda perenal.

[…]

Por isso devemos tudo arriscar
Sem descanso nem parada
O silêncio obtuso devemos rejeitar,
Também a inação e o fazer nada.

Nunca vamos nos encurvar,
Cair no medo, na sujeição abjeta,
Pois o caminho de ansiar,
Agir, será sempre a exigente meta.[251]

Enquanto, nos primeiros versos, Marx tematiza sua natureza inquieta, seu desejo por compreensão total, destacando o "saber" e "o canto e a arte", nos últimos versos ele trata de temas que já haviam sido abordados em sua redação final do ginásio: a recusa à sujeição e a ambição por fazer algo grande – ao menos tentar.

A crença na força individual, sobretudo na função especial do artista, também fazia parte do entendimento romântico da arte, que claramente exercia forte influência sobre Marx na época. Além disso, o anseio tinha um papel importante. Na balada "O canto das sereias" ["Der Sirenen Sang"], o jovem consegue resistir às tentações das sereias justamente por sentir um anseio [*Sehnsucht*] que elas nem sequer conheciam.

---

[251] Ibidem, p. 535-6. [Tradução de Flávio Aguiar. No original: *Nimmer kann ich ruhig treiben,/ was die Seele stark erfaßt./ Nimmer still behaglich bleiben,/ Und ich stürme ohne Rast/ […]/ Himmel such' ich zu erfassen,/ Und die Welt in mich zu ziehn,/ Und in Lieben und in Hassen/ Möchte ich bebend weitersprühn./ Alles möchte ich mir erringen,/ Jede schönste Göttergunst,/ Und in Wissen wagend dringen,/ Und erfassen Sang und Kunst./ […]/ Und so schwankt es durch die Jahre,/ Von dem Nichts bis zu dem All,/ Von der Wiege bis zur Bahre,/ Ew'ges Streben, ew'ger Fall./ […]/ Darum laßt uns alles wagen,/ nimmer rasten, nimmer ruhn;/ Nur nicht dumpf so gar nichts sagen,/ Und so gar nichts woll'n und thun./ Nur nicht brütend hingegangen,/ Aengstlich in dem niedern Joch,/ Denn das Sehnen und Verlangen,/ Und die That, sie blieb uns doch.*]

Não conheceis o peito arfante,
O arder do coração pulsante,
O alto voo da alma

[...]

Não podereis me capturar,
Nem meu amar, nem meu odiar,
Nem este ardor que me inflama.[252]

Não fica claro, porém, a que se refere esse ardente "anseio". Trata-se de um anseio romântico, sem limites, em que o Eu só é capaz de captar-se como o próprio Eu.

Ainda seria possível citar diversos exemplos a fim de demonstrar que as perspectivas de Marx em seus poemas e suas baladas pertenciam, em grande parte, ao universo romântico – com o qual ele já estava familiarizado desde a adolescência. Na escola, Karl provavelmente não conheceu muitos poemas do romantismo. Em ambos os livros de leitura organizados pelos professores do ginásio de Trier – um para as séries iniciais e outro para as mais avançadas – eram apresentados sobretudo autores do Iluminismo e do classicismo de Weimar. Havia muita coisa de Schiller, mas pouca de Goethe, e quase nenhum autor do romantismo[253]. Contudo, como relata sua filha Eleanor, o primeiro amor de Marx pela escola romântica foi despertado cedo por Ludwig von Westphalen[254].

Em se tratando de um autor de dezoito anos, não deveria surpreender o fato de os poemas, em especial os dos cadernos dados a Jenny, deixarem muito a desejar em termos formais nem que a leitura de vários deles seja meio truncada e complicada. É completamente legítima a crítica que Mehring faz às insuficiências formais dos versos de Marx:

> Para dizer em uma frase, são disformes em todos os sentidos da palavra. Mesmo a técnica do verso é ainda bastante rudimentar; se não se soubesse quando foram escritos, não se poderia imaginar que surgiram um ano após a morte de Platen[255] e nove anos após o *Livro das canções*, de Heine. Ao menos não há nada em seu

---

[252] Ibidem, p. 589-90. [Tradução de Flávio Aguiar. No original: *Ihr kennt nicht Busens Pochen,/ Des Herzens heisses Kochen/ Der Seele hohen Flug/ [...]/ Mich könnt ihr nicht erfassen,/ Mein Lieben nicht und Hassen,/ Und meine Sehnsuchtsgluth.*]

[253] Wilhelm Große, "'Ein deutsches Lesebuch für Gymnasialklassen", cit., p. 352-3.

[254] Eleanor Marx, "Karl Marx (Erstveröffentlichung: Progress May 1883, 288-294, June 362-366)" (1883), em David Rjazanov, *Karl Marx als Denker, Mensch und Revolutionär*, cit., p. 32.

[255] Referência ao poeta *August Graf von Platen* (1795-1835).

218 Karl Marx e o nascimento da sociedade moderna

conteúdo que o indique. São os tons da harpa romântica: uma canção dos elfos, uma canção dos gnomos [...], não falta sequer o bravo cavaleiro que, após realizar muitos atos heroicos em terras distantes, regressa justamente no momento em que a noiva infiel sobe ao altar com outro.[256]

O que Mehring escreve não é impreciso, mas sua análise é superficial, mesmo em se tratando dos primeiros poemas, os únicos que ele conhecia. Pode até ser verdade que não falta sequer o bravo cavaleiro, mas como termina essa balada (*Lucinde*)? Com seu punhal, ante todos os convidados do casamento, o cavaleiro se suicida. Em seguida, Lucinde, sua noiva infiel, apanha o punhal e corta os próprios pulsos. Como se não fosse suficiente, enquanto a serva consegue arrancar-lhe o punhal e salvar sua vida, a ensanguentada Lucinde enlouquece, aos gritos[257]. Essa balada, assim como alguns outros poemas de Marx, tem traços do gênero que depois se chamaria romantismo sombrio. Contudo, não se podem reduzir poemas como "O canto rebelde da noiva" ["Der Wilden Brautgesang"] ou "A dilacerada" [no sentido figurado de "desespero"; "Die Zerrißne"][258] ao fato de causarem arrepios no público. Enquanto a principal corrente do romantismo alemão já se afastara, havia tempos, do romantismo precoce – com sua simpatia pela Revolução Francesa – e feito as pazes com as condições sociais e políticas vigentes – por meio da exaltação da Idade Média, do catolicismo e da nobreza –, não se encontra, em Marx, nenhum vestígio dessa exaltação. Nos poemas mencionados, ele enfatiza a angústia, a dúvida e o desespero – isso sem oferecer uma solução reconciliadora e, assim, enfraquecer a representação.

Nos poemas posteriores, é possível observar uma clara melhora no processo criativo; Marx passa a se expressar de maneira mais concisa e intensa. Em "A prece do desesperado" ["Des Verzweifelnden Gebet"][259], ele consegue expressar desespero e uma provocadora revolta – resultante desse desconsolo – em poucas páginas. Os dois poemas publicados em 1841 na revista *Athenäum* [Ateneu] sob o título "Canções impetuosas" ["Wilde Lieder"] – ambos do caderno de 1837 – talvez sejam, nesse sentido, os melhores; houve, inclusive, uma resenha positiva sobre eles[260]. O poema "O musicista" ["Der Spielmann"] trata de um músico que carrega consigo um violino e um sabre; ele canta "Que a alma ressoe pelo inferno abaixo!". Ele nega ter recebido a arte de Deus.

---

[256] Franz Mehring, *Aus dem literarischen Nachlass von Karl Marx, Friedrich Engels und Ferdinand Lassalle*, v. 1, cit., p. 26.

[257] MEGA-2 I/1, p. 496 e seg.

[258] Ibidem, p. 505 e seg. e 516 e seg.

[259] Ibidem, p. 640-1.

[260] Cf. ibidem, p. 1.258.

Deus não conhece a arte, a ela não se afeiçoa,
É do vapor infernal que ela na mente ressoa.*

Ele teria "negociado com o próprio Obscuro [o diabo, M. H.]" e estaria agora comprometido com ele:

É ele que escreve as notas e os compassos tortos
Com que toco, insano, a marcha dos mortos.**

Trata-se de um pacto fáustico com o diabo, que não pode ser anulado, no qual o músico tem de tocar "até que o coração rebente por corda e arco"[261].

O segundo poema, "Amor noturno" ["Nachtliebe"], trata da morte noturna da pessoa amada. As circunstâncias e as causas não são retratadas, tudo se concentra no momento da dor, o que, justamente pela brevidade, tem um efeito perturbador[262].

Marx não aprimora somente suas habilidades líricas, ele experimenta outras formas de representação. No caderno de 1837, encontram-se, além de poemas e epigramas humorísticos – entre outros, um sobre Hegel, do qual tratarei no próximo subcapítulo –, fragmentos de um romance satírico, *Escorpião e Félix*, e, por fim, trechos de um drama fantástico com o título *Oulanem*.

Como já destacado pelo editor da MEGA-1, David Riazánov, esta última obra provavelmente seria uma "tragédia fatalista", forma popular na época, "já que desde o começo predomina um mistério acerca de todas as pessoas e suas relações"[263]. Contudo, não é possível prever, a partir desse fragmento, como Marx resolveria tais enigmas.

Riazánov[264] também destacou o fato de *Escorpião e Félix* apresentar muitas características estilísticas presentes em *Tristam Shandy*, de *Lawrence Sterne* (1713-1768), além de certa influência de *Elixir do diabo*, de E. T. A. Hoffmann. Nesse fragmento de romance, tudo acontece de forma muito confusa; no centro da narrativa estão o mestre alfaiate Merten, seu filho Escorpião, o ajudante Félix e a cozinheira Grethe. Os fragmentos começam no capítulo 10; no entanto, a existência de capítulos anteriores não me parece provável. A fragmentação pode ter sido um instrumento

---

* [Tradução de Flávio Aguiar. No original: *Gott kennt sie nicht, Gott acht' nicht der Kunst;/ Die stieg in den Kopf aus Höllendunst.*]

** [Tradução de Flávio Aguiar. No original: *Der schlägt mir den Takt, der kreidet die Zeichen;/ Muß voller, toller den Todtenmarsch streichen.*]

[261] Ibidem, p. 768-9; MEW 40, p. 604. [Tradução de Flávio Aguiar. No original: *Bis's Herz durch Sait' und Bogen bricht.*]

[262] Ibidem, p. 769-70; ibidem, p. 605.

[263] David Rjazanov, "Einleitung", em *Marx/Engels Gesamtausgabe, Erste Abteilung, Band 1, Zweiter Halbband* (Berlim, Marx-Engels-Verlag, 1929). p. XV.

[264] Idem.

estilístico, como utilizado, por exemplo, por E. T. A. Hoffmann em *Reflexões do gato Murr*. O capítulo de *Escorpião e Félix* inicia-se da seguinte maneira:

> Segue, aqui, como prometido no capítulo anterior, a prova de que a quantia em questão, 25 táleres, pertence somente ao bom Deus. Eles não têm dono! Elevados pensamentos, o poder de nenhum homem os possui; ainda assim, o poder sublime, que veleja sobre as nuvens, reveste o todo, ou seja, também os 25 táleres em questão, toca com suas penas, tecidos de dia e noite, de sol e estrelas, de gigantescas montanhas e infinitos areais, que soam lá como harmonias, como o ruído da cachoeira, onde a mão dos mundanos não mais alcança, ou seja, também os 25 táleres em questão, e – é claro que não posso continuar, meu interior está agitado, eu olho na direção do todo e de mim mesmo e dos 25 táleres em questão, que substância nessas três palavras, sua posição é o infinito, elas ecoam como sons angelicais, elas lembram o Juízo Final e o fisco, pois – foi Grethe, a cozinheira, que aqueceu o coração de Escorpião, animado pela narração de seu amigo Félix, extasiado por sua melodia incendiosa, dominado por seus sentimentos juvenis, vendo nela uma fada.[265]

O texto continua nesse estilo sem pausas, pulando de um tema para o outro. A impressão que se tem é que Marx tentou misturar, de maneira jocosa, os temas filosóficos, literários, filológicos e todos os conhecimentos que ele tinha na época.

É evidente que o jovem Karl estava fazendo experimentos estilísticos e temáticos, que estava à procura. Não deveria surpreender o fato de a produção literária de um jovem de dezenove anos nem sequer se aproximar do trabalho de um Heinrich Heine. Ainda assim, não se pode negar que o jovem Marx tinha certo potencial – uma carreira literária não estava fora de cogitação. Alguns de seus últimos poemas eram definitivamente mais interessantes do que as "reminiscências diluídas em água com açúcar" de seu (suposto) amigo em Bonn, Emanuel Geibel[266], cuja poesia, a partir do início da década de 1840, ia ao en-

---

[265] MEGA-2 I/1, p. 688.

[266] Essa descrição dos poemas de Geibel foi feita por *Wilhelm Schulz* (1797-1860), amigo de Georg Büchner. Ele a utilizou em sua resenha dos *Nachgelassenen Schriften* [Escritos inéditos], de Büchner, publicados em 1851. Walter Grab, *Georg Büchner und die Revolution von 1848: der Büchner Essay von Wilhelm Schulz aus dem Jahr 1851 Text und Kommentar* (Königstein im Taunus, Athenäum, 1985), p. 51. Wilhelm Schulz também publicou um estudo econômico – *Die Bewegung der Produktion: eine geschichtlich-statistische Abhandlung* (1843) (Glashütten im Taunus, Auvermann, 1974) – que estimularia ideias importantes em Marx, das quais ainda trataremos aqui. Cf. Walter Grab, *Dr. Wilhelm Schulz aus Darmstadt: Weggefährte von Georg Büchner und Inspirator von Karl Marx* (Frankfurt am Main, Büchergilde Gutenberg, 1987).

contro do gosto da burguesia e do monarca prussiano, tornando-o um dos mais famosos poetas no século XIX, mas que logo caiu no esquecimento.

Independentemente de como a qualidade dos poemas de Marx foi avaliada por outros autores, não se encontra, vindo dele mesmo, menção a uma falta de talento literário. Pelo contrário, em uma carta a seu pai, ele expressa sua irritação a respeito de *Adelbert Chamisso* (1781-1838), famoso poeta que havia se negado a incorporar poemas de Marx em seu almanaque[267]. Além disso, Marx provavelmente não julgava seus poemas tão "fúteis" como Mehring presume; caso contrário, não teria publicado dois deles em 1841, quando teve a oportunidade.

4. A primeira crise intelectual: afastamento da literatura e passagem à filosofia hegeliana

Não é possível inferir, da carta de novembro de 1837, quais temas Karl estava estudando nos meses anteriores, mas ele informa o pai sobre duas importantes mudanças: primeiro, que havia parado com seus experimentos literários e, segundo, que havia aderido à filosofia hegeliana. Apesar de esses dois pontos serem mencionados com frequência na literatura biográfica, suas causas raramente são investigadas. No que diz respeito ao abandono da atividade literária, repete-se a interpretação de Mehring de que Marx teria percebido sua falta de talento como poeta. Sobre a passagem à filosofia hegeliana, muitos autores apenas mencionam o próprio fato, sem explicá-lo, ou citam as discussões do "clube de doutores", que Marx menciona em sua carta, como causa da mudança. Contudo, não se leva em consideração que Marx só começou a participar desse clube de doutores *após* ter se decidido, por princípio, pela filosofia hegeliana. O fato de que não se buscou mais a fundo a causa dessa mudança é ainda mais surpreendente quando se leva em conta que se trata da mais importante reviravolta do pensamento do ainda muito jovem Marx. Além disso, a relação de Marx com o pensamento de Hegel duraria décadas – é incontestável que a obra marxiana foi influenciada por essa relação, mesmo havendo muita discussão e controvérsia acerca da natureza e da extensão de tal influência. Também nas duas biografias mais recentes – ambas com a pretensão de representar Marx no século XIX –, a passagem à filosofia hegeliana é meramente constatada[268]; nem sequer se pergunta quais poderiam ter sido os motivos de tal mudança.

Auguste Cornu é um dos poucos que ao menos tentam encontrar uma razão para o novo direcionamento do pensamento de Marx. Por um lado, Cornu menciona Eduard Gans, que teria contribuído muito para "conquistar Marx

---

[267] MEGA-2 III/1, p. 17; MEW 40, p. 10.
[268] Jonathan Sperber, *Karl Marx*, cit., p. 65; Gareth Stedman Jones, *Karl Marx*, cit., p. 82.

222 KARL MARX E O NASCIMENTO DA SOCIEDADE MODERNA

para o hegelianismo"[269]. Porém, como já vimos, não é assim tão evidente que Gans tenha, de fato, exercido tal influência sobre Marx; na carta deste ao pai, Gans simplesmente não é mencionado. Isso, no entanto, não significa que o professor não o tenha influenciado – se aconteceu, muito provavelmente foi só *após* a passagem de Marx à filosofia hegeliana. O segundo argumento de Cornu também não é muito convincente:

> A crise intelectual pela qual Marx estava passando na época foi causada principalmente por ele estar em um movimento decisivo de mudança na direção de ideias liberais e democráticas, de modo que não mais pôde se contentar com a visão de mundo romântica, que correspondia a uma posição política e social reacionária.[270]

Marx teria procurado uma "visão de mundo mais concreta" e a encontrado na "filosofia de Hegel"[271]. Desconsiderando que Cornu também viu em Marx um defensor da democracia já em sua redação final de alemão no ginásio[272], não há nenhum indício de que a escolha da filosofia hegeliana tenha sido resultado de uma mudança em suas opiniões políticas. Quando teria acontecido tal mudança e qual teria sido sua causa?[273]

Por que Marx desistiu de seus experimentos poéticos?

As únicas informações disponíveis sobre essa questão se encontram em carta de novembro de 1837. Marx afirma que os poemas escritos para Jenny em 1836 eram "puramente idealistas":

---

[269] Auguste Cornu, *Karl Marx und Friedrich Engels*, v. 1, cit., p. 82. Para Warren Breckman, *Marx, the Young Hegelians, and the Origins of Radical Social Theory* (Cambridge, Cambridge University Press, 1999), p. 252 e seg., a suposta influência de Gans e as análises críticas de Marx sobre a teoria do direito também teriam sido decisivas para sua passagem à filosofia de Hegel.

[270] Auguste Cornu, *Karl Marx und Friedrich Engels*, v. 1, cit., p. 95.

[271] Idem.

[272] Ibidem, p. 62.

[273] Hillmann também critica Cornu, mas sua explicação para a passagem de Marx à filosofia hegeliana não é muito diferente: segundo ele, a situação atrasada em que Berlim se encontrava teria funcionado como um balde de água fria no estudante que vinha da avançada Renânia; os questionamentos daí resultantes não podiam mais, segundo Hillmann, ser respondidos com o aparato teórico do romantismo; Günther Hillmann, *Marx und Hegel*, cit., p. 73. Marx teria recorrido à filosofia hegeliana porque não mais entendia o mundo; ibidem, p. 82. E, mesmo que Marx, de fato, tivesse tido problemas para compreender as relações sociais e políticas (não há provas para tanto), por que teria ele recorrido justamente à filosofia hegeliana, e não, por exemplo, à escola histórica do direito? Qual teria sido o diferencial de Hegel?

Meu céu, minha arte tornou-se outro mundo tão distante quanto meu amor. Desfoca-se todo o real, e tudo o que é desfocado não tem limites; ataques ao presente, sentimento abrangente e disforme, sem nada de natural, tudo construído da lua, exatamente o contrário daquilo que é e daquilo que deve ser, reflexões retóricas, em vez de pensamentos poéticos [...]. Toda a abrangência de um anseio que não conhece limites se debate em várias formas e faz do "concentrar"* um "espalhar".[274]

A principal censura de Marx a suas próprias criações é o fato de serem "puramente idealistas". Evidentemente, não se trata aqui do sentido filosófico dessa palavra, mas, antes, do sentido coloquial, referindo-se àquilo que *idealmente* deveria ser; daí resulta "o contrário daquilo que é e daquilo que deve ser", mencionado na carta. A concentração no "dever-ser" também explica a crítica ao distanciamento da realidade, à falta de algo "natural".

Marx ainda chama de "idealistas" os poemas que deu a seu pai em abril de 1837, por ocasião de seu sexagésimo aniversário. *Escorpião e Félix* é caracterizado por Marx como "humor forçado", e *Oulanem* seria um "drama fantástico malsucedido". Por fim, esse idealismo teria se tornado "pura arte formal, quase sempre sem um objeto inspirador, sem uma concatenação dinâmica de ideias"[275]. Mas também há um aspecto positivo:

> Apesar disso, os últimos poemas foram os únicos nos quais – como num passe de mágica, ah!, no começo a mágica foi esmagadora – o reino da verdadeira poesia apareceu-me, por um segundo, como um distante palácio de fadas, e então todas as minhas criações desmoronaram, tornando-se nada.[276]

Mehring e muitos outros autores utilizaram esse comentário como prova de que Marx teria reconhecido sua falta de talento poético e, por isso, desistido de escrever versos. Porém em nenhum momento fala-se de "talento", mas sim de "verdadeira poesia", que não está completamente ausente, mas é vista ao menos por um segundo. Ainda assim, Marx desistiu dos experimentos literários; o segundo de "verdadeira poesia" não lhe serviu de incentivo. Na carta ao pai, lê-se a seguinte afirmação, bastante dramática: "Uma cortina havia caído, tudo o que me era mais sagrado foi despedaçado, e novos deuses tinham de ser encontrados"[277].

---

* No original, *"macht aus dem 'Dichten' ein 'Breiten'"*. Em alemão, o verbo *dichten* tem uma carga semântica que se aproxima tanto de "compor", "criar", "escrever poemas, poesia" quanto de "vedar", "concentrar", "tornar denso". (N. T.)

[274] MEGA-2 III/1, p. 10; MEW 40, p. 4.

[275] Ibidem, p. 15; ibidem, p. 8.

[276] Idem; idem.

[277] Idem; idem.

224   KARL MARX E O NASCIMENTO DA SOCIEDADE MODERNA

Mas o que seria, exatamente, esse "tudo de mais sagrado"? McLellan defende a tese de que, em Berlim, teria acontecido "uma grande mudança em relação às ideias apresentadas por ele [Marx] na redação final do ginásio". "A ideia de servir à humanidade e de procurar uma posição em que ele pudesse, da melhor maneira possível, se oferecer a esse nobre ideal tinha perdido força. Seus poemas de 1837 revelam antes um culto ao gênio na torre de marfim e um interesse introvertido no desenvolvimento do Eu, desconsiderando a sociedade"[278].

Essa questão não é, porém, tão simples assim. O fato de Marx ter sido, até certo ponto, influenciado pelo subjetivismo do romantismo ficou claro desde os poemas dedicados a Jenny. Contudo, isso não significa necessariamente que ele tinha um interesse introvertido pelo próprio Eu. Nos epigramas de 1837, Marx começaria a tratar de temas socialmente relevantes. Ele defende Goethe e Schiller contra as acusações de filistinismo religioso[279] e critica a passividade dos alemães.

> Em sua poltrona, confortavelmente apalermado,
> Se assenta o público alemão, e permanece calado...[280]

Com sarcasmo, ele comenta as esperanças políticas que se seguiram à queda de Napoleão, mas que os alemães logo abandonaram:

> De si mesmos começaram a ficar envergonhados.
> Como coisas demais aconteceram de uma só vez,
> Seria preciso de novo falar manso, pisar com maciez,
> O resto quem sabe em livros se encadernasse,
> Decerto não seria difícil encontrar quem os comprasse.[281]

Além disso, os outros escritos poéticos não são necessariamente opostos aos objetivos mencionados na redação final. Nela, o principal critério indica-

---

[278] David McLellan, *Karl Marx*, cit., p. 30. Hillmann já havia argumentado de forma semelhante: "No lugar do 'entregar-se' pela humanidade, encontramos um 'alçar-se' acima da humanidade"; Günther Hillmann, *Marx und Hegel*, cit., p. 58). Contudo, ele não trata toda a produção poética de Marx indiscriminadamente. Em suma, diferencia poemas românticos de não românticos (ibidem, p. 66-70), sendo que, para ele, o não romântico seria a contraposição aos conteúdos católico-reacionários do romantismo tardio. Em outras palavras, ele reduz o romantismo às tendências reacionárias do romantismo tardio.

[279] Epigramas V e VI, MEGA-2 I/1, p. 645.

[280] Epigrama I, ibidem, p. 643. [Tradução de Flávio Aguiar. No original: *In seinem Sessel, behaglich dumm,/ Sitzt schweigend das deutsche Publikum...*]

[281] Epigrama III, ibidem, p. 645. [Tradução de Flávio Aguiar. No original: *Begannen sich vor sich selber zu schämen./ Sei doch zu vieles auf einmal geschehn,/ Man müsse nun wieder hübsch stille gehen/ Das and're könnt' man in Bücher binden/ Und Käufer würden wohl leicht sich finden.*]

do por Marx para a escolha da profissão é o trabalho pelo "bem da humanidade", por meio do qual, exclusivamente, se poderia alcançar o aperfeiçoamento de si mesmo[282]. Essa ideia é compatível com um tipo de poesia cuja concepção político-filosófica visa à melhoria das condições humanas. Aquilo que Marx critica, em sua carta, como "idealista" – *após* se distanciar da poesia – parece ter como fundamento justamente tal concepção: melhorar o mundo pela arte, confrontando – poeticamente – o "ser/estar" precário com o melhor "dever-ser".

Na primeira fase do romantismo alemão, as ideias socialmente críticas eram bastante difundidas. Não apenas se via na arte uma forma superior de percepção, mas também havia autores – como Novalis ou Friedrich Schlegel, em seus fragmentos do *Ateneu* – que viam nela um potencial de transformação do mundo através da poetização da sociedade. Assim, no famoso fragmento 216 de Schlegel, a ligação entre política, filosofia e arte é encarada como um pressuposto evidente: "A Revolução Francesa, a doutrina da ciência de Fichte e o [Wilhelm] Meister de Goethe são as maiores tendências da época". Com a "poesia universal progressiva", ele formula no fragmento 116 um programa para a associação entre arte, filosofia e vida:

> A poesia romântica é uma poesia universal progressiva. Sua destinação não é apenas reunificar todos os gêneros separados da poesia e pôr a poesia em contato com filosofia e retórica. Quer e também deve ora mesclar, ora fundir poesia e prosa, genialidade e crítica, poesia, poesia de arte e poesia de natureza, tornar viva e sociável a poesia, e poéticas a vida e a sociedade.[283]

Apontando em uma direção semelhante, *Novalis* (*Friedrich von Hardenberg*, 1772-1801) escreve: "O mundo precisa ser romantizado. Assim, pode-se reencontrar o sentido originário. Romantizar não é nada além de uma potencialização qualitativa. Nessa operação, o si-mesmo mais baixo é identificado com um si-mesmo melhor"[284]. Não sabemos até que ponto o jovem Marx conhecia os conceitos de teoria da arte desse momento do romantismo. Mesmo assim, tendo em vista seu grande interesse por arte e a notoriedade dos textos de Schlegel e Novalis, seria plausível supor que tenha entrado em contato com tais ideias e sido influenciado por elas.

---

[282] MEGA-2 I/1, p. 457; cf. capítulo anterior.

[283] Friedrich Schlegel, "'Athenäums'-Fragmente", em *"Athenäums"-Fragmente und andere Schriften* (Stuttgart, Reclam, 1978), p. 90 [ed. bras.: *Dialeto dos fragmentos*, trad. Márcio Suzuki, São Paulo, Iluminuras, 1997, p. 83 e 64].

[284] Novalis, "Fragmente und Studien" (1797-1798), em *Werke* (org. Gerhard Schulz, Munique, C. H. Beck, 1969), p. 384.

Ao chamar sua própria poesia – na carta ao pai – de "idealista", "o contrário daquilo que é e daquilo que deve ser"[285], Marx tem em mente justamente esse suposto potencial da arte de transformar o mundo, agora contestado por ele. Em suma, a crítica não se refere, em primeira linha, às carências formais ou temáticas de seus poemas – que não deveriam surpreender, em se tratando de um autor de dezenove anos –, mas, antes, àquilo que ele cria poder realizar com sua arte pela humanidade. Assim, se a ligação entre a poesia e o trabalho pelo bem da humanidade não mais se sustenta, se ela se dissolve em "idealismo", então Marx também não poderia mais se tornar poeta – contanto que o imperativo formulado na redação final ainda tivesse validade para ele; isso, independentemente da questão do talento.

O distanciamento de Marx da pretendida carreira de poeta significava muito mais do que uma simples renúncia a um antigo desejo profissional; tratava-se da renúncia a uma visão específica de mundo, de sua possível crítica e, assim, também a renúncia a tudo aquilo que o havia até então orientado, *lato sensu*, moral e politicamente. Mas por que teria Marx, de repente, passado a considerar "idealista", em meados de 1837, a concepção estético-moral que havia sido para ele, ao longo dos dois anos anteriores, "tudo de mais sagrado"? O que havia acontecido?

A crítica de Hegel aos românticos e a passagem de Marx à filosofia hegeliana

Quaisquer que fossem as ideias específicas de Marx sobre teoria da arte, elas provavelmente foram alvo de uma devastadora crítica em 1837. Em carta de novembro, ele descreve como foi sua reação, no verão de 1837, a essa crítica, mas não diz explicitamente qual havia sido sua origem. No entanto, pode-se inferir que Marx – por acusar sua própria criação poética de "idealista", ou seja, confrontar a realidade com um "dever-ser" abstrato – estava repetindo um ponto central da crítica que Hegel havia formulado contra a arte romântica[286].

---

[285] MEGA-2 I/1, p. 10; MEW 40, p. 4.

[286] O que Hegel chama, em *Estética*, de "arte romântica" abrange muito mais do que é considerado romantismo hoje; ele inclui no conceito toda a arte cristã da Idade Média. Ainda assim, há também uma forte crítica aos autores considerados românticos no sentido atual. A crítica de Hegel ao romantismo raramente é analisada na literatura. Além do curto comentário de Emanuel Hirsch – "Die Beisetzung der Romantiker in Hegels Phänomenologie: ein Kommentar zu dem Abschnitte über die Moralität" (1924), em Hans Friedrich Fulda e Dieter Henrich, *Materialien zu Hegels "Phänomenologie des Geistes"* (Frankfurt am Main, Suhrkamp, 1973) – acerca do parágrafo sobre moralidade em *Fenomenologia do espírito*, vale mencionar, sobretudo, a tese de doutoramento de Otto Pöggeler, publicada em 1956, em que ele não só diferencia diversas dimensões da crítica de Hegel ao romantismo, mas de-

É bastante provável que Marx tenha tomado conhecimento dessa crítica no decorrer da primavera; ou seja, antes da transição à filosofia hegeliana. Marx menciona que, antes mesmo do verão, ele já havia "lido fragmentos da filosofia hegeliana, cuja grotesca melodia pétrea não me agradava"[287]. A "grotesca melodia pétrea" provavelmente se refere ao grau de abstração da argumentação hegeliana. Seu epigrama de Hegel – escrito, no mais tardar, no início de abril, já que consta no caderno dado de presente ao pai no mesmo mês – indica que, na primavera de 1837, Marx conhecia, pelo menos, o começo de *Ciência da lógica*, que não lhe agradou muito. Em uma linha do epigrama, lê-se: "Eu [Hegel, M. H.] lhes digo tudo, porque lhes disse um nada"[288]. *Ciência da lógica* começa com a seguinte ponderação: apesar de o ser puro (o ser enquanto tal, não o ser determinado de algo) abranger *tudo*, ele só é "imediato indeterminado", ou seja, não tem determinação nenhuma nem, consequentemente, conteúdo determinado: "Não há *nada* que ver nele", esse ser "é, de fato, nada"[289]. Na linha de Marx citada, ele para na unidade do ser e do nada, que parece, nesse ponto, completamente absurda. Mas, em Hegel, essa unidade só serve para extrair sua próxima e importante categoria: a verdade dessa unidade, Hegel continua, não é a "indiferenciação" entre o ser e o nada, mas "o movimento do desaparecer imediato de um no outro: o *vir-a-ser*"[290].

É provável que Marx também tenha lido, nessa época, fragmentos de outros textos de Hegel. Mostra-se plausível afirmar que ele provavelmente teve contato com a obra mais famosa de Hegel, *Fenomenologia do espírito*, que representa, ao mesmo tempo, uma espécie de orientação para o sistema como um todo. As passagens sobre teoria da arte devem ter despertado especial interesse em Marx. Entre outras coisas, Hegel formula nessa obra uma crítica fundamental à arte romântica, ligada por ele ao conceito de "bela alma". Em seu *Graça e dignidade* (1793), Schiller havia utilizado esse conceito em um sentido positivo: em uma "bela alma" haveria harmonia entre "sensibilidade e razão, obrigação e inclinação"[291]. O conceito começa a se tornar ambivalente em Goethe. Nos

---

monstra como essa crítica resulta da visão hegeliana de substância e subjetividade. Otto Pöggeler, *Hegels Kritik der Romantik* (Munique, Wilhelm Fink, 1999). Não poderemos analisar essas dimensões aqui, tampouco a questão de até que ponto a crítica de Hegel realmente atinge os românticos. Nossa única intenção é demonstrar que o jovem Marx se sentiu atingido por essa crítica.

[287] MEGA-2 III/1, p. 16; MEW 40, p. 8.

[288] MEGA-2 I/1, p. 644.

[289] HW 5, p. 82-3.

[290] HW 5, p. 83.

[291] Friedrich Schiller, "Über Anmut und Würde" (1793) (Munique, Deutscher Taschenbuch, 2004, Sämtliche Werke, v. 5), p. 468.

Anos de aprendizado de Wilhelm Meister, livro VI, "Confissões de uma bela alma", uma narradora descreve o caminho de sua formação e de sua vida, que acaba conduzindo-a à Igreja dos Irmãos Morávios [*Herrnhuter Brüdergemeinde*], de confissão pietista – contudo, no fim do livro, a sobrinha dessa narradora afirma: "[...] Talvez por excesso de preocupação consigo mesma, ao mesmo tempo que escrúpulos morais e religiosos impediram-na de ser no mundo o que poderia ter sido em outras circunstâncias"[292]. Por fim, em Hegel, a crítica à bela alma se torna devastadora.

Para Hegel, o romantismo estava preso em uma "cosmovisão moral" que opunha ao ser um dever-ser abstrato. O romantismo estaria sendo sustentado pela "bela alma", interpretada por Hegel como consciência concentrada em si mesma que vive constantemente "na angústia de manchar a magnificência de seu interior por meio da ação e do ser-aí; para preservar a pureza de seu coração, evita o contato da efetividade [...]"[293]. Hegel deduz a busca e o anseio românticos da contradição não resolvida da "bela alma, carente de efetividade", que quer manter o puro Si, mas se vê diante da necessidade "de extrusar-se para [tornar-se] ser", ou seja, de agir na efetividade. A bela alma, como consciência dessa contradição, "definha em tísica nostálgica"[294]. Tendo em vista, por um lado, o impulso ativista contido no poema "Sensações", já mencionado, e, por outro, o "ardor do anseio" de "O canto das sereias" – não se sabe a que se refere tal ardor, apesar de ele permitir ao jovem escapar das sereias –, fica claro que Marx se sentiu atingido pela crítica hegeliana. O que ele critica como "idealista" na carta ao pai é, na verdade, um resumo da crítica de Hegel à bela alma: ela não se envolve com a efetividade [realidade], apesar de reivindicar fazê-lo, mas, antes, apenas lhe opõe um abstrato dever-ser.

A crítica de Hegel ao romantismo continua em *Cursos de estética*, ministrados em Berlim. O primeiro volume desses cursos foi publicado em 1835, postumamente, por Heinrich Gustav Hotho. Nos "Epigramas de Hegel" ["Hegel-Epigramm"], escritos por Marx no início de 1837, a *Estética* é a única obra hegeliana mencionada diretamente. A estrofe final pode ser vista como indício de que Marx ainda não havia lido a obra, mas que pretendia fazê-lo:

Perdoai-nos por tais epigramas traçar
E também por nosso desagradável desafinar

---

[292] Johann Wolfgang von Goethe, *Wilhelm Meisters Lehrjahre* (1795-1796) (Munique, Deutscher Taschenbuch, 2000, Werke, v. 7), p. 517 [ed. bras.: *Os anos de aprendizado de Wilhelm Meister*, trad. Nicolino Simone Neto, 2. ed., São Paulo, Editora 34, 2009, p. 493].

[293] HW 3, p. 483 [ed. bras.: G. W. F. Hegel, *Fenomenologia do espírito – parte II*, trad. Paulo Meneses, Petrópolis, Vozes, 1992, p. 134].

[294] Ibidem, p. 491 [ed. bras.: ibidem, p. 140].

Nós estudamos Hegel a fundo
Mas de sua Estética ainda não ——— nos purgamos.[295]

Na introdução à *Estética*, Hegel critica a ironia romântica, que havia sido destacada, sobretudo, por Friedrich Schlegel. Por trás dessa ironia que tudo abrange e dissolve, Hegel vê um Eu artístico, que

se encontra em tal ponto de vista da genialidade divina [e] observa do alto com distinção todos os outros homens [...]. Esse é o significado universal da genial ironia divina, como concentração do eu em si mesmo, para quem todos os elos foram quebrados e que somente pode viver na beatitude do gozo próprio.[296]

Enquanto Friedrich Schlegel e *Ludwig Tieck* (1773-1853) são criticados nos parágrafos seguintes, Ferdinand Solger – para quem a ironia também era um dos mais importantes princípios da arte – é excluído dessa crítica por Hegel: "Solger não era como os outros, que se satisfaziam com uma formação filosófica superficial, pois uma necessidade interna autenticamente especulativa[297] o impelia a descer na profundidade da Ideia filosófica". Contudo, continua Hegel, Solger somente teria interpretado a ideia filosófica de modo unilateral, e sua morte precoce teria impossibilitado uma possível continuação[298].

Karl Wilhelm Ferdinand Solger fora professor de filosofia na Universidade de Berlim desde 1811. Entusiasmado com a transferência de Hegel para Berlim, Solger o convidou inclusive para trabalhar em conjunto[299]. Solger, que também tinha uma amizade estreita com o poeta Ludwig Tieck, posicionava-se filosoficamente, com sua estética, entre Schelling – que era mais próximo dos românticos – e Hegel[300]. Contudo, sua principal obra, *Erwin: vier Gespräche über das Schöne und die Kunst* [Erwin: quatro diálogos sobre o belo e a arte] (1815),

---

[295] MEGA-2 I/1, p. 644. [Tradução de Flávio Aguiar. No original: *Verzeiht uns Epigrammendingen,/ Wenn wir fatale Weisen singen,/ Wir haben uns auf Hegel einstudiert./ Auf sein' Aesthetik noch nicht ——— abgeführt.*]

[296] HW 13, p. 95 [ed. bras.: G. W. F. Hegel, *Cursos de estética*, trad. Marco Aurélio Werle, 2. ed., São Paulo, Edusp, 2001, p. 83].

[297] Em Hegel, "especulação" significa a "compreensão conceitual", não, como atualmente, uma "suposição pouco fundamentada".

[298] HW 13, p. 98-9 [ed. bras.: G. W. F. Hegel, *Cursos de estética*, cit., p. 85].

[299] Cf. sua carta a Hegel de maio de 1818 em G. W. F. Hegel, *Briefe von und an Hegel*, cit., p. 189.

[300] Cf., sobre Solger, Wolfhart Henckmann, "Nachwort", em Karl Wilhelm Ferdinand Solger, *Erwin: vier Gespräche über das Schöne und die Kunst* (Munique, Fink, 1971 [1815]); Paul Schulte, *Solgers Schönheislehre im Zusammenhang des deutschen Idealismus: Kant, Schiller, v. Humboldt, Schelling, Solger, Schleiermacher, Hegel* (Kassel, Kassel University Press, 2001).

teve uma recepção muito fraca – sua forma pouco convencional, os diálogos, talvez tenha contribuído para tanto. Nesse contexto, é interessante observar que Marx, em carta ao pai, menciona ter lido, além de *Laocoonte*, de Lessing, e *História da arte*, de Winckelmann, dois clássicos bastante conhecidos na época, também o *Erwin*, de Solger[301]. É possível que Marx só tenha entrado em contato com a obra de Solger por meio de sua menção na *Estética* de Hegel, e talvez o tenha lido a fim de encontrar argumentos filosóficos contra a crítica hegeliana ao romantismo.

Sendo assim, há indícios de que Marx tenha se envolvido com a crítica de Hegel ao romantismo e de que foi essa crítica que tanto o abalou, resultando no abandono da ideia de trabalhar pelo bem da humanidade por meio da arte. O efeito dessa crítica de Hegel provavelmente se intensificou ainda mais quando Marx leu outras passagens de *Fenomenologia do espírito*. No capítulo "A virtude e o curso-do-mundo", Hegel escreve:

> Assim, o curso-do-mundo triunfa sobre o que constitui a virtude em oposição a ele [...]. No entanto, não triunfa sobre algo real, mas sobre o produzir de diferenças que não são nenhumas; sobre discursos pomposos a respeito do bem supremo da humanidade [...]. Semelhantes essências e fins ideais desmoronam como palavras ocas que exaltam o coração e deixam a razão vazia; edificam, mas nada constroem. Declamações que só enunciam este conteúdo determinado: o indivíduo que pretende agir por fins tão nobres e leva adiante discursos tão excelentes vale para si como uma essência excelente.[302]

O jovem Karl – que queria tanto fazer algo pelo bem-estar da humanidade, mas não sabia exatamente o significado desse bem-estar – talvez tenha se sentido pessoalmente atingido por essa passagem.

A crítica de Hegel ao romantismo conseguiu destruir as visões iniciais de Marx sobre a arte ("uma cortina havia caído, tudo o que me era mais sagrado foi despedaçado [...]"[303]), mas ainda não estava claro quais concepções passariam a orientar o jovem Marx a partir de então. O retorno ao simples racionalismo pré-romântico do Iluminismo estava fora de cogitação, já que o romantismo havia sido justamente criticado em seu ponto comum com o Iluminismo: a oposição estática entre ser e dever-ser. Ainda assim, Marx também não passou de imediato à filosofia hegeliana. Ele tentou, primeiro, elaborar uma concepção própria.

---

[301] MEGA-2 III/1, p. 15; MEW 40, p. 8.

[302] HW 3, p. 289-90 [ed. bras.: G. W. F. Hegel, *Fenomenologia do espírito – parte I*, trad. Paulo Meneses, Petrópolis, Vozes, 1992, p. 242-3].

[303] MEGA-2 III/1, p. 15; MEW 40, p. 5.

Logo após a frase sobre o despedaçar daquilo que lhe era mais sagrado, Marx escreve: "A partir do idealismo – comparado e nutrido com ideias kantianas e fichtianas, diga-se de passagem –, resolvi procurar a ideia no próprio real*"[304]. Com isso, Marx se aproxima do caminho de Hegel da compreensão da efetividade, formulado por ele no fim da segunda parte da *Lógica*. Partindo de sua ideia que diferencia o "conceito adequado" da mera "representação" de uma coisa[305], Hegel afirma:

> Ela não deve ser vista apenas como um *fim*, do qual se deve aproximar-se, mas que se mantém sempre como uma espécie de *além*; antes, que todo efetivo só *é* na medida em que tem a ideia em si e a expressa. O objeto e mesmo o mundo objetivo e subjetivo *devem* não meramente *combinar* com a ideia, mas ela própria é a congruência do conceito e da realidade; a realidade que não corresponde ao conceito é mera *manifestação* [*Erscheinung*], o subjetivo, aleatório, arbitrário, que não é a verdade.[306]

Hegel não está investigando um reino abstrato de ideias que se encontra além do mundo real. Para ele, ideia é, antes, o conhecimento de um objeto real, suas determinações necessárias em contraposição a suas características meramente aleatórias. No *Epigrama de Hegel*, Marx ainda deboca da pretensão de Hegel de apreender as relações reais. Ele zomba desse realismo:

> Kant e Fichte adoram o Éter percorrer
> E por lá uma terra distante encontrar,
> Mas eu [Hegel, M. H.] só quero, habilidoso, compreender
> Aquilo que na rua eu possa encontrar![307]

O próprio Marx trilharia esse caminho, porém antes ele procurou uma alternativa à filosofia hegeliana:

> Escrevi um diálogo de aproximadamente 24 folhas: "Cleantes ou Do início e da necessária continuação da filosofia". Aqui, arte e conhecimento, que haviam se distanciado completamente, se unem até certo ponto, e [como] um robusto andarilho, comecei a trabalhar na obra em si, um desenvolvimento filosófico-dialético da divindade em sua manifestação como conceito em si, como religião,

---

* No original, *im Wirklichen*: "efetivo". (N. T.)

[304] Ibidem, p. 15-6; ibidem, p. 8.

[305] HW 6, p. 462.

[306] HW 6, p. 464, grifos do original.

[307] MEGA-2 I/1, p. 644. [Tradução de Flávio Aguiar. No original: *Kant und Fichte gern zum Äther schweifen,/ Suchen dort ein fernes Land,/ Doch ich such' nur tüchtig zu begreifen,/ Was ich auf der Strasse fand!*]

como natureza, como história. Minha última frase era o início do sistema hegeliano, e esse trabalho – para o qual estudei, em certa medida, as ciências naturais, Schelling e história, o que me quebrou a cabeça infinitas vezes, e que foi escrito de maneira tão *concinne* [latim: fino, delicado] (já que, na verdade, ele deveria ser uma nova lógica) que, agora, eu mesmo mal consigo penetrá-lo –, esse meu querido filho, nutrido sob a luz da lua, entrega-me, como uma falsa sereia, nos braços do inimigo.[308]

Esse texto, no qual Marx investiu tanto, não foi preservado. Pode-se, contudo, deduzir algumas coisas a partir de sua descrição. O fato de Marx escolher o diálogo como forma de exposição talvez indique uma influência de Solger. O filósofo grego que dá nome ao diálogo, *Cleantes de Assos* (331- -232 a.C.), foi aluno de *Zenão de Cítio* (332-262 a.C.), fundador do estoicismo[309]. Dos escritos de Cleantes, preservou-se, entre outros, um hino a Zeus, em que este é enaltecido como alma e razão do mundo. Esse deve ter sido o motivo pelo qual Marx utilizou seu nome como título do diálogo, do qual Cleantes provavelmente também era figura central. Suas ideias correspondiam ao conteúdo panteísta esboçado por Marx em sua carta: Deus se manifesta na natureza e na história; ou seja, não é visto como *pessoa* além do mundo terreno, mas como alma do mundo [*anima mundi*]. Pode parecer estranho que o centro do texto de Marx seja a união de "arte e conhecimento" para "um desenvolvimento filosófico-dialético da divindade"; contudo, se levarmos em consideração que, em *Fenomenologia do espírito*, Hegel entende arte, religião e filosofia como as etapas centrais (tanto históricas quanto sistemáticas) da compreensão humana de mundo e de si mesmo, podemos perceber o comentário de Marx sobre seu diálogo como um indício claro de que ele estava estudando a concepção hegeliana. Isso reforça minha hipótese de que Marx teria sido abalado pela crítica hegeliana ao romantismo. Marx queria apresentar algo, com a ajuda de Schelling e talvez de Solger, que se opusesse ao "inimigo". No entanto, esse projeto não se cumpriu: as próprias reflexões de Marx o aproximavam cada vez mais da filosofia hegeliana – levavam-no aos "braços do inimigo". Esse resultado indesejado desagradou muito a Marx: "Transtornado, não consegui pensar em nada por alguns dias,

---

[308] Ibidem, p. 16; ibidem, p. 9.

[309] O estoicismo foi uma escola filosófica que partia do pressuposto de que uma razão divina (logos) animava o mundo e de que todos os acontecimentos estavam sujeitos a uma causalidade total (sendo que não se sabia se, ou até que ponto, existia a liberdade humana). Pelo controle de suas paixões, os indivíduos poderiam alcançar a autossuficiência (*autarkeia*) e a tranquilidade inabalável (*ataraxia*), que seriam a melhor forma de suportar as vicissitudes da vida. A atual expressão "paciência estoica" remonta a essa *ataraxia*.

andei como um louco pelo jardim próximo às águas sujas do Spree, que 'lavam almas e diluem chás'"[310].

Antes de ocupar-se mais intensivamente com essa filosofia impopular, Marx ainda se dedicaria mais uma vez a "estudos positivos". Em sua carta, ele menciona suas leituras: o *Direito de posse*, de Savigny; escritos de Feuerbach – ou seja, do jurista *Paul Johann Anselm von Feuerbach* (1775-1833), pai do filósofo Ludwig Feuerbach, do qual ainda trataremos mais detalhadamente; o *Direito criminal*, de Grolmann; e obras sobre o Digesto, processo civil e direito canônico[311]. Essa lista de leitura cobre uma grande parte dos assuntos tratados nos cursos jurídicos dos dois primeiros semestres em Berlim.

Apesar de tudo, os interesses gerais de Marx não foram ignorados: "Então, traduzi partes da *Retórica*, de Aristóteles, li o *De augmentis scientiarum* do famoso Bacon de Verulâmio, ocupei-me muito com Reimarus, sobre cujo livro, *Acerca do instinto artístico dos animais*, refleti voluptuosamente"[312]. Bacon de Verulâmio é mais conhecido hoje como *Francis Bacon* (1561-1626); em sua obra mais famosa, *Novum Organum Scientiarum* (1620), ele defende as ciências naturais empíricas em contraposição a uma análise da natureza baseada em dogmas preconcebidos. Na obra mencionada por Marx, *De dignitate et augmentis scientiarum* (1623), Bacon tenta apresentar uma visão geral enciclopédica dos campos do conhecimento, assim como esboçar possíveis áreas futuras de pesquisa nas ciências naturais. Em *A sagrada família* (1845), Marx escreve que Bacon teria sido o "verdadeiro patriarca do materialismo inglês e de toda a ciência experimental moderna"[313]. O comentário que se segue, segundo o qual, em Bacon, "o materialismo ainda esconde de um modo ingênuo os germens de um desenvolvimento omnilateral" e a "matéria ri do homem inteiro num brilho poético--sensual"[314], provavelmente se fundamenta na leitura do *De augmentis*, tendo em vista que o *Novum Organum* (que Marx também já devia conhecer em 1845) fora escrito de maneira mais seca.

Hermann Samuel Reimarus (1694-1768) construiu sua fama, sobretudo, por um escrito publicado postumamente, em que faz uma crítica deísta à Bíblia e à religião[315]. Em seu livro *Considerações gerais acerca do instinto dos animais, em especial de seu instinto artístico* (1760), a palavra "arte" ainda está sendo utilizada

---

[310] Idem. Com essa última citação, Marx mostra que já havia lido Heine. "Die Nordsee: Frieden", em *Sämtliche Schriften*, cit., v. 3, p. 187.

[311] MEGA-2 III/1, p. 16; MEW 40, p. 9.

[312] Idem; idem.

[313] MEW 2, p. 135 [ed. bras.: *A sagrada família, ou A crítica da Crítica crítica contra Bruno Bauer e consortes*, trad. Marcelo Backes, São Paulo, Boitempo, 2011, p. 147].

[314] Idem [ed. bras.: idem].

[315] Cf. próximo capítulo.

em seu sentido antigo, de "habilidade, destreza" (como utilizado hoje, por exemplo, na expressão "arte culinária"). Aqui, ele se dedica à questão da origem das habilidades animais – por exemplo, a habilidade das abelhas de construir favos complexos. No século XVIII, predominavam duas interpretações concorrentes acerca dos animais: uma estava ligada a *René Descartes* (1596-1650), que os via como autômatos sem alma, sendo que somente o homem disporia de racionalidade; a outra pressupunha que tinham uma capacidade de compreensão limitada, por meio da qual podiam processar as sensações externas e aprender suas habilidades. Reimarus – que, como Descartes, acreditava que a racionalidade era uma característica exclusivamente humana – considerava as habilidades animais produto de um instinto inerente, cujo fim era a manutenção da própria vida. Nesse sentido, mesmo sem intelecto, eles eram considerados bem mais do que meros autômatos. Com sua doutrina do instinto, Reimarus foi um dos precursores da psicologia animal moderna. Contudo, no século XIX, sua obra foi logo esquecida[316]. Esse escrito parece ter deixado uma impressão duradoura em Marx. A diferenciação que ele faz no Livro I d'*O capital* entre as "formas instintivas, animalescas [*tierartig*], do trabalho" e o processo de trabalho especificamente humano retoma o pensamento de Reimarus:

> Uma aranha executa operações semelhantes às do tecelão, e uma abelha envergonha muitos arquitetos com a estrutura de sua colmeia. Porém, o que desde o início distingue o pior arquiteto da melhor abelha é o fato de que o primeiro tem a colmeia em sua mente antes de construí-la com a cera.[317]

Provavelmente, por causa desses trabalhos intensos, dos esforços respectivos "e do aborrecimento de ter de transformar em ídolo uma concepção que eu odiava"[318], Marx adoeceu. Não fica claro de que doença se tratava, mas é bastante provável que tenha sido um esgotamento nervoso. Um médico o aconselhou a ir para o campo, "assim, fui parar, atravessando toda a longa cidade, do lado de fora dos portões, em Stralow"[319]. Stralau (nome atual) pertence, hoje, a Friedrichshain, uma das unidades administrativas do centro urbano de Berlim, mas na época de Marx era um vilarejo de pescadores fora dos limites da cidade. O lugar era conhecido, sobretudo, pelo *Stralauer Fischzug*, o maior e mais frequen-

---

[316] Cf., sobre as realizações de Reimarus, Ernst Mayr, "Geleitwort", e Jürgen von Kempski, "Hermann Samuel Reimarus als Ethologe", ambos em Hermann Samuel Reimarus, *Allgemeine Betrachtungen über die Triebe der Thiere, hauptsächlich über ihre Kunsttriebe* (Göttingen, Vandenhoeck & Ruprecht, 1982).

[317] MEGA-2 II/5, p. 129; MEW 23, p. 193 [ed. bras.: Karl Marx, *O capital*, Livro I, p. 255-6].

[318] MEGA-2 III/1, p. 16; MEW 40, p. 9.

[319] Ibidem, p. 15; ibidem, p. 8.

tado festival popular de Berlim na época, comemorado todo dia 24 de agosto[320]. Provavelmente, Marx vivenciou lá, pela primeira vez, um festival popular tão grande, com um público que era contado às dezenas de milhares.

A estada em Stralau não renovou apenas as forças físicas de Marx; aparentemente, ele também tomou uma decisão fundamental sobre seus experimentos literários: "Recuperado, queimei todos os poemas e esboços de novelas etc."[321]. Além disso, ele passou a estudar Hegel sistematicamente:

> Durante o período em que estive mal, conheci toda a obra de Hegel, do começo ao fim, incluindo a maioria de seus alunos. Por meio dos vários encontros com amigos em Stralau, acabei entrando em um clube de doutores, do qual faziam parte alguns professores titulares e meu mais íntimo amigo de Berlim, dr. Rutenberg. Nas discussões, apresentaram-se algumas visões contrárias, e eu fui me prendendo, de maneira cada vez mais firme, à atual filosofia mundana, da qual eu pretendia escapar.[322]

Aqui, é mencionado o clube de doutores que não pode faltar em nenhuma biografia – trataremos dele no próximo capítulo. Neste momento, importa destacar que a passagem de Marx ao hegelianismo se dá *antes* de sua ligação com esse clube. Portanto, o clube de doutores não provoca essa passagem, ele reforça a transição que já havia ocorrido.

5. Divergências com Jenny e com o pai

A carta de Marx ao pai registra uma primeira e profunda transformação na vida do jovem de dezenove anos, resultado de uma crise: a ruptura com as ideias estético-políticas do romantismo – o que significava mais do que o fim do projeto de se tornar escritor, tratava-se também da ruptura com as concepções que até então haviam orientado a vida de Karl. Apesar de ter se tratado de uma crise, em primeira linha, intelectual, ela também teve consequências emocionais e psicossomáticas, como sugere seu adoecimento.

A crise intelectual não foi o único abalo na vida do jovem Marx. Também o relacionamento com Jenny teve seus momentos de oscilação. Já durante a viagem a Berlim, Karl se sentiu dominado por um "amor desesperançado e embebido em saudade"[323]. Como pudemos ver em alguns de seus poemas, o amor por

---

[320] L. Freiherr von Zedlitz, *Neuestes Conversations-Handbuch für Berlin und Potsdam zum täglichen Gebrauch der Einheimischen und Fremden aller Stände*, cit., p. 753.

[321] MEGA-2 III/1, p. 16; MEW 40, p. 9.

[322] Ibidem, p. 17; ibidem, p. 10.

[323] Ibidem, p. 10; ibidem, p. 4.

Jenny fora uma grande fonte de forças para Karl; ao mesmo tempo, o medo de perdê-la estava sempre presente. Tal medo não surpreende, afinal, já se esperava resistência quando a família fosse informada do relacionamento. Além disso, Karl e Jenny tiveram de viver muito tempo separados, sendo as cartas, que demoravam aproximadamente uma semana para serem entregues, seu único meio de comunicação. Aparentemente, no início de 1837, Karl insistiu para que não mais escondessem o relacionamento dos pais de Jenny[324]. Eles provavelmente ficaram sabendo do noivado na primavera de 1837, já que, a partir de então, Heinrich não mais menciona, em cartas, a necessidade de esconder o relacionamento. No dia 16 de setembro de 1837, ele escreve que não mostraria a última carta de Karl aos Westphalen, o que significa que havia se tornado costume ler as correspondências de Karl em ambas as famílias.

O receio de uma rejeição por parte dos pais de Jenny mostrou-se completamente infundado. Em janeiro de 1838, Ludwig von Westphalen escreveu uma longa carta a seu filho Ferdinand, na qual chama Karl de "incrível quarto filho"[325] e o exalta com belas palavras; ele não só havia aceitado a decisão de Jenny como a apoiava explicitamente: "E, assim, não mais tenho cá a mínima dúvida de que ela tenha tomado uma boa decisão, pois considero ambos feitos um para o outro e que serão um casal muito, muito feliz, mesmo que só daqui a cinco anos, talvez até mais"[326]. Ele estava certo: o casamento só aconteceria dali a cinco anos.

O fato de Ludwig exaltar Karl dessa maneira não expressa somente seu apreço, mas também é um indício de que Ferdinand via esse relacionamento com desconfiança – postura que provavelmente era compartilhada por outros membros da família Westphalen e que não era de todo infundada, haja vista o risco que Jenny havia assumido[327].

Mas o fim dos segredos não significava o fim das preocupações de Karl. Repetidas vezes, o pai o advertiu: ele não deveria esquecer que o noivado precoce acarretava uma grande responsabilidade que ele agora precisava assumir. Heinrich demonstra ter muitas dúvidas:

> Será que seu coração condiz com sua cabeça, com suas disposições? Será que há nele espaço para os sentimentos terrenos, mas delicados, que são, neste vale de lágrimas, tão essencialmente consoladores aos seres humanos sensíveis? Será que esse demônio* que não é concedido a todos os seres humanos e domina e dá vida

---

[324] Cf. carta de Heinrich Marx do dia 2 de março de 1837, MEGA-2 III/1, p. 309; MEW 40, p. 627.

[325] Heinrich Gemkow, "Aus dem Leben einer rheinischen Familie im 19. Jahrhundert", cit., p. 517.

[326] Ibidem, p. 519.

[327] Cf. "2. Jenny von Westphalen", à p. 163 deste volume.

* *Dämon*, também "gênio", "espírito". (N. T.)

a seu coração é de natureza celestial ou fáustica? Será que você – e esta não é uma dúvida que atormenta pouco meu coração – será, um dia, suscetível à felicidade verdadeiramente humana, doméstica?[328]

O que Heinrich demonstra aqui de maneira tão sincera como preocupações (com a evidente intenção de educar Karl) pode, durante uma discussão, rapidamente se transformar em acusações. Assim, ele escreve no dia 12 de agosto de 1837: "Trato você de maneira bastante justa, mas não consigo deixar de pensar que você não é livre do egoísmo, um pouco mais do que é necessário para a autopreservação"[329]. Não sabemos exatamente o que aconteceu aqui, afinal, além de não termos as cartas de Karl, a carta precedente de Heinrich também não foi preservada. Algumas linhas adiante, lê-se: "Entregar-se à dor a cada tempestade, revelar um coração dilacerado a cada sofrimento, e isso para dilacerar também aqueles que amamos, será que isso quer dizer poesia?". E, por fim, mais uma advertência:

> Agora, você tem de se tornar, e se tornará, pai de família. Mas nem honra, nem riqueza, nem fama farão a mulher e as crianças felizes, só você pode fazê-lo, seu melhor lado, seu amor, a suavidade de seu comportamento, o controle das tendências tempestuosas, das intensas perdas de controle, da sensibilidade exagerada etc. etc. etc.[330]

Além de temer que Karl estivesse possuído por um demônio "fáustico", o que tornaria a vida familiar impossível, Heinrich também formula duas acusações mais concretas: Karl seria sensível demais, abrindo logo seu coração dilacerado, e se irritaria facilmente – o que corresponde ao comentário de Eleanor, citado antes, segundo o qual Marx "era, na época, um verdadeiro *Orlando furioso*"[331].

Jenny também foi motivo de preocupação para Karl. No decorrer do verão, ela passou um longo período doente; não se sabe o que teve. Quando se recuperou, decidiu não mais escrever a Karl. "Ela teve, um dia, a ideia de que não seria mais necessário escrever, ou qualquer outra ideia obscura que ela possa ter, ela também tem algo de genial", escreve Heinrich Marx a Karl no dia 16 de setembro de 1837. Já quase desesperado, ele garante ao filho:

> Ela está ligada a você de corpo e alma – e você não pode esquecer-se disso; nessa idade, ela está se sacrificando por você de maneira que as moças comuns certa-

---

[328] Carta do dia 2 de março de 1837, MEGA-2 III/1, p. 308; MEW 40, p. 626.

[329] MEGA-2 III/1, p. 311.

[330] Ibidem, p. 311-2.

[331] Eleanor Marx, "Ein Brief des jungen Marx", cit., p. 238.

mente não fariam. Se ela agora está com a ideia de não querer ou não poder lhe escrever, então, em nome de Deus, deixe que assim seja.[332]

Mas Karl não deixaria "que assim fosse". No fim de setembro ou outubro de 1837, ele provavelmente escreveu uma carta que preocupou tanto sua mãe quanto os pais de Jenny. Só temos informações indiretas sobre essa carta, principalmente através da resposta do pai, datada do dia 17 de novembro de 1837. Na MEGA[333], assim como em muitas contribuições à biografia de Marx, essa carta de Heinrich foi interpretada como a réplica da carta de Karl do dia 10 de novembro. Contudo, isso é bastante improvável, por motivos tanto cronológicos quanto de conteúdo. A carta de Karl é datada de 10 de novembro, e, no fim, ele escreve que já seriam "quase quatro horas, a vela já derreteu completamente"[334], ou seja, ele termina a carta já na manhã do dia 11 de novembro. Se ele a enviou ainda no dia 11 (contanto que isso fosse possível, já que os correios não transitavam todos os dias entre Berlim e Trier), ela provavelmente chegou no dia 16 ou 17 de novembro. Caso ela fosse enviada após o dia 11, Heinrich não a teria nem sequer recebido no dia 17.

Nessa carta do dia 17 de novembro, Heinrich escreve, sobre a última carta de Karl, que ela teria sido "um escrito sem forma e conteúdo, um fragmento avulso e sem sentido", o que definitivamente não corresponde à carta do filho do dia 10 de novembro: esta, sem dúvida, não era "sem conteúdo" nem "sem sentido". A descrição que segue tampouco condiz: "Uma carta fragmentariamente avulsa e, o que é pior ainda, *dilacerada** [*zerrissen*] – sendo sincero, meu caro Karl, não gosto dessa palavra moderna, atrás da qual todos os fracos se escondem quando brigam com o mundo [...]"[335]. Em seguida, Heinrich relembra Karl do amor de seus pais e de que ele havia ganhado o coração de uma moça invejável. "E a primeira adversidade, o primeiro desejo não cumprido causa logo dilaceramento! Isso é força? É temperamento masculino?"[336] É bastante evidente que não se trata aqui da carta do dia 10 de novembro, na qual Karl não reclama de um desejo não cumprido. Nos dois parágrafos seguintes da carta, há algumas informações sobre o desejo a que Heinrich se refere. Ele acusa o filho de não agir segundo o que havia

---

[332] MEGA-2 III/1, p. 319; MEW 40, p. 632.

[333] MEGA-2 III/1, p. 736.

[334] MEGA-2 III/1, p. 18; MEW 40, p. 11.

* Ele se refere aqui ao sentido filosófico – no contexto da relação ser humano/mundo – que a palavra *Zerrissenheit* [dilaceramento] ganhou, sobretudo, no romantismo alemão a partir do século XVIII. (N. T.)

[335] MEGA-2 III/1, p. 341.

[336] Idem.

consentido: ou seja, contentar-se com a "promessa [de casamento] para o futuro"[337]. Mesmo assim,

> sua boa mãe [...] disparou o alarme de incêndio, e os tão bons pais de sua Jenny mal podiam esperar pelo minuto em que o coração pobre e ferido fosse consolado, e a receita já está, sem dúvida, em suas mãos, a não ser que a falta de um endereço correto tenha desviado a epístola de seu caminho.[338]

Trata-se aqui, evidentemente, da recusa de Jenny a escrever, já mencionada na carta de Heinrich do dia 12-14 de setembro. Karl estava dilacerado porque Jenny não lhe escrevia. Então, os esforços somados de sua mãe e dos pais de Jenny conseguiram convencê-la a escrever outra vez. No entanto, como é possível ler no trecho citado, Heinrich não tinha certeza se Karl já havia recebido a carta de Jenny. Mas é justamente isso o que Karl confirma em correspondência do dia 10 de novembro, quando diz já ter "lido doze vezes" a carta de Jenny[339]. Ou seja, a carta de Heinrich do dia 17 de novembro não pode ter sido a resposta a carta de Karl do dia 10; trata-se da resposta a uma carta não preservada em que Karl provavelmente descreveu seu "dilaceramento" de modo drástico.

Um tema constante nas cartas do pai eram as perspectivas profissionais de Karl, que se tornavam cada vez mais incertas. Tendo estudado direito, ele poderia se tornar advogado, aspirar a um cargo de juiz ou assumir um posto na administração pública. Mas Karl não queria nada disso, como constata seu pai com um leve tom resignado:

> Desde o começo, pensava-se no habitual. Entretanto, parecia que essa carreira lhe era adversa, e eu confesso que fui fisgado por suas convicções precoces, dei-lhe minha aprovação quando você decidiu tornar a docência seu objetivo, fosse na jurisprudência, fosse na filosofia [...].[340]

Marx provavelmente expressou sua vontade de se tornar professor já em 1836 ou no início de 1837, tendo em vista que seu pai fala do tema em carta do dia 3 de fevereiro[341].

Karl ainda tinha outro projeto no ano 1837: a fundação de uma revista de crítica de teatro. Essa informação aparece pela primeira vez na carta de seu pai datada de 12-14 de agosto de 1837:

---

[337] Idem.

[338] Ibidem, p. 322.

[339] MEGA-2 III/1, p. 18; MEW 40, p. 12.

[340] Carta do dia 16 de setembro de 1837, ibidem, p. 317; ibidem, p. 630.

[341] Ibidem, p. 305; ibidem, p. 623.

KARL MARX E O NASCIMENTO DA SOCIEDADE MODERNA

O plano esboçado é ótimo e, se for bem executado, tem potencial de se tornar um monumento duradouro da literatura, mas grandes dificuldades assomam, principalmente em relação ao amor-próprio dos afetados [pelas críticas] e por não ter, em sua liderança, um homem com reputação excepcionalmente crítica.[342]

Em carta do dia 16 de setembro, fica claro que não se tratava de uma revista de crítica literária geral, mas de "crítica de teatro"[343]. Tal projeto pode parecer bastante inofensivo hoje; no entanto, é necessário levar em consideração que, antes da invenção do filme, do rádio e da televisão, o teatro era o principal meio não só de entretenimento, mas também de formação político-social. Além disso, o teatro era especialmente incentivado em Berlim. Frederico Guilherme III da Prússia gostava de ir ao teatro; tinha, contudo, preferências extremamente conservadoras. Pode-se imaginar como uma análise crítica de espetáculos apreciados pelo rei, somada ao elogio a peças repudiadas pelos conservadores, poderia tornar-se um problema político.

Em novembro, Marx ainda parecia manter o plano, sendo que, ao que consta, ele já começava inclusive a tomar forma concreta. Ele avisa o pai, no dia 10 de novembro, de que já havia escrito ao livreiro Wigand[344] e que "todos os famosos estéticos da escola hegeliana, pela mediação do docente Bauer, que é importante entre eles, e de meu coadjutor dr. Rutenberg, já confirmaram participação"[345]. Sobre *Bruno Bauer* (1809-1882) e Adolf Rutenberg, ainda falaremos no próximo capítulo, mas não sobre a tal revista, que não chegou a ser lançada.

A resposta à carta de Karl do dia 10 de novembro foi escrita por Heinrich Marx no dia 9 de dezembro, trazendo um tom bastante veemente em comparação com o estilo de suas cartas anteriores. Essa carta é um verdadeiro acerto de contas em relação ao comportamento de Karl. Para melhor entendê-la, é preciso antes esclarecer o contexto da carta de Karl (trataremos disso a seguir).

Durante sua estada em Bad Ems, para um tratamento em cura termal, Heinrich Marx escreve, em meados de agosto de 1837: "Quando você tiver tempo e for me escrever, eu agradeceria que você fizesse um resumo rápido dos estudos jurídicos positivos que fez neste ano"[346]. Heinrich queria receber um pequeno relatório dos estudos de Karl, tendo em vista, evidentemente, a duração do

---

[342] MEGA-2 III/1, p. 312.

[343] MEGA-2 III/1, p. 318; MEW 40, p. 631.

[344] *Otto Wigand* (1795-1870) foi livreiro e editor em Leipzig. Ele editou obras de autores do "Jovem Alemanha" e, depois, de uma série de jovens hegelianos. A primeira grande obra de Engels, *A situação da classe trabalhadora na Inglaterra* (1845), também foi publicada por Wigand.

[345] MEGA-2 III/1, p. 17; MEW 40, p. 10.

[346] MEGA-2 III/1, p. 315.

Partida e primeira crise   241

curso do filho – dos três anos que um curso costumava durar, dois já haviam se passado. A carta seguinte de Karl não continha o tal relatório; assim, no dia 16 de setembro de 1837, o pai escreve que esperava recebê-lo na próxima carta[347]. Em vez do relato, chega, em outubro, a carta "dilacerada", a que Heinrich responderia no dia 17 de novembro. Por fim, chega também em novembro a carta de Karl, já mencionada inúmeras vezes. Contudo, ela tampouco continha o que mais interessava a Heinrich: quais cursos Karl havia frequentado e informações sobre o futuro andamento de seus estudos oficiais. Em vez disso, Karl descreve seus projetos e seus estudos que, afinal de contas, não produziam resultados palpáveis – exceto sua transição à filosofia hegeliana.

Desde o início, a carta deve ter sido vista como um desaforo por Heinrich, pessoa sóbria e pragmática:

> Caro pai! Há momentos na vida que são como um marco de um tempo passado, e que, simultaneamente, apontam com firmeza uma nova direção. Em tal ponto de transição, sentimo-nos impelidos a olhar para o passado e para o presente com os olhos de águia do pensamento a fim de nos tornarmos conscientes de nossa verdadeira posição. A própria história do mundo adora tais retrospectivas; examina a si mesma, o que com frequência dá a impressão de que retrocede ou de que está parada, quando, na verdade, ela somente se jogou em sua poltrona a fim de se compreender, de penetrar intelectualmente em sua própria ação, a ação do espírito.[348]

O pai pede um simples relatório de estudos e o filho lhe envia nada menos que uma comparação entre sua "retrospectiva" e o curso da história do mundo.

Karl continua: "Mas o indivíduo se torna lírico nesses momentos, pois cada metamorfose é, em parte, canto de cisne e, em parte, abertura de um poema novo e maior [...]"[349]. Uma afirmação exagerada como essa também não deve ter agradado muito ao pai. Contudo, interessa-nos, aqui, que o próprio Karl, com dezenove anos, estava bem consciente de que havia ocorrido, em 1837, uma profunda ruptura em seu desenvolvimento intelectual. Para melhor entender essa ruptura, o restante da carta – já citada diversas vezes – é bastante significativo; entretanto, para Heinrich, faltavam as informações que ele havia solicitado.

Na resposta de Heinrich do dia 9 de dezembro, é possível perceber seu esforço para se manter objetivo, apesar de todo o aborrecimento. Ele relembra Karl de seus compromissos para com os pais, a noiva e os pais dela, que haviam

---

[347] Cf. ibidem, p. 317.
[348] MEGA-2 III/3, p. 9; MEW 40, p. 3. Ver, neste volume, p. 425.
[349] MEGA-2 III/3, p. 9; MEW 40, p. 3.

242 Karl Marx e o nascimento da sociedade moderna

aprovado um relacionamento incomum e perigoso para a própria filha. Justamente essa era a grande preocupação de Heinrich Marx.

> Pois, de fato, milhares de pais não teriam consentido. E, em momentos obscuros, seu próprio pai chega a desejar que eles não o tivessem feito – pois o bem-estar dessa moça angelical me é muito caro; apesar de amá-la como uma filha, também temo muito por sua felicidade.[350]

É possível perceber quanto aborrecimento Heinrich Marx havia acumulado quando responde a sua própria pergunta retórica sobre ter Karl cumprido seus compromissos:

> Que infelicidade!!! Desordem, um pairar incerto por todas as áreas do saber, um enfurnar-se vago embaixo da fraca lâmpada a óleo; arruaça em roupão erudito e com cabelos despenteados em vez de arruaça com o copo de cerveja [evidente referência ao período em Bonn, M. H.]; antissociabilidade que afugenta, colocando de lado toda a civilidade e até mesmo o respeito pelo *pai* [Karl parece ter rompido o contato com as famílias que ele havia conhecido por recomendação de Heinrich, M. H.].[351]

O próprio Heinrich percebe que está ficando cada vez mais nervoso e que está ofendendo Karl ("quase me sufoca a sensação de te machucar")[352], mas aquele era o momento de falar tudo:

> Quero e tenho de lhe dizer que você causou muito desgosto a seus pais e pouca ou nenhuma alegria. Mal havia acabado a selvageria de Bonn, mal haviam sido saldadas suas dívidas – que eram, realmente, de natureza vária –, tão logo vieram, para nossa consternação, seus sofrimentos amorosos [...]. Enfim, que frutos colhemos? [...] Diversas vezes ficamos meses sem receber carta, e, da última vez, você sabia que Eduard estava doente[353], a mãe tolerando e eu sofrendo, e ainda por cima a [epidemia de] cólera dominando Berlim; como se isso não exigisse ao menos um pedido de desculpas, não havia, na carta seguinte, uma palavra sequer sobre tudo isso [...].[354]

Por fim, Heinrich trata do tema dinheiro, expressando uma ironia amargurada:

---

[350] Ibidem, p. 325; ibidem, p. 637.

[351] Idem; idem.

[352] Idem; idem.

[353] O irmão mais novo de Karl, Eduard, estava com tuberculose. Ele morreu no dia 14 de dezembro, com onze anos de idade, alguns dias após essa carta de Heinrich; Manfred Schöncke, *Karl und Heinrich Marx und ihre Geschwister*, cit., p. 820.

[354] MEGA-2 III/1, p. 325-6; MEW 40, p. 638.

Como se tivéssemos uma árvore de dinheiro*, o sr. filho dispõe de quase setecentos táleres em um ano, ignorando todos os acordos, todos os costumes, ao passo que os mais ricos mal gastam quinhentos. E por quê? Serei justo com ele, que não é nenhum *gourmet*, nenhum desperdiçador. Mas como pode um homem, que inventa novos sistemas a cada oito ou catorze dias e que tem de rasgar os trabalhos antigos, feitos com tanto esforço, como pode ele, eu me pergunto, envolver-se com coisas pequenas? Como pode ele inserir-se na ordem mesquinha?[355]

Heinrich menciona aqui duas pessoas que, aparentemente, haviam lhe passado informações sobre Karl. É possível que a descrição "arruaça em roupão erudito", citada, não tenha surgido apenas de sua imaginação, mas sim partido dessas informações recebidas.

Pessoas mesquinhas como G. R. e Evers talvez cuidem dessas coisas. São rapazes ordinários. Em sua simplicidade, eles até frequentam as aulas – mesmo que só para digerir palavras e para, de vez em quando, arranjarem apoiadores e amigos [...] –, ao passo que meu competente e talentoso Karl permanece acordado por noites miseráveis, de intelecto e corpo fatigados [...], mas o que ele constrói hoje ele destrói amanhã.[356]

Provavelmente foi Karl que chamou esses estudantes de "mesquinhos" e "simples", o que seu pai retoma de maneira bastante sarcástica. Os editores da MEGA não conseguiram identificá-los. Kliem descobriu que, em 1837, dois irmãos, Gustav e Friedrich Evers, estavam matriculados em Berlim. Apesar de serem originários de Warburg, na Prússia ocidental, nessa época seu pai era comissário de justiça em Trier[357]. Certamente, Heinrich Marx receberia de bom grado qualquer notícia sobre o filho; contudo, parece-me um grande exagero afirmar, como Kliem o faz, que Heinrich teria mandado alguém observá-lo[358].

Por fim, Heinrich ainda menciona os irmãos ignorados por Karl: "Também tenho de lhe transmitir as reclamações de seus irmãos. Em suas cartas, mal se percebe que você os tem. E a boa Sophie, que tanto sofreu por você e por Jenny, lhe é tão efusivamente devotada, e você só pensa nela quando precisa de algo"[359].

---

* *Goldmännchen*, literalmente "como se fôssemos pessoinhas de ouro". (N. T.)

[355] Ibidem, p. 326; ibidem, p. 639.

[356] Ibidem, p. 326-7; ibidem, p. 639.

[357] Manfred Kliem, *Karl Marx und die Berliner Universität 1836 bis 1841*, cit., p. 23

[358] Ibidem, p. 24.

[359] MEGA-2 III/1, p. 327; MEW 40, p. 640.

244   KARL MARX E O NASCIMENTO DA SOCIEDADE MODERNA

Para entender melhor o aborrecimento de Heinrich Marx, é necessário antes esclarecer o implícito "contrato familiar" que havia na época – quando ainda não existia seguro-saúde nem fundo público de pensão. Karl teve a possibilidade de estudar durante vários anos, o que representava um enorme encargo financeiro para a família. No início da década de 1830, a renda anual de Heinrich Marx era de 1.500 táleres[360]. Em 1837, durante alguns meses, Heinrich padeceu de uma forte tosse, tendo, por fim, de fazer um tratamento em estância termal. Ele provavelmente não pôde trabalhar tanto quanto antes, de modo que sua renda deve ter sido menor do que os 1.500 táleres habituais. Se Karl gastou 700 táleres no ano anterior[361], isso significaria cerca de metade da renda anual da família de dez pessoas. Além disso, havia gastos com médicos e remédios, tanto para Heinrich quanto para Eduard, que também estava doente, e a necessidade de preparar reservas que depois fariam as vezes de uma aposentadoria. Mesmo que os gastos de Karl tivessem sido menores do que setecentos táleres, ainda assim a família não suportaria o encargo por muito tempo. Aos enormes gastos com os estudos de Karl estava associada a expectativa de que ele estudasse determinadamente e obtivesse um emprego bem remunerado, podendo um dia ajudar seus pais e, sobretudo, seus irmãos, caso fosse necessário. Em uma carta mais antiga, Heinrich havia formulado essa expectativa com ironia, da seguinte forma: "A esperança de que você um dia possa ser um apoio para seus irmãos é bela demais, sorri demais a um coração dócil, para que eu queira tirá-la de você"[362].

Para Karl, essa carta deve ter sido um grande golpe. Os conflitos internos que ele queria expor, o afastamento da poesia e a orientação à filosofia hegeliana e, sobretudo, o que isso significava para ele – uma completa reorientação no mundo –, nada disso parece ter sido compreendido pelo pai. As únicas coisas que Heinrich viu foi que seu filho habilidoso estava desperdiçando talento em áreas absolutamente improdutivas e que seus estudos não levariam a fim nenhum. Uma situação frequentemente confrontada por jovens: a incompreensão dos pais em relação a conflitos que acontecem em um contexto considerado importante pelos filhos. Os pais não conseguem entender que os jovens não pensam nem agem dentro do sistema de coordenadas que lhes parece natural.

---

[360] Jürgen Herres, "Cholera, Armut und eine 'Zwangssteuer' 1830/32", cit., p. 197.

[361] Ocasionalmente, Marx também deve ter cometido uma extravagância. Em suas memórias, Wilhelm Liebknecht – "Karl Marx zum Gedächtnis", cit., p. 104 – menciona que, em um passeio de burro feito em um domingo livre em Londres, Marx mostrou-se convencido de suas habilidades equestres (na verdade, inexistentes) por ter feito algumas aulas de equitação enquanto estudante.

[362] Carta de fevereiro-março de 1836, MEGA-2 III/1, p. 294; MEW 40, p. 621.

Mas a incompreensão de Heinrich não foi tudo. Ele também acusa Karl de não ter compaixão pela família, ignorando pais e irmãos, que se encontravam em uma situação difícil por causa do adoecimento do irmão e do pai – acusação evidentemente fundamentada e que atingiu Karl, como veremos a seguir.

O efeito dessa crítica foi intensificado por outra carta: como se pode ler na já mencionada carta de Ludwig von Westphalen de janeiro de 1838 a seu filho Ferdinand, Jenny também escreveu, em dezembro de 1837, uma carta a Karl, contendo acusações parecidas com aquelas formuladas por Heinrich, sem saber da existência destas. A impressão de Karl, continua Ludwig, foi que a ação havia sido combinada, o que o teria "ofendido e abalado profundamente", levando-o a um "adoecimento dos nervos". Mas ele teria se recuperado logo e reagido com um "tesouro maravilhoso e encantador, uma verdadeira onda de cartas, havia muito, muito tempo esperadas, a mim e à mãezinha, a seu excelentíssimo pai e a sua magnífica mãe, a todos os seus irmãos e a sua adorada Jenny e maravilhosos poemas a estes"[363].

Com tais cartas e poemas, que se perderam por completo, Karl tentava consertar os danos que havia causado, objetivo que ele parece, em parte, ter alcançado[364]. Não só Ludwig von Westphalen o elogiou com as mais belas palavras, mas também Heinrich se mostrou, até certo ponto, satisfeito com o filho. Apesar de se queixar de que Karl não havia sequer mencionado a questão do dinheiro, ainda assim ele reafirma seu amor paterno e o elogia:

> Sua última decisão é de fato louvável e bem pensada, inteligente e digna, e, se você executar o prometido, provavelmente colherá os melhores frutos. E tenha certeza de que você não será o único a fazer um grande sacrifício. Nós estamos todos na mesma situação, mas a racionalidade há de vencer.[365]

Não sabemos a que decisão ele se refere. Os editores do respectivo volume da MEGA-2 creem que Marx tenha se decidido por não visitar a família na Páscoa, apesar de já ter recebido a permissão do pai, em carta do dia 9 de dezembro, para fazer tal viagem[366]. Contudo, levando em consideração os elogios que o pai faz, uma simples mudança de planos em relação à visita parece muito pouco. Soa mais plausível que Karl tenha anunciado algo muito maior, pelo menos que terminaria os estudos logo e talvez até que não voltaria a Trier antes

---

[363] Heinrich Gemkow, "Aus dem Leben einer rheinischen Familie im 19. Jahrhundert", cit., p. 518.

[364] A "aparente falta de interesse real na condição de sua família" que Stedman Jones – *Karl Marx*, cit., p. 76 – crê ter identificado não é tão evidente assim – ao menos quando se levam em conta as fontes disponíveis.

[365] Carta de 10 de fevereiro de 1838, MEGA-2 III/1, p. 328-9.

[366] MEGA-2 III/1, p. 738.

de estar formado – o que explicaria o comentário de Heinrich de que Karl não seria o único a fazer um sacrifício, já que também a família e Jenny não o veriam por mais algum tempo.

A carta citada foi escrita por Heinrich Marx no dia 10 de fevereiro de 1838, quando ainda estava bastante fraco; ele havia passado dois meses na cama, doente. É a última correspondência preservada de Heinrich a Karl. No dia 15-16 de fevereiro, a mãe lhe escreve dizendo que seu pai estava melhorando devagar – Heinrich só conseguiu escrever uma linha saudando o filho; estava muito fraco para escrever mais. Entretanto, provavelmente houve uma melhora antes de sua morte, tendo em vista que ele ainda escreveu um texto sobre a Querela das Igrejas, de Colônia, já mencionado no capítulo anterior[367]. Como ele se refere a literatura publicada no início de 1838, é plausível a conclusão dos editores da MEGA-2 de que o texto tenha sido escrito em março ou abril.

Pouco antes da morte de Heinrich, Karl ainda esteve uma vez em Trier. A partir de um fragmento de carta de Jenny, sabemos que ele partiu de Trier no dia 7 de maio e que seu pai morreu no dia 10 de maio[368]. Talvez Karl tenha passado a Páscoa em Trier (naquele ano, o domingo de Páscoa caiu no dia 15 de abril, aniversário de Heinrich) e estendido sua estada por mais tempo, talvez sua mãe ou Jenny o tenham informado da piora de seu pai e Karl tenha feito a viagem para vê-lo uma última vez. Não se sabe nada sobre essa visita, além do fato de que houve uma grave discussão entre Karl e Jenny, em que ambos se magoaram; o fragmento da carta de Jenny se refere a tal discussão. Contudo, não se sabe o motivo do conflito[369].

A morte do pai representou uma importante cisão na vida do jovem Marx[370]. Ele não só tinha um forte vínculo emocional com o pai mas também

---

[367] Cf. MEGA-2 IV/1, p. 379-80.

[368] MEGA-2 III/1, p. 331

[369] Jürgen Neffe – *Marx*, cit., p. 66 – escreve, em relação à carta de Heinrich Marx do dia 9 de dezembro: "A morte [de Heinrich, M. H.] antecipa a completa ruptura". E sobre a visita de Karl: "Não se sabe nada sobre uma possível reconciliação, tampouco sobre como ela poderia ter se dado". Levando em consideração a carta citada, do dia 10 de fevereiro, e o trabalho conjunto no texto sobre a Querela das Igrejas – ambos ignorados por Neffe –, fica difícil falar em "ruptura".

[370] O criativo Francis Wheen – *Karl Marx*, cit., p. 44 – fantasiou bastante o fato de Karl não ter participado do enterro de seu pai: "Karl não apareceu no funeral. A viagem de Berlim seria longa demais e ele teria coisas mais importantes a fazer". A maneira de escrever de Wheen sugere que essa última frase tenha partido do próprio Marx. Porém, tal afirmação não se encontra em fonte nenhuma. Não se trata aqui, contudo, de uma invenção do próprio Wheen, ele a copiou, como no caso da história do duelo, de Payne – *Marx*, cit., p. 55 –, sem o citar. Era simplesmente impossível, considerando o nível de desenvolvimento do transporte da época, que Karl participasse do enterro do pai. A carruagem dos correios, que transportava

respeitava sua autoridade. Suas advertências constantes talvez fossem incômodas para Karl, mas, ainda assim, ele as levava a sério, como demonstra a "onda de cartas", em dezembro de 1837, mencionada por Ludwig von Westphalen. Seu pai havia sido um importante apoio, o que Karl talvez só tenha de fato percebido após sua morte. Nem a mãe nem Ludwig von Westphalen puderam assumir seu lugar; o jovem Marx estava agora sozinho em um sentido completamente novo.

---

tanto pessoas quanto correspondências, demorava entre cinco e sete dias para fazer o percurso entre Trier e Berlim; além disso, as partidas não eram diárias. Entre o envio do comunicado de morte e a chegada de Karl a Trier teriam se passado, no mínimo, de doze a catorze dias. Nessa época, em Trier, seria difícil conservar o corpo de Heinrich por tanto tempo – ainda mais no início do verão. É possível deduzir de uma carta de Ferdinand von Westphalen à esposa que a notícia da morte de Heinrich atingira Karl profundamente. Ele relata que seu irmão Edgar, que agora também estudava em Berlim, enviou uma "carta muito bonita" à mãe de Karl "sobre a abertura do aviso de falecimento pelo jovem Marx", carta que Ludwig von Westphalen teria lido para a família; Heinrich Gemkow, "Aus dem Leben einer rheinischen Familie im 19. Jahrhundert", cit., p. 520-1. A escolha da expressão "abertura do aviso de falecimento" por parte de Ferdinand sugere que Karl não teria tomado conhecimento da morte do pai por meio de uma carta, mas, antes, que sua mãe Henriette, ou talvez Jenny, tenha escrito a Edgar solicitando que comunicasse pessoalmente a morte de Heinrich, porque elas sabiam que Karl era muito ligado ao pai.

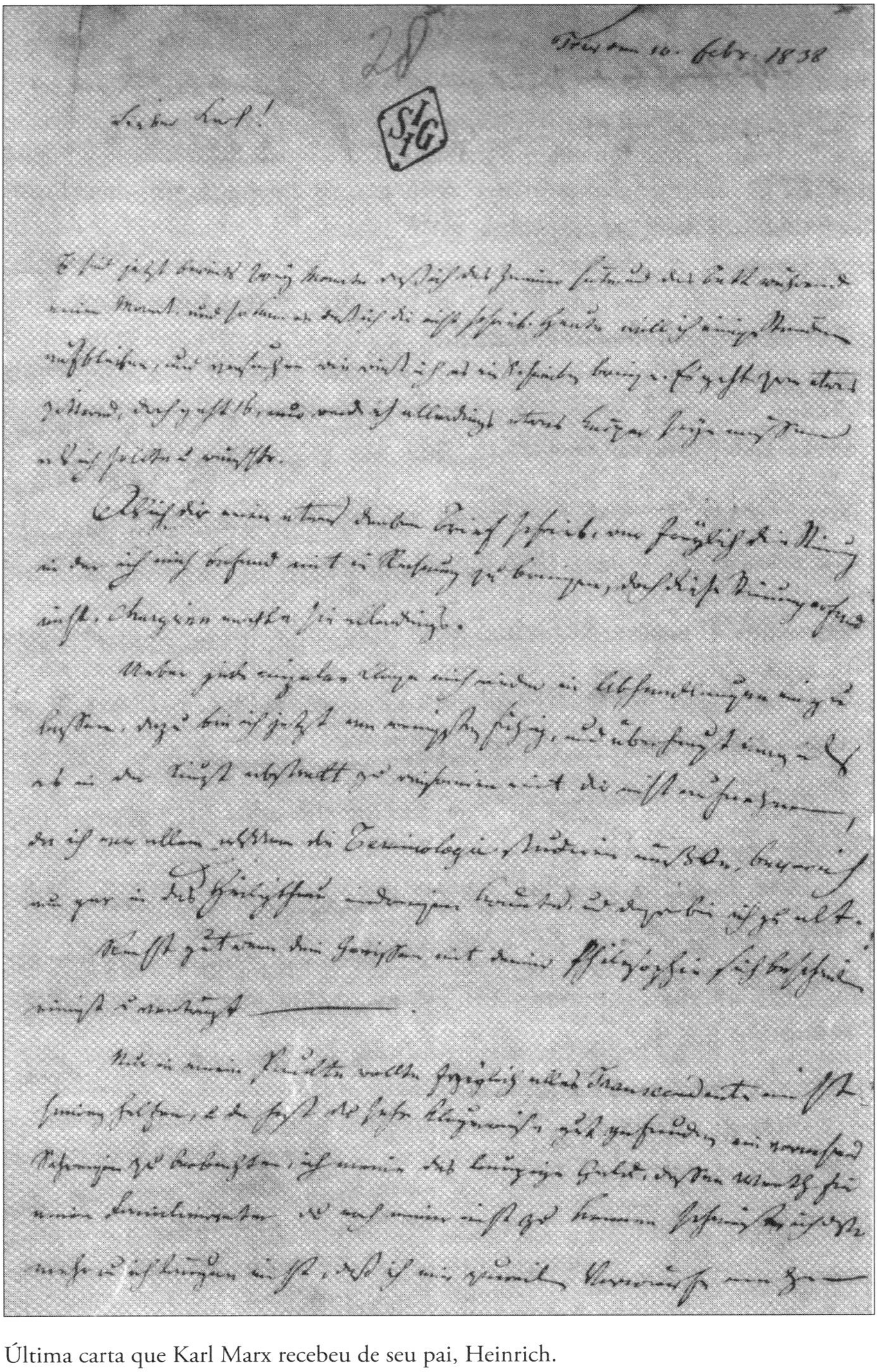

Última carta que Karl Marx recebeu de seu pai, Heinrich.

Karl Marx em Bonn; desenho feito por Heinrich Rosbach em 1835/1836 e exposto pela primeira vez ao público em 2017 no Museu Municipal Simeonstift, em Trier.

Johann Hugo Wyttenbach, diretor do ginásio de Trier, onde também deu aulas ao jovem Marx; retrato feito por seu filho Friedrich Anton Wyttenbach.

Johannes Steininger, com quem Marx teve aulas de ciências naturais, física e matemática no ginásio de Trier.

Ginásio de Trier.

Johann Ludwig von Westphalen, pai de Jenny von Westphalen e um dos principais incentivadores intelectuais de Marx.

Jenny von Westphalen em retrato pintado provavelmente em 1832. Ela usa um vestido verde de amplo decote, quase com os ombros livres, o que, como seu penteado, condizia com a moda do período Biedermeier. Uma longa fita escura pendurada no pescoço prende seu *lorgnon* (óculos de leitura).

Hegel e estudantes; litografia de Franz Kugler, 1828.

Retrato de G. W. F. feito pelo pintor e restaurador Johann Jakob Schlesinger, seu amigo, em 1831, pouco antes da morte do filósofo.

Pinturas, de autoria desconhecida, da cidade de Trier no século XIX.

A casa em que Marx nasceu, na Bruckengasse (hoje Bruckenstraße), em Trier, atualmente funciona o museu Karl-Marx-Haus.

Desenho de Karl Marx feito por Hellmut Bach em 1953 com base na imagem do grupo de estudantes de Trier em Bonn (página a seguir).

"Associação da taverna", desenho de 1836 dos estudantes da Universidade de Bonn vindos de Trier, entre eles Marx (sinalizado), em frente à hospedaria Weißes Ross em Godesberg.

Prédio principal da Universidade de Bonn, *c.* 1840-1850.

Karl Marx em 1839; esboço de I. Grinstein, 1961.

Ao lado e abaixo, Universidade de Berlim, *c.* 1820.

Rua onde Marx morou em Berlim.

Parochialstraße [Rua da Paróquia], em Berlim, pintura de Eduard Gärtner, 1831.

Café Stehely, localizado na praça Gendarmenmarkt, em Berlim, em aquarela de Leopold Ludwig Müller, 1827. O local foi reconstruído no fim dos anos 1930, então essa pintura mostra o antigo café, e não o novo, frequentado por Marx.

O teólogo protestante David Friedrich Strauß.

Litografia de Arnold Ruge.

O teólogo e filósofo Bruno Bauer.

O pensador hegeliano Eduard Gans, professor de ciências jurídicas em Berlim, que deu aulas a Karl Marx.

Ilustração do jovem Marx feita por Gilberto Maringoni para capa da edição da Boitempo de *Diferença entre a filosofia da natureza de Demócrito e a de Epicuro*, em 2018.

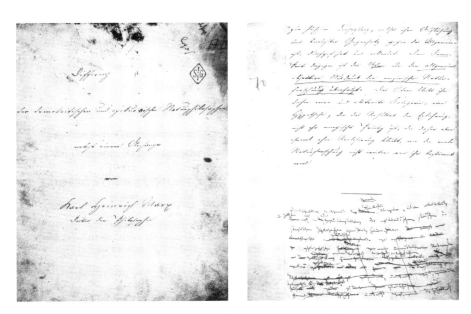

Páginas da tese de Marx, *Diferença entre a filosofia da natureza de Demócrito e a de Epicuro*. À esquerda, capa (com outra letra que não a de Marx) e, à direita, penúltima página do caderno 6 com fragmento de um novo prefácio (esta, sim, com a letra de Marx).

3
FILOSOFIA DA RELIGIÃO, O INÍCIO DO "JOVEM HEGELIANISMO" E OS PROJETOS DE DISSERTAÇÃO DE MARX (1838-1841)

As únicas fontes de informação sobre os dois primeiros anos de estudos de Karl (1835-1837) são as correspondências de Heinrich Marx ao filho, a detalhada carta de Karl endereçada ao pai, do dia 10 de novembro de 1837, e os poemas preservados. A situação das fontes sobre o período entre o fim de 1837 e o fim de 1840 é ainda pior. Preservaram-se apenas uma breve carta enviada a Adolf Rutenberg e algumas poucas recebidas por Marx. Além disso, foram preservados excertos e resumos feitos em 1839 e 1840 – ligados, sobretudo, à sua dissertação, que ainda estava sendo planejada. Por causa da falta de informações sobre a vida de Marx no período entre 1838 e 1840, algumas biografias e alguns estudos históricos sobre sua obra costumam ignorá-lo. Muitas vezes, há um salto nas exposições: passa-se rapidamente da carta de Marx de novembro de 1837 – na qual ele declara sua passagem à filosofia hegeliana – à sua tese de doutorado, finalizada em 1841.

No entanto, os anos entre 1837 e 1841 foram extremamente importantes para o desenvolvimento intelectual de Marx. Por um lado, sua apropriação da filosofia hegeliana – que havia começado em 1837, mas que ainda não estava concluída – aconteceu em um período particular de transição: em parte, porque o prestígio de Hegel, na segunda metade da década de 1830, alcançara seu auge, graças à publicação de sua obra e de seus cursos pela "Associação de Amigos", mas também porque a escola hegeliana começava a se diferenciar internamente. Ainda discutiremos aqui até que ponto a difundida imagem de "cisão" entre os "velhos hegelianos" (politicamente conservadores) e os "jovens hegelianos" (radicais) de fato corresponde ao processo de diferenciação ocorrido. De qualquer modo, o hegelianismo passou a ser cada vez mais criticado pelos conservadores, tendo também perdido apoio institucional em 1840, com a morte do ministro da Cultura Altenstein. Por outro lado, depois de 1837, Marx dedicou-se intensamente aos estudos de um tema que costuma ser ignorado por muitos biógra-

KARL MARX E O NASCIMENTO DA SOCIEDADE MODERNA

fos: a filosofia da religião – tema que tinha, no fim da década de 1830, um caráter altamente político na Prússia. A própria "cisão" da escola hegeliana havia começado com controvérsias filosófico-religiosas.

A relação entre Marx e Bruno Bauer também deve ser analisada nesse contexto. A estreita ligação entre os dois se deu não só por uma intensa amizade, mas por uma grande proximidade em termos políticos e de conteúdo estudado. No período entre 1836 e 1839, Bauer passou por uma impressionante mudança da "direita" para a "esquerda". Ainda veremos até que ponto Marx possivelmente participou desse desenvolvimento e, inversamente, qual foi a influência de Bauer sobre Marx.

No fim da década de 1830, sobretudo depois da troca de regente em 1840 e da decepção que a isso se seguiu – ligada à expectativa frustrada de que o novo rei levasse a cabo reformas liberais –, os "jovens hegelianos" começaram a assumir posições políticas cada vez mais radicais: "Tão audazes como os ouvidos alemães, até então, nunca haviam escutado", escreveu Friedrich Engels em 1851; além disso, eles teriam tentado "honrar novamente a memória dos heróis da primeira Revolução Francesa"[1] – que era, na Alemanha da época, bastante depreciada[2]. Em uma análise retrospectiva dessa fase, Marx escreveu, em janeiro de 1859, o seguinte para o *New York Daily Tribune*:

> A burguesia – ainda fraca demais para andar por conta própria – sentiu-se compelida a mancar atrás do exército teórico liderado pelos alunos de Hegel contra a religião, as ideias e a política do velho mundo. A crítica nunca foi, em nenhuma época, tão audaz, tão poderosa e tão popular quanto nos primeiros oito anos do domínio de Frederico Guilherme IV, que pretendia substituir o racionalismo "superficial" introduzido na Prússia por Frederico II por um misticismo medieval. A força que a filosofia teve durante esse período se deve exclusivamente à fraqueza prática da burguesia; como os burgueses não eram capazes de atacar as instituições obsoletas na realidade, tiveram de dar prioridade aos audazes idealistas que investiam contra elas no plano das ideias.[3]

Todo esse contexto político e teórico deve ser levado em conta na análise do desenvolvimento posterior de Marx. Contudo, trataremos das discussões dos

---

[1] MEW 8, p. 15-6.

[2] O trecho citado foi retirado de uma série de artigos do *New York Daily Tribune* sobre a Alemanha, publicados em livro depois da morte de Engels sob o título *Revolution and Counter-Revolution in Germany* [Revolução e contrarrevolução na Alemanha]. Nos artigos originais do *New York Daily Tribune*, Marx apareceu como autor; contudo, como é possível ler em suas cartas, foi Engels quem os escreveu, já que Marx estava sem tempo (o trecho original citado, em inglês, encontra-se em MEGA I/11, p. 14).

[3] MEW 12, p. 684.

jovens hegelianos e do desenvolvimento intelectual do amigo de Marx, Bruno Bauer, somente até o período de 1840-1841, haja vista que o intuito deste capítulo é reconstruir o contexto discursivo dos últimos anos de Marx na universidade e, sobretudo, de sua tese de doutorado, escrita em 1840-1841.

1. A vida de Marx em Berlim (1838-1841)

Antes de investigar o desenvolvimento intelectual de Marx, analisaremos – dentro dos limites que as poucas fontes nos impõem – suas condições de vida na época.

Edgar von Westphalen e Werner von Veltheim

No primeiro ano em Berlim, Marx passou grande parte do tempo retraído – como é possível ler na carta do dia 10 de novembro de 1837 –, porém sua vida parece ter mudando bastante a partir do fim do verão de 1837, quando, além de ter começado a frequentar o "clube de doutores", mencionado na carta ao pai, Karl tinha nova companhia em Berlim: seu amigo de escola Edgar von Westphalen havia se mudado para a cidade. Depois de concluir o ginásio, Edgar não começou a estudar imediatamente – ele continuou morando um ano com sua família. É bem provável que seus pais não quisessem que o jovem de dezesseis anos fosse sozinho morar em uma cidade nova. Entre 1836 e 1837, ele estudou direito durante dois semestres em Bonn; depois, no dia 3 de novembro de 1837, matriculou-se na Universidade de Berlim[4]. Nos tempos de escola, Edgar fora um aluno dedicado, reservado e talvez até um pouco tímido; já em Bonn, ele parece ter se tornado um jovem extrovertido que valorizava o lado alegre da vida estudantil. Participou, por exemplo, das preparações para a fundação da corporação Palatia[5], associação estudantil surgida a partir dos encontros de estudantes de Trier, dos quais Karl já havia participado. Ao que parece, Karl e Edgar foram juntos a festas e bailes em Berlim. Em janeiro de 1838, Ludwig von Westphalen conta a seu filho Ferdinand que Karl lhe teria escrito: Edgar gostava de "altos e baixos [...], mas principalmente da companhia feminina"[6]. Tendo em vista que não havia mulheres nas universidades, esse comentário provavelmente se refere a tais festas.

---

[4]   Heinrich Gemkow, "Edgar von Westphalen", cit., p. 416.
[5]   Ibidem, p. 309.
[6]   Ibidem, p. 414-5.

Em Berlim, Edgar logo se aproximou de *Werner von Veltheim* (1817-1855), com quem frequentou alguns cursos – como demonstram as listas de matrícula[7]. O pai de Werner, *Franz von Veltheim* (1785-1839), era irmão de Elisabeth von Veltheim, primeira esposa de Ludwig von Westphalen. Werner estudava direito em Berlim desde o semestre de verão de 1837[8]. Na Páscoa de 1838, Werner foi a Hohenerxleben, acompanhado de Edgar, para visitar Lisette, meia-irmã pietista de Edgar que havia se casado com Adolph von Krosigk em 1821[9]. Em Hohenerxleben, Werner conheceu Margarete, filha de Lisette, na época com quase catorze anos de idade, com quem se casaria em 1842. Anna, outra filha de Lisette, preparou e publicou – em pequena tiragem e sem data[10] – um escrito sobre a vida de Werner, depois de sua morte precoce, baseado em suas cartas e seus diários. Como se pode ler no texto de Anna, Werner planejava desde cedo, assim como Edgar, emigrar para os Estados Unidos[11]. Diferentemente de Edgar, porém, ele nunca poria em prática sua intenção; assumiria, antes, a administração da propriedade de seus pais em Ostrau, nas proximidades de Halle. Esse escrito também mostra que Werner oscilou durante muito tempo entre as perspectivas consideradas radicais de *David Friedrich Strauß* (1808-1874), Bruno Bauer e Ludwig Feuerbach e as ideias pietistas conservadoras da família Krosigk[12]. Seu interesse por tais pensadores radicais talvez tenha sido, em certa medida, influenciado pelo jovem Karl Marx. Em carta de Werner, provavelmente escrita na primeira metade de 1839[13], lê-se:

> Uma grande revolução acabou de acontecer novamente em mim. Encontrei Marx na casa de Edgar, e ele arrebatou minha tranquilidade por vários dias com suas sutilezas filosóficas e suas construções eloquentes. Finalmente consegui esclarecer a questão em meu interior.[14]

No semestre de verão de 1838, Edgar e Werner chegaram a morar na mesma casa[15]. Até sua morte precoce, em 1855, Werner continuou sendo um bom

---

[7]   Manfred Kliem, *Karl Marx und die Berliner Universität 1836 bis 1841*, cit., p. 47-8.

[8]   Heinrich Gemkow, "Karl Marx und Edgar von Westphalen – Studiengefährten in Berlin", em *Beiträge zur Marx-Engels-Forschung*, Heft 1 (Berlim, Institut für Marxismus-Leninismus beim ZK der SED, 1977), p. 18.

[9]   Cf. "2. Jenny von Westphalen", à p. 163 deste volume.

[10] Anna von Krosigk, *Werner von Veltheim: eine Lebensgeschichte zum Leben – aus Tagebüchern und Briefen* (Bernburg, s.d.).

[11] Ibidem, p. 17.

[12] Ibidem, p. 118.

[13] Não há data nas citações tiradas por Anna von Krosigk de cartas e diários; contudo, seu texto tem uma divisão para cada ano.

[14] Ibidem, p. 39.

[15] Heinrich Gemkow, "Karl Marx und Edgar von Westphalen", cit., p. 19.

amigo de Edgar, tendo chegado a ajudá-lo financeiramente, diversas vezes, em suas tentativas de emigrar para os Estados Unidos[16]. Marx recebeu um empréstimo de Werner em 1851, quando, em Londres, passava por sérios problemas. Segundo as anotações no diário de Werner,

> o notório Marx me pediu um empréstimo de trinta libras esterlinas. Ele é comunista; se seus escritos entrassem em vigor, eu perderia propriedade e família; sua esposa é minha prima Jenny Westphalen, [ele] é um conhecido da época de faculdade, está passando por dificuldades – enviei-lhe, por Lorenz Meyer, em Hamburgo, quinze libras esterlinas.[17]

Depois de ter frequentado um único curso no semestre de inverno de 1837-1838, Karl retomou seus estudos com mais motivação no semestre de verão de 1838, após a morte de seu pai. No entanto, dos três cursos frequentados, somente um tratava de temas jurídicos: direito fundiário na Prússia com Eduard Gans ("excepcionalmente dedicado"). Os outros dois cursos foram: lógica ("bastante dedicado"), com *Georg Andreas Gabler* (1786-1853), que era amigo e sucessor de Hegel – sendo considerado, contudo, muito medíocre[18] –, e geografia geral ("aprovado"), com *Carl Ritter* (1779-1859) – considerado, com Alexander von Humboldt, fundador da geografia científica. Ritter interpretava a geografia como unidade entre condições topográficas, história e etnologia, indo, assim, muito além das ciências estatais de orientação meramente estatística do século XVIII[19].

No verão de 1838, Karl e Edgar provavelmente passaram muito tempo juntos. Em agosto, ambos foram denunciados por "arruaça" e receberam uma advertência do juiz universitário. Edgar recebeu outras advertências desse tipo em abril e agosto de 1839[20]. No semestre de inverno de 1838-1839, Karl e Edgar chegaram a dividir um apartamento[21]. No semestre de verão de 1839, Edgar von Westphalen terminou seus estudos em Berlim – para ele, havia acabado o período

---

[16]   Anna von Krosigk, *Werner von Veltheim*, cit., p. 123, 143-4, 174-5, 188 e 211.

[17]   Ibidem, p. 189.

[18]   Lenz – *Geschichte der Königlichen Friedrich-Wilhelms-Universität zu Berlin*, cit., v. 2.1, p. 483 – escreveu sobre Gabler: "Ele mesmo confirmava, claramente, as expectativas sobre o caráter cristão de sua filosofia [...]. Além disso, decepcionou todos os que o haviam apoiado, tanto os senhores do Ministério quanto seus colegas na universidade – e não menos os estudantes. Ele realmente não era mais que um professor escolar que, com uma dúzia de alunos, se dava ao trabalho de discutir em latim a dialética hegeliana [...]. Não passava de apologia dos dogmas hegelianos e cristãos".

[19]   Cf. Uta Lindgren, "Carl Georg Ritter", em *Neue Deutsche Biographie*, Berlim, Duncker & Humblot, 2003, v. 21, p. 655-6.

[20]   Heinrich Gemkow, "Edgar von Westphalen", cit., p. 421.

[21]   Idem, "Karl Marx und Edgar von Westphalen", cit., p. 19.

270 KARL MARX E O NASCIMENTO DA SOCIEDADE MODERNA

de três anos que, na época, os estudantes costumavam passar na faculdade. Depois dos estudos, é provável que ele tenha retornado a Trier[22].

No certificado de saída de Marx da universidade consta que, no semestre de inverno de 1838-1839, ele frequentou um único curso: direito das sucessões ("dedicado"), com *Adolf August Friedrich Rudorff* (1803-1873), aluno de Savigny. Nos semestres seguintes, Marx frequentaria somente mais duas disciplinas: no verão de 1839, um curso sobre Isaías[23] ("aprovado"), com Bruno Bauer, que na época já era seu amigo, e no inverno de 1840-1841, um curso sobre o poeta grego Eurípides ("dedicado"), com *Carl Eduard Geppert* (1811-1881), aluno do famoso filólogo e estudioso da Antiguidade *August Boeckh* (1785-1867)[24]. No semestre de inverno de 1839-1840 e no de verão de 1840, Marx não se inscreveu em nenhum curso.

A matéria de Rudorff no semestre de inverno de 1838-1839 foi a última disciplina jurídica de Marx, que finalizava, então, na prática, seu curso de direito. Vinte anos depois, no prefácio a *Para a crítica da economia política – primeiro caderno*, ele escreve: "Meus estudos universitários foram na área da jurisprudência; tratei-os, contudo, como disciplina secundária em relação à filosofia e à história"[25]. Essa afirmação não é bem verdadeira: apesar de não ter prestado nenhum exame no curso de direito, as seis disciplinas frequentadas em Bonn e as oito em Berlim lhe deram uma formação jurídica (teórica) relativamente sólida – levando em consideração os padrões da época. Em contrapartida, ele só frequentou dois cursos de filosofia *stricto sensu*: um sobre antropologia, com Steffens, no semestre de verão de 1837, e um sobre lógica (hegeliana), com Gabler, no semestre de verão de 1838; nenhum de história. Os estudos filosóficos e históricos de Marx foram feitos, sobretudo, fora das salas de aula.

O fato de que Marx teve uma formação sólida em direito foi diversas vezes ignorado – ou subestimado – pela literatura[26]. Não obstante, é possível encontrar muitos traços de seus conhecimentos jurídicos em sua obra. Alguns artigos escritos para a *Gazeta Renana* se inserem diretamente em discussões específicas do

---

[22] Idem, "Edgar von Westphalen", cit., p. 422.

[23] *Isaías* (século VIII a.C.) foi o profeta do Antigo Testamento que previu a chegada do "messias", o que foi interpretado posteriormente pelos cristãos como o anúncio da vinda de Jesus. O curso tinha o título de "as divinações de Isaías", de acordo com a lista de cursos ministrados no semestre de verão de 1839.

[24] Segundo o registro oficial da disciplina, analisou-se, no semestre de inverno de 1840-1841, *Íon*, de *Eurípides* (480-406 a.C.), peça que trata da história do patriarca mitológico dos Jônios.

[25] MEGA, II/2, p. 99; MEW 13, p. 7.

[26] Importantes exceções: cf. D. R. Kelley, "The Metaphysics of Law: an Essay on the Very Young Marx", em *American Historical Review*, v. 83, n. 1, 1978, p. 350-67, e Hermann Klenner, "Der Jurist Marx auf dem Wege zum Marxismus", em *Vom Recht der Natur zur Natur des Rechts* (Berlim, Akademie, 1984).

direito. Marx também demonstra conhecimentos jurídicos em *Crítica da filoso-fia do direito de Hegel*, de 1843, e em alguns trechos d'*O capital*. Além disso, em fevereiro de 1849, em Colônia, defendeu e ganhou dois processos envolvendo a *Nova Gazeta Renana*: em um deles, o periódico havia sido acusado de ofensa a um órgão municipal público; no outro, de incitação à rebelião.

A relação com Jenny e com a mãe

O conflito – mencionado no fim do capítulo anterior – que domina o fragmen-to de uma carta de Jenny a Karl[27], escrita após a morte de Heinrich Marx, pa-rece ter se apaziguado rapidamente. No verão de 1838, Jenny acompanhou seu meio-irmão Carl a uma cura termal em Niederbronn, na Alsácia[28], de onde ela escreveu uma carta a Karl[29], datada do dia 24 de junho, em que não há mais menção nenhuma a isso. Ela escreve, antes, de seu sofrimento pela morte de Heinrich Marx, com quem tinha uma relação muito próxima – como é possível ver nas cartas de Heinrich[30]. Lê-se, na carta de Jenny: "Ainda não consegui me orientar, ainda não consigo, com calma e controle, suportar a ideia da perda irreparável; tudo me parece tão opaco, tão sinistro, o futuro todo tão obscuro [...]". Um ano antes, eles haviam feito um passeio a Kürenz, onde estiveram

> a sós e conversamos por duas, três horas sobre os mais importantes temas da vida, sobre os mais nobres e atuais interesses, sobre religião e amor. Ele dizia palavras belas, maravilhosas, ensinamentos de ouro em meu coração; falava comigo com um amor, uma cordialidade e uma intimidade que somente um espírito tão rico quanto o dele seria capaz de fazer. Meu coração retribuiu lealmente esse amor e o conservará para sempre![31]

Mas a atmosfera de tristeza não a impede de afirmar:

> E, ainda assim, não desejo que ele retorne a este mundo de aflições; bendigo e invejo sua sorte – estou feliz pela bendita paz que ele usufrui nos braços de seu Deus, feliz por ele descansar e não mais sofrer, por ter encontrado a próspera recompensa de sua bela vida lá no outro mundo![32]

---

[27] MEGA, III/1, p. 331.
[28] Cf. detalhes sobre essa viagem em Heinz Monz, "Zwei Briefe aus Niederbronn (Elsaß): Be-richte der Jenny von Westphalen aus dem Jahre 1838 an Karl Marx in Berlin und ihre Mutter Caroline von Westphalen in Trier", em *Kurtrierisches Jahrbuch*, 1990, ano 30, 1990.
[29] MEGA, III/1, p. 332-3.
[30] Cf. "5. Divergências com Jenny e com o pai", à p. 235 deste volume.
[31] MEGA III/1, p. 332-3.
[32] Idem.

A última frase demonstra que, nessa época, Jenny acreditava em vida após a morte – embora na expressão "nos braços de *seu* Deus" ressoe também certo distanciamento.

Dessa viagem à Alsácia, preservou-se uma segunda carta, enviada por Jenny a sua mãe. Nela, Jenny detalha o cotidiano na estância termal e descreve argutamente as particularidades das pessoas que conhecera. Entre outras, ela encontrou dois jovens teólogos evangélicos que haviam estudado em Göttingen e em Berlim. Jenny conta à mãe com quais professores ambos tiveram aulas: Dahlmann, os irmãos Grimm, Ewald, Schleiermacher, Gans, Hegel e Strauß[33]. O fato de Jenny os ter mencionado de modo tão casual pode ser visto como indício de que tanto ela quanto a mãe conheciam esses nomes; ou seja, de que elas também haviam conversado sobre eles em casa. No caso de Dahlmann, dos irmãos Grimm e de Ewald, isso não surpreende, já que eles faziam parte dos sete de Göttingen[34], cujo destino havia sido tema de intensas discussões em toda a Alemanha. Hegel, Schleiermacher, Strauß e Gans até eram nomes conhecidos em círculos cultos, mas sua menção tão espontânea por parte de Jenny provavelmente se deve à troca de cartas com Karl, que talvez tenha relatado sua passagem à filosofia hegeliana não só ao pai mas também à noiva. Além disso, é possível que Karl tenha escrito a Jenny, que se sentia cada vez mais presa em Trier[35], sobre o conteúdo dos cursos que ele presenciara e sobre as discussões no "clube de doutores".

Antes de partir de vez de Berlim, no verão de 1839, Edgar ainda entregou a Karl uma carta de Jenny, que só foi preservada parcialmente[36]. Nesse fragmento, é possível ler que havia, mais uma vez, conflitos entre Karl e Jenny. Ao que parece, Karl havia acusado Jenny, em correspondência anterior, de não mais o amar, pois ela teria se encontrado com outro homem – como alguém de Trier lhe havia informado. Não se sabe ao certo o que aconteceu. No entanto, o ocorrido deixa claro que os dois jovens estavam bastante incertos em relação ao amor um do outro. Aparentemente, bastavam mínimos indícios para que Karl duvidasse do amor de Jenny. Em sua carta, ela o acusa repetidas vezes de não confiar nela o bastante. Por sua vez, Jenny também tinha dúvidas em relação à firmeza do amor de Karl: "[...] Eu já sabia desde o começo que não seria capaz de sustentar

---

[33] Heinz Monz, "Zwei Briefe aus Niederbronn (Elsaß)", cit., p. 248.

[34] Cf. p. 201-2 deste volume.

[35] Em carta enviada de Niederbronn, ela fala de Trier como o "lugar da aflição, o velho ninho de clérigos com sua humanidade em miniatura"; MEGA III/1, p. 332.

[36] Não há data no fragmento de carta; a MEGA III/1, p. 337, indica um período entre 1839 e 1840. Contudo, como Jenny pede a seu irmão Edgar em um adendo que entregue a carta a Karl – MEGA III/1, p. 744 –, é muito provável que ela tenha sido escrita no período de primavera/verão de 1839; ou seja, antes da partida de Edgar de Berlim.

seu atual entusiástico amor juvenil"[37]. Tais inseguranças não surpreendem se levarmos em conta o período de separação dos amantes, que já era muito mais longo do que o tempo que haviam passado juntos (excluindo a infância) enquanto "namorados", em Trier. Tampouco surpreende que Jenny tenha, por vezes, se escondido em mundos fantasiosos.

> Pois bem, coração, desde sua última carta venho me torturando com o medo de que você talvez entre em discussões por minha causa e, então, acabe participando de um duelo [não era raro, nas camadas sociais mais altas, que um homem desafiasse outro homem a um duelo, caso este houvesse, supostamente, se aproximado demais de sua noiva, M. H.]; dia e noite eu imaginei você machucado e sangrando e doente e, Karl, eu lhe digo tudo, eu não fiquei realmente triste com essa ideia, pois quase imaginei você perdendo sua mãozinha direita e, Karl, isso me alegrou, me fez feliz. Veja, coração, eu pensei que assim lhe seria, de vez, realmente indispensável, então eu ficaria sempre por perto e você continuaria gostando de mim. Então, imaginei que passaria para o papel todos os seus pensamentos celestiais, sendo-lhe bastante útil.[38]

Décadas depois, o desejo de Jenny se realizaria sem que fosse necessário um ferimento na mão de Marx: seus manuscritos eram praticamente ilegíveis, de modo que alguns textos tiveram de ser transcritos por Jenny antes de serem enviados a um editor[39].

Em 1839, Karl preparou uma coletânea de poemas e canções populares – "para minha doce, pequena Jenny do meu coração"[40] –, contendo, sobretudo, poemas de amor, algumas canções cômicas, mas também textos sérios. Com isso, ele demonstrava interesse – estimulado pela primeira fase do romantismo – pela poesia popular, que era vista como testemunho de um espírito original

---

[37] MEGA III/1, p. 337, p. 197.

[38] Ibidem, p. 338.

[39] Kliem – *Karl Marx und die Berliner Universität 1836 bis 1841*, cit., p. 54-5 – supõe que, por trás dessa fantasia de Jenny, estivesse um duelo que acabou sendo evitado, ligado ao "outro homem" com quem ela foi vista em Trier: esse homem seria seu antigo noivo, Karl von Pannewitz, que teria visitado a casa dos Westphalen. Werner von Veltheim, que sabia de tal visita, teria sido propositadamente indiscreto, passando essa informação a Marx, de quem ele queria se vingar por sua superioridade intelectual. Um duelo entre Werner e Karl teria sido evitado por pouco. Apesar de todas essas afirmações, Kliem não cita nenhuma fonte. Nem a visita de Pannewitz nem a indiscrição de Werner von Veltheim, tampouco o desejo de duelar foram comprovados. Trata-se, aqui, de mera especulação, sem indícios reais; ainda assim, Jonathan Sperber – *Karl Marx*, cit., p. 70 –, baseando-se nas informações de Kliem, apresenta tais conjecturas como se fossem fatos.

[40] Como consta na dedicatória, MEGA I/1, p. 775.

e natural. Uma importante fonte para a compilação de Karl foi a coletânea *Die Volkslieder der Deutschen* [As canções populares dos alemães], publicada em quatro volumes por Friedrich Karl von Erlach entre 1834 e 1835. No entanto, Marx não incluiu apenas poemas populares alemães; ele utilizou, entre outros, *Stimmen der Völker in Liedern* [Vozes dos povos em canções], de Herder, e obras de Lord Byron[41]. Marx datou sua coletânea com "Berlim. 1839". Não se sabe se ele presenteou Jenny no dia 12 de fevereiro, por ocasião de seu 25º aniversário, ou no Natal. Também é possível que se tratasse de um presente de reconciliação após uma briga.

Uma carta enviada por Henriette ao filho no dia 29 de maio de 1840 demonstra que não conhecemos muitos detalhes da vida de Marx em Berlim. Algumas frases encontram-se parcialmente ilegíveis por danos no papel, o que resultou em perdas de texto. Não obstante, muitos trechos se mostram incompreensíveis por conter referências a acontecimentos já conhecidos por ambos, sendo desnecessária qualquer explicação. Ainda assim, essa correspondência deixa claro que Henriette se sentia negligenciada pelos Westphalen após a morte do marido*.

> Seis semanas depois que seu querido e valioso pai foi tirado de nós, ninguém da família westfallen veio aqui nenhuma consolação nenhuma gentileza veio da parte deles, era como se nunca nos tivessem visto – na época, o sr. Schlink ainda não tinha cometido nada – a jeny vinha a cada quatro ou cinco semanas e, então, era uma lamentação uma aflição em vez de nos consolar, depois o sr. S. viajou a Berlim e veio de sua parte a história lamentável agora estavam ofendidos o orgulho e a vaidade, agora não se escreveu mais nenhuma linha para nossa família agora eu tinha culpa em tudo eu não teria compreendido as coisas corretamente [...].[42]

Ao mencionar um sr. Schlink (também sr. S.), Henriette muito provavelmente se refere ao conselheiro do tribunal distrital Johann Heinrich Schlink, amigo de Heinrich Marx que havia se tornado, após a morte de Heinrich, tutor legal dos filhos menores de idade da família Marx[43]. Não sabemos o que ele "cometeu". Em uma passagem posterior dessa carta, lê-se: "O sr. S. disse que estaria longe

---

[41] Cf., sobre as fontes, MEGA I/1, p. 1.263-4.

* Em alemão, as passagens que se seguem possuem diversos "desvios" gramaticais, ortográficos e sintáticos (cf., acerca de Henriette Marx e sua formação, "A mãe: Henriette Presburg", à p. 67 deste volume) que não puderam ser reproduzidos com a tradução. Ainda assim, mantive a grafia dos nomes (ex.: "jeny") e a parca pontuação, o que recria certa confusão, também presente no original. (N. T.)

[42] MEGA III/1, p. 347.

[43] Cf. p. 80 deste volume.

de querer insultar uma dama amada e respeitada por todos"[44]. Aparentemente, a família Westphalen se sentiu ofendida por alguma declaração de Schlink.

Também desconhecemos a referência a tal "história lamentável" que "veio de sua parte", ou seja, da parte de Karl. Seria relacionada aos conflitos com Jenny, descobertos pelos pais dela? Um indício para tal hipótese seria a afirmação de que "estavam ofendidos o orgulho e a vaidade" e de que a mãe de Marx seria acusada de não ter "compreendido as coisas corretamente". Talvez tenha sido Henriette quem incitou o ciúme de Karl com alguma declaração sobre a maneira como Jenny lidava com outros homens, resultando em reações de Karl que podem ter sido percebidas como ofensas pela família Westphalen. Tudo isso não passa de mera conjectura. A única coisa que se pode certamente deduzir dessa carta é que houve um conflito entre a família Westphalen e a mãe de Marx, sendo que tal querela começou após a morte de Heinrich Marx e, passados dois anos (quando a carta foi escrita), ainda não fora completamente resolvida.

A irmã de Marx, Sophie, voltou a se sentir negligenciada pelo irmão. No fim de uma breve carta, datada do começo de 1841, ela escreve: "Eu até teria muito, muito mesmo, para contar sobre assuntos particulares a um irmão leal, carinhoso, mas deixemos as coisas como estão"[45]. Apesar disso, ela escreve na mesma carta que Karl deveria agilizar o máximo possível sua viagem a Trier e que, se precisasse, ela lhe enviaria dinheiro.

Problemas financeiros

Com a morte do pai, modificou-se também a situação financeira do estudante Marx. Apesar de ter reclamado diversas vezes dos altos gastos do filho, Heinrich sempre o ajudara, na medida do possível. Após sua morte, as únicas fontes de renda que restaram à família foram os juros de alguns títulos e de empréstimos particulares, assim como os rendimentos da propriedade agrícola em Kürenz e das cotas investidas em um vinhedo em Mertesdorf. A análise do inventário feita por Monz permite concluir que – desconsiderando alguns empréstimos feitos sem cobrança de juros – a família possuía notas promissórias no valor de 6.900 táleres, a juros anuais de 5%. Consequentemente, os rendimentos anuais com esses juros somavam 345 táleres. Os valores registrados referentes à propriedade agrícola e à cota do vinhedo eram de 1.500 e 3.000 táleres, respectivamente[46]. Se partirmos do pressuposto de que, nesse caso, os rendimentos

---

[44] MEGA III/1, p. 348.
[45] Ibidem, p. 351.
[46] Para um balanço detalhado do patrimônio, cf. Heinz Monz, *Karl Marx*, cit., p. 272-82.

276 KARL MARX E O NASCIMENTO DA SOCIEDADE MODERNA

anuais eram em média um pouco maiores do que a taxa de juros corrente de 5%, soma-se, então, uma quantia de 250 a 350 táleres à renda anual da família, resultando em um total de 600 a 700 táleres – ou seja, menos da metade dos 1.500 táleres que Heinrich Marx ganhava no início dos anos 1830[47]. Também é possível que Henriette Marx alugasse quartos da casa a fim de melhorar a renda, como faziam muitas viúvas na época – não há, contudo, nenhum indício direto a confirmar tal hipótese. De qualquer modo, foi necessário reduzir bastante a ajuda financeira ao filho estudante. No dia da repartição do patrimônio de Heinrich Marx, que só se realizaria em 23 de junho de 1841, Karl Marx confirmou que recebera da mãe, nos anos 1838, 1839 e 1840, um total de 1.111 táleres, valor que foi levado em consideração no cálculo de sua parte da herança[48]. Isso quer dizer que, em média, Marx teve à sua disposição 370 táleres por ano, o que lhe deve ter causado certas dificuldades nesse período.

O fato de Marx só ter frequentado um curso no semestre de inverno de 1838-1839 pode estar relacionado a seu problema financeiro, tendo em vista que as taxas de participação nos cursos não eram baratas. Sua situação havia piorado claramente nesse inverno: no tribunal universitário, diversas queixas de credores pendiam contra ele. Essas queixas foram compiladas por Kossack[49] a partir dos arquivos universitários ainda disponíveis – elas demonstram a gravidade da situação em que Karl se encontrava.

Assim, no início de setembro de 1838, o mestre alfaiate Kremling reivindicou 40 táleres e 2,5 *Groschen* pela confecção de roupas. Marx reconheceu a dívida e prometeu quitá-la nos dias 1º de outubro e 1º de novembro. No início de outubro de 1838, o mestre-alfaiate Selle entrou com uma queixa referente à confecção de vestimentas no valor de 41 táleres e 10 *Groschen*. A queixa foi reconhecida, e Marx prometeu pagar a dívida em prestações mensais de dez táleres. Na mesma data, Kremling entrou com mais uma queixa, exigindo o pagamento de 30 táleres, com a observação: "Pagamento ainda não efetuado". Como não se cumpriu o prometido, Marx e Kremling fizeram um acordo acerca do pagamento que constava no contrato. Em meados de novembro de 1838, Selle entrou com um pedido de pagamento de dívida no valor de dez táleres. Marx pagou o valor em questão. No fim de janeiro de 1839, o comerciante Habel entrou com uma queixa exigindo 15 táleres, gastos com panos – dívida reconhecida por Marx, que prometeu quitá-la até o dia 1º de abril. Como não se cumpriu o prometido, as partes chegaram a um acordo acerca do pagamento da dívida. Na mesma data,

---

[47] Cf. p. 81 deste volume.

[48] Heinz Monz, *Karl Marx*, cit., p. 284.

[49] Cf. Heinz Kossack, "Neue Dokumente über die Studienzeit von Karl Marx an der Berliner Universität", cit., 1978, p. 105-8.

Selle exigiu o pagamento de 31 táleres e 10 *Groschen*. Como também não se cumpriu o prometido nesse caso, as partes tiveram de chegar a um acordo. Em meados de fevereiro de 1839, o livreiro Eysenhardt entrou com um pedido de pagamento de 48 táleres e 4 *Groschen* junto ao tribunal universitário. Também nesse caso, os "trâmites de execução" ainda estavam em aberto.[50]

Os pedidos de pagamento mencionados mostram o peso dos gastos com vestimenta. Tal comportamento não era resultado de vaidade exacerbada por parte de Marx – um traje adequado era característica distintiva muito mais importante à época que hoje, podendo abrir ou fechar portas. Não se podia sair de casa sem roupas adequadas. Em uma breve carta enviada no dia 10 de outubro de 1838 a Adolf Rutenberg, Marx também trata do tema "vestimenta". Ele se desculpa – em tom familiar – por não ter comparecido a uma reunião, dizendo que não tinha roupas para a ocasião[51]. Ainda se passariam quase quarenta anos até que o poeta suíço *Gottfried Keller* (1819-1890) caricaturasse essa importância excepcional de vestes adequadas em seu famoso conto *Kleider machen Leute* [A roupa faz a pessoa].

Graças a uma carta enviada por sua mãe Henriette no dia 22 de outubro de 1838, sabe-se que ela mandou 160 táleres a Karl para que ele pagasse as taxas do doutorado[52]. No entanto, nessa época, Marx ainda não havia começado a escrever sua tese. Provavelmente, tratava-se de uma mentira emergencial por parte de Karl, que precisava do dinheiro para cobrir as despesas mais urgentes. É provável, contudo, que Marx pretendesse de fato escrever sua tese de doutorado logo. Os primeiros excertos relacionados à tese datam do início de 1839. Além disso, a fatura apresentada pelo livreiro Eysenhardt ao juiz universitário em fevereiro de 1839 talvez estivesse ligada à compra – provavelmente feita alguns meses antes – de livros de que Marx precisava para o doutorado.

Em Berlim, o jovem Karl também pôde admirar os mais novos desenvolvimentos técnicos da época. Em setembro de 1839, foram apresentados os primeiros daguerreótipos. Apenas alguns dias depois, sua produção começou a ser comercializada; contudo, a um preço muito alto[53]. Marx provavelmente não tinha condições de mandar fazer um daguerreótipo de si para enviar a Jenny. Mas havia ainda outra novidade técnica a seu alcance. Em 1838-1839, foi construída uma linha de trem que ligava Berlim a Zehlendorf e Potsdam. A linha,

---

[50] Ibidem, p. 106.

[51] Essa carta não foi publicada nem na MEW nem na MEGA. Martin Hundt publicou-a pela primeira vez – "Karl Marx an Adolf Friedrich Rutenberg: ein unbekannter früher Brief", em *MEGA-Studien*, t. III/1 (Berlim, Dietz, 1994), p. 148-54.

[52] MEGA III/1, p. 334.

[53] Manfred Kliem, *Karl Marx und die Berliner Universität 1836 bis 1841*, cit., p. 14.

KARL MARX E O NASCIMENTO DA SOCIEDADE MODERNA

com 27 quilômetros de distância, começou a operar regularmente no dia 29 de outubro de 1839 – o trajeto era feito quatro vezes por dia, em ambas as direções. Viajar no trem de ferro tornou-se uma atração. As passagens tinham de ser reservadas no dia anterior, em uma livraria de Berlim – uma viagem na terceira classe custava dez *Groschen* de prata[54]. É bem possível que Marx tenha feito essa viagem, talvez acompanhado de alguns amigos.

Os amigos do "clube de doutores": Rutenberg, Köppen, Bauer

As amizades mais importantes para o desenvolvimento intelectual do jovem Karl estavam no "clube de doutores" mencionado por ele na carta ao pai datada de novembro de 1837. Lá, ele nutriu seus estudos históricos e filosóficos com estímulos inexistentes nos cursos da Universidade de Berlim. Provavelmente, tratava-se de um círculo relativamente descontraído de discussões – não se sabe ao certo quando foi fundado, tampouco quem eram os integrantes. Vale destacar que não se pode associar todo e qualquer relato sobre círculos de discussões filosóficas dessa época em Berlim a esse "clube", tendo em vista que ele não era o único do gênero[55]. Houve apenas uma menção a seus membros, e esta se deu em uma carta de Bruno Bauer enviada a Marx no dia 11 de dezembro de 1839: "Mande cumprimentos a Köppen, Rutenberg e Althaus e a quem mais do clube você encontrar"[56].

Quando Karl, com 19 anos de idade, entrou para o clube de doutores, Althaus tinha 31 anos, Köppen e Rutenberg tinham 29 e Bauer tinha 28. No início, os

---

[54] Idem.

[55] Por exemplo, Max Ring, que chegara em 1838 a Berlim, relatou em suas *Memórias – Erinnerungen*, v. 1, cit., p. 113-7 – a existência de um círculo de "doutores e estudantes mais velhos" que se encontrava em certos dias da semana e discutia, além de trabalhos dos próprios integrantes, "a filosofia de Hegel com grande entusiasmo". Ele até menciona diversos integrantes (Carrière, Oppenheim, os irmãos Behr, Benary), mas nenhum deles – até onde sabemos – participava do mesmo "clube de doutores" que Marx.

[56] MEGA III/1, p. 336. A carta de Marx a seu pai e essa carta de Bauer a Marx são as únicas fontes que tratam do "clube de doutores". Como se fosse algo óbvio, Gareth Stedman Jones – *Karl Marx*, cit., p. 85 – parte do pressuposto, assim como Warren Breckman – *Marx, the Young Hegelians, and the Origins of Radical Social Theory*, cit., p. 260 – de que Eduard Gans também fazia parte do clube. Não há, contudo, o mínimo indício de veracidade nessa afirmação. Além da falta de indícios, parece-me pouco plausível que ele tenha sido membro do grupo: os temas filosófico-religiosos que eram tão importantes para Bauer não despertavam o interesse de Gans, que não havia participado dos respectivos debates da década de 1830. Além disso, Gans era uma espécie de intelectual-celebridade que frequentava círculos de acadêmicos renomados. Não é impossível, mas é bastante improvável, que ele tenha participado de um grupo de discussões formado por estudantes e jovens docentes desconhecidos (com exceção de Bauer).

FILOSOFIA DA RELIGIÃO, O INÍCIO DO "JOVEM HEGELIANISMO" E OS PROJETOS DE DISSERTAÇÃO... 279

outros membros com certeza tinham muito mais conhecimento que Karl. Entretanto, é notável que o jovem Karl tenha sido aceito tão rapidamente nesse círculo, e isso atesta suas capacidades intelectuais.

Em 1837, *Karl Heinrich Althaus* (1806-1886) fez doutorado em Halle e, em 1838, habilitação em filosofia em Berlim. A partir de então, passou a lecionar na Universidade de Berlim, num primeiro momento como professor livre-docente e, após 1859, como professor-associado[57]; sua carreira transcorreu sem nenhum destaque especial. Ele sem dúvida era o mais insípido dos membros aqui mencionados. Não há nenhum indício de que Marx tenha tido contato mais intenso com ele. Já a relação de Karl com Rutenberg, Köppen e, sobretudo, Bruno Bauer era bem diferente.

Adolf Friedrich Rutenberg frequentou, com Bruno Bauer, o ginásio Friedrich Wilhelm em Berlim e estudou teologia e filosofia na Universidade de Berlim[58]. A partir de 1837, deu aulas de geografia e história na escola real para cadetes [*Königliche Kadettenanstalt*], também em Berlim[59]. As escolas para cadetes eram instituições de ensino secundário que preparavam os alunos – concomitantemente ao ensino civil – para uma carreira de oficial do Exército.

Na carta enviada a seu pai, Karl chama Rutenberg de "meu mais íntimo amigo de Berlim" e menciona que ele o teria introduzido no clube de doutores[60]. Em dezembro de 1838, Rutenberg comemorou o nascimento de sua filha Agathe com uma festa exclusiva para homens – segundo consta no livro de memórias de Agathe[61] –, para a qual Karl, provavelmente, foi convidado. Não se sabe se ele esteve presente na festa ou se talvez tenha recusado o convite por causa de seus problemas financeiros.

Em 1840, Rutenberg foi demitido de seu cargo de professor na escola de cadetes – o motivo oficial: consumo excessivo de álcool. Contudo, parece que a publicação de alguns artigos críticos em periódicos foi o verdadeiro motivo da

---

[57] Volker Gerhardt, Reinhard Mehring e Jana Rindert, *Berliner Geist: eine Geschichte der Berliner Universitätsphilosophie bis 1946 – mit einem Ausblick auf die Gegenwart der Humboldt-Universität* (Berlim, Akademie, 1999), p. 119.

[58] Cf., acerca da biografia de Rutenberg, as informações de sua filha Agathe Nalli-Rutenberg, *Das alte Berlin* (Berlim, Curt Thiem, 1912), e de Lars Lambrecht, "'...Mit der Heftigkeit der französischen Revolution von 1792...'? Zur Rezeption der französischen Revolution und der Philosophie Fichtes durch den Junghegelianer A. Rutenberg", em Domenico Losurdo (org.), *Rivoluzione francese e filosofica classica tedesca* (Urbino, QuattroVenti, 1993), p. 147-68.

[59] Wolfgang Bunzel, Martin Hundt e Lars Lambrecht, *Zentrum und Peripherie: Arnold Ruges Korrespondenz mit Junghegelianern in Berlin* (*Forschungen zum Junghegelianismus*) (Frankfurt am Main/Nova York, Peter Lang, 2006), p. 62.

[60] MEGA III/1, p. 17; MEW 40, p. 10.

[61] Agathe Nalli-Rutenberg, *Das alte Berlin*, cit., p. 13.

280 KARL MARX E O NASCIMENTO DA SOCIEDADE MODERNA

demissão[62]. Rutenberg foi o único dos jovens hegelianos convidados por Carl Theodor Welcker a participar da elaboração do *Staatslexikon* [Dicionário do Estado], projeto de cunho liberal. Entre outros, ele escreveu os verbetes "Polônia" para o volume 12, publicado em 1841, e o verbete "Radical, radicalismo" para o volume 13, em 1842. Ainda em 1842, assumiu a direção da recém-fundada *Gazeta Renana*, posto em que Marx logo o substituiria.

Karl Friedrich Köppen (1808-1863) também foi amigo próximo de Marx[63]. Ele estudou teologia na Universidade de Berlim entre 1827 e 1831, tornando-se professor da escola real na *Dorotheenstadt**, em 1833. Seu interesse intelectual girava, sobretudo, em torno de temas históricos e mitológicos. Em 1837, publicou seu primeiro livro: *Literarische Einleitung in die nordische Mythologie* [Introdução literária à mitologia nórdica]. É provável que o fato de Marx ter escolhido as três "runas finlandesas"[64] para encerrar a coletânea de poemas populares dadas a Jenny tenha sido resultado de uma sugestão de Köppen[65].

No fim da década de 1830, Köppen também interviera no debate – que se tornava cada vez mais crítico – acerca de *Filosofia do direito* de Hegel. Enquanto alguns liberais acusavam Hegel de ter glorificado o Estado prussiano com *Filosofia do direito*[66], os conservadores argumentavam, na década de 1830, exatamente o contrário. Em 1839, *Karl Ernst Schubarth* (1796-1861), que já havia criticado a concepção de Estado de Hegel em 1829, publicou um livrete com o programático título: *Über die Unvereinbarkeit der Hegelschen Staatslehre mit dem obersten Lebens- und Entwicklungsprinzip des Preußischen Staates* [Acerca da incompatibilidade entre a doutrina de Estado de Hegel e o mais importante princípio de vida e desenvolvimento do Estado da Prússia]. Schubarth acusa Hegel de querer transformar a Prússia em uma monarquia constitucional. No periódico *Telegraph für Deutschland* [Telégrafo para a Alemanha], publicado em

---

[62] Wilhelm Klutentreter, *Die Rheinische Zeitung von 1842/43* (Dortmund, Ruhfuss, 1966), p. 61.

[63] Cf., acerca da biografia de Köppen, Helmut Hirsch, "Karl Friedrich Köppen, der intimste Berliner Freund Marxens", em *Denker und Kämpfer: Gesammelte Beiträge zur Geschichte der Arbeiterbewegung* (Frankfurt am Main, Europäische Verlagsanstalt, 1955), e Heinz Pepperle, "Einleitung", em Karl Friedrich Köppen, *Ausgewählte Schriften in zwei Bänden* (org. Heinz Pepperle, Berlim, Akademie, 2003), v. 1.

* Região central de Berlim. (N. T.)

[64] Em finlandês, "runa" significa "canto" ou "canção", não "caractere da escrita alfabética", como nas línguas germânicas; Erich Kunze, "Die drei finnischen Runen in der Volksliedersammlung des jungen Marx", em *Deutsches Jahrbuch für Volkskunde*, v. 1, cadernos 1/2, 1995, p. 58, nota 1.

[65] Cf. Kunze, "Die drei finnischen Runen in der Volksliedersammlung des jungen Marx", cit., 1955.

[66] Cf. p. 188 deste volume.

Hamburgo por Karl Gutzkow e no qual o jovem Engels também chegou a escrever artigos, Köppen respondeu com um texto em que analisa minuciosa e bem-humoradamente a tacanhez de Schubarth. Além disso, ele declara, de maneira mais marcante do que até então, que o próprio Hegel havia sido constitucionalista: "Poderia o Estado prussiano, um dia, tornar-se um Estado constitucional? Hegel respondeu, ao menos indiretamente, com um sim"[67]. Köppen rejeita decididamente a tentativa de Schubarth de representar Frederico II da Prússia na posição de Estado "personificado", ou seja, como unificação entre o Estado e o rei enquanto pessoa. "Teria chegado o momento de expor em pormenores as opiniões do grande rei acerca do Estado, da Igreja e da religião"[68], comenta Köppen, no fim no texto – e é exatamente isso o que ele faz em seu livro, publicado em 1840, *Friedrich der Große und seine Widersacher: eine Jubelschrift* [Frederico, o Grande, e seus adversários: um panegírico]. Köppen aproveitou o centésimo aniversário da subida de Frederico ao trono para celebrar seu espírito iluminista, o que tinha, na época, caráter absolutamente subversivo na Prússia. A fim de "compreender corretamente" esse texto, escreve Mehring[69], "é preciso levar em consideração que, na época em que ele surgiu, a recordação do velho Fritz era um empecilho a tudo o que impulsionava retrocessos no Estado prussiano". O texto de Köppen foi recebido com entusiasmo entre os jovens hegelianos; afinal, a Reforma Protestante, o absolutismo esclarecido de Frederico II e as reformas prussianas* eram considerados, por excelência, as linhas de tradições progressistas a serem seguidas no presente. Arnold Ruge publicou uma resenha entusiasta sobre o livro de Köppen nos *Anais de Halle*[70]. No entanto, esse escrito não deu notoriedade somente a Köppen; em sua dedicatória, lê-se: "A meu amigo Karl Heinrich Marx de Trier". Pela primeira vez, o nome Karl Marx alcançava um público mais vasto.

Nos *Anais de Halle*, entre 1841 e 1842, encontram-se alguns textos de Köppen em que ele analisa a Universidade de Berlim. Principalmente os corifeus da historiografia *Friedrich von Raumer* (1781-1873) e *Leopold von Ranke* (1795--1886) foram dissecados por ele com bisturi afiado[71]. Em termos gerais, todos

---

[67] Karl Friedrich Köppen, "Über Schubarths Unvereinbarkeit der Hegelschen Lehre mit dem Preußischen Staate" (1839), em Manfred Riedel (org.), *Materialien zu Hegels Rechtsphilosophie*, v. 1, cit., p. 282.

[68] Ibidem, p. 283.

[69] Franz Mehring, *Aus dem literarischen Nachlass von Karl Marx, Friedrich Engels und Ferdinand Lassalle*, v. 1, cit., p. 35.

* Também chamadas de reformas de Stein-Hardenberg. (N. T.)

[70] Arnold Ruge, [resenha sobre] "Friedrich Köppen, Friedrich der Große und seine Widersacher: eine Jubelschrift", *Hallische Jahrbücher*, n. 125, 25 maio 1840, p. 999.

[71] Cf. mais detalhes em Heinz Pepperle, "Einleitung", cit., p. 24 e seg.

282 KARL MARX E O NASCIMENTO DA SOCIEDADE MODERNA

esses textos mostram que Köppen era um historiador crítico e, de modo bem-humorado, polêmico, com quem o jovem Marx certamente aprendeu muito, em termos tanto de conteúdo quanto de estilo.

Há outros indícios, além da dedicatória mencionada, de que Köppen e Marx tenham sido amigos próximos – ainda em 1889, Engels se refere a ele como "amigo especial de Marx"[72]. Também é reveladora uma carta de Köppen a Marx, escrita em um tom entusiasmado e autoirônico. No dia 3 de junho de 1841, pouco após a partida de Marx de Berlim, Köppen escreve que, como consequência da separação – a qual já durava "mais de uma semana" –, ele estaria "melancólico e sentindo diariamente sua ausência". A importância de Marx nas discussões é evidenciada pela seguinte declaração:

> Depois que meu honroso "outro mundo" foi para o "outro lado" do Reno, eu mesmo começo a tornar-me, gradual e novamente, "o lado de cá". Agora penso de novo, digamos assim, por conta própria, enquanto antes minhas ideias não moravam longe, a saber, vinham da Schützenstraße ou até nasciam nela mesma.[73]

A Schützenstraße foi a rua do último apartamento de Marx em Berlim. A impressão causada por Marx era evidentemente poderosa: "Você é um repositório de pensamentos, um reformatório [*Arbeitshaus*] ou, falando berlinês, um cabeça de touro [*Ochsenkopf*] de ideias"[74].

Ao contrário de muitos outros pensadores de esquerda, Köppen não se tornou nacionalista e reacionário após a derrota da Revolução de 1848. Ele seria o único amigo de Berlim com quem Marx ainda teria, futuramente, uma base comum em termos de conteúdo. Depois de visitá-lo em 1861, Marx escreve a Engels, em carta do dia 10 de maio de 1861: "Em Berlim, também visitei Friedrich Köppen. Encontrei nele a mesma pessoa de então. Ele só está mais gordo e grisalho. As duas vezes que fomos sozinhos a tavernas foram, para mim, um verdadeiro deleite"[75].

Sem dúvida, o mais importante amigo de Marx no período em Berlim foi Bruno Bauer. Na carta enviada ao pai em novembro de 1837, Karl menciona o "docente Bauer"[76], ainda de maneira bastante respeitosa. Nas cartas de Bauer

---

[72] Carta do dia 22 de outubro de 1889 a Max Hildebrand, MEW 37, p. 292.

[73] MEGA III/1, p. 360.

[74] Idem. Ele menciona o "berlinês" porque o reformatório na região da Alexanderplatz, em Berlim, era conhecido popularmente como "cabeça de touro" – o local fora usado, outrora, como sede da corporação dos açougueiros, e um edifício dessa corporação havia, de fato, sido adornado com uma cabeça de touro. Sepp Miller e Bruno Sawadzki, *Karl Marx in Berlin*, cit., p. 218.

[75] MEGA III/11, p. 469; MEW 30, p. 166.

[76] MEGA III/1, p. 17.

enviadas a Marx, é possível claramente ver que os dois logo se tornaram amigos próximos. Assim, Bauer escreve, no início de abril de 1841, de Bonn: "Ânimo, divertimento etc., [isso] tenho aqui suficientemente, também tenho o bastante do que se chama risada, mas daquele jeito, como em Berlim, quando eu simplesmente atravessava a rua com você, nunca mais"[77]. A proximidade de Marx e Bauer também foi percebida por terceiros. Em carta do dia 20 de janeiro de 1840, Bruno conta a seu irmão Edgar de um passeio que eles haviam feito juntos: "Estou justamente me lembrando de quando Adolph [Rutenberg] puxou você para o lado naquela noite no lago em Tegel e apontou para mim e M., chamando-nos de cismáticos"[78]. Outro indício de que o contato entre eles havia sido intenso é o fato de que Marx visitou, mesmo após a partida de Bauer de Berlim, os pais deste em Charlottenburg[79]. No entanto, o que ligava Marx a Bauer não era apenas a amizade; havia também uma grande proximidade em questões teóricas. De acordo com as informações que temos, Bauer foi o único dos amigos de Berlim com quem Marx chegou a planejar uma publicação e até a edição conjunta de um periódico (tratarei desse tema depois).

Bruno Bauer era filho de um pintor de porcelana supostamente erudito que fez questão de que seus filhos tivessem uma boa formação escolar[80]. Bruno frequentou o ginásio Friedrich Wilhelm em Berlim e, entre 1828 e 1832, estudou teologia na Universidade de Berlim. Entre os teólogos, sobretudo o hegeliano *Philipp Konrad Marheineke* (1780-1846) influenciou sua formação. Ele não foi um mero estudante que frequentava os cursos de Hegel – desde cedo, Bauer causava furor. Em 1829, Hegel criou uma espécie de concurso na faculdade de filosofia, lançando um problema relacionado à estética de Immanuel Kant. Bauer contribuiu analisando a estética kantiana com as categorias da filosofia hegeliana[81] e ganhou o prêmio – isso, depois de apenas um ano de es-

---

[77] Ibidem, p. 356.

[78] Bruno Bauer, *Briefwechsel zwischen Bruno Bauer und Edgar Bauer während der Jahre 1839-1842 zwischen Bonn und Berlin* (Charlottenburg, Egbert Bauer, 1844), p. 33.

[79] Cf. carta de Edgar a Bruno Bauer do dia 22 de março de 1840, em ibidem, p. 55.

[80] Cf., acerca da biografia de Bruno Bauer, Dieter Hertz-Eichenrode, *Der Junghegelianer Bruno Bauer im Vormärz,* dissertação para obtenção do título de doutor na faculdade de filosofia da Universidade Livre de Berlim (Berlim, Freie Universität Berlin, 1959), Hermann P. Eberlein, *Bruno Bauer: vom Marx-Freund zum Antisemiten* (Berlim, Dietz, 2009), e os materiais publicados em Ernst Barnikol, *Bruno Bauer: Studien und Materialien* (org. Peter Reimer e Hans--Martin Sass, Assen, Van Gorcum, 1972).

[81] Cf. Bruno Bauer, *Über die Prinzipien des Schönen: eine Preisschrift* (1829) (org. Douglas Moggach e W. Schultze, Berlim, Akademie, 1996).

tudos[82]. Outro indício da velocidade e da precisão com que Bauer compreendera a filosofia de Hegel foi o fato de que Heinrich Gustav Hotho utilizou, em sua edição da *Estética*, as anotações feitas por Bauer em seu segundo semestre, quando frequentara as aulas de Hegel sobre o assunto.

Em 1834, Bauer concluiu sua habilitação em teologia. Até 1839, ele foi livre-docente na Universidade de Berlim. Em seus cursos, tratava principalmente de temas do Antigo Testamento. Também foi nesse período que Marx frequentou, no semestre de verão de 1839, seu curso sobre o profeta Isaías. No semestre de inverno de 1839-1840, por recomendação de Altenstein, Bauer deixou Berlim e passou a dar aulas na Universidade de Bonn. As primeiras cartas preservadas, enviadas por Bauer a Marx, datam dessa época; as cartas de Marx a Bauer não foram preservadas. Ainda tratarei, aqui, do desenvolvimento intelectual de Bauer e das influências recíprocas entre ele e Marx.

Em suas memórias, o escritor Max Ring[83] menciona que Bruno Bauer participava dos encontros no salão de Bettina von Arnim. Bettina era irmã do poeta *Clemens Brentano* (1778-1842) e foi casada com outro poeta do romantismo: Achim von Arnim. Após a morte do marido, ela publicou suas obras e começou a ganhar cada vez mais popularidade. Em 1835, três anos após a morte de Goethe, ela publicou *Goethes Briefwechsel mit einem Kinde* [Troca de cartas entre Goethe e uma criança]. Esse livro – que tornou Bettina famosa e influenciou muito a imagem que se tinha de Goethe na época – continha as cartas trocadas por Goethe e ela não enquanto criança, mas como mulher com pouco mais de vinte anos de idade. No entanto, as cartas foram bastante editadas por Bettina para a publicação. Em 1843, ela publicou um escrito, sob o título *Dieses Buch gehört dem König* [Este livro pertence ao rei], que causou bastante agitação na época – trata-se de um retrato crítico das condições de vida dos pobres em Berlim. Na Baviera, o livro chegou a ser proibido.

Nas décadas de 1830 e 1840, Bettina von Arnim organizou outro famoso salão, frequentado por personalidades dos meios político, científico e cultural. Afirmou-se, com frequência, que Marx teria participado dos encontros nesse salão[84]. No entanto, seu nome não é mencionado em nenhuma das descrições dos encontros.

---

[82] Hermann P. Eberlein, *Bruno Bauer*, cit., p. 27-8.

[83] Max Ring, *Erinnerungen*, cit., p. 119.

[84] Por exemplo, Auguste Cornu, *Karl Marx und Friedrich Engels*, cit., p. 100, ou Lutz Graf Schwerin von Krosigk, *Jenny Marx*, cit., p. 41. No filme *O jovem Karl Marx* – direção de Raoul Peck, França/Bélgica/Alemanha, 2017 –, menciona-se que o primeiro encontro de Marx e Engels ocorrera no salão de Bettina von Arnim, onde eles teriam discutido sobre comunismo. Contudo, em outubro de 1841, quando Engels iniciou o serviço militar em Berlim, Marx já havia deixado a cidade. Além disso, nessa época, o comunismo ainda não era tema nem para Marx nem para Engels.

FILOSOFIA DA RELIGIÃO, O INÍCIO DO "JOVEM HEGELIANISMO" E OS PROJETOS DE DISSERTAÇÃO... 285

Além disso, Bruno Bauer não poderia tê-lo introduzido nessa sociedade. Bettina pedira a Varnhagen que convidasse Bauer para os encontros, pois queria conhecê--lo – pedido que Varnhagen anotou em seu diário no dia 1º de outubro de 1841[85]. Nessa época, Marx já havia se mudado de Berlim fazia meses. E também não era grande admirador de Bettina. Na coletânea de poemas com que ele presenteou seu pai em 1837, encontram-se versos satíricos sobre ela sob o título "A nova moda do romantismo"[86].

Sobretudo após a partida de Bruno Bauer de Berlim, Marx provavelmente teve muito contato com seu irmão – onze anos mais novo que Bruno – *Edgar Bauer* (1820-1886), que passou a estudar teologia em Berlim em 1838[87].

Entre 1840 e 1841, Marx frequentou os encontros de um círculo de escritores, organizado por *Karl Riedel* (1804-1878) e *Eduard Meyen* (1812-1870)[88] – ambos publicavam semanalmente, desde janeiro de 1841, o periódico *Athenäum – Zeitschrift für das gebildete Deutschland* [Ateneu – Revista para a Alemanha Culta]. Em carta do dia 20 de março de 1841, Meyen lista os membros do círculo:

> Temos um clube de escritores que se encontra todas as noites em uma agradável taverna. Participam do grupo todos aqueles que você conhece de nossas relações: Eichler, Mügge, Buhl etc., bem como Riedel, Cornelius, Ferrand, Arthur Müller, Carrière, Friedrich Reinarz, Marx (de Trier), Köppen etc. Às vezes, ficamos na taverna até tarde da noite.[89]

---

[85] Karl August Varnhagen von Ense, *Tagebücher*, v. 1 (2. ed., Leipzig, Brockhaus, 1863), p. 341.

[86] MEGA I/1, p. 675.

[87] Cf. a carta de Edgar a Bruno Bauer do dia 11 de fevereiro de 1844, em Bruno Bauer, *Briefwechsel zwischen Bruno Bauer und Edgar Bauer während der Jahre 1839-1842 zwischen Bonn und Berlin*, cit., p. 123-4.

[88] Karl Riedel estudou teologia e era pastor em diversas cidades da Francônia. Em 1839, ele desistiu da atividade clerical e foi para Berlim. Eduard Meyen estudou filosofia e filologia. Em 1835, concluiu o doutorado em Berlim e, entre 1838 e 1839, foi redator da *Berliner Literarischen Zeitung* [Gazeta Literária de Berlim] (algumas informações a mais sobre Meyen se encontram em Wolfgang Bunzel, Martin Hundt e Lars Lambrecht, *Zentrum und Peripherie*, cit., p. 53-7).

[89] *Marx-Engels-Jahrbuch 1*, 1978, p. 341. *Ludwig Eichler* (1814-1870) foi autor liberal e tradutor. *Theodor Mügge* (1802-1861) trabalhou em diversas revistas; escrevia, sobretudo, romances de aventura. *Ludwig Buhl* (1814-1882), escritor e tradutor, concluiu o doutorado em 1837 sob a orientação de Karl Ludwig Michelet (1801-1893), aluno de Hegel, e escreveu *A doutrina do Estado de Hegel*. *Wilhelm Cornelius* (1809-?) era escritor, redator e livreiro; já em 1832, fez um discurso no Festival de Hambach. *Eduard Ferrand* era um pseudônimo de *Eduard Schulz* (1813-1842), poeta amigo de Friedrich von Sallet – também poeta –, que vivera em Trier na época em que Marx frequentava o ginásio (cf. p. 138-41, deste volume). O historiador de arte e filosofia Moriz Carrière já foi mencionado no capítulo anterior.

Não sabemos quão intensivo era, de fato, o contato entre as pessoas mencionadas, tampouco a frequência com que participavam dos encontros. Pode-se presumir que houvesse certa flutuação na composição do círculo. Carrière[90] simplesmente não o cita em suas memórias. Marx tinha uma relação mais próxima, pelo menos, com Meyen, já que este o menciona diversas vezes em suas cartas. Como já referido no capítulo anterior, em janeiro de 1841 saíram dois poemas de Marx, sob o título "Canções impetuosas", no *Athenäum* – seus primeiros textos publicados. Sob o pseudônimo *Friedrich Oswald*, também o jovem Engels publicou no *Athenäum*. O periódico foi proibido no fim de 1841.

Muito provavelmente Marx teve diversos conhecidos, e talvez até amigos mais próximos, dos quais não sabemos nada. Köppen menciona, na carta do dia 3 de junho de 1841, já citada, um tenente *Giersberg*, que teria acabado de visitá-lo e que teria recebido uma carta de Marx oito dias antes[91]. Os editores do volume correspondente da MEGA identificaram um estudante de direito de nome Giersberg em Berlim e um tenente Giersberg, estacionado em Münster na década de 1840; eles presumem que se trate da mesma pessoa[92]. Não se sabe mais nada sobre ele. É provável, contudo, que a relação entre Giersberg e Marx fosse próxima, já que, após deixar Berlim, Marx lhe enviou uma carta antes mesmo de escrever a Köppen.

A situação política na Prússia

Em matéria de política externa, os anos 1839 e 1840 foram bastante movimentados para a Prússia. No Egito, que formalmente estava sob o domínio do Império Otomano, houve um levante do poderoso vice-rei *Muhammad Ali Pascha* (*c.* 1770-1849) contra o sultão turco *Mahmud II* (1785-1839). O vice-rei egípcio foi apoiado pelo governo francês sob *Adolphe Thiers* (1797-1877), que pretendia reforçar a influência da França na região do Mediterrâneo. A Rússia, a Áustria, a Prússia e a Inglaterra, temendo a desintegração do Império Otomano – com consequências incontroláveis –, apoiaram o sultão turco, de modo que Muhammad Ali Pascha teve de recuar para o Egito, onde pôde continuar exercendo seu cargo de vice-rei. Na França, o caso gerou grande indignação pública, afinal, a coligação antinapoleônica havia se posicionado novamente contra a França. Para desviar a atenção de sua derrota nessa "crise do Oriente", Thiers reivindicou alguns territórios da Confederação Germânica: a França queria dominar outra vez as áreas à esquerda do rio Reno, perdidas em 1815 no Con-

---

[90] Cf. Moriz Carrière, "Lebenserinnerungen (1817-1847)", cit.
[91] MEGA III/1, p. 362.
[92] Ibidem, p. 938.

gresso de Viena – o Reno seria a fronteira entre a Alemanha e a França. Essa "crise do Reno" e as consequentes ameaças de guerra foram responsáveis, tanto na França quanto na Alemanha, por uma forte onda nacionalista – que se manifestava inclusive em poesias e canções. Após a renúncia de Thiers, em outubro de 1840, a situação foi atenuada com *François Guizot* (1787-1874) no posto de ministro do Exterior. Não obstante, a onda nacionalista na literatura se manteve forte. Em agosto de 1841, *Hoffmann von Fallersleben* (1798-1874) – que produzia não somente poemas nacionalistas mas uma série de escritos antijudaicos – escreveu *Lied der Deutschen* [Canção dos alemães], encaixando-a em uma melodia de Joseph Haydn:

> Alemanha, Alemanha acima de tudo,
> Acima de tudo no mundo,
> Quando sempre, na defesa e na resistência
> Fica unida fraternalmente,
> Do Maas ao Memel
> Do Etsch ao Belt
> Alemanha, Alemanha acima de tudo,
> Acima de tudo no mundo!*

Não mais se fala, aqui, da França ou do Reno, mas, antes, de uma Alemanha forte para além dos muitos Estados individuais regidos por dinastias – que, portanto, encaravam o nacionalismo como ameaça. Como reação, o governo da Prússia revogou a cátedra de Hoffmann em Breslau. Após a Primeira Guerra Mundial, a *Canção dos alemães* de Hoffmann foi estabelecida como hino nacional e, depois da Segunda Guerra Mundial, manteve-se como hino da República Federal da Alemanha, porém somente deveria ser cantada a terceira estrofe, na qual se fala de liberdade e direito, não da grandeza alemã.

Em termos de política interna, o processo de reforma iniciado pelo governo após a derrota contra Napoleão em 1806 havia definitivamente terminado. Logo depois do Congresso de Viena, a oposição às reformas – por parte dos conservadores – passou a se fortalecer cada vez mais. Com a morte do chanceler de Estado Hardenberg, em 1822, chegou-se a um impasse. Somente na política educacional e científica, Altenstein ainda pôde atuar enquanto ministro da Cultura por quase duas décadas e, em parceria com a escola hegeliana, defender certo pensamento liberal.

---

* *"Deutschland, Deutschland über alles,/ Über alles in der Welt,/ Wenn es stets zu Schutz und Trutze/ Brüderlich zusammenhält,/ Von der Maas bis an die Memel,/ Von der Etsch bis an den Belt –/ Deutschland, Deutschland über alles,/ Über alles in der Welt!"* (N. T.)

O expoente desse liberalismo hegeliano, conhecido muito além da Prússia, foi Eduard Gans. Ele morreu no dia 5 de maio de 1839, com 42 anos de idade. Já em 1838, Gans havia sofrido um pequeno acidente vascular cerebral. No dia 1º de maio de 1839, teve mais dois derrames, dessa vez mais graves, dos quais não mais se recuperaria[93]. Um acontecimento registrado por Varnhagen von Ense mostra o abalo de parte da burguesia ante a notícia de que Gans estava morrendo.

> Isto aconteceu ontem, na famosa casa de vinhos Luther e Wegener. Alguém entrou e deu a notícia de que o príncipe Guilherme, filho do rei, estava melhor de saúde. "Ora!", disse um comerciante, "um desses pode morrer dez vezes, que importância tem?! Mas, se o senhor pudesse nos dizer que Gans está novamente de pé, isso, sim, valeria um brinde! Um homem desses não se encontra duas vezes. Já de príncipes não sentiremos falta!"[94]

Também o jovem Friedrich Engels, que nessa época fazia seus estudos comerciais em Bremen, perguntou a amigos de escola, que estudavam em Berlim: "Vocês não foram ver o corpo de Gans? Por que não escrevem nada sobre ele?". Na carta seguinte, mostra-se mais tranquilo por saber que eles haviam participado do funeral[95].

Esse funeral, ocorrido no dia 8 de maio, foi uma manifestação da Berlim liberal.

> Toda a Berlim culta e liberal acompanhou a pé o corpo em um cortejo inestimável até o cemitério em frente ao Oranienburger Tor [portão de Oranienburg], onde Gans agora descansa próximo a seu famoso professor Hegel. Entre os presentes, era possível ver todos os famosos da residência real, sem distinção de partido, sendo que à frente iam o ministro da Cultura von Altenstein, com seus setenta anos, e Grolman, o velho presidente do Supremo Tribunal, apesar de Gans não ser estimado por seu decidido liberalismo nos altos e altíssimos círculos.[96]

Com a morte de Gans, além de a Alemanha ter perdido uma importante voz liberal, o conservadorismo da escola de Savigny também se impôs com mais facilidade nas ciências jurídicas, já que seu mais qualificado opositor não estava presente.

Quase um ano depois da morte de Gans, no dia 14 de maio de 1840, morreu o ministro da Cultura Altenstein, o último da geração de reformadores que

---

[93] Hanns Günther Reissner, *Eduard Gans*, cit., p. 159.

[94] Karl August Varnhagen von Ense, *Tageblätter*, cit., p. 269.

[95] MEGA III/1, p. 140 e 155.

[96] Max Ring, *Erinnerungen*, cit., p. 127.

ainda mantinha um cargo importante. Como logo se evidenciaria, a escola hegeliana perdeu, com a morte de Altenstein, seu mais importante apoiador nas universidades da Prússia.

Três semanas depois da morte de Altenstein, em 6 de junho de 1840, morreu o rei Frederico Guilherme III da Prússia, após 43 anos no trono. Diversos segmentos da população, sobretudo os liberais, tinham grandes esperanças em relação ao novo rei, Frederico Guilherme IV. Num primeiro momento, ele também pareceu realizar tais esperanças. Ernst Moritz Arndt voltou para a sua cátedra na Universidade de Bonn – ele fora demitido no período de "perseguição aos demagogos"; os irmãos Grimm, que pertenciam aos sete de Göttingen e que haviam perdido suas cátedras, foram convocados à Universidade de Berlim; e, graças a uma anistia, muitos presos políticos foram libertados. Acreditou-se, inclusive, graças a declarações um tanto ambíguas, que Frederico Guilherme IV por fim introduziria a Constituição prometida no dia 22 de maio de 1815.

O entusiasmo de grande parte da população logo se transformou em decepção generalizada. Já em outubro de 1840, Frederico Guilherme IV deixou claro que não pretendia trabalhar na criação de uma Constituição, tampouco de um parlamento prussiano que fosse além dos parlamentos provinciais.

Também em outubro, o ex-liberal *Johann Albrecht Friedrich Eichhorn* (1779--1856) foi nomeado ministro da Cultura. Pouco depois, o ex-ministro de Hessen *Ludwig Hassenpflug* (1794-1862), que se tornara conhecido por revogar a Constituição de Hessen e que era odiado pelos liberais de toda a Alemanha, foi convocado para um cargo no mais alto tribunal prussiano. Na universidade, a nomeação do sucessor da cátedra de Eduard Gans foi vista como grande afronta: Friedrich Julius Stahl, professor extremamente conservador, preencheu a vaga. Em sua primeira aula, no dia 26 de novembro de 1840, Stahl começou atacando com dureza Hegel e Gans; os estudantes reagiram com vaias, e houve certo tumulto[97].

O escrito *Vier Fragen beantwortet von einem Ostpreußen* [Quatro questões respondidas por um prussiano do Leste], publicado anonimamente no início de 1841, teve grande repercussão em toda a Alemanha. Nesse texto, reivindicava-se a participação popular na política com uma aspereza até então inédita: "O que os parlamentos provinciais têm solicitado como favor [a criação de um parlamento regional, M. H.]" deveria "ser exigido como direito evidente"[98]. Já em março de 1841, a Confederação Alemã proibiu a circulação do texto, o que não diminuiu sua popularidade. O médico de Königsberg *Johann Jacoby* (1805-1877)

---

[97] Adolf Streckfuß, *500 Jahre Berliner Geschichte*, cit., p. 879.

[98] Johann Jacoby, *Vier Fragen beantwortet von einem Ostpreußen* (Mannheim, Hoff, 1841), p. 47.

KARL MARX E O NASCIMENTO DA SOCIEDADE MODERNA

assumiu a autoria do escrito em carta ao rei. Em consequência, foi acusado de alta traição; contudo, em 1843, foi absolvido pelo Supremo Tribunal de Berlim após diversas disputas judiciais.

A convocação de Schelling para a Universidade de Berlim seguia a mesma linha conservadora. O amigo de juventude de Hegel havia se desenvolvido decididamente em uma direção conservadora. Agora, Schelling deveria ir a Berlim para confrontar – segundo as palavras do próprio rei – "a discórdia do panteísmo hegeliano"[99]. Schelling atendeu a esse chamado e começou a dar aulas em novembro de 1841. Voltarei a tratar dos debates acerca do curso de Schelling – que o jovem Friedrich Engels também frequentou – no segundo volume.

2. Crítica da religião no século XVIII e no início do XIX

No fim da década de 1830, houve na Prússia uma série de discussões controversas – com forte cunho político – no campo da crítica da religião. Nesses debates, vieram à tona conflitos fundamentais dentro da escola hegeliana, causando sua cisão em diversas alas. Os debates sobre política e Estado juntaram-se aos religiosos, levando a uma radicalização crescente dos "jovens hegelianos". Bruno Bauer, melhor amigo de Marx nessa época, desempenhou um papel importante nesses debates: não só por meio de seus escritos, mas também pelo fato de o ministro da Cultura prussiano Eichhorn, sucessor de Altenstein, ter retirado sua permissão à docência em teologia, o que causou grande alarido na esfera pública. Marx praticamente não participou publicamente desses debates. Não obstante, eles representam o contexto contemporâneo em que se desenvolveram suas primeiras concepções políticas e filosóficas.

A fim de compreender a relevância dos debates teológicos e religioso-filosóficos da década de 1830, é necessário, antes, esclarecer a relação específica que política e religião tinham na Prússia. Atualmente, na maioria dos países em que o cristianismo exerce certa influência, as diferentes igrejas são, até certo ponto, separadas do Estado. Elas recebem, em graus diferentes, dinheiro dos cofres públicos ou privilégios fiscais; contudo, os Estados costumam não interferir nas questões internas das igrejas – sejam elas de natureza teológica ou político-pessoal. Inversamente, as igrejas cristãs tentam influenciar as decisões políticas – na maioria das vezes, trata-se de legislações acerca de temas como aborto, divórcio e relacionamentos homoafetivos – e o fazem enquanto associações representantes de interesses (em alguns países, com muita influência), ao lado de outras associações que defendem outros interesses. Em sentido estrito, os debates teo-

---

[99] Citado em Max Lenz, *Geschichte der Königlichen Friedrich-Wilhelms-Universität zu Berlin*, cit., v. 2.2, p. 10.

lógicos têm pouca repercussão no grande público; até mesmo dentro das igrejas, tais questões são discutidas apenas em pequenos círculos.

A situação era bem diferente na Prússia do início do século XIX. Não só porque a grande maioria da população pertencia oficialmente a alguma Igreja cristã e porque a religião tinha um significado muito maior no cotidiano da época do que tem hoje, mas também porque a Prússia se considerava um "Estado cristão". Isso não significava apenas que a maioria da população era cristã e que os princípios morais fundamentais eram marcados pelo cristianismo – nesse sentido mais amplo, seria possível designar todos os Estados europeus da época como "cristãos", excluído o Império Otomano. Tratava-se de algo bem mais concreto: o cristianismo (protestante) era visto como alicerce fundamental do Estado prussiano; por isso, era, por um lado, muito protegido e, por outro, especialmente controlado pelo Estado. Pastores e professores de teologia eram funcionários públicos – ou seja, pagos diretamente pelo Estado –, sendo controlados por supervisores estatais; em caso de insubordinação, podiam ser demitidos. A influência do governo não se limitava à distribuição e à administração dos cargos, mas intervinha em questões internas das igrejas. Assim, o rei Frederico Guilherme III da Prússia tentou, com autoridade estatal, unificar as duas maiores igrejas protestantes, a "luterana" e a "reformada". Os católicos – que fora das províncias renanas representavam quase sempre minoria – eram vistos com certa desconfiança pelo Estado prussiano; afinal, não se sabia até que ponto eles seguiam politicamente o papa, que até 1870 também era, além de líder da Igreja, um governante secular aliado à França. Por causa da estreita ligação entre o cristianismo protestante e o Estado prussiano, os debates teológicos do protestantismo tinham relevância política imediata e eram atentamente acompanhados pelo público geral. Nesse sentido, quando os intelectuais críticos se dedicavam a questões teológicas, não se tratava, de modo nenhum, de uma fuga do debate político[100]. Além disso, a crítica já havia se iniciado

---

[100] Auguste Cornu – *Karl Marx und Friedrich Engels*, v. 1, cit., p. 126 – sugere tal interpretação quando escreve que, por "ser menos perigoso", os jovens hegelianos teriam "primeiro atacado a religião cristã e só depois o Estado". Provavelmente por influência de Cornu, Jürgen Neffe – *Marx*, cit., p. 75 – escreve que quase não haveria "espaço para a crítica política sob a forte condição de censura na Alemanha". "Para sequer conseguir se expressar, ela tinha de se esconder. Os jovens ateus do clube de doutores, que se chamavam mutuamente de 'Vossa Impiedade' [*Eure Gottlosigkeit*; literalmente, "vossa falta de Deus"], encontraram na crítica da religião o meio mais efetivo de denunciar as condições vigentes". Seria interessante saber de onde o autor tirou a informação sobre o modo como os integrantes do clube de doutores se dirigiam uns aos outros. Além disso, a ideia de que a crítica ao Estado teria sido "escondida" atrás da crítica da religião pressupõe que a crítica ao Estado já estivesse presente, mas ainda não houvesse sido exteriorizada. No entanto, a crítica posterior e radical ao Estado foi resultado de um processo de aprendizagem em que os debates teológicos desempenharam papel importante. O

292 KARL MARX E O NASCIMENTO DA SOCIEDADE MODERNA

muito antes da publicação, em 1842, de *A essência do cristianismo*, de Ludwig
Feuerbach – obra que normalmente é analisada na literatura biográfica quando
se trata de compreender o papel da crítica da religião no desenvolvimento intelectual do jovem Marx. A relação de Marx com a crítica da religião também não
começou com Feuerbach, mas com os debates da década de 1830 em torno da
filosofia da religião de Hegel. A fim de compreender esse debate, é necessário
analisar o abalo sofrido pela religião cristã em geral – e, principalmente, pela teologia protestante – no fim do século XVIII.

Hoje, é pouco provável que se conteste o fato de que esses abalos não foram
consequência de pensamentos isolados, mas que devem ser vistos à luz de uma
compreensão da natureza e das ciências naturais influenciada por Galileu e
Newton; tampouco o fato de que essas mudanças de mentalidade estavam inse-
ridas em um contexto de transformações profundas – que produziram as relações
capitalistas iniciais – nos níveis social, econômico e político. Os debates giram,
sobretudo, em torno da maneira como se deu essa inserção, do grau de dependência de processos discursivos em relação aos não discursivos etc. Não analisarei aqui esse tipo de problema, já que minha intenção é apenas expor alguns
resultados teóricos dos desenvolvimentos importantes para as discussões na
primeira metade do século XIX – em especial, no campo da teologia[101]. Os
debates do século XVIII não são relevantes apenas para os temas tratados neste
capítulo: eles também nos ajudam a compreender os conceitos de materialismo
analisados no segundo volume desta biografia.

"Teologia natural" e a crítica da crença na revelação divina

Desde a chamada Idade Média, tentou-se comprovar a existência de Deus por
meios puramente racionais. As tentativas mais conhecidas foram feitas por *Anselmo*

---

campo da crítica da religião também tinha seus perigos, como demonstrara a proibição dos
escritos do Jovem Alemanha – grupo acusado, entre outras coisas, de ter criticado a religião.
Strauß, Feuerbach e Bauer pagaram por suas intervenções críticas com a exclusão do ambiente universitário pelo resto da vida.

[101] Contudo, também não será possível, a seguir, oferecer um panorama representativo do desenvolvimento dos debates teológicos; delinearei aqui, sobretudo, a questão em que a filosofia da
religião de Hegel interveio nas décadas de 1820 e 1830. Para uma exposição enciclopédica
acerca do desenvolvimento da teologia protestante em sua interação com a filosofia contemporânea dos séculos XVIII e XIX na Alemanha, cf. as obras, em diversos volumes, de Emanuel
Hirsch, *Geschichte der neuern evangelischen Theologie im Zusammenhang mit den allgemeinen
Bewegungen des europäischen Denkens* (Gütersloh, Mohn, 1949-1954, 5 v.), e Jan Rohls, *Protestantische Theologie der Neuzeit* (Tubinga, Mohr Siebeck, 1997, 2 v.). Utilizei-me principalmente deste último na síntese que se segue.

de Canterbury (1033-1109) e por *Tomás de Aquino* (1225-1274). Filósofos racionalistas da Idade Moderna, como René Descartes, também tentaram explicar a existência de Deus, assim como suas características fundamentais, por meio de argumentos meramente racionais. As proposições obtidas nessas tentativas são chamadas de "teologia natural".

Baruch de Espinosa (1632-1677) assumiu um posicionamento especial nos debates. Ele rejeitou a doutrina de Descartes – segundo a qual existiriam dois tipos de substância, uma material (*res extensa*, substância extensa) e uma espiritual (*res cogitans*, substância pensante) – com os seguintes argumentos: se substância é aquilo que só pode existir e ser compreendido a partir de si mesmo, então só se pode admitir a existência de uma única substância. Esta tampouco poderia se opor a um criador, pois, assim, perderia seu caráter substancial. Deus seria essa substância única. Nesse sentido, Espinosa rejeita a ideia de um Deus personificado, existente fora do mundo – ele estaria presente, pelo contrário, no próprio ente [*Seienden*]. Deus não teria liberdade para decidir criar ou não as coisas, apesar de ser considerado a causa delas. Criá-las pertenceria à essência divina. Desde o século XVIII, a interpretação que identifica Deus com o ente é chamada de *panteísta* – perspectiva que foi muitas vezes equiparada ao ateísmo por aqueles que creem em um Deus personificado. Espinosa, por exemplo, foi acusado de ser ateu.

Os argumentos da "teologia natural", que ainda acreditava em um Deus criador personificado, podiam até ser independentes de qualquer revelação divina; contudo, não se opunham à crença em tal revelação. *Christian Wolff* (1679--1754), aluno de Leibniz muito importante para a discussão filosófica na Alemanha do século XVIII, acreditava que a revelação divina continha conhecimentos, por um lado, necessários à humanidade, mas que, por outro lado, não podiam ser alcançados por caminhos naturais (isto é, por meios racionais). Para ele, a revelação divina não era contrária à razão; ela estava acima desta.

De maneira semelhante à "teologia natural", o deísmo inglês, com forte influência do Iluminismo, tentou chegar ao conhecimento de Deus por meios puramente racionais. No pensamento de *John Locke* (1632-1704), essa tentativa ainda acompanhava a aceitação da revelação cristã. No entanto, tal acepção logo foi criticada. Assim, segundo interpretação de *Thomas Woolston* (1668--1733), não se deveriam compreender literalmente os milagres nem a ressureição de Jesus – o que nem sequer seria possível, tendo em vista as contradições contidas nos relatos dos milagres –, mas sim de modo alegórico. Por essa interpretação, ele foi condenado à prisão por blasfêmia, em 1729. Por fim, partindo de um ponto de vista radicalmente empírico, *David Hume* (1711-1776) criticou tanto o racionalismo – e, com isso, a possibilidade de um conhecimento racional de Deus – quanto a crença na revelação divina. Para ele, havia uma contradição entre os milagres, que supostamente comprovavam a verdade da revelação cristã, e as leis naturais. Como as suposições das leis naturais se baseiam em nossas múltiplas experiências, enquanto o milagre e a revelação se baseiam apenas nos relatos de algumas poucas pessoas, seria mais provável que essas pessoas tivessem se enganado ou sido enganadas do que nossas experiências presentes estarem equivocadas.

O deísmo inglês, que, apesar de partir da existência de um Deus criador, contestava a ideia de que esse Deus interviesse diretamente no curso do mundo ou se revelasse aos homens sem mediações, exerceu grande influência sobre o Iluminismo francês. *Voltaire* (1694-1789), que havia feito críticas contundentes à Igreja e aos dogmas cristãos, ainda acreditava na existência de um ser superior, cujas leis morais deveriam ser obedecidas pela humanidade, pois o cumprimento delas garantiria um convívio tolerável entre as pessoas. Por fim, *Paul-Henri Thiry d'Holbach* (1723-1789), que tinha uma visão materialista e determinista da natureza, resultado de sua familiaridade com as ciências naturais, assumiu um posicionamento explicitamente ateu no debate com o deísmo. D'Holbach tentou refutar as comprovações racionais de Deus, interpretando as religiões como produto da falta de conhecimento sobre a natureza, do medo humano e da manipulação proposital por parte dos clérigos. Ele só ousou publicar sua principal obra, *Sistema da natureza* (1770) – que também seria citada por Marx em sua dissertação, em 1841 –, de maneira anônima.

Na Alemanha, o Iluminismo impulsionou uma série de análises críticas da Bíblia, baseadas em métodos histórico-críticos: para isso, utilizavam-se os mesmos métodos filológicos de investigação que eram aplicados em outros textos históricos. Tal abordagem levou *Johann Salomo Semler* (1725-1791) à interpretação de que o cânone do Novo Testamento não poderia ser resultado de inspiração divina (o fato de que, inicialmente, haveria variadas listagens de escritos canônicos em diferentes comunidades representaria já uma contradição). Seria necessário analisar o cânone em sua dimensão histórica, considerando que os textos pudessem conter contradições e erros. Além disso, Semler via uma diferença fundamental entre o Antigo e o Novo Testamento, que seriam produtos de duas religiões diversas. Ele tenta separar o núcleo do cristianismo – a crença em um Deus específico, assim como uma série de fundamentos espirituais e morais – de sua roupagem contemporânea – como a crença em demônios e no diabo, além da concepção messiânica atribuída a Jesus. Esse tipo de análise histórico-crítico da Bíblia foi mantido pela "neologia"; ou seja, a teologia evangélica reformulada sob influência do Iluminismo. O resultado foi o questionamento de dogmas centrais – da ideia do pecado original, passando pela doutrina da trindade, ao caráter humano-divino de Jesus – e a interpretação de que o cristianismo seria, sobretudo, uma ética.

Reimarus, Lessing e a "querela dos fragmentos"

Tanto a neologia quanto os defensores de uma leitura histórico-crítica da Bíblia já haviam criticado a ortodoxia do protestantismo inicial. Contudo, a polêmica teológica mais importante da Alemanha no século XVIII foi iniciada por um texto de Hermann Samuel Reimarus publicado postumamente – já vimos, no capítulo anterior, um texto de Reimarus que trata do instinto artístico dos animais. Em vida, o orientalista de Hamburgo ficou conhecido no campo da teologia com um escrito deísta, *Abhandlungen von den vornehmsten Wahrheiten der Religion* [Tratados acerca das mais nobres verdades sobre a religião] (1754), em que ele tenta, por meios meramente racionais, argumentar a favor da existência de Deus, explicitando suas características e refutando o ateísmo. Como Reimarus evitou formular críticas explícitas à crença na revelação divina (ele apenas insinua, com cautela, uma crítica à crença em milagres) e caracterizou Deus com muitos elementos convergentes com o dogma luterano, seu escrito foi recebido positivamente por parte da ortodoxia luterana[102]. Em contrapartida, sua *Apologie oder Schutzschrift für die vernünftigen Verehrer Gottes* [Apologia ou escrito de defesa dos devotos racionais de Deus], em que ele trabalhou de meados da década de 1730 até sua morte, é o mais abrangente trabalho de crítica textual sobre a Bíblia publicado até hoje. Reimarus justificou seu texto com o argumento de que não se teria nenhum conhecimento direto da revelação cristã, pois a transmissão das revelações divinas se teria dado por meio de pessoas; ou seja, haveria a possibilidade de ter ocorrido erro ou fraude. Ele utiliza, como critério de análise, a "religião natural"; isto é, o conjunto de afirmações sobre Deus baseadas em argumentos puramente racionais. Contudo, a intenção de seus estudos, tanto do Antigo quanto do Novo Testamento, não era somente a de encontrar a compatibilidade entre esses textos e a "religião natural". Reimarus explorou tanto as contradições internas dos diversos escritos quanto as existentes entre eles, criticou as descrições de acontecimentos obviamente improváveis e destacou aspectos do imaginário e dos costumes linguísticos judaicos que davam um significado diferente daquele atribuído pelo dogma cristão a termos específicos, como "filho de Deus", ou à invocação de Deus como "pai". Partindo dessas análises abrangentes, Reimarus conclui que Jesus não teria sido, de modo nenhum, um homem-deus, tampouco o fundador de uma nova religião. Na verdade, ele teria defendido uma renovação do judaísmo. O "reino de Deus" aspirado por Jesus para o futuro próximo não seria nada mais que a reconstituição do domínio judaico na Palestina. Reimarus

---

[102] Cf. Dietrich Klein, *Hermann Samuel Reimarus (1694-1768): das theologische Werk* (Tubinga, Mohr Siebeck, 2009), p. 262 e seg. O livro de Dietrich Klein é a análise mais abrangente da obra teológica de Reimarus publicada em alemão.

afirma que a ressureição não poderia ser verdadeira, tendo em vista as claras contradições contidas nos relatos dos Evangelhos. Ele conclui que essa história teria sido uma fraude por parte dos discípulos decepcionados, a maneira deles de lidar com a derrota de seu projeto político.

Reimarus, que mostrou os diversos esboços de seu escrito apenas a amigos próximos, não tentou publicá-los. Se tivesse feito isso, é certo que teria perdido seu cargo de professor no Ginásio Acadêmico de Hamburgo e provavelmente ainda teria de se defender nos tribunais. Gotthold Ephraim Lessing, que desde 1770 era o bibliotecário da biblioteca ducal em Wolfenbüttel, publicaria, entre 1774 e 1778, sete fragmentos de textos da *Apologia* sob o título *Fragmentos de um desconhecido*. Ao publicar os textos como manuscritos de autor desconhecido, encontrados na biblioteca, ele não só protegeu a família de Reimarus como evitou a censura, já que as publicações de manuscritos de bibliotecas não eram controladas. A confirmação definitiva de que Reimarus foi o autor dos fragmentos só se daria no início do século XIX, quando um trecho mais longo da *Apologia* também foi publicado. A publicação integral do escrito só aconteceu em 1972, mais de duzentos anos após sua criação.

A publicação dos fragmentos causou enorme polêmica; os protagonistas da discussão foram o pastor de Hamburgo *Johann Melchior Goeze* (1717-1786) e Lessing. Partindo do ponto de vista da ortodoxia luterana, Goeze criticou duramente tanto o autor desconhecido quanto Lessing – este, por sua vez, defendeu Reimarus, sem assumir, contudo, o mesmo posicionamento. Havia ao menos um ponto comum entre as perspectivas de Reimarus e dos ortodoxos: ambos acreditavam que a verdade da religião cristã seria garantida pela verdade da Bíblia, que representaria a revelação divina. Enquanto os ortodoxos defendiam ambas, Reimarus contestava a verdade histórica da Bíblia e, por consequência, a verdade do cristianismo; assim, restava-lhe apenas uma ideia puramente deísta de Deus. Lessing, por outro lado, separava o cristianismo das palavras da Bíblia (e, assim, a crença literal na palavra), o que o levou a afirmar que "verdades históricas aleatórias nunca poderão comprovar verdades racionais necessárias"[103]. Se o cristianismo fosse, de fato, verdadeiro, sua verdade deveria ser perceptível enquanto verdade interna – independentemente de todos os acontecimentos históricos, contendo ou não milagres. Esse pensamento também teria papel central na filosofia da religião de Hegel.

Como as discussões sobre a "querela dos fragmentos" se tornaram cada vez mais intensas, o duque de Braunschweig-Wolfenbüttel retirou de Lessing a imunidade à censura para publicação de manuscritos de bibliotecas em 1778;

---

[103] Gotthold Ephraim Lessing, "Über den Beweis des Geistes und der Kraft" (1777), em *Werke 1774-1778* (Frankfurt am Main, Deutscher Klassiker, 1989, Werke und Briefe, v. 8), p. 441.

por isso, ele não pôde publicar outros fragmentos. Lessing também foi proibido de publicar escritos religiosos, não podendo mais participar dos debates da querela dos fragmentos. Depois da condenação ao silêncio na área teológica, Lessing respondeu na literária: em 1779, ele publica *Natã, o sábio*. A peça mais famosa de Lessing – que propagava a tolerância religiosa e tratava as três grandes religiões monoteístas (judaísmo, cristianismo e islã) de modo praticamente indiferenciado – foi, por meio da figura de Natã, um monumento à memória de seu amigo Moses Mendelssohn, o mais importante representante do Iluminismo judaico[104]. As ideias defendidas nesse drama são, de certo modo, resultado da "querela dos fragmentos".

Após sua morte, dois anos depois da publicação do *Natã*, Lessing foi motivo de uma grande controvérsia filosófica. Segundo informação publicada por *Friedrich Heinrich Jacobi* (1743-1819) em livro sobre Espinosa[105], o próprio Lessing se teria designado seguidor de Espinosa. Nesse livro, Jacobi critica o racionalismo e tenta demonstrar, sobretudo, que o ateísmo seria a consequência necessária do panteísmo de Espinosa. Esse escrito desencadeou grande debate, que ficaria conhecido na história da filosofia como "querela do panteísmo" e que seria responsável, na Alemanha, pela retomada das discussões sobre Espinosa. Quase oitenta anos depois, no posfácio da segunda edição d'*O capital*, Marx alude a esse debate, afirmando que os "medíocres epígonos que hoje pontificam na Alemanha culta" trataram Hegel "como o bom Moses Mendelssohn tratava Espinosa na época de Lessing: como um 'cachorro morto'"[106]. A partir dos paralelos traçados por Marx, é possível deduzir que ele estimava Espinosa tanto quanto Hegel. Tal fato é notável, tendo em vista que as referências explícitas à Espinosa na obra de Marx são relativamente raras, embora sempre positivas.

---

[104] Cf. "3. Os pais de Karl Marx", à p. 297 deste volume.

[105] Cf. Friedrich Heinrich Jacobi, *Über die Lehre des Spinoza in Briefen an den Herrn Moses Mendelssohn* (1785) (Hamburgo, Meiner, 2000).

[106] MEGA II/6, p. 709; MEW 23, p. 27 [ed. bras.: cf. Karl Marx, *O capital*, Livro I, cit., p. 91]. No entanto, a referência a Mendelssohn não é inteiramente correta. Como é possível ler em carta enviada a Kugelmann no dia 27 de junho de 1870, Marx acreditava que o próprio Mendelssohn havia escrito a Lessing que Espinosa era um cachorro morto; cf. MEW 32, p. 686. Contudo, foi Lessing quem se expressou de modo crítico em relação a Jacobi: "Afinal de contas, as pessoas sempre falam de Espinosa como se falassem de um cachorro morto"; Friedrich Heinrich Jacobi, *Über die Lehre des Spinoza in Briefen an den Herrn Moses Mendelssohn*, cit., p. 32-3. O comentário de Lessing também foi citado por Hegel, em 1827, no prefácio à segunda edição da *Enciclopédia* – em G. W. F. Hegel, *Enzyklopädie der philosophischen Wissenschaften im Grundrisse 1830*, v. 1: *Die Wissenschaft der Logik: mit den mündlichen Zusätzen Werke* (Frankfurt am Main, Suhrkamp, 1986, HW 8), p. 22, quando precisou se defender de críticos conservadores e religiosos.

A "querela dos fragmentos" representou um corte profundo para a teologia protestante. Reimarus não havia somente rejeitado alguns relatos específicos de milagres, ele também argumentava, em sua crítica, que os textos bíblicos não eram testemunhos de inspiração divina. Com isso, questionava os fundamentos do dogma ingênuo que acreditava que as inspirações divinas dos escritos canônicos eram verdades imediatas. Depois dessas discussões, tornou-se impossível ignorar a necessidade de uma análise histórico-crítica da Bíblia. Abriu-se, assim, caminho para os abrangentes estudos sobre a vida de Jesus feitos no século XIX e baseados em referências histórico-críticas[107]. Ainda no início do século XIX, o impacto da *Apologia* de Reimarus ia muito além do debate propriamente teológico. Por exemplo, no romance *Wally, a cética*, de Karl Gutzkow, publicado em 1835, a protagonista lê o escrito de Reimarus, e isso intensifica seu ceticismo. Esse romance motivou a proibição dos escritos do grupo Jovem Alemanha, sendo que o argumento utilizado foi o de que o livro atacaria a religião e destruiria toda moralidade[108].

A separação kantiana entre crença e saber

Impulsionadas pela crítica de Reimarus à crença na revelação divina e pelas análises histórico-críticas da Bíblia, as tentativas de fundamentar o cristianismo apenas com argumentos racionais – ou seja, independentes de qualquer revelação – tornaram-se cada vez mais importantes, sobretudo entre os pensadores que queriam conciliar traços centrais do Iluminismo com o cristianismo. Contudo, apenas alguns anos depois da querela dos fragmentos, Kant criticaria justamente esse tipo de explicação racional da existência de Deus – por exemplo, a tentativa de comprovação "ontológica", segundo a qual o fato de que podemos pensar em um ser perfeito implicaria sua existência, pois, para ser perfeito, seria necessário existir. Em sua tese de doutorado, Marx estudaria essa crítica e, em certo sentido, a limitaria.

Em *Crítica da razão pura* (1781), Kant argumenta que aquilo que pode ser percebido por meio da "razão pura" – ou seja, o mero pensamento independente de qualquer experiência – limita-se a duas áreas: de um lado, as ciências formais, como a geometria e a aritmética (que, por sua vez, têm fundamento nas formas da percepção: espaço e tempo); do outro, o aparato categorial fundamental – como qualidade, quantidade, causalidade etc. – com o qual todo o conhecimento fundado na experiência é estruturado. Para Kant, nem as ciências formais nem o aparato categorial seriam produtos de criação consciente do ser

---

[107] Cf. a exposição clássica de Albert Schweitzer, que se utilizou do trabalho de Reimarus.

[108] Cf. "Poesia, esgrima, dança", à p. 138 deste volume.

humano (já que tal criação também poderia ser alterada); seriam, antes, expressões estruturais da percepção e do intelecto humano. Segundo o filósofo, tais estruturas podem ser reconhecidas pela razão humana se ela questionar as "condições da possibilidade" do conhecimento fundado na experiência; ou seja, se fizer exatamente o que Kant fez em *Crítica da razão pura*. Afirmações tradicionais da metafísica – como a imortalidade da alma, a existência de Deus ou do livre-arbítrio humano – não designariam objetos da experiência – ou seja, não podem ser investigadas por meio das ciências empíricas –, tampouco pertenceriam ao aparato categorial do intelecto – isto é, também não podem ser objeto da razão pura. Ainda assim, apesar de não serem acessíveis, elas são objetos do pensamento e do *conhecimento* científico. Isso não significa, para Kant, que sejam supérfluas: tais "ideias reguladoras" – a existência de Deus, do livre-arbítrio e de uma alma imortal – seriam necessárias para nossa orientação no mundo, mesmo não sendo cientificamente comprováveis.

Kant continuou a abordar esse tipo de questão religiosa – que ele só havia esboçado em *Crítica da razão pura* – nas obras em que fundamenta sua filosofia moral: *Fundamentação da metafísica dos costumes* (1785) e *Crítica da razão prática* (1788). Uma ação só é moral, para Kant, quando é determinada pela lei moral; ou seja, quando seguir a obrigação [*Pflicht*]. Não seria possível, contudo, deduzir nenhum conteúdo específico da lei moral, que precisa ter validade objetiva e universal. Essa lei afirma apenas que a ação individual precisa ser regida por um princípio generalizável. Assim, tem-se o famoso "imperativo categórico" de Kant: "Age apenas segundo uma máxima tal que possas ao mesmo tempo querer que ela se torne lei universal"[109]. Kant pretende agora demonstrar que essa lei é necessária a todos os seres racionais. Em contraposição às coisas simples – que só têm uma finalidade relativa, a saber: servir de meio para algo diferente de si –, existem, para Kant, seres racionais que têm uma vontade, que são "fins em si mesmos, quer dizer algo que não pode ser empregado como simples meio"[110]. Logo, também é possível formular o imperativo categórico da seguinte maneira: "Age de tal maneira que uses a humanidade, tanto na tua pessoa como na pessoa de qualquer outro, sempre e simultaneamente como fim e nunca simplesmente como meio"[111].

Com isso, Kant formulava, quatro anos antes da Revolução Francesa, uma concepção clássica – antifeudal e burguesa – de igualdade: todo ser humano deve

---

[109] Immanuel Kant, *Grundlegung zur Metaphysik der Sitten* (1785) (org. Wilhelm Weischedel, Frankfurt am Main, Suhrkamp, 1968, Werkausgabe, v. VII), p. 51 [ed. port.: *Fundamentação da metafísica dos costumes*, trad. Paulo Quintela, Lisboa, Edições 70, 2007, p. 59.

[110] Ibidem, p. 59 [ed. port.: ibidem, p. 68].

[111] Ibidem, p. 61 [ed. port.: ibidem, p. 69].

KARL MARX E O NASCIMENTO DA SOCIEDADE MODERNA

ser tratado igualmente como finalidade. Ele não se pergunta, contudo, quais relações sociais impedem tal igualdade. Justamente o que foi omitido por Kant seria colocado no centro da análise do jovem Marx. Quase sessenta anos mais tarde, na introdução de *Crítica da filosofia do direito de Hegel*, ele formula "o *imperativo categórico de subverter todas as relações* em que o homem é um ser humilhado, escravizado, abandonado, desprezível"[112].

A partir da lei moral, Kant interpreta o livre-arbítrio, a imortalidade da alma e a existência de Deus como *postulados* da razão "prática" (ou seja, determinada pela ação e por suas condições morais). Ao fazê-lo, ele utiliza as seguintes considerações, apresentadas aqui muito resumidamente. Como a lei moral inclui um "dever" (o imperativo categórico), seria necessário deduzir um "poder": precisaríamos, portanto, postular o livre-arbítrio humano. A adequação da vontade à lei moral seria uma tarefa eterna; ela pressuporia um aperfeiçoamento contínuo – assim, seria necessário pressupor que o sujeito moral tenha existência eterna; ou seja, que a alma seja imortal. Como a virtude perfeita só poderia ser concebida como consequência da felicidade e, ao mesmo tempo, nenhuma outra instância além de Deus seria capaz de garantir tal felicidade, seríamos obrigados a postular a existência de Deus.

Enquanto a separação estrita entre crença e saber feita em *Crítica da razão pura* – e com ela a crítica à "teologia natural" – demonstrou grande poder de persuasão, o mesmo não pode ser dito sobre os postulados baseados na filosofia moral. A parte da filosofia kantiana que afastou a religião do saber teve impacto muito maior do que a parte que tentou aproximá-la de um novo terreno, o da filosofia moral.

Na continuação do debate, *Friedrich Karl Forberg* (1770-1848) defendeu a ideia de que a existência de Deus não precisaria necessariamente ser postulada, posição que logo foi estigmatizada como "ateísta". Forberg havia publicado seu texto em 1798 no *Philosophischen Journal* [Jornal Filosófico], organizado e publicado por Fichte e Niethammer. Fichte não defendia a mesma posição que Forberg, mas participou das discussões, afirmando que "a crença verdadeira" seria a "ordem moral" e defendendo a ideia de um Deus não personificado. Ele logo se viu no meio do turbilhão da "querela do ateísmo", sendo acusado judicialmente de propagar ideias ateias, o que o levou a abandonar, em 1799, sua cátedra em Jena[113]. Apesar do fato de Fichte ter conseguido, em 1805, um cargo

---

[112] MEGA I/2, p. 177; MEW 1, p. 385 [ed. bras.: *Crítica da filosofia do direito de Hegel*, trad. Rubens Enderle e Leonardo de Deus, São Paulo, Boitempo, 2005, p. 151-2].

[113] Sobre os antecedentes da querela do ateísmo e seu papel no desenvolvimento da filosofia pós-kantiana, cf. Walter Jaeschke e Andreas Arndt, *Die Klassische Deutsche Philosophie nach Kant*, cit., p. 131-61.

de professor em Erlangen e sido convocado em 1810 para a recém-fundada Universidade de Berlim, a querela do ateísmo havia demonstrado que, para comprometer uma carreira acadêmica, bastava a simples suspeita da defesa de posições ateístas. O medo de tal perigo alcançaria Hegel na década de 1820.

Supranaturalismo, racionalismo (teológico) e a teologia do sentimento de Schleiermacher

No período pós-kantiano, o protestantismo alemão dividiu-se em duas correntes principais: o supranaturalismo e o racionalismo (teológico). O supranaturalismo acreditava que a revelação divina e sobrenatural seria o fundamento da religião – e essa revelação estaria na Bíblia. No entanto, em vez da simples afirmação de que os escritos bíblicos teriam sido inspirados por Deus, como cria a ortodoxia luterana mais antiga, os defensores do supranaturalismo consideravam a comprovação da credibilidade histórica da Bíblia sua tarefa – uma problemática que revela a influência do Iluminismo.

O representante mais conhecido do supranaturalismo precoce foi o teólogo de Tubinga *Gottlob Christian Storr* (1746-1805). Ao confrontar-se com a crítica, baseada em Kant, aos fundamentos da crença na revelação divina, o próprio Storr se alicerça nas conclusões da filosofia kantiana: se o saber se limita ao mundo das experiências e se a razão teórica não pode afirmar nada sobre objetos suprassensíveis, logo ela tampouco poderia ser usada para negar a revelação divina. Ele concorda com a ideia de Kant de que a razão prática nos obriga a postular o suprassensível (a existência de Deus e a imortalidade da alma). Assim, sua conclusão é que os ensinamentos bíblicos não poderão ser refutados pela razão teórica enquanto estiverem de acordo com a razão prática. Restaria, então, a tarefa de verificar a plausibilidade dos textos do Evangelho. Para tanto, Storr tenta comprovar que os textos do Novo Testamento foram, de fato, escritos pelos apóstolos. A suposta autoridade divina de Jesus, testemunhada pelos apóstolos, seria reiterada pelo modo de vida moral destes e pelos milagres realizados por aquele, sendo que, assim, o caráter revelador da Escritura também estaria garantido.

No início da década de 1790, em Tubinga, Storr foi um dos professores de teologia de Schelling, *Friedrich Hölderlin* (1770-1843) e Hegel – que, por sua vez, não simpatizavam com seu supranaturalismo, sobretudo por influência da filosofia de Kant e da Revolução Francesa, que muito os impressionava[114]. A partir de 1793, Hegel passou a escrever seus primeiros esboços teológicos, provavelmente estimulado pelas discussões da época; esses escritos contêm uma

---

[114] Terry Pinkard, *Hegel*, cit., p. 35 e seg.

série de comentários bastante críticos em relação ao cristianismo tradicional. Em carta a Schelling do dia 16 de abril de 1795, Hegel resume: "Religião e política agiram debaixo do *mesmo* teto; a primeira ensinava o que o despotismo queria: o desprezo pela raça humana e sua incapacidade de fazer qualquer coisa boa, de ser algo através de si mesma"[115]. Em 1795, ele chega até a escrever um texto intitulado *A vida de Jesus*, em que resume os relatos dos Evangelhos prescindindo de todas as histórias milagrosas, inclusive a da ressureição. Esses esboços não tiveram, contudo, nenhuma influência sobre os debates do século XIX, já que foram publicados pela primeira vez em 1907, por Hermann Nohl.

As primeiras publicações de Schelling também surgiram nesse contexto de debates entre o criticismo kantiano e o supranaturalismo. Tanto seu texto sobre o "eu"[116] quanto seu *Philosophischen Briefe über Dogmatismus und Kriticismus*[117] [Cartas filosóficas sobre dogmatismo e criticismo] foram citados na dissertação de Marx, de 1841.

O chamado racionalismo teológico era a orientação oposta ao supranaturalismo. Essa corrente não contestava a revelação divina; no entanto, via a razão como referência que dava credibilidade ao conteúdo da revelação. O mais importante representante desse racionalismo foi *Heinrich Eberhard Gottlob Paulus* (1761-1851), professor desde 1811 na Universidade de Heidelberg. Paulus acreditava que os textos da Bíblia se baseavam em fatos verídicos, mas tentava livrá-los de todo tipo de acontecimento milagroso. Segundo Paulus, os evangelistas até descreveram o que haviam de fato visto; contudo, eles não conheciam as causas naturais do observado, acreditando, por isso, que se tratava de uma ação direta de Deus. Paulus tentou encontrar uma explicação racional para cada aparente milagre. Assim, ele interpreta a ressureição de Jesus como reanimação após um estado de morte aparente; a real morte de Jesus teria acontecido depois, sem testemunhas, de modo que os discípulos teriam transfigurado seu último encontro com Jesus em sua Ascensão. Paulus também não interpreta a morte de Jesus como sacrifício pela humanidade. Sua crucificação significaria, antes, que ele se teria mantido fiel a suas convicções até a última consequência.

Como muitos outros representantes do racionalismo teológico, Paulus tendia a ideias politicamente liberais e criticava as reformas postas em prática a

---

[115] G. W. F. Hegel, *Briefe von und an Hegel*, cit., v. 1, p. 24.

[116] Friedrich Wilhelm Joseph Schelling, "Vom Ich als Princip der Philosophie oder über das Unbedingte im menschlichen Wissen" (1795), em *Historisch-kritische Ausgabe,* v. 1 (Stuttgart, Frommann-Holzboog, 1980, Werke, v. 2).

[117] Idem, "Philosophische Briefe über Dogmatismus und Kriticismus" (1795), em *Historisch-kritische Ausgabe,* v. 1 (Stuttgart, Frommann-Holzboog, 1982, Werke, v. 3).

partir da década de 1820. Essa posição o levou ao rompimento de relações com Hegel – no período em que este esteve em Heidelberg, os dois tiveram uma relação cordial. Paulus acreditava que a *Filosofia do direito* de Hegel defendia a restauração na Prússia. Em uma resenha[118], ele criticou Hegel incisivamente; este, por sua vez, levou muito a mal essa crítica, pois acreditava que Paulus o conhecesse melhor.

Apesar de todas as oposições, tanto o supranaturalismo quanto o racionalismo mantêm firme a ideia de que a crença se baseia em determinados dogmas. Opondo-se a essa posição, a teologia do sentimento – cujo principal representante foi Friedrich Schleiermacher – defendia que o alicerce da crença era o sentimento, não a razão. Em relação ao ser humano, Schleiermacher[119] diferencia a espontaneidade da mera receptividade, do ato de receber o outro. Enquanto os sentimentos da espontaneidade se fundamentam em uma sensação de liberdade, os da receptividade baseiam-se em uma sensação de dependência. Consequentemente, nossa consciência de ser-no-mundo estaria sempre ligada a sentimentos de liberdade *e* de dependência. Segundo Schleiermacher, nós não poderíamos ter um sentimento de liberdade *per se*, por um lado, porque nossa espontaneidade estaria sempre direcionada a um objeto possuidor de características próprias e, por outro, porque nós mesmos não teríamos estabelecido nossa espontaneidade – ela não proviria completamente de nós. Assim, ele conclui que, com a negação de um sentimento de liberdade *per se*, já estaria dado um sentimento de dependência *per se*. Contudo, o outro de que seríamos dependentes não poderia ser o mundo, já que também teríamos, em certo sentido, um sentimento de liberdade em relação a ele. Se aquilo de que somos *per se* dependentes não é o mundo, então teria de ser Deus. Nossa relação com Deus, nossa dependência *per se* para com ele, seria, portanto, evidenciada por nosso próprio sentimento.

Para Schleiermacher, orientado pelo Evangelho de João – que ele considera testemunho direto do apóstolo –, o cristianismo é determinado por Jesus enquanto figura redentora. Se a figura histórica Jesus é o redentor, então ela mesma não precisa de redenção, diferenciando-se de toda a humanidade. Por isso, Schleiermacher interpreta o surgimento de Jesus como revelação divina. Para tanto, não seria necessário nada de sobrenatural. Assim como os racionalistas, Schleiermacher procura por explicações racionais para os milagres e para a res-

---

[118] Heinrich Eberhard Gottlob Paulus, "Rezension von G. W. F. Hegel, Grundlinien der Philosophie des Rechts" (1821), em Manfred Riedel, *Materialien zu Hegels Rechtsphilosophie*, v. 1, cit., p. 53-66.

[119] Friedrich Schleiermacher, *Der christliche Glaube nach den Grundsätzen der evangelischen Kirche im Zusammenhang dargestellt* (Berlim, Reimer, 1821-1822, 2 v.).

KARL MARX E O NASCIMENTO DA SOCIEDADE MODERNA

sureição, que ele também vê como reanimação após uma morte aparente. O verdadeiro "milagre", para Schleiermacher, foi o impacto intelectual de Jesus. Poucos teólogos do século XIX seriam tão relevantes para o protestantismo, ainda no século XX, como Schleiermacher.

3. A filosofia da religião de Hegel e os debates da década de 1830

Com o esboço apresentado, evidenciou-se quanto os debates teológicos do século XVIII abalaram a crença na revelação divina – ao menos no plano filosófico. As soluções apresentadas pelo supranaturalismo e pelo racionalismo teológico não se mostraram muito convincentes. A teologia do sentimento de Schleiermacher até encontrou uma saída; contudo, sua validade dependia do abandono da ideia de que a religião poderia ser compreendida racionalmente.

A relação entre religião e filosofia em Hegel

Hegel não estava disposto a realizar uma mudança de terreno desse tipo. Apesar de não contestar a existência de uma ligação entre religião e sentimentos, ele acreditava que estes não poderiam revelar nada sobre a veracidade [*Wahrheitsgehalt*] daquilo que é sentido[120]. Pretendia superar a divisão iluminista entre crença e saber sem relativizar a possibilidade de conhecimento racional – também no campo da religião. O conhecimento de Deus não era somente parte integrante do sistema filosófico de Hegel; em certo sentido, era o objetivo mais elevado de sua filosofia. No entanto, logo se colocou a questão de ainda ter esse Deus reconhecido filosoficamente relação com o Deus personificado do cristianismo. A defesa do cristianismo feita por Hegel era, ao mesmo tempo, uma crítica à forma tradicional do cristianismo, o que gerou hostilidade de lados opostos: enquanto sua filosofia da religião era considerada crítica demais por teólogos ortodoxos, posteriores críticos da religião o acusariam de ter se conformado demais com a religião.

A relação entre religião e filosofia foi profundamente explorada por Hegel em sua filosofia do espírito, esboçada na terceira e última parte da *Enciclopédia das*

---

[120] Em 1822, no prefácio de um texto filosófico-religioso escrito por *Hermann Friedrich Wilhelm Hinrichs* (1794-1861) – seu amigo e aluno dos tempos que viveu em Heidelberg –, Hegel fez uma crítica devastadora à concepção de Schleiermacher, sem mencionar seu nome: "Considerar o sentimento a determinação fundamental da essência do homem significa iguá-lo ao animal [...]. Se o fundamento da religião no homem for simplesmente um sentimento, então este não tem outra determinação além de ser um *sentimento de sua dependência*; assim, o cachorro seria o melhor cristão, já que traz consigo esse sentimento da maneira mais forte possível e vive, sobretudo, de acordo com ele. O cachorro também tem sentimentos redentores: quando sua fome é satisfeita por um osso"; HW 11, p. 58, grifos do original.

ciências filosóficas. Para Hegel, o espírito não é mera faculdade, mas algo ativo, que estabelece relações e cuja essência é a liberdade. Ele ainda diferencia os espíritos subjetivo, objetivo e absoluto. O espírito *subjetivo* pode ser compreendido como forma de interioridade do indivíduo (consciência, vontade) que se dirige a algo exterior, não espiritual. O espírito *objetivo* refere-se à realidade social "objetiva", que é produzida pelos indivíduos e está, ao mesmo tempo, acima deles. Suas formas são o direito, a moralidade [*Moralität*] e os bons costumes [*Sittlichkeit*], sendo que estes se referem à família, à sociedade civil burguesa e ao Estado. O espírito *absoluto* é autorreferente, ou seja, é espírito que tem por objeto espírito, reconhecendo-se, desse modo, enquanto tal. O "relacionar-se com o outro" do espírito pode se dar fundamentalmente de três maneiras: enquanto *observação sensível* [*sinnliche Anschauung*] de um objeto, enquanto *representação* [*Vorstellung*] situada no espaço e no tempo e enquanto *pensar conceituante* [*begreifendes Denken*], que traz conceitos à tona. Para cada um desses três tipos de relação, Hegel identifica um campo em que o espírito se refere a si mesmo na relação com o outro. Para a observação sensível, esse campo seria a *arte*, a observação do belo[121]; para a representação, o campo seria o da *religião*; e, para o pensar voltado aos conceitos, a *filosofia*. A seguir, farei somente um esboço da relação entre religião e filosofia em Hegel.

Hegel destaca que religião e filosofia teriam o mesmo conteúdo, mas que o apresentariam de maneiras diferentes: a religião por meio de representações e imagens, a filosofia por meio do conceito. De fato, também há nas religiões um constante descrédito em relação às imagens, chegando à sua proibição; ainda assim, elas são o fundamento da representação religiosa. O Deus bíblico é representado como uma pessoa agindo no espaço e no tempo, e sobretudo a encarnação divina é relatada como narrativa histórica e sensível: a história de Jesus. A essa ideia, Hegel contrapõe que Deus só poderia ser compreendido adequadamente pelo pensamento, sendo que as representações religiosas seriam meras etapas no caminho dessa compreensão. Nesse sentido, a crítica histórica da tradição cristã – como a questão da veracidade dos milagres – não tem importância para Hegel. Com isso, evidencia-se que, quando o filósofo fala da identidade de conteúdo do cristianismo e da filosofia, ele não se refere ao conteúdo de um cristianismo ingênuo e devoto, mas de um cristianismo já refletido teologicamente.

Em *Vorlesungen über die Philosophie der Religion* [Cursos sobre a filosofia da religião] – ministrados diversas vezes na década de 1820 –, Hegel trata da religião de maneira muito mais minuciosa que na *Enciclopédia*. Esses cursos foram pu-

---

[121] Há uma grande diferença entre a concepção de arte atual e a que fundamenta essas considerações. Para Hegel, a composição do belo é, ao mesmo tempo, a representação do absoluto (em termos religiosos, a representação de Deus). Nesse sentido, Hegel analisa a arte ao lado da religião e da filosofia; afinal, as três – mesmo que por meios diversos – visam ao absoluto.

blicados pela primeira vez em 1832, na "edição da Associação de Amigos". A filosofia da religião seria o esclarecimento acerca do que a religião realmente é – ou seja, o que ela é de acordo com o conceito. Para Hegel, religião é a "autoconsciência de Deus"[122]. Autoconsciência quer dizer, aqui, uma consciência de si mesmo que só surge pela relação com o outro, que, por sua vez, oposto à infinita consciência divina, é a consciência finita dos seres humanos. "Deus é autoconsciência, ele se conhece [*er weiß sich*] em uma consciência diferente de si mesmo"; ou seja, a consciência humana finita. "Deus só conhece a consciência finita na medida em que ele se conhece nela; assim, Deus é espírito – mais precisamente, o espírito de sua comunidade."[123]

Deus e homem não são, para Hegel, dois sujeitos autônomos, que podem ou não entrar em uma relação – eles são, antes, reciprocamente dependentes. O espírito é algo ativo, produtor de relação. Deus enquanto espírito é justamente a ação do sair-de-si, revelar-se, manifestar-se. Contudo, esse revelar-se depende de outro espírito, que recebe e pode aceitar tal revelação: o homem enquanto imagem de Deus. Portanto, a religião não é apenas uma relação do homem finito com Deus, mas também de Deus com o homem: "Assim, temos aqui a religião da manifestação de Deus na medida em que Deus se conhece no espírito finito"[124]. Deus só pode ser autorreferente por meio da relação com o homem finito enquanto seu outro – e isso é tão essencial para Deus quanto para o homem.

Outras religiões também tratam dessa relação recíproca entre Deus e homem, porém – Hegel continua – somente o cristianismo torna essa relação seu próprio objeto. Por isso, o cristianismo é para ele a "religião absoluta". Hegel interpreta a doutrina da trindade como representação imagética dessa relação recíproca: Deus, o pai, gera o filho e é criador do mundo em que o filho se torna homem-deus e leva a revelação divina aos homens; ou seja, Deus tem a capacidade de pensar como a consciência dos próprios homens. O filho retorna ao pai, mas o espírito divino é agora espírito da comunidade. Isso quer dizer que a história do pai, do filho e do espírito santo – os três, que na verdade são apenas um – é a representação ilustrativa do conceito de Deus esboçado aqui, segundo o qual Deus é o espírito que se conhece em seu outro[125].

As concepções filosófico-religiosas de Hegel foram logo criticadas e tachadas de "panteístas". Hegel contestou tal atribuição com veemência, mas, para tanto,

---

[122] HW 17, p. 187; cf. também HW 10, p. 374.

[123] HW 17, p. 187.

[124] Idem.

[125] Uma versão mais curta dessa interpretação da doutrina da trindade se encontra nos parágrafos 564-71 da *Enciclopédia*; HW 10, p. 572-8. Para uma versão mais detalhada, cf. terceira parte dos *Cursos sobre a filosofia da religião*; HW 17, p. 185-344.

baseou-se em um conceito específico de panteísmo, segundo o qual absolutamente todas as coisas seriam consideradas divinas[126]. De fato, é legítimo questionar se ainda há relação entre o Deus cristão e esse Deus reconhecido filosoficamente – para quem a autorreferência é tão essencial que, sem o mundo e sem o homem, ele não pode ser Deus. O que é considerado essencial por muitos cristãos é criticado por Hegel como mera "representação", sendo omitido na reconstrução filosófica.

No esboço das concepções de Hegel apresentado aqui, baseei-me na *Enciclopédia* e na *Filosofia da religião*. No entanto, uma discussão adequada da relação entre religião e filosofia em Hegel precisaria começar com a *Ciência da lógica*, cujo fim trata da "ideia absoluta". A finalidade estrita de meu esboço – tornar compreensíveis os debates da década de 1830 – justifica essa omissão. Não obstante, creio que ao menos um comentário sobre a *Lógica* seja necessário. Com frequência, afirma-se que a intenção de Hegel em sua *Lógica* – a doutrina da determinação do pensamento – tenha sido a de representar os pensamentos de Deus anteriores à criação do mundo. Por vezes, essa afirmação é colocada entre aspas, dando a impressão de que se trata de uma citação de Hegel. Ora, atribuir pensamentos a Deus significa interpretá-lo como *pessoa* pensante. Contudo, na introdução à *Lógica*, na qual se baseia a afirmação mencionada, Hegel formula algo diferente. Depois de afirmar que a lógica deveria "ser compreendida como o sistema da razão pura, como o reino do pensamento puro", e de destacar que esse "reino é a verdade como ela é por si só, sem invólucro", ele adiciona: "Por isso, pode-se dizer que esse conteúdo é a *representação de Deus como ele é em sua essência* [*Wesen*] *eterna anterior à criação da natureza e de um espírito finito*"[127]. Ou seja, Hegel não apresenta os "pensamentos" de Deus, mas sua "essência anterior à criação" do mundo – tudo isso, utilizando a expressão distanciada "pode-se dizer"[128]. Se Deus necessita do mundo para referir-se a si mesmo e para ser espírito absoluto – como é argumentado na *Filosofia da religião* –, então é impossível conceber um Deus "anterior à criação" do mundo. No entanto, a existência de um Deus que preexiste a criação do mundo é uma *representação* central da religião cristã. Assim, pode-se compreender a frase escrita por Hegel nessa introdução como informação, fornecida de modo meio relutante, sobre o que resta dessa representação no plano do conceito; ou seja, as categorias da lógica, já que elas são verdadeiras mesmo sem a existência do mundo. No entanto, essa verdade não é pensada por ninguém, nem mesmo por um Deus – o que tampouco é afirmado por Hegel.

---

[126] Cf., por exemplo, o parágrafo 573 da *Enciclopédia*; HW 10, p. 380 e seg.

[127] HW 5, p. 44, grifos do original.

[128] Sobre o tema, cf. Walter Jaeschke, *Hegel Handbuch*, cit., p. 253.

KARL MARX E O NASCIMENTO DA SOCIEDADE MODERNA

Hegel reivindica ter reconciliado a religião com o estado dos conhecimentos científicos da época, superando, assim, a divisão entre crença e saber. Ele se apresenta como um teólogo melhorado, que faz aquilo que os teólogos já haviam, em parte, desistido de fazer[129]. Contudo, na década de 1820, Hegel ainda temia ser tomado por ateísta[130]; nesse sentido, era de seu próprio interesse que ele se apresentasse como protestante ortodoxo. Assim, ele escreve a August Tholuck no dia 3 de julho de 1826: "Sou luterano e pela filosofia estou igualmente preso ao luteranismo"[131]. Não foi por acaso que ele destacou sua confissão luterana justamente em carta endereçada a Tholuck, que era pietista. Esse esforço explica, ainda, a referência positiva de Hegel em relação ao texto *Aphorismen über Nichtwissen und absolutes Wissen im Verhältnis zum christlichen Glaubensbekenntnis* [Aforismas acerca da ignorância e do saber absoluto em relação com a fé cristã] (1829), escrito pelo conselheiro do Tribunal Superior de Naumburg *Carl Friedrich Göschel* (1781-1861). Partindo de um ponto de vista conservador protestante, ele tentou comprovar a compatibilidade da filosofia hegeliana com o cristianismo, o que Hegel aceitou de bom grado, haja vista que sua filosofia era cada vez mais alvo de críticas[132].

---

[129] Contra os teólogos que acusam "a filosofia por causa de sua tendência destruidora", Hegel argumenta "que eles não têm mais nada do conteúdo que poderia ser destruído" – HW 16, p. 44 –, isso porque eles mesmos já teriam, como resultado dos debates do século XVIII, de fato, desistido de tratar de importantes dogmas, como a doutrina da trindade.

[130] Cf. esboço de carta endereçada a Friedrich Creuzer de maio de 1821; G. W. F. Hegel, *Briefe von und an Hegel*, cit., v. 2, p. 268.

[131] G. W. F. Hegel, *Briefe von und an Hegel*, cit., v. 4/2, p. 61.

[132] Cf., sobre o tema, Walter Jaeschke, *Hegel Handbuch*, cit., p. 300 e seg. Também no século XX se manteve controversa a questão de a filosofia da religião de Hegel ter sido uma crítica ou uma defesa do cristianismo. Karl Löwith – organizador de "Hegels Aufhebung der christlichen Religion", em Klaus Oehler e Richard Schaeffler (orgs.), *Einsichten: Gerhard Krüger zum 60: Geburtstag* (Frankfurt am Main, Klostermann, 1962; publicado também em *Hegel-Studien,* suplemento 1, 1964) –, que põe grande ênfase no caráter ambíguo da filosofia da religião de Hegel, situa esta mais do lado da destruição da religião, enquanto o conhecido teólogo evangélico Wolfhart Pannenberg – *Grundzüge der Christologie* (5. ed., Gütersloh, Gütersloher, 1976), p. 184 – vê nela "o ponto culminante, até então, do esclarecimento conceitual da doutrina da trindade no que diz respeito à relação entre unidade e trindade". Christof Gestrich – "Das Erbe Hegels in der Systematischen Theologie an der Berliner Universität im 19. Jahrhundert", em Gerhard Besier e Christoph Gestrich (orgs.), *450 Jahre Evangelische Theologie in Berlin* (Göttingen, Vandenhoeck & Ruprecht, 1989), p. 190 e seg. –, também teólogo protestante, vê em Hegel um defensor da religião cristã nos termos postos pelo próprio Hegel. Para uma síntese das ambivalências da filosofia de Hegel que suscitaram interpretações tão diversas, cf. Ludwig Siep, "Säkularer Staat und religiöses Bewusstsein: Dilemmata in Hegels politischer Theologie", em Michael Quante e Amir Mohseni (orgs.), *Die linken Hegelianer: Studien zum Verhältnis von Religion und Politik im Vormärz* (Paderborn, Wilhelm Fink, 2015), p. 22-5.

O fato de a filosofia da religião de Hegel ter sido tão fortemente criticada na década de 1820 também estava relacionado a uma mudança do clima intelectual da época. O período de reformas na Prússia já havia terminado; além disso, o conservadorismo crescente foi reforçado pela ortodoxia protestante e pelo pietismo – corrente cristã que colocava a piedade do indivíduo no centro da atividade religiosa e que ganhou força nessa época. Schelling, que desde 1827 voltara a lecionar em Munique, também se adaptou muito bem aos novos desenvolvimentos: ele agora definia sua filosofia como "cristã"; para ele, a filosofia deveria se basear no cristianismo – ou seja, o contrário da tentativa de Hegel de, em primeiro lugar, fundamentar o cristianismo a partir do conceito. Em geral, a filosofia da religião de Hegel e sua reivindicação científica eram vistas como grande provocação.

Essa mudança também foi perceptível na faculdade de teologia da Universidade de Berlim. Em 1826, Ernst Wilhelm Hengstenberg, que tinha ligações com o pietismo, obteve um cargo como professor adjunto, cobrindo tematicamente o Antigo Testamento; em 1828, contra a resistência de Altenstein, ele se tornou professor titular. Com *August Tholuck* (1799-1877), que lecionava na Universidade de Halle e também era pietista, e *Ernst Ludwig von Gerlach* (1795-1877), que logo se tornaria um dos mais importantes conservadores da Prússia, Hengstenberg fundou, em 1827, a *Evangelische Kirchenzeitung* [Gazeta Eclesiástica Evangélica], que se tornaria o principal órgão do conservadorismo precoce na Prússia[133].

O impacto da filosofia da religião de Hegel não foi grande no âmbito da teologia protestante. Entre os teólogos acadêmicos mais conhecidos, as concepções de Hegel foram positivamente recebidas, sobretudo, por *Carl Daub* (1765-1836), professor em Heidelberg desde 1795, e Philipp Konrad Marheineke, professor na Universidade de Berlim desde 1811, sendo que ambos haviam sido, de início, influenciados pelas ideias de Schelling. Marheineke também foi o editor dos *Cursos sobre a filosofia da religião*, de Hegel, livro publicado pela Associação de Amigos. *Wilhelm Vatke* (1802-1882), docente em Berlim, a princípio e, a partir de 1837, professor da cátedra referente ao Antigo Testamento, também era hegeliano. Na década de 1830, *Ferdinand Christian Baur* (1792-1860), docente de teologia em Tubinga que aplicava o método histórico-crítico nos estudos do Novo Testamento e do cristianismo

---

[133] Acerca de Hengstenberg, cf. Max Lenz, *Geschichte der Königlichen Friedrich-Wilhelms-Universität zu Berlin*, cit., v. 2.1, p. 327-48, e Rüdiger Hachtmann, "Ein Prediger wider alle demokratischen Teufel: Ernst Wilhelm Hengstenberg (1802-1869)", em Walter Schmidt (org.), *Akteure eines Umbruchs: Männer und Frauen der Revolution von 1848/49*, v. 5 (Berlim, Fides, 2016), p. 129-80.

310 KARL MARX E O NASCIMENTO DA SOCIEDADE MODERNA

primitivo, orientou-se igualmente na filosofia hegeliana. A filosofia da religião de Hegel exerceu influência significativa sobre a geração seguinte de críticos radicais da religião: David Friedrich Strauß, Bruno Bauer e Ludwig Feuerbach, todos foram alunos de Hegel.

David Friedrich Strauß e a "divisão" da escola hegeliana

Os debates mais intensos sobre a filosofia da religião de Hegel ocorreram na década de 1830[134]. Ludwig Feuerbach, que desempenharia um papel importante nos anos 1840, deu início às turbulentas discussões com um de seus primeiros escritos publicados. Entre 1823 e 1824, ele começou a estudar teologia em Heidelberg, tendo como professor Carl Daub. Já nesse período, Feuerbach entrou em contato com a filosofia hegeliana, que o motivou a mudar de curso – ele, então, foi a Berlim estudar filosofia com Hegel. Em 1828, terminou sua tese de doutorado na Universidade de Erlangen – por receber uma bolsa do rei da Baviera, ele teve de terminar os estudos em uma universidade do mesmo reinado. Sua primeira obra, *Gedanken über Tod und Unsterblichkeit* [Pensamentos sobre morte e imortalidade] (1830), publicada pouco depois da Revolução de Julho e logo proibida, foi fortemente influenciada pela filosofia da religião de Hegel. Feuerbach rejeitava tanto a ideia de um Deus pessoal quanto a da imortalidade individual – que seria, segundo ele, mero desejo ilusório e egoísta. Em vez de se prender a esse tipo de desejo, o ser humano deveria encontrar, na consciência da finitude de sua existência, o caminho para uma vida nova e "substancial". O texto foi publicado anonimamente e, por ter sido logo proibido, teve impacto limitado. No entanto, em Erlangen, Feuerbach logo foi identificado como autor do escrito, o que o obrigou a abandonar sua carreira docente na universidade local[135].

Os temas abordados por Feuerbach suscitaram, também nos anos seguintes, importantes discussões. Os críticos da filosofia hegeliana acusavam-na de não ser compatível com as ideias cristãs de uma alma imortal e de um Deus perso-

---

[134] As contribuições dos alunos de Hegel foram minuciosamente analisadas por Hans-Martin Sass, *Untersuchungen zur Religionsphilosophie in der Hegelschule 1830-1850*, dissertação defendida na faculdade de filosofia na Universidade Vestfaliana Wilhelm de Münster (Münster, Universität Münster, 1963); acerca do debate como um todo, cf. Walter Jaeschke, *Die Vernunft in der Religion: Studien zur Grundlegung der Religionsphilosophie Hegels* (Stuttgart, Frommann-Holzboog, 1986), p. 361-436.

[135] Cf. Josef Winiger, *Ludwig Feuerbach: Denker der Menschlichkeit* (Darmstadt, Schneider, 2011), p. 65. Para uma análise detalhada e atual dos escritos de juventude de Feuerbach, cf. Jens Grandt, *Ludwig Feuerbach und die Welt des Glaubens* (Münster, Westfälisches Dampfboot, 2006), p. 43-60.

FILOSOFIA DA RELIGIÃO, O INÍCIO DO "JOVEM HEGELIANISMO" E OS PROJETOS DE DISSERTAÇÃO... 311

nificado; essa crítica foi recusada por representantes da escola hegeliana como Carl Friedrich Göschel[136].

Os chamados teístas especulativos[137] – como *Christian Hermann Weisse* (1801--1866), *Immanuel Hermann Fichte* (1796-1879) e *Karl Philipp Fischer* (1807-1885) – desenvolveram uma posição independente, que teve importante papel nos debates da década de 1830. Eles incorporaram alguns elementos da filosofia hegeliana, mas também a criticaram, argumentando que sua tentativa de fundamentar filosoficamente o conteúdo do cristianismo teria sido frustrada – em especial no que diz respeito à existência de um Deus personificado e à imortalidade da alma. Como consequência, seria necessário desenvolver uma teologia especulativa própria[138].

O livro *Das Leben Jesu, kritisch bearbeitet* [A vida de Jesus analisada criticamente], publicado em 1835 por David Friedrich Strauß, tornou-se o mais importante tema de discussão da década de 1830, representando um corte na teologia do século XIX. Strauß estudou teologia em Tubinga, onde entrou em contato com a obra de Hegel. A fim de aprofundar seus estudos sobre Hegel, foi a Berlim em novembro de 1831; no entanto, só frequentou suas aulas durante uma semana, já que o filósofo morreu no dia 14 de novembro, vítima da cólera. A estada de Strauß em Berlim não foi em vão. Durante o resto do semestre, antes de retornar a Tubinga, passou bastante tempo com Wilhelm Vatke, que trabalhava em uma crítica histórica do Antigo Testamento – texto que seria publicado no mesmo ano que *A vida de Jesus* de Strauß, mas que teria repercussão muito menor. Provavelmente foi Vatke quem familiarizou Strauß com o conceito de mito, que seria central em *A vida de Jesus*[139]. Ao retornar a Tubinga,

---

[136] Se, por um lado, Hegel rejeitava as interpretações panteístas de modo explícito, por outro, ele evitava comentários acerca da imortalidade da alma. Não obstante, uma história divulgada por Heinrich Heine sugere que esse tipo de ideia era visto por Hegel com escárnio: "Certa vez, estávamos [Heine e Hegel, M. H.] na janela, à noite, e eu exaltava as estrelas, morada dos bem-aventurados. Mas o mestre resmungava: 'As estrelas não são mais do que restolho brilhante no céu'. 'Pelo amor de Deus', eu disse, 'quer dizer que não há, lá em cima, nenhum lugar bem-aventurado onde a virtude seja recompensada após a morte?'. Ele me encarou com sarcasmo e disse: 'Você ainda quer uma recompensa por ter feito, em vida, sua obrigação, por ter cuidado de sua mãe doente, por não ter deixado seu irmão morrer de fome e por não ter dado veneno a seus inimigos?'"; Günther Nicolin (org.), *Hegel in Berichten seiner Zeitgenossen*, cit., n. 363.

[137] Diferentemente do "deísmo", o "teísmo" parte do princípio de que Deus não só criou o mundo, mas também está em constante relação com ele, revelando-se, em especial, à humanidade.

[138] Especulativo no sentido de "compreensão conceitual", não, como hoje, de "suposição pouco fundamentada".

[139] Cf. Jörg F. Sandberger, *David Friedrich Strauß als theologischer Hegelianer* (Göttingen, Vandenhoeck & Ruprecht, 1972), p. 152-3, que analisou em detalhes o desenvolvimento de Strauß entre 1830 e 1837.

Strauß ministrou cursos de filosofia de orientação hegeliana no seminário de teologia, elaborando seu livro em paralelo.

O impacto dessa abrangente obra – publicada em dois tomos, com um total de quase 1.500 páginas – não ficou limitado aos círculos acadêmicos de filósofos e teólogos: as discussões ocorreram também em amplas camadas da burguesia culta[140]. O que havia de tão interessante nessa obra? Diferentemente de outras tantas contribuições teológicas, a proposição fundamental era bastante simples: os relatos sobre Jesus contidos nos Evangelhos não eram acontecimentos históricos, mas resultado de um processo de criação mitológica ocorrido nas comunidades paleocristãs. Em todos os debates até então, o caráter histórico da narrativa bíblica não havia sido questionado nem pelos supranaturalistas nem pelos racionalistas (teológicos) – e foi exatamente o que fez Strauß, causando um escândalo.

Ao passo que Reimarus havia interpretado a história da ressureição como fraude consciente dos discípulos de Jesus, Strauß não a via como manipulação proposital. Para ele, os relatos de milagres e da ressureição seriam o resultado de uma "lenda criada sem intenção", surgida coletivamente na tradição oral[141]. No entanto, esse processo de criação mitológica seguiria determinadas tendências: Jesus, enquanto pessoa, teria sido cada vez mais idealizado, e sua vida, comparada às passagens do Antigo Testamento em que se interpretavam previsões da vinda do messias[142].

Não era exatamente novidade interpretar histórias bíblicas como mitos; contudo, antes de Strauß, tal abordagem se limitava ao Antigo Testamento e a algumas poucas passagens do Novo Testamento. A novidade foi a aplicação consequente dessa interpretação a acontecimentos centrais descritos nos Evangelhos.

Com *A vida de Jesus*, Strauß definitivamente não visava a uma crítica do cristianismo. Ele diferenciava a vida de Jesus de sua anunciação, não questionando esta última. Já no prefácio de sua obra, ressaltou:

> O autor está consciente de que o núcleo interno da fé cristã se mantém completamente independente dessa investigação crítica. O nascimento sobrenatural de

---

[140] Acerca do impacto de Strauß e das reações a sua obra – também de cunho católico –, cf. Franz Courth, "Die Evangelienkritik des D. Fr. Strauß im Echo seiner Zeitgenossen: zur Breitenwirkung seines Werkes", em Georg Schwaiger (org.), *Historische Kritik in der Theologie. Beiträge zu ihrer Geschichte* (Göttingen, Vandenhoeck & Ruprecht, 1980).

[141] David Friedrich Strauß, *Das Leben Jesu kritisch bearbeitet* (1835) (Darmstadt, Wissenschaftliche Buchgesellschaft, 2012, 2 v.), v. 1, p. 75.

[142] Ibidem, p. 72-3. No entanto, o messias mencionado no Antigo Testamento seria um futuro rei dos judeus; somente com Paulo, o apóstolo, esse papel seria estendido ao de redentor da humanidade.

Cristo, seus milagres, sua ressureição e ascensão ao Céu continuam sendo verdades eternas, ainda que sua facticidade histórica possa ser questionada.[143]

A certeza de que ele não precisaria abdicar das "verdades eternas", mesmo quando não se tratava de "fatos históricos", é influência da filosofia hegeliana, que diferenciava a representação religiosa de sua reconstrução conceitual, sendo que somente esta última – e não quaisquer acontecimentos históricos – poderia mostrar a verdade do conteúdo religioso. Para Hegel e a maioria dos teólogos influenciados por ele, a diferenciação entre representação e conceito fundamentava o desinteresse pela crítica histórica, vista como posição limitada e racionalista. Entretanto, a diferenciação entre representação e conceito também poderia radicalizar-se a ponto de tornar absolutamente irrelevante a existência de qualquer fundamento factual-histórico para a representação religiosa. Foi esse o caminho trilhado por Strauß.

Sua inovação teórica foi concluir, no fim da análise, que a característica associada de forma mitológica a Jesus – de que ele seria a incorporação da unidade entre homem e Deus – não poderia ser atribuída a nenhum indivíduo específico, somente à humanidade, em seu desenvolvimento, como um todo[144]. Em termos políticos, essa ideia era potencialmente perigosa, levando em conta a tendência restauradora da época. Em 1833, Friedrich Julius Stahl publica a segunda parte de *Filosofia do direito*, na qual ele defende a monarquia absolutista – recorrendo à filosofia "cristã" de Schelling – utilizando uma analogia com a dominação de um único Deus. Por isso, partir da ideia de que esse Deus não encarnou em um homem-deus específico, mas sim em todo o gênero humano, também significaria invalidar o argumento de Stahl e, por consequência, deslegitimar a monarquia absolutista.

O livro de Strauß gerou uma onda de críticas e respostas furiosas. Pouco após a publicação do primeiro volume, ele foi afastado de seu cargo como docente na Fundação Evangélica de Tubinga, sendo transferido para um ginásio. Em 1839, quando por fim obteve uma cátedra na Universidade de Zurique, os protestos contra sua convocação foram tão grandes – principalmente por parte da população rural – que Strauß foi obrigado a se aposentar sem sequer ter começado a dar aulas. Até o fim da vida, ele não receberia mais nenhuma convocação[145].

---

[143] Ibidem, p. VII.

[144] Ibidem, v. 2, p. 734-5.

[145] Em oposição a essa rejeição contemporânea, a importância de Strauß é reconhecida pela teologia atual. Gerd Theißen e Annette Merz – *Der historische Jesus: ein Lehrbuch* (4. ed., Göttingen, Vandenhoeck & Ruprecht, 2011), p. 23 –, responsáveis pelo livro didático (protestante) sobre a vida de Jesus provavelmente mais difundido hoje na Alemanha, afirmam, acerca de Strauß, que "não é mais possível ignorar sua tese fundamental sobre a elaboração mítica da tradição que trata da vida de Jesus".

Não surpreende que tenha sido criticado por supranaturalistas, racionalistas teológicos e luteranos conservadores, organizados em torno da *Gazeta Eclesiástica Evangélica* de Hengstenberg. No entanto, também foi muito criticado por representantes da escola hegeliana. É necessário levar em conta que os adversários conservadores da filosofia hegeliana consideraram Strauß um exemplo perfeito das consequências tenebrosas dessa filosofia. Assim, os hegelianos que tentavam reconciliar a filosofia de Hegel com o protestantismo tinham agora que provar que as ideias de Strauß não eram justificadamente baseadas em Hegel.

Nos *Streitschriften* [Escritos polêmicos], publicados em 1837, Strauß analisa em detalhes seus críticos. Nesse texto, ele faz uma classificação da escola hegeliana que, depois, seria muito utilizada. Em relação à cristologia, ele diferencia uma "direita", um "centro" e uma "esquerda" hegeliana. A posição teórica em relação à historicidade dos Evangelhos seria o critério central dessa divisão. A primeira posição acreditaria que, com a ideia da unidade da natureza divina e humana, também todas as histórias contidas nos Evangelhos eram fatos históricos; a segunda, que apenas uma parte delas seria verdadeira; e a terceira partiria da ideia de que nenhuma delas poderia, nem parcialmente, ser considerada fato histórico[146]. Strauß classificou os que defendiam a primeira posição como a direita hegeliana (Göschel, Gabler, Bauer), os da segunda como o centro (ele só menciona Rosenkranz) e os da terceira como a esquerda, cujo único representante, nessa época, seria ele próprio – se fosse considerado parte da escola hegeliana. Essa situação mudaria logo. Hoje, é comum datar a "ruptura" da escola hegeliana a partir das discussões em torno de *A vida de Jesus* de Strauß.

A divisão feita por Strauß foi considerada positiva no encontro dos *Anais de Halle*[147] que discutiu seus *Escritos polêmicos*. Karl Ludwig Michelet concordou com a divisão, citando-a no segundo volume de *Geschichte der letzten Systeme der Philosophie in Deutschland von Kant bis Hegel* [História dos mais recentes sistemas filosóficos da Alemanha, de Kant a Hegel], publicado em 1838. A opinião de Michelet tinha certa importância, tendo em vista que ele fora aluno e amigo de Hegel, além de ter publicado, entre 1833 e 1836, na "edição da Associação de Amigos", os *Cursos sobre a história da filosofia* de Hegel, em três volumes. Michelet deu visibilidade à divisão de Strauß; ainda assim, é possível perceber certa ironia de sua parte: ele propõe, por exemplo, uma coligação do

---

[146] David Friedrich Strauß, *Streitschriften zur Verteidigung meiner Schrift über das Leben Jesu und zur Charakteristik der gegenwärtigen Theologie* (1837) (Hildesheim, Olms, 1980), p. 95.

[147] Arnold Ruge, [resenha sobre] "David Friedrich Strauß' Streitschriften, Drittes Heft", em *Hallische Jahrbücher*, n. 239-40, Leipzig, Wigand, 1838, p. 1.910-1.

centro com a esquerda a fim de alcançar a maioria. Aqui, ele classifica Gans, Vatke e a si mesmo como parte da esquerda[148].

4. O início do "jovem hegelianismo"

Muitas vezes, a divisão da escola hegeliana estabelecida por Strauß – baseando-se nas discussões em torno da filosofia da religião – entre hegelianos de esquerda e de direita foi identificada com outra divisão: aquela entre os "jovens" e os "velhos" hegelianos. Os velhos hegelianos são considerados conservadores (logo, de direita), e os jovens são vistos como progressistas ou até revolucionários (logo, de esquerda). Atualmente, as designações "hegelianos de direita/ velhos hegelianos", de um lado, e "hegelianos de esquerda/jovens hegelianos", de outro, são vistas praticamente como sinônimas. Da mesma forma, tornou-se comum associar a Marx e Engels determinada fase "jovem-hegeliana", mais ou menos marcante. Todavia, a própria literatura especializada tem grande dificuldade em definir tanto o hegelianismo velho e de direita quanto o jovem e de esquerda; definição que normalmente só funciona com grandes generalizações. Além disso, quase não há consenso em relação ao pertencimento de certos representantes a uma ou outra corrente. Portanto, não basta delinear o surgimento do "jovem hegelianismo"; é necessário discutir até que ponto tais divisões são de fato adequadas.

Arnold Ruge e a fundação dos Anais de Halle

No período entre 1838 e o início de 1843, os *Hallischen Jahrbücher für deutsche Wissenschaft und Kunst* [Anais de Halle de Ciência e Arte Alemãs] – já mencionados aqui diversas vezes – foram muito importantes para as correntes de oposição não só na Prússia mas em toda a Alemanha[149]. Tratava-se do mais importante órgão

---

[148] Karl Ludwig Michelet, *Geschichte der letzten Systeme der Philosophie in Deutschland von Kant bis Hegel* (1838), v. 2 (Hildesheim, Olms, 1967), p. 659.

[149] Pouco antes do início da Revolução de 1848, o editor democrata Ernst Keil escreveu no periódico *Der Leuchtturm* [O Farol]: "A influência desses anais sobre a juventude científica foi fortíssima. Eles representavam a *revolução* no campo do saber e das ideias. Sem essa revolução, os acontecimentos de março não teriam sido possíveis"; citado em Martin Hundt, "Der Junghegelianismus im Spiegel der Briefe", em Martin Hundt (org.), *Der Redaktionsbriefwechsel der Hallischen, Deutschen und Deutsch-Französischen Jahrbücher (1837-1844)*, *Apparat*, Berlim, Akademie, 2010, p. 2. Ludwig Salomon caracteriza os *Anais de Halle* como "o mais importante periódico" da Alemanha da época – Ludwig Salomon, *Geschichte des deutschen Zeitungswesens von den ersten Anfängen bis zur Wiederaufrichtung des Deutschen Reiches*, v. 3, cit., p. 495.

de publicação para os chamados "jovens hegelianos". O principal nome associado aos *Anais de Halle* era o de Arnold Ruge, que havia fundado o periódico com *Theodor Echtermeyer* (1805-1844). Ruge logo se tornou uma das mais importantes figuras do jornalismo de oposição na Alemanha, não só pela edição dos *Anais* como pelo conteúdo de seus próprios artigos. Em 1841, para escapar da censura na Prússia, Ruge transferiu a redação do periódico para Dresden, na Saxônia, mudando seu nome para *Deutsche Jahrbücher für Wissenschaft und Kunst* [Anais Alemães de Ciência e Arte]. No início de 1843, sua publicação foi proibida também na Saxônia. Depois do fim dos *Anais*, na tentativa de dar continuidade aos trabalhos, Ruge fundou com Marx os *Deutsch-Französischen Jahrbücher* [Anais Franco-Alemães]; no entanto, somente uma edição dupla do periódico foi publicada. Durante alguns meses, houve uma estreita cooperação entre Ruge e Marx, a qual terminou, contudo, no verão de 1844. O grande respeito que tinham um pelo outro logo se tornaria menosprezo mútuo. Durante a Revolução de 1848, Ruge fazia parte da esquerda; após a derrota da revolução, teve de se exilar na Inglaterra, assim como Marx e Engels. Na década de 1860, ele apoiou o projeto bismarckiano de unificação do império (como muitos outros que haviam defendido a Revolução de 1848). Em 1868, ele leu *O capital* de Marx, mostrando-se entusiástico acerca dessa "obra histórica"[150]. Vale a pena analisar mais detalhadamente essa interessante figura.

Arnold Ruge nasceu na ilha de Rügen como filho de um feitor[151]. Em 1821, começou a estudar teologia na Universidade de Halle, mas logo mudou para o curso de filosofia. Além de ter frequentado Halle, ele estudou em Jena e Heidelberg, tendo participado de associações estudantis em ambas as universidades. Ruge juntou-se à *Jünglingsbund* [Liga de jovens], associação estudantil secreta fundada com apoio do radical *Karl Follen* (1796-1840). Em 1814-1816, Follen já havia participado da fundação de diversas associações estudantis radicais – a partir das quais se desenvolveriam as *Burschenschaften*; ele também foi fortemente influenciado pelas ideias nacionalistas de Jakob Friedrich Fries, chegando a clamar por "tiranicídio". Da *Jünglingsbund*, ele esperava ações revolucionárias contra os Esta-

---

[150] Carta de Ruge a Steinthal do dia 25 de janeiro de 1869; MEW 32, p. 696.

[151] Ruge fornece informações sobre sua vida em correspondência enviada a Karl Rosenkranz no dia 2 de outubro de 1839, publicada em Martin Hundt (org.), *Der Redaktionsbriefwechsel der Hallischen, Deutschen und Deutsch-Französischen Jahrbücher (1837-1844)*, cit., p. 407-11. Os quatro volumes de seu *Aus früherer Zeit*, publicados entre 1862 e 1867, também são basicamente autobiográficos. Ademais, acerca da vida de Ruge até o ano 1837, cf. Stephan Walter, *Demokratisches Denken zwischen Hegel und Marx: die politische Philosophie Arnold Ruges – eine Studie zur Geschichte der Demokratie in Deutschland* (Düsseldorf, Droste, 1995), p. 68-88, e Helmut Reinalter, "Arnold Ruge, der Vormärz und die Revolution 1848/49", em Helmut Reinalter (org.), *Die Junghegelianer: Aufklärung, Literatur, Religionskritik und politisches Denken* (Frankfurt am Main, Peter Lang, 2010).

dos alemães – que estavam se tornando, após os decretos de Karlsbad, cada vez mais repressivos –, sendo que o objetivo era uma Alemanha unificada e democrático-republicana. No entanto, antes mesmo de começar qualquer tipo de ação – e é questionável se tais ações teriam sido possíveis –, a *Jünglingsbund* foi denunciada e diversos integrantes foram presos. Follen já havia sido, antes, obrigado a emigrar para os Estados Unidos; Ruge foi detido no início de 1824 e condenado a catorze anos de prisão. Em 1827, as penas para os integrantes condenados da *Jünglingsbund* foram reduzidas, e Ruge foi solto no dia 1º de janeiro de 1830.

A prisão não abalou Ruge em um sentido negativo: ele enfrentou as dificuldades desse período com grande força de vontade e entusiasmo. Durante a detenção, teve a oportunidade de estudar autores da Antiguidade, o que influenciou bastante suas opiniões políticas: "Eu ansiava por Fries antes de ter lido Platão e por Hegel desde que conheci a dialética platônica e o movimento racional que se desdobra diante dele", escreve Ruge em carta a Rosenkranz[152]. No lugar do nacionalismo fortemente antifrancês das associações estudantis, ele passou a defender um ideal de liberdade e dignidade cidadã baseado em modelos gregos, em especial na democracia ateniense[153].

Após a libertação, Ruge escreveu sua tese de doutoramento em 1830, em Jena, tematizando o poeta romano satírico Juvenal. No fim de 1831, ele completou sua habilitação em Halle com um trabalho sobre a estética de *Platão* (427-347 a.C.). Em Halle, também conheceu uma série de docentes – aproximadamente da mesma idade – que haviam sido influenciados, em diferentes graus, pela filosofia de Hegel, como Karl Rosenkranz, *Heinrich Leo* (1799-1878), Hermann Friedrich Wilhelm Hinrichs, *Karl Moritz Fleischer* (1809-1876), *Adolf Stahr* (1805-1876) e, especialmente, *Ernst Theodor Echtermeyer* (1805-1844), que teria tido a ideia (segundo Ruge) de fundar os *Anais de Halle*[154].

Nesse período, Ruge teve de tomar cuidado especial em relação a declarações políticas; afinal, ele havia enviado um pedido de reabilitação ao governo para poder atuar no serviço público como docente após sua prisão. Por isso, seus primeiros artigos para o periódico *Blättern für literarische*

---

[152] Martin Hundt (org.), *Der Redaktionsbriefwechsel der Hallischen, Deutschen und Deutsch-Französischen Jahrbücher (1837-1844)*, cit., p. 410.

[153] Stephan Walter, *Demokratisches Denken zwischen Hegel und Marx*, cit., p. 75-7.

[154] As principais áreas de estudo de Echtermeyer eram a estética e a história da literatura. Sua coletânea de exemplos de poemas alemães, estruturada de acordo com as diferentes épocas, foi publicada pela primeira vez em 1836 e, depois, constantemente expandida e relançada. Nas escolas alemãs, até o fim do século XX, essa coletânea se manteve como um dos principais livros utilizados nas aulas de alemão. A respeito da vida de Echtermeyer, cf. Martin Hundt, *Theodor Echtermeyer (1805-1844): Biographie und Quellenteil mit unveröffentichten Texten* (Frankfurt am Main, Peter Lang, 2012).

Unterhaltung [Folhas para o Entretenimento Literário], editado por Friedrich Arnold Brockhaus, nos quais ele defende a liberdade de imprensa, uma Constituição e um governo orientado pela maioria dos representantes eleitos, foram publicados anonimamente[155].

Em 1831, Ruge casou-se com Luise Düffer, uma rica herdeira, o que lhe deu certa independência material. No entanto, sua jovem esposa faleceu já em 1833; nos dois anos seguintes, ele se afastou bastante da vida pública "para caminhar tranquilamente na direção do recém-descoberto país do mais recente espírito"; ou seja, o da filosofia de Hegel, que só então seria estudada por ele em detalhes. "Foi apenas com a *Lógica* – que li duas vezes – que me emancipei para a liberdade filosófica", escreve Ruge na já mencionada carta a Rosenkranz[156].

O fato de Ruge ter-se apropriado da filosofia de Hegel não significava, de modo algum, que ele também se tivesse juntado acriticamente à escola hegeliana. No artigo "Unsere gelehrte kritische Journalistik" [Nosso jornalismo crítico e erudito], publicado nos dias 11 e 12 de agosto de 1837 no periódico *Blättern für literarische Unterhaltung*, ele afirma seu distanciamento de modo programático. Ao expor uma visão geral dos diversos jornais "eruditos", ele põe a questão – em relação à "sociedade dos velhos hegelianos", que era responsável pela publicação dos *Anais para a Crítica Científica*: ainda se estaria, "com esse princípio dos velhos hegelianos, à altura do movimento"? Tratava-se de pergunta retórica. A resposta já havia sido dada pelos *Anais* de Berlim com a resenha bastante crítica de Bruno Bauer em relação ao livro *A vida de Jesus* de Strauß. Além disso, um artigo do próprio Ruge – resenha crítica de um livro de *Johann Eduard Erdmann* (1805-1892), hegeliano conservador – já havia sido rejeitado pelos *Anais para a Crítica Científica*[157]. Mas ele não era o único a hesitar em relação ao periódico. Um ano antes, Eduard Gans, cofundador e ainda membro da redação, escrevera:

> Os *Anais para a Crítica Científica* não continuaram sendo aquilo que, no começo, deveriam ter sido; antes, mudaram completamente seu caráter. Em vez de se

---

[155] Ingrid Pepperle, *Junghegelianische Geschichtsphilosophie und Kunsttheorie* (Berlim, Akademie, 1978), p. 38.

[156] Martin Hundt (org.), *Der Redaktionsbriefwechsel der Hallischen, Deutschen und Deutsch-Französischen Jahrbücher (1837-1844)*, cit., p. 410.

[157] Cf. Friedrich Wilhelm Graf, "David Friedrich Strauß und die Hallischen Jahrbücher", em *Archiv für Kulturgeschichte*, ano 60, 1978, p. 391 e seg. Parece-me um pouco simplista a sugestão de Graf de que a fundação dos *Anais de Halle* tenha sido consequência, sobretudo, da rejeição de Ruge por parte dos *Anais para a Crítica Científica* e de sua perda de esperanças em relação a uma carreira acadêmica. Contudo, mesmo que fosse esse o caso, o sucesso dos *Anais de Halle* ainda representaria um claro sinal de que havia, nos meios intelectuais críticos, demanda por um periódico desse tipo.

FILOSOFIA DA RELIGIÃO, O INÍCIO DO "JOVEM HEGELIANISMO" E OS PROJETOS DE DISSERTAÇÃO...

manterem acima da ciência, como órgão de discussão e unificação, seguiram-na, como qualquer outro periódico literário.[158]

Partindo da crítica feita no artigo mencionado, Ruge conclui

que uma realização plena do jornalismo erudito deveria penetrar na vida do espírito atual de tal modo que a história desta venha à tona renascida intelectualmente, sendo que a visão essencial alcançada pelos *Anais* de Berlim por meio do princípio do espírito – ou seja, a cientificidade – não deve ser abandonada, mas, antes, posta adequadamente em movimento; isso, sem se utilizar de autoridades velhas e ultrapassadas.[159]

Em suma, uma geração mais jovem deveria superar as tendências rígidas da escola hegeliana sem abdicar de suas capacidades.

Não se tratava de desejo vago sobre um futuro distante: as preparações para a fundação de um novo periódico – que cumpriria exatamente aquilo que Ruge exigira em seu artigo – começaram havia algum tempo[160]. Em 10 de agosto de 1837, ou seja, um dia antes da publicação da primeira parte de seu artigo, Ruge mandou uma carta a Adolf Stahr, avisando-o de que lhe "enviaria, em breve, uma solicitação litografada para a fundação de um novo jornal literário". E, de modo bem mais arrogante do que no artigo, ele escreve: "No entanto, congregou-se uma sociedade heroica, e não queremos esperar até que os velhos terminem sua parte, quer dizer, que morram naturalmente; temos de acabar com eles ainda vivos, destruí-los no âmbito literário"[161].

No outono de 1837, Ruge viajou pela Alemanha a fim de encontrar apoiadores para o novo projeto. Nessa época, estavam em curso os acontecimentos ligados aos sete de Göttingen – acadêmicos que foram demitidos após protestarem contra a revogação da Constituição do reinado de Hanôver, levada a cabo

---

[158] Eduard Gans, *Rückblicke auf Personen und Zustände*, cit., p. 253.

[159] Arnold Ruge, "Unsere gelehrte kritische Journalistik", em *Blätter für literarische Unterhaltung*, caderno 224, 1837, p. 910.

[160] Para uma análise detalhada da fundação dos *Anais de Halle*, cf. Ingrid Pepperle, *Junghegelianische Geschichtsphilosophie und Kunsttheorie*, cit., p. 32 e seg.; Stephan Walter, *Demokratisches Denken zwischen Hegel und Marx*, cit., p. 101 e seg.; e Norman Senk, *Junghegelianisches Rechtsdenken: die Staats-, Rechts- und Justizdiskussion der "Hallischen" und "Deutschen Jahrbücher" 1838-1843*, Paderborn, Mentis, 2007, p. 47 e seg. Em Martin Hundt, "Der Junghegelianismus im Spiegel der Briefe", cit., trabalho baseado na troca de cartas dos membros da redação do periódico, publicada também em idem, *Der Redaktionsbriefwechsel der Hallischen, Deutschen und Deutsch-Französischen Jahrbücher*, cit., tem-se um panorama do funcionamento, das correspondências e do impacto dos *Anais*.

[161] Martin Hundt (org.), *Der Redaktionsbriefwechsel der Hallischen, Deutschen und Deutsch-Französischen Jahrbücher*, cit., p. 3.

pelo rei Ernesto Augusto I. A onda de indignação que se seguiu teve impacto positivo para o novo periódico: 159 acadêmicos, mais ou menos conhecidos, confirmaram participação; no entanto, grande parte deles não chegou a contribuir de fato com publicações[162]. David Friedrich Strauß também passou a apoiar o periódico – assim, ele tinha à disposição um importante jornal para defender suas concepções teológicas[163]. A primeira edição foi publicada já no dia 1º de janeiro de 1838, em Leipzig, na editora do liberal Otto Wigand, a quem Marx já havia escrito a respeito dos planos de publicar uma revista de crítica teatral[164]. Os editores do novo periódico eram Arnold Ruge e Theodor Echtermeyer.

Hoje, associa-se ao formato editorial "anais" um periódico de tiragem anual. No entanto, os *Anais de Halle* eram uma folha publicada diariamente de segunda a sábado. Nesse caso, o termo "folha" deve ser compreendido de forma literal: cada número era impresso em uma grande folha de papel, que era dobrada ao meio; assim, cada edição continha quatro páginas impressas. Como era comum nos periódicos da época, a maior parte dos artigos eram resenhas de livros. Não obstante, nos *Anais de Halle* também se encontravam caracterizações de poetas e estudiosos contemporâneos, além de conferências de faculdades específicas – o que foi uma grande novidade em relação a outros periódicos da época[165]. Alguns artigos mais longos eram divididos e lançados em duas, três, às vezes até quatro ou mais edições, sendo que cada edição costumava conter dois ou três artigos, cuja continuação, quando necessário, era publicada no dia seguinte. Nas resenhas, antes dos elogios ou das críticas, apresentava-se o conteúdo do livro analisado – muitas vezes de maneira bem mais detalhada do que costuma ser o caso hoje. Muitos debates se desdobravam por meio da publicação de resenhas e de suas respectivas respostas.

A disputa entre Leo e Ruge

Como mencionado no capítulo 1, item 5, a prisão do arcebispo de Colônia Clemens August Droste zu Vischering, em novembro de 1837, causou grande debate, em que uma série de escritos polêmicos foram publicados. Enquanto o direito prussiano previa que filhos de casais de diferentes confissões religiosas recebessem sempre a religião do pai, Vischering defendia que uma das condições de um casamento entre uma católica e um protestante fosse a garantia por escrito

---

[162] Norman Senk, *Junghegelianisches Rechtsdenken*, cit., p. 52.

[163] Cf. Friedrich Wilhelm Graf, "David Friedrich Strauß und die Hallischen Jahrbücher", cit., p. 406 e seg.

[164] Cf. p. 239-40 deste volume.

[165] Martin Hundt, "Der Junghegelianismus im Spiegel der Briefe", cit., p. 31.

da noiva de que os filhos gerados no matrimônio seriam batizados e educados de acordo com o catolicismo. Com isso, o princípio da igualdade entre as confissões cristãs seria anulado: todos os filhos gerados em casamentos interconfessionais receberiam formação católica. A consequência dessa regra teria sido que, justamente na Renânia católica – para onde a Prússia havia enviado diversos funcionários públicos e militares protestantes, que muitas vezes se casavam com mulheres católicas –, vários filhos dessas duas camadas fundamentais de funcionários do Estado prussiano (protestante) se tornassem católicos.

Em janeiro de 1838, o jornalista católico *Joseph Görres* (1776-1848), que lecionava na Universidade de Munique desde 1827, publicou um manifesto extremamente crítico em relação à Prússia, o *Athanasius*, no qual ele se posiciona ao lado do arcebispo preso. O próprio título sugere um paralelo entre Vischering e *Atanásio* (*c.* 300-372), patriarca de Alexandria que tivera muitos problemas com os governantes romanos. O *Athanasius* logo se tornou o mais influente escrito antiprussiano – só em 1838 houve quatro tiragens do texto.

Muitas das respostas ao texto de Görres foram publicadas nos *Anais de Halle* – e todas se posicionaram do lado prussiano: para os autores, tratava-se de uma defesa necessária contra as prepotências de um catolicismo reacionário. O historiador *Heinrich Leo* (1799-1878) também elaborou uma resposta, *Sendschreiben an Görres* [Carta a Görres]. Leo, professor em Halle desde 1830, havia estudado filosofia com Hegel nos anos 1820 e pertencia a um círculo mais largo de amigos do filósofo. Em Halle, ele teve contato com Arnold Ruge, que o havia convencido a participar dos *Anais* – Leo chegou a publicar uma resenha no periódico. Entretanto, em meados da década de 1830, ele assumiu um rumo intelectual fortemente conservador e pietista ortodoxo. Apesar de se colocar ao lado do governo prussiano, Leo criticou não só Görres mas também o racionalismo (protestante); segundo ele, este teria abandonado a reforma "como Judas abandonou o Senhor"[166]. Em certo sentido, a Igreja católica era vista por Leo como modelo. Dirigindo-se ao católico Görres, ele escreve que o protestantismo "carece daquilo que vocês têm: a disciplina e a ordem rigorosa da Igreja"[167]. Por fim, Leo polemizou contra um partido "liberal e revolucionário" na Prússia, cujas "doutrinas superficiais" teriam "lugares-comuns ultrapassados" como fundamento[168].

O ajuste de contas de Ruge em relação a Leo foi feito em uma detalhada resenha da *Carta a Görres*, publicada por Ruge nos *Anais de Halle*. Contra a tentativa de introduzir a disciplina e o rigor católicos no protestantismo, Ruge

---

[166] Heinrich Leo, *Sendschreiben an J. Görres* (2. ed., Halle, Anton, 1838), p. 124.
[167] Ibidem, p. 54.
[168] Ibidem, p. 128-9.

destaca que a "realidade da graça divina [...], a exclusividade do cristianismo, não dependia dos padres nem dos santos, tampouco dos pietistas, mas antes do espírito em seu desenvolvimento livre"[169]. Com base nesse argumento, Ruge acusa Leo de interpretar "a Reforma Protestante de maneira completamente não livre e deteriorada"[170]. Para Ruge, inserido na tradição hegeliana, a reforma representava a ruptura do espírito para a liberdade. Partindo dessa perspectiva, tanto Leo quanto Görres foram considerados reacionários que se rebelaram

> 1) contra a legitimidade da razão e, por isso, praguejam contra o esclarecimento e o racionalismo; 2) eles se rebelam contra a Reforma Protestante alemã, tanto por seu princípio quanto por sua formação, ou seja, a atual vida político-religiosa na Prússia [...]; 3) eles se rebelam contra a legitimidade da mais recente história, ou seja, contra a Revolução Francesa e sua consequente formação estatal, a saber: contra o sistema de centralização, de funcionalismo e de administração; e ainda gritam por liberalismo e revolução.[171]

Para Ruge, Iluminismo, protestantismo e Revolução Francesa formariam uma tríade que sustentaria o Estado moderno e que deveria ser defendida contra a "reação".

Uma carta enviada por Gans a Ruge no dia 15 de julho de 1838 demonstra que a crítica de Ruge a Leo foi muito bem-vista por intelectuais progressistas. Gans escreve que, já há muito tempo, ele queria expressar seu "mais profundo e sóbrio agradecimento" a Ruge pela maneira com que este "perturbou um ninho de vespas. Já conhecemos Leo há anos por aqui: ele é um halleriano, mas poderia ser qualquer outra coisa, levando em conta suas convicções; afinal, ele não tem nenhuma"[172].

A resposta de Leo à crítica de Ruge não tardou: no prefácio à segunda edição de sua *Carta a Görres*, ele se dirige a Ruge e a sua "filosofia jovem-hegeliana" em um tom veemente. Leo protesta

---

[169] Arnold Ruge, [resenha sobre] "Sendschreiben an J. Görres von Heinrich Leo", em *Hallische Jahrbücher*, n. 147-51, Leipzig, Wigand, 1838, p. 1.186.

[170] Ibidem, p. 1.190.

[171] Ibidem, p. 1.183.

[172] Martin Hundt (org.), *Der Redaktionsbriefwechsel der Hallischen, Deutschen und Deutsch--Französischen Jahrbücher (1837-1844)*, cit., p. 176. Gans, que morreu em maio de 1839, não escreveu nenhum artigo para os *Anais de Halle*, mas exerceu certa influência sobre a crítica política dos "jovens hegelianos"; cf. Edda Magdanz, "Gans' Stellung im Konstitutionsprozeß der junghegelianischen Bewegung", em Reinhard Blänkner et al. (orgs.), *Eduard Gans (1797--1839)*, cit.; e Norbert Waszek, "War Eduard Gans (1797-1839) der erste Links- oder Junghegelianer?", em Michael Quante e Amir Mohseni (orgs.), *Die linken Hegelianer*, cit., de que ainda trataremos aqui.

FILOSOFIA DA RELIGIÃO, O INÍCIO DO "JOVEM HEGELIANISMO" E OS PROJETOS DE DISSERTAÇÃO...

contra tudo aquilo que o dr. Ruge e seus consortes chamam de ciência, pois ela renega o Deus de Abraão e seu filho, feito carne. Eles a seguem irrefletidamente, colocando, no lugar de Deus, um "espírito livre" que é uma bolha, criada neles pelo próprio Príncipe do Abismo.[173]

Ele ainda destaca que sua intenção não era contestar a cristandade de Hegel, mas sim a do "bando de jovens hegelianos"[174] – estes teriam crescido no solo preparado por Hegel como "devastadoras ervas daninhas"[175]. O posicionamento de Leo foi corroborado por um artigo publicado na *Politische Wochenblatt* [Folha semanal política] de Berlim, periódico extremamente conservador fundado em 1831 com a finalidade, segundo o próprio jornal, de "opor-se à revolução em todas as suas formas"[176] – ou seja, para o periódico, as ideias liberais vindas da França depois da Revolução de Julho tinham de ser controladas. Um artigo publicado anonimamente nesse semanário – que exercia certa influência sobre o príncipe herdeiro – afirmava que os jovens hegelianos teriam ambições revolucionárias e que, por isso, o governo deveria observá-los atentamente. Tratava-se de uma incitação mal dissimulada à proibição dos *Anais de Halle*.

A resposta de Ruge veio no texto "Die Denunciation der Hallischen Jahrbücher" [A denúncia dos Anais de Halle], no qual ele acusa Leo de "ser ele mesmo um diletante na denunciação" e também de não conseguir explicar "a diferença, afinal, entre hegelianos nocivos e inofensivos"[177]. A fim de defender os *Anais de Halle* e a si mesmo contra as acusações da *Folha Semanal Política*, Ruge desenvolve dois argumentos. Por um lado, destaca que a função da ciência e, por consequência, dos *Anais* consistiria em "reconhecer o espírito – ou seja, também a religião e o Estado – como ele é e como se tornou, não como será ou deveria ser"[178]. Por outro, ele ressalta que uma revolução "não é feita" pelo indivíduo, mas,

> quando ela se inicia, a violência do desenvolvimento é historicamente necessária. Contudo, se esse desenvolvimento não for retido nem inibido – pelo contrário, se o Estado age pelo princípio reformador, como a Prússia o faz –, não há nenhuma necessidade, tampouco possibilidade, de revolução.[179]

---

[173] Heinrich Leo, *Sendschreiben an J. Görres*, cit., p. VI.

[174] Ibidem, p. XIII.

[175] Ibidem, p. XV.

[176] Citado em Ludwig Salomon, *Geschichte des deutschen Zeitungswesens von den ersten Anfängen bis zur Wiederaufrichtung des Deutschen Reiches*, v. 3, cit., p. 476.

[177] Arnold Ruge, "Die Denunciation der Hallischen Jahrbücher", em *Hallische Jahrbücher*, n. 179-80, Leipzig, Wigand, 1838, p. 1.430.

[178] Ibidem, p. 1.433.

[179] Ibidem, p. 1.437.

324 KARL MARX E O NASCIMENTO DA SOCIEDADE MODERNA

Nessa época, a valorização da Prússia não era meramente tática. Para Ruge e seus aliados, o Estado prussiano era visto como o Estado do esclarecimento e da reforma, mesmo que essa não fosse exatamente a linha política seguida por aquele governo específico. Assim, seria necessário relembrar à Prússia suas próprias qualidades a fim de provocar uma mudança na direção política – ao menos essa era uma convicção bastante difundida entre os intelectuais críticos da época. Em uma análise retrospectiva, Ruge confirma tal tendência:

> Nem a filosofia teológica [ou seja, a filosofia da religião de Hegel, M. H.] nem o fato de que víamos a Prússia como Estado protestante – quer dizer, para nós, filosófico – eram atitudes hipócritas ou mera estratégia; as ideias de Hegel e a liberdade científica de homens como Altenstein realmente nos entusiasmavam; precisávamos, antes, fundar nossa própria escola, ter nossas próprias experiências. Mas tudo isso aconteceu muito rápido.[180]

A discussão foi continuada por Leo: em seu panfleto *Die Hegelingen* [Os hegelianos], publicado ainda em 1838, ele apresenta uma coletânea de trechos que comprovariam que o "partido jovem-hegeliano" contestava a existência de um Deus personalizado e sua encarnação em Cristo – pregando, em vez disso, o ateísmo – e negava a imortalidade da alma, defendendo, assim, uma religião exclusiva do mundo material. Tudo isso teria sido revestido de cristianismo a fim de enganar as pessoas[181]. As proposições de Leo são defendidas em um artigo publicado anonimamente na *Gazeta Eclesiástica Evangélica*, editada por Hengstenberg. Nesse texto, o autor diferencia a ala direita e boa da escola hegeliana do lado perigoso e revolucionário, ou seja, os "jovens hegelianos"[182]. Com isso, eles foram estigmatizados como subversivos – como fora o caso no artigo publicado na *Folha Semanal Política*.

A expansão dos debates: as críticas iniciais de Ludwig Feuerbach a Hegel, o manifesto contra o romantismo e a primeira crítica explícita à Prússia

A discussão entre Ruge e Leo suscitou muitas publicações de diversos autores[183]. Por exemplo, Eduard Meyen publicou um panfleto intitulado *Heinrich Leo, der verhallerte Pietist* [Heinrich Leo, o pietista hallerizado], alusão a Karl Ludwig

---

[180] Arnold Ruge, *Aus früherer Zeit*, v. 4, cit., p. 484-5.

[181] Heinrich Leo, *Die Hegelingen: Actenstücke und Belege zu der S. G. Denunciation der ewigen Wahrheit* (Halle, Anton, 1838), p. 4 e seg.

[182] Cf. Wolfgang Bunzel, Martin Hundt e Lars Lambrecht, *Zentrum und Peripherie*, cit., p. 18.

[183] Entre esses escritos, os mais importantes foram listados por Ingrid Pepperle, *Junghegelianische Geschichtsphilosophie und Kunsttheorie*, cit., p. 238, nota 79.

von Haller, especialista em direito do Estado, extremamente conservador e que havia se convertido ao catolicismo. Na sequência dos debates, multiplicaram-se as críticas diretas à *Filosofia do direito* de Hegel por parte dos conservadores. No início deste capítulo, já foi mencionada a crítica de Schubarth a Hegel[184], assim como a resposta de Friedrich Köppen[185], amigo próximo de Marx.

Ludwig Feuerbach também tomou posição nos debates em 1839. Como mencionado, após a publicação dos *Pensamentos sobre morte e imortalidade*, Feuerbach não tinha mais chance de conseguir uma cátedra em uma universidade alemã. No entanto, sua parceira, *Bertha Löw* (1803-1883), com quem se casou em 1837, era coproprietária de uma pequena fábrica de porcelana no vilarejo de Bruckberg, na Baviera; estavam assegurados, assim, o modesto sustento da família e a possibilidade de Feuerbach atuar como estudioso por meios privados. Além de seus trabalhos sobre história da filosofia, Feuerbach escreveu duas resenhas abrangentes e extremamente críticas sobre a *Filosofia do direito* de Friedrich Julius Stahl e sobre o kantiano *Carl Friedrich Bachmann* (1785-1855), crítico de Hegel. Sobretudo a resenha sobre Stahl demonstra que Feuerbach definitivamente não foi um pensador apolítico, como alguns autores afirmam ainda hoje[186]. Em dezembro de 1838, Feuerbach já havia publicado, nos *Anais de Halle*, um artigo bastante polêmico, "Zur Kritik der positiven Philosophie" [Para a crítica da filosofia positiva][187], em que ele critica incisivamente a filosofia "positiva" – que havia desenvolvido uma argumentação religiosa – ligada à *Zeitschrift für Philosophie und spekulative Theologie* [Revista de filosofia e teologia especulativa], fundada em 1837 por Immanuel Fichte; sua crítica se direcionava, sobretudo, à crença em um deus personificado defendida no periódico. Feuerbach apresenta, então, o artigo *Der wahre Gesichtspunkt aus dem der Leo-Hegelsche Streit beurteilt werden muß* [A verdadeira perspectiva pela qual a disputa leo-hegeliana tem de ser julgada][188] a Ruge, que se mostrou fascinado pelo texto,

---

[184] Karl Ernst Schubarth, "Über die Unvereinbarkeit der Hegelschen Staatslehre mit dem obersten Lebens- und Entwicklungsprinzip des Preußischen Staates" (1839), em Manfred Riedel (org.), *Materialien zu Hegels Rechtsphilosophie*, v. 1, cit.

[185] Karl Friedrich Köppen, "Über Schubarths Unvereinbarkeit der Hegelschen Lehre mit dem Preußischen Staate", cit.

[186] Cf. Warren Breckman, *Marx, the Young Hegelians, and the Origins of Radical Social Theory*, cit., p. 109 e seg.

[187] Ludwig Feuerbach, "Zur Kritik der positiven Philosophie", em *Hallische Jahrbücher*, cadernos 289-93, Leipzig, Wigand, 1838.

[188] Por causa desse título, grande parte da literatura menciona uma disputa "leo-hegeliana", apesar de o debate ter ocorrido principalmente entre Leo e Ruge. No entanto, não se tratava de uma disputa meramente pessoal; no fundo, estava posta a questão dos rumos que a Prússia deveria tomar no futuro – justamente por isso chamou tanto a atenção.

326 KARL MARX E O NASCIMENTO DA SOCIEDADE MODERNA

garantindo sua rápida edição. No entanto, depois de publicadas as duas primeiras partes, nos dias 11 e 12 de março de 1839, a censura proibiu a impressão do resto do artigo. Foi a primeira vez que um artigo dos *Anais de Halle* não recebeu permissão para publicação. Poucos meses depois, Feuerbach o publicou integralmente em Baden – como panfleto separado –, com o título *Über Philosophie und Christentum in Beziehung auf den der Hegelschen Philosophie gemachten Vorwurf der Unchristlichkeit* [Sobre filosofia e cristianismo em relação à acusação de que a filosofia hegeliana não seja cristã][189].

Como destacado pelo biógrafo de Feuerbach, Josef Winiger[190], os argumentos apresentados por Feuerbach nesse artigo eram muito mais radicais do que os utilizados por Ruge até então. A "verdadeira perspectiva" para o julgamento da discussão não era mais, para Feuerbach, a oposição entre protestantismo e catolicismo, mas aquela entre ciência e religião. A acusação de que a filosofia hegeliana seria anticristã não foi rejeitada por ser incorreta, e sim por não fazer sentido: para Feuerbach, não poderia existir uma filosofia cristã, assim como não poderiam existir uma matemática cristã e uma mineralogia cristã. Ciência e religião não poderiam sequer ser comparadas, já que a ciência teria por base o pensamento, e a religião, o ânimo [*das Gemüt*] e a fantasia[191]. No prefácio ao panfleto, esse ponto culmina em uma crítica fundamental da filosofia da religião de Hegel. Segundo Feuerbach, quando se afirma que filosofia e religião têm o mesmo conteúdo, diferenciando-se apenas na forma, então "se transforma o inessencial em essencial e o essencial em inessencial. Fantasia e ânimo constituem justamente a *essência* da religião, não o conteúdo enquanto tal"[192]. No parágrafo seguinte, Feuerbach afirma categoricamente: "A fantasia é a atividade intelectual *subjetiva*, que representa as coisas de modo que se adéquem ao ânimo; a razão é a atividade intelectual *objetiva*, que representa as coisas como elas são, desconsiderando as necessidades do ânimo"[193]. Assim, a tentativa de Hegel de superar a religião na filosofia tornava-se obsoleta. Para a filosofia, a religião só poderia ser objeto de crítica; um programa que Feuerbach levaria a cabo em *A essência do cristianismo* (1841).

Em 1839, Feuerbach também criticou os fundamentos – além da filosofia da religião – do sistema hegeliano como um todo, o que acontecia pela primei-

---

[189] Ludwig Feuerbach, "Über Philosophie und Christentum in Beziehung auf den der Hegelschen Philosophie gemachten Vorwurf der Unchristlichkeit" (1839), em *Kleinere Schriften I (1835-1839)* (Berlim, Akademie, 1989, Gesammelte Werke, v. 8), p. 219-92.

[190] Josef Winiger, *Ludwig Feuerbach, Denker der Menschlichkeit*, cit., p. 127.

[191] Ludwig Feuerbach, "Über Philosophie und Christentum in Beziehung auf den der Hegelschen Philosophie gemachten Vorwurf der Unchristlichkeit", cit., p. 232.

[192] Ibidem, p. 220.

[193] Ibidem, p. 221.

ra vez. Em um total de nove edições dos *Anais de Halle*, entre os dias 20 de agosto e 9 de setembro de 1839, foi publicado "Zur Kritik der Hegelschen Philosophie" [Para a crítica da filosofia hegeliana][194]. Num primeiro momento, Feuerbach critica uma concepção que ele não atribui a Hegel, mas a seus alunos; a saber, a ideia de que a filosofia hegeliana era uma filosofia absoluta, uma filosofia em que a ideia da filosofia se realizaria absolutamente. Feuerbach opõe-se a essa concepção: "Seria possível falar da realização absoluta da espécie em *um* indivíduo, da arte em *um* artista, da filosofia em *um* filósofo?"[195]. A filosofia hegeliana estaria vinculada – assim como qualquer outra filosofia – às condições de sua época, não sendo, de modo nenhum, desprovida de pressupostos[196]. A crítica de Feuerbach não se limitou à crença fictícia de que o sistema teria um início sem pressupostos; ele também destaca que o próprio sistema seria apenas a representação para outra pessoa, que deve ser convencida por meio da linguagem. No entanto, Hegel teria abstraído do caráter dialógico da filosofia[197]. Por fim, haveria ainda uma acusação a Hegel que se aplicaria a toda a filosofia mais recente, desde Descartes e Espinosa: a de se basear em "uma ruptura *imediata* com a perspectiva sensorial"[198]. Com isso, Feuerbach já aponta alguns elementos de sua futura crítica a Hegel, que teria grande importância para Marx em 1843. Na época da publicação, em 1839, esse texto foi praticamente ignorado; os "jovens hegelianos" ainda não estavam preparados para enfrentar uma crítica aos fundamentos da filosofia de Hegel.

Outro livro que não recebeu muita atenção foi *Prolegômenos para a historiosofia*, do conde polonês *August von Cieszkowski* (1814-1894), publicado em 1838. Até chegou a sair uma resenha[199] nos *Anais de Halle*; contudo, a análise praticamente se limita à crítica de Cieszkowski à doutrina hegeliana das épocas do mundo – desenvolvida por Hegel nos *Cursos sobre a filosofia da história*. No lugar das épocas oriental, grega, romana e germânico-cristã de Hegel, Cieszkowski apresenta o período germânico-cristão como antítese da Antiguidade e o futuro como síntese – para ele, o que importava era justamente o reconhecimento deste último. O maior problema de Hegel teria sido não tratar do futuro em sua filosofia da história. Cieszkowski não se referia à previsão de acontecimentos

---

[194] Ludwig Feuerbach, "Zur Kritik der Hegelschen Philosophie", em *Hallische Jahrbücher*, n. 208-16, 1839.

[195] Ibidem, p. 1.660.

[196] Ibidem, p. 1.667.

[197] Ibidem, p. 1.676.

[198] Ibidem, p. 1.700.

[199] Julius Frauenstädt, [resenha sobre] "August v. Cieszkowski, Prolegomena zur Historiosophie", em *Hallische Jahrbücher*, n. 60-1, 1839.

específicos, mas à percepção da "própria essência do progresso"[200]. Contrariamente ao que sugere Cornu[201], ainda não se havia desenvolvido – nas primeiras análises dessa obra – a ideia de que uma reflexão filosófica sobre a ação seria necessária para o reconhecimento do futuro, tendo em vista que a ação cria o futuro. Tais considerações só influenciariam os "jovens hegelianos" na década de 1840, ainda que se tratasse de uma influência indireta, sem referências explícitas[202]. Ao que parece, Marx não leu Cieszkowski em 1838 nem depois; em carta a Engels do dia 12 de janeiro de 1881, ele escreve: "[...] Esse conde etc. [Cieszkowski, M. H.] me visitou uma vez em Paris (na época dos *Anais Franco-Alemães*), e eu fiquei tão impressionado com seu caráter que não quis nem pude ler absolutamente nenhum dos disparates que ele havia escrito"[203]. Apesar do contexto dessa carta ser outro – a referência aqui são os escritos econômicos tardios de Cieszkowski –, se Marx já tivesse lido a *Historiosofia*, ele provavelmente a teria mencionado.

Sob outra perspectiva, Ruge e Echtermeyer foram responsáveis pelo alargamento dos temas discutidos. Entre outubro de 1839 e março de 1840, foi publicada nos *Anais de Halle* uma série de artigos intitulada "Der Protestantismus und die Romantik: zur Verständigung über die Zeit und ihre Gegensätze – ein Manifest" [O protestantismo e o romantismo: acerca da compreensão sobre o tempo e suas contradições – um manifesto]. Os conflitos da época eram interpretados como "resistência por parte de espíritos oprimidos, aflitos por causa de um movimento obscuro do ânimo [*dunkle Gemüthsbewegung*], contra a última fase da Reforma Protestante iniciada recentemente: *a formação livre de nossa realidade espiritual*"[204]. A escuridão e a opressão desses espíritos seriam consequências de suas raízes "românticas". No esboço exagerado do desenvolvimento intelectual e cultural da Alemanha feito por Ruge e Echtermeyer, o protestantismo é oposto ao romantismo, visto como católico e anti-iluminista. Protestantismo significaria racionalidade, liberdade de pensamento e Iluminismo – ao menos quando livre de elementos católicos e reacionários. Esse "princípio da reforma"

---

[200] August von Cieszkowski, *Prolegomena zur Historiosophie* (Berlim, Veit, 1838), p. 11.

[201] Auguste Cornu, *Karl Marx und Friedrich Engels*, v. 1, cit., p. 130 e seg.

[202] Cf., acerca das primeiras análises, Norman Senk, *Junghegelianisches Rechtsdenken*, cit., p. 132 e seg.; para mais informações sobre Cieszkowski: Horst Stuke, *Philosophie der Tat: Studien zur Verwirklichung der Philosophie bei den Junghegelianern und den Wahren Sozialisten* (Stuttgart, Klett, 1963).

[203] MEW 35, p. 35.

[204] Arnold Ruge e Theodor Echtermeyer, "Der Protestantismus und die Romantik: zur Verständigung über die Zeit und ihre Gegensätze – ein Manifest", em *Hallische Jahrbücher*, 1839, n. 245-51, 256-71, 301-10; 1840, n. 53-4, 63-5, p. 1.953.

FILOSOFIA DA RELIGIÃO, O INÍCIO DO "JOVEM HEGELIANISMO" E OS PROJETOS DE DISSERTAÇÃO... 329

estaria presente, "em sua exposição e formação teóricas mais elevadas, na mais recente filosofia" (trata-se, evidentemente, de Hegel)[205]. Ao opor, de um lado, Reforma Protestante, Iluminismo e filosofia hegeliana e, de outro, catolicismo, romantismo e pensamento conservador, Ruge e Echtermeyer utilizaram argumentos centrais tanto da crítica ao romantismo de Heinrich Heine[206] quanto de sua *Zur Geschichte der Religion und Philosophie in Deutschland* [História da religião e da filosofia na Alemanha][207]. Não obstante, ele não foi mencionado pelos autores. Nessa época, Ruge tinha uma imagem bastante negativa de Heine: ele seria banal e "frívolo"[208]. Ruge só começaria a valorizar Heine alguns anos mais

---

[205] Ibidem, p. 1.961.

[206] Heinrich Heine, "Die romantische Schule", cit.

[207] Idem, "Zur Geschichte der Religion und Philosophie in Deutschland" (1835), em *Sämtliche Werke* (Düsseldorfer Ausgabe), cit., v. 8/1, p. 9-120. Em seu texto sobre Feuerbach, Engels menciona, impressionado, a compreensão do caráter revolucionário da filosofia hegeliana que Heine havia alcançado na *História da religião e da filosofia na Alemanha*, escrita em 1833. Engels escreve: "Tal como na França do século XVIII, também na Alemanha do século XIX a revolução filosófica preludiou o desmoronamento político. Mas como ambas tiveram um aspecto diverso! Os franceses em luta aberta com toda a ciência oficial, com a Igreja, frequentemente também com o Estado; seus escritos impressos além-fronteiras, na Holanda ou na Inglaterra, e eles próprios demasiado frequentemente quase no ponto de parar na Bastilha. Os alemães, em contrapartida – professores, mestres da juventude colocados pelo Estado, seus escritos [como] manuais reconhecidos, e o sistema que remata todo o desenvolvimento, o de Hegel, elevado mesmo, em certa medida, ao nível de régia filosofia de Estado prussiana! E podia a revolução esconder-se detrás desses professores, detrás de suas palavras pedanto-obscuras, em seus períodos pesados, maçadores? Não eram, então, precisamente as pessoas que naquela altura passavam por representantes da revolução – os liberais – os adversários mais aguerridos dessa filosofia que desarranja as cabeças? O que, porém, nem os governos nem os liberais viram, viu-o já em 1833, pelo menos, *um* homem, mas é certo que se chamava Heinrich Heine"; MEGA I/30, p. 122 e 125; MEW 21, p. 265 [ed. port.: *Ludwig Feuerbach e o fim da filosofia clássica alemã*, trad. José Barata-Moura, Lisboa/Moscou, Avante!, 1982, Obras Escolhidas em Três Tomos, t. III, disponível em: <www.marxists.org/portugues/marx/1886/mes/fim.htm>, acesso em: jan. 2018].

[208] Lars Lambrecht – "Arnold Ruge: Politisierung der Ästhetik?", em Lars Lambrecht e Karl Ewald Tietz (orgs.), *Arnold Ruge (1802-1880): Beiträge zum 200. Geburtstag* (Frankfurt am Main, Peter Lang, 2002) p. 117-8 – supõe que a rejeição de Heine por parte de Ruge estivesse ligada a sua aversão aos judeus. É possível encontrar, nas cartas de Ruge, diversas declarações antissemitas, principalmente em relação a pessoas com quem havia se desentendido. Não obstante, ele dedicou um dos volumes da edição de suas obras completas ao médico judeu Johann Jacoby, autor do texto *Vier Fragen...* [Quatro questões...]; além disso, durante a Revolução de 1848, ele criticou – em seu periódico *Reform* – as tendências antissemitas do parlamento que se reunia na Paulskirche [Igreja de São Paulo], em Frankfurt. Cf., sobre o tema, Stephan Walter, *Demokratisches Denken zwischen Hegel und Marx*, cit., p. 202-5.

330 KARL MARX E O NASCIMENTO DA SOCIEDADE MODERNA

tarde, durante o exílio em Paris[209]. Em relação à concepção de Heine, Ruge e Echtermeyer ampliaram ainda mais o conceito de romantismo, que abrangeria – considerando também seus precursores – de 1770 à atualidade, ou seja, 1840. O Jovem Alemanha e o "neo-schellingnismo" foram considerados as manifestações mais recentes do romantismo[210]; também os "velhos hegelianos" – acusados de se comportarem "inofensivamente em termos de teoria" – se revelariam "hegelianos com a embriaguez romântica"[211]. Torna-se claro, aqui, que a crítica de Ruge e Echtermeyer se dirige principalmente a seus contemporâneos – o que também é indicado algumas vezes nos últimos trechos do texto, publicados em 1840, pelas referências a um "tornar-se prática" da filosofia. Sobre uma nova práxis, por exemplo, lê-se: "[...] Essa práxis é um novo sistema, uma disposição absoluta de agir do espírito livre, o entusiasmo reformador que alcança todo nosso entorno e não se contenta com a contemplação hegeliana"[212].

A crítica estética do romantismo feita por Ruge e Echtermeyer é esquemática e indiferenciada em muitos pontos, o que seus aliados não deixaram passar despercebido[213]. Não obstante, ela cumpriu sua finalidade: opor-se às tendências

---

[209] Cf. Arnold Ruge, *Zwei Jahre in Paris: Studien und Erinnerungen* (1846) (Hildesheim, Gerstenberg, 1977, 2 v.), v. 1, p. 143; sobre a relação dos jovens hegelianos com Heine, Manfred Windfuhr, "Apparat", em Heinrich Heine, *Sämtliche Werke* (Düsseldorfer Ausgabe), cit., v. 8/2, p. 561 e seg. No início da década de 1850, em um texto não publicado (*Die großen Männer des Exils* [Os grandes homens do exílio]), Marx e Engels abordaram essa dependência de Heine, expressando-se de maneira bastante depreciativa sobre Ruge. A respeito dos *Anais de Halle*, eles escreveram que Ruge teria procurado obter "seu principal ganho por meio da publicação do trabalho de terceiros, conseguindo benefícios materiais e material literário para o próprio deleite intelectual". A crítica ao romantismo de Ruge também é tratada dessa maneira. Ruge, continua o texto, "lutou [...] com coragem contra o *romantismo* justamente porque este já havia sido, muito tempo antes, superado criticamente por Hegel em sua *Estética* e literariamente, na escola romântica, por Heine"; MEGA I/11, p. 257, MEW 8, p. 273. Além de não fazerem justiça aos *Anais de Halle*, esses julgamentos ignoram completamente o contexto político em que estava inserida a crítica ao romantismo de Ruge. É preciso compreender essas palavras de Marx e Engels tendo como pano de fundo as discussões acaloradas nos círculos de emigrantes, onde Ruge fez acusações em parte absurdas contra Marx e Engels. Contudo, em momentos mais calmos – como demonstram os trechos citados no início deste capítulo –, Marx e Engels fizeram análises bem mais equilibradas. Apesar de não ter sido citado diretamente nesses trechos, Ruge foi figura central da filosofia crítica tão louvada por Marx e Engels nas passagens mencionadas.

[210] Arnold Ruge e Theodor Echtermeyer, "Der Protestantismus und die Romantik", cit., p. 511-2.

[211] Ibidem, p. 512.

[212] Ibidem, p. 417-8.

[213] Cf., por exemplo, a carta enviada por Eduard Meyen a Arnold Ruge no dia 20 de maio de 1840: "Para ser sincero, você vai longe demais com sua polêmica contra o romantismo; ela chega a se tornar fantástica. Combata o romanticismo – a orientação inversa do romantismo – o

reacionárias e conservadoras utilizando um amplo fundamento histórico. Apesar de não atingir a radicalidade que Feuerbach já havia demonstrado – antes mesmo da publicação do *Manifesto* – nos textos citados aqui, a crítica de Ruge e Echtermeyer foi defendida com muito mais veemência e detalhe, alcançando, por isso, também maior impacto público.

No *Manifesto*, as referências à Prússia são consistentemente positivas. No entanto, antes da publicação completa do *Manifesto*, um artigo foi impresso nos *Anais de Halle*, em novembro de 1839, com o título "Karl Streckfuß und das Preußenthum" [Karl Streckfuß e o prussianismo] – tratava-se da primeira crítica aberta à Prússia, o que chamou a atenção do público. Sobre a autoria, lia-se: "De um württembergiano"; muitos contemporâneos suspeitaram que se tratasse de Strauß. Na verdade, porém, seu autor foi Arnold Ruge[214].

Em seu livro, o conselheiro governamental Karl Streckfuß, mencionado no título, tentara comprovar que a Prússia de fato não precisaria de uma Constituição – já havia muito tempo reivindicada. O texto de Streckfuß não é em si muito importante; Ruge utilizou-o meramente para formular sua crítica – então mais fundamental – à Prússia. Tornara-se evidente que aquela velha imagem da Prússia enquanto Estado de fato orientado pela liberdade e pelo esclarecimento não podia mais ser sustentada. Nas discussões entre Leo e Ruge, o Estado prussiano se colocou ao lado de Leo: enquanto docente da Universidade de Halle, Ruge foi proibido de criticar pessoalmente os professores dessa universidade, o que o levou a abandonar seu cargo[215]. Durante o conflito que envolveu a Constituição de Hanôver, a Prússia se colocou ao lado do rei de Hanôver, que revogara a Constituição, fato que desencadeou o protesto dos sete de Göttingen, celebrados por toda a Alemanha. Além disso, a censura foi reforçada. Não restava muito do tal "espírito livre" na Prússia.

O artigo de Ruge sobre Streckfuß testemunha uma significativa mudança de perspectiva. O que antes fora considerado mero desvio temporário do caminho certo passa a ser visto como a nova rota da Prússia: com os decretos de Karlsbad, a censura à imprensa e a revisão do regulamento das cidades de 1831 (que transferiu ao governo prussiano a tomada de decisão em importantes questões mu-

---

quanto quiser, mas não mate o romantismo, o mundo dos sentimentos". Martin Hundt (org.), *Der Redaktionsbriefwechsel der Hallischen, Deutschen und Deutsch-Französischen Jahrbücher (1837-1844)*, cit., p. 549. Para uma análise diferente da crítica do romantismo de Ruge e Echtermeyer, cf. Wolfgang Bunzel, "Der Geschichte in die Hände arbeiten: zur Romantikkonzeption der Junghegelianer", em Wolfgang Bunzel, Peter Stein e Florian Vaßen (orgs.), *Romantik und Vormärz (Forum Vormärz Forschung, Vormärz Studien X)* (Bielefeld, Aisthesis, 2003).

[214] Arnold Ruge, *Aus früherer Zeit*, v. 4, cit., p. 488.

[215] Ibidem, p. 487.

KARL MARX E O NASCIMENTO DA SOCIEDADE MODERNA

nicipais), a Prússia teria abandonado o "princípio" protestante e iluminista "do espírito livre e intutelável"[216]. De maneira provocante – para o Estado prussiano, que se considerava protestante –, Ruge escreve: *"Enquanto Estado, a Prússia ainda é católica*; no plano político, a monarquia absolutista é exatamente a mesma coisa que o catolicismo no plano religioso"[217]. Em contrapartida, o "württembergiano" afirma:

> Nós, alemães não prussianos, somos protestantes *também no Estado*; não *acreditamos* em nada se não tivermos a mais viva participação do espírito [...]. Por isso, não conseguimos suportar o Estado absolutista, porque não podemos tolerar que o Estado nos prive do absoluto que ele mesmo apreende em si. Temos de participar dele, em teoria, com máxima autoconsciência e, na prática, por meio da mais livre representação, pois o protestantismo é o espírito que possui o absoluto (ou seja, também o Estado absolutista).[218]

É evidente, aqui, que a "mais livre representação" dos cidadãos no Estado não era válida apenas para os "alemães não prussianos", mas, possivelmente, também para os alemães prussianos. Em suma, Ruge reivindica, além da liberdade de imprensa, condições democráticas de Estado – mesmo que, a princípio, apenas por apelo ao protestantismo[219].

Com o artigo de Ruge sobre Streckfuß publicado no fim de 1839, a crítica à Prússia alcançou um novo patamar. Em 1840 e 1841, nos *Anais de Halle*, continuou-se argumentando com base nessas concepções[220]. O livro de Karl Friedrich Köppen sobre Frederico II da Prússia, mencionado no início deste capítulo, foi a última grande tentativa de rememorar o passado esclarecido da Prússia – tentativa que foi recebida com entusiasmo nos *Anais de Halle*.

---

[216] Idem, "Karl Streckfuß und das Preußenthum", em *Hallische Jahrbücher*, n. 262-4, Leipzig, Wigand, 1839, p. 2.097-8.

[217] Ibidem, p. 2.100-1.

[218] Ibidem, p. 2.100.

[219] A relação positiva com o protestantismo só seria explicitamente abandonada por Ruge em 1842, com a publicação de dois artigos criticando o aspecto protestante tanto do *Manifesto* contra o romantismo quanto do artigo sobre Streckfuß; cf. Arnold Ruge, "Die wahre Romantik und der falsche Protestantismus, ein Gegenmanifest", em *Deutsche Jahrbücher*, cadernos 169-71, Leipzig, Wigand, 1842, e "Der christliche Staat: gegen den Wirtemberger über das Preußenthum (Hallische Jahrbücher 1839)", em *Deutsche Jahrbücher*, cadernos 267-8, Leipzig, Wigand, 1842. Com isso, Ruge realizava o que Feuerbach e Bauer haviam teorizado no campo da crítica à religião entre 1840 e 1841.

[220] Para uma análise detalhada, cf. Norman Senk, *Junghegelianisches Rechtsdenken*, cit., p. 164 e seg.

O próprio Ruge começava a formular suas críticas de maneira cada vez mais direta – mesmo que, muitas vezes, escondidas na reprodução de outros autores; ou seja, por meio de resenhas. Ele trata, por exemplo, de democracia ao analisar as obras do estudioso e poeta *Wilhelm Heinse* (1746-1803). Com a publicação do romance epistolar *Ardinghello* em 1786-1787, Heinse popularizou o Renascimento italiano na Alemanha. Como consequência da concepção de Estado de Heinse, Ruge escreve: "*Estado de homens, dignos desse nome*, perfeito para todos e cada um, tem sempre de ser, no fundo, uma democracia"; ainda adiciona que a filosofia teria, desde então, conquistado muita coisa, já que a ideia do Estado enquanto "autogoverno constitucional" seria seu produto[221].

No fim de 1840, Ruge fez uma crítica a Hegel que teve claras consequências políticas, apesar de não ser tão radical quanto a formulada por Feuerbach em 1839. Ruge acusou a *Filosofia da religião* de Hegel de apresentar "acomodações e inconsequências", pois Hegel teria considerado como necessárias instituições políticas ultrapassadas; ele teria construído o Estado "utilizando o modelo de existências passadas", em vez de "criticar as presentes e, a partir dessa crítica, deixar surgir a exigência e a formação de seu futuro imediato ou, se preferirem, de seu presente e de sua realidade [*Wirklichkeit*]"[222]. Com isso, Ruge acusava Hegel de ter confundido a existência histórica do Estado com sua realidade racional. Não se trata aqui da mesma acusação feita pelos liberais de que Hegel teria desenvolvido uma justificação da restauração prussiana. A existência histórica que Hegel teria confundido com a realidade, segundo Ruge, seria aquela das "instituições da antiga Inglaterra"[223]. Não obstante essa crítica, Ruge admite: "Até mesmo a maior acomodação de seu direito natural era permeada do princípio correto e motor do desenvolvimento"[224]. Alguns meses depois, Marx criticaria essa tese da acomodação, considerando-a insuficiente[225].

Além de se tornarem cada vez mais radicais, os *Anais de Halle* tinham grande repercussão nas camadas cultas. Martin Hundt[226] dá um exemplo um tanto estranho dessa ressonância: após a publicação do primeiro volume (de um total de quatro) de sua *Geschichte Frankreichs im Revolutionszeitalter* [História da França no período revolucionário], o historiador *Wilhelm Wachsmuth* (1784-

---

[221] Arnold Ruge, [resenha sobre] "Friedrich Köppen, Friedrich der Große und seine Widersacher: eine Jubelschrift", cit., p. 1.691.

[222] Idem, "Politik und Philosophie", em *Hallische Jahrbücher*, n. 292-3, Leipzig, Wigand, 1840, p. 2.331-2.

[223] Ibidem, p. 2.331.

[224] Ibidem, p. 2.332.

[225] Cf. p. 387-8 deste volume.

[226] Martin Hundt, "Was war der Junghegelianismus?", em *Sitzungsberichte der Leibniz-Sozietät*, Berlim, v. 40, caderno 5, 2000, p. 15.

-1866), que também era responsável pela censura dos *Anais de Halle*, enviou uma cópia de seu livro a Arnold Ruge e uma carta, na qual ele afirma que achava importante "dar uma prova de minha sincera estima e, possivelmente, uma compensação em relação àquilo que sou obrigado a fazer, contra sua e minha vontade"[227]. No verão de 1843, Marx leria e resumiria os dois primeiros volumes dessa exaustiva obra[228].

Após a morte do ministro da Cultura Altenstein, em 1840, os *Anais de Halle* não tinham mais nenhum apoiador no alto escalão do Estado prussiano. Era questão de tempo até que acontecessem os primeiros atritos com Frederico Guilherme IV da Prússia – conservador orientado por ideias romântico-cristãs –, que subira ao trono também em 1840. Por iniciativa do próprio rei, o governo prussiano demandou que a impressão dos *Anais de Halle* fosse transferida de Leipzig, na Saxônia, para Halle, na Prússia, de modo que a publicação entrasse na jurisdição da censura prussiana[229]. Como consequência, Ruge transferiu a redação para Dresden, na Saxônia, mas manteve a impressão em Leipzig, mudando o título do periódico, a partir do dia 2 de julho de 1841, para *Anais Alemães de Ciência e Arte*.

Uma consideração à parte: seria a oposição entre "velhos" e "jovens" hegelianos mera construção histórico-filosófica?

Neste capítulo, até aqui, delineou-se a formação, sobretudo em círculos ligados aos *Anais de Halle*, de uma corrente "jovem-hegeliana" após a publicação do livro *A vida de Jesus* de Strauß. Acompanhamos esses debates até 1840-1841, período em que Marx desenvolvia sua dissertação. Esses debates representam um elemento fundamental do contexto político-intelectual em que Marx estava inserido. No próximo item, tratarei de sua relação com Bruno Bauer – outro elemento relevante no desenvolvimento marxiano. Antes de se classificar o jovem Marx como "jovem hegeliano", como acontece com frequência, é necessário, porém, perguntar-se até que ponto se pode realmente falar de "velhos" e "jovens" hegelianos.

Os dois termos ganharam visibilidade durante a discussão entre Ruge e Leo. Já em 1837, Ruge havia escrito sobre o "princípio velho-hegeliano" dos *Anais*

---

[227] Martin Hundt (org.), *Der Redaktionsbriefwechsel der Hallischen, Deutschen und Deutsch-Französischen Jahrbücher (1837-1844)*, cit., p. 616.

[228] MEGA IV/2, p. 163-74.

[229] Gustav Mayer, "Die Anfänge des politischen Radikalismus im vormärzlichen Preußen", em *Radikalismus, Sozialismus und bürgerliche Demokratie* (1913) (Frankfurt am Main, Suhrkamp, 1969), p. 23.

para a Crítica Científica de Berlim, que seriam insuficientes para as exigências da época[230]; a partir de 1838, Leo passou a utilizar o adjetivo "jovem-hegeliano" pejorativamente nas discussões. No início, houve certa resistência, como na crítica de Eduard Meyen a Leo, mencionada, na qual ele escreve que "a diferença entre jovem e velho hegelianismo é absurda"[231] – de maneira demonstrativa, ele dedicou seu livro "a todos os alunos de Hegel". No entanto, a expressão "jovem hegeliano" logo se impôs como autodescrição positiva por parte de um grupo de autores, na maioria jovens. Por exemplo, no citado artigo de dezembro de 1840, Ruge menciona diversas vezes os "jovens hegelianos"[232] ou a filosofia "jovem-hegeliana"[233]. Em janeiro de 1841, o jovem Engels também utilizou o termo de modo bastante natural[234]. Em contrapartida, a expressão "velho hegelianismo" não parece ter passado por um processo semelhante de ressignificação.

Em quase toda a literatura mais recente sobre o "jovem hegelianismo" ou sobre o jovem Marx, parte-se do pressuposto de que ocorreu – durante a década de 1830 – uma "ruptura" da "escola hegeliana" em duas alas, uma de direita e a outra de esquerda (sendo que os termos "direita" e "esquerda" costumam ser utilizados no sentido político geral, não na acepção filosófico--religiosa utilizada por Strauß). Nesse contexto, costuma-se associar os "hegelianos de direita" aos "velhos hegelianos" e os "hegelianos de esquerda" aos "jovens hegelianos". Os primeiros teriam sido conservadores, e os últimos, progressistas, até revolucionários.

No século XIX, os "jovens hegelianos" eram vistos – se sequer fossem objetos de estudo – como pouco importantes em termos filosóficos, como acontece na *História da filosofia* (1896) de Johann Eduard Erdmann, que era, ele próprio, um hegeliano conservador. O interesse pelo "jovem hegelianismo" só aumentou com os novos estudos sobre Hegel, no começo do século XX, e com o início das publicações dos escritos de juventude de Marx, na década de 1920. Em 1930, Willy Moog publicou o mais detalhado trabalho do desenvolvimento da escola hegeliana até então; em 1941, Karl Löwith publicou pela primeira vez *De Hegel a Nietzsche*, obra bastante influente que apresenta a oposição entre jovens e velhos hegelianos de maneira bem exagerada.

Em especial do lado marxista, o "jovem hegelianismo" foi visto, por muito tempo, como mero precursor e como influência secundária de Marx e Engels.

---

[230] Arnold Ruge, "Unsere gelehrte kritische Journalistik", cit., p. 910.

[231] Eduard Meyen, *Heinrich Leo, der verhallerte Pietist: ein Literaturbrief* (Leipzig, Otto Wigand, 1839), p. 35.

[232] Arnold Ruge, "Politik und Philosophie", cit., p. 2.330-1 e 2.342.

[233] Ibidem, p. 2.340.

[234] MEGA I/3, p. 216; MEW 41, p. 125.

Muitas vezes, a atuação do grupo foi interpretada de "trás para a frente"; ou seja, partindo da perspectiva crítica posterior de Marx e Engels – em 1844 na *Sagrada família* e em 1845-1846 em *A ideologia alemã*. Em muitas das contribuições, nem sequer se põem questões como saber até que ponto a crítica direcionada especialmente a Bruno Bauer e a Max Stirner atingia também "o" jovem hegelianismo e até que ponto essa crítica foi condicionada pelas circunstâncias e pelas discussões da época.

A partir da década de 1960, as discussões começaram a se intensificar, e o número de publicações originais aumentou[235]. No entanto, o debate em torno do "jovem hegelianismo" se concentrava em algumas figuras conhecidas, como Bruno Bauer, Ludwig Feuerbach ou Max Stirner; o "velho hegelianismo" quase não foi tematizado. Uma discussão mais abrangente sobre o "jovem hegelianismo" – que não mais se limitava aos nomes já conhecidos e que não mais os analisava apenas em suas relações com o desenvolvimento de Marx e Engels – só se estabeleceria a partir da década de 1990[236]. Com isso, passaram a ser conhecidos muito mais detalhes não só sobre os protagonistas individuais mas também sobre as redes discursivas em que agiam. Contudo, a questão da definição, em

---

[235] Em 1962, foram publicadas as compilações de textos: *Die Hegelsche Linke* [A esquerda hegeliana], por Karl Löwith, e *Die Hegelsche Rechte* [A direita hegeliana], por Hermann Lübbe; em 1968, Hans Martin Sass publicou uma coletânea de textos de Bruno Bauer intitulada *Feldzüge der reinen Kritik* [Campanhas – no sentido militar – da crítica pura]; em 1971, os *Anais de Halle* e os *Anais Alemães* foram reeditados, acompanhados de uma longa introdução de Ingrid Pepperle; em 1985, Heinz e Ingrid Pepperle publicaram uma ampla coletânea de quase mil páginas intitulada *Die Hegelsche Linke: Dokumente zu Philosophie und Politik im deutschen Vormärz* [A esquerda hegeliana: documentos sobre filosofia e política no Vormärz alemão].

[236] Em relação às publicações em alemão, é necessário, sobretudo, mencionar a série *Forschungen zum Junghegelianismus* [Estudos sobre o jovem hegelianismo], editada desde 1996 por Lars Lambrecht e Konrad Feilchenfeldt, que conta, até o momento, com 22 volumes publicados. Antes disso, em um breve esboço, Goldschmidt já havia criticado a perspectiva da pesquisa marxista em relação a Bauer; Werner Goldschmidt, "Bruno Bauer als Gegenstand der Marx-Forschung", em *Marxistische Studien: Jahrbuch des IMSF 12*, t. I, Frankfurt am Main, Institut für Marxistische Studien, 1987. Fora da Alemanha, as discussões também progrediram; a título de exemplo, cf. Warren Breckman, *Marx, the Young Hegelians, and the Origins of Radical Social Theory*, cit.; Douglas Moggach, *The Philosophy and Politics of Bruno Bauer* (Cambridge, Cambridge University Press, 2003), e Douglas Moggach (org.), *The New Hegelians: Politics and Philosophy in the Hegelian School*, cit.; Massimiliano Tomba, *Krise und Kritik bei Bruno Bauer: Kategorien des Politischen im nachhegelschen Denken* (Frankfurt am Main, Peter Lang, 2005); David Leopold, *The Young Karl Marx: German Philosophy, Modern Politics and Human Flourishing* (Cambridge, Cambridge University Press, 2007). Para um relatório de pesquisa acerca da literatura sobre Bauer, cf. Manfred Lauermann, "Bruno Bauer nach zweihundert Jahren: ein Forschungsbericht", em *Marx-Engels Jahrbuch 2010*, Berlim, Akademie, 2011.

termos de conteúdo, do "jovem hegelianismo" (ou "hegelianismo de esquerda") não foi solucionada, tampouco se chegou a um consenso em relação a quem fazia parte dele.

A divisão dos integrantes entre "jovens" e "velhos" hegelianos mantém-se controversa desde as primeiras coletâneas de textos publicadas no início da década de 1960. Löwith incluiu o teólogo e filósofo dinamarquês *Sören Kierkegaard* (1813-1855) em *A esquerda hegeliana* – mesmo não havendo motivos de fato bons para tanto. Michelet e Gans, dois autores de tendência de esquerda, foram incluídos por Lübbe em *A direita hegeliana*. Lübbe afirma que a direita hegeliana não fora tão conservadora quanto em geral se supõe, mas sim politicamente liberal[237]; sua tese é reforçada justamente pela presença desses dois representantes de "esquerda" (Michelet e Gans) no que ele considera ser a ala de direita e também pelo fato de que dois hegelianos conservadores da década de 1830 – Göschel e Gabler – nem sequer foram considerados em sua análise.

Assim como não foi possível, nos últimos cinquenta anos, chegar a um consenso em relação ao pertencimento de alguns hegelianos a uma ou outra corrente, tampouco se chegou a uma definição clara de seus conteúdos ou se conseguiu estabelecer a duração do impacto do "velho" e do "jovem hegelianismo"[238]. Muitas das contribuições marxistas se orientaram na análise feita por Friedrich Engels em *Ludwig Feuerbach e o fim da filosofia clássica alemã*. Engels havia diferenciado o *método dialético* – que partiria de um processo ininterrupto de vir-a-ser [*Werden*], que dissolveria "todas as representações de verdade absoluta definitiva e os seus correspondentes estados absolutos da humanidade"[239], que teria, portanto, um caráter revolucionário – do *sistema* – que, "segundo as exigências tradicionais, tem de se rematar por uma qualquer espécie de verdade absoluta", que seria, portanto, conservador e sufocaria o lado revolucionário[240]. A explicação de Engels para a divisão da escola hegeliana em direita e esquerda baseia-se justamente nessa diferenciação entre sistema e método: "Quem pusesse o peso principal no *sistema* de Hegel podia ser bastante conservador em ambos os domínios

---

[237] Hermann Lübbe (org.), *Die Hegelsche Rechte* (Stuttgart, Frommann, 1962), p. 8 e 10.

[238] Matthias Moser – *Hegels Schüler C. L. Michelet: Recht und Geschichte jenseits der Schulteilung* (Berlim, Duncker & Humblot, 2003), p. 50 e seg. – fez uma lista detalhada das opiniões, por vezes bastante contraditórias, defendidas na literatura e das diversas discrepâncias contidas na tese da ruptura. No entanto, o próprio Moser acaba chegando a uma divisão pouco modificada, na qual ele diferencia, tanto na direita quanto na esquerda, os "moderados" dos "radicais", sendo que entende os radicais como "cismáticos": os cismáticos de esquerda rejeitariam Hegel como reacionário, e os cismáticos de direita, como revolucionário; cf. ibidem, p. 67 e seg.

[239] MEGA I/30, p. 126; MEW 21, p. 267 [ed. port: Friedrich Engels, *Ludwig Feuerbach e o fim da filosofia clássica alemã*, cit.].

[240] Ibidem, p. 127; ibidem, p. 268 [ed. port.: idem].

338 KARL MARX E O NASCIMENTO DA SOCIEDADE MODERNA

[religião e política, M. H.]; quem visse o principal no *método* dialético podia, tanto religiosa como politicamente, pertencer à oposição mais extrema"[241].

Aparentemente, essa interpretação é confirmada por declarações, por exemplo, de Ruge, que destaca a importância do método de Hegel. Em debate acerca de um livro sobre a filosofia de Hegel, Ruge escreve

> que não é possível desviar-se do método, que, uma vez reconhecido, não deixa escapatória nem pelos lados nem por cima; ou seja, uma vez iniciado o caminho do desenvolvimento [*Entwickelung*], não mais é possível rejeitá-lo, e o desenvolvimento do indivíduo – a compreensão cada vez mais profunda da verdade em sua própria forma – é a única saída que resta em se tratando de uma filosofia cujo princípio é justamente o desenvolvimento.[242]

No entanto, nessa passagem, Ruge apenas destaca a ideia do desenvolvimento. De fato, essa concepção tem um papel importante em Hegel; não obstante, quando se trata de "método", a análise hegeliana abrange muito mais que apenas o "desenvolvimento". Levando isso em consideração, torna-se difícil afirmar que há, em Hegel, separação clara entre método e sistema. A própria introdução à *Fenomenologia do espírito* é um bom exemplo de que não é possível discutir o método autonomamente[243]. Ao apresentar considerações diferenciadas sobre o método – como no fim da *Ciência da lógica* –, Hegel pressupõe a argumentação sistemática; ou seja, tais considerações não podem ser separadas do sistema.

A situação descrita por Engels, ao que me parece, deve-se simplesmente ao fato de que o conservadorismo – não só entre os hegelianos – preza a manutenção, enquanto a esquerda preza a mudança e, consequentemente, o desenvolvimento. Entretanto, essa diferença geral não pode ser simplesmente igualada a um interesse exclusivo pelo sistema *ou* pelo método.

É praticamente inegável que tenha ocorrido, no contexto dos debates da década de 1830, diferenciação nas posições religiosas e políticas dos hegelianos ou que existissem atitudes claramente opostas entre os hegelianos progressistas, como Ruge ou Feuerbach, de um lado, e protestantes ortodoxo-pietistas, como Hengstenberg, e autores conservadores, como Leo, de outro. No entanto, é um grande exagero afirmar que "a" escola hegeliana teria se dividido em duas escolas hostilmente antagônicas – uma de direita e "velho-hegeliana" e outra de esquerda e "jovem-hegeliana".

---

[241] Ibidem, p. 129; ibidem, p. 270-1 [ed. port.: idem].

[242] Arnold Ruge, [resenha sobre] "Die Philosophie unserer Zeit: Apologie und Erläuterung des Hegel'schen Systems von Dr. Julius Schaller", em *Hallische Jahrbücher*, n. 97-8, Leipzig, Wigand, 1838, p. 780.

[243] HW 3, p. 68 e seg.

Não se pode mesmo falar de uma "escola" velho-hegeliana. Entre os velhos hegelianos, havia alguns poucos pensadores – como Göschel, Erdmann, Hinrichs e Gabler – que defendiam posições políticas e religiosas bastante conservadoras; mesmo assim, eles não chegavam a formar uma "escola". A maioria dos autores mais velhos, como Michelet, Rosenkranz, Hotho, Marheineke e Vatke, tinha tendências políticas liberais, sendo que Michelet, Rosenkranz e Vatke também contribuíram com artigos para os *Anais de Halle*. Gans, que era claramente de esquerda, havia prometido a Ruge artigos para os *Anais*[244], mas morreu antes de escrevê-los.

Por outro lado, também não há resposta simples à questão que se põe em relação aos jovens hegelianos: seria possível falar em uma "escola"? Nem sempre os diversos autores defenderam posições semelhantes nos debates religiosos e políticos. Strauß, por exemplo, posicionava-se "à esquerda" nas discussões filosófico-religiosas, mas tinha uma atitude bastante moderada em termos políticos. De fato, durante vários anos, os *Anais de Halle* representaram um importante ponto de referência para autores que se consideravam críticos; além disso, a correspondência[245] da redação dos *Anais de Halle* (e, depois, dos *Anais Alemães*) mostra que Ruge intervinha ativamente na organização do periódico, solicitando a participação de autores específicos e estabelecendo temas para as edições. Por alguns anos, os *Anais de Halle* desempenharam um importante papel centralizador para a corrente "jovem-hegeliana"; o mesmo só pode ser afirmado com ressalvas em relação aos *Anais para a Crítica Científica* de Berlim e os "velhos hegelianos".

Ainda assim, a determinação dos conteúdos centrais dessa corrente continua muito problemática. Em um trabalho abrangente, Wolfgang Eßbach tentou delinear a "sociologia de um grupo de intelectuais" (como consta no subtítulo de seu livro *Die Junghegelianer* [Os jovens hegelianos], publicado em 1988). Nesse estudo, ele conclui que os "jovens hegelianos" representariam, ao mesmo tempo, diversos tipos de grupo: uma *escola filosófica*, um *partido político*, uma *boemia jornalística* e uma *seita ateia*. O trabalho de Eßbach, que abrangeu uma quantidade de material até então inédita em pesquisas sobre os jovens hegelianos, possibilitou muitas perspectivas importantes; ao mesmo tempo, evidenciou que é praticamente impossível fazer afirmações gerais sobre "os" jovens hegelianos; isso, levando em conta que Eßbach já havia limitado seu objeto de pesquisa aos jovens hegelianos "prussianos", de modo que, entre outros, os representantes do sul da Alemanha – que foram muito importantes durante certo período –, como

---

[244] Cf. carta do dia 22 de abril de 1839, em Martin Hundt (org.), *Der Redaktionsbriefwechsel der Hallischen, Deutschen und Deutsch-Französischen Jahrbücher (1837-1844)*, cit., p. 313-4.

[245] Publicada em idem.

Strauß, não foram considerados em sua obra. Além disso, e sobretudo, os quatro grupos descritos não atuaram, de modo nenhum, ao mesmo tempo, tampouco seus respectivos centros foram ocupados sempre pelas mesmas pessoas. É possível identificar os tipos de grupo indicados por Eßbach em diferentes períodos e em diversos subgrupos.

Em um trabalho publicado no ano 2000, Martin Hundt enumera minuciosamente os problemas que, segundo ele, dificultariam a determinação de um conteúdo, a classificação dos membros e a periodização do jovem hegelianismo. Contudo, tal abordagem não implica um abandono da ideia de que os jovens hegelianos representariam, "afinal, um movimento coerente"[246]. Para ele, o movimento jovem-hegeliano seria o "fim" da filosofia clássica alemã – iniciada por Kant –, que teria considerado filosofia, teologia, ciência e arte como unidade. O jovem hegelianismo teria sido "a última forma histórica dessa unidade"[247]. Mesmo que tal afirmação esteja correta, ela não faz mais do que apontar as características comuns entre o jovem hegelianismo e a filosofia clássica alemã, sem destacar as especificidades internas do movimento. Mesmo quinze anos depois, Hundt precisou afirmar – no verbete "hegelianismo de esquerda" (utilizado como sinônimo de jovem hegelianismo) de um dicionário – que o grupo não seria "claramente classificável em termos de conteúdo nem em relação a seus membros"[248]. Em publicação de 2013, Lars Lambrecht responde à pergunta "quem *são* os jovens hegelianos?" da seguinte maneira: "Um produto de 'estudiosos' do século XX"[249]. Contudo, no fim, ele deixa em aberto a questão "quem foram os jovens hegelianos?" – teriam sido eles mais do que uma simples construção de estudiosos da história da filosofia?

Levando em conta esses debates, não me parece adequado utilizar as expressões "jovem hegelianismo" e "jovens hegelianos" de maneira ingênua, como se tais termos fossem autoevidentes. É preciso utilizá-las com mais cautela do que tem acontecido na literatura biográfica sobre Marx até o momento. É necessário, no mínimo, deixar claro em que sentido os termos são empregados. Apesar da situação não ser tão clara como no caso dos "velhos hegelianos", que não formaram propriamente uma "escola", creio que a existência de uma "escola" dos "jovens hegelianos" também seja questionável. Talvez fosse mais adequado falar de um "discurso jovem-hegeliano", utilizando as categorias de análise desenvol-

---

[246] Martin Hundt, "Was war der Junghegelianismus?", cit., p. 13.

[247] Ibidem, p. 18.

[248] Martin Hundt, "Stichwort: Linkshegelianismus", em *Historisch-kritisches Wörterbuch des Marxismus*, v. 8.2, (Hamburgo, Argument, 2015), p. 1.169.

[249] Lars Lambrecht (org.), *Umstürzende Gedanken*, cit., p. 175.

vidas por Michel Foucault em seu livro *Arqueologia do saber* (1969). Urs Lindner tentou, em um breve esboço, fazer tal análise[250].

A partir do fim da década de 1830, observa-se que um grande número de estudiosos, partindo da filosofia de Hegel, passa a analisar religião e política de um ponto de vista crítico – a extensão de tal crítica, contudo, é bastante variada. No caso de alguns autores mais importantes, essa crítica à religião e à política tornou-se fundamental a seu próprio ponto de partida: a filosofia de Hegel, que deveria ser "superada". Tal "superação", por sua vez, tinha diversas interpretações distintas.

A principal dificuldade, porém, continua sendo definir os conteúdos centrais comuns no "jovem hegelianismo". Muitas vezes, tentou-se fundamentar tal dificuldade no fato de que nenhum dos jovens hegelianos publicou obra ampla e sistemática. Eles se expressavam principalmente por meio de resenhas, escritos polêmicos e textos sobre temas contemporâneos. Contudo, a ausência de "grandes" obras não pode ser explicada apenas pelo fato de que a maioria dos jovens hegelianos não detinha cátedra universitária[251]. Creio que uma explicação mais profunda para a inexistência de uma "grande" obra jovem-hegeliana se encontre na dinâmica – já destacada aqui diversas vezes – dessa corrente[252]. Tratava-se de um movimento em constante transição. A maioria de seus representantes passou por um processo de radicalização de sua crítica à religião e/ou à política no fim da década de 1830 e no início da década de 1840. No caso de muitos autores, a crítica à religião culminou em posições ateístas (em diferentes graus de radicalidade); e as críticas à Prússia, formuladas, a princípio, com muita cautela, resultaram em reivindicações democráticas e republicanas – e, em alguns casos, em concepções comunistas.

A crítica precoce à religião e à política e o fundamento comum na filosofia hegeliana resultam em uma série de semelhanças entre os "jovens hegelianos". No entanto, as mudanças que se seguiram a tais críticas não partilhavam mais o mesmo caminho – já na década de 1840, é possível identificar diversos direcio-

---

[250] Urs Lindner, *Marx und die Philosophie: Wissenschaftlicher Realismus, ethischer Perfektionismus und kritische Sozialtheorie* (Stuttgart, Schmetterling, 2013), p. 52 e seg.

[251] Os motivos não eram apenas políticos: no fim da década de 1830, houve na Prússia a primeira "saturação de acadêmicos". As universidades fundadas no primeiro quarto do século XIX haviam crescido rapidamente, formando – em especial em filosofia, teologia e direito – um número de profissionais maior que o necessário ao Estado. Cf. Olaf Briese, "Akademikerschwemme, Junghegelianismus als Jugendbewegung", em Lars Lambrecht (org.), *Umstürzende Gedanken*, cit.

[252] Somente em relação ao curto período de nove anos entre meados de 1835 e o início de 1843, Bunzel, Hundt e Lambrecht – *Zentrum und Peripherie*, cit., p. 19 e seg. – distinguiram cinco grandes fases de desenvolvimento do jovem hegelianismo; isso significa, em média, menos de dois anos por fase.

namentos teóricos e políticos. A dificuldade de classificar e delimitar os conteúdos "do" jovem hegelianismo está justamente no fato de, além da crítica em si, quase não haver núcleo realmente comum ao grupo. Não se trata aqui, de modo nenhum, de depreciar os méritos intelectuais individuais dos autores jovem-hegelianos. Cabe destacar, contudo, que tais méritos se desenvolveram e se distanciaram uns dos outros ao longo da década de 1840, a ponto de não ser mais possível unificá-los em torno de um núcleo teórico jovem-hegeliano. Assim, sem esse núcleo teórico, também não se pode determinar com precisão, por exemplo, se um autor fazia parte do grupo, tampouco a duração dessa possível participação. Nesse sentido, uma questão muito discutida, sobretudo entre marxistas, pode ser vista por outro ângulo: quando e em que circunstâncias ocorreu a transição de Marx e Engels de uma postura "jovem-hegeliana e idealista" para uma "materialista". Voltarei à questão no segundo volume.

5. Bauer e Marx

Com o início da controvérsia em torno do livro *A vida de Jesus*, de Strauß, Bruno Bauer alcançou certa notoriedade. Em 1835-1836, Bauer publicou nos *Anais para a Crítica Científica* – que na época ainda era o único órgão da escola hegeliana – uma resenha bastante crítica em duas partes, na qual ele defendia a historicidade dos Evangelhos. Com isso, Bauer faria parte da direita (filosófico-religiosa), de acordo com a divisão feita em 1837 por Strauß em *Escritos polêmicos*. No entanto, o posicionamento de Bauer logo mudaria. Poucos anos depois, ele ultrapassaria Strauß na ala esquerda da filosofia da religião: segundo sua tese tardia, os Evangelhos não seriam apenas um mito surgido na comunidade, mas sim produtos literários daqueles que os haviam escrito. Além disso, o protestante ortodoxo se tornaria um ateu convicto; em termos políticos, Bauer também se radicalizou. Por fim, em 1842, sua permissão para lecionar teologia foi revogada. O período de radicalização de Bauer – entre 1838 e 1841 – coincide com o momento mais intenso de sua amizade com Karl Marx. Muitas vezes, a literatura biográfica contentou-se em afirmar que a teoria da autoconsciência de Bauer foi, em maior ou menor grau, reproduzida por Marx em sua dissertação, finalizada em 1841. Quase sempre, tratou-se tão pouco das possíveis influências *recíprocas* quanto dos elementos que os uniram durante os cinco anos de amizade intensa e constante.

A teologia especulativa de Bruno Bauer (1834-1839)

Em 1834, Bauer fez seu exame de licenciatura [*Lizentiatsprüfung*] (equivalente, nessa época, ao doutorado) na faculdade de teologia da Universidade de Berlim.

Excepcionalmente, o exame foi reconhecido como sua habilitação, ou seja, ele passava, assim, a poder lecionar teologia em universidades[253]. Até 1839, ele ofereceu diversos cursos como professor livre-docente, sobretudo abordando temas do Antigo Testamento. A princípio, as concepções teológicas de Bauer baseavam-se, em grande parte, nas ideias de seu professor Konrad Philipp Marheineke, que utilizava a filosofia hegeliana para fundamentar o conteúdo da tradição bíblica. Ao passo que Hegel havia justificado a religião cristã apenas de modo geral – ou seja, superando, na filosofia, o conteúdo da religião (interpretado de maneira bastante abstrata), mas também criticando as crenças religiosas por conceber esse conteúdo de modo insuficiente –, Bauer aspirava a uma justificação detalhada, em especial dos trechos sobrenaturais da tradição. Assim, em 1834, ele escreve em uma resenha, utilizando uma linguagem hegeliana complicada: "Graças à ciência [ou seja, à filosofia hegeliana, M. H.] [...], sabe-se que os milagres de Cristo são a autorrepresentação igualmente necessária da pessoa Cristo, como afirma a doutrina [a dogmática cristã, M. H.]"[254]. Isso quer dizer, para a "ciência" – segundo Bauer –, que a personalidade de Cristo só pode se representar através do milagre.

Para David Friedrich Strauß, a justificação filosófica de conteúdos centrais da crença cristã havia aberto a possibilidade de formular uma crítica radical à *forma religiosa* de atestação desses conteúdos – o fato de que estes deveriam basear-se em um acontecimento *histórico* (e ao mesmo tempo sobrenatural) –, sem ter que rejeitar o cristianismo. Bruno Bauer, por sua vez, visa à justificação filosófica do acontecimento histórico, incluindo seus elementos sobrenaturais; isso não pela própria história, mas pela ideia que deveria aparecer na história. Por consequência, sua crítica direcionou-se aos fundamentos da concepção de Strauß. Em sua resenha de *A vida de Jesus*, Bauer o acusou, em relação a esse ponto, de incompreensão filosófica.

> Por causa das dificuldades atreladas aos relatos evangélicos – que, ao mesmo tempo, destroem a possibilidade de uma história sacra –, ele [Strauß, M. H.] crê poder ignorar a questão de saber se a necessidade da aparição [*Erscheinung*] histórica da ideia não estaria na própria ideia.[255]

Bauer tenta demonstrar como superar esses problemas justamente pelo nascimento virginal de Jesus. Segundo ele, a natureza humana não conseguiria,

---

[253] Ernst Barnikol, *Bruno Bauer*, cit., p. 22.

[254] Bruno Bauer, [resenha sobre] "August Heydenreich: die eigenthümlichen Lehren des Christenthums rein biblisch dargestellt, v. 1", em *Jahrbücher für wissenschaftliche Kritik*, 1834, t. II, p. 200.

[255] Bruno Bauer, [resenha sobre] "David Friedrich Strauß, Das Leben Jesu", em *Jahrbücher für wissenschaftliche Kritik*, 1835, t. II, 1836, t. I, p. 888.

por si só, produzir a união da natureza divina com a humana, que surgiria em Jesus; ela só seria capaz de contribuir com sua "receptividade" a essa união. Com base nessa ideia, Bauer conclui, com um discurso de gênero bastante peculiar: como a "receptividade" em relação ao espírito estaria "presente de modo imediato [...] na mulher, e ainda mais claramente na virgem", e como "a limitação do resultado é sempre consequência da atividade do homem", Jesus (que não tem limites) haveria de ser fruto do Espírito Santo. Os argumentos fisiológicos não têm espaço aqui: "A perspectiva fisiológica é superada pela teológica"[256].

De certo modo, tal argumentação parece ter divertido os teólogos de orientação racionalista e os hegelianos não conservadores, como demonstram os *Escritos polêmicos* de Strauß. Por outro lado, os hegelianos conservadores, como Göschel, não se mostraram incomodados com os argumentos, e a *Gazeta Eclesiástica Evangélica* de Hengstenberg até elogiou Bauer. No entanto, diferentemente de Hengstenberg, a principal intenção de Bauer não era defender as passagens sobrenaturais das histórias bíblicas – para ele, um importante mérito da filosofia hegeliana era "ter compreendido o espírito em sua aparição"[257]. Strauß teria ignorado justamente esta ligação intrínseca: o espírito precisaria aparecer e só poderia ser compreendido em sua aparição. Bauer continua: "A crítica [ou seja, a crítica feita por Strauß, M. H.] também liga o espírito à aparição histórica, mas apenas por meio de um fraco e atrasado 'também'"[258]. O problema de Strauß foi que ele não teria compreendido o "conteúdo absoluto" como a "força motriz" produtora das aparições históricas[259]. Assim, é possível identificar aqui, resumidamente, o seguinte programa teológico de Bauer: o desenvolvimento do espírito divino deve ser reconstituído a partir do desenvolvimento histórico da revelação divina.

Bauer foi muito estimado, sobretudo, pelo teólogo hegeliano Philipp Konrad Marheineke, que inclusive o apoiou – apesar de permanecer em segundo plano – na fundação, em 1836, da *Zeitschrift für Spekulative Theologie*[260] [Revista de teologia especulativa], periódico influenciado pela teologia hegeliana conservadora no sentido descrito há pouco. A revista chegou a publicar seis cadernos no período em que esteve ativa, entre meados de 1836 e o início de 1838[261]. De acordo com as informações fornecidas por Mehlhausen, a publi-

---

[256] Ibidem, p. 897.

[257] Ibidem, p. 904.

[258] Idem.

[259] Idem.

[260] Dieter Hertz-Eichenrode, *Der Junghegelianer Bruno Bauer im Vormärz*, cit., p. 16.

[261] Ibidem, p. 15 e seg.

cação do periódico foi suspensa por razões econômicas: não foram vendidos sequer cem exemplares[262].

Dois anos depois, Bauer trataria com ironia suas próprias atitudes. Após a morte de Hegel, ele escreveu que os seguidores do filósofo se teriam reunido "no reino da ideia"; além disso, seus

> sonhos [...] da época da perfeição pareciam já ter sido realizados, quando o relâmpago da reflexão [*A vida de Jesus* de Strauß, M. H.] caiu no reino da beatitude, perturbando seu sonho. O golpe foi tão surpreendente que a crítica científica de Berlim [*Anais para a Crítica Científica*, M. H.], para opor-se ao livro de Strauß, escolheu um resenhista [Bauer, M. H.] que ainda acreditava no mais bem-aventurado sonho da unidade entre a ideia e a efetividade [*Wirklichkeit*] imediata – ou, antes, o mundo da consciência empírica – e que ainda pretendia, convicto, dar continuidade a seu sonho por meio de um periódico especial.[263]

O que Bauer chamou aqui sarcasticamente de unidade entre a ideia e a efetividade imediata – a unidade do espírito com sua aparição histórica, mencionada há pouco – era o que o diferenciava tanto dos pietistas e conservadores ortodoxos, que queriam justificar a história bíblica por se tratar de uma tradição e porque ela seria fonte de crença, quanto de Strauß, que, ao referir-se à reconstrução especulativa da ideia, ignorava o processo histórico. Para o jovem Bauer, o desenvolvimento da ideia deveria mostrar-se na própria história.

É possível ver a importância dessa abordagem para o campo da filosofia da religião na primeira grande obra publicada por Bauer, datada do ano de 1838. Como primeira parte de sua *Kritik der Geschichte der Offenbarung* [Crítica da história da revelação], ele publicou dois tomos intitulados "Religion des Alten Testaments in der geschichtlichen Entwickelung ihrer Principien" [Religião do Antigo Testamento no desenvolvimento histórico de seus princípios]. Em uma longa introdução, Bauer delineia a "ideia da revelação". Segundo ele, Deus se revelaria em acontecimentos concretos, que seriam captados sensorialmente e traduzidos em concepções religiosas pelas testemunhas de tal revelação. Assim, a revelação divina não seria um ato uniforme, mas um processo histórico, e os textos bíblicos seriam expressões das diversas fases desse processo (contraditório). Como explica Bauer, seria uma contradição à infinidade da essência de Deus quando ele, "nas fases específicas da revelação, apresenta um conteúdo limitado

---

[262] Joachim Mehlhausen, "Die religionsphilosophische Begründung der spekulativen Theologie Bruno Bauers", em *Vestigia Verbi: Aufsätze zur Geschichte der evangelischen Theologie* (Berlim, Walter de Gruyter, 1999), p. 191.

[263] Bruno Bauer, *Die evangelische Landeskirche Preußens und die Wissenschaft* (Leipzig, Otto Wigand, 1840), p. 2-3.

346 KARL MARX E O NASCIMENTO DA SOCIEDADE MODERNA

enquanto aparição de seu propósito ilimitado"[264]. Com sua "crítica", Bauer visava a esclarecer essas contradições, utilizando-se de um conceito especulativo de religião baseado na filosofia da religião de Hegel: o que aparece como contradição do desenvolvimento histórico da revelação divina deveria ser visto como etapa necessária em direção à compreensão plena da religião. Com essa interpretação da revelação e da história, Bauer acreditava ter superado tanto uma "teologia" meramente "crente", que pretendia defender "o positivo" (ou seja, a tradição e todas as suas contradições), quanto uma crítica que "só compreende astuciosamente e destrói" o positivo[265].

Ao passo que na *Crítica da história da revelação* Bauer apenas tentara aplicar os princípios da filosofia da religião de Hegel, em sua análise dos *Escritos polêmicos* de Strauß, publicada no mesmo ano, ele começou a reconhecer que tais princípios ainda precisavam ser desenvolvidos – em certo sentido, esse reconhecimento foi influência dos escritos de Strauß. Bauer constatou que "o mestre deixou à escola a filosofia da religião, em toda sua admirável riqueza, de tal forma que o desenvolvimento interno por meio do princípio se faz necessário"[266].

Ao mesmo tempo, Bauer passou a defender as próprias posições de maneira mais decidida. Como editor da *Revista de Teologia Especulativa*, seu posicionamento fora bastante moderado; ele ainda tinha a esperança de que as diversas correntes da teologia protestante percebessem que suas respectivas abordagens eram legítimas, mas também limitadas – uma limitação que teria sido superada pela teologia especulativa hegeliana. Agora, ele se envolvia em discussões cada vez mais intensas com quem se opusesse a suas ideias. A princípio, esse tipo de crítica era feito em resenhas; no início de 1839, culminou na publicação de um livro dirigido justamente a Ernst Wilhelm Hengstenberg, o teólogo de Berlim

---

[264] Idem, *Kritik der Geschichte der Offenbarung*, t. 1: *Die Religion des Alten Testaments in der geschichtlichen Entwickelung ihrer Principien* (Berlim, Dümmler, 1838, 2 v.), v. 1, p. XXIV.

[265] Ibidem, v. 2, p. IX. O desenvolvimento inicial do pensamento teológico de Bauer é analisado em Joachim Mehlhausen, *Dialektik, Selbstbewusstsein und Offenbarung: die Grundlagen der spekulativen Orthodoxie Bruno Bauers in ihrem Zusammenhang mit der Geschichte der theologischen Hegelschule dargestellt* (tese de doutorado, Universität Bonn, 1965), e Godwin Lämmermann, *Kritische Theologie und Theologiekritik: die Genese der Religions- und Selbstbewußtseinstheorie Bruno Bauers* (Munique, Christian Kaiser, 1979); para uma versão mais breve, que se limita aos pontos principais, cf. Junji Kanda, *Die Gleichzeitigkeit des Ungleichzeitigen und die Philosophie: Studien zum radikalen Hegelianismus im Vormärz* (Frankfurt am Main, Peter Lang, 2003), p. 100 e seg., e Karsten Lehmkühler, "Offenbarung und Heilige Schrift bei Bauer", em Klaus-M. Kodalle e Tilman Reitz (orgs.), *Bruno Bauer (1809-1882): ein "Partisan des Weltgeistes"?* (Würzburg, Königshausen & Neumann, 2010).

[266] Bruno Bauer, [resenha sobre] "David Friedrich Strauß, Streitschriften zur Vertheidigung meiner Schrift über das Leben Jesu und zur Charakteristik der gegenwärtigen Theologie", em *Jahrbücher für Wissenschaftliche Kritik*, 1838, t. I, p. 836.

mais influente da época. O próprio título era uma provocação: *Herr Dr. Hengstenberg. Kritische Briefe über den Gegensatz des Gesetzes und des Evangeliums* [Sr. dr. Hengstenberg. Cartas críticas acerca da oposição da lei e do Evangelho]. A forma não era menos provocadora: o livro era composto de cartas que Bauer havia escrito a seu irmão mais novo, Edgar, que pretendia estudar teologia. Ou seja, não se tratava de uma análise teológica para especialistas; a intenção era, antes, demonstrar para o leigo que as concepções de Hengstenberg estariam erradas. A principal divergência se dava na interpretação da relação entre o Antigo e o Novo Testamento. Enquanto Bauer, com sua abordagem histórica, os diferenciava fundamentalmente, Hengstenberg via já no Antigo Testamento conteúdos essenciais do cristianismo; para ele, Antigo e Novo Testamento formavam uma revelação divina coerente. Bauer acusou Hengstenberg de ter feito uma "apologia teológica míope"[267]. Ele demonstrou rigorosamente a falta de fundamento das interpretações de Hengstenberg do Antigo Testamento, que teriam, ao mesmo tempo, acabado com a especificidade do Novo Testamento. Segundo Bauer, o Antigo Testamento seria dominado pela lei de Moisés, mas a consciência legal seria uma consciência servil, sobre cuja base uma teocracia teria sido estabelecida; já o cristianismo do Novo Testamento, como na tradição hegeliana, seria a religião da liberdade.

Bauer estava ciente das possíveis consequências dessa crítica ao influente Hengstenberg, conhecido por combater seus opositores de modo implacável e denunciador. Ele sabia muito bem que "quem ataca o dr. Hengstenberg, quem ousa divergir do programa desse erudito, não põe só a mão no fogo, mas entra nele com o corpo todo"[268].

Apesar de ser uma crítica violenta a um teólogo reacionário – crítica que destruiu suas chances de seguir carreira em Berlim –, o ataque de Bauer fundamentava-se na mesma teologia conservadora a especulativa que ele utilizara para criticar Strauß. Logo, ainda não se pode falar de uma passagem a posições filosófico-religiosas "de esquerda", como, por vezes, se afirmou na literatura[269]. Nesse contexto, também não surpreende que, no outono de 1839, Arnold Ruge tenha associado Bauer a autores como Göschel e Erdmann[270].

---

[267] Idem, *Herr Dr. Hengstenberg. Kritische Briefe über den Gegensatz des Gesetzes und des Evangeliums* (Berlim, Dümmler, 1839), p. 2.

[268] Ibidem, p. 3.

[269] Por exemplo, em Ingrid Pepperle, *Junghegelianische Geschichtsphilosophie und Kunsttheorie*, cit., p. 67.

[270] Cf. carta de Ruge a Rosenkranz do dia 2 de outubro de 1839, em Martin Hundt (org.), *Der Redaktionsbriefwechsel der Hallischen, Deutschen und Deutsch-Französischen Jahrbücher (1837--1844)*, cit., p. 410.

Ateísmo e crítica aos Evangelhos (1839-1841)

Apesar de simpatizar com Bauer, o ministro da Cultura Altenstein não mais poderia convocá-lo para uma vaga de professor em Berlim – o que representaria uma grande afronta a Hengstenberg. Por isso, Altenstein recomendou a Bauer que fosse para Bonn, onde uma cátedra (associada) de teologia estava vaga. Se ele se desse bem com os outros professores em Bonn, Altenstein poderia convocá-lo para o cargo. Para o ministro – que ainda incentivava a filosofia hegeliana –, a convocação de Bauer para a Universidade de Bonn também seria proveitosa, já que, até então, não havia ali, nem na filosofia nem na teologia, nenhum hegeliano: entre os teólogos, ainda dominava o espírito de Schleiermacher, representado, sobretudo, por *Karl Immanuel Nitzsch* (1787-1868). Depois do semestre de verão de 1839 – aquele em que Karl Marx frequentou seu curso sobre Isaías –, Bauer mudou-se para Bonn.

A faculdade de teologia da Universidade de Bonn tinha de confirmar formalmente a transferência dele. Por um lado, os responsáveis locais não queriam contrariar a recomendação de Altenstein; por outro, Bauer era visto com certa desconfiança, como demonstram as cartas enviadas por ele a seu irmão Edgar[271]. Não obstante, Bauer teve tempo suficiente para continuar seus trabalhos em Bonn. Marheineke havia lhe incumbido a preparação da segunda edição, ampliada, dos *Cursos sobre a filosofia da religião*, de Hegel, que seriam publicados em 1840. Em paralelo, Bauer continuou trabalhando na *Kritik der evangelischen Geschichte des Johannes* [Crítica da história evangélica de João] e em *Die evangelische Landeskirche Preußens und die Wissenschaft* [A igreja nacional evangélica da Prússia e a ciência]. No segundo escrito, publicado pouco depois da morte de Frederico Guilherme III da Prússia, no início do verão de 1840, Bauer defende com veemência a ideia de que o Estado prussiano não deveria deixar a hierarquia eclesiástica, em seu combate contra a ciência, instrumentalizá-lo.

> A loucura hierárquica, que vê o Estado como um ajudante de carrasco, mantém-se até hoje na Igreja protestante [...]. À mais recente ciência foi designado suportar esses últimos ataques da hierarquia protestante, cumprindo a tarefa que a história lhe deu e que só ela pode cumprir.[272]

Bauer não esperava que o Estado – ou seja, o novo rei Frederico Guilherme IV da Prússia – se colocasse ao lado da ciência; bastava que ele continuasse como "espectador da batalha"[273]. Já a ciência, por sua vez, estaria sempre ao lado do Estado.

---

[271] Bruno Bauer, *Briefwechsel zwischen Bruno Bauer und Edgar Bauer während der Jahre 1839-1842 zwischen Bonn und Berlin*, cit.

[272] Idem, *Die evangelische Landeskirche Preußens und die Wissenschaft*, cit., p. 6.

[273] Ibidem, p. 7.

Com esse texto, Bauer passou a tratar os conflitos da época em um plano mais fundamental; a saber, o do debate entre hierarquia eclesiástica e ciência – como Feuerbach fizera um ano antes com a oposição entre filosofia e religião. Ao mesmo tempo, como citado, Bauer criticou a ideia que ele mesmo havia defendido de "unidade da ideia e da efetividade imediata". Com esse escrito, assumia publicamente sua passagem para a "ala esquerda", em termos tanto filosófico-religiosos quanto políticos. Faz sentido, assim, que seu livro tenha sido publicado por Otto Wigand, editor da maioria dos jovens hegelianos. Estes, por sua vez, reagiram positivamente ao texto de Bauer[274]; nos *Anais de Halle*, Ruge o elogia bastante[275]. No fim de 1840, Ruge e Bauer passaram a ter contato direto; em 1841, as contribuições de Bauer começaram a ser publicadas nos *Anais*. Com isso, Bruno Bauer tornou-se – relativamente tarde – um jovem hegeliano.

No fim do verão de 1840, foi publicada sua *Crítica da história evangélica de João*, texto que representa o início de uma crítica da religião que se radicalizaria cada vez mais. Esse escrito não foi lançado por Bauer como continuação a sua *Crítica da história da revelação* – esta, após a publicação da primeira parte sobre o Antigo Testamento, não foi continuada. No prefácio de seu novo livro, Bauer justifica a decisão com o argumento de que a "história da consciência judaica, seu desenvolvimento desde a conclusão do cânone [do Antigo Testamento, M. H.] até o aparecimento de Jesus", ainda seria "um campo desconhecido"[276]. O motivo real da interrupção de seu trabalho precoce, provavelmente, não foi essa falta de material histórico, mas sim o fato de Bauer não mais acreditar nas premissas teóricas que fundamentavam sua antiga obra; ou seja, a "unidade entre ideia e realidade" – o que fica claro no texto *A igreja nacional evangélica da Prússia e a ciência*. Bauer pretendia, assim, revelar o núcleo histórico dos relatos sobre Jesus contidos nos Evangelhos, diferenciando-o dos elementos adicionados posteriormente. Com isso, ele se aproximava muito do até então rejeitado método de crítica textual utilizado por David Friedrich Strauß.

Bauer iniciou sua análise com o Evangelho de João, que em termos de estilo e de conteúdo ocupa um lugar à parte em relação aos outros três Evangelhos. As conclusões do livro dele foram devastadoras para a apologética da

---

[274] Cf., por exemplo, a carta de C. M. Wolf a Ruge do dia 22 de setembro de 1840, em Martin Hundt (org.), *Der Redaktionsbriefwechsel der Hallischen, Deutschen und Deutsch-Französischen Jahrbücher (1837-1844)*, cit., p. 587.

[275] Arnold Ruge, [resenha sobre] "Die evangelische Landeskirche Preußens und die Wissenschaft", em *Hallische Jahrbücher*, n. 229, Leipzig, Wigand, 1840.

[276] Bruno Bauer, *Die evangelische Landeskirche Preußens und die Wissenschaft*, cit., p. V.

época: demonstrou, analisando as menções de localidades e datas, assim como o nexo lógico (ou justamente ilógico) da exposição, que o quarto evangelista não havia reproduzido observações próprias nem de terceiros, mas reflexões tardias acerca de acontecimentos do passado. Essa "reflexão é uma trepadeira fraca – apesar de proliferar em abundância – que até chega a revestir um tronco, mas que não pode, ela mesma, formar um"[277]. A conclusão de Bauer é que o Evangelho de João não seria um relato histórico, mas uma criação artística livre do evangelista[278]. Na "nota final", Bauer afirma: "Não encontramos um átomo sequer que não tenha passado pelo trabalho de reflexão do quarto evangelista"[279]. Por isso, esse Evangelho não serviria de fonte de informações sobre um episódio histórico de revelação divina, já que nele tal acontecimento, elaborado de modo literário, é considerado um pressuposto. Em termos formais, Bauer tinha razão ao destacar, em uma passagem intitulada "ponto de repouso":

> Ao passo que a apologética passada só pôde prosperar enquanto a visão geral da história era uma visão limitada, [...] assim, no nosso tempo, se dá o processo em que a autoconsciência do espírito absoluto completará e terminará a memória de sua revelação histórica. [A crítica é] o puro estar-junto-a-si [*das reine Beisichseyn*] da autoconsciência cristã, que quer, enfim, estar junto a si mesma também no dado [*im Gegebenen*], no positivo e nas informações evangélicas particulares.[280]

O alcance dessa afirmação, em termos de conteúdo, só se revela ao considerarmos o que o Evangelho de João permite afirmar sobre a "revelação divina histórica" e sobre as "informações evangélicas"; a saber: nada.

De fato, as posições de Bauer em relação à teologia e à religião já haviam mudado radicalmente entre 1839 e 1840, quando ele escreveu seu livro sobre o Evangelho de João – como demonstram suas cartas enviadas a Edgar, publicadas em 1844. Como as cartas originais não foram preservadas, não se pode descartar a possibilidade de que Bauer tenha reescrito algumas passagens antes da publicação, tornando-as mais críticas[281]. Ainda assim, os trechos citados a seguir são bastante plausíveis, já que tais declarações também correspondem ao que Bauer

---

[277] Ibidem, p. 101.

[278] O próprio Strauß já havia assumido que ao menos "as palavras de João sobre Jesus, no conjunto", seriam "composições do evangelista"; David Friedrich Strauß, *Das Leben Jesu kritisch bearbeitet*, cit., v. 1, p. 675.

[279] Bruno Bauer, *Kritik der evangelischen Geschichte des Johannes* (Bremen, Schünemann, 1840), p. 405.

[280] Ibidem, p. 183.

[281] Para um exemplo plausível de reformulação que talvez tenha sido feita posteriormente, cf. Junji Kanda, *Die Gleichzeitigkeit des Ungleichzeitigen und die Philosophie*, cit., p. 117-8.

FILOSOFIA DA RELIGIÃO, O INÍCIO DO "JOVEM HEGELIANISMO" E OS PROJETOS DE DISSERTAÇÃO...   351

escreveu a Marx pouco tempo depois. Além disso, é preciso mencionar que certas passagens foram censuradas na primeira publicação[282]. Elas só puderam ser publicadas no *Allgemeinen Literatur Zeitung*[283] [Gazeta Geral de Literatura] após um processo judicial iniciado pelo próprio Bauer.

Em carta do dia 29 de dezembro de 1839, Edgar escreveu a Bruno que havia decidido abandonar o curso de teologia para começar um de história. Ele justifica: "É impossível que eu me torne um teólogo sério, já que estou perdendo toda a fé"[284]. Na resposta do dia 5 de janeiro de 1840, Bruno parabeniza o irmão por ter-se afastado da "Megera"*, a teologia, e explica o porquê de ele mesmo ainda se ocupar dela:

> Além de já estar dentro dos debates, a luta criou raízes profundas demais em mim para que eu possa abandoná-la agora. Já estou tão entrelaçado a ela que só faço a mim mesmo o que faço à teologia; ou seja, ao limpá-la, expurgo o lixo de mim mesmo. Quando houver terminado, estarei puro.[285]

A crítica da teologia, porém, não era a única motivação de Bauer; havia a questão da fé. No dia 20 de janeiro de 1840, Bruno escreve a Edgar sobre uma carta que ele recebera de seu pai. Nela, o pai teria mencionado uma discussão com Edgar, na qual este lhe teria dito que "Bruno também não acredita em nada", afirmação que não é contestada por Bauer[286]. Ao que parece, o posicionamento de Bruno Bauer era não só radicalmente crítico em relação à teologia mas também ateísta. Para Edgar, essa não parecia ser uma informação nova em janeiro de 1840; pode-se supor que Bruno já houvesse conversado com Edgar sobre o assunto meses antes. Não obstante, é preciso levar em conta que o processo de perda de fé pode ser mais demorado para alguém inicialmente devoto. Nesse sentido, o outono de 1839 só representa o ponto final desse processo. A passagem de Bauer ao ateísmo se deu, necessariamente, antes de

---

[282] Ou seja, Bruno Bauer, *Briefwechsel zwischen Bruno Bauer und Edgar Bauer während der Jahre 1839-1842 zwischen Bonn und Berlin*, cit.

[283] Idem, "Erkenntnis des Oberzensurgerichts in Betreff der zwei ersten Bogen des Briefwechsels zwischen Bruno und Edgar Bauer", em *Allgemeine Literaturzeitung: Monatsschrift*, caderno 6, maio 1844.

[284] Ibidem, p. 40.

* Uma das três erínias da mitologia grega. (N. T.)

[285] Bruno Bauer, "Erkenntnis des Oberzensurgerichts in Betreff der zwei ersten Bogen des Briefwechsels zwischen Bruno und Edgar Bauer", cit., p. 41. Na edição censurada do livro, em vez das frases citadas, lê-se: "Só poderei pôr um fim a tudo quando houver completado todas as reviravoltas [*Wendungen*]"; idem, *Briefwechsel zwischen Bruno Bauer und Edgar Bauer während der Jahre 1839-1842 zwischen Bonn und Berlin*, cit., p. 30.

[286] Ibidem, p. 31.

352 KARL MARX E O NASCIMENTO DA SOCIEDADE MODERNA

janeiro de 1840. Essa ordenação cronológica é importante por evidenciar que a virada ateísta de Bauer não estava relacionada à crítica dos Evangelhos – e, muitas vezes, essa diferenciação não é feita na literatura; em alguns casos, o ateísmo de Bauer é visto como consequência de suas análises dos Evangelhos[287]. Inversamente, também não se pode afirmar que essa análise crítica tenha sido consequência de seu ateísmo, já que é possível, independentemente de crenças particulares, questionar se os textos evangélicos permitem ou não tirar conclusões sobre a pessoa histórica Jesus.

Após um ano em Bonn sem emprego fixo, a situação financeira de Bauer, que já não era muito boa em Berlim, piorou. Ele recorreu ao Ministério da Cultura para obter informações sobre a cátedra visada na Universidade de Bonn. Altenstein havia morrido em maio de 1840; o chefe interino do Ministério, *Adalbert von Ladenberg* (1798-1855), também pretendia convocar Bauer para a cátedra em questão, que ainda estava livre. Contudo, em nota ao novo ministro Eichhorn, a faculdade manifestou-se contrária à convocação de Bauer, dando preferência a *Gottfried Kinkel* (1815-1882), que também atuava como livre-docente em Bonn nessa época[288]. O novo ministro da Cultura, Eichhorn, com quem Bauer se encontrou pessoalmente no outono de 1840, recomendou-lhe que ficasse em Berlim e que escrevesse uma obra (neutra) sobre história eclesiástica. Segundo Eichhorn, o Ministério subvencionaria tal projeto. Bauer, no entanto, quis continuar na carreira docente, retornando, enfim, a Bonn.

Assim, não chegou a escrever tal obra neutra sobre história eclesiástica. Seu interesse pela questão da validade das fontes históricas da vida de Jesus e de suas pregações era muito maior. Ele passou a estudar os três primeiros Evangelhos – Mateus, Lucas e Marcos –, os chamados "sinópticos", que são designados assim por apresentarem muitas descrições que se sobrepõem, o que resultou, no século XVIII, na produção de muitas "sinopses"; ou seja, compilações paralelas dos três textos, nas quais as semelhanças e as diferenças são destacadas[289]. O primeiro volume da *Kritik der evangelischen Geschichte der Synoptiker* [Crítica da história evangélica dos sinópticos] de Bauer foi publicado na primavera de 1841.

Também nessa análise, Bauer chegou à conclusão de que os textos dos Evangelhos não se baseavam em conhecimentos diretos sobre Jesus enquanto

---

[287] Como em Karsten Lehmkühler, "Offenbarung und Heilige Schrift bei Bauer", cit., p. 55.

[288] Kinkel teve um importante papel na Revolução de 1848. Posteriormente, ele seria um dos exilados em Londres com quem Marx debateria de maneira deveras crítica e polêmica.

[289] As sinopses não devem ser confundidas com as "harmonias evangélicas", difundidas desde a Antiguidade tardia. Nesse tipo de harmonização, um novo texto é escrito com base nos quatro Evangelhos, sendo que se tenta incluir o máximo possível de informações disponíveis sobre Jesus.

Filosofia da religião, o início do "jovem hegelianismo" e os projetos de dissertação...   353

pessoa histórica; tais escritos seriam produto da "autoconsciência" [*Selbst-bewußtseyn*] dos evangelistas. Esse conceito já havia sido utilizado por Bauer em sua crítica do Evangelho de João; agora, contudo, ele tenta defini-lo de modo mais preciso:

> A autoconsciência não se comporta, nessa atividade criadora, como um Eu puro e isolado; ela não cria e não dá forma a partir de sua subjetividade imediata [...]. A autoconsciência entrou em uma relação de tensão com sua substância [nesse caso, o espírito da comunidade, M. H.] e foi fecundada por ela, sendo impelida a agir como agiu [...].[290]

No decorrer da argumentação, Bauer apresenta outras especificações: os portadores da autoconsciência são as pessoas individuais, mas apenas na medida em que essa singularidade não mais seja "o ponto de uma individualidade exclusiva", e sim carregue "em si a determinação do todo". De modo resumido, a autoconsciência "não é um Eu singular, mas a totalidade à qual o Eu, partindo de sua imediaticidade, [...] foi elevado"[291].

Com esse conceito de autoconsciência, Bauer se distancia claramente da ideia hegeliana de autoconsciência. Tal conceito havia sido tratado por Hegel em sua análise do espírito subjetivo: na autoconsciência, o Si [*das Selbst*] relaciona-se consigo na medida em que se relaciona com outro Si[292]. Já no decorrer de 1841, esse conceito foi ampliado por Bauer, tornando-se central em sua *Posaune des Jüngsten Gerichts*[293] [A trombeta do Juízo Final]. Não tratarei, neste capítulo, do desenvolvimento posterior de Bauer, tendo em vista que a intenção aqui é apenas destacar suas possíveis influências sobre a dissertação de Marx – que certamente conhecia o conceito de autoconsciência utilizado por Bauer na crítica dos Evangelhos sinópticos. Apesar de não se saber quando Marx recebeu um exemplar da obra, pode-se supor que eles conversaram sobre os temas do livro no outono de 1840, quando Bauer passou algumas semanas em Berlim.

---

[290] Bruno Bauer, *Kritik der evangelischen Geschichte der Synoptiker*, v. 1 (Leipzig, Wigand, 1841), p. 69.

[291] Ibidem, p. 221.

[292] Cf. G. W. F. Hegel (1830), *Enzyklopädie der philosophischen Wissenschaften* (Frankfurt am Main, Suhrkamp, 1986, HW 8-10), p. 226. Como em uma relação de reconhecimento, eu confirmo meu Si ao ser reconhecido por outro Si.

[293] Bruno Bauer, "Erkenntnis des Oberzensurgerichts in Betreff der zwei ersten Bogen des Briefwechsels zwischen Bruno und Edgar Bauer", cit.

O desenvolvimento religioso e os estudos filosófico-religiosos do jovem Karl Marx

A redação final de alemão de 1835 demonstra que Marx, com dezessete anos, ainda acreditava em um Deus[294]. Em contrapartida, o prefácio de sua tese de doutorado – datado de março de 1841 – apresenta uma posição decididamente ateísta. Marx cita uma frase dita por Prometeu na tragédia homônima de *Ésquilo* (525-456 a.C.): "Numa palavra, odeio todos os deuses"; para ele, Prometeu seria "o mais ilustre entre santos e mártires do calendário filosófico"[295].

Não se sabe exatamente quando Marx se tornou ateu. No entanto, é provável que as primeiras oscilações de fé tenham ocorrido pouco após o período de provas finais na escola. É possível encontrar tais indícios em uma carta que seu pai lhe enviou no dia 18 de novembro de 1835 (os colchetes representam perdas de texto causadas pela deterioração do papel):

> Realmente não duvido de que você ainda seja bom em termos de moral. No entanto, a crença pura em Deus é um grande suporte à moral. Você sabe que eu sou tudo, menos um fanático. Mas, para o ser humano, essa crença é, mais cedo ou mais tarde, uma [necessi]dade real; e há momentos na vida em que até mesmo quem nega Deus se vê [involunta]riamente obrigado a adorar o que é superior. E é cruel que [...], pois qualquer um pode [...] se subjugar àquilo que disseram Newton, Locke e Leibnitz.[296]

Na carta de Heinrich, esse parágrafo não se relaciona com o precedente; ou seja, a referência provavelmente é uma carta não preservada de Karl. Se forem vistas como resposta, essas frases só fazem sentido se pressupusermos que Karl, em carta anterior, houvesse manifestado certa dúvida quanto à crença em Deus.

Do período imediatamente posterior a essa carta, não foi preservada nenhuma manifestação direta de Marx sobre sua crença. Contudo, é possível identificar certa rejeição à crença em Deus em alguns de seus poemas de 1836-1837. É justamente nesse ponto que sua produção poética se diferencia do romantismo tardio e seu retorno ao cristianismo. O recolhimento pela graça divina e o alívio como consequência da crença em Deus são temas que simplesmente não aparecem em nenhum dos poemas de Marx. Muito pelo contrário: já no primeiro caderno de poesias – dado de presente a Jenny no Natal de 1836 –, Marx descreve uma

---

[294] Cf. "Os trabalhos de conclusão do ginásio – primeiras percepções acerca do desenvolvimento intelectual do jovem Marx", à p. 120 deste volume, e "Considerações de um rapaz acerca da escolha de uma profissão", à p. 421 deste volume.

[295] MEGA I/1, p. 14-5; MEW 40, p. 262-3 [ed. bras.: *Diferença entre a filosofia da natureza de Demócrito e a de Epicuro*, cit., p. 23-4].

[296] MEGA III/1, p. 291; MEW 40, p. 617.

angústia e um desespero que nem mesmo a crença em Deus apaziguaria. Por exemplo, no poema "A moça pálida" [Das bleiche Mädchen], a personagem do título se apaixona por um cavaleiro que passa diante dela, mas nem sequer nota sua presença. Crença nenhuma pode tirá-la de seu desespero. Antes de cometer suicídio, ela explica:

> Tomaram-me o céu clemente
> E assim me vi assaltada,
> Minh'alma, que em Deus fora crente,
> Descobriu-se no Inferno enterrada.[297]

A situação é semelhante à do poema "O canto rebelde da noiva" [Der Wilden Brautgesang], no qual uma moça que não quer se casar com o homem escolhido por sua família afirma:

> E eu devo em grilhões me quedar
> Atada ao homem malsão.
> Um bom Deus não virá me salvar
> Do mergulho na escravidão.[298]

Quando ela enfim consente em casar-se, dilacerada por dentro, os versos finais comentam:

> Orgulhosos, os montes reclinam
> E o céu com seu ouro se ri;
> Pois de olhar os homens declinam
> Em seu brilho vaidoso de si.

> O tempo segue brotando suas flores
> Pois nada de mais se passou;
> A morte engolfou com ardores
> O coração que p'ra sempre calou.[299]

---

[297] MEGA I/1, p. 495. [Tradução de Flávio Aguiar. Do original: *"So ist der Himmel geraubt,/ so bin ich verloren,/ Der Geist, der an Gott geglaubt,/ Ist der Hölle erkoren."*]

[298] MEGA I/1, p. 507. [Tradução de Flávio Aguiar. Do original: *"Und ich bin angekettet,/ Für stets dem rauhen Mann,/ Kein Gott mich mild errettet,/ Aus Sklaverei und Bann."*]

[299] MEGA I/1, p. 510. [Tradução de Flávio Aguiar. Do original: *"Und die Berge stolz sich lehnen,/ Und der Himmel golden lacht,/ Denn er kennt nicht Menschensehnen,/ freut sich ruhig seiner Pracht./ Knospen schwellen, Blüthen prangen,/ Denn nichts Grosses ist geschehn;/ Eine Seele Todtumfangen,/ Und ein Herz muß stumm vergehn."*]

KARL MARX E O NASCIMENTO DA SOCIEDADE MODERNA

A mensagem é clara: não se pode esperar consolo nem redenção de um Deus. No segundo caderno, a tendência se reforça. Em "Canção às estrelas" [Lied an die Sterne], encontra-se a seguinte estrofe:

Mas se ardeis quietos no firmamento,
Consumidos por vosso esplendor,
Ó deuses, padeceis agora o tormento
De nada gerar com vosso ardor.[300]

Deus não estaria no mundo nem mesmo metaforicamente. "A prece do desesperado" [Des Verzweifelnden Gebet] trata da obstinada revolta contra um Deus que "levou tudo o que eu tinha"[301]. Aqui, Deus aparece como um inimigo, contra quem seria necessário lutar.

Em "Juízo Final" [Weltgericht] (com o subtítulo "piada" [*Scherz*]), a ideia religiosa de vida após a morte é objeto de escárnio:

Caramba! Tal vida na morte,
Com seus hinos sacros de louvor,
Deixa-me os cabelos em pé por tal sorte
E minh'alma tomada de horror.[302]

Por que sua alma estaria tomada de tanto medo dessa vida na morte? Porque ela é muito entediante.

Teremos de louvar Deus, o eterno,
Aleluia! todo o tempo gritando
Sem cessar este canto sempiterno,
Prazer e dor para sempre olvidando.[303]

Nos fragmentos do romance *Escorpião e Félix*, temas religiosos como a trindade do Deus cristão são tratados com escárnio e sarcasmo[304].

---

[300] MEGA I/1, p. 529. [Tradução de Flávio Aguiar. Do original: "*Doch ach! ihr glüht nur immer,/ In ruh'gem Aetherschein,/ Und Götter werfen nimmer,/ Die Gluth in euch hinein.*"]

[301] MEGA I/1, p. 640.

[302] MEGA I/1, p. 641. [Tradução de Flávio Aguiar. Do original: "*Ach! vor jenem Todtenleben,/ Vor der Heil'gen Preißgesang,/ Muß mein Haar sich sträubend beben,/ Ist mir in der Seele bang.*"]

[303] MEGA I/1, p. 642. [Tradução de Flávio Aguiar. Do original: "*Soll'n wir Gott, den ew'gen loben,/ Hallelujah ewig schrein,/ Haben nie genug erhoben,/ Kennen nicht mehr Lust und Pein.*"]

[304] MEGA I/1, p. 700.

Esses poemas, escritos antes de abril de 1837, demonstram que Marx não acreditava mais naquela "divindade" sobre a qual ele escreve, em sua redação final, que nunca deixaria "os habitantes da Terra completamente sem um guia; ela fala baixo, mas com segurança"[305]. Para escrever seu diálogo *Cleantes* – que não foi preservado, mas é mencionado em carta ao pai –, Marx provavelmente utilizou uma concepção panteísta baseada nas ideias do jovem Schelling. Deus não é considerado uma pessoa, mas sim a alma impessoal do mundo, que deve ser desenvolvida "filosófica e dialeticamente"[306]. Não se sabe por quanto tempo, tampouco com qual intensidade, tais concepções panteístas foram defendidas por Marx.

Apesar de seus pais terem se convertido ao protestantismo, não há nenhum indício de que eles tenham desenvolvido uma relação mais próxima com a crença cristã ou com o protestantismo. Como é possível ler na citada carta de Heinrich, suas crenças religiosas tendiam antes ao deísmo; ele só havia se convertido ao protestantismo para continuar exercendo a advocacia. Portanto, é muito provável que o jovem Karl nunca tenha tido uma relação emocional com o protestantismo por influência da família ou de seu entorno. Assim, a separação de Marx das crenças religiosas cristãs deve ter sido relativamente fácil – diferentemente da que teve o jovem Friedrich Engels[307].

---

[305] MEGA I/1, p. 454; MEW 40, p. 591.

[306] MEGA III/1, p. 16; MEW 40, p. 9; sobre o tema, cf. p. 231-2 deste volume.

[307] Até o momento, o desenvolvimento das concepções religiosas de Marx nessa época quase não foi investigado. Walter Sens afirma, sem grandes justificativas, que "Marx assumiu essa atitude ateísta, de maneira mais ou menos consciente, já no início do verão de 1839, no início de seus trabalhos preparatórios [para a tese de doutorado, M. H.]"; Walter Sens, *Karl Marx: seine irreligiöse Entwicklung und antichristliche Einstellung* (Halle, Akademischer Verlag Halle, 1935), p. 35. Apesar de também interpretar os poemas de Marx como uma primeira crítica à religião, Johannes Kadenbach crê que essa crítica tenha sido relativizada com sua passagem à filosofia hegeliana. Tal passagem teria sido resultado do desejo de Marx "por uma síntese monista do espírito" – ele não explica, contudo, de onde esse desejo teria vindo; além disso, o "monismo" hegeliano afirmaria "Deus enquanto o ser total"; Johannes Kadenbach, *Das Religionsverständnis von Karl Marx* (Munique, Schöningh, 1970), p. 45. A filosofia hegeliana teria transmitido a Marx uma nova compreensão religiosa, que conteria um Deus imanente ao mundo; ibidem, p. 46 e seg. Somente sob a influência de Bruno Bauer Marx teria desenvolvido uma interpretação de Hegel e da religião que se aproximaria da posição defendida por Bauer em *A trombeta do Juízo Final*; ibidem, p. 55 e seg. Kadenbach pressupõe não só a existência de apenas uma interpretação possível de Hegel – cujas teorias cristã-religiosas já eram controversas na época de Marx – como que, na passagem à filosofia hegeliana, Marx tenha assumido as consequências religiosas – sem, contudo, apresentar qualquer evidência. Ruedi Waser, baseando-se, sobretudo, na carta de Heinrich e nos poemas de Marx, conclui que o jovem Marx teria sido "agnóstico" e que esse agnosticismo teria dificultado sua passagem à filosofia hegeliana em 1837; Ruedi Waser, *Autonomie des Selbstbewusstseins: eine Untersuchung zum Verhältnis von Bruno*

358 KARL MARX E O NASCIMENTO DA SOCIEDADE MODERNA

A passagem ao ateísmo não levou a um abandono dos temas filosófico-
-religiosos por parte de Bauer, tampouco de Marx. Em relação a Bauer, tal fato
é conhecido; o mesmo não pode ser dito em relação a Marx – que planejou
diversas contribuições aos debates filosófico-religiosos entre 1838 e 1841. Tais
planos não chegaram a ser concretizados, de modo que, hoje, a filosofia da religião não é com frequência considerada um dos campos de atuação de Marx; não
obstante, é muito provável que ele tenha se dedicado com afinco a tais discussões.
Nesse contexto, não surpreende que Marx tenha frequentado o curso de Bauer
sobre Isaías no semestre de verão de 1839, o que deve, antes, ser interpretado
como parte integrante de um debate mais amplo em torno de questões filosófico-
-religiosas que, nessa época, tinham grande importância política.

As principais fontes de informação sobre os planos de Marx de publicar
textos filosófico-religiosos são as cartas enviadas por Bauer, de Bonn, a Marx (as
de Marx a Bauer não foram preservadas)[308]. No dia 1º de março de 1840, Bauer
pergunta: "A quantas anda sua farsa *Fischer vapulans* [Fischer castigado]?"[309]. A
clara referência aqui é Karl Philipp Fischer, filósofo próximo ao deísmo especulativo. Ele havia publicado, em 1839, *Die Idee der Gottheit* [A ideia da divinda-
de], no qual ele defende a personificação de Deus e a imortalidade da alma,
contrapondo-se ao panteísmo associado a Hegel. Talvez as "lucubrações lógicas"
de Marx, mencionadas por Bauer em sua carta do dia 11 de dezembro de 1839[310],
estejam relacionadas a tais estudos. Levando em conta que o teísmo especulativo havia sido influenciado pela *Lógica* de Hegel, mas que defendia uma teologia
autônoma, não baseada na filosofia, é plausível que uma crítica a essa orientação
começasse por sua interpretação da *Lógica*.

Na carta de Bauer do dia 30 de março de 1840, dois projetos de Marx são
mencionados. Um deles seria *Anzeige der Rel. Phil.* [Apresentação da filosofia

---

Bauer und Karl Marx (1835-1843) (Tubinga, Francke, 1994), p. 23 e 25. Waser não justifica
sua afirmação de que em 1836-1837 Marx teria sido agnóstico, não ateu. Em termos gerais,
uma das características do agnosticismo é certa suavidade em relação à religião, não se excluindo a possibilidade de que haja um núcleo verdadeiro nas concepções religiosas. Os poemas de
Marx não são exatamente suaves com a religião. Além disso, se o agnosticismo (ou o ateísmo)
do jovem Marx tivesse sido um grande obstáculo a sua passagem à filosofia de Hegel, seria
incompreensível o fato de Marx, em seu diálogo *Cleantes*, procurar justamente em Schelling
apoio contra Hegel; cf. carta de Marx a seu pai do dia 10 de novembro de 1837, MEGA III/1,
p. 16; MEW 40, p. 9.

[308] Nem todas as cartas de Bauer foram preservadas. Na segunda carta preservada, ele escreve: "E
quantas vezes eu já lhe escrevi – e você se cala!"; cf. carta do dia 1º de março de 1840, MEGA
III/1, p. 340.

[309] Ibidem, p. 341.

[310] Ibidem, p. 336.

FILOSOFIA DA RELIGIÃO, O INÍCIO DO "JOVEM HEGELIANISMO" E OS PROJETOS DE DISSERTAÇÃO...

da religião][311], resenha da segunda edição dos *Cursos sobre a filosofia da religião*, de Hegel, bastante editada por Bauer. Sobre o outro projeto, Bauer – que já via Marx, após a conclusão do doutorado, como futuro docente de filosofia em Bonn – escreve:

> Se você não quiser ler sobre o hermesianismo no próximo inverno, eu terei de fazê-lo. Mas é claro, e nem precisaria ser dito, que você precisa dedicar-se ao tema; você tem de fazê-lo, sobretudo, por já ter, há muito tempo, se comprometido a escrever sobre esse assunto. Esse texto chamará muito a atenção.[312]

O teólogo católico vinculado à Universidade de Bonn Georg Hermes havia tentado conciliar a teologia dogmática católica com as ideias iluministas. Enquanto o governo da Prússia apoiava o hermesianismo, os escritos de Hermes foram introduzidos, em 1835, no índex de livros proibidos pelo papa Gregório XVI. Em consequência disso, o arcebispo de Colônia Droste zu Vischering – antes das discussões em torno dos matrimônios mistos – proibiu os estudantes católicos de teologia de frequentar cursos sobre o hermesianismo. As palavras de Bauer – segundo o qual a análise de Marx do hermesianismo chamaria "muito a atenção" – provavelmente indicam que Marx pretendia criticar os fundamentos dessa corrente, que era vista com certa simpatia pela Prússia protestante.

Marx também planejava publicar um livro sobre o hermesianismo; ele já havia pedido a Bruno Bauer que contatasse um editor em Bonn. No dia 25 de julho de 1840, Bauer escreveu a Marx que não entregaria sua carta ao editor. Marx parece não ter escolhido as melhores palavras na correspondência: "Você pode até escrever à sua lavadeira mais ou menos assim, mas não a um editor que você pretende convencer de algo"[313]. Com a ajuda de um amigo docente, Bauer encontrou outro editor interessado na publicação do livro. Não sabemos, contudo, se eles chegaram a assinar um contrato de edição. Marx provavelmente trabalhou nesse projeto até pelo menos 1841. Em carta a Ruge do dia 23 de fevereiro de 1841, Eduard Meyen menciona que Marx queria "escrever um panfleto sobre Hermes" e, por isso, não estaria disponível para contribuir com os *Anais de Halle* naquele momento[314]. No início de 1841, Marx provavelmente cogitou formular uma crítica a Feuerbach[315]. A única obra de Feuerbach que poderia, na época, ser alvo de uma crítica era seu panfleto, publicado em 1839,

---

[311] Ibidem, p. 343.

[312] Ibidem, p. 344.

[313] Ibidem, p. 349.

[314] Martin Hundt (org.), *Der Redaktionsbriefwechsel der Hallischen, Deutschen und Deutsch-Französischen Jahrbücher (1837-1844)*, cit., p. 693.

[315] Cf. carta de Bauer do dia 12 de abril de 1841, MEGA III/1, 358.

360 KARL MARX E O NASCIMENTO DA SOCIEDADE MODERNA

Sobre filosofia e cristianismo em relação à acusação de que a filosofia hegeliana não seja cristã.

Em algumas cartas enviadas a Arnold Ruge em 1842, Marx anuncia diversas vezes um trabalho sobre "religião e arte", que havia sido concebido, de início, como contribuição à continuação de *A trombeta do Juízo Final*, de Bauer[316], mas que, por fim, seria publicado separadamente e, ao que parece, acabou constantemente adiado. Nesse contexto, Marx escreve a Ruge no dia 20 de março de 1842:

> Foi indispensável que eu analisasse a essência geral da religião no próprio tratado, o que resultou em certa colisão com Feuerbach; uma colisão que não envolve o princípio, mas sim sua formulação. De qualquer forma, a religião não sai ganhando.[317]

Assim, Marx planejou a publicação de pelo menos cinco textos filosófico-religiosos entre o início de 1840 e a primavera de 1842. Em todos esses casos, a publicação não foi levada a cabo. Além disso, não se sabe até que ponto Marx desenvolveu tais escritos, cujos manuscritos não foram preservados. Um pequeno texto impresso em novembro de 1842 nos *Anais de Halle* foi sua única publicação tratando de questões filosófico-religiosas. Nesse artigo, ele defende a posição de Bruno Bauer em seu texto sobre os sinópticos contra as críticas do filólogo *Otto Friedrich Gruppe* (1804-1876), ex-colaborador dos *Anais de Halle* que passara a defender posições reacionárias. O artigo de Marx sobre a "querela das igrejas" de Colônia, que seria publicado na *Gazeta Renana*, mas que foi completamente censurado, possivelmente abordou – ou, no mínimo, tangenciou – temas filosófico-religiosos. Nesse artigo, segundo Marx em carta a Ruge do dia 9 de julho de 1842, ele teria "demonstrado como os defensores do Estado tomaram a posição da Igreja e os defensores da Igreja, tomaram a posição do Estado"[318].

Apesar dos estudos filosófico-religiosos de Marx não terem sido publicados enquanto tais, sua influência sobre os escritos posteriores é inegável. Na obra de Marx como um todo, especialmente em *O capital*, é possível encontrar uma série de citações e referências à Bíblia, assim como alusões a temas teológicos[319]. A familiaridade de Marx com tais temas não foi mero resultado da educação e da cultura geral do século XIX, época em que a religião tinha muito mais influência do que hoje. É muito provável que os conhecimentos abrangentes de Marx se devessem justamente a seus estudos filosófico-religiosos feitos entre 1838 e 1842.

---

[316] Cf. carta de Marx a Ruge do dia 5 de março de 1842, MEGA III/1, p. 22; MEW 27, p. 397.

[317] Ibidem, p. 25; ibidem, p. 401.

[318] Ibidem, p. 28; ibidem, p. 405.

[319] A dissertação de Reinhard Buchbinder, de 1976, evidencia a enorme quantidade de citações e alusões bíblicas, além de comparações teológicas presentes na obra de Marx e Engels.

A amizade de Marx e Bauer

Entre 1837 e 1842, Bruno Bauer foi o amigo mais próximo de Karl Marx; por sua vez, Karl foi uma das pessoas mais importantes para Bruno, ao lado de seu irmão Edgar Bauer. A parte emocional da relação é evidenciada pelas cartas de Bauer. Em uma carta de abril de 1841, já mencionada aqui, Bauer escreve a Marx que não mais ria "daquele jeito, como em Berlim, quando eu simplesmente atravessava a rua com você"[320]. A carta anterior de Bauer, do dia 31 de março de 1841, começa com as seguintes palavras: "Se dependesse apenas de mim, eu já teria escrito à sua noiva há muito tempo"[321]. Ao que parece, Marx havia pedido a Bauer que escrevesse a Jenny e, agora, relembrava-lhe de que ele ainda não o teria feito. Visivelmente, Karl queria que as duas pessoas mais importantes para ele nessa época entrassem em contato direto. A amizade de Marx e Bauer também foi percebida por terceiros: em carta enviada por Eduard Meyen a Arnold Ruge no dia 14 de janeiro de 1841, Marx é descrito como "o amigo íntimo de Bruno Bauer"[322].

Em 1841, Bauer e Marx planejaram publicações conjuntas, pretendendo inclusive fundar uma revista. Além disso, havia planos envolvendo a transferência de Marx, após o doutorado, para Bonn, onde ele faria sua habilitação; depois, juntos, eles poderiam lecionar e enfrentar o conservadorismo teológico e político. Já na primeira carta preservada de Bauer a Marx, do dia 11 de dezembro de 1839, lê-se: "Dê um jeito de vir lecionar no verão"[323], ou seja, ele esperava que Marx pudesse dar aulas em Bonn já no semestre de verão de 1840 – no entanto, ainda faltava muito para que Marx terminasse sua dissertação. Em carta do dia 1º de março de 1840, Bauer escreve: "Pare de procrastinar e termine logo seu vagaroso trabalho; esse exame é uma tolice e mera farsa. Se você já estivesse aqui, poderíamos discutir muito mais coisas do que o papel pode transmitir"[324]. Nas cartas seguintes, o tom de Bauer se mantém o mesmo.

Em certo sentido, essa contínua pressão por parte de Bauer se devia a sua convicção, expressa diversas vezes, de que a colisão entre a Igreja e a ciência desencadearia uma crise política e social de dimensões históricas. No dia 1º de março, ele escreve:

---

[320] MEGA III/1, p. 356.

[321] Ibidem, p. 354.

[322] Martin Hundt (org.), *Der Redaktionsbriefwechsel der Hallischen, Deutschen und Deutsch--Französischen Jahrbücher (1837-1844)*, cit., p. 654.

[323] MEGA III/1, p. 335.

[324] Ibidem, p. 341.

O momento se torna cada vez mais terrível e oportuno. [...] Por todo lado, as mais decisivas contradições se destacam, e o inútil sistema policial chinês tenta escondê-las, mas, com isso, só contribui para seu fortalecimento. Enfim, a filosofia, que se emancipa justamente nessa repressão chinesa, será o guia dessa batalha, enquanto o Estado cego renuncia a tal tarefa.[325]

No dia 5 de abril de 1840, Bauer anuncia a Marx:

A catástrofe será terrível e profunda; eu diria até que será maior e mais espantosa do que a causada pelo nascimento do cristianismo. [...] Esse futuro é tão certo que não se pode duvidar de sua vinda por um momento sequer. [...] As forças inimigas já estão tão próximas que um só golpe será decisivo.[326]

Seria interessante saber como Marx reagiu às antecipações de Bauer. Ao que parece, ele não contestou suas ideias; pelo menos é o que indicam as cartas de Bauer, em que não há uma tentativa sequer de persuadir um Marx possivelmente incrédulo[327]. Muito provavelmente, Marx era o amigo em quem Bauer mais confiava e, por isso, queria tê-lo ao lado nos combates que estavam por vir. No dia 31 de março de 1841, Bauer escreveu: "Se você vier para Bonn, talvez este ninho logo se torne objeto da atenção pública; poderemos, então, provocar a crise aqui em seus momentos mais importantes"[328].

O que, exatamente, teria despertado em Marx e Bauer o interesse recíproco a ponto de produzir uma relação tão intensa? Ambos tinham o raciocínio apurado e eram capazes de ler uma quantidade enorme de textos em pouco tempo; ambos tinham grande interesse nos desenvolvimentos políticos e intelectuais da época. Mas isso não era tudo. Bauer seguia os próprios princípios com uma coerência impressionante. Ele era consequente não só em termos intelectuais, levando a cabo todas as implicações necessárias, mas também em termos políticos, desconsiderando, até certo ponto, as consequências de suas ações para si mesmo – como comprovou sua crítica a Hengstenberg. Ambas as características devem ter impressionado profundamente o jovem Marx, cujos "princípios estri-

---

[325] Idem. Ao mencionar o "sistema policial chinês" e chamar a situação na Prússia de "repressão chinesa", Bauer faz referência à representação da China feita nos *Cursos sobre a filosofia da história*, de Hegel, em que o Estado chinês é descrito como sistema de dominação despótico do imperador; HW 12, p. 147-74.

[326] MEGA III/1, p. 346.

[327] Na década de 1850, como ainda veremos, Marx passou por um período parecido de entusiasmo – fundamentando-se, contudo, em teorias completamente diferentes. Ele esperava que a próxima crise econômica abalasse de forma violenta o sistema capitalista, gerando uma nova onda revolucionária; até que a crise de 1857-1858 lhe convencesse do contrário.

[328] Ibidem, p. 354.

tos" já haviam sido mencionados pelo pai[329]. É possível que ao menos alguns aspectos de sua concepção de "crítica" tenham sido influenciados pela relação com Bruno Bauer. Mesmo depois de rompida a amizade, tais ideias mantiveram-se importantes para Marx. Em 1844, nos *Anais Franco-Alemães*, Marx escreveu que seria central, naquele momento, que se fizesse uma "crítica implacável de tudo o que existe; implacável no sentido de que a crítica não teme os próprios resultados, tampouco o conflito com as forças vigentes"[330]. Mais de trinta anos depois, Marx escreveria a Engels (tratando de uma proposta feita a ambos – de fundar uma revista científica e socialista – por pessoas que Marx julgava não serem capazes de assumir tal tarefa): "Implacabilidade – primeira condição de qualquer crítica – é algo impossível nesse tipo de sociedade"[331].

Marx também era um jovem notável. Como mencionado há pouco, ele provavelmente assumiu posições ateístas muito cedo – o que poderia explicar o fato de ter sido logo aceito pelos membros do clube de doutores, apesar da grande diferença de idade entre ele e os demais (conhecidos). Além disso, eles eram muito mais experientes em temas filosóficos do que Karl, pelo menos no início. Com certeza, sua percepção aguçada e sua capacidade de leitura também os impressionou. O fato de que ele foi logo visto como alguém igualmente capaz de ensinar algo aos mais velhos – como é possível supor a partir da carta de Köppen a Marx citada no início deste capítulo – poderia ser explicado pela objetividade com que Marx defendia posições ateístas. Os outros membros do clube eram de famílias protestantes; além disso, tanto Bauer como Köppen e Rutenberg haviam iniciado os estudos em cursos de teologia. Suas raízes no mundo da fé protestante e cristã eram muito mais profundas do que as de Marx. No caso deles, em que havia um forte vínculo com a religião, o abandono da crença foi não apenas um ato intelectual mas uma questão fortemente emocional. É provável que o jovem Marx, por sua vez, não tenha enfrentado os mesmos problemas emocionais em relação à fé; tendo em vista seus poemas, é possível presumir que, nas discussões do clube, ele tratasse tanto a teologia quanto a religião de maneira bastante desrespeitosa.

Apenas um ano e meio antes de Marx entrar para o clube de doutores (no verão de 1837), Bruno Bauer havia defendido o nascimento virginal de Jesus; além disso, ele ainda era editor de uma revista conservadora de teologia. É pouco provável que Bauer já fosse ateu nessa época. Assim, não pode ter sido ele quem influenciou Marx na direção do ateísmo, como sugere McLellan[332]; é mais

---

[329] Ibidem, p. 300.

[330] MEGA I/2, p. 487; MEW 1, p. 344.

[331] Carta do dia 18 de julho de 1877, MEW 34, p. 48.

[332] David McLellan, *Marxism and Religion* (Nova York, Harper & Row, 1987), p. 9.

provável que, inversamente, Marx tenha influenciado o amigo nos anos 1838 e 1839, levando-o ao ateísmo ou, pelo menos, impulsionando-o nessa direção. Tal tese também fará sentido se levarmos em conta a conclusão tirada há pouco de que Bauer já se teria tornado ateu antes de sua crítica dos Evangelhos.

Entre 1840 e 1841, Bauer e Marx chegaram a planejar a fundação conjunta de uma revista. A menção mais antiga a esse periódico se encontra na carta de Bauer a Marx do dia 28 de março de 1841. Contudo, é muito provável que eles já houvessem conversado sobre o tema antes dessa carta – talvez no outono de 1840, quando Bauer foi a Berlim. Na carta, ele trata dos planos da revista como algo já conhecido:

> A revista precisa começar a ser publicada neste verão [...]. Não dá mais para resistir. O jornaleco de Berlim [ou seja, os *Anais para a Crítica Científica*, M. H.] e a lassidão dos *Anais de Halle* [...] ganham cada vez mais espaço. [...] O terrorismo da teoria verdadeira terá de limpar o campo.[333]

Para Bauer, poucas pessoas seriam capazes de elaborar essa "teoria verdadeira"; segundo ele: "Só poderemos admitir alguns poucos colaboradores"[334].

O título da revista não é mencionado nas correspondências de Bauer. No entanto, Ruge escreve, em carta a Adolf Stahr do dia 8 de setembro de 1841: "Será um jornal do ateísmo (literalmente)"[335]. Não se trata, aqui, de mera caracterização feita por Ruge, mas sim do título real que teria o periódico – o que é confirmado por uma reportagem da *Mannheimer Abendzeitung* [Gazeta Vespertina de Mannheim] do dia 28 de fevereiro de 1843, em que se lê: "O dr. Marx [...] é um amigo de Bruno Bauer, com quem ele outrora pretendia publicar um jornal teológico-filosófico que partiria da perspectiva baueriana da crítica dos Evangelhos e que se chamaria *Archiv des Atheismus* [Arquivo do ateísmo]"[336]. Contudo, a revista não chegou a ser lançada. *Georg Jung* (1814-1886), cofundador da *Gazeta Renana*, formulou o que se esperava do periódico em uma carta enviada a Arnold Ruge no dia 18 de outubro de 1841:

> O dr. Marx, o dr. Bauer e L. Feuerbach estão se associando para fundar um periódico filosófico-teológico; que todos os anjos se reúnam ao redor do velho Deus Nosso Senhor e que ele seja misericordioso consigo mesmo, pois esses três com certeza vão expulsá-lo do Céu e, ainda por cima, processá-lo judicialmente – Marx,

---

[333] MEGA III/1, p. 353.

[334] Idem. Bauer também menciona brevemente o projeto da revista em carta do dia 12 de abril de 1841; ibidem, p. 358.

[335] Martin Hundt (org.), *Der Redaktionsbriefwechsel der Hallischen, Deutschen und Deutsch--Französischen Jahrbücher (1837-1844)*, cit., p. 826.

[336] Citado em MEGA III/1, p. 751.

ao menos, considera a religião cristã uma das mais indecentes. A propósito, apesar de ser um revolucionário bastante desesperado, ele possui uma das mentes mais aguçadas que eu conheço.[337]

6. Os projetos de dissertação de Marx

Hoje, as dissertações escritas nas ciências naturais – em áreas como a medicina – costumam ser relativamente curtas, tratando, via de regra, de assuntos específicos e bem delimitados. A situação é diferente nas ciências humanas, nas quais as dissertações costumam ser muito abrangentes e, às vezes, apresentam importantes contribuições para as discussões na área em questão; esses trabalhos mantêm-se relevantes mesmo dez, vinte anos depois de publicados. No entanto, as coisas nem sempre foram assim. A qualidade e a extensão das teses só aumentaram significativamente a partir do fim da década de 1950, como consequência da expansão de cursos com diplomas abaixo do doutorado que também exigiam trabalhos escritos. Até o início da mesma década, era possível obter um título de doutor, também em ciências humanas, com um trabalho não tão abrangente, que tratasse de um assunto secundário e específico. Muitas vezes, as dissertações de pensadores famosos do século XIX são suas obras menos interessantes. Nesse sentido, pode-se compreender melhor a pressão de Bruno Bauer, mencionada no item anterior, para que Marx terminasse logo aquela "farsa". Depois de três ou quatro anos na universidade, sobretudo na primeira metade do século XIX, escrevia-se uma tese de doutorado em alguns meses. Em geral, o trabalho científico de fato autônomo só começava depois da dissertação.

Levando em conta tais circunstâncias, não é nada óbvio que Marx, depois de três anos e meio de estudos, demorasse tanto para escrever sua dissertação, intitulada *Differenz der demokritischen und epikureischen Naturphilosophie* [Diferença entre a filosofia da natureza de Demócrito e a de Epicuro]. Os primeiros resumos tratando desse tema datam do início de 1839; no entanto, Marx só entregaria sua tese mais de dois anos depois, em abril de 1841. Sem dúvida, um dos motivos dessa demora foi o fato de Marx não ter se dedicado exclusivamente à tese nesse período. Como vimos, ele estudou com afinco temas filosófico--religiosos, além de ter planejado a publicação não só de artigos avulsos mas de um livro inteiro (sobre o hermesianismo). O fato de Marx abordar seu tema de maneira muito mais profunda do que era comum na época também contribuiu

---

[337] Martin Hundt (org.), *Der Redaktionsbriefwechsel der Hallischen, Deutschen und Deutsch-Französischen Jahrbücher (1837-1844)*, cit., p. 852.

KARL MARX E O NASCIMENTO DA SOCIEDADE MODERNA

para a demora na conclusão da tese. Apesar de ele não tratar, em sua dissertação de 1841, de todas as questões que lhe interessavam, esse escrito é uma valiosa oportunidade para entender seu posicionamento filosófico quatro anos depois da transição à filosofia hegeliana, em 1837[338].

Os estudos histórico-filosóficos de Marx e seu primeiro projeto de dissertação (1839-1840)

Como demostra uma carta da mãe de Marx[339], ela lhe havia enviado o dinheiro para as taxas do doutorado em outubro de 1838. Apesar de já ter planos concretos para sua tese nessa época, Karl provavelmente teve de pagar outras contas com o dinheiro. Os primeiros resumos foram feitos no início de 1839, recebendo o título de "Cadernos sobre a filosofia de Epicuro". Até a primavera de 1840, Marx escreveu um total de sete cadernos desse tipo. Ao que parece, ele decidiu que Epicuro seria o tema de sua dissertação no fim de 1838. Não se sabe ao certo quando nem por que Marx escolheu a filosofia epicurista como tema – não se preservou nenhuma declaração dele a respeito dessa decisão. No entanto, como veremos a seguir, essa escolha não surpreende.

A perspectiva de Marx sobre a história da filosofia foi fortemente influenciada pelos *Cursos sobre a história da filosofia* de Hegel, publicados entre 1833 e 1836. No prefácio de sua tese, Marx escreve que o "grande e ousado plano [de Hegel], digno de toda a admiração, [...] constitui o momento em que se começa a datar a história da filosofia"[340]. Para Hegel, a história da filosofia não representava mera sucessão de diferentes doutrinas, mais ou menos arbitrárias; ele tentou, pelo contrário, revelar um nexo interno.

> Sustento que a sucessão dos sistemas da filosofia na história é idêntica à sucessão na educação lógica das determinações conceptuais da ideia. Sustento que, despojando os conceitos fundamentais que aparecem na história da filosofia de tudo o que diz respeito à formação exterior deles, à sua aplicação

---

[338] Durante muito tempo, a literatura praticamente ignorou a tese de Marx. O interesse nesse texto vem aumentando nos últimos anos, o que, no entanto, acompanha certa superestimação. Por exemplo: Norman Levine – *Marx's Discourse with Hegel* (Houndmills, Palgrave Macmillan, 2012), p. 119 – considera a dissertação um programa de crítica materialista do existente, e Martin Eichler – *Von der Vernunft zum Wert: die Grundlagen der ökonomischen Theorie von Karl Marx* (Bielefeld, transcript, 2015), p. 25 – vê nela uma "chave" para compreender toda a obra de Marx.

[339] MEGA III/1, p. 334.

[340] MEGA I/1, p. 14; MEW 40, p. 261 [ed. bras.: *Diferença entre a filosofia da natureza de Demócrito e a de Epicuro*, cit., p. 22].

ao particular e assim por diante, se obtêm os vários graus da determinação da ideia em seu conceito lógico.[341]

Não obstante, o forte paralelo que parece haver, a princípio, entre o desenvolvimento histórico-filosófico e o lógico-conceitual é logo restringido.

> Importa saber reconhecer estes conceitos puros no que tem forma histórica. [...] Há decerto uma diferença entre a sequência como sucessão na história e a sequência na ordem dos conceitos; mas nos afastaria demasiado de nosso intento mostrar aqui essa diferença.[342]

Ainda assim, Hegel tentava entender os sistemas filosóficos em um nível mais geral e categorial. Nesse sentido, as filosofias pós-aristotélicas do estoicismo, do epicurismo e do ceticismo são, para ele, filosofias da "autoconsciência"; elas tentariam "conquistar a liberdade da autoconsciência por meio do pensar"[343].

Essas três filosofias surgiram em uma época de decadência da pólis grega: no imenso império de *Alexandre* (356-323 a.C.) e no igualmente vasto império sucessor, o mundo simples da pólis não era mais o centro do mundo para o pensamento grego; além disso, a época em que os cidadãos (homens) livres participavam das decisões políticas comunitárias já fazia parte do passado. O interesse filosófico se dirigia agora, mais do que até então, aos modos práticos de vida dos indivíduos. Nesse contexto, estoicismo, epicurismo e ceticismo se aproximavam da mesma questão de maneiras distintas. Também aqui se mostra o que Hegel afirma no prefácio da *Filosofia do direito*: "A filosofia [é] sua época captada em pensamento"[344].

O fato de essas escolas serem caracterizadas por Hegel como filosofias da "autoconsciência" – o que já representava uma valorização delas em relação à perspectiva da historiografia filosófica da época, que considerava esses três siste-

---

[341] HW 18, p. 49 [ed. bras.: *Introdução à história da filosofia*, trad. Antônio Pinto de Carvalho, Abril Cultural, 1974, Os Pensadores, p. 346-7]. Como mencionado no capítulo anterior, Hegel não fala de um reino das ideias separado do mundo real. Para ele, a ideia é a unidade entre o conceito de uma coisa e sua objetividade; HW 6, p. 464. Os "conceitos lógicos" da ideia abordados aqui são as categorias fundamentais da compreensão filosófica da realidade desenvolvidas em *Ciência da lógica*.

[342] Idem [ed. bras.: ibidem, p. 347]. Em sua análise do conceito hegeliano de história da filosofia, Hans Friedrich Fulda – "Hegels These, dass die Aufeinanderfolge von philosophischen Systemen dieselbe sei wie die von Stufen logischer Gedankenentwicklung", em Dietmar Heidemann e Christian Krijnen (orgs.), *Hegel und die Geschichte der Philosophie* (Darmstadt, Wissenschaftliche Buchgesellschaft, 2007) – chega à conclusão de que tal conceito não visa tanto ao paralelismo em relação à *Lógica* quanto se sugeriu, muitas vezes, na literatura, o que seria comprovado pelo fato de a exposição real de Hegel da história da filosofia não tentar encontrar os paralelos com o desenvolvimento lógico-conceitual de *Ciência da lógica*.

[343] HW 19, p. 401.

[344] HW 7, p. 26.

mas meros produtos do epigonismo e do ecletismo – provavelmente chamou a atenção dos jovens hegelianos; afinal, o conceito de autoconsciência era central nos debates sobre a filosofia da religião de Hegel. Entre 1840 e 1841, esse conceito ganhou importância especial para Bruno Bauer – com quem Marx tinha uma relação muito próxima. No livro de Friedrich Köppen dedicado a Marx, estoicismo, epicurismo e ceticismo são considerados fontes das concepções filosóficas de Frederico II da Prússia. Além disso, Köppen traçou um paralelo entre o Iluminismo do século XVIII e os epicuristas enquanto "iluministas da Antiguidade"[345]. No prefácio da dissertação, Marx menciona que essas filosofias foram abordadas "no escrito de meu amigo Köppen"[346].

A posição crítica de Epicuro para com a religião provavelmente influenciou a escolha do tema da tese de Marx. Apesar de não chegar a contestar a existência dos deuses, Epicuro acreditava que eles viviam num mundo próprio, demonstrando total desinteresse em relação ao mundo humano. Assim, a veneração e os sacrifícios aos deuses, por exemplo, eram considerados superstições nocivas. Esse posicionamento crítico para com a religião, somado à ênfase do lado prazeroso da vida (mas, de modo nenhum, de um prazer excessivo – como é sugerido muitas vezes), fez com que, mesmo na Antiguidade, religiosos e conservadores odiassem Epicuro[347].

É improvável que Marx já tivesse definido, desde o início, que o tema de sua tese seria uma comparação entre as filosofias da natureza de Epicuro e de *Demócrito* (460-370 a.C.). Em "Cadernos sobre a filosofia de Epicuro", Marx só trata de Demócrito mais detalhadamente no quinto caderno; além disso, no sétimo caderno, ele escreve: "A filosofia da natureza de Epicuro é, em seu fundamento, democrítica"[348]; ou seja, ele ainda não menciona, até aqui, nenhuma "diferença" fundamental. Uma análise dos cadernos nos dá a impressão de que Marx pretendia, sobretudo, reconstruir sistematicamente a filosofia de Epicuro. Essa hipótese é reforçada por um comentário dele em uma carta enviada a Ferdinand Lassalle no dia 31 de maio 1858. Lassalle lhe havia enviado seu livro sobre *Heráclito* (*c.* 520-*c.* 460 a.C.), pedindo sua opinião. Na resposta, Marx menciona que havia, outrora, feito um trabalho parecido sobre Epicuro – "a saber, a exposição do sistema completo a partir dos fragmentos"[349].

---

[345] Karl Friedrich Köppen, "Friedrich der Große und seine Widersacher: eine Jubelschrift" (1840), em *Ausgewählte Schriften in zwei Bänden*, v. 1, cit., p. 157.

[346] MEGA I/1, p. 14; MEW 40, p. 262.

[347] Para um panorama da recepção da filosofia de Epicuro, da Antiguidade até o século XX, cf. Dorothee Kimmich, *Epikureische Aufklärungen* (Darmstadt, Wissenschaftliche Buchgesellschaft, 1993).

[348] MEGA IV/1, p. 135; MEW 40, p. 244.

[349] MEGA III/9, p. 155; MEW 29, p. 561.

Na época em que Marx escreveu sua tese, tudo o que se conhecia dos numerosos escritos de Epicuro se resumia a citações de outros autores, além de três cartas e uma coletânea de teoremas contidas na famosa obra de *Diógenes Laércio* (*c*. século III a.C.) sobre a vida e os ensinamentos de filósofos famosos. A situação das fontes não melhorou muito desde então. Alguns rolos de papiro contendo novos fragmentos de escritos de Epicuro foram encontrados nas ruínas de Herculano, cidade soterrada pelas cinzas do Vesúvio em 79 d.C. (Marx chegou a ter acesso aos primeiros fragmentos encontrados.) Em 1888, descobriu-se mais uma coletânea de teoremas de Epicuro em um manuscrito medieval da biblioteca do Vaticano; contudo, tais descobertas não representaram grandes novidades em relação ao que já se conhecia. Na época de Marx, ainda não existia nenhuma compilação das fontes da Antiguidade com referência a Epicuro; ou seja, ele mesmo teve de reuni-las[350]. Além das principais fontes antigas utilizadas por Hegel – sobretudo *Sexto Empírico* (século II d.C.), *Plutarco* (*c*. 45-125 d.C.) e Diógenes Laércio –, Marx também se baseou na poesia didática *De rerum natura* [Sobre a natureza das coisas] de *Lucrécio* (*c*. 96-55 a.C.), grande adepto de Epicuro que Hegel havia ignorado e que, num primeiro momento, Marx também subestimara, como se lê na primeira frase de seu resumo sobre o autor: "É evidente que não se pode utilizar muito do que Lucrécio escreveu"[351]. Ele, porém, logo mudaria de opinião, destacando que, "em comparação com Plutarco, Lucrécio compreende Epicuro de maneira infinitamente mais filosófica"[352]. Só depois de ler Lucrécio, Marx percebeu a centralidade da "declinação" do movimento do átomo (o desvio da linha reta, como veremos a seguir), que seria "a consequência mais profunda, fundamentada na operação mais íntima da filosofia de Epicuro"[353]. Esse tema também seria bastante relevante para sua dissertação.

Os resumos e os comentários tratando das principais fontes estão contidos nos cinco primeiros "Cadernos sobre a filosofia de Epicuro". O sexto e o sétimo contêm trechos complementares de obras de autores que haviam se dedicado a

---

[350] Atualmente, uma das melhores compilações de textos e comentários – em inglês – encontra-se no volume publicado por Arthur A. Long e David N. Sedley. Além da filosofia epicurista, o estoicismo e o ceticismo também são tratados: *Die hellenistischen Philosophen: Texte und Kommentare* (1987) (Stuttgart, Metzler, 2000).

[351] MEGA IV/1, p. 74; MEW 40, p. 144.

[352] Ibidem, p. 79; ibidem, p. 154. Cento e setenta anos depois que Marx compreendeu a importância de Lucrécio, Stephen Greenblatt – *Die Wende: wie die Renaissance begann* (Munique, Siedler, 2012) – descreveria, de modo bastante ilustrativo, a redescoberta do poema de Lucrécio em 1417 e seu significado para o Renascimento – o que tornou Lucrécio mais popular. Em 2014, uma nova tradução do *De rerum natura* para o alemão, acompanhada de comentários detalhados, foi publicada por Klaus Binder; Lucrécio, *Über die Natur der Dinge* (Berlim, Galiani, 2014).

[353] MEGA IV/1, p. 84; MEW 40, p. 164.

Epicuro apenas ocasionalmente, como *Cícero* (103-43 a.C.), *Sêneca* (*c.* 4 a.C.-
-65 d.C.) ou *Estobeu* (século V d.C.). Em diversas passagens, Marx interrompe
seus resumos com comentários – alguns, longos – em que ele tenta compreender
a relação entre a filosofia de Epicuro e o desenvolvimento geral da filosofia grega, assim como de seus adversários (sobretudo Plutarco).

Há ainda um resumo feito por Marx – provavelmente na primeira metade
da década de 1840; ou seja, na mesma época ou pouco após o término dos últimos cadernos sobre a filosofia de Epicuro – de partes do escrito *Da alma* de
Aristóteles, incluindo traduções de longos trechos. Segundo os editores da
MEGA, esse resumo teria sido feito sem motivo específico, sendo explicado,
antes, pelo interesse geral de Marx por Aristóteles[354]. No entanto, não é muito
plausível que Marx tenha feito um resumo tão detalhado sem razão concreta,
levando em conta que ele já preparava sua tese havia mais de um ano e que
provavelmente queria terminá-la logo, por motivos financeiros. Ernst Günther
Schmidt, especialista em filologia clássica, desenvolveu uma hipótese interessante que explica, entre outras coisas, a origem desse resumo. Com base em referências e alusões contidas nos "Cadernos sobre a filosofia de Epicuro", Schmidt
demonstrou que Marx já conhecia muito bem outras obras de Aristóteles, como
Física, *Metafísica* e *Da geração e da corrupção*[355]. Os resumos do escrito *Da alma*,
portanto, não são avulsos; complementam, antes, os estudos intensos de Marx
dos principais textos de Aristóteles. Nesse ponto, Schmidt vê uma relação direta com o projeto de dissertação: segundo ele, Marx teria planejado, de início,
fazer uma comparação direta entre as filosofias de Epicuro e de Aristóteles[356]. De
fato, como diversos autores já destacaram, em sua tese, Marx não só comparou
as filosofias de Epicuro e Demócrito mas também relacionou a primeira com o
pensamento de Aristóteles[357]. No entanto, Schmidt vai mais longe ao interpretar
essa segunda comparação não apenas como pano de fundo, mas sim como o
projeto originário da dissertação de Marx.

Segundo Schmidt, um longo comentário feito por Marx no quinto caderno,
após o fim do resumo sobre Lucrécio[358], teria sido o primeiro esboço de uma
introdução para seu primeiro projeto de tese[359]. Como Marx também traduziu

---

[354] MEGA IV/1, p. 733.
[355] Ernst Günther Schmidt, "MEGA 2 IV/1: Bemerkungen und Beobachtungen", em *Klio*, ano
62, caderno 2, 1980, p. 264-6.
[356] Ibidem, p. 266.
[357] Auguste Cornu, *Karl Marx und Friedrich Engels*, v. 1, cit., p. 167 e seg.; Rolf Sannwald, *Marx
und die Antike* (Zurique, Polygraphischer, 1957), p. 49 e seg.
[358] MEGA IV/1, p. 99-102; MEW 40, p. 214-8.
[359] O título "Hefte zur epikureischen, stoischen und skeptischen Philosophie" [Cadernos sobre filosofia epicurista, estoica e cética], que consta na edição dos "Cadernos" da MEW (e nas tradu-

um parágrafo desse comentário para o latim, Schmidt conclui que sua intenção era apresentar a dissertação na Universidade de Berlim, onde era obrigatório entregar o trabalho em latim[360].

O texto mencionado por Schmidt é bastante denso. Trata-se de um escrito conceitual, que anuncia as próprias intenções.

> Assim como há, na história da filosofia, pontos nodais que a elevam, em si mesmos, à concreção, que tratam de princípios abstratos como uma totalidade e que, assim, interrompem a evolução da linha reta, também há momentos em que a filosofia vira os olhos para o mundo exterior, não mais conceitualmente, mas como uma pessoa prática, por assim dizer, que fia tramas com o mundo, sai do reino translúcido do Amenthes [o reino dos mortos na mitologia egípcia, M. H.] e se joga nos braços das sereias mundanas. Esse é o carnaval da filosofia, que se veste de cachorro, como os cínicos, ou usa uma túnica clerical, como os alexandrinos[361], ou então um leve vestido primaveril, como os epicuristas. Para ela, o essencial é usar máscaras de personagens[362]. [...] Do mesmo modo que Prometeu – que roubou o fogo do céu – começou a construir casas e estabelecer-se no planeta, a filosofia que se expandiu para o mundo se volta contra o mundo aparente. Como faz agora a filosofia hegeliana.[363]

Ao falar de "pontos nodais" em que a filosofia se eleva à concreção, Marx faz uma referência direta a Hegel, de acordo com quem, na história da filosofia, "esses pontos nodais precisam surgir na linha de desenvolvimento da formação filosófica em que o verdadeiro [*das Wahre*] se torna concreto"[364]. Um desses "nós" do concreto teria sido, para Hegel, a filosofia de Platão. Marx afirma a existência não apenas desses pontos nodais mas também de "momentos" em que todo o *modus operandi* da filosofia se altera, sendo que esta vê o mundo exterior não mais "conceitualmente", mas como "pessoa prática". A filosofia se fantasiaria de pessoa

---

ções baseadas nela), não foi dado por Marx. Além disso, a ordem dos cadernos cinco e seis está invertida nessa edição. Desse modo, não fica claro que os cadernos um a cinco representam uma primeira fase dos trabalhos, em cujo fim se encontra o resumo sobre Lucrécio, seguindo, então, os comentários conceituais que Schmidt interpretou como esboço de uma introdução.

[360] Ernst Günther Schmidt, "MEGA 2 IV/1: Bemerkungen und Beobachtungen", cit., p. 280-3.

[361] O cinismo defendia a filosofia de uma vida simples e sem desejos, o que foi muitas vezes identificado com "vida de cachorro". Na época de Marx, "alexandrinos" eram representantes de diversas correntes neoplatônicas que, por vezes, agiam como membros de uma doutrina secreta.

[362] A expressão "máscara de personagem" é utilizada por Marx, nessa passagem, com o sentido original do teatro, designando tipos específicos (o camponês, o comerciante, o erudito etc.). Em *O capital*, Marx utiliza esse conceito com um significado novo.

[363] MEGA IV/1, p. 99; MEW 40, p. 214.

[364] HW 19, p. 23.

prática: é seu "carnaval"[365]. No entanto, esse virar-se para o mundo não seria afirmativo – a filosofia se viraria "contra" o mundo aparente, assim como a filosofia hegeliana faria naquela época. Com isso, Marx faz a ligação com os debates contemporâneos em que Feuerbach, Ruge e Bauer, cada um à própria maneira, criticaram a filosofia hegeliana e, ao mesmo tempo, utilizaram-na "contra" o mundo aparente; ou seja, contra a situação religiosa e política na Prússia.

Para o "historiador da filosofia", como escreve Marx no fim do texto, seria importante o fato de "essa transformação da filosofia, sua transubstanciação em carne e sangue, variar de acordo com a determinação de uma filosofia específica, total e concreta em si", de modo que seria "possível tirar conclusões – a partir do modo determinado pelo qual se dá essa transformação – sobre a determinação imanente e sobre o caráter histórico-mundial do decurso de uma filosofia". Depois dessa afirmação, Marx chega ao ponto decisivo, em que escreve, pela primeira vez nesse texto em primeira pessoa:

> Por considerar a filosofia de Epicuro uma dessas formas da filosofia grega [ou seja, produto da transformação já descrita, M. H.], essa afirmação também servirá aqui como justificativa quando eu, em vez de partir das filosofias gregas anteriores e apresentar momentos como condições na vida da filosofia de Epicuro, inversamente, partir desta e tirar conclusões sobre aquelas, deixando, assim, que elas mesmas expressem seu próprio posicionamento.[366]

No entanto, Marx não deu continuidade ao projeto de analisar retroativamente o caráter determinado da filosofia grega, ou seja, partindo do pensamento de Epicuro – o que representaria uma diferença clara em relação à interpretação de Hegel. Nos cadernos seis e sete, ele continua com os resumos de Epicuro, até que, no fim do sétimo, ele afirma, meio surpreso, que

> é um fenômeno essencialmente curioso que o ciclo dos três sistemas filosóficos gregos que representam o fim das filosofias gregas puras – o sistema epicurista, o estoico e o cético – assimilem os principais momentos de seus sistemas como vindos prontos do passado. [...] Ainda assim, esses sistemas são originais e formam um todo.[367]

No período seguinte, Marx provavelmente estudou o estoicismo e o ceticismo de maneira intensa. É o que sugere, por exemplo, o prefácio de sua dissertação, trabalho que ele descreve como

---

[365] O fato de Marx ter escolhido justamente o Carnaval como metáfora provavelmente está relacionado a sua origem: a Renânia católica tem uma longa tradição carnavalesca. Na Berlim protestante, onde Marx escreveu esse texto, o Carnaval não é, até hoje, festividade muito popular.

[366] MEGA IV/1, p. 101-2; MEW 40, p. 218.

[367] Ibidem, p. 135; ibidem, p. 243-4.

FILOSOFIA DA RELIGIÃO, O INÍCIO DO "JOVEM HEGELIANISMO" E OS PROJETOS DE DISSERTAÇÃO... 373

precursor de um escrito maior, em que apresentarei extensamente o ciclo da filosofia epicurista, estoica e cética em conexão com a especulação grega como um todo. [...] Esses sistemas são a chave para a verdadeira história da filosofia grega.[368]

Além disso, no texto *São Max* – parte do conjunto publicado como *A ideologia alemã*, escrito entre 1845 e 1846 –, Marx e Engels analisam de maneira detalhada e crítica a abordagem de Max Stirner desses três sistemas[369]. É pouco provável que Engels tenha sido responsável pelas partes sobre estoicismo e ceticismo, já que, em seu primeiro ano em Berlim, ele havia estudado, sobretudo, Schelling, Hegel e a crítica do Novo Testamento[370]. É mais plausível afirmar que existissem resumos de Marx sobre as obras de Aristóteles, além de cadernos sobre o estoicismo e o ceticismo que não foram preservados.

Do período até a conclusão da tese, preservaram-se apenas resumos de algumas obras de Leibniz, do *Tratado da natureza humana* de Hume, do *Tratado teológico-político* de Espinosa e de um livro de Rosenkranz sobre Kant, todos provavelmente do início de 1841[371]. Esses resumos, assim como o de Aristóteles, são conhecidos como "cadernos de Berlim". Uma citação tirada do resumo de Hume foi utilizada por Marx no prefácio de sua tese, e Leibniz é brevemente mencionado em duas passagens; de resto, não há nenhuma ligação direta entre os resumos e a dissertação. Tais resumos tampouco contêm comentários de Marx, trata-se apenas de uma coleta de material. Talvez a intenção de Marx fosse se preparar para uma possível prova oral, pela qual ele teria de passar caso fizesse doutorado em Berlim. No dia 30 de março de 1840, Bauer lhe escreveu que ele teria ficado sabendo que a prova oral em Berlim se resumiria a "Aristóteles, Espinosa, Leibniz – nada mais"[372].

É provável que um fragmento sobre Plutarco date de 1840[373]; os editores da MEGA-1 e da MEW consideraram erroneamente esse fragmento como parte do apêndice da dissertação, que não foi preservado. Assim como o manuscrito da dissertação, esse fragmento tampouco foi transcrito pelo próprio Marx. Contudo, a pessoa que passou esse trecho a limpo não foi a mesma que copiou o manuscrito da dissertação e transcreveu partes do resumo de Espinosa[374]. Isso significa que, entre 1840 e 1841, Marx contratou ao menos duas pessoas para transcrever seus textos. Não se sabe quem foram.

---

[368] MEGA I/1, p. 13-4; MEW 40, p. 261-2 [ed. bras.: *Diferença entre a filosofia da natureza de Demócrito e a de Epicuro*, cit., p. 21-2].
[369] MEGA I/5, p. 189-93; MEW 3, p. 122-6.
[370] Cf. próximo volume.
[371] MEGA IV/1, p. 183-288.
[372] MEGA III/1, p. 342.
[373] Ibidem, p. 151-2; MEW 40, p. 306-8.
[374] MEGA IV/1, p. 726.

374 KARL MARX E O NASCIMENTO DA SOCIEDADE MODERNA

Tampouco se sabe quando ou por que Marx decidiu tratar da "diferença" entre as filosofias de Epicuro e de Demócrito em sua tese de doutorado. De qualquer forma, essa diferença não é destacada em seus "Cadernos". Taubert e Labuske creem que, entre "Cadernos" e o início dos trabalhos na tese, tenha havido outra etapa de estudos das fontes cujos resumos não foram preservados[375].

O manuscrito da dissertação

No dia 6 de abril de 1841, Marx enviou sua tese sobre a *Diferença entre a filoso-fia da natureza de Demócrito e a de Epicuro* à faculdade de filosofia da Universi-dade de Jena[376]. No último item deste volume, veremos por que Marx fez seu doutorado em Jena, não em Berlim. Ao que parece, ele também planejou publi-car sua dissertação; o que, porém, não aconteceu. Alguns trechos da tese só seriam publicados, pela primeira vez, em 1902, na edição organizada por Franz Mehring do legado literário de Marx, Engels e Lassalle. A versão integral do manuscrito preservado – que só representa parte da dissertação – foi publicada por David Riazánov em 1927 na MEGA-1, edição que foi a base de diversas traduções, assim como da edição da MEW. No entanto, o problema da classificação equi-vocada do fragmento sobre Plutarco e uma série de erros na decifração do ma-nuscrito só puderam ser resolvidos na MEGA-2, em 1976.

O fato de que a tese de Marx não foi preservada integralmente também dificultou sua publicação. A obrigação de publicar teses de doutorado, vigente hoje na Alemanha, impôs-se aos poucos no decorrer do século XIX. O exemplar enviado por Marx à Universidade de Jena em 1841 não foi preservado. Depois da Segunda Guerra Mundial, os registros de doutoramento de Marx até foram encontrados, mas sua tese já não estava entre os documentos. A única versão preservada é uma cópia incompleta feita por um desconhecido. Contudo, não sabemos se esse texto, concebido como modelo para uma publicação, é idênti-co ao do exemplar enviado a Jena. Ao menos a capa – em que já consta o títu-lo "doutor em filosofia" abaixo do nome de Marx – e o prefácio, datado de março de 1841 – que apresenta um posicionamento claramente ateísta[377] e que menciona o doutorado já concluído –, não devem ter sido enviados por Marx à universidade da qual ele ainda pretendia receber o diploma. Não sabemos se o texto foi alterado, mas é provável que sim: Marx almejava, com sua tese,

---

[375] Inge Taubert e Hansulrich Labuske, "Neue Erkenntnisse über die früheste philosophische Entwick-lung von Karl Marx", em *Deutsche Zeitschrift für Philosophie*, ano 25, caderno 6, 1977, p. 705.

[376] MEGA III/1, p. 19; MEW 40, p. 374.

[377] Cf. "O desenvolvimento religioso e os estudos filosófico-religiosos do jovem Karl Marx", à p. 354 deste volume.

Filosofia da religião, o início do "jovem hegelianismo" e os projetos de dissertação... 375

obter o título de doutor em uma universidade com que ele não tivera, até então, nenhuma relação. Seria compreensível que ele não quisesse entrar em confrontos políticos desnecessários[378]. Em uma possível publicação, por outro lado, a situação seria diferente: nesse caso, o impacto público causado pelo escrito teria importância.

Como consta no sumário, a dissertação foi dividida em duas partes – "Diferença entre a filosofia da natureza de Demócrito e a de Epicuro em termos gerais" e "Diferença entre a filosofia da natureza de Demócrito e a de Epicuro em termos específicos" – e continha um apêndice intitulado "Crítica à polêmica de Plutarco contra a teologia de Epicuro"[379]. Da primeira parte, perderam-se os dois últimos itens, mas foram preservadas suas notas. A segunda parte se manteve integralmente. O texto principal do apêndice se perdeu, mas, também aqui, foram preservadas as notas da primeira parte (o que é possível reconhecer pelos subtítulos indicados nas notas).

Não se sabe ao certo se os trechos ausentes foram copiados e, então, se perderam ou se nem chegaram a ser transcritos – possivelmente porque Marx ainda queria revisá-los. Essa última opção é plausível pelo menos em relação às passagens ausentes na primeira parte. A pessoa que copiou o texto numerou a primeira, mas não a segunda parte do escrito. É possível que ela tenha começado a transcrever a segunda parte antes de ter recebido o fim da primeira e, por isso, não a numerou.

Há ainda uma particularidade nas notas que se referem a passagens não preservadas. Ao passo que Marx em geral reproduziu, no texto principal, as afirmações dos autores antigos em alemão, seja por discurso direto, seja por formulações próprias, nas notas ele não só mencionou as referências, mas adicionou as citações originais em grego ou latim. Entre as notas referentes às partes não preservadas, algumas diferem desse modelo. Por exemplo, duas longas notas: uma tratando do debate contemporâneo sobre a filosofia hegeliana e outra de Schelling e os indícios da existência de Deus[380]. O texto a que essas notas se referem possivelmente tratava de temas que iam além do debate da filosofia grega, e Marx talvez quisesse elaborá-lo melhor antes da publicação; por isso, ainda não teria entregado esses trechos ao copista.

---

[378] Em carta do dia 12 de abril de 1841, Bruno Bauer também o aconselhou a não colocar o verso de Ésquilo na dissertação – nele, Prometeu diz: "Numa palavra, odeio todos os deuses"; MEGA III/1, p. 357.

[379] MEGA I/2, p. 19-20; MEW 40, p. 264-5 [ed. bras.: *Diferença entre a filosofia da natureza de Demócrito e a de Epicuro*, cit., p. 5-6].

[380] MEGA I/1, p. 67-70, 89-91; MEW 40, p. 326-30, 368-72 [ed. bras.: ibidem, p. 55-61 e 132-4].

Átomos e autoconsciência

> Parece suceder à filosofia grega o que não deve suceder a uma boa tragédia: ter um fim insosso. Com Aristóteles, o Alexandre macedônio da filosofia grega, parece cessar a história objetiva da filosofia na Grécia [...]. Epicuristas, estoicos e céticos são encarados como um suplemento quase inconveniente, totalmente desproporcional a suas formidáveis premissas.[381]

Assim se inicia a primeira parte da dissertação de Marx. Como nos "Cadernos" e no prefácio, ele se opõe, aqui, à subestimação da filosofia pós-aristotélica. Ele vê sua dissertação como um primeiro exemplo que servirá de fundamento a sua hipótese; salienta, contudo, que não seria tarefa fácil comprová-la, já que seria "preconceito antigo e arraigado identificar a física democrática com a física epicurista, de modo a ver as mutações de Epicuro apenas como ideias que lhe ocorreram arbitrariamente"[382].

Demócrito e Epicuro eram "atomistas": acreditavam que o mundo era estruturado em partículas mínimas, os "átomos" (literalmente, os indivisíveis). Em meados do século XIX, Epicuro era visto como mero discípulo de Demócrito. Assim, a afirmação de Marx, feita no prefácio, de que ele teria resolvido "um problema até então insolúvel"[383] não é muito adequada; afinal, a questão não era sequer vista como problema. Nesse sentido, o trabalho de Marx explorava, de fato, um território novo da história da filosofia.

Atualmente, o conceito de átomo é muitas vezes associado a usinas nucleares ou a bombas atômicas. Em ambos os casos, uma enorme quantidade de energia é liberada por um processo de fissão dos átomos. É de conhecimento geral, hoje, que os átomos possuem uma estrutura interna; ou seja, que têm um núcleo de carga positiva e um invólucro de carga negativa. Quem se interessa um pouco por física sabe também que as "partículas elementares" que constituem um átomo não são indivisíveis – elas podem se transformar umas nas outras. O que chamamos de "átomo" não tem justamente a característica expressa em seu nome: a indivisibilidade. A atomística grega diferencia-se da física moderna não apenas pelo conteúdo associado ao conceito de átomo mas também por seu método. A concepção dos antigos de que o mundo seria feito de átomos que se movem no espaço vazio não foi resultado de estudos experimentais; tratava-se, antes, de uma das respostas possíveis à questão de saber se as substâncias eram infinitamente divisíveis ou se eram constituídas de partículas mínimas indivisíveis. A

---

[381] Ibidem, p. 21; ibidem, p. 266 [ed. bras.: ibidem, p. 29].
[382] Ibidem, p. 23; ibidem, p. 268 [ed. bras.: ibidem, p. 32].
[383] Ibidem, p. 13; ibidem, p. 261 [ed. bras.: ibidem, p. 21].

teoria dos átomos foi criticada, entre outros, por Aristóteles. Na época de Marx, a física atômica ainda não existia no sentido moderno. No entanto, desde o início do século XIX, já se acreditava que cada elemento químico era composto de átomos do mesmo tipo. A existência da estrutura atômica interna só seria descoberta no fim do século XIX, por meio de experimentos.

Em relação à tese de Marx, é necessário diferenciar dois níveis de argumentação. Por um lado, Marx faz uma análise puramente histórico-filosófica: baseando-se em diversas fontes, ele confronta as concepções de Demócrito com as de Epicuro; por outro, ele interpreta as ideias de Epicuro com suas próprias categorias, vindas sobretudo de Hegel, como essência [*Wesen*], fenômeno/aparição [*Erscheinung*] e autoconsciência [*Selbstbewusstsein*]. Não se trata, aqui, de simples aplicação dessas categorias, mas de uma utilização bastante livre delas, criando uma ponte entre a doutrina dos átomos e a discussão acerca do posicionamento do ser humano na sociedade. Fica claro, assim, o que Marx quis dizer em carta enviada a Lassalle no dia 21 de dezembro de 1857: seu trabalho sobre Epicuro teria sido movido "mais por interesse [político][384] que filosófico"[385].

Na primeira parte da dissertação, a diferença entre a filosofia da natureza de Demócrito e de Epicuro é considerada "em termos gerais". Marx demonstra que ambos os filósofos partiam da existência dos átomos e de sua movimentação no espaço vazio, mas que, de resto, suas perspectivas eram completamente diferentes. No que tange à questão da *verdade* e da *convicção* do saber humano, Marx vê uma contradição em Demócrito, que atribui, por um lado, o caráter de verdade aos fenômenos e, por outro, afirma que a verdade só existiria no que é encoberto [*im Verborgenen*] – ou seja, a verdade não poderia estar nos fenômenos, já que eles não são encobertos. Epicuro, por sua vez, afirma que o critério irrefutável da verdade é a percepção sensível. Essa discrepância de julgamentos teóricos corresponderia a uma diferença na *prática científica*. A reflexão filosófica não teria bastado para Demócrito; ele sempre teria explorado novas áreas do saber e viajado incontáveis vezes a fim de adquirir novos conhecimentos. Epicuro, por outro lado, teria se dado por satisfeito com a filosofia, desprezando as "ciências positivas". A principal diferença entre os dois, para Marx, é seu posicionamento em relação ao determinismo. Enquanto para Demócrito o mundo seria dominado pela *necessidade* – ele nega o acaso, considerando-o uma ficção humana –, Epicuro contesta a necessidade dos acontecimentos e destaca que algumas coisas são fruto do *acaso* e outras dependem de nosso *arbítrio*. Marx

---

[384] Por causa de danos físicos no papel, há trechos ilegíveis nessa carta. A palavra "político", aqui, é um complemento – plausível – feito pelos editores.

[385] MEGA III/8, p. 223; MEW 29, p. 547.

378 KARL MARX E O NASCIMENTO DA SOCIEDADE MODERNA

destaca as consequências dessa rejeição da necessidade para o indivíduo citando uma declaração de Epicuro, de acordo com Sêneca: "É ruim viver na necessidade, mas não há necessidade de viver na necessidade. [...] Em toda parte, há caminhos abertos para a liberdade"[386].

Assim, ao explicar os fenômenos particulares, Epicuro não apresenta uma explicação específica; ele considera, antes, tudo possível, contanto que a percepção sensível não seja contradita. Para Epicuro, a finalidade do entendimento é a *ataraxia* (a tranquilidade satisfeita), o que Marx acentua, afirmando que "sua modalidade explicativa visa tão somente *à ataraxia da autoconsciência, não ao conhecimento da natureza em si e para si*"[387] – diferença que ainda terá importância em nossa análise.

Na segunda parte da dissertação, Marx trata, no início, da "declinação" do movimento dos átomos. Demócrito só conhecia dois tipos de movimento atômico: a queda em linha reta e a repulsão dos átomos. Epicuro introduz o terceiro movimento, a declinação, em que o átomo desvia da linha reta – tal desvio não teria, em si, uma causa.

Marx faz a seguinte interpretação: com a queda em linha reta, Epicuro teria representado o movimento de um corpo não autônomo, expressão da "materialidade" dos átomos. A declinação, por sua vez, representaria o movimento de um corpo autônomo, não sujeitado à necessidade. Esse movimento seria expressão da "determinação formal" dos átomos[388].

Para Marx, entre os pensadores antigos, o único que compreendeu o sentido da declinação foi Lucrécio, que teria afirmado, "com razão, que a declinação rompe com os *fati foedera* [laços do destino]"[389]. Epicuro só poderia contestar a perspectiva determinista de Demócrito por meio da declinação do movimento atômico[390], e – este é o ponto importante para Marx – a liberdade só seria pos-

---

[386] MEGA I/1, p. 29; MEW 40, p. 275 [ed. bras.: *Diferença entre a filosofia da natureza de Demócrito e a de Epicuro*, cit., p. 49].

[387] Ibidem, p. 31; ibidem, p. 277 [ed. bras.: ibidem, p. 53-4].

[388] Ibidem, p. 36; ibidem, p. 281 [ed. bras.: ibidem, p. 76].

[389] Idem; idem [ed. bras.: idem].

[390] Assim, alguns autores modernos, como Arthur A. Long, David N. Sedley – *Die hellenistischen Philosophen*, cit., p. 60 – e Martin Euringer – *Epikur: Antike Lebensfreude in der Gegenwart* (Stuttgart, Kohlhammer, 2003), p. 40-1 –, viram uma relação entre a teoria de Epicuro e o princípio da incerteza da mecânica quântica. No entanto, essa relação é tão superficial quanto no caso da teoria atômica. Epicuro leva às últimas consequências a ideia de que o mundo material não é determinista: se considerarmos que o efeito de grandezas não materiais seja superstição, então será necessário encontrar o fundamento do indeterminismo nas propriedades dos menores elementos do mundo material, o que seria expresso pela declinação do movimento atômico, que aconteceria sem causa específica.

sível com a rejeição do determinismo. Por isso, para ele, a declinação do movimento atômico "não é uma determinação especial que casualmente ocorre na física epicurista"; ela percorre, antes, "toda a filosofia epicurista"[391].

O seguinte parágrafo sugere como esse "desvio"* (tradução de Marx de "declinação") atua:

> Toda a filosofia epicurista declina da existência limitadora sempre que sua intenção é apresentar a existência do conceito da particularidade abstrata, da autonomia e da negação de toda relação com outra coisa. Assim, a finalidade do fazer é abstrair, declinar da dor e da perturbação, ou seja, a ataraxia. Assim, aquilo que é bom constitui a fuga diante daquilo que é mau, assim, o prazer é declinar do sofrimento. Por fim, onde a particularidade abstrata aparece em sua suprema liberdade e autonomia, em sua totalidade, consequentemente a existência da qual se declina é *toda a existência*; por conseguinte, *os deuses declinam do mundo* e não se preocupam com ele, morando fora dele.[392]

Outra importante diferença entre Demócrito e Epicuro, para Marx, encontra-se na questão das propriedades dos átomos. Segundo a interpretação das fontes feita por Marx, os átomos não teriam, para Demócrito, nenhuma característica, sendo que as propriedades do mundo fenomênico resultariam das diversas combinações atômicas[393]. Para Epicuro, os átomos imutáveis não poderiam possuir propriedades porque estas seriam mutáveis. Por outro lado, seria uma consequência necessária atribuir características diversas aos átomos, pois muitos deles – os que se repelem – tinham, necessariamente, de ser diversos. Com base nas categorias da *Lógica* hegeliana, Marx leva adiante essa contradição: "Por meio das qualidades, o átomo adquire uma existência que contradiz seu conceito, é posto como *existência exteriorizada, diferenciada de sua essência*"[394].

Para Marx, a contradição entre essência e existência, entre forma e matéria, é, no caso dos átomos, inevitável e necessária.

---

[391] MEGA I/1, p. 37; MEW 40, p. 282 [ed. bras.: *Diferença entre a filosofia da natureza de Demócrito e a de Epicuro*, cit., p. 78-9].

* Por causa do comentário metalinguístico do autor, entre parênteses, foi preciso encontrar tradução alternativa para *Ausbeugen*, já que na edição brasileira da tese de Marx que estamos utilizando o termo alemão também é traduzido, justamente, por "declinação" ou "declinar". A utilização de "desvio", opção baseada na definição latina de *Ausbeugen* (*deflectare de via*, daí "desviar", "desvio") contida no dicionário dos irmãos Grimm, contemporâneos de Marx, deve-se apenas à necessidade de contraste nessa passagem. (N. T.)

[392] Idem; ibidem, p. 282-3 [ed. bras.: ibidem, p. 79].

[393] Ibidem, p. 42; ibidem, p. 287 [ed. bras.: ibidem, p. 89].

[394] Ibidem, p. 40; ibidem, p. 285 [ed. bras.: ibidem, p. 86].

Por meio da qualidade, o átomo é estranhado de seu conceito; ao mesmo tempo, sua construção é completada. Da repulsão e das aglomerações de átomos qualificados associadas a ela surge, então, o mundo fenomênico. Nessa transição do mundo da essência para o mundo da manifestação, a contradição presente no conceito do átomo evidentemente alcança sua mais gritante realização. O átomo, conforme seu conceito, é a forma essencial, absoluta da natureza. *Essa forma absoluta é, então, degradada à condição de matéria absoluta, de substrato amorfo do mundo fenomênico.*[395]

Já na *Ciência da lógica*, Hegel não havia apenas contraposto essência e fenômeno [*Wesen und Erscheinung*]. O item "O fenômeno" se inicia com a programática frase: "A essência precisa aparecer"[396]. A "efetividade" é "a unidade da essência e da existência"; nela, a "essência sem forma e o fenômeno sem fundamento [...] encontram sua verdade"[397]. No entanto, a análise hegeliana da relação entre ser, essência, fenômeno e efetividade se dava em nível fundamental e categorial. A argumentação de Marx dá-se em outro nível – ele utiliza a rede conceitual criada por Hegel para investigar a lógica interna do pensamento atômico de Epicuro. Como demonstram as cartas dessa época, entre 1840 e 1841, Marx estudou intensamente a *Lógica* hegeliana. Já na primeira carta (preservada) de Bauer a Marx, há menção a suas "lucubrações lógicas" – provavelmente se tratava de críticas à doutrina hegeliana da essência; Bauer escreve: "[...] Se você pudesse, ao menos, tratar da essência começando do zero"[398]. Outro indício de que Marx estava envolvido em estudos lógicos é o fato de Bauer e Köppen mencionarem, em cartas posteriores, que ele pretendia escrever um ensaio contra Trendelenburg[399]. *Friedrich Adolf Trendelenburg* (1802-1872) lecionou filosofia como professor adjunto a partir de 1833 e como titular a partir de 1837 na Universidade de Berlim. Em 1840, ele publicou *Logischen Untersuchungen* [Investigações lógicas], em que ele critica a *Lógica* e a concepção de ciência de Hegel.

O modo como Marx utiliza as categorias hegelianas pressupõe, assim, um estudo aprofundado da *Lógica*. No entanto, o que se vê em sua dissertação não é sua própria teoria acerca da relação entre essência e fenômeno, mas a reconstrução da lógica interna de uma teoria alheia por meio das categorias de Hegel[400].

---

[395] Ibidem, p. 47; ibidem, p. 293 [ed. bras.: ibidem, p. 101].

[396] HW 6, p. 124.

[397] Ibidem, p. 186.

[398] Carta do dia 11 de dezembro de 1839, MEGA III/1, p. 336.

[399] Cartas dos dias 31 de março e 3 de junho de 1841, MEGA III/1, p. 354 e 361.

[400] Peter Fenves – "Marx's Doctoral Thesis on two Greek Atomists and the Post-Kantian Interpretations", em *Journal of the History of Ideas*, v. 47, 1986 – também destaca a importância da

Muitos anos depois, em seus manuscritos sobre a crítica da economia política, Marx mencionou novamente uma essência que se oporia aos fenômenos, o que muitas vezes foi interpretado como referência a uma espécie de "mundo por trás deste mundo" – tal referência foi vista pelos críticos de Marx como retrocesso à metafísica não científica e por seus apoiadores como uma forma superior de conhecimento. A tese de Marx evidencia que sua concepção da relação entre essência e fenômeno já era, nessa época, mais complexa do que sugere esse tipo de interpretação.

Na dissertação, Marx utiliza não apenas categorias da *Lógica* de Hegel mas o conceito de "autoconsciência". A repulsão seria, para Marx e Epicuro, a consequência da declinação, o único modo possível de os átomos, particulares e abstratos, se relacionarem. Ele conclui: "A repulsão é a primeira forma da autoconsciência" – como o átomo se refere a si mesmo, enquanto se refere (por repulsão) a outros átomos, a repulsão assume a forma geral da autoconsciência –, "ela corresponde, por conseguinte, à autoconsciência que se concebe como imediatamente existente, abstratamente individual"[401]. Epicuro considerava o "contrato", no plano político, e a "amizade", no social, "a[s] coisa[s] mais elevada[s]", fato que Marx interpreta como "a aplicação de formas mais concretas da repulsão"[402].

Depois, Marx afirma que o átomo é "a forma natural da autoconsciência abstrata"[403]. Aqui, o átomo é claramente uma metáfora das relações sociais, que se baseiam nas interações dos indivíduos. Nesse contexto, vale a pena analisar a seguinte passagem: como "o átomo, pressuposto como algo abstratamente individual e pronto, não é capaz de operar como poder idealizador e abrangente", Marx conclui que a "particularidade abstrata é a liberdade da existência, não a

---

relação entre essência e fenômeno na tese de Marx. No entanto, ele vê na análise de Marx da diferença entre Demócrito e Epicuro mera oposição dissimulada das filosofias de Kant e Hegel, sendo que Kant representaria a ciência empírica, e Hegel, sua negação – uma construção, em seu conjunto, pouco convincente. A tentativa de Martin McIvor, "The Young Marx and German Idealism: Revisiting the Doctoral Dissertation", em *Journal of the History of Philosophy*, v. 46, n. 3, 2008, parece-me mais interessante: analisando a maneira de Marx utilizar as categorias hegelianas em sua dissertação, ele vê uma interpretação da filosofia de Hegel que apresenta certa afinidade com perspectivas mais atuais, sobretudo as de Robert Pippin e Terry Pinkard, autores que chamaram a atenção em países anglófonos por terem contestado a ideia, em voga por muito tempo nesses países, de que Hegel seria um metafísico cuja filosofia retrocederia a tempos pré-kantianos.

[401] MEGA I/1, p. 39; MEW 40, p. 284 [ed. bras.: *Diferença entre a filosofia da natureza de Demócrito e a de Epicuro*, cit., p. 82].

[402] Ibidem, p. 40; ibidem, p. 285 [ed. bras.: ibidem, p. 84].

[403] Ibidem, p. 51; ibidem, p. 297 [ed. bras.: ibidem, p. 109].

382 KARL MARX E O NASCIMENTO DA SOCIEDADE MODERNA

liberdade na existência"[404]. A existência humana é a relação, a interação das pessoas. Se os seres humanos existissem enquanto "particularidade abstrata", eles não teriam justamente essa relação entre si; logo, estariam "livres" da existência humana.

Com base na "autoconsciência" enquanto modelo de interpretação, Marx tenta, no último item da segunda parte, explicar uma aparente anomalia na filosofia da natureza de Epicuro: sua abordagem dos "meteoros" – o que significava, para os antigos, todos os fenômenos celestes. Epicuro contestou justamente a interpretação vigente em toda a filosofia grega de que os corpos celestes e seus movimentos seriam eternos e imutáveis. Aristóteles já havia destacado a tendência dos seres humanos de conectar o imortal aos imortais e de, por isso, acreditar que os deuses residiriam no Céu eterno. Para Epicuro, esse tipo de crença causaria grande perplexidade nos espíritos.

> Por conseguinte, enquanto *Aristóteles* criticou os antigos por acreditarem que o Céu precisa do suporte de um Atlas[405] [...], Epicuro, em contrapartida, censurou aqueles que acreditavam que o ser humano necessita do Céu; e ele encontra o próprio Atlas, sobre o qual o Céu se apoia, na forma da tolice humana e da superstição.[406]

Epicuro não baseou sua rejeição das ideias dominantes acerca dos corpos celestes em constatações empíricas, mas nas consequências dessas ideias, que teriam, por sua vez, sustentado o mito e a superstição (a astrologia). Com certo exagero, Marx conclui: "A eternidade dos corpos celestes perturbaria a ataraxia da autoconsciência, e, por isso mesmo, a consequência estrita e necessária é que eles não são eternos"[407].

No entanto, esse primado da ataraxia da autoconsciência não é, para Marx, o principal ponto do argumento de Epicuro. Para este, os átomos seriam os componentes imutáveis e autônomos do mundo. Por isso, os corpos celestes eternos – que não percorreriam uma trajetória retilínea, como os corpos não autônomos, mas uma inclinada, como os autônomos – seriam, segundo Marx, "os átomos que se tornaram reais"[408]. Contudo, em vez de celebrar esse resultado, Epicuro sente "que suas categorias anteriores começam a ruir nesse ponto, que o método de sua teoria se torna diferente"[409]. O que teria acontecido?

---

[404] Ibidem, p. 47; ibidem, p. 294 [ed. bras.: ibidem, p. 102].

[405] De acordo com o mito, Atlas, irmão de Prometeu, foi condenado a sustentar a abóbada celeste em sua extremidade ocidental.

[406] Ibidem, p. 53; ibidem, p. 299-300 [ed. bras.: ibidem, p. 115].

[407] Ibidem, p. 54-5; ibidem, p. 301 [ed. bras.: ibidem, p. 121].

[408] Ibidem, p. 55; ibidem, p. 302 [ed. bras.: ibidem, p. 122].

[409] Ibidem, p. 56; ibidem, p. 303 [ed. bras.: idem].

FILOSOFIA DA RELIGIÃO, O INÍCIO DO "JOVEM HEGELIANISMO" E OS PROJETOS DE DISSERTAÇÃO... 383

Para Marx, toda a filosofia da natureza de Epicuro seria marcada pela contradição entre essência e existência, entre forma e matéria. Essa contradição teria sido apagada nos corpos celestes, os momentos conflituosos teriam se reconciliado. Com essa reconciliação, a matéria "deixa de ser afirmação da autoconsciência abstrata"[410]. Por causa da reconciliação entre forma e matéria, esta deixa de ser *"particularidade abstrata"* nos corpos celestes; agora, é *"universalidade"*. Marx conclui:

> Nos meteoros, resplandece, portanto, diante da autoconsciência individual-abstrata, sua refutação tornada objetiva – a existência e a natureza tornadas universais. Ela [a autoconsciência individual-abstrata, M. H.] identifica neles, por conseguinte, seu inimigo mortal. Ela lhes imputa, portanto, como faz Epicuro, toda a angústia e a perplexidade dos seres humanos; porque a angústia e a dissolução do individual-abstrato é justamente o universal.[411]

Para Marx, os meteoros não perturbam a ataraxia da autoconsciência, mas sim a "ataraxia da autoconsciência individual". A concentração de Epicuro na autoconsciência individual-abstrata até teria grande desvantagem, já que "toda a ciência verdadeira e real é suprimida, na medida em que a particularidade não reina na natureza das próprias coisas"; no entanto, suprimiu-se "também tudo o que se comporta de modo transcendente diante da consciência humana e, portanto, pertence ao entendimento imaginador" (como toda religião e toda superstição). Não obstante, "a autoconsciência universal-abstrata" estaria sujeitada a essas forças transcendentes; ou seja, justamente a autoconsciência que se apreende como parte de um universal divino. Assim, Marx chega à conclusão de que Epicuro teria sido "o maior dos iluministas gregos"[412].

---

[410] Idem; idem [ed. bras.: idem].

[411] Idem; idem [ed. bras.: ibidem, p. 123].

[412] Ibidem, p. 57; ibidem, p. 304-5 [ed. bras.: ibidem, p. 124]. Apesar de Marx avaliar Epicuro positivamente, não se pode assumir que ele se identificasse com o posicionamento do filósofo antigo – como afirmam Tony Burns – "Materialism in Ancient Greek Philosophy and in the Writings of the Young Marx", em *Historical Materialism*, 2000, n. 7, p. 22 – ou Laurence Baronovitch – "Karl Marx and Greek Philosophy: some Explorations into the Themes of Intellectual Accomodation and Moral Hypocrisy", em McCarthy, George E. (orgs.), *Marx and Aristotle: Nineteenth Century German Social Theory and Classical Antiquity* (Savage, Rowman & Littlefield, 1992). A decidida crítica de Marx à autoconsciência abstrata e individual como ponto de partida de Epicuro limita tal influência. Baronovitch utiliza essa suposta identificação para acusar Marx de "*moral hypocrisy*" [hipocrisia moral]. Segundo ele, Epicuro teria pedido a seus discípulos que seguissem as leis; e, como as leis da época permitiam a escravidão, Epicuro teria, assim, aprovado a escravidão – e essa teria sido a base da dissertação de Marx; ibidem, p. 165 e seg. Já se tentou, muitas vezes, atribuir a Marx parte da responsabilidade intelectual pelas atrocidades do stalinismo, mas acusá-lo de apoiar a escravidão na Antiguidade – por meio de Epicuro – é, de fato, novidade.

Considerar Epicuro iluminista – contrariando tanto a doutrina filosófica dominante quanto a hegeliana – e, assim, recuperar sua crítica da religião provavelmente foi para Marx o resultado político mais importante de seu trabalho. Ele resume o valor histórico-filosófico da comparação entre as filosofias da natureza de Demócrito e de Epicuro no último parágrafo de sua tese:

> Por conseguinte, em *Epicuro, a atomística*, com todas as suas contradições como *a ciência natural da autoconsciência*, que é princípio absoluto para si mesma sob a forma da particularidade abstrata, foi elaborada e levada a termo até as últimas consequências, que são sua dissolução e o antagonismo consciente ao universal. Para *Demócrito*, em contraposição, o *átomo* é apenas a *expressão universal objetiva da pesquisa empírica sobre a natureza em geral.*[413]

Deus e imortalidade

O apêndice à dissertação "Crítica à polêmica de Plutarco contra a teologia de Epicuro" deveria conter, como consta no sumário, duas partes: "I. A relação entre ser humano e Deus" e "II. A imortalidade individual"[414]. Preservaram-se apenas as notas e as referências da primeira parte – o que é possível identificar pelos títulos dos subcapítulos, presentes entre as notas. Tendo em vista que existem páginas em branco no caderno com as notas, pode-se supor que essas partes não se tenham perdido: é mais provável que elas nem sequer tenham sido entregues ao copista. Possivelmente, a segunda parte do apêndice ainda não estava pronta quando essa cópia foi feita. Um indício de que Marx alterou o apêndice, durante ou pouco após o período em que estava sendo copiado, é o fato de a última nota da primeira parte (logo a última nota preservada de todo o texto) não ter sido escrita pelo copista, mas pelo próprio Marx. Se, nessa época, o apêndice ainda não estava pronto, isso também significaria que ele não foi entregue com a dissertação. Em termos de conteúdo, não seria um problema, já que ele não contribuía em nada para o tema histórico-filosófico do trabalho, ou seja, a questão da diferença entre as filosofias da natureza de Demócrito e de Epicuro.

No prefácio, que provavelmente não foi enviado a Jena, Marx caracteriza a polêmica de Plutarco como "representativa de uma *espèce* [espécie], ao apresentar de modo muito acertado a relação entre o entendimento teologizador e a filosofia"[415], o que evidencia que Marx via, aqui, um paralelo com as críticas de cunho teológico feitas à filosofia de Hegel na década de 1830. Com base no

---

[413] Ibidem, p. 58; ibidem, p. 305 [ed. bras.: ibidem, p. 125].
[414] Ibidem, p. 20; ibidem, p. 265 [ed. bras.: ibidem, p. 6].
[415] Ibidem, p. 14; ibidem, p. 262 [ed. bras.: ibidem, p. 22].

FILOSOFIA DA RELIGIÃO, O INÍCIO DO "JOVEM HEGELIANISMO" E OS PROJETOS DE DISSERTAÇÃO... 385

terceiro "Caderno sobre a filosofia de Epicuro", em que Marx estuda em detalhes a crítica de Plutarco às concepções teológicas de Epicuro, é possível deduzir como ele pretendia argumentar no apêndice[416].

Enquanto Epicuro interpreta o temor humano em relação a Deus como algo ruim – o que Marx reafirma, no apêndice perdido, com citações de *Sistema da natureza* de Holbach[417] –, Plutarco argumenta que, por meio desse temor, estaria garantido que os seres humanos não fariam o mal. No terceiro "Caderno", Marx contrapõe:

> Então o que é o núcleo do mal empírico? É que o indivíduo se esconde de sua natureza eterna em sua natureza empírica; mas não seria o mesmo quando ele exclui de si sua natureza eterna, compreende-se na forma da persistência da particularidade em si – da empiria –, ou seja, vê-se como um Deus empírico fora de si? [...] Nessa relação, Deus não é mais que a comunhão de todas as consequências que podem conter ações empiricamente ruins.[418]

Com isso, fica claro que Marx assume, em sua crítica à religião, um posicionamento semelhante ao de Feuerbach em *A essência do cristianismo*, publicado na primavera de 1841: a essência de Deus seria apenas a essência humana exteriorizada, autonomizada. Não afirmo, aqui, que Marx já tenha antecipado a crítica feita por Feuerbach. Enquanto este analisa a questão com clareza, refletindo muitas das consequências, aquele apenas começa a se aproximar dessa crítica. Marx não pretende, nesses trechos, analisar as concepções de Deus mencionadas, mas, antes, comprovar que Plutarco não teria afirmado nada além do que Epicuro, sem se referir a Deus, já teria feito: "Não aja injustamente a fim de não temer constantemente uma punição"[419].

Em uma longa nota da primeira parte do apêndice (a última nota preservada do manuscrito, mencionada há pouco, transcrita pelo próprio Marx), ele analisa as provas da existência de Deus. Marx começa citando – em clara concordância – passagens de textos precoces de Schelling, que nessa época já havia se tornado um cristão reacionário: "Razão *fraca*, no entanto, não é aquela que não toma conhecimento de um deus objetivo, mas aquela que *quer* tomar conhecimento de um". Então, Marx comenta: "De modo geral, seria de recomendar ao sr. Schelling que voltasse a refletir sobre seus primeiros escritos"[420].

---

[416] MEGA IV/1, p. 55-63; MEW 40, p. 104-22.

[417] MEGA I/1, p. 88; MEW 40, p. 366 [ed. bras.: *Diferença entre a filosofia da natureza de Demócrito e a de Epicuro*, cit., p. 129].

[418] MEGA IV/1, p. 56; MEW 40, p. 104.

[419] Idem; idem.

[420] MEGA I/1, p. 89; MEW 40, p. 369 [ed. bras.: *Diferença entre a filosofia da natureza de Demócrito e a de Epicuro*, cit., p. 132].

Para exemplificar as provas da existência de Deus, Marx analisa a prova ontológica, que já havia sido criticada por Kant[421]: segundo ela, seria possível, a partir da ideia de um ser perfeito, inferir sua existência, pois não haveria como conceber um ser como perfeito sem sua existência. Para Marx, há duas possibilidades, *ou* essa prova da existência de Deus seria uma "tautologia vazia" – pois o que imagino ser real é, para mim, uma imaginação real, de modo que a existência de qualquer deus seria comprovada pela crença nele. Essa ideia não se baseia em uma sutileza: "O velho Moloch não reinou? O Apolo de Delfos não constituiu um poder real na vida dos gregos? Nesse ponto, tampouco a crítica de Kant significa algo"[422]. Por quê? Quando uma ilusão é partilhada socialmente, ela passa a ser uma força social. Todavia, o contrário também é verdadeiro: se um deus estrangeiro fosse levado à Grécia, estaria comprovada a não existência dele. Marx conclui: "O que um país bem determinado foi para deuses estrangeiros bem determinados o país da razão é para o Deus em geral, ou seja, um território em que ele deixa de existir"[423]. A existência de Deus tampouco poderia ser comprovada ou refutada no "país da razão" – até aqui, Kant estaria certo. Nesse caso, o comportamento social teria se alterado, Deus não mais seria uma representação partilhada coletivamente e, assim, não mais existiria. Com essa ideia, Marx se afasta da discussão puramente epistemológica da religião e se aproxima da discussão social; além disso, ele menciona, pela primeira vez, a ideia de um mundo racionalmente organizado. No entanto, ele não desenvolve nenhuma dessas ideias na dissertação. Em vez disso, Marx considera a segunda possibilidade:

> Ou as provas da existência de Deus não passam *de provas da existência da autoconsciência humana essencial* [...]. Por exemplo, a prova ontológica. Que ser tem existência imediata ao ser pensado? A autoconsciência. Nesse sentido, todas as provas da existência de Deus são provas *de sua não existência, refutações* de todas as representações de um deus.[424]

No terceiro "Caderno" de Marx, também há uma crítica à crença de Plutarco na imortalidade que deveria ser a segunda parte desse apêndice. O argumento mais importante de Plutarco é o medo da morte, que resultaria em um anseio por uma existência eterna, independentemente do conteúdo de tal existência.

---

[421] Immanuel Kant, *Kritik der reinen Vernunft* (1781) (org. Wilhelm Weischedel, Frankfurt am Main, Suhrkamp, 1968, Werkausgabe, v. III/IV), p. 529 e seg.

[422] MEGA I/1, p. 90; MEW 40, p. 370 [ed. bras.: *Diferença entre a filosofia da natureza de Demócrito e a de Epicuro*, cit., p. 133].

[423] Idem; idem [ed. bras.: ibidem, p. 134].

[424] Ibidem, p. 91; ibidem, p. 372 [ed. bras.: idem].

Marx contrapõe: Epicuro teria defendido a mesma doutrina da imortalidade; no entanto, ele teria sido consequente, chamando as coisas pelo nome: "Aquilo que tem alma regressa à forma atomística"[425]; ou seja, a alma se decomporia em átomos individuais, e apenas eles seriam eternos.

Localização político-filosófica

Discutiu-se muitas vezes na literatura se Marx, em sua dissertação, "ainda" teria defendido um idealismo filosófico ou se "já" teria passado ao materialismo. Em termos metafóricos, esse tipo de questionamento pressupõe a ideia de que há um continente do idealismo, bem definido, e um continente materialista, igualmente bem definido, e que o jovem Marx se encontra em um barco passando de um continente a outro, de modo que se poderia verificar, a todo momento, a distância que ainda faltaria para a chegada. Para o próprio Marx, no entanto, esse tipo de questão não tem relevância nenhuma para a dissertação[426]. Em vez de introduzir um conceito provisório – e, até certo ponto, arbitrário – de materialismo, por meio do qual a tese seria interpretada, creio que seja mais adequado aguardar até que Marx passe a defender posições explicitamente materialistas. Somente então será possível reconstruir sua concepção de materialismo e, depois, retrospectivamente, questionar-se sobre o período de formação de tal conceito.

Apesar de não tentar se situar entre idealismo e materialismo, Marx assumiu um posicionamento firme nos debates dos anos 1839-1840 em torno da filosofia de Hegel. Marx nem sequer poderia ter se tornado um hegeliano ortodoxo – para isso, já era tarde demais. Suas leituras de Hegel, iniciadas em 1837, realizaram-se em um contexto de discussão crítica sobre sua filosofia. No entanto, como veremos a seguir, Marx também tenta manter certa distância das diversas frações que criticavam Hegel.

Como se mostrou na quarta parte deste capítulo, os autores jovem-hegelianos, sobretudo Arnold Ruge, criticaram a "acomodação" subjetiva de Hegel em relação à situação política da época. Marx analisa essa acusação em uma longa nota em sua tese – referente aos últimos parágrafos (não preservados) da primeira parte do texto. É possível que Marx tenha abordado, nessas passagens não preservadas, a diferença entre a consciência de Epicuro e aquilo que sua filosofia havia, de fato, expressado. Existem anotações sobre esse tema no sétimo

---

[425] MEGA IV/1, p. 62; MEW 40, p. 118.

[426] Panajotis Kondylis, *Marx und die griechische Antike: zwei Studien* (Heidelberg, Manutius, 1987), p. 25-6, destaca com razão que, nessa época, o materialismo de Epicuro não era importante para Marx no sentido ontológico de primazia da matéria ou do intelecto, mas sobretudo como argumento contra a religião.

"Caderno sobre a filosofia de Epicuro"[427]; além disso, em 1858, Marx escreve a Lassalle que estaria convencido de que o "sistema total" de Epicuro "só estava presente *em si* nos escritos de E[picuro], não na sistemática consciente"[428]. No sétimo caderno, encontra-se também uma primeira definição da relação entre a personalidade do filósofo e a história da filosofia:

> A historiografia filosófica não deve tratar apenas a personalidade – mesmo que seja a personalidade intelectual do filósofo – igualmente como o centro e a forma de seu sistema [...]; ela deve separar, em cada sistema, de um lado, a determinação própria e as cristalizações sempre reais e, de outro, os documentos, as fundamentações por meio de conversas e as exposições dos filósofos – isso, se eles conhecerem a si mesmos [...]. Esse *momento crítico* da representação de uma filosofia histórica é absolutamente necessário para transmitir a representação científica de um sistema com sua existência histórica [...].[429]

Na nota mencionada, Marx critica, partindo claramente dessas ideias, a tese de que Hegel teria ajustado sua filosofia às condições políticas; tal afirmação seria insatisfatória em termos filosóficos: "Também no que diz respeito a Hegel, é pura ignorância de seus alunos quando eles, por mera comodidade etc., explicam esta ou aquela determinação de seu sistema, numa palavra, *moralmente*"[430]. A intenção de Marx não é fazer uma acusação moral.

> É concebível que um filósofo incorra em uma ou outra aparente inconsequência em decorrência desta ou daquela acomodação; pode até ser que ele mesmo tenha consciência disso. Só que ele não tem consciência de que a possibilidade dessa aparente acomodação tem suas raízes mais profundas em uma deficiência ou em uma formulação deficiente de seu próprio princípio. Portanto, se um filósofo de fato tivesse se acomodado, seus alunos teriam de explicar, *a partir de sua consciência interior essencial*, aquilo que *para ele próprio* assumira *a forma de um consciente exotérico*. Desse modo, o que aparece como progresso da consciência é, simultaneamente, um progresso da ciência.[431]

Esse posicionamento de Marx, pelo menos em relação ao ponto de partida metodológico da crítica a Hegel – ou seja, procurar uma possibilidade de ajuste dentro do próprio sistema –, era muito mais avançado que o de Ruge,

---

[427] Ibidem, p. 136; ibidem, p. 246.

[428] Carta do dia 31 de maio de 1858, MEGA III/9, p. 155; MEW 29, p. 561.

[429] MEGA IV/1, p. 137; MEW 40, p. 246.

[430] MEGA I/1, p. 67; MEW 40, p. 326 [ed. bras.: *Diferença entre a filosofia da natureza de Demócrito e a de Epicuro*, cit., p. 54-5].

[431] Idem; idem [ed. bras.: ibidem, p. 56-7].

aproximando-se do nível que Feuerbach já havia alcançado – contudo, sem copiá-lo, já que este ainda não havia formulado os fundamentos metodológicos de sua crítica de modo tão claro quanto Marx. Em contrapartida, a crítica a Hegel feita por Feuerbach, em termos de conteúdo, havia sido muito mais bem executada que a de Marx.

Marx não se limitou, de fato, à reflexão metodológica. Ele tentou organizar o desenvolvimento da escola hegeliana com um esquema geral que ele já havia esboçado em seus "Cadernos". Nessas passagens – que Ernst Günther Schmidt identificou como a introdução do primeiro projeto de dissertação –, Marx argumenta que a filosofia, que se teria tornado uma totalidade fechada, precisaria virar-se novamente para o lado de fora, para o mundo[432]. Essa transição é interpretada agora como "transição da disciplina para a liberdade"; com um tom ousado, para não dizer imprudente, Marx adiciona: "Trata-se de uma lei psicológica: o espírito teórico liberto em si mesmo converte-se em energia prática e, na condição de *vontade*, emerge do reino espectral de Amentes, voltando-se contra a realidade mundana que existe sem ele"[433]. E como alcançar essa "energia prática"? Marx explica: "Só que a própria *práxis* da filosofia é *teórica*. É a *crítica* que mede a existência individual pela essência e a realidade específica pela ideia"[434].

Muitos estudiosos[435] veem uma influência de Bruno Bauer nessa passagem. Ele havia escrito a Marx: "A teoria é, agora, a mais efetiva práxis, e ainda não se pode predizer até que ponto ela se tornará prática"[436]. No entanto, essa carta de Bauer data do dia 31 de março de 1841; ou seja, quando Marx escrevera, havia muito tempo, suas notas. Além disso, Bauer diz que esse seria o caso "agora", ao passo que Marx trata de modo generalizado sobre "a" práxis da filosofia e ainda adiciona: "Só que, em sua essência mais íntima, essa *realização imediata* da filosofia está marcada por contradições"[437]. Ou seja, ele não trata, aqui, da própria práxis e da própria maneira de lidar com a filosofia, como Bauer fez, mas da descrição da atividade do "espírito teórico liberto em si mesmo". Nesse ponto, ele vê a seguinte contradição: o virar-se para o mundo impossibilita a reflexão filosófica, logo

---

[432] MEGA IV/1, p. 99 e seg.; MEW 40, p. 214 e seg.

[433] MEGA I/1, p. 67-8; MEW 40, p. 326 [ed. bras.: *Diferença entre a filosofia da natureza de Demócrito e a de Epicuro*, cit., p. 57].

[434] Ibidem, p. 68; idem [ed. bras.: idem].

[435] Como Panajotis Kondylis, *Marx und die griechische Antike: zwei Studien*, cit., p. 19, 80, nota 17.

[436] MEGA III/1, p. 355.

[437] MEGA I/1, p. 68; MEW 40, p. 328 [ed. bras.: *Diferença entre a filosofia da natureza de Demócrito e a de Epicuro*, cit., p. 57].

390 Karl Marx e o nascimento da sociedade moderna

a consequência disso é que o tornar-se filosófico do mundo é concomitantemente um tornar-se mundano da filosofia, que sua realização é, ao mesmo
tempo, sua perda, que aquilo que ela combate fora dela é sua própria deficiência interior [...].[438]

Essa contradição, contudo, é apenas o lado "objetivo" da questão, que também
tem um lado "subjetivo". Em relação aos "portadores intelectuais" – as "auto-
consciências individuais" desse processo –, Marx afirma: "Seu livramento do
mundo da não filosofia é simultaneamente sua própria libertação da filosofia,
que as mantinha algemadas em um sistema bem determinado"[439].

Marx via, na época, "essa duplicidade da autoconsciência filosófica" atuando
em duas direções contrapostas "de modo extremo", a do "partido liberal" e a da
"filosofia positiva".

O ato da primeira é a crítica e, portanto, exatamente o voltar-se para fora da
filosofia, sendo o ato da segunda a tentativa de filosofar e, portanto, o voltar-se
para dentro de si da filosofia, ao tomar ciência da deficiência como algo imanente à filosofia, ao passo que a primeira a compreende como deficiência do mundo
a ser tornado filosófico.[440]

Ao contrapor o partido liberal à filosofia positiva, Marx se fundamenta no
desenvolvimento da filosofia pós-hegeliana. Nesse sentido, surpreende que ele
não tenha mencionado a divisão entre hegelianos de "esquerda" e de "direita",
introduzida por Strauß em 1837 em *Escritos polêmicos*, nem aquela feita entre
"velhos" e "jovens" hegelianos, surgida nos debates de Leo e Ruge. Nas décadas
de 1830 e 1840, na Alemanha, "liberal" era sinônimo de oposição ao Estado
autoritário, implicando a reivindicação de uma Constituição e um parlamento.
Ao mencionar o "partido liberal", Marx não se refere apenas aos autores "jovem-
-hegelianos", como sugere grande parte da literatura. Sem dúvida, os "jovens
hegelianos" também estão contidos nesse "partido", mas Marx os insere em um
grupo mais abrangente. Talvez ele questionasse a divisão entre hegelianos jovens
e velhos; afinal, autores como Michelet ou Rosenkranz também eram considerados liberais.

Para Marx, os representantes da "filosofia positiva" eram os "pseudo-
-hegelianos", de acordo com a designação de Michelet na *História dos mais recentes sistemas*: além de *Franz von Baader* (1765-1841), que havia desenvolvido
uma filosofia fortemente religiosa, sobretudo os "teístas especulativos", como

---

[438] Idem; idem [ed. bras.: ibidem, p. 58].
[439] Idem; idem [ed. bras.: idem].
[440] Ibidem, p. 69; ibidem, p. 328 e 330 [ed. bras.: ibidem, p. 59].

Christian Hermann Weiße, Immanuel Fichte e Karl Philipp Fischer, que utilizavam Hegel, mas pretendiam superá-lo no campo teológico. Em sua exposição, Michelet destaca que eles pressupunham uma revelação divina "positiva" e que procuravam "algo positivamente melhor" em relação a Hegel[441]. Feuerbach havia criticado essa corrente de maneira incisiva em seu artigo "Para a crítica da filosofia positiva", introduzindo, ao mesmo tempo, o termo "filosofia positiva"[442]. Como visto no quinto item deste capítulo, Marx já havia estudado, em detalhes, pelo menos Karl Philipp Fischer[443].

Ambos os partidos identificados são criticados por Marx, que vê uma relação, até certo ponto, espelhada entre eles, assim como uma incompreensão de sua própria atividade: "Cada um desses partidos faz exatamente o que o outro quer fazer e o que ele próprio não quer fazer"[444]. O que Marx quer dizer com isso? O partido liberal, que quer se virar para o mundo, prende-se à filosofia; ele continua filosofando, mesmo quando, ao fazê-lo, se refere ao "mundo" – ou seja, à situação política. A filosofia positiva, por sua vez, que quer filosofar, perde a filosofia, mas não para a teologia, e sim – de acordo com a acusação de Feuerbach – para "a loucura do fanatismo religioso que crê possuir o único e verdadeiro deus e a única concepção de bem-aventurança"[445]. A consequência é, para Marx a existência de uma diferença qualitativa entre os dois partidos.

> Porém, a primeira tendência, em sua contradição interior, tem consciência do princípio em geral e de sua finalidade. Na segunda, aparecem a distorção e, por assim dizer, o desvario, como tal. Em termos de conteúdo, apenas o

---

[441] Karl Ludwig Michelet, *Geschichte der letzten Systeme der Philosophie in Deutschland von Kant bis Hegel*, v. 2, cit., p. 632 e 646.

[442] Ludwig Feuerbach, "Zur Kritik der positiven Philosophie", em *Hallische Jahrbücher,* cit. Segundo Warren Breckman – *Marx, the Young Hegelians, and the Origins of Radical Social Theory*, cit., p. 266 e seg. –, Marx teria sido influenciado fortemente por Feuerbach já na época da dissertação. É bem provável que Marx já conhecesse o escrito de Feuerbach sobre a "filosofia positiva". Não obstante, as outras correspondências que Breckman crê ter identificado me parecem bastante especulativas. Karl Hugo Breuer, *Der junge Marx: sein Weg zum Kommunismus,* dissertação defendida na faculdade de filosofia da Universidade de Colônia (Colônia, Luthe-Druck, 1954), p. 67 e seg., já havia afirmado, muito antes de Breckman, que a dissertação de Marx teria sido influenciada por Feuerbach – mais precisamente, pelo escrito *Pensamentos sobre morte e imortalidade*; não se sabe, contudo, se Marx chegou a ler esse trabalho.

[443] Cf. carta de Bauer do dia 1º de março de 1840, MEGA III/1, p. 341.

[444] MEGA I/1, p. 69; MEW 40, p. 330 [ed. bras.: *Diferença entre a filosofia da natureza de Demócrito e a de Epicuro*, cit., p. 59].

[445] Ludwig Feuerbach, "Zur Kritik der positiven Philosophie", em *Hallische Jahrbücher,* cit., p. 2.237.

partido liberal, por ser o partido do conceito, está em condições de produzir progressos reais [...].[446]

Se não considerarmos os jovens hegelianos uma escola – como feito no item 5 deste capítulo –, mas uma corrente, que, num primeiro momento, partiu de Hegel para se radicalizar filosófica e politicamente e que se dissolveu na década de 1840, antes de formar um paradigma próprio, então Bauer e Marx pertenceram, em 1841, sem dúvida, a essa corrente. Caso se tenha por base, contudo, um conceito estreito de jovem hegelianismo, torna-se difícil classificar Marx nesse grupo. É digno de nota que Marx não se considerava, em sua análise dos conflitos político-filosóficos, pertencente ao lado "jovem-hegeliano". Esse distanciamento também condiz com as declarações de Bauer em suas cartas a Marx. Apesar de haver certa simpatia para com Arnold Ruge, havia também, nos planos de fundar uma revista própria, muita crítica potencial. A própria ideia da fundação já expressava a insuficiência dos *Anais de Halle* para Bauer e Marx; se o periódico obtivesse sucesso, isso representaria um grande golpe para Ruge[447].

Discutiu-se muito na literatura se Marx teria emprestado o conceito de autoconsciência de Bauer ou se já havia diferenças entre eles[448]. No entanto, parece-me

---

[446] MEGA I/1, p. 69; MEW 40, p. 330 [ed. bras.: *Diferença entre a filosofia da natureza de Demócrito e a de Epicuro*, cit., p. 59].

[447] Cf., sobretudo, a carta de Bauer do dia 31 de março de 1841, MEGA III/1, p. 354.

[448] David McLellan – *Karl Marx*, cit., p. 84 e seg. – e Zvi Rosen – *Bruno Bauer and Karl Marx: the influence of Bruno Bauer on Marx's Thought* (Haia, Martinus Nijhof, 1977), p. 148 e seg. – são dois defensores da ideia de que a dissertação de Marx teria sido fortemente influenciada por Bauer. Stedman Jones – *Karl Marx*, cit., p. 118 – também aceita a tese de que Marx utiliza o conceito baueriano de autoconsciência. Auguste Cornu – *Karl Marx und Friedrich Engels*, v. 1, cit., p. 163-4 – e Martina Thom – *Dr. Karl Marx: das Werden der neuen Weltanschauung 1835-43* (Berlim, Dietz, 1986), p. 114 –, por sua vez, destacam a autonomia de Marx em relação ao posicionamento "individualista" de Bauer. Contudo, tanto Cornu quanto Thom tendem a analisar Bauer com base na perspectiva defendida por Marx na *Sagrada família*: Bauer teria feito Hegel retroceder à "posição fichtiana"; MEW 2, p. 147. Ainda discutiremos se isso se aplica ao Bauer de 1844 – em 1840-1841, definitivamente, não é o caso. Ruedi Waser – *Autonomie des Selbstbewusstseins*, cit. –, que contesta a enorme influência que Bauer teve sobre Marx, baseia seus argumentos em uma interpretação, por vezes, um tanto arbitrária dos escritos de Bauer. Na *Wissenschaft vom Wert* [Ciência do valor], publicada pela primeira vez em 1991, também parti da ideia de que Marx se teria utilizado dessa concepção de autoconsciência – Michael Heinrich, *Die Wissenschaft vom Wert: die Marxsche Kritik der politischen Ökonomie zwischen wissenschaftlicher Revolution und klassischer Tradition* (7. ed., rev. e ampl., Münster, Westfälisches Dampfboot, 2017), p. 90-1 –, posicionamento que me parece, hoje, questionável. Não convém deixar-se enganar pelo tom triunfal do prefácio de Marx, tendo em vista que ele utiliza, na dissertação em si, o conceito de autoconsciência de maneira muito mais cautelosa do que é anunciado

FILOSOFIA DA RELIGIÃO, O INÍCIO DO "JOVEM HEGELIANISMO" E OS PROJETOS DE DISSERTAÇÃO... 393

mais fundamental investigar o que existia de tão interessante no conceito de autoconsciência para ambos nessa época. No fim da década de 1830, muitos "jovens hegelianos" consideravam, por um lado, a filosofia de Hegel fechada demais em relação às novas dinâmicas, sobretudo políticas; por outro, acreditavam que ela exageraria o fator geral: o individual-subjetivo só teria papel secundário. Apesar de toda crítica, a filosofia de Hegel não deveria ser descartada, ela ainda serviria de guia. O conceito de autoconsciência – que já estava em pauta, de qualquer modo, por causa dos debates em torno da filosofia da religião de Hegel – parece representar uma saída para o problema. Como Bauer expõe no primeiro volume de seu escrito sobre os sinópticos[449], graças a esse conceito, o espírito absoluto e suas ambivalências teológicas perdiam sua posição central, permitindo a compreensão do individual: não apenas enquanto tal, mas como *parte do geral*. Nesse sentido, a filosofia da autoconsciência, nos anos 1840-1841, não representava um retrocesso à filosofia do Eu de Fichte, mas uma primeira tentativa de esclarecimento pós-hegeliano: o que impulsionaria a história não seria o movimento de uma racionalidade abstrata e geral – esse impulso estaria, antes, imediatamente no próprio ser humano. A incisividade do prefácio da tese de Marx, a referência a Prometeu e a reivindicação do reconhecimento da autoconsciência como "divindade suprema"[450] evidenciam que essa referência ao ser humano por meio da autoconsciência era vista por Marx como avanço radical. No entanto, esse ser humano compreendido por meio do conceito de autoconsciência ainda era muito abstrato – a autoconsciência era apenas o primeiro passo desse esclarecimento pós-hegeliano. No próximo volume, veremos como Feuerbach, Stirner e, por fim, Marx e Engels seguiram esse caminho, acusando-se reciprocamente de ainda estarem presos, com seus conceitos, à filosofia abstrata.

Por que Jena?

Marx estudou em Berlim desde 1836; contudo, sua tese foi entregue à Universidade de Jena, na qual ele não havia frequentado nenhum curso. Para escrever a dissertação, também não precisou ir a Jena – fez um doutorado *in absentia*. Não se preservou nenhuma declaração que justifique essa decisão; restam-nos apenas conjecturas.

---

no prefácio. Analisarei as diferenças entre Marx e Bauer no segundo volume, ao tratar de *A trombeta do Juízo Final*, de Bauer.

[449] Bruno Bauer, *Briefwechsel zwischen Bruno Bauer und Edgar Bauer während der Jahre 1839-1842 zwischen Bonn und Berlin*, cit., p. 221.

[450] MEGA I/1, p. 14; MEW 40, p. 262 [ed. bras.: *Diferença entre a filosofia da natureza de Demócrito e a de Epicuro*, cit., p. 23].

Com base na data escrita no prefácio da dissertação, pode-se supor que a tese tenha sido concluída, no mais tardar, em "março de 1841". Não sabemos se Marx chegou a tentar um doutorado em Berlim. Se o fez, descobriu que havia sido jubilado no dia 3 de dezembro de 1840 – de acordo o registro de matrículas da universidade[451]. Ele se matriculou na Universidade de Berlim em outubro de 1836, e, segundo os estatutos universitários, perdia-se o "direito civil acadêmico" depois de quatro anos de estudos[452] – a menos que uma prorrogação fosse solicitada, o que Marx claramente não fez. É provável que ele nem sequer soubesse, em março de 1841, que já estava jubilado havia meses. Contudo, essa expulsão não era um problema real: pagando uma taxa de cinco táleres, era possível se matricular novamente. Ou seja, Marx poderia ter feito o doutorado em Berlim.

Com frequência, afirmou-se na literatura que Marx não quis fazer doutorado em Berlim porque o hegelianismo – depois da mudança de monarca – não mais era bem-visto na Prússia; logo Marx teria de se deparar com professores hostis a uma tese com influências hegelianas[453]. Tal interpretação não é tão convincente. Na primavera de 1841, o quadro de docentes da faculdade de filosofia ainda não havia se alterado, sendo que Marx poderia ter trabalhado com Gabler, sucessor de Hegel, como Bruno Bauer já havia sugerido em março de 1840[454]. Além disso, Marx ainda não tinha visibilidade pública; ou seja, sua tese não chamaria muito a atenção, tampouco causaria problemas políticos.

Parece-me mais plausível que os motivos que pesaram a favor de Jena tenham sido antes práticos que políticos. As taxas de inscrição para o doutorado eram muito menores que em Berlim, e a situação financeira de Marx ainda não havia melhorado. As condições de exame na Universidade de Berlim também dificultariam seu trabalho: Marx teria de traduzir sua dissertação inteira para latim. A prova oral era feita, pelo menos em partes, em latim, o que exigiria bastante tempo de preparo. A dissertação de Marx ficou pronta muito depois do planejado; assim, é provável que ele não quisesse esperar mais ainda pelo exame final. Ao que parece, sua família e Jenny estavam igualmente impacientes – é o que indica o comentário de Bruno Bauer em carta do dia 31 de março de 1841: "Se eu ao menos pudesse ir agora a Trier para explicar as coisas à sua família"[455].

---

[451] Manfred Kliem, *Karl Marx und die Berliner Universität 1836 bis 1841*, cit., p. 60.

[452] Ibidem, p. 61.

[453] Como, por exemplo, em Auguste Cornu, *Karl Marx und Friedrich Engels*, v. 1, cit., p. 182; Martina Thom, *Dr. Karl Marx*, cit., p. 109; Junji Kanda, "Bruno Bauer und die Promotion von Karl Marx", em Klaus-M. Kodalle e Tilman Reitz (orgs.), *Bruno Bauer (1809-1882): ein "Partisan des Weltgeistes"?* (Würzburg, Königshausen & Neumann, 2010), p. 156-7.

[454] MEGA III/1, p. 342.

[455] Ibidem, p. 354.

FILOSOFIA DA RELIGIÃO, O INÍCIO DO "JOVEM HEGELIANISMO" E OS PROJETOS DE DISSERTAÇÃO... 395

Outra prova de que Marx queria acelerar o processo encontra-se em carta enviada a *Oskar Ludwig Bernhard Wolff* (1799-1851), docente de literatura contemporânea em Jena; nela, Marx lhe pede que tente agilizar o envio de seu diploma de doutor[456].

Na faculdade de filosofia da Universidade de Jena, era possível, como em algumas outras universidades alemãs, fazer doutorado sem exame oral, *in absentia*. No entanto, o título conferido em Jena de "doutor em filosofia" era menos valorizado que o título de "doutor em filosofia e mestre nas artes liberais", ao qual Marx parecia aspirar[457].

Originalmente, o doutorado *in absentia* havia sido concebido para candidatos que já tinham emprego ou que já haviam escrito um trabalho científico e queriam receber um título de doutor *a posteriori*. No fim do século XVIII, quando muitas universidades pequenas passavam por dificuldades financeiras, o doutorado *in absentia* tornou-se, cada vez mais, uma fonte de rendimento para os docentes. A maioria dos professores – desconsiderando alguns famosos em grandes universidades – era relativamente mal remunerada. Por isso, eles dependiam das taxas que os estudantes pagavam para frequentar seus cursos – o que não era grande coisa em universidades de menor porte – e das taxas de doutorado. No entanto, com o aumento do número de títulos obtidos *in absentia*, cresceu o número de fraudes. Assim, no decorrer do século XIX, essa modalidade de doutorado perdeu a credibilidade, sendo gradualmente suprimida[458].

No que tange à duração dos trâmites, Marx não foi contrariado. No dia 6 de abril, ele enviou sua dissertação, incluindo uma carta de apresentação, certificados e seu currículo ao decano da faculdade de filosofia Carl Friedrich Bachmann; seu diploma de doutor foi emitido já no dia 15 de abril. Bachman havia escrito a colegas de faculdade, no dia 13 de abril, que o "sr. Carl Heinrich Marx de Trier" era "um candidato muito digno", cujo trabalho teria de-

---

[456] Ibidem, p. 20. Cf. carta do dia 7 de abril de 1841. O tom da carta é bastante formal; logo, a relação entre Marx e Wolff provavelmente não era muito próxima. Não se sabe como os dois entraram em contato. Para mais informações sobre Wolff e a situação da Universidade de Jena nessa época, cf. Joachim Bauer e Thomas Pester, "Die Promotion von Karl Marx an der Universität Jena 1841: Hintergründe und Folgen", em Ingrid Bodsch (org.), *Dr. Karl Marx*, cit., p. 47-82.

[457] Cf. carta do decano Bachmann do dia 13 de abril de 1841, em Erhard Lange et al. (org.), *Die Promotion von Karl Marx*, cit., p. 201-2.

[458] Cf. Ulrich Rasche, "Geschichte der Promotion in absentia: eine Studie zum Modernisierungsprozess der deutschen Universitäten im 18. und 19. Jahrhundert", em Rainer Christoph Schwinges (org.), *Examen, Titel, Promotionen: Akademisches und staatliches Qualifikationswesen vom 13. bis zum 21. Jahrhundert* (Basileia, Schwabe, 2007).

396   KARL MARX E O NASCIMENTO DA SOCIEDADE MODERNA

monstrado "tanto intelecto e sagacidade quanto erudição; por isso, considero o candidato excepcionalmente digno"[459]. Ao que parece, os outros professores logo aprovaram a decisão de Bachmann com suas assinaturas, sendo que, no mesmo dia, o decano anotou em seu registro, ao lado do nome de Marx, "*fiat promotio*"*[460].

Entre os membros da faculdade estavam o historiador Heinrich Luden, cujo livro de história Marx havia estudado em 1837, e Jakob Friedrich Fries, que havia contribuído bastante, vinte anos antes, para o surgimento do antissemitismo étnico-nacionalista e que foi um opositor assumido da filosofia hegeliana. É pouco provável que os membros da faculdade tenham feito uma análise minuciosa do trabalho de Marx no dia 13 de abril; eles provavelmente confiaram no julgamento de Bachmann. Contudo, é possível que um dos professores tenha levado a dissertação de Marx para casa, a fim de analisá-la melhor, e se esquecido de devolvê-la – o que explicaria a ausência da tese nos arquivos da universidade. Se isso de fato tiver acontecido, é provável que tenha sido um dos representantes da filologia clássica: *Ferdinand Gotthelf Hand* (1786-1851) ou *Heinrich Carl Abraham Eichstätt* (1771-1848) – ou, talvez, o filósofo *Ernst Christian Gottlieb Reinhold* (1793-1855).

O único que provavelmente leu a tese em detalhes foi o decano Bachmann. Alguns anos antes, ele havia se mostrado um feroz crítico de Hegel. Ludwig Feuerbach opôs-se a seu escrito em uma longa resenha. Não sabemos se Bachmann percebeu a influência hegeliana na dissertação de Marx, já que seus comentários não se referem ao conteúdo do trabalho. No entanto, Schmidt[461] chegou à conclusão de que a avaliação "excepcionalmente digno" dada por Bachmann ao trabalho de Marx difere bastante das outras análises feitas por ele no semestre de verão de 1841: as outras teses foram aprovadas com um "satisfatório" ou um "digno". Pode-se presumir que a análise das dissertações feita por Bachmann servia, sobretudo, para garantir que a faculdade não aceitasse um trabalho visivelmente insatisfatório – o que poderia prejudicar sua reputação. Uma leitura superficial e rápida da tese de Marx bastaria para perceber que não se tratava de um desses trabalhos, mas sim de um estudo detalhado das fontes baseado em argumentos próprios e originais. Concluir que a dissertação de Marx tenha sido ruim com base nessa avaliação superficial, como sugere Rasche[462], é uma clara

---

[459] Lange et al. (org.), *Die Promotion von Karl Marx*, cit., p. 200.

* Trata-se de expressão performativa; ou seja, o próprio discurso cria a situação enunciada. O significado literal seria "faça-se a promoção" ou, mais livremente, "doutorado concluído". (N. T.)

[460] Ibidem, p. 210.

[461] Ernst Günther Schmidt, "Neue Ausgaben der Doktordissertation von Karl Marx (MEGA I/1) und der Promotionsurkunde", em *Philologus: Zeitschrift für klassische Philologie*, ano 121, 1977, p. 284.

[462] Ulrich Rasche, "Geschichte der Promotion in absentia", cit., p. 322-3.

FILOSOFIA DA RELIGIÃO, O INÍCIO DO "JOVEM HEGELIANISMO" E OS PROJETOS DE DISSERTAÇÃO... 397

falácia: o fato de ser possível concluir o doutoramento com um trabalho ruim, como consequência da avaliação superficial, não significa que todos os trabalhos entregues – e lidos de modo superficial – sejam necessariamente ruins.

O certificado de doutoramento recebido por Marx, escrito em latim, é um bom exemplo de apresentação hierárquica e tardo-feudal. Depois da invocação de Deus, seguem-se os nomes (em tamanho decrescente de caracteres) do imperador Fernando I do Sacro Império Romano-Germânico, que autorizou, em 1557, a fundação da Universidade de Jena; do grão-duque de Saxe-Weimar--Eisenach em exercício, Carlos Frederico, que, em termos formais, atuava como *Rector Magnificentissimus* da universidade; do *Prorector Magnificus* (ou seja, o reitor universitário de fato), Ernst Reinhold; e do decano da faculdade de filosofia, Carl Friedrich Bachmann, sendo que os nomes desses dois últimos ainda são listados com todos seus títulos acadêmicos e suas filiações a sociedades eruditas. Por último, escrito em caracteres menores, o nome do recém--intitulado doutor[463].

A aparência do certificado provavelmente não importava muito a Marx. Ele havia, enfim, terminado seus estudos. No fim de maio de 1841, um mês após o recebimento do certificado, ele partiu de Berlim. O destino da viagem: Trier[464].

---

[463] Tanto o certificado de doutoramento quanto sua tradução para o alemão foram impressos em Erhard Lange et al. (org.), *Die Promotion von Karl Marx*, cit., p. 204-5 [cf. reprodução do diploma original em latim: *Diferença entre a filosofia da natureza de Demócrito e a de Epicuro*, cit., p. 26].

[464] A carta de Köppen de 3 de junho de 1841 indica que Marx já havia, nesse dia, partido de Berlim havia mais de uma semana; MEGA III/1, p. 360.

Diploma de doutorado de Karl Marx.

Apêndice

As possibilidades da escrita biográfica hoje

Sobre a metodologia em uma biografia de Marx

A vida de uma pessoa é diferente de sua biografia, independentemente de se tratar de uma autobiografia ou não. Uma biografia não é capaz de transmitir mais que uma imagem incompleta dessa vida, já que as fontes disponíveis (também uma autobiografia necessita de fontes) são mais ou menos fragmentadas. A representação biográfica jamais será independente dos interesses de quem escreve, de seu ponto de vista e das perspectivas historicamente condicionadas. Além disso, ao longo da história, mudou muito o que se espera de uma biografia, o que se considera uma biografia boa e adequada. Sendo assim, não é nada trivial a questão que se põe: de que maneira a escrita biográfica é possível e faz sentido hoje?

1. Crítica da escrita biográfica tradicional

Na década de 1930, Siegfried Kracauer caracterizou as obras biográficas de então como "forma artística neoburguesa", que seria expressão da fuga da burguesia da evidente dissolução do indivíduo supostamente autônomo e da ruptura de seu próprio sistema social. Enquanto a dissolução da nitidez dos contornos do indivíduo e da confiança no significado objetivo de um sistema de coordenadas individual teria levado, no campo da literatura, à "crise do romance", a biografia teria se tornado, segundo Kracauer, o último refúgio para a articulação da individualidade, já que aqui a objetividade da representação estaria supostamente garantida pela importância histórica do representado. Não obstante, para Kracauer, ainda não se havia chegado, de modo nenhum, ao fim da escrita biográfica. Ele destaca, no texto mencionado, o trabalho autobiográfico de Trótski, que, diferentemente da onda de biografias populares, trataria não de uma fuga da compreensão da situação contemporânea, mas justamente de sua revelação. Além disso, o próprio Kracauer apresenta, alguns anos mais tarde, uma biografia que ia muito além da descrição meramente individual: *Jacques Offenbach und das Paris seiner Zeit* [Jacques Offenbach e a Paris de seu tempo] (1937), obra que ele descreve programaticamente, em seu prefácio, como "biografia social" [ou "da sociedade"; *Gesellschaftsbiographie*].

Ao fazer essa crítica, Kracauer tinha em mente a crescente *beletrística biográfica*, área da literatura bastante popular até hoje. A partir de informações mais ou menos fundamentadas sobre a pessoa retratada e sobre a época, delineia-se uma imagem que, enriquecida com esquemas psicológicos, tem, na maioria das vezes, a pretensão de desvendar a "essência" da pessoa descrita, assim como os motivos de seu sucesso ou fracasso. As fontes disponíveis são utilizadas, via de regra, de maneira bastante seletiva: a imagem apresentada – seja positiva, seja negativa – não deve ser questionada com material contraditório. Com frequência, as fontes utilizadas são complementadas pela empatia de quem escreve, pela capacidade de "pôr-se no lugar" da pessoa retratada. Muitas vezes, a vida íntima é descrita de maneira tão detalhada e viva que se passa a impressão de que o biógrafo teve longas conversas com o retratado. Assim, não é sequer possível comprovar várias das afirmações desse tipo de biografia. Em muitos casos, as leitoras e os leitores são poupados de referências bibliográficas mais precisas no corpo do texto, a fim de "facilitar" a leitura, e a literatura utilizada é meramente indicada em uma lista. A consequência é que não mais se podem diferenciar quais informações vêm da "simpatia" do biógrafo e quais vêm de interpretações, mais ou menos plausíveis, das fontes.

A seguir, não trataremos de escritos biográficos beletrísticos, mas, antes, de biografias *científicas*. Como gênero literário, a biografia já existe desde a Antiguidade, mas a forma científica, baseada em fontes documentadas e avaliadas criticamente, viria a se desenvolver apenas no início do século XIX. Enquanto na Antiguidade e na Idade Média as biografias eram constituídas, sobretudo, por uma coleção de "feitos" da pessoa retratada – sendo que as fontes eram analisadas de maneira bastante acrítica –, no Iluminismo essa situação mudaria. Além dos feitos, passou-se a tentar compreender o desenvolvimento interno da pessoa: questionava-se quais características pessoais teriam possibilitado tais feitos. Goethe deu, ainda, um passo adiante: ele interpretava a história do desenvolvimento de alguém como sendo não somente interna mas também determinada historicamente. No prefácio a suas considerações autobiográficas, *Dichtung und Wahrheit* [Poesia e verdade], ele descreve a "principal tarefa da biografia" como sendo a de

> representar o ser humano em suas condições históricas e mostrar até que ponto o todo lhe oferece resistência, até que ponto o favorece, como, a partir daí, ele forma uma visão de mundo e de homem e como ele, caso seja artista, poeta ou escritor, reflete essa visão novamente para o exterior.

Partindo dessa dependência das condições históricas, Goethe conclui que "cada um, nascendo apenas dez anos mais cedo ou mais tarde, seria, no que diz respeito à própria formação e ao impacto que causa em seu entorno, uma pessoa completamente diferente"[1].

Na Alemanha, o início da biografia científica coincide com o avanço das tendências, no campo da historiografia, do que é chamado hoje resumidamente de "historicismo". Partia-se do pressuposto de que as ações humanas eram determinadas por ideias aceitas ou apresentadas pelos indivíduos. As ideias eram consideradas forças motrizes de desenvolvimentos históricos. Nesse contexto, os grandes homens – que, de acordo com a famosa expressão do historiador *Heinrich von Treitschke* (1834-1896), "fazem história" – desempenham um papel fundamental[2]. Com isso, também os biógrafos desses homens (e poucas mulheres) ganharam posição importante; afinal, ajudavam a "entender" o impacto das ideias centrais que condicionavam a ação dessas grandes figuras históricas. Para *Wilhelm Dilthey* (1833-1911) – que pretendia elaborar uma fundamentação sistemática das ciências humanas baseada no historicismo –, a biografia tinha uma posição central para a compreensão histórica. Ele via no decurso da vida a "célula primordial da história"[3]. Ele propõe aos biógrafos o seguinte percurso hermenêutico: "revivenciar" as ideias e os estímulos através do "pôr-se no lugar" para, então, "entendê-los". O que um indivíduo pode fazer por si mesmo – tornar-se consciente do curso de sua vida e compreender sua realização de objetivos, a partir dos quais surge o próprio "plano de vida"[4] – deve ser transmitido a outro curso de vida; assim, a biografia surgiria como "forma literária da compreensão da vida alheia"[5].

Grande parte da literatura biográfica do século XX foi fortemente influenciada – algumas obras mais, outras menos – por essas interpretações, sendo que os biógrafos individuais não necessariamente estavam conscientes de tal influência. Esse também é o caso, no início do século XX, das primeiras biografias escritas sobre figuras do movimento operário: a biografia de Marx por Franz

---

[1] Johann Wolfgang von Goethe, *Dichtung und Wahrheit* (1818) (Munique, Deutscher Taschenbuch, 2000, Werke, v. 9), p. 9.

[2] "Os homens fazem a história"; Heinrich von Treitschke, *Deutsche Geschichte im Neunzehnten Jahrhundert*, v. 1 (Leipzig, Hirzel, 1879), p. 28. Quarenta anos antes, o historiador inglês *Thomas Carlyle* (1795-1881) fora ainda mais longe: "The history of the world is but the biography of great men" [A história do mundo nada mais é que a biografia de grandes homens], em *On Heroes, Hero-Worship and the Heroic in History* (Londres, Fraser, 1841), p. 47.

[3] Wilhelm Dilthey, *Der Aufbau der geschichtlichen Welt in den Geisteswissenschaften* (Frankfurt am Main, Suhrkamp, 1970), p. 304.

[4] Ibidem, p. 307.

[5] Ibidem, p. 305.

Mehring[6] e a biografia de Engels, em dois volumes, por Gustav Mayer[7] opunham aos "grandes homens" da historiografia civil-burguesa os "grandes homens" do movimento operário, utilizando, para tanto, instrumentos metodológicos muito parecidos com os do historiador civil-burguês.

No século XX, essa maneira tradicional de escrever biografias foi fundamentalmente criticada – e diversas fontes influenciaram tal crítica. Na França, consolidou-se, a partir da década de 1930, na historiografia, a escola dos *Annales* (alusão à revista fundada em 1929 por Lucien Febvre e Marc Bloch), que, além de dar grande importância à história econômica e social e de trabalhar com métodos quantitativos, interessava-se, sobretudo, pelos processos de desenvolvimento de longa duração. Nesse contexto, as biografias perderam importância. Após a Segunda Guerra Mundial, observou-se um desenvolvimento semelhante na Alemanha Ocidental, onde as interpretações orientadas por uma análise histórica estrutural e social passaram a questionar cada vez mais a compreensão histórica influenciada, havia muito tempo, pelo historicismo. Em contraposição ao papel determinante das grandes personalidades históricas, insistiu-se na importância dos fatores estruturais. A historiografia foi programaticamente interpretada como "sociologia histórica" pela escola de Bielefeld, fundada por Hans-Ulrich Wehler. Em vez de partir do pressuposto de que os indivíduos dão sentido a suas ações autonomamente, tematizou-se a dependência deles em relação a seu meio social. Com isso, também se questionou, inevitavelmente, a importância da pesquisa biográfica – as biografias ainda eram publicadas; todavia, não podiam mais reivindicar um papel central na compreensão histórica. A partir da década de 1970, com a crise da historiografia na Alemanha Ocidental, observou-se também uma crescente crise da biografia[8].

No meio científico da Alemanha Oriental (RDA), houve, por muito tempo, certo ceticismo em relação ao gênero biográfico – afinal, as classes, e não os indivíduos, eram consideradas o motor do processo histórico. Ao mesmo tempo, no "marxismo-leninismo" (não só da RDA), estrutura social e indivíduo frequentemente tinham uma relação, em grande parte, imediata. Por um lado, defendia-se, muitas vezes com o rótulo de "materialismo histórico", um forte determinismo estrutural, que quase não dava espaço à ação individual fora dos

---

6   Franz Mehring, *Karl Marx*, cit.

7   Gustav Mayer, *Friedrich Engels: eine Biographie* (1919-1932) (Frankfurt am Main, Ullstein, 1975, 2 v.).

8   Cf. Jürgern Oelkers, "Biographik: Überlegungen zu einer unschuldigen Gattung", em *Neue Politische Literatur*, ano 19, 1974; Hagen Schulze, "Die Biographie in der 'Krise der Geschichtswissenschaft'", em *Geschichte in Wissenschaft und Unterricht*, ano 29, 1978.

sujeitos coletivos "classe" e "partido". Por outro, os fundadores Marx, Engels e Lênin eram considerados seres iluminados, superiores, cujo gênio individual, por fim, brilhava mais intensamente que todo o condicionamento social. Uma verdadeira conciliação entre estruturas sociais determinantes, de um lado, e o pensar e o agir individuais, do outro, não chegou a ser propriamente alcançada, fosse na representação dessas figuras iluminadas, fosse na de seus opositores políticos. Jean-Paul Sartre já criticava a transmissão meramente retórica, dentro do marxismo, das condições sociais por meio da vida e da obra de pensadores e artistas[9], apresentando, em contraposição, uma biografia do jovem Flaubert em cinco volumes[10] – alternativa extrema em termos de extensão. Uma importante exceção foi a biografia dupla de Marx e Engels, concebida para ser extensa, publicada por Auguste Cornu (francês que dava aulas na Alemanha Oriental)[11]. Ainda não houve tentativas de continuação desse trabalho, que cobre somente o período até 1846.

Paralelamente às tendências historiográficas críticas à biografia, desenvolveu-se nas ciências literárias um debate sobre a "morte do autor", ligado aos trabalhos de Roland Barthes[12] e Michel Foucault[13]. Se, de um ponto de vista estruturalista e pós-estruturalista, autores e autoras não mais eram importantes para a compreensão de suas respectivas obras, isso significava que, a partir das biografias, também não mais se podiam tirar conclusões significativas sobre a obra.

A mais provocante das interpretações foi formulada por Pierre Bourdieu em seu texto *A ilusão biográfica*[14], no qual ele faz uma crítica fundamental à possibilidade de escrever uma biografia. Ele critica tanto a ideia de um "sujeito" constituído por mais do que um nome próprio quanto o conceito de "história de vida" – e conclui:

> Tentar compreender uma vida como uma série única e por si suficiente de acontecimentos sucessivos, sem outro vínculo que não a associação a um "sujeito"

---

[9]   Jean-Paul Sartre, *Marxismus und Existenzialismus: Versuch einer Methodik* (Reinbek, Rowohlt, 1964), p. 49.

[10] Idem, *Der Idiot der Familie: Gustave Flaubert 1821 bis 1857* (1971-1972) (Reinbek, Rowohlt, 1977-1979) [ed. bras.: *O idiota da família*, trad. Julia da Rosa Simões e Ivone Benedetti, Porto Alegre, L&PM, 2013-2015].

[11] Auguste Cornu, *Karl Marx und Friedrich Engels*, cit.

[12] Roland Barthes, "Der Tod des Autors" (1968), em Fotis Jannidis et al. (org.), *Texte zur Theorie der Autorschaft* (Stuttgart, Reclam, 2000).

[13] Michel Foucault, "Was ist ein Autor?" (1969), em *Schriften zur Literatur* (Frankfurt am Main, Fischer, 1988) [ed. bras.: "O que é um autor?", em *Estética: literatura e pintura, música e cinema*, org. Manoel Barros da Motta, trad. Inês Autran Dourado Barbosa, 2. ed., Rio de Janeiro, Forense Universitária, 2009, Ditos e Escritos, v. III].

[14] Pierre Bourdieu, "Die biographische Illusion", cit., p. 82 [ed. bras.: "A ilusão biográfica", cit.].

cuja constância certamente não é senão aquela de um nome próprio, é quase tão absurdo quanto tentar explicar a razão de um trajeto no metrô sem levar em conta a estrutura da rede, isto é, a matriz das relações objetivas entre as diferentes estações.[15]

A contribuição de Bourdieu representou o ponto alto da crítica fundamental à biografia científica, mas também seu fim. Era evidente que a ignorância da literatura biográfica em relação à "matriz das relações objetivas", sugerida por Bourdieu, era um grande exagero. Goethe já havia se referido a tal matriz no prefácio de *Poesia e verdade*, mencionado aqui, quando destacou a necessidade de colocar o ser humano em suas "condições históricas". Dilthey havia explicado, de maneira semelhante, que a "tarefa do biógrafo" seria "compreender a relação causa-efeito [*Wirkungszusammenhang*] em que um indivíduo é condicionado por seu meio e reage com ele"[16]. Restava investigar a correlação entre o indivíduo e as "relações objetivas", as "condições históricas" e as "relações causa-efeito".

2. O debate em torno da "nova biografia"

A partir da década de 1980, passou-se a reconhecer novamente o valor epistemológico da biografia na Alemanha (Ocidental). Esse desenvolvimento se deve à crescente insatisfação quanto a uma historiografia de orientação meramente estrutural-teórica ou quantitativo-estatística. A redução do comportamento humano à influência de certos fatores e condições sociais também não era mais suficiente. Além disso, formaram-se novas áreas de pesquisa, como a historiografia do cotidiano, que se interessava, entre outras coisas, pela biografia das pessoas "simples". A biografia passou novamente a ter, como um todo, mais prestígio. Agora, porém, como atividade refletida epistemológica e sócio-historicamente, que se diferenciava de forma explícita da biografia histórica e tradicional. Jacques Le Goff[17] constatou um desenvolvimento semelhante na França. Na Alemanha Oriental, observou-se a mesma revalorização da biografia, no mais tardar, com a publicação do primeiro volume da biografia de Bismarck de Ernst Engelberg[18].

---

[15] Ibidem, p. 82.

[16] Wilhelm Dilthey, *Der Aufbau der geschichtlichen Welt in den Geisteswissenschaften*, cit., p. 304.

[17] Jacques Le Goff, "Wie schreibt man eine Biographie?", em Fernand Braudel et al., *Der Historiker als Menschenfresser: über den Beruf des Historikers* (Berlim, Wagenbach, 1989).

[18] Ernst Engelberg, *Bismarck*, v. 1: *Urpreuße und Reichsgründer* (1985) (Berlim, Siedler, 1998).

Nos debates conduzidos a partir de então[19], criticou-se a biografia tradicional por partir irrefletidamente de uma série de suposições problemáticas. De maneira resumida, podem-se situar as suposições criticadas em quatro níveis diferentes:

a. O indivíduo retratado seria interpretado como fechado em si mesmo, como um *homo clausus* que daria sentido a suas ações em um processo autônomo[20].
b. O biógrafo chegaria à compreensão desse processo de "dar sentido" por meio de empatia e revivência.
c. A forma de exposição – que na maioria das vezes seguia o estilo de narrativa realista do século XIX – sugeriria, por seu desenvolvimento rigoroso, a existência de uma coerência e, muitas vezes, de uma teleologia do curso da vida; isso seria mais resultado da própria narrativa do que do simples retrato da vida real, reivindicado por essa narrativa.
d. O biógrafo tomaria a posição de narrador onisciente, que reconhece a verdade e quer apresentá-la, mas que não possui, por sua vez, nenhum interesse específico nem perspectiva a influenciar a exposição.

Em contraposição, afirmou-se que uma biografia esclarecida em termos sociológicos e comunicativo-teóricos deveria partir de pressupostos fundamentalmente diferentes.

a. Os indivíduos não deveriam ser interpretados como sujeitos fechados e autônomos; eles precisariam ser postos novamente na sociedade e ser observados em suas relações sociais.
b. O "dar sentido" não seria um ato autônomo do indivíduo, mas resultado de um processo de comunicação. A compreensão desse sentido não seria alcançada pela empatia nem pela revivência, mas pela análise precisa das condições desse processo de comunicação.

---

[19] Cf. Andreas Gestrich, "Einleitung: Sozialhistorische Biographieforschung", em Andreas Gestrich et al. (orgs.), *Biographie: sozialgeschichtlich – sieben Beiträge* (Göttingen, Vandenhoeck & Ruprecht, 1988); Ernst Engelberg e Hans Schleier, "Zu Geschichte und Theorie der historischen Biographie", em *Zeitschrift für Geschichtsforschung*, ano 38, 1990; Christian Klein (org.), *Grundlagen der Biographik: Theorie und Praxis des biographischen Schreibens* (Stuttgart, Metzler, 2002); Hans Erich Bödeker, "Biographie: Annäherungen an den gegenwärtigen Forschungs- und Diskussionsstand", em *Biographie schreiben* (Göttingen, Wallstein, 2003).

[20] O termo *homo clausus*, utilizado pelos críticos, foi cunhado por Norbert Elias, contudo, em um contexto um pouco diferente; cf. Norbert Elias, *Über den Prozeß der Zivilisation* (Berna, Francke, 1969), p. IL [ed. bras.: "Introdução à edição de 1968", em *O processo civilizador*, v. 1: *Uma história dos costumes*, trad. Ruy Jungman, 2. ed., Rio de Janeiro, Jorge Zahar, 1994].

406 KARL MARX E O NASCIMENTO DA SOCIEDADE MODERNA

c. A representação não poderia, pela forma da narração, sugerir uma coerência nem uma teleologia do curso da vida. No centro da análise, deveria estar o espectro das diferentes ações possíveis e, sobretudo, as rupturas no decorrer da vida.

d. O biógrafo escreveria sempre a partir de determinada perspectiva e participaria – na medida em que ele escolhe e organiza em conformidade com essa perspectiva – da construção do que está sendo representado.

Antes de analisar essas objeções e sua relevância para uma biografia de Marx – o que farei logo adiante –, vejamos algumas reações dos defensores de uma ciência biográfica mais tradicional. Essa anticrítica foi expressa em diversas contribuições – das quais ainda trataremos aqui. Além disso, a abrangente pesquisa de Olaf Hähner[21] sobre o desenvolvimento histórico da biografia pode ser vista como uma defesa implícita de pelo menos parte da biografia orientada pelo historicismo[22].

Hähner diferencia dois tipos de biografia histórica: a "sintagmática", na qual a influência de uma pessoa (na maioria das vezes, famosa) sobre seu meio histórico é posta em primeiro plano; e a "paradigmática", na qual uma pessoa (em geral, menos conhecida) é apresentada como exemplo que expõe as condições históricas. Apesar de essa diferenciação conter as diversas intenções dos biógrafos, põe-se a questão de até que ponto ela se sustenta, já que as condições históricas também se refletem nas grandes personalidades.

Segundo Hähner, as biografias orientadas pelo historicismo alemão poderiam ser divididas em três fases, cada uma produzindo um tipo diferente de trabalho. Ele situa um "historicismo idealista" na primeira metade do século XIX, sendo que "idealista" se refere à influência da filosofia idealista da história, segundo a qual a história é movida por um espírito[23]. *Johann Gustav Droysen* (1808-1884), que havia sido aluno de Hegel, chega à conclusão de que o devir da pessoa retratada deveria ser, em grande parte, ignorado – por um lado, porque o historiador não teria a competência para expô-lo; por outro, por ser tal exposição, ela mesma, desnecessária. Para o historiador, não seria decisivo entender como teriam se desenvolvido as ideias específicas no indivíduo, mas sim como o indivíduo

---

[21] Olaf Hähner, *Historische Biographik, die Entwicklung einer geschichtswissenschaftlichen Darstellungsform von der Antike bis ins 20. Jahrhundert* (Frankfurt am Main/Nova York, Peter Lang, 1999).

[22] O estudo apresentado por Helmut Scheuer – *Biographie, Studien zur Funktion und zum Wandel einer literarischen Gattung vom 18. Jahrhundert bis zur Gegenwart* (Stuttgart, J. B. Metzler, 1979) – sobre a história da biografia não é tão útil para o debate em torno de uma nova escrita biográfica: além de ter sido publicado antes dos debates da década de 1980, ele visa à discussão da relação entre arte e ciência por meio da biografia, mais que à determinação das possibilidades e dos limites de uma biografia histórica.

[23] Ibidem, p. 108.

As possibilidades da escrita biográfica hoje   407

agiria partindo dessas ideias e como ele influenciaria o andamento da história[24]. Leopold von Ranke também considerava o indivíduo uma espécie de executor das grandes ideias históricas, porém ele dava mais destaque que Droysen à potência individual e à capacidade criativa de cada um; consequentemente, Ranke se interessava mais pela história da formação dos indivíduos. Contudo, o fator pessoal não era importante por si só, mas sim como momento da história. Hähner reconstrói, a partir de afirmações dispersas de Ranke, o "plano de construção" de uma biografia histórica e "integradora".

> Ela tem de contar duas pré-histórias, a saber, o desenvolvimento do indivíduo – chamado, a partir de agora, de *pré-história biográfica* – e o desenvolvimento das condições históricas gerais (*pré-história monográfica*). Ambas as pré-histórias convergem em um ponto "onde a potência individual" se encontra "com as condições mundiais" e o indivíduo realiza, pela primeira vez, uma ação historicamente importante (*ponto de integração*). Aqui, ambas as grandezas autônomas crescem, até certo ponto, juntas, e a biografia se expande, tornando-se história (*história biomonográfica das ações*), pois, com as ações historicamente eminentes do indivíduo, contam-se, ao mesmo tempo, história individual e geral.[25]

A segunda fase – o "historicismo político" – é situada por Hähner entre a Revolução de 1848-1849 e a fundação do Império Alemão, em 1871. Segundo ele, uma importante parte da historiografia alemã se politiza, dedicando-se à "vocação alemã da Prússia"; ou seja, à unificação alemã conduzida pela Prússia. Treitschke e novamente Droysen estão entre os representantes dessa corrente. As biografias passaram, então, a ter um propósito diretamente político: representar as pessoas retratadas como modelos morais e políticos, que, em situações críticas, saberiam agir de forma correta. Com essa nova orientação, na qual o caráter da pessoa passou a ser importante, aumentou também o interesse pelos devires individuais.

Fundado o império, estavam cumpridos os objetivos do historicismo político. Ele se tornou desnecessário e abriu espaço, segundo Hähner, para o "historicismo científico", que suscitou debates fundamentais sobre a compreensão da ciência. Entre outras coisas, o "entender" passou a ter papel central para a historiografia – em oposição ao "esclarecer" causal das ciências naturais. Nessa fase, não só a biografia se tornou importante para a historiografia, mas também se alcançou, de acordo com Hähner, a expressão máxima da biografia integradora e histórica: passou-se a analisar melhor tanto o curso geral da história – o que com frequência levou a abrangentes inserções monográficas – quanto o fator

---

[24] Ibidem, p. 112 e seg.
[25] Ibidem, p. 125.

individual, o que aconteceria, sobretudo, pela compreensão empática. Wilhelm Dilthey já havia colocado essa última característica no centro de suas considerações sobre a biografia. Fica claro, a partir de sua exposição, que Hähner vê na biografia integradora e histórica plenamente desenvolvida um ideal de biografia válido até hoje.

As considerações biográficas de Dilthey, bastante criticadas nos debates mais recentes, foram explicitamente defendidas por Hans-Christof Kraus[26]. Segundo ele, a ideia de que Dilthey e a biografia tradicional teriam pressuposto um *homo clausus* seria um exagero caricatural – além desse tipo de exagero, não haveria nada muito novo na "nova" teoria biográfica. Dilthey e a biografia tradicional também teriam investigado as interações entre a pessoa retratada e o meio social. O único problema seria uma tendência a mascarar as rupturas da história de vida, como o conceito de "plano de vida" de Dilthey sugeriria. As tendências hagiográficas deveriam ser rejeitadas. Kraus indica, então, quatro requisitos para uma biografia política moderna[27]: *primeiro*, precisaria colocar a vida individual nas respectivas relações de causa e efeito, compreender a "influência" social sobre o indivíduo e as "repercussões" de sua ação; *segundo*, a "forma de viver" individual deveria ser reconstruída e analisada; *terceiro*, além das continuidades, as rupturas do decurso de uma vida deveriam ser analisadas, autorrepresentações e lendas históricas deveriam ser reveladas; *quarto*, precisamente em uma biografia política, o respectivo espectro histórico-político de ações possíveis deveria ser analisado em detalhes, as motivações e os principais interesses deveriam ser classificados de acordo com as relações de causa e efeito do processo histórico.

O período de discussões intensas parece ter chegado ao fim com a contribuição de Kraus. Desde então, o debate foi dominado por sínteses, que acabam se tornando uma listagem dos vários aspectos a serem levados em consideração em uma biografia. As contribuições de Ullrich[28] e Lässig[29] também apontam nessa direção sintética: pretendem resumir, em poucos pontos, o que uma boa biografia deve conter. Enquanto no trabalho de Kraus ainda predomina um ponto de vista bastante objetivista em relação à pessoa retratada, Ullrich e Lässig vão além: ambos destacam que a história da tradição e da recepção do biografado deveria ser analisada e que a posição e a perspectiva do biógrafo teriam de ser explicitadas. Com isso, reconhece-se, ao menos, que o acesso à pessoa abordada não é

---

[26] Hans Christof Kraus, "Geschichte als Lebensgeschichte: Gegenwart und Zukunft der politischen Biographie", em *Historische Zeitschrift*, suplemento 44, 2007.

[27] Ibidem, p. 328 e seg.

[28] Volker Ullrich, "Die schwierige Königsdisziplin", *Die Zeit*, n. 15, 4 abr. 2007.

[29] Simone Lässig, "Die historische Biographie auf neuen Wegen?", *Geschichte in Wissenschaft und Unterricht*, ano 10, 2009.

independente da história da tradição, muito menos dos interesses e das perspectivas de quem escreve[30].

3. Consequências para uma biografia de Marx

Partindo dos debates já resumidamente expostos, é possível desenvolver, em todos os níveis – estruturados de "a" a "d" –, algumas reflexões relevantes para a escrita biográfica e, sobretudo, para uma biografia de Marx.

Pessoa e sociedade

Dilthey já havia salientado que o curso da vida seria uma "relação de causa e efeito", que o indivíduo "receberia influências do mundo histórico" e reagiria a isso[31] e que a tarefa do biógrafo seria compreender essa "relação de causa e efeito"[32]. Mesmo que a imputação de um *homo clausus* à concepção de Dilthey seja exagero, cabem aqui duas objeções fundamentais a suas interpretações.

Primeira: os canais pelos quais o indivíduo é influenciado e reage à sociedade seriam, sobretudo, intelectuais; ele destaca "religião, arte, Estado" e também "ciência"[33]. A constituição de uma pessoa, porém, começa já na infância e não transcorre apenas por caminhos puramente cognitivos. Relações familiares, experiências escolares (que vão além da transferência de conhecimentos), experiências no espaço social, por exemplo, desempenham um papel igualmente importante. Para uma biografia de Marx, isso significa que não é suficiente usar como pano de fundo a situação política e econômica e, depois, observar as influências intelectuais vindas da filosofia e das teorias econômica e política para, por fim, indicar como tais influências foram transpostas ao próprio pensamento teórico e à ação prática. É necessário considerar as respectivas condições de vida em um sentido amplo (tanto os fatores que restringem quanto os que possibilitam), a fim de se ter uma noção de como as experiências sociais e cognitivas puderam ser assimiladas, do que foi influenciado socialmente e de como e até que ponto uma obstinação individual pôde se desenvolver e, de fato, se desenvolveu.

---

[30] O fato de que o debate tomou um caráter sobretudo compilatório é reafirmado por duas outras publicações de 2009: Christian Klein (org.), *Handbuch Biographie: Methoden, Traditionen, Theorien* (Stuttgart, Metzler, 2009), e Bernhard Fetz, *Die Biographie: zur Grundlegung ihrer Theorie* (Berlim, Walter de Gruyter, 2009), que, contrariamente ao anunciado no título, não apresenta teoria nenhuma, mas sim uma coletânea das possibilidades e dos problemas que surgiram na literatura biográfica.

[31] Wilhelm Dilthey, *Der Aufbau der geschichtlichen Welt in den Geisteswissenschaften*, cit., p. 306.

[32] Ibidem, p. 304.

[33] Ibidem, p. 304 e 306.

A constituição da pessoa, mencionada aqui, não deve ser confundida com um estudo de psicologia profunda sobre o caráter. Além dos problemas internos da teorização psicanalítica, tampouco sua aplicação trans-histórica é evidente. Existem algumas poucas tentativas interessantes, como a investigação de Erik Erikson[34] sobre a crise de identidade do jovem Martinho Lutero[35]. No caso de Karl Marx, seria possível interpretar a crise pessoal de 1837 como uma possível crise de identidade. Contudo, sabemos poucos detalhes das condições de vida de Marx e do desenvolvimento anterior de sua personalidade para fundamentar razoavelmente uma suposição desse tipo. Uma primeira tentativa de análise psicológica profunda – ainda, até certo ponto, cautelosa e fortemente influenciada pela psicologia individual de Alfred Adler – foi feita por Otto Rühle[36] em sua biografia de Marx. Essa tentativa demonstrou até que ponto tal análise estaria sujeita a formular meras especulações, haja vista que simplesmente não se conhecem muitos detalhes da vida de Marx. Um exemplo quase estarrecedor de interpretação psicológica é a "psicografia" que Künzli fez de Karl Marx[37] – nela, hipóteses graves acerca da psique de Marx são facilmente formuladas. Em vez de tentar apresentar provas válidas para tais hipóteses, Künzli continua fazendo perguntas sugestivas, do tipo: "Pode-se de fato imaginar que esse acontecimento não teve influência nenhuma?". Num primeiro momento, uma suposição é formulada como resposta a esse tipo de pergunta; depois, essa hipótese aparece no capítulo seguinte como se fosse fato comprovado, servindo de base para outras suposições, que logo serão, por sua vez, tratadas como fatos. De maneira semelhante, Pilgrim[38] acumulou diversas especulações exageradas.

Segunda objeção: sem uma problematização mais profunda, Dilthey separa, de um lado, o "mundo histórico" e, de outro, o indivíduo, deixando que eles "causem impacto" e "reajam" um em relação ao outro. Essas relações, no entanto, não são assim tão claramente diferenciáveis; acontece, antes, um processo de constituição recíproco. O "mundo histórico" contribui em essência para a constituição dos indivíduos; estes, por sua vez, só podem tomar conhecimento dessa constituição por suas ações, suas comunicações, suas referências, por meio das quais constituem, ao mesmo tempo, o "mundo histórico". Em suma, o "impacto" e a "reação" acontecem, na maioria das vezes, simultaneamente, mes-

---

[34] Erik H. Erikson, *Der junge Mann Luther: eine psychoanalytische und historische Studie* (1958) (Frankfurt am Main, Suhrkamp, 2016).

[35] Acerca dos fundamentos teóricos, cf. idem, *Identität und Lebenszyklus* (Frankfurt am Main, Suhrkamp, 1966).

[36] Otto Rühle, *Karl Marx*, cit.

[37] Arnold Künzli, *Karl Marx*, cit.

[38] Volker Ellis Pilgrim, *Adieu Marx: Gewalt und Ausbeutung im Hause des Wortführers* (Reinbek, Rowohlt, 1990).

mo que com consequências de diferentes extensões em momentos distintos. Em muitas biografias, contudo, separa-se cronologicamente o "impacto" sobre o indivíduo de sua "reação" à sociedade. Primeiro, a pessoa é formada por influências externas, depois, enquanto pessoa pronta, influencia o mundo exterior, tem êxitos e retrocessos. Em Hähner, essa separação é mesmo elevada a princípio estrutural da biografia: após a "pré-história biográfica", segue o "ponto de integração", ou seja, o ponto em que a ação do indivíduo começa a influenciar o processo histórico. O que fornece, porém, a medida que determina esse ponto de integração? Para Hähner, parece ser a opinião pública acerca da pessoa retratada, não se tratando, necessariamente, da opinião contemporânea, mas de interpretações posteriores possibilitadas pela manifestação tardia das consequências das ações da pessoa em questão. Em *Marx: uma vida do século XIX*, biografia escrita por Sperber, esse ponto parece ter sido em 1848. No índice, lê-se que a "influência" durou até 1847 e a "luta" começou em 1848, sem que haja qualquer tentativa de justificar tais datas de diferenciação. Mesmo após um exame grosseiro do curso da vida de Marx, percebe-se rapidamente que é muito difícil determinar tal *ponto* de integração. Em Marx, é possível observar, por um lado, um contínuo aumento da percepção e do impacto público – começando no período em que ele trabalhou na *Gazeta Renana*, passando pela *Nova Gazeta Renana*, até sua liderança prática na Primeira Internacional –, mas, por outro lado, foi sempre interrompido por períodos de menor percepção pública. Sua obra hoje mais famosa, o *Manifesto Comunista*, de 1848, e o Livro I d'*O capital*, de 1867, mal receberam atenção quando foram publicados. Sua recepção (e sua fama) viriam posteriormente. Na Europa, Marx só se tornou conhecido de fato em 1871, com *A guerra civil na França*, sua análise da Comuna de Paris.

No caso de Marx, não só é extremamente difícil determinar o exato "ponto de integração" no processo histórico, mas também não se pode dizer, com exatidão, quando a fase de "influência" se completa. Com o fim dos estudos em Berlim? Ou após a proibição da *Gazeta Renana* e a tentativa de Marx, em Kreuznach, de compreender o fracasso de suas concepções políticas anteriores? Com o exílio em Paris e Bruxelas e sua aspiração, bem-sucedida, por um papel na Liga dos Comunistas? Ou essa influência somente se completou no início da década de 1850, quando Marx assimilou a derrota da Revolução de 1848-1849, se separou do grupo interesseiro de exilados e percebeu que sua planejada "crítica da economia política" exigiria uma pesquisa monumental? Tanto as condições de vida de Marx como suas possibilidades de intervenção política e científica transformaram-se radicalmente diversas vezes durante sua vida. Marx reagia a tais mudanças com enorme disposição a aprender e a questionar as opiniões desenvolvidas até então. Não é possível, no caso dele, separar temporalmente as influências pessoais de sua ação no processo histórico, tampouco limitá-las a períodos.

KARL MARX E O NASCIMENTO DA SOCIEDADE MODERNA

O que em geral tentamos delinear como "pessoa" não é uma unidade simples, bem delimitada, tampouco mera ilusão; antes, é resultado da ação permanente de um emaranhado de fatores. E a variação desses fatores não se dá somente no tempo; ao menos parte deles é resultado das próprias ações. Em algumas pessoas, os efeitos desses fatores que constituem o indivíduo talvez se enfraqueçam com o tempo, de modo que se pode ter a impressão de estarem, a partir de determinado momento, completamente formadas. Contudo, as perguntas *se* e *quando* esse processo constitutivo se finalizaria deveriam ser objetos de pesquisa, não de meras suposições – possivelmente determinadas pelo fator idade – por parte dos biógrafos. Talvez a pessoa Marx se revele como processo constitutivo constante e não finalizado.

Vida e obra – significado e espectro de ações possíveis

Nos últimos 150 anos, Marx foi uma das figuras mundiais mais influentes politicamente. Tal influência não foi alcançada por seu papel em lutas de barricadas, tampouco por discursos envolventes. Marx nunca foi membro de um parlamento nem de um governo. Sua influência se deve, sobretudo, a seus escritos; ele foi considerado, tanto em sua época quanto posteriormente, em primeiro lugar, autor. Nesse sentido, é questionável que a maioria de suas biografias trate sua obra de maneira bastante superficial. O conteúdo dessa obra tinha importância decisiva na vida de Marx: muitas vezes, suas novas ideias contribuíram para que ele se afastasse de velhos amigos e procurasse novas alianças. Vários aspectos de sua vida não são compreensíveis sem uma análise do desenvolvimento de sua obra. Em contrapartida, tampouco é possível entender em sua completude as recorrentes interrupções e novas abordagens no desenvolvimento de sua obra sem levar em conta as viradas na vida de Marx.

Ao analisar tanto a ação (política) quanto os resultados do trabalho teórico, é necessário considerar que seu "sentido" não é determinado apenas pela pessoa que age ou escreve, mas é, antes, resultado de um processo conjunto e social de ação e comunicação. Assim, a análise da obra tampouco se limita a uma listagem dos resultados mais importantes ou às informações do índice; é preciso colocar em foco o *processo de produção* (constantemente interrompido e fragmentado), assim como o *efeito* dessa obra – tanto o pretendido quanto o efetivamente alcançado. Nesse ponto, contudo, é necessário diferenciar o efeito produzido na época da publicação do efeito atual: algumas das mais famosas obras de Marx hoje (como os chamados "textos de juventude" ou os *Grundrisse*) só foram publicadas décadas após sua morte, ao passo que muitos de seus trabalhos jornalísticos, que tiveram grande repercussão na época, mal são conhecidos hoje. Também alguns escritos publicados em vida, como o *Manifesto Comunista* ou

O 18 de brumário de Luís Bonaparte, permaneceram quase desconhecidos por muito tempo.

O historiador britânico Quentin Skinner destaca uma diferenciação bastante útil para analisar o impacto dos textos de Marx. Diferentemente da interpretação tradicional, Skinner não considera as obras clássicas de filosofia política como contribuições a um discurso atemporal sobre ideias políticas fundamentais, mas como intervenções em debates e conflitos políticos específicos, que deveriam ser, primeiro, reconstruídos. Ele diferencia, assim, o *significado semântico* de um texto – ou seja, seu conteúdo, suas principais afirmações – do texto enquanto *ato de fala* [*speech act*] – ou seja, o texto enquanto ação, inserido em uma situação específica[39]. Segundo Skinner, não só o que é dito tem importância, mas também qual ação é executada justamente para dizê-lo.

As obras de Marx também são intervenções em conflitos e problemas específicos e devem ser analisadas como tais. No entanto, é necessário ir além da concepção de Skinner, orientada pela intenção do autor. Ele até reconhece que um texto – principalmente um texto complexo de política ou teoria da sociedade – em geral contém níveis de significação que vão além do pretendido por seu autor. Em sua análise do texto enquanto ato de fala, porém, Skinner mantém a intenção do autor como dimensão decisiva[40]. Apesar de a intenção da pessoa retratada – contanto que seja mesmo possível determinar essa intenção, o que não é, de modo nenhum, evidente – ser uma dimensão absolutamente importante, ainda mais em se tratando de uma biografia, também o não pretendido, tanto no nível semântico quanto no do ato de fala, deve ser levado em consideração.

É ainda problemático o fato de que Skinner não queira reconhecer nas obras em questão nenhum significado que esteja além das respectivas intervenções.

> Declarações sempre incorporam determinada intenção em determinada ocasião e devem servir à solução de determinado problema; por isso, querer generalizá-las para além dessa situação específica somente pode mostrar-se como ato ingênuo. Isso significa que os textos clássicos não se preocupam com nossas questões, mas apenas com as próprias.[41]

A crítica de Skinner a uma interpretação completamente atemporal da filosofia política certamente é justificada. Contudo, o fato de que um texto tenha sido escrito em determinada situação não justifica o argumento de que ele – mesmo não podendo reivindicar um valor eterno – não possa, de fato, ir um pouco

---

[39] Quentin Skinner, *Visionen des Politischen* (Frankfurt am Main, Suhrkamp, 2009), p. 8 e seg.
[40] Ibidem, p. 15 e 82 e seg.
[41] Ibidem, p. 62.

além de sua situação de origem. Isso é particularmente válido quando, como é o caso de Marx, as condições fundamentais sob as quais o texto foi escrito não se diferenciam essencialmente de nossas condições atuais. Apesar de todos os textos de Marx estarem inseridos nas discussões de seu tempo – por vezes de forma direta, como intervenção polêmica, por vezes de maneira mais indireta –, é preciso investigar se ultrapassam tal contexto – e, se sim, em que medida.

Além disso, também a intencionalidade destacada por Skinner, caso ela seja mesmo identificável, deve ser considerada de maneira mais crítica do que ele o fez. Em seus estudos sobre a *Arqueologia do saber*, Michel Foucault[42] salienta que os objetos da ciência não estão dados por si; eles são, antes, formados discursivamente. A intenção de dizer uma coisa ou outra se encontra dentro de uma formação discursiva já existente, que diz respeito não só aos objetos, mas também aos conceitos, às modalidades de expressão e às estratégias de escolha da aproximação teórica. Todavia, essas formações não são imutáveis, mesmo que, num primeiro momento, estejam dadas. Em outros trabalhos, Foucault estuda a relação entre saber, verdade e poder, a chamada "política da verdade"[43], que não trata da verdade de declarações individuais, mas da transformação das ordens de "produção" da verdade, tanto discursivas quanto não discursivas, fixadas em instituições e práticas. Assim, define-se uma margem, nem sempre clara, dentro da qual se dá a intencionalidade.

A fim de analisar as ações e as obras de Marx como intervenções, é necessário investigar as condições sociais e políticas, as respectivas possibilidades de articulação e sua regulação, os horizontes de sentido dos envolvidos e o espectro dado de ações possíveis. Além disso, é necessário atentar aos elementos aparentemente óbvios – que significado tinham, na época, um "jornal" ou um "partido"? É preciso considerar ainda as respectivas intervenções em sua totalidade. Um texto não se constitui exclusivamente de seu conteúdo; há o estilo, a retórica, sendo ainda necessário diferenciar o que é, em grande parte, condicionado pela época do que é específico de Marx.

Significados, horizontes de sentido e espectros de ações, que cremos ver hoje nas situações do passado, devem-se, sobretudo, a uma perspectiva *do presente*. Esta, por sua vez, pode mostrar-se significantemente diferente das perspectivas de então. A

---

[42] Michel Foucault, *Archäologie des Wissens* (1969) (Frankfurt am Main, Suhrkamp, 1973) [ed. bras.: *A arqueologia do saber*, trad. Luiz Felipe Baeta Neves, 7. ed., Rio de Janeiro, Forense Universitária, 2008].

[43] Idem, *Die Ordnung des Diskurses* (1972) (Frankfurt am Main, Fischer, 1991), p. 13 e seg. [ed. bras.: *A ordem do discurso: aula inaugural no Collège de France pronunciada em 2 de dezembro de 1970*, trad. Laura Fraga de Almeida Sampaio, 3. ed., São Paulo, Loyola, 1996], e *Dispositive der Macht: über Sexualität, Wissen und Wahrheit* (Berlim, Merve, 1978), p. 51.

maneira como Marx observava, por exemplo, a filosofia hegeliana em 1840 ou a economia política em 1845 é completamente diferente do modo como as vemos hoje. Além de conhecer o desenvolvimento posterior do pensamento filosófico e econômico-teórico, temos mais detalhes, graças a uma quantidade maior de documentos sobre a formação das teorias filosóficas e econômicas de então – informações a que Marx não tinha acesso. Some-se a isso o fato de nossa própria perspectiva ser influenciada por conhecermos o desenvolvimento posterior de Marx e suas discussões filosóficas e econômicas. Temos de diferenciar, portanto, o que sabemos *hoje* sobre Hegel e Ricardo do que *Marx* sabia ou poderia saber. Nesse sentido, a perspectiva marxiana não nos está dada de imediato; é preciso analisar e avaliar a carga semântica que filosofia, economia, comunismo etc. tinham para Marx.

Forma da representação, rupturas e contingências na história de vida

Uma forma cronológica de representação corre sempre o risco de ser lida como romance de formação, sendo interrompida somente por análises das condições sociais e discursivas. Interpretada como romance de formação, a representação logo adquire tendência teleológica. O decorrer factual dos acontecimentos parece ser mais ou menos incontornável: o que aconteceu precisava acontecer. O fato de a história ser um processo aberto refere-se não apenas à grande história mas também às histórias individuais de vida. Em vez de contar a história de um contínuo amadurecimento e da aproximação de um fim (possivelmente na versão em que Marx é representado como tendo sempre razão em todas as discussões), é necessário determinar as contingências e rupturas, que se devem tanto às condições exteriores quanto às diversas opções de ação possíveis.

Uma variante especial da exposição teleológica consiste em procurar causas no passado para os desenvolvimentos posteriores. Insinua-se, assim, que só houve uma possibilidade de desenvolvimento. Neffe[44] crê que Marx teria já em Trier "recebido uma missão para a vida" e que, durante os estudos em Berlim, teria ocorrido um decisivo "estabelecimento de curso"[45], em que ele se teria deparado com a filosofia hegeliana e, Neffe continua, "sem Hegel não há Marx"[46]. Entretanto, essa não foi a única vez que ele estudou intensamente o trabalho de Hegel; houve ainda uma crítica em meados da década de 1840 e (pelo menos) mais um período de influência – de natureza diferente da primeira, de Berlim – no fim da década de 1850. Nesse primeiro encontro, não ficou estabelecida a relação de Marx com a filosofia hegeliana, tampouco seu próprio desenvolvimento posterior.

---

[44] Jürgen Neffe, *Marx*, cit., p. 52.
[45] Ibidem, p. 58.
[46] Ibidem, p. 73.

KARL MARX E O NASCIMENTO DA SOCIEDADE MODERNA

O risco teleológico existe não apenas em relação a Marx mas também na exposição das "personagens secundárias", de seus amigos e adversários. Principalmente a história de amigos que acabaram se tornando adversários costuma ser contada de trás para a frente: a amizade quase não tem espaço e destacam-se a ruptura e seus motivos, com frequência, apenas da perspectiva de Marx. Assim, as opiniões posteriores de Marx perpassam toda a representação dessas pessoas. Com tal abordagem, não é possível compreender, por exemplo, o porquê de Bruno Bauer ter sido o amigo mais íntimo de Marx durante anos nem o porquê de Proudhon, num primeiro momento, ter sido tão estimado por Marx.

Além disso, é importante não considerar somente o que sabemos, mas também o que não sabemos. Em alguns pontos, faltam-nos informações mais precisas sobre as motivações e os receios de Marx, sobre o que ele fez, quando e onde. Mesmo quando tais lacunas não são preenchidas com as ficções biográficas já mencionadas na introdução, quando são simplesmente ignoradas, dá-se à exposição a aparência de ser mais coerente e conclusiva do que ela é e pode ser. Por isso, é necessário destacar com clareza, além daquilo que se sabe, o que não se sabe.

Precisão histórica e o caráter perspectivo de toda biografia

Já foi destacada, na introdução, a importância de trabalhar minuciosamente com as fontes. É necessário diferenciar as hipóteses do biógrafo das informações de fato retiradas das fontes – sendo que tais informações, por vezes, podem ser contestadas; nesse caso, é preciso explicitar a controvérsia. Contudo, não se trata de um caso controverso se, por exemplo, determinado nome é de fato mencionado em uma carta ou se o biógrafo apenas supõe que se trate de uma referência a essa pessoa. Tais diferenças devem ser explicitadas na exposição.

Não obstante, mesmo que seja feito um trabalho cuidadoso com cada uma das fontes, mesmo que sejam evitadas as ficções biográficas na exposição, ainda assim não se terá, como resultado, uma descrição "objetiva" e inequívoca da pessoa. Ao escrever uma biografia, é preciso selecionar parte das fontes disponíveis, e esse material selecionado precisa ser avaliado e ordenado de um modo ou de outro. Algumas relações são destacadas; outras, postas em segundo plano. Cada biografia possui, por isso, um caráter construtivo que depende da perspectiva do biógrafo. Esta, por sua vez, não se reduz à perspectiva política tomada conscientemente. Na própria leitura, é possível perceber com relativa facilidade quando a perspectiva política do biógrafo é explícita e leva a um exagero positivo ou negativo da pessoa retratada – como é o caso de muitas das biografias de Marx. Se tomarmos como exemplo aquela escrita pelo historiador inglês Edward Hallet Carr, veremos, já no título, o que esperar desse escrito: *Karl Marx: a Study in*

Fanaticism [Karl Marx: um estudo sobre o fanatismo][47]. A situação se torna mais difícil quando as preferências do biógrafo não estão postas claramente, sendo que na exposição entram aspectos tanto positivos quanto negativos, tanto elogio quanto crítica. Assim, passa-se às pessoas que leem uma impressão de equilíbrio e objetividade, que as leva a aceitar a opinião do biógrafo com mais facilidade, não percebendo que se trata de um juízo que ainda deveria ser discutido.

À perspectiva adotada conscientemente pela biógrafa ou pelo biógrafo soma-se a perspectiva ligada à *situação histórica* (que não conduz, de modo nenhum, às mesmas consequências para todas as pessoas que escrevem na mesma situação). Cada biografia é escrita num momento determinado, com experiências históricas específicas – como a ascensão e a queda da União Soviética. Essa situação histórica de fato conduzirá a diversas análises – por exemplo, existem diferentes opiniões sobre a questão da legitimidade da União Soviética em relação ao pensamento de Marx; contudo, a existência da história da União Soviética (e também de tantos outros acontecimentos e desenvolvimentos) constitui, no ano de 2018, um contexto de experiência completamente diferente, por exemplo, do ano de 1918, quando foi publicada a biografia de Marx de Franz Mehring. A perspectiva tomada conscientemente pelo biógrafo é sobreposta por uma perspectiva que se deve à percepção e à interpretação (subjetivamente variável) da situação histórica respectiva. Nem sempre a biógrafa ou o biógrafo estão conscientes, na mesma medida, dessa perspectiva histórica: outras plausibilidades estão presentes, outras questões se tornam importantes, outras relações são produzidas.

O fato de a representação depender de uma perspectiva não se refere apenas à pessoa retratada. Quando se trata, por exemplo, da relação entre o jovem Marx e a filosofia hegeliana ou a poesia romântica, é preciso levar em conta que a filosofia de Hegel ou o romantismo não são dimensões simplesmente dadas. As ideias que temos hoje sobre ambos foram influenciadas por duzentos anos de recepção, que não só é variada, mas, por vezes, chega a apresentar interpretações opostas. Por exemplo, o romantismo pode ser visto como corrente mais conservadora, anti-iluminista ou, então, como corrente ao menos parcialmente progressista; Hegel pode ser considerado um filósofo conservador, que exaltava a Prússia, ou como alguém que defendia valores liberais e cuja filosofia continha um potencial

---

[47] Edward Hallett Carr, *Karl Marx: a Study in Fanaticism* (Londres, Dent, 1934). Posteriormente, o autor veria essa biografia de maneira bastante crítica: "*It was a foolish enterprise and produced a foolish book. I have refused all offers to reprint it as a paperback*" [Foi uma empreitada insensata que produziu um livro insensato. Recusei todas as propostas de reeditá-lo em brochura]; idem, "An Autobiography" (1980), em *A Critical Appraisal* (org. Michael Cox, Basingstoke/Nova York, Palgrave, 2000), p. XVIII. Ela teve, contudo, certo impacto, influenciando, entre outros, o livro sobre Marx de Isaiah Berlin: *Karl Marx: sein Leben und sein Werk* (1939) (Frankfurt am Main/Berlim, Ullstein, 1968).

subversivo em relação ao Estado prussiano; essas questões influenciam significativamente qualquer discussão sobre a relação entre Marx e o romantismo ou a filosofia de Hegel. Nesse ponto, porém, as biografias de Marx, via de regra, não refletem que suas próprias avaliações não são de forma nenhuma óbvias, mas sim resultado de uma percepção e uma análise específicas da história da tradição e da recepção. Nesse sentido, em alguns momentos, tentei ao menos esboçar uma rápida história da recepção de obras ou correntes importantes.

O que se afirma aqui sobre a biografia – que ela não é a reprodução "objetiva" de um acontecimento dado, mas uma representação em perspectiva – é válido, em geral, para temas históricos, tendo sido utilizado também pela historiografia na discussão com o historicismo, que ainda partia, em grande medida, do pressuposto de que seria possível alcançar tal representação objetiva. Talvez a posição mais radical tenha sido defendida por Hayden White[48], que interpretou a historiografia como ato essencialmente poético: o que o historiador apresenta como explicação seria, sobretudo, determinado por sua estratégia narrativa, que White classifica utilizando categorias poetológicas – romance, tragédia, comédia e sátira. O fato de as estratégias narrativas terem certa relevância – contudo, com abrangências diversas em diferentes autores – não será aqui contestado; ainda tratarei, nas passagens oportunas, das interpretações de White sobre Hegel e Marx em relação a esse tema. No entanto, parece-me que a afirmação de que as explicações históricas, no fundo, se reduzem a esses tipos de estruturas narrativas sobrecarrega um pouco o argumento.

As considerações acerca da história da tradição, apresentadas por Hans-Georg Gadamer em seu *Verdade e método*[49], no centro de sua teoria da compreensão, parecem-me fornecer uma interpretação adequada da inevitável perspectividade da representação histórica. Contrapondo-se a Dilthey e Schleiermacher, Gadamer destaca que nossa compreensão não pode acessar imediatamente um texto, mas que toda compreensão está inserida em um "acontecer da tradição". Aquele que interpreta tem sempre um pré-entendimento do objeto (Gadamer fala de "preconceitos", mas com uma conotação não pejorativa), resultado da tradição. Nesse contexto, Gadamer defende-se com veemência, no debate contra Jürgen Habermas, da insinuação de que sua compreensão da tradição seja somente cultural; ele escreve:

---

[48] Hayden White, *Metahistory: die historische Einbildungskraft im 19. Jahrhundert in Europa* (1973) (Frankfurt am Main, Fischer, 1991).

[49] Cf. Hans-Georg Gadamer, *Wahrheit und Methode: Grundzüge einer philosophischen Hermeneutik* (1960) (Tubinga, J. C. B. Mohr/Paul Siebeck, 1993, Gesammelte Werke, v. 1) [ed. bras.: *Verdade e método*, v. 1: *Traços fundamentais de uma hermenêutica filosófica*, trad. Flávio Paulo Meurer, Petrópolis, Vozes, 1997].

Do ponto de vista da colocação do problema hermenêutico, parece-me objetivamente absurdo que os reais fatores de trabalho e domínio devam permanecer fora de suas fronteiras. O que seriam então os preconceitos de que deve ocupar-se a reflexão do esforço hermenêutico? De onde procedem?[50]

Para Gadamer, compreender não significa captar um sentido já existente, mas (inevitavelmente) criar um sentido. Essa criação não pode ser confundida com arbitrariedade ou capricho. "A antecipação de sentido, que guia a nossa compreensão de um texto, não é um ato da subjetividade, já que se determina a partir da comunhão que nos une com a tradição." Contudo, nem a "comunhão" nem a "tradição" são estáticas, dadas:

> Porém, essa nossa relação com a tradição, essa comunhão, está submetida a um processo de contínua formação. Não se trata simplesmente de uma pressuposição, sob a qual nos encontramos sempre, porém nós mesmos vamos instaurando-a, na medida em que compreendemos, em que participamos do acontecer da tradição e continuamos determinando-o, assim, a partir de nós mesmos.[51]

Não podemos escapar do "acontecer da tradição", mas o modificamos e criamos, assim, novas condições sob as quais a compreensão futura acontecerá[52].

Independentemente do aparecimento de novo material relevante para a biografia de Karl Marx, o inevitável ponto de vista da representação e a história da recepção e da tradição, que nunca cessa, já bastam para garantir que uma biografia final de Marx nunca vá existir. Cada geração desenvolverá, a partir das condições históricas transformadas, uma nova perspectiva em relação à vida e à obra dele, o que também conduzirá ao aparecimento de novas biografias.

---

[50] Idem, *Rhetorik, Hermeneutik und Ideologiekritik: metakritische Erörterungen zu "Wahrheit und Methode"* (1967) (Tubinga, J. C. B. Mohr/Paul Siebeck, 1993, Gesammelte Werke, v. 2), p. 242 [ed. bras.: *Verdade e método*, v. 2: *Complementos e índice*, trad. Ênio Paulo Gianchi, Petrópolis, Vozes, 2002, p. 282].

[51] Idem, *Wahrheit und Methode*, v. 1, cit., p. 298-9 [ed. bras.: *Verdade e método*, v. 1, cit., p. 439-40].

[52] Na terceira parte de *Verdade e método*, v. 1, Gadamer realiza uma controversa reviravolta linguístico-ontológica. Partindo da ideia de que toda compreensão (não só de textos) está ligada à linguagem e de que a linguagem não é uma simples imagem daquilo que está dado, mas o vir-à-fala de um todo de sentido, Gadamer formulou sua famosa frase: "O ser que pode ser compreendido é linguagem"; ibidem, p. 478 [ed. bras.: ibidem, p. 687]. As ideias esboçadas aqui – retiradas da segunda parte de *Verdade e método* – são independentes dessa ontologia.

Primeira página da carta de 10-11 de novembro de 1837 de Karl Marx ao seu pai.

Anexos da edição brasileira
Considerações de um rapaz acerca da escolha de uma profissão[1]
Karl Marx

A própria natureza determinou a esfera de atuação em que os animais devem movimentar-se, e eles o fazem tranquilamente, sem aspirar ao que está além dessa esfera, sem sequer imaginar que outra exista. A divindade também deu ao ser humano um objetivo geral: enobrecer a humanidade e a si mesmo; contudo, deixou-lhe a possibilidade de procurar, por conta própria, os meios pelos quais conquistar tal objetivo. Deixou que ele escolhesse a posição* na sociedade que lhe fosse mais adequada, a partir da qual pudesse, da melhor maneira, elevar-se e elevar a sociedade.

Tal escolha é um grande privilégio em relação aos outros seres da criação; ao mesmo tempo, é uma ação capaz de destruir toda a vida, frustrar todos os planos, torná-lo infeliz. Assim, ponderar seriamente sobre essa escolha é, com certeza, a primeira obrigação de um rapaz que inicia sua carreira e não quer deixar que o acaso determine seus mais importantes assuntos.

Cada um tem diante de si um objetivo que lhe parece grande e que é, de fato, grande, se a mais profunda convicção, a mais íntima voz do coração, assim se referir a ele, pois a divindade não deixa os habitantes da Terra completamente sem um guia; ela fala baixo, mas com segurança.

Todavia, essa voz pode ser considerada um entusiasmo, gerada pelo momento, e ser logo abafada; talvez o momento também a destrua novamente.

---

[1] Redação escrita por Marx em agosto de 1835 como parte dos exames de conclusão do ensino secundário [*Abitur*].

* A palavra *Stand*, utilizada diversas vezes neste texto, adquire nuances diferentes ao longo da redação. Em alguns casos, Marx a utiliza mais concretamente no sentido de "profissão" ou "ofício"; em outros, mais abstratamente, como é o caso desta passagem, com o sentido de "grupo", "camada", "estrato" ou "posição social". Aqui, *Stand* será sempre traduzido por "posição", tendo em vista que essa opção destaca o fato de Marx tratar do plano individual – nuance que se perde em "grupo"/"camada" –, além de permitir o contraste com o uso esporádico de *Beruf*, traduzido por "profissão"/"ofício". (N. T.)

Talvez nossa fantasia esteja em chamas, nosso sentimento esteja estimulado, imagens aparentes flutuem ao redor de nossos olhos e, ávidos, precipitemo-nos na direção do objetivo que supomos ter sido mostrado pela própria divindade; então, o que sentíamos arder em nosso peito logo nos abandona, e vemos toda nossa existência destruída.

Por isso, precisamos considerar detidamente se estamos realmente entusiasmados por uma profissão, se uma voz interna a aprova, ou se o entusiasmo é ilusão e aquilo que críamos ser o chamado da divindade é apenas autoengano. E como poderemos perceber a diferença, se nós mesmos procuramos a fonte do entusiasmo?

O que é grande brilha – brilho suscita ambição, e a ambição pode facilmente provocar o entusiasmo ou aquilo que consideramos ser entusiasmo; mas quem for seduzido pela Fúria [ou Erínia (N. T.)] da ambição não mais poderá ser controlado pela razão e irá na direção em que o instinto impetuoso chamar. Não mais escolherá sua posição: o acaso e a aparência a determinarão.

Tampouco somos vocacionados à posição em que podemos brilhar mais; não é essa a posição que, durante os longos anos em que talvez a administremos, nunca nos fatigará, nunca deixará nossa avidez diminuir, nunca deixará nosso entusiasmo esfriar; pelo contrário, logo veremos nossos desejos frustrados, nossas ideias insatisfeitas, sentiremos rancor em relação à divindade, praguejaremos contra a humanidade.

Mas não só a ambição pode suscitar entusiasmo repentino por uma posição; talvez tenhamos adornado tal posição com nossas fantasias, e o entusiasmo a tenha adornado como a mais elevada posição que a vida poderia nos oferecer. Não a analisamos, não vemos todo seu ônus, a grande responsabilidade que ela joga sobre nós; só a vemos a distância, e a distância engana.

Nesse caso, nem nossa própria razão pode nos guiar, pois nem a experiência nem uma observação profunda ajudam a razão quando ela é enganada pelo sentimento, cegada pela fantasia. A quem devemos recorrer? Quem deve nos ajudar quando a razão nos abandona?

Nosso coração chama pelos pais, que já passaram pelos caminhos da vida, já sentiram o rigor do destino.

Se, ainda assim, nosso entusiasmo se mantém firme, se continuamos a amar tal posição e a crer que fomos para ela vocacionados, mesmo após termos visualizado seus encargos, após termos conhecido suas dificuldades, então podemos tomar a decisão, então não seremos enganados pelo entusiasmo, tampouco agiremos precipitadamente.

Mas nem sempre podemos assumir a posição para a qual cremos ter sido vocacionados; nossas relações na sociedade já começam, até certo ponto, antes mesmo de estarmos em posição de determiná-las.

Já nossa natureza física, com frequência, confronta-nos de modo ameaçador; e que ninguém ouse rir de suas prerrogativas.

Talvez até consigamos superar tal natureza; mas, assim, tão mais rápida será nossa queda; assim, ousamos construir um edifício sobre escombros podres; assim, nossa vida inteira será uma luta infeliz entre o princípio intelectual e o físico. Mas como alguém incapaz de apaziguar em si mesmo os elementos em conflito pode opor-se aos ferozes ímpetos da vida? Como pode agir serenamente? Pois atos grandiosos e belos chegam a emergir mesmo da própria serenidade; ela é o solo em que só prosperam frutos maduros.

Com uma natureza física inadequada a nossa posição, não podemos atuar por muito tempo – e raramente com alegria; ainda assim, vem-nos constantemente a ideia de sacrificar nossa prosperidade pela obrigação, atuando, ao mesmo tempo, fraca e vigorosamente; se escolhermos uma posição para a qual não temos talento, nunca seremos capazes de cumpri-la de forma digna, logo teremos de reconhecer vergonhosamente nossa própria incapacidade, teremos de assumir para nós mesmos que somos inúteis na criação, membros da sociedade que não conseguem executar seu ofício. A consequência mais natural é o autodesprezo; e haveria sentimento mais doloroso? Haveria sentimento menos capaz de ser apaziguado por tudo que o mundo exterior oferece? O autodesprezo é uma serpente que corrói o peito, cavando-o eternamente, suga o sangue vital do coração e o mistura com o veneno do ódio humano e do desespero.

Iludir-se acerca do próprio talento para uma posição que analisamos de perto é um delito que recai, vingativo, sobre nós mesmos e causa um tormento mais terrível em nosso peito do que a censura do mundo exterior é capaz de causar – mesmo quando este não nos repreende.

Se ponderarmos tudo isso, e se nossas condições de vida nos permitirem escolher uma posição qualquer, então devemos assumir aquela que nos confere a maior dignidade; aquela que se baseia em ideias de cuja verdade estamos completamente convencidos; aquela que nos oferece o campo mais abrangente para que ajamos em prol da humanidade; aquela que nos aproxima do objetivo geral, para o qual cada posição é apenas um meio: a perfeição.

A dignidade é o que mais eleva o homem, o que dá uma nobreza mais elevada a sua ação e a todas as suas aspirações e o que o deixa lá, intocado, acima da multidão, sendo admirado por esta.

Mas a dignidade somente pode ser garantida em uma posição em que não figuramos como ferramenta servil, mas em que podemos, em nosso círculo, produzir autonomamente; ela só pode ser garantida em uma posição que não exija ações repudiáveis – mesmo que repudiáveis na aparência –, uma posição que poderia ser assumida com orgulho pelo melhor dos homens. A posição que garante isso nem sempre é a mais elevada, mas sempre é a mais excelente.

Assim como uma posição sem dignidade nos avilta, também é certo que sucumbimos sob a carga de uma posição cujos fundamentos, no futuro, consideramos falsos.

Nesse caso, não vemos outra solução além da autoilusão; mas que salvação desesperada garante o autoengano!

As posições que, além de não intervirem na vida, se ocupam com verdades abstratas são as mais perigosas para o jovem cujos princípios ainda não estão sólidos e cujas convicções ainda não estão firmes e inabaláveis – sendo que, para tal jovem, esses princípios e convicções parecem ser os mais elevados, caso tenham criado raízes profundas no peito e caso sejamos capazes de sacrificar a vida e todas as aspirações pelas ideias que os dominam.

Essas posições podem trazer felicidade a quem foi vocacionado para tanto, mas destroem quem as assumir de modo precipitado, irrefletido, deixando-se levar pelo momento.

Em contrapartida, a elevada opinião que temos sobre as ideias que fundamentam nossa posição nos coloca em um ponto mais alto na sociedade, aumenta nossa própria dignidade e torna nossas ações inabaláveis.

Quem escolhe uma posição muito estimada por si mesmo estremece ante a ideia de possivelmente ser indigno dela e, já por essa razão, agirá de modo nobre, pois seu lugar na sociedade é nobre.

Contudo, o principal guia na escolha de nossa posição há de ser a prosperidade da humanidade, nosso próprio aperfeiçoamento. Não se supõe que esses dois interesses possam combater-se hostilmente, pois a natureza do ser humano constitui-se de tal forma que o único modo de alcançar sua perfeição é a contribuição para o aperfeiçoamento, para a prosperidade de seu entorno. Se ele realizar coisas só para si mesmo, poderá até se tornar um famoso erudito, um grande sábio, um excelente poeta, mas nunca se tornará um ser humano completo e verdadeiramente grande.

A história chama de grandes aqueles homens que se enobreceram na medida em que trabalharam pelo interesse geral; a experiência louva como mais felizes aqueles que mais tornaram outros felizes; a própria religião nos ensina que o ideal que todos ambicionam se teria sacrificado pela humanidade; e quem ousou negar tais afirmações?

Se escolhermos uma posição em que possamos contribuir da melhor forma possível para a humanidade, então não haverá fardo que nos possa rebaixar, pois serão sacrifícios por todos; então, não desfrutaremos de uma alegria pobre, limitada, egoísta; nossa felicidade será a de milhões, nossos atos viverão serenos, mas terão efeitos eternos, e nossas cinzas serão molhadas pelas lágrimas ardentes de pessoas nobres.

Marx

Carta de Karl Marx (em Berlim) a Heinrich Marx (em Trier)
10-11 de novembro de 1837

Berlim, 10 de novembro

Caro pai!

Há momentos na vida que são como um marco de um tempo passado e que, simultaneamente, apontam com firmeza uma nova direção.

Em tal ponto de transição, sentimo-nos impelidos a olhar para o passado e para o presente com os olhos de águia do pensamento a fim de nos tornarmos conscientes de nossa verdadeira posição. A própria história do mundo adora tais retrospectivas; examina a si mesma, o que com frequência dá a impressão de que retrocede ou de que está parada, quando, na verdade, ela somente se jogou em sua poltrona a fim de se compreender, de penetrar intelectualmente em sua própria ação, a ação do espírito.

O indivíduo se torna lírico nesses momentos, pois cada metamorfose é, em parte, canto de cisne e, em parte, abertura de um poema novo e maior que procura estabilizar-se em meio a cores de brilho ainda difuso; ainda assim, queremos erigir um monumento às experiências passadas – algo que deve recuperar, no plano da sensação, o lugar que perdeu no plano da ação; e haveria, para tanto, local mais sagrado do que o coração dos pais, o juiz mais brando, o mais íntimo envolvido, o sol do amor, cujo fogo aquece o mais profundo centro de nossas aspirações?! Haveria melhor modo de compensar e perdoar certas ações deploráveis e condenáveis do que tratá-las como se fossem resultado de uma situação absolutamente necessária? Como se poderia, ao menos, evitar que as consequências – muitas vezes infelizes – da aleatoriedade e da confusão do espírito fossem repreendidas como se saíssem de um coração defeituoso?

Assim, observando de maneira retrospectiva – ao fim de um ano vivido aqui – as circunstâncias desse período e, meu caro pai, respondendo a sua adorável carta enviada de Ems, estou agora em posição de reconhecer minha situação, enfim,

426 KARL MARX E O NASCIMENTO DA SOCIEDADE MODERNA

meu modo de ver a vida, como a expressão de um ato intelectual que se movia em todas as direções – saber, arte, questões privadas – para, então, tomar forma.

Quando deixei vocês, um novo mundo havia se aberto para mim: o do amor, mais especificamente, no começo, um amor desesperançado e embebido em sau-dade. Nem mesmo a viagem a Berlim, que em outro momento teria me extasiado muitíssimo, teria me incitado à contemplação da natureza, teria me inflamado de desejo pela vida [*Lebenslust*], conseguiu me aquecer, e até me aborreceu bastante, já que os rochedos que eu via não eram mais escarpados, mais audazes que os sen-timentos de minha alma, as grandes cidades não eram mais vívidas que meu sangue, as mesas dos restaurantes não eram mais cheias, mais indigestas que o monte de fantasias que eu carregava e, por fim, a arte não era tão bela quanto Jenny.

Chegando a Berlim, rompi todas as ligações existentes até então, fiz, sem vontade, algumas raras visitas e tentei afundar-me em ciência e arte.

Tendo em vista meu estado de espírito à época, a poesia lírica havia de ser, necessariamente, a primeira tentativa – ao menos a mais agradável, mais óbvia; contudo, como era próprio a minha condição e a meu desenvolvimento até então, tratava-se de uma poesia puramente ideal. Meu céu e minha arte tornaram--se mundos tão distantes quanto meu amor. Assim, desfoca-se todo o real, e tudo o que é desfocado não tem limites, culminando em ataques ao presente, senti-mentos abrangentes e disformes, sem nada de natural, tudo construído da lua, exatamente o contrário daquilo que é e daquilo que deve ser, reflexões retóricas em vez de pensamentos poéticos. Não obstante, talvez certo calor sentimental e uma luta por impulso também caracterizem todos os poemas dos três primeiros cadernos que enviei a Jenny. A abrangência de um anseio que não conhece li-mites movimenta-se entre várias formas e faz do "concentrar"* um "espalhar".

Nessa época, a poesia não podia e não devia ser mais que uma atividade se-cundária; eu tinha de estudar jurisprudência, mas minha vontade era, sobretudo, a de confrontar-me com a filosofia. Ambas se ligaram tão intimamente que, por um lado, eu me apropriei de [Johann Gottlieb] Heineccius, [Anton Friedrich Justus] Thibaut e das fontes de modo puramente acrítico, como se faz na escola; foi o que fiz, por exemplo, ao traduzir os dois primeiros livros do Digesto para o alemão. Por outro lado, tentei elaborar, no campo do direito, uma filosofia específica. Como introdução, escrevi frases metafísicas e desenvolvi essa infeliz obra até o direito público, um trabalho de quase trezentas folhas [*Bogen*].

A mesma oposição entre o real [*das Wirkliche*] e o dever-ser [*das Sollende*] que é própria ao idealismo emergiu aqui de maneira bastante perturbadora, sendo a mãe da seguinte divisão, inadequada e errônea: a primeira parte foi generosamen-

---

* Em alemão, o verbo *dichten* tem uma carga semântica que se aproxima tanto de "compor, criar, escrever poemas, poesia" quanto de "vedar, concentrar, tornar denso". (N. T.)

CARTA DE KARL MARX (EM BERLIM) A HEINRICH MARX (EM TRIER)   427

te batizada por mim de metafísica do direito, ou seja, princípios, reflexões, definições conceituais, separados de todo direito real e de cada forma real do direito – como na obra de Fichte, só que, em meu caso, de modo mais moderno e com menos conteúdo. Além disso, a forma não científica do dogmatismo matemático – na qual o sujeito passeia ao redor da coisa, raciocina para lá e para cá, sem que a coisa em si tome forma, vívida, num rico desdobrar-se – foi, desde o início, um entrave à compreensão do verdadeiro [*das Wahre*]. O triângulo permite que o matemático construa e demonstre; ele continua sendo mera representação [*Vorstellung*] no espaço, não se desenvolvendo, não se tornando nada mais. É preciso colocá-lo ao lado de outra coisa, assim ele assume outras funções, e essa diferença igualada lhe dá diferentes relações e verdades. Em contrapartida, na expressão concreta do vívido mundo dos pensamentos – como são o direito, a natureza e toda a filosofia –, deve-se observar o próprio objeto em seu desenvolvimento; divisões arbitrárias não se encaixam aqui. A razão da própria coisa tem de encontrar sua unidade em si, como um desdobrar-se conflituoso.

Então, vinha a segunda parte: a filosofia do direito, ou seja, de acordo com minha perspectiva na época, a análise do desenvolvimento das ideias no direito positivo romano, como se o direito positivo, no desenvolvimento de suas ideias (não me refiro a suas determinações puramente finitas), nem sequer pudesse ser algo diferente da formação do conceito de direito que deveria ser abordado na primeira parte.

Ainda por cima, dividi essa parte em doutrina formal e doutrina material do direito, sendo que a primeira descreveria a forma pura do sistema em sua sucessão e em sua correlação, além da divisão e da extensão, enquanto a segunda, por sua vez, trataria do conteúdo, ou seja, do condensar-se da forma em seu conteúdo – um erro partilhado com o sr. Savigny, como descobri mais tarde em sua erudita obra sobre a posse. A única diferença é que ele define o conceito formal da seguinte maneira: "encontrar a posição tomada por uma e por outra doutrina no (falso) sistema romano"; o conceito material é definido como "a doutrina do positivo, ao qual os romanos associaram um conceito tão fixo". Em contrapartida, para mim, a forma era a arquitetônica necessária da formação do conceito, e a matéria era a qualidade necessária dessa formação. O erro foi acreditar que um poderia e deveria desenvolver-se separadamente do outro, não contendo, assim, uma forma real, mas, antes, algo como uma escrivaninha com gavetas que eu, mais tarde, encheria de areia.

O conceito é, afinal, o mediador entre forma e conteúdo. Assim, em um desenvolvimento filosófico do direito, um tem de saltar de dentro do outro; a forma só pode ser a evolução do conteúdo. Então, cheguei a uma divisão que o sujeito só poderia elaborar, no máximo, para uma classificação simples e superficial, enquanto o espírito do direito e sua verdade pereciam. Todo o direito foi decomposto em direito contratual e direito não contratual. Tomarei aqui a liberdade de expor o esquema – até a divisão do *jus publicum*, que também pertence à parte formal – para que você o visualize melhor.

ι)   π)

jus privatum.   *jus publicum.*

I) *jus privatum.*

a) do direito privado contratual determinado,

b) do direito privado não contratual indeterminado.

A) do direito privado contratual determinado.

a) direito pessoal, b) direito das coisas, c) direito pessoal e das coisas.

a) direito pessoal.

I) contratos de transferências. II) contratos de garantia. III) contratos caritativos.

I) contratos de transferências.

2) contrato de sociedade, (*societas*). 3) contrato de encargos. (*locatio conductio.*)

3) *locatio conductio.*

1) na medida em que se refere às *operae*,

a) *locatio conductio* verdadeiro. (não me refiro nem às locações nem ao arrendamento romano!)

b) *mandatum.*

2) na medida em que se refere ao *usus rei*,

a) solo: *ususfructus.* (também não se trata do sentido estritamente romano.)

b) casas: *habitatio.*

II) contratos de garantia.

1) contratos de compromisso ou de comparação. 2) contrato de seguro.

III) contratos caritativos.

2) contrato de aprovação.

1) *fidejussio.* 2) *negotiorum gestio.*

3) contrato de doação.

1) *donatio.* 2) *gratiae promissum.*

b) direito das coisas.

I) contratos de transferências.

2) *permutatio stricte sic dicta.*

1) *permutatio* verdadeiro. 2) *mutuum.* (*usurae.*)

3) *emtio venditio.*

II) contratos de garantia.

pignus.

III) contratos caritativos.

2) *commodatum.* 3) *depositum.*

Mas para que encher mais folhas com coisas que eu mesmo já rejeitei? Divisões tricotômicas atravessam todo o texto, a abrangência é cansativa, e os conceitos romanos foram torcidos da maneira mais bárbara possível para que se encaixassem em meu sistema. Por outro lado, passei a gostar muito mais da matéria, tendo agora uma visão mais geral, ao menos em parte.

Na conclusão do direito privado material, vi que o todo estava errado – em seu fundamento, aproximava-se de Kant; na execução, divergia completamente dele. Em compensação, ficou claro para mim que, sem filosofia, não seria possível aprofundar o tema. Assim, pude jogar-me diversas vezes em seus braços e escrever um novo sistema metafísico, em cujo fim fui novamente obrigado a admitir que tanto o sistema quanto minhas tentativas anteriores estavam errados.

Nessa época, adquiri o costume de resumir todos os livros que lia; assim fiz com o *Laocoonte* de Lessing, o *Erwin* de Solger, a *História da arte* de Winckelmann, a *História alemã* de Luden, anotando sempre algumas reflexões. Ao mesmo tempo, traduzi a *Germânia* de Tácito, a *Tristia* de Ovídio, comecei a aprender *privatim*, ou seja, por meio de livros de gramática, inglês e italiano – apesar de não ter feito nenhum avanço –, li o *Direito criminal* de Klein e seus anais e toda a literatura mais recente – sendo que esta última atividade foi apenas secundária.

No fim do semestre, procurei novamente as danças das musas e a música dos sátiros. Mesmo naquele último caderno que lhes enviei, o idealismo se mostrava o tempo todo presente: no humor forçado (*Escorpião e Félix*), em um drama fantástico malsucedido, até chegar a sua completude, tornando-se pura arte formal, quase sempre sem um objeto inspirador, sem uma concatenação dinâmica de ideias.

Apesar disso, os últimos poemas foram os únicos nos quais – como num passe de mágica, ah!, no começo a mágica foi esmagadora – o reino da verdadeira poesia me apareceu, por um segundo, como um distante palácio de fadas, e então todas as minhas criações desmoronaram, tornando-se nada.

Ocupado com todas essas atividades no primeiro semestre, passei muitas noites em claro, enfrentei vários conflitos, tive de suportar diversos estímulos internos e externos; ainda assim, no fim, não saí tão enriquecido quanto esperava, tendo negligenciado a natureza, a arte, o mundo, tendo rejeitado amigos. Meu corpo parece ter reagido a tudo isso; um médico me aconselhou a ir para o campo, e, assim, atravessando a longa cidade, fui parar do lado de fora dos portões, em Stralau. Eu não imaginava que lá meu corpo magricela e anêmico se tornaria forte e robusto.

Uma cortina havia caído, tudo o que me era mais sagrado foi despedaçado, e novos deuses tinham de ser encontrados.

A partir do idealismo – comparado e nutrido com ideias kantianas e fichtianas, diga-se de passagem –, resolvi procurar a ideia no próprio real*. Antes, os deuses moravam acima da Terra; agora, tornaram-se o centro dela.

Eu já havia lido fragmentos da filosofia hegeliana, cuja grotesca melodia pétrea não me agradava. Quis mergulhar novamente nesse mar, mas dessa vez com um propósito específico: encontrar a natureza do espírito de modo tão essencial, concreto e preciso quanto a natureza física; não mais como um exercício de esgrima, mas sim segurando a pérola pura sob a luz do sol.

Escrevi um diálogo de cerca de 24 folhas: *Cleantes ou Do início e da necessária continuação da filosofia*. Aqui, arte e conhecimento, que haviam se distanciado por completo, se unem até certo ponto, e, como um robusto andarilho, comecei a trabalhar na obra de fato, um desenvolvimento filosófico-dialético da divindade em sua manifestação como conceito em si, como religião, como natureza, como história. Minha última frase era o início do sistema hegeliano, e esse trabalho – para o qual estudei, em certa medida, ciências naturais, Schelling e história, o que me quebrou a cabeça infinitas vezes, e que foi escrito de maneira tão *concinne*** (já que, na verdade, ele deveria ser uma nova lógica) que, agora, eu mesmo mal consigo compreendê-lo –, esse meu querido filho, nutrido sob a luz da lua, entrega-me, como uma falsa sereia, nos braços do inimigo.

Transtornado, não consegui pensar em nada por alguns dias, andei como um louco pelo jardim próximo às águas sujas do Spree, que "lavam almas e diluem chás", acompanhei, inclusive, o dono da hospedaria em uma de suas caçadas, corri até Berlim e quis abraçar cada um dos vigias de rua.

Pouco depois, passei a dedicar-me exclusivamente aos estudos positivos: li o trabalho sobre a posse de Savigny, o direito criminal de Feuerbach e Grolmann, o *De verborum significatione* de Cramer, o sistema do Digesto de Wening-Ingenheim, o *Doctrina pandectarum* de Mühlenbruch, que ainda estou estudando, e, por fim, alguns títulos de Lauterbach que tratam do direito civil e, sobretudo, do direito canônico – de cuja primeira parte, a *Concordia discordantium canonum* de Graciano, li e resumi o texto original quase integralmente, assim como o anexo, o *Institutiones* de Lancelotti. Então, traduzi partes da *Retórica* de Aristóteles, li o *De augmentis scientiarum* do famoso Bacon de Verulâmio, ocupei-me muito com Reimarus e refleti voluptuosamente sobre seu livro *Acerca do instinto artístico dos animais*; também vi um pouco de direito germânico, mas apenas de modo indireto, ao estudar os capitulares dos reis francos e as cartas enviadas a eles pelos papas. A tristeza causada pela doença de Jenny, o fracasso de meus trabalhos intelectuais e o aborrecimento de ter de transformar

---

* Ou "efetivo": *im Wirklichen*, no original. (N. T.)

** Do latim "fino", "delicado". (N. T.)

CARTA DE KARL MARX (EM BERLIM) A HEINRICH MARX (EM TRIER) 431

em ídolo uma concepção que eu odiava fizeram com que eu adoecesse, como já lhe escrevi, caro pai. Recuperado, queimei todos os poemas, os esboços de novelas etc., na louca ilusão de que poderia, assim, deixar tudo isso para trás – o que parece, até agora, de fato funcionar.

Durante o período em que estive mal, conheci toda a obra de Hegel, do começo ao fim, incluindo a maioria de seus alunos. Por meio dos vários encontros com amigos em Stralau, entrei em um clube de doutores, do qual faziam parte alguns professores titulares e meu mais íntimo amigo de Berlim, dr. Rutenberg. Nas discussões, apresentaram-se algumas visões contrárias, e eu fui me prendendo, de maneira cada vez mais firme, à atual filosofia mundana, da qual pretendia escapar. Mas tudo o que era sonoro silenciou, uma verdadeira fúria irônica me dominou, como era de esperar que acontecesse após tanta negação. Em seguida, veio o silêncio de Jenny, e não encontrei sossego até assimilar a modernidade e a situação da ciência atual por meio de produções ruins, como *A visita* etc.

Caso eu não tenha descrito esse último semestre com clareza, tampouco tratado de todos os detalhes, apagando todas as nuances, você terá, caro pai, de perdoar minha vontade de falar do presente.

O sr. Chamisso me enviou uma notinha absolutamente insignificante, na qual apenas diz lamentar que o almanaque não precise de minhas contribuições "por já ter sido impresso há muito tempo". De raiva, eu quis engolir a nota. O livreiro Wigand enviou meu plano ao dr. Schmidt, editor da casa de comércio Wunder, que vende bons queijos e má literatura. Envio-te a carta dele em anexo; o editor ainda não respondeu. Não desistirei, de modo algum, de meu plano, sobretudo porque todos os famosos estéticos da escola hegeliana já confirmaram participação, graças à mediação do docente Bauer, que é importante entre eles, e de meu coadjutor dr. Rutenberg.

No que tange à carreira de contador público, meu caro pai, recentemente conheci certo assessor, Schmidthänner, que me recomendou mudar para a contabilidade pública depois do terceiro exame na área jurídica – o que me agradaria mais, já que prefiro a jurisprudência à ciência administrativa. Esse senhor me contou que ele próprio e muitos outros alcançaram um cargo de assessor em três anos no Tribunal Superior Regional da Vestefália, em Münster, o que não teria sido difícil – com muito trabalho, é claro –, já que a mudança de cargos lá não é tão fixa como em Berlim ou em outros lugares. As chances de conseguir um cargo de professor associado são muito maiores para quem faz doutorado depois de se tornar assessor, como foi o caso do sr. Gärtner, em Bonn, que escreveu um trabalho medíocre sobre as legislações provinciais e que, de resto, só é conhecido por considerar-se defensor da escola jurídica hegeliana. Ah, meu caríssimo pai, se fosse possível lhe contar tudo isso pessoalmente! O estado de Eduard, o sofrimento da querida mãezinha e seu próprio mal-estar – embora eu espere que este não seja tão grave – levam-me a querer, ou melhor, resultam na quase necessidade de que eu os visite o mais rápido possível. Eu já estaria aí se tivesse certeza de sua autorização e de seu consentimento.

Acredite em mim, meu querido, caro pai, não são intenções egoístas que me movem (apesar de que ficaria muito feliz em rever Jenny), mas sim um pensamento que me impulsiona e que não posso expressar. Em certo sentido, seria muito difícil para mim não poder visitá-los, mas, como minha única e doce Jenny escreveu, essas coisas são sempre secundárias em relação ao cumprimento de obrigações sagradas.

Eu lhe peço, caro pai, que, independentemente do que você decidir, não mostre esta carta, ao menos esta página, a minha santa mãe*. Minha chegada repentina talvez anime essa grandiosa e admirável mulher.

A carta que enviei à mãezinha foi escrita muito antes da adorável correspondência de Jenny chegar a mim, por isso, sem querer, eu talvez tenha escrito algumas coisas nada ou muito pouco apropriadas.

Fico na esperança de que as nuvens que pairam sobre nossa família se dissipem pouco a pouco, de que eu mesmo possa sofrer e chorar com vocês, talvez demonstrar pessoalmente meu profundo e íntimo interesse, meu amor imensurável, que muitas vezes expresso tão mal. Fico na esperança de que você, meu caro, sempre amado pai, levando em consideração meu temperamento tão oscilante, perdoe meu coração, que parece ter errado tantas vezes, ensurdecido pelos combates do espírito; espero que, em breve, você esteja completamente recuperado, assim poderei abraçá-lo e dizer-lhe tudo o que guardo no peito.

Seu filho, que sempre te amará,

KarlM

Perdoe-me, caro pai, pela letra ilegível e pelo estilo ruim; já são quase quatro horas, a vela está prestes a se apagar, e minha visão está embaçada; no lugar de minhas outras preocupações, tenho agora uma verdadeira e não conseguirei aquietar esses fantasmas aflitos enquanto não estiver ao lado de vocês.

Por favor, mande meus cumprimentos à doce e admirável Jenny. Já li a carta dela doze vezes, descobrindo sempre novos encantos. Creio que seja, em todos os sentidos, inclusive em estilo, a mais bela carta já escrita por uma mulher.

---

* *Engelsmutter*, literalmente "mãe-anjo". (N. T.)

BIBLIOGRAFIA

ADELSLEXIKON. Limburg, Starke, 1972-2012. 18 v.

ADLER, Georg. Zur Orientierung über Marx' Leben und Entwicklungsgang. In: *Die Grundlagen der Karl Marxschen Kritik der bestehenden Volkswirtschaft* (1887). Hildesheim, Olms, 1968.

ALLGEMEINES deutsches Conversations-Lexicon für die Gebildeten eines jeden Standes. Leipzig, Gebrüder Reichenbach, 1839-1844. 10 v., 2 supl.

ASCHER, Saul. *Die Germanomanie*: Skizze zu einem Zeitgemälde. Berlin, Achenwall, 1815.

AUS Briefen verschiedener Personen über Leben und Wirken von Marx und Engels in den Jahren 1841 bis 1846. *Marx-Engels-Jahrbuch 1*. Berlim, Dietz, 1978, p. 335-434.

BAERTSCHI, Annette M.; KING, Colin G. (orgs.). *Die modernen Väter der Antike*: die Entwicklung der Altertumswissenschaften an Akademie und Universität im Berlin des 19. Jahrhunderts. Berlim, Walter de Gruyter, 2009.

BARNIKOL, Ernst. *Bruno Bauer*: Studien und Materialien. Org. Peter Reimer e Hans-Martin Sass. Assen, Van Gorcum, 1972.

BARONOVITCH, Laurence. Karl Marx and Greek Philosophy: Some Explorations into the Themes of Intellectual Accomodation and Moral Hypocrisy. In: McCARTHY, George E. (org.). *Marx and Aristotle*: Nineteenth Century German Social Theory and Classical Antiquity. Savage, Rowman & Littlefield, 1992, p. 155-71.

BARTH, Hans. *Wahrheit und Ideologie* (1945). Frankfurt am Main, Suhrkamp, 1974.

BARTHES, Roland. Der Tod des Autors (1968). In: JANNIDIS, Fotis et al. (orgs.). *Texte zur Theorie der Autorschaft*. Stuttgart, Reclam, 2000, p. 185-93 [ed. bras.: BARTHES, Roland. *O rumor da língua*. Trad. Mario Laranjeira, 2. ed., São Paulo, Martins Fontes, 2004, p. 57-64].

BAUER, Bruno. [Resenha sobre] August Heydenreich, Die eigenthümlichen Lehren des Christenthums rein biblisch dargestellt, v. 1. *Jahrbücher für wissenschaftliche Kritik*, 1834, t. II, p. 196-200.

_____. *Briefwechsel zwischen Bruno Bauer und Edgar Bauer während der Jahre 1839-1842 zwischen Bonn und Berlin*. Charlottenburg, Egbert Bauer, 1844.

_____. [Resenha sobre] David Friedrich Strauß, Das Leben Jesu. *Jahrbücher für wissenschaftliche Kritik*, 1835, t. II, p. 879-94 e 897-912; 1836, t. I, p. 681-94, 697-704.

_____. [Resenha sobre] David Friedrich Strauß, *Streitschriften zur Vertheidigung meiner Schrift über das Leben Jesu und zur Charakteristik der gegenwärtigen Theologie*. *Jahrbücher für wissenschaftliche Kritik*, 1838, t. I, p. 817-38.

_____. *Die evangelische Landeskirche Preußens und die Wissenschaft*. Leipzig, Otto Wigand, 1840.

_____. Erkenntnis des Oberzensurgerichts in Betreff der zwei ersten Bogen des Briefwechsels zwischen Bruno und Edgar Bauer. In: BAUER, Bruno (org.). *Allgemeine Literaturzeitung: Monatsschrift*, caderno 6, maio 1844, p. 38-41.

_____. *Herr Dr. Hengstenberg*: Kritische Briefe über den Gegensatz des Gesetzes und des Evangeliums. Berlim, Dümmler, 1839.

_____. *Kritik der evangelischen Geschichte des Johannes*. Bremen, Schünemann, 1840.

_____. *Kritik der evangelischen Geschichte der Synoptiker*, v. 1. Leipzig, Wigand, 1841.

_____. *Kritik der Geschichte der Offenbarung*, t. 1: *Die Religion des Alten Testaments in der geschichtlichen Entwickelung ihrer Principien*. Berlim, Dümmler, 1838. 2 v.

_____. *Über die Prinzipien des Schönen*: eine Preisschrift (1829). Orgs. Douglas Moggach e W. Schultze. Berlim, Akademie, 1996.

BAUER, Joachim; PESTER, Thomas. Die Promotion von Karl Marx an der Universität Jena 1841. Hintergründe und Folgen. In: BODSCH, Ingrid (org.). *Dr. Karl Marx*: vom Studium zur Promotion – Bonn, Berlin, Jena. Begleitbuch zur gleichnamigen Ausstellung des Stadtmuseums Bonn. Bonn, Stadtmuseum, 2012, p. 47-82.

BAYLY, Christopher. *Die Geburt der modernen Welt*: eine Globalgeschichte 1780-1914. Frankfurt am Main, Campus, 2006.

BEHLER, Ernst. *Frühromantik*. Berlim, Walter de Gruyter, 1992.

_____. Nietzsche, Marx und die deutsche Frühromantik. In: GRIMM, Reinhold; HERMAND, Jost (orgs.). *Karl Marx und Friedrich Nietzsche*: acht Beiträge. Königstein im Taunus, Athenäum, 1978.

BEITRÄGE zur Marx-Engels-Forschung: neue Folge, Sonderband 1: *David Borisovic Rjazanov und die erste MEGA*. Hamburgo, Argument, 1997.

BENTZEL-STERNAU, Karl Christian Ernst Graf von. Anti-Israel: eine Vorlesung in der geheimen Akademie zum grünen Esel als Eintrittsrede gehalten (1818). In: STEIGER, Johann Anselm (org.). *Karl Christian Ernst von Bentzel-Sternau, Anti-Israel*: eine projüdische Satire aus dem Jahre 1818 – Nebst den antijüdischen Traktaten Friedrich Rühs' und Jakob Friedrich Fries' (1816). Heidelberg, Manutius, 2004.

BERLIN, Isaiah. *Karl Marx*: sein Leben und sein Werk (1939). Frankfurt am Main/Berlim, Ullstein, 1968.

BETHMANN-HOLLWEG, Moritz August von. *Ueber die Germanen vor der Völkerwanderung*: Festgabe dem Fürsten Deutscher Rechtslehrer Friedrich Carl von Savigny zur Jubelfeier des 31. Oktober 1850. Bonn, Adolph Marcus, 1850.

BLÄNKNER, Reinhard; GÖHLER, Gerhard; WASZEK, Norbert (orgs.). *Eduard Gans (1797- -1839)*: Politischer Professor zwischen Restauration und Vormärz. Leipzig, Leipziger Universitätsverlag, 2002.

BLUMENBERG, Werner. *Karl Marx*: mit Selbstzeugnissen und Bilddokumenten. Reinbek, Rowohlt, 1962.

BÖDEKER, Hans Erich. Biographie: Annäherungen an den gegenwärtigen Forschungs- und Diskussionsstand. In: BÖDEKER, Hans Erich (org.). *Biographie schreiben*. Göttingen, Wallstein, 2003, p. 9-63.

BODSCH, Ingrid. Karl Marx und Bonn 1835/36 und 1841/1842. In: BODSCH, Ingrid (org.). *Dr. Karl Marx*. Vom Studium zur Promotion – Bonn, Berlin, Jena. Begleitbuch zur gleichnamigen Ausstellung des StadtMuseum Bonn. Bonn, Stadtmuseum, 2012, p. 9-27.

BODSCH, Ingrid (org.). *Dr. Karl Marx*: vom Studium zur Promotion – Bonn, Berlin, Jena. Begleitbuch zur gleichnamigen Ausstellung des StadtMuseum Bonn. Bonn, Stadtmuseum, 2012.

BÖNING, Jürgen. *Karl Marx in Hamburg*: der Produktionsprozess des Kapital. Hamburgo, VSA, 2017.

BÖRNE, Ludwig. *Briefe aus Paris* (1832). Berlim, Aufbau, 1981. Werke in zwei Bänden (1832--1834), v. 2, p. 5-275.

BÖSE, Heinz-Günther. *Ludwig Simon von Trier (1819-1872)*: Leben und Anschauungen eines rheinischen Achtundvierzigers. Tese de doutorado, Universität Mainz, 1951.

BOURDIEU, Pierre. Die biographische Illusion. In: *Praktische Vernunft*: zur Theorie des Handelns. Frankfurt am Main, Suhrkamp, 1998 [ed. bras.: BOURDIEU, Pierre. A ilusão biográfica. In: AMADO, Janaína; FERREIRA, Marieta de Moraes. *Usos e abusos da história oral*. Trad. Luiz Alberto Monjardim et al., 8. ed., Rio de Janeiro, Editora FGV, 2006, p. 183-91].

BRAUN, Johann. Einführung des Herausgebers. In: GANS, Eduard. *Naturrecht und Universalgeschichte*: Vorlesungen nach G. W. F. Hegel. Tubinga, Mohr Siebeck, 2005, p. XIX--LVII.

_____. Einleitung. In: GANS, Eduard. *Briefe und Dokumente*. Tubinga, Mohr Siebeck, 2011.

_____. *Judentum, Jurisprudenz und Philosophie*: Bilder aus dem Leben des Juristen Eduard Gans (1797-1839). Baden-Baden, Nomos, 1997.

BRECKMAN, Warren. *Marx, the Young Hegelians, and the Origins of Radical Social Theory*. Cambridge, Cambridge University Press, 1999.

BREUER, Karl Hugo. *Der junge Marx*: sein Weg zum Kommunismus. Dissertação defendida na faculdade de filosofia da Universidade de Colônia. Colônia, Luthe-Druck, 1954.

BREUER, Mordechai. Frühe Neuzeit und Beginn der Moderne. In: MEYER, Michael A. (org.). *Deutsch-Jüdische Geschichte in der Neuzeit*, v. I: *Tradition und Aufklärung 1600-1780*. Munique, Beck, 1996, p. 85-247.

BRIESE, Olaf. Akademikerschwemme, Junghegelianismus als Jugendbewegung. In: LAMBRECHT, Lars (org.). *Umstürzende Gedanken*: radikale Theorie im Vorfeld der 1848er Revolution. Frankfurt am Main, Peter Lang, 2013, p. 123-42.

BRILLING, Bernhard. Beiträge zur Geschichte der Juden in Trier. *Trierisches Jahrbuch*, Trier, Lintz, 1958, p. 46-50.

BROPHY, James M. *Popular Culture and the Public Sphere in the Rhineland 1800-1850*. Cambridge, Cambridge University Press, 2007.

BÜCHNER, Georg. *Werke und Briefe* (Münchner Ausgabe). Munique, Hanser, 1988.

BUNZEL, Wolfgang. Der Geschichte in die Hände arbeiten: zur Romantikkonzeption der Junghegelianer. In: BUNZEL, Wolfgang; STEIN, Peter; VAßEN, Forian (orgs.). *Romantik und Vormärz (Forum Vormärz Forschung, Vormärz Studien X)*. Bielefeld, Aisthesis, 2003, p. 313-38.

BUNZEL, Wolfgang; HUNDT, Martin; LAMBRECHT, Lars. *Zentrum und Peripherie*: Arnold Ruges Korrespondenz mit Junghegelianern in Berlin (Forschungen zum Junghegelianismus). Frankfurt am Main/Nova York, Peter Lang, 2006.

BURNS, Tony. Materialism in Ancient Greek Philosophy and in the Writings of the Young Marx. *Historical Materialism*, n. 7, 2000, p. 3-39.

CARLYLE, Thomas. *On Heroes, Hero-Worship and the Heroic in History*. Londres, Fraser, 1841.

CARR, Edward Hallett. An Autobiography (1980). In: *A Critical Appraisal*. Org. Michael Cox. Basingstoke/Nova York, Palgrave, 2000, p. XIII-XXII.

_____. *Karl Marx*: a Study in Fanaticism. Londres, Dent, 1934.

CARRIÈRE, Moriz. Lebenserinnerungen (1817-1847). Org. Wilhelm Diehl. *Archiv für Hessische Geschichte und Altertumskunde*, v. 10, caderno 2, Darmstadt, 1914.

CIESZKOWSKI, August von. *Prolegomena zur Historiosophie*. Berlim, Veit, 1838.

CLARK, Christopher. *Preußen*: Aufstieg und Niedergang 1600-1947. Munique, DVA, 2007.

CLEMENS, Gabriele B. Trier unter dem Hammer: die Nationalgüterverkäufe. In: DÜHR, Elisabeth; LEHNERT-LEVEN, Christl (orgs.). *Unter der Trikolore*: Trier in Frankreich, Napoleon in Trier 1794-1814. Trier, Städtisches Museum Simeonsstift, 2004, p. 383-95.

CORNU, Auguste. *Karl Marx und Friedrich Engels*: Leben und Werk, v. 1: *1818-1844*. Berlim, Aufbau, 1954.

_____. *Karl Marx und Friedrich Engels*: Leben und Werk, v. 2: *1844-1845*. Berlim, Aufbau, 1962.

_____. *Karl Marx und Friedrich Engels*: Leben und Werk, v. 3: *1845-1846*. Berlim, Aufbau, 1968.

COURTH, Franz. Die Evangelienkritik des D. Fr. Strauß im Echo seiner Zeitgenossen: zur Breitenwirkung seines Werkes. In: SCHWAIGER, Georg (org.). *Historische Kritik in der Theologie*: Beiträge zu ihrer Geschichte. Göttingen, Vandenhoeck & Ruprecht, 1980.

CRAIG, Gordon A. *Über die Deutschen*. Munique, Beck, 1982.

CZÓBEL, Ernst. *Karl Marx*: Chronik seines Lebens in Einzeldaten (1934). Frankfurt am Main, Makol, 1971.

DECKERT, Helmut. Karl Marx und seine Kommilitonen als Hörer Schlegels in Bonn: zu einem Marx-Autograph der Sächsischen Landesbibliothek. *Festschrift zum 60. Geburtstag von Prof. Dr. phil. Hans Lülfing am 24. November 1966*, suplemento 83, Zentralblatt für Bibliothekswesen. Leipzig, Bibliographisches Institut, 1966, p. 33-53.

DEMETZ, Peter. *Marx, Engels und die Dichter*: ein Kapitel deutscher Literaturgeschichte. Frankfurt am Main, Ullstein, 1969.

D'HONDT, Jacques. *Hegel in seiner Zeit*. Berlim, Akademie, 1973.

DIETZ, Josef. Bürger und Studenten. In: HÖROLDT, Dietrich (org.). *Stadt und Universität*: Rückblick aus Anlaß der 150 Jahr-Feier der Universität Bonn. Bonn, [L. Röhrscheid,] 1968. Bonner Geschichtsblätter, v. 22, p. 215-66.

BIBLIOGRAFIA 437

DILTHEY, Wilhelm. *Der Aufbau der geschichtlichen Welt in den Geisteswissenschaften*. Frankfurt am Main, Suhrkamp, 1970.

DLUBEK, Rolf. Die Entstehung der zweiten Marx-Engels-Gesamtausgabe (MEGA) im Spannungsfeld von legitimatorischem Auftrag und editorischer Sorgfalt. *MEGA-Studien*, t. 1. Berlim, Dietz, 1994, p. 60-106.

DOHM, Christian Wilhelm. *Ueber die bürgerliche Verbesserung der Juden*. Berlim, Nicolai, 1781.

DOWE, Dieter. *Aktion und Organisation*: Arbeiterbewegung, sozialistische und kommunistische Bewegung in der preußischen Rheinprovinz 1820-1852. Hanôver, Verlag für Literatur und Zeitgeschehen, 1970.

DREYER, Michael; RIES, Klaus (orgs.). *Romantik und Freiheit*: Wechselspiele zwischen Ästhetik und Politik. Heidelberg, Universitätsverlag Winter, 2014.

DRONKE, Ernst. *Berlin* (1846). Berlim, Rütten & Löning, 1987.

DUDEN. *Das Herkunftswörterbuch*: Etymologie der deutschen Sprache. 4. ed., Mannheim, Duden, 2007.

DÜHR, Elisabeth (org.). *"Der schlimmste Punkt der Provinz" Demokratische Revolution 1848/49 in Trier und Umgebung*. Trier, Städtisches Museum Simeonstift, 1998.

EBERLEIN, Hermann P. *Bruno Bauer*: vom Marx-Freund zum Antisemiten. Berlim, Dietz, 2009.

EICHLER, Martin. *Von der Vernunft zum Wert*: die Grundlagen der ökonomischen Theorie von Karl Marx. Bielefeld, transcript, 2015.

ELIAS, Norbert. *Über den Prozeß der Zivilisation*. Berna, Francke, 1969 [ed. bras.: ELIAS, Norbert. *O processo civilizador*. Trad. Ruy Jungman, 2. ed., Rio de Janeiro, Jorge Zahar, 1994].

ENGELBERG, Ernst. *Bismarck*, v. I: *Urpreuße und Reichsgründer* (1985). Berlim, Siedler, 1998.

ENGELBERG, Ernst; SCHLEIER, Hans. Zu Geschichte und Theorie der historischen Biographie. *Zeitschrift für Geschichtsforschung*, ano 38, 1990, p. 195-217.

ENGELS, Friedrich – cf. "Obras de Karl Marx e Friedrich Engels", à p. 461.

ERIKSON, Erik H. *Der junge Mann Luther*: eine psychoanalytische und historische Studie (1958). Frankfurt am Main, Suhrkamp, 2016.

_____. *Identität und Lebenszyklus*. Frankfurt am Main, Suhrkamp, 1966.

ESSBACH, Wolfgang. *Die Junghegelianer*: Soziologie einer Intellektuellengruppe. Munique, Fink, 1988.

EURINGER, Martin. *Epikur*: Antike Lebensfreude in der Gegenwart. Stuttgart, Kohlhammer, 2003.

EWALD, Johann Ludwig. Beantwortung der Fragen: was sollten die Juden jetzt, und was sollte der Staat für sie thun? (1821). In: STEIGER, Johann Anselm (org.). *Projüdische Schriften aus den Jahren 1817 bis 1821*. Heidelberg, Manutius, 2000, p. 111-39.

_____. Der Geist des Christenthums und des ächten deutschen Volksthums, dargestellt, gegen die Feinde der Israeliten (1817). In: STEIGER, Johann Anselm (org.). *Projüdische Schriften aus den Jahren 1817 bis 1821*. Heidelberg, Manutius, 2000, p. 7-92.

_____. *Ideen, über die nöthige Organisation der Israeliten in Christlichen Staaten* (1816). Org. e posfácio Johann Anselm Steiger. Heidelberg, Manutius, 1999.

KARL MARX E O NASCIMENTO DA SOCIEDADE MODERNA

FENVES, Peter. Marx's Doctoral Thesis on Two Greek Atomists and the Post-Kantian Interpretations. *Journal of the History of Ideas*, v. 47, 1986, p. 433-52.

FETZ, Bernhard (org.). *Die Biographie*: zur Grundlegung ihrer Theorie. Berlim, Walter de Gruyter, 2009.

FEUERBACH, Ludwig. *Das Wesen des Christentums* (1841). Berlim, Akademie, 1973. Gesammelte Werke, v. 5.

_____. Gedanken über Tod und Unsterblichkeit (1830). In: *Frühe Schriften, Kritiken und Reflexionen* (1828-1834). Berlim, Akademie, 1967. Gesammelte Werke, v. 1, p. 177-515.

_____. Gesammelte Werke, 21 v. Org. Werner Schuffenhauer. Berlim, Akademie, 1967-2004.

_____. Über Philosophie und Christentum in Beziehung auf den der Hegelschen Philosophie gemachten Vorwurf der Unchristlichkeit (1839). In: *Kleinere Schriften I (1835-1839)*. Berlim, Akademie, 1989. Gesammelte Werke, v. 8, p. 219-92.

_____. Zur Kritik der Hegelschen Philosophie. *Hallische Jahrbücher*, n. 208-16, 1839.

_____. Zur Kritik der positiven Philosophie. *Hallische Jahrbücher*, cadernos 289-93, Leipzig, Wigand, 1838.

FOUCAULT, Michel. *Archäologie des Wissens* (1969). Frankfurt am Main, Suhrkamp, 1973 [ed. bras.: FOUCAULT, Michel. *A arqueologia do saber*. Trad. Luiz Felipe Baeta Neves, 7. ed., Rio de Janeiro, Forense Universitária, 2008].

_____. *Die Ordnung des Diskurses* (1972). Frankfurt am Main, Fischer, 1991 [ed. bras.: FOUCAULT, Michel. *A ordem do discurso*: aula inaugural no Collège de France pronunciada em 2 de dezembro de 1970. Trad. Laura Fraga de Almeida Sampaio, 3. ed., São Paulo, Loyola, 1996].

_____. *Dispositive der Macht*: über Sexualität, Wissen und Wahrheit. Berlim, Merve, 1978.

_____. Was ist ein Autor? (1969). In: *Schriften zur Literatur*. Frankfurt am Main, Fischer, 1988, p. 7-31 [ed. bras.: FOUCAULT, Michel. O que é um autor. In: *Estética*: literatura e pintura, música e cinema. Org. Manoel Barros da Motta; trad. Inês Autran Dourado Barbosa, 2. ed., Rio de Janeiro, Forense Universitária, 2009. Ditos e Escritos, v. III, p. 264-98].

FRAUENSTÄDT, Julius. [Resenha sobre] August v. Cieszkowski, Prolegomena zur Historiosophie. *Hallische Jahrbücher*, n. 60-1, 1839.

FRIEDENTHAL, Richard. *Karl Marx*: sein Leben und seine Zeit. Munique, Piper, 1981.

FRIES, Jakob Friedrich. *Ueber die Gefährdung des Wohlstandes und Charakters der Deutschen durch die Juden*: eine aus den Heidelberger Jahrbüchern für Litteratur besonders abgedruckte Recension der Schrift des Professors Rühs in Berlin: "Ueber die Ansprüche der Juden an das deutsche Bürgerrecht. Zweyter verbesserter Abdruck etc.". Heidelberg, Mohr und Winter, 1816 (reimp. Bentzel-Sternau, 1818, p. 125-53).

FULDA, Hans Friedrich. Hegels These, dass die Aufeinanderfolge von philosophischen Systemen dieselbe sei wie die von Stufen logischer Gedankenentwicklung. In: HEIDEMANN, Dietmar; KRIJNEN, Christian (orgs.). *Hegel und die Geschichte der Philosophie*. Darmstadt, Wissenschaftliche Buchgesellschaft, 2007, p. 4-14.

GABRIEL, Mary. *Love and Capital*: Karl and Jenny Marx and the Birth of a Revolution. Nova York, Little, Brown and Co, 2011 [ed. bras.: GABRIEL, Mary. *Amor e capital*: a saga familiar de Karl Marx e a história de uma revolução. Trad. Alexandre Barbosa de Souza, Rio de Janeiro, Jorge Zahar, 2013].

GADAMER, Hans-Georg. *Rhetorik, Hermeneutik und Ideologiekritik*: Metakritische Erörterungen zu 'Wahrheit und Methode' (1967). Tubinga, J. C. B. Mohr/Paul Siebeck, 1993. Gesammelte Werke, v. 2, p. 232-50 [ed. bras.: GADAMER, Hans-Georg, *Verdade e método*, v. 2: *Complementos e índice*, trad. Enio Paulo Giachini, Petrópolis, Vozes, 2002].

_____. *Wahrheit und Methode*: Grundzüge einer philosophischen Hermeneutik (1960). Tubinga, J. C. B. Mohr/Paul Siebeck, 1993. Gesammelte Werke, v. 1 [ed. bras.: GADAMER, Hans-Georg, *Verdade e método*, v. 1: *Traços fundamentais de uma hermenêutica filosófica*. Trad. Flávio Paulo Meurer, Petrópolis, Vozes, 1997].

GALL, Lothar. *Wilhelm von Humboldt*: ein Preuße von Welt. Berlin, Propyläen, 2011.

GANS, Eduard. *Das Erbrecht in weltgeschichtlicher Entwicklung*, v. 1. Berlin, Maurer, 1824.

_____. *Das Erbrecht in weltgeschichtlicher Entwicklung*, v. 2. Berlin, Maurer, 1825.

_____. *Naturrecht und Universalrechtsgeschichte*: Vorlesungen nach G. W. F. Hegel. Tubinga, Mohr Siebeck, 2005.

_____. *Rückblicke auf Personen und Zustände* (1836). Stuttgart, Frommann-Holzboog, 1995.

GEIBEL, Emmanuel. *Jugendbriefe*. Berlin, Karl Curtius, 1909.

GEISTHÖVEL, Alexa. *Restauration und Vormärz 1815-1847*. Paderborn, Schöningh, 2008.

GEMKOW, Heinrich. Aus dem Leben einer rheinischen Familie im 19. Jahrhundert. Archivalische Funde zu den Familien Westphalen und Marx. *Jahrbuch für westdeutsche Landesgeschichte*, v. 34, 2008, p. 497-524.

_____. Edgar von Westphalen: der ungewöhnliche Lebensweg des Schwagers von Karl Marx. *Jahrbuch für westdeutsche Landesgeschichte*, v. 25, 1999, p. 401-511.

_____. Karl Marx und Edgar von Westphalen: Studiengefährten in Berlin. *Beiträge zur Marx-Engels--Forschung*, Heft 1. Berlin, Institut für Marxismus-Leninismus beim ZK der SED, 1977. p. 15-22.

_____. Kleine Nachträge zur Biographie der Studenten Karl Marx und Edgar von Westphalen. *Beiträge zur Marx-Engels-Forschung*, Heft 3. Berlin, Institut für Marxismus-Leninismus beim ZK der SED, 1978. p. 143-6.

GERHARDT, Hans. *Hundert Jahre Bonner Corps*: die korporationsgeschichtliche Entwicklung des Bonner S. C. von 1819 bis 1918. Frankfurt am Main, Deutschen Corpszeitung, 1926.

GERHARDT, Volker; MEHRING, Reinhard; RINDERT, Jana. *Berliner Geist*: eine Geschichte der Berliner Universitätsphilosophie bis 1946 – mit einem Ausblick auf die Gegenwart der Humboldt-Universität. Berlin, Akademie, 1999.

GERSTENBERGER, Heide. *Markt und Gewalt*: die Funktionsweise des historischen Kapitalismus. Münster, Westfälisches Dampfboot, 2017.

GESTRICH, Andreas. Einleitung: Sozialhistorische Biographieforschung. In: GESTRICH, Andreas et al. (orgs.). *Biographie*: sozialgeschichtlich – sieben Beiträge. Göttingen, Vandenhoeck & Ruprecht, 1988, p. 5-28.

GESTRICH, Christoph. Das Erbe Hegels in der Systematischen Theologie an der Berliner Universität im 19. Jahrhundert (1989). In: BESIER, Gerhard; GESTRICH, Christoph (orgs.).

450 Jahre Evangelische Theologie in Berlin. Göttingen, Vandenhoeck & Ruprecht, 1989, p. 183-206.

GIELKENS, Jan. *Karl Marx und seine niederländischen Verwandten*: eine kommentierte Quellenedition. Trier, 1999. Schriften aus dem Karl-Marx-Haus, n. 50.

GOCKEL, Eberhard. *Karl Marx in Bonn*: alte Adressen neu entdeckt. Bonn, Steiner, 1989.

GOETHE, Johann Wolfgang von. *Campagne in Frankreich 1792* (1822). Munique, Deutscher Taschenbuch, 2000. Werke, v. 10, p. 188-363.

_____. *Dichtung und Wahrheit*, v. 1 (1811). Munique, Deutscher Taschenbuch, 2000. Werke, v. 9.

_____. *Faust*: der Tragödie, v. 1 (1808). Munique, Deutscher Taschenbuch, 2000. Werke, v. 3, p. 7-145 [ed. bras.: *Fausto*: uma tragédia – primeira parte. Trad. Jenny Klabin Segall, 4. ed., São Paulo, Editora 34, 2010].

_____. Werke (Hamburger Ausgabe), 14 v. Org. Erich Trunz. Munique, Deutscher Taschenbuch, 2000.

_____. *Wilhelm Meisters Lehrjahre* (1795-1796). Munique, Deutscher Taschenbuch, 2000. Werke, v. 7 [ed. bras.: *Os anos de aprendizado de Wilhelm Meister*. Trad. Nicolino Simone Neto, 2. ed., São Paulo, Editora 34, 2009].

GOLDSCHMIDT, Werner. Bruno Bauer als Gegenstand der Marx-Forschung. *Marxistische Studien*: Jahrbuch des IMSF 12, t. I. Frankfurt am Main, Institut für Marxistische Studien, 1987, p. 68-81.

GÖRRES, Joseph. *Athanasius*. Regensburg, Manz, 1838.

GÖSCHEL, Karl Friedrich. *Aphorismen über Nichtwissen und absolutes Wissen im Verhältnisse zur christlichen Glaubenserkenntniß*: ein Beytrag zum Verständnisse der Philosophie unserer Zeit. Berlim, Franklin, 1829.

GRAB, Walter. *Dr. Wilhelm Schulz aus Darmstadt*: Weggefährte von Georg Büchner und Inspirator von Karl Marx. Frankfurt am Main, Büchergilde Gutenberg, 1987.

_____. *Georg Büchner und die Revolution von 1848*: der Büchner Essay von Wilhelm Schulz aus dem Jahr 1851. Text und Kommentar. Königstein im Taunus, Athenäum, 1985.

GRAETZ, Michael. Jüdische Aufklärung. In: MEYER, Michael A. (org.). *Deutsch-Jüdische Geschichte in der Neuzeit*, v. I: *Tradition und Aufklärung 1600-1780*. Munique, Beck, 1996, p. 251-359.

GRAF, Friedrich Wilhelm. David Friedrich Strauß und die Hallischen Jahrbücher. *Archiv für Kulturgeschichte*, ano 60, 1978, p. 383-430.

GRANDT, Jens. *Ludwig Feuerbach und die Welt des Glaubens*. Münster, Westfälisches Dampfboot, 2006.

GREENBLATT, Stephen. *Die Wende*: wie die Renaissance begann. Munique, Siedler, 2012.

GREILING, Werner. *Varnhagen von Ense*: Lebensweg eines Liberalen. Colônia, Böhlau, 1993.

GROSS, Guido. Professor Johann Steininger (1794-1874): Erinnerungen an einen Trierer Pädagogen, Geologen und Historiker. *Neues Trierisches Jahrbuch*, v. 34, 1994, p. 85-104.

_____. *Trierer Geistesleben*: unter dem Einfluß von Aufklärung und Romantik (1750-1850). Trier, Lintz, 1956.

_____. Trier und die Trierer im Vormärz. In: DÜHR, Elisabeth (org.). *"Der schlimmste Punkt der Provinz" Demokratische Revolution 1848/49 in Trier und Umgebung.* Trier, Städtisches Museum Simeonstift, 1998, p. 72-91.

_____. Zur Geschichte des Friedrich-Wilhelm-Gymnasiums. In: SCHWALL, Jakob (org.). *400 Jahre Friedrich-Wilhelm-Gymnasium Trier.* Festschrift. Trier, Paulinus, 1962, p. 7-73.

GROßE, Wilhelm. "Ein deutsches Lesebuch für Gymnasialklassen" oder: Was hielt Karl Marx im Deutschunterricht in Händen? Zum Deutschunterricht in der ersten Hälfte des 19. Jahrhunderts am Gymnasium in Trier. *Kurtrierisches Jahrbuch,* ano 51, 2011, p. 347-56.

GRÜNBERG, Carl. Marx als Abiturient. *Archiv für die Geschichte des Sozialismus und der Arbeiterbewegung,* ano 11, 1925, p. 424-44.

_____. Nachtrag zu: Marx als Abiturient. *Archiv für die Geschichte des Sozialismus und der Arbeiterbewegung,* ano 12, 1926, p. 239-40.

GUTZKOW, Karl. *Wally, die Zweiflerin* (1835). Stuttgart, Reclam, 1979.

HACHTMANN, Rüdiger. Ein Prediger wider alle demokratischen Teufel: Ernst Wilhelm Hengstenberg (1802-1869). In: SCHMIDT, Walter (org.). *Akteure eines Umbruchs*: Männer und Frauen der Revolution von 1848/49, v. 5. Berlim, Fides, 2016, p. 129-80.

HÄHNER, Olaf. *Historische Biographik*: die Entwicklung einer geschichtswissenschaftlichen Darstellungsform von der Antike bis ins 20. Jahrhundert. Frankfurt am Main/Nova York, Peter Lang, 1999.

HANSEN, Joseph. *Gustav von Mevissen*: ein rheinisches Lebensbild (1815-1899), 2 v. Berlim, Reimer, 1906.

HAUSEN, Karin. "… eine Ulme für das schwanke Efeu": Ehepaare im deutschen Bildungsbürgertum. In: FREVERT, Ute (org.). *Bürgerinnen und Bürger*: Geschlechterverhältnisse im 19. Jahrhundert. Göttingen, Vandenhoeck & Ruprecht, 1988, p. 85-117.

HAYM, Rudolf. *Die romantische Schule*: ein Beitrag zur Geschichte des deutschen Geistes. Berlim, Gaertner, 1870.

_____. *Hegel und seine Zeit*: Vorlesungen über Entstehung und Entwicklung, Wesen und Werth der Hegel'schen Philosophie. Berlim, Rudolf Gärtner, 1857.

HECKER, Rolf. Erfolgreiche Kooperation: das Frankfurter Institut für Sozialforschung und das Moskauer Marx-Engels-Institut (1924-1928). In: *Beiträge zur Marx-Engels-Forschung*: neue Folge, Sonderband 2. Hamburgo, Argument, 2000, p. 9-118.

_____. Fortsetzung und Ende der ersten MEGA zwischen Nationalsozialismus und Stalinismus (1931-1941) In: *Beiträge zur Marx-Engels-Forschung*: neue Folge, Sonderband 3. Hamburgo, Argument, 2001, p. 181-311.

HECKER, Rolf; LIMMROTH, Angelika (orgs.). *Jenny Marx*: die Briefe. Berlim, Karl Dietz, 2014.

HEGEL, G. W. F. *Briefe von und an Hegel*, 4. v.: v. 1-3 publ. Johannes Hoffmeister; v. 4, em duas partes, publ. reed. Friedhelm Nicolin. Hamburgo, Meiner, 1952-1977.

_____. Das Leben Jesu (1975). In: *Frühe Studien und Entwürfe 1787-1800.* Ed. coment. Inge Gellert, Berlim, Akademie, 1991, p. 129-214.

_____. *Enzyklopädie der philosophischen Wissenschaften* (1830). Frankfurt am Main, Suhrkamp, 1986. HW 8-10.

442 KARL MARX E O NASCIMENTO DA SOCIEDADE MODERNA

_____. *Grundlinien der Philosophie des Rechts* (1821). Frankfurt am Main, Suhrkamp, 1986. HW 7.

_____. *Grundlinien der Philosophie des Rechts oder Naturrecht und Staatswissenschaft im Grundrisse* (1821). De acordo com a edição de Eduard Gans publicada por Hermann Klenner, Berlim, Akademie, 1981.

_____. Konzept der Rede beim Antritt des philosophischen Lehramtes an der Universität Berlin (1818). In: *Enzyklopädie der philosophischen Wissenschaften im Grundrisse III* (1830). Frankfurt am Main, Suhrkamp, 1986. HW 10, p. 399-417.

_____. *Phänomenologie des Geistes* (1807). Frankfurt am Main, Suhrkamp, 1986. HW 3 [ed. bras.: *Fenomenologia do espírito* – partes I e II. Trad. Paulo Meneses, Petrópolis, Vozes, 1992].

_____. *Vorlesungen über die Ästhetik* (1835-1838). Frankfurt am Main, Suhrkamp, 1986. HW 13-5 [ed. bras.: HEGEL, G. W. F. *Cursos de estética*. Trad. Marco Aurélio Werle, 2. ed., São Paulo, Edusp, 2001].

_____. *Vorlesungen über die Geschichte der Philosophie* (1833-1836). Frankfurt am Main, Suhrkamp, 1986. HW 18-20.

_____. *Vorlesungen über die Philosophie der Geschichte* (1836). Frankfurt am Main, Suhrkamp, 1986. Werke, v. 12.

_____. *Vorlesungen über die Philosophie der Religion* (1832). Frankfurt am Main, Suhrkamp, 1986. HW 16-7.

_____. *Vorlesungen über Rechtsphilosophie 1818-1831*. Org. Karl-Heinz Ilting. Stuttgart, Frommann-Holzboog, 1973-1974. 6 v.

_____. Vorrede zu Hinrichs' Religionsphilosophie (1822). In: *Berliner Schriften* (1818-1831). Frankfurt am Main, Suhrkamp, 1986. HW 11, p. 42-67.

_____. *Wissenschaft der Logik* (1812-1816). Frankfurt am Main, Suhrkamp, 1986. HW 5-6 [ed. bras.: *A ciência da lógica*: a doutrina do ser. Trad. Christian G. Iber, Marloren L. Miranda e Federico Orsini, Petrópolis/Bragança Paulista, Vozes/Editora Universitária São Francisco, 2016; *A ciência da lógica*: a doutrina da essência. Trad. Christian G. Iber, Marloren L. Miranda e Federico Orsini. Petrópolis/Bragança Paulista, Vozes/Editora Universitária São Francisco, 2017. Pensamento Humano].

HEIL, Johannes. "Antijudaismus" und "Antisemitismus": Begriffe als Bedeutungsträger. *Jahrbuch für Antisemitismusforschung 6*. Frankfurt am Main, Campus, 1997, p. 92-114.

HEIMERS, Manfred. Trier als preußische Bezirkshauptstadt im Vormärz (1814-1848). In: DÜWELL, Kurt; IRSIGLER, Franz (org.). *2000 Jahre Trier*, v. III: *Trier in der Neuzeit*. Trier, Spee, 1988, p. 399-420.

HEINE, Heinrich. Atta Troll: ein Sommernachtstraum (1843). In: *Sämtliche Schriften*, v. 7. Org. Klaus Briegleb. Frankfurt am Main, Ullstein, 1981, p. 491-570.

_____. Die romantische Schule (1836). In: *Sämtliche Werke* (Düsseldorfer Ausgabe), v. 8/1. Hamburgo, Hoffmann und Campe, 1979, p. 121-249.

_____. Französische Zustände (1832). In: *Sämtliche Schriften*, v. 5. Org. Klaus Briegleb. Frankfurt am Main, Ullstein, 1981, p. 89-279.

_____. *Sämtliche Schriften*, 12 v. Org. Klaus Briegleb. Frankfurt am Main, Ullstein, 1981.

_____. Zur Geschichte der Religion und Philosophie in Deutschland (1835). In: *Sämtliche Werke* (Düsseldorfer Ausgabe), v. 8/1. Hamburgo, Hoffmann und Campe, 1979, p. 9-120.

HEINRICH, Michael. *Die Wissenschaft vom Wert*: die Marxsche Kritik der politischen Ökonomie zwischen wissenschaftlicher Revolution und klassischer Tradition. 7. ed. rev. e ampl., Münster, Westfälisches Dampfboot, 2017.

HENCKMANN, Wolfhart. Nachwort. In: SOLGER, Karl Wilhelm Ferdinand. *Erwin*: vier Gespräche über das Schöne und die Kunst (1815). Munique, Fink, 1970, p. 471-541.

HENKE, Manfred. Die Vereinigung der Gläubigen mit Christo nach Joh. 15, 1-14, in ihrem Grund und Wesen, in ihrer unbedingten Nothwendigkeit und in ihren Wirkungen dargestellt – Bemerkungen zum Religionsaufsatz von Karl Marx und seinen evangelischen Mitschülern in der Reifeprüfung. In: *Der unbekannte junge Marx*: neue Studien zur Entwicklung des Marxschen Denkens 1835-1847. Mainz, Haase & Köhler, 1973, p. 115-45.

HENNE, Thomas; KRETSCHMANN, Carsten. Friedrich Carl von Savignys Antijudaismus und die 'Nebenpolitik' der Berliner Universität gegen das preußische Emanzipationsedikt von 1812. *Jahrbuch für Universitätsgeschichte 5*, 2002, p. 217-25.

HERRES, Jürgen. Cholera, Armut und eine "Zwangssteuer" 1830/32: zur Sozialgeschichte Triers im Vormärz. *Kurtrierisches Jahrbuch*, ano 30, 1990, p. 161-203.

_____. *Das Karl-Marx-Haus in Trier*: 1727-heute. Trier, Karl-Marx-Haus, 1993.

HERTZ-EICHENRODE, Dieter. *Der Junghegelianer Bruno Bauer im Vormärz*. Dissertação para obtenção do título de doutor na faculdade de filosofia da Universidade Livre de Berlim. Berlim, Freie Universität, 1959.

HESS, Moses. *Briefwechsel*. Org. Edmund Silberner. Haia, Mouton, 1959.

HILLMANN, Günther. *Marx und Hegel*: von der Spekulation zur Dialektik. Frankfurt am Main, Europäische Verlagsanstalt, 1966.

_____. Zum Verständnis der Texte. In: HILLMANN, Günther (org.). *Karl Marx, Texte zu Methode und Praxis I*: Jugendschriften 1835-1841. Reinbek, Rowohlt, 1966, p. 196-236.

HIRSCH, Emanuel. Die Beisetzung der Romantiker in Hegels Phänomenologie: ein Kommentar zu dem Abschnitte über die Moralität (1924). In: FULDA, Hans Friedrich; HENRICH, Dieter. *Materialien zu Hegels "Phänomenologie des Geistes"*. Frankfurt am Main, Suhrkamp, 1973, p. 245-75.

_____. *Geschichte der neuern evangelischen Theologie im Zusammenhang mit den allgemeinen Bewegungen des europäischen Denkens*. Gütersloh, Mohn, 1949-54. 5 v.

HIRSCH, Helmut. *Freund von Heine, Marx/Engels und Lincoln*: eine Karl Ludwig Bernays Biographie. Frankfurt am Main, Peter Lang, 2002.

_____. Karl Friedrich Köppen, der intimste Berliner Freund Marxens. In: *Denker und Kämpfer*: gesammelte Beiträge zur Geschichte der Arbeiterbewegung. Frankfurt am Main, Europäische Verlagsanstalt, 1955, p. 19-81.

HODENBERG, Christina von. *Die Partei der Unparteiischen*: der Liberalismus der preußischen Richterschaft 1815-1848/49. Göttingen, Vandenhoeck & Ruprecht, 1996.

HÖHN, Gerhard. *Heine Handbuch*: Zeit, Person, Werk. 3. ed. Stuttgart, Metzler, 2004.

HÖFELE, Karl Heinrich. *Die Stadt Trier und der preußische Staat im Vormärz, Inaugural-Dissertation an der J. W. Goethe Universität zu Frankfurt am Main.* Dissertação inaugural da universidade J. W. Goethe. Frankfurt am Main, 1939.

HOFFMANN, E. T. A. *Die Elixiere des Teufels* (1815-1816). Frankfurt am Main, Deutscher Klassiker, 1988. Sämtliche Werke, v. 2/II, p. 9-352.

_____. *Lebens-Ansichten des Katers Murr* (1819-1821). Frankfurt am Main, Deutscher Klassiker, 1992. Sämtliche Werke in sechs Bänden, v. 5, p. 9-458.

_____. Meister Floh: ein Märchen in sieben Abenteuern zweier Freunde (1822). In: *Späte Prosa, Briefe und Aufzeichnungen, Juristische Schriften.* Frankfurt am Main, Deutscher Klassiker, 2004. Sämtliche Werke in Sechs Bänden, v. 6, p. 303-467.

HOLBACH, Paul-Henri Thiry d'. *System der Natur oder von den Gesetzen der physischen und der moralischen Welt* (1770). Frankfurt am Main, Suhrkamp, 1978.

HÖROLDT, Dietrich. Stadtverwaltung und Universität. In: HÖROLDT, Dietrich (org.). *Stadt und Universität*: Rückblick aus Anlaß der 150 Jahr-Feier der Universität Bonn. Bonn, [L. Röhrscheid,] 1968. Bonner Geschichtsblätter, v. 22, p. 9-132.

HÖROLDT, Dietrich (org.). *Stadt und Universität*: Rückblick aus Anlaß der 150 Jahr-Feier der Universität Bonn. Bonn, [L. Röhrscheid,] 1968. Bonner Geschichtsblätter, v. 22.

HOROWITZ, H. Die Familie Lwów. *Monatsschrift für Geschichte und Wissenschaft des Judentums*, ano 72, Frankfurt am Main, 1928, p. 487-99.

HOUBEN, Heinrich Hubert. Heinrich Laube. In: *Allgemeine Deutsche Biographie*, v. 51. Leipzig, Duncker & Humblot, 1906, p. 752-90.

HUBMANN, Gerald. *Ethische Überzeugung und politisches Handeln*: Jakob Fries und die deutsche Tradition der Gesinnungsethik. Heidelberg, Universitätsverlag C. Winter, 1997.

HUBMANN, Gerald; MÜNKLER, Herfried; NEUHAUS, Manfred. "…es kömmt drauf an sie zu verändern": zur Wiederaufnahme der Marx-Engels-Gesamtausgabe (MEGA). *Deutsche Zeitschrift für Philosophie 49*, caderno 2, 2001, p. 299-311.

HUMBOLDT, Alexander von. *Die Kosmos-Vorträge 1827/28 in der Berliner Singakademie.* Frankfurt am Main, Insel, 2004.

HUMBOLDT, Wilhelm von. Bericht der Sektion des Kultus und des Unterrichts, Dezember 1809 (1809). In: *Politische Denkschriften.* Berlim, Behr, 1903. Gesammelte Schriften, v. 10, p. 199-224.

_____. Ideen zu einem Versuch die Grenzen der Wirksamkeit des Staates zu bestimmen (1792). In: *Werke.* Berlim, Behr, 1903. Gesammelte Schriften, v. 1, p. 97-254.

_____. Über den Entwurf zu einer neuen Constitution für die Juden (1809). In: *Politische Denkschriften.* Berlim, Behr, 1903. Gesammelte Schriften, v. 10, p. 97-115.

HUNDT, Martin. Der Junghegelianismus im Spiegel der Briefe. In: HUNDT, Martin (org.). *Der Redaktionsbriefwechsel der Hallischen, Deutschen und Deutsch-Französischen Jahrbücher (1837--1844), Apparat.* Berlim, Akademie, 2010, p. 1-78.

_____. Karl Marx an Adolf Friedrich Rutenberg: ein unbekannter früher Brief. *MEGA-Studien*, t. III/1, Berlim, Dietz, 1994, p. 148-54.

_____. Stichwort: Linkshegelianismus. In: *Historisch-kritisches Wörterbuch des Marxismus*, v. 8.2. Hamburgo, Argument, 2015.

BIBLIOGRAFIA   445

_____. *Theodor Echtermeyer (1805-1844)*: Biographie und Quellenteil mit unveröffentichten Texten. Frankfurt am Main, Peter Lang, 2012.

_____. Was war der Junghegelianismus? *Sitzungsberichte der Leibniz-Sozietät*, Berlim, v. 40, caderno 5, 2000, p. 5-32.

HUNDT, Martin (org.). *Der Redaktionsbriefwechsel der Hallischen, Deutschen und Deutsch--Französischen Jahrbücher (1837-1844)*. Berlim, Akademie, 2010.

HUNT, Tristram. *Friedrich Engels*: der Mann, der den Marxismus erfand. Berlim, Propyläen, 2012.

ILTING, Karl-Heinz. Einleitung des Herausgebers. In: HEGEL, G. W. F. *Vorlesungen über Rechtsphilosophie 1818-1831*, v. 3. Org. Karl-Heinz Ilting. Stuttgart, Frommann-Holzboog, 1974, p. 37-86.

_____. Einleitung des Herausgebers: der exoterische und der esoterische Hegel (1824-1831). In: HEGEL, G. W. F. *Vorlesungen über Rechtsphilosophie 1818-1831*, v. 4. Org. Karl-Heinz Ilting, Stuttgart, Frommann-Holzboog, 1974, p. 45-66.

_____. Einleitung: die "Rechtsphilosophie" von 1820 und Hegels Vorlesungen über Rechtsphilosophie. In: HEGEL, G. W. F. *Vorlesungen über Rechtsphilosophie 1818-1831*, v. 1. Org. Karl-Heinz Ilting. Stuttgart, Frommann-Holzboog, 1973, p. 23-126.

JACHMANN, Reinhold Bernhard. Ideen zur Nations-Bildungslehre. *Archiv deutscher Nationsbildung*, v. 1. Berlim, Maurer, 1812, p. 1-45.

JACOBI, Friedrich Heinrich. *Über die Lehre des Spinoza in Briefen an den Herrn Moses Mendelssohn* (1785). Hamburgo, Meiner, 2000.

JACOBY, Johann. *Vier Fragen beantwortet von einem Ostpreußen*. Mannheim, Hoff, 1841.

JAESCHKE, Walter. *Die Vernunft in der Religion*: Studien zur Grundlegung der Religionsphilosophie Hegels. Stuttgart, Frommann-Holzboog, 1986.

_____. *Hegel Handbuch*. Stuttgart, Metzler, 2003.

_____. Zur Genealogie des Deutschen Idealismus: Konstitutionsgeschichtliche Bemerkungen in methodologischer Absicht. In: ARNDT, Andreas; JAESCHKE, Walter (orgs.). *Materialismus und Spiritualismus*: Philosophie und Wissenschaften nach 1848. Hamburgo, Meiner, 2000, p. 219-34.

JAESCHKE, Walter; ARNDT, Andreas. *Die Klassische Deutsche Philosophie nach Kant*: Systeme der reinen Vernunft und ihre Kritik 1785-1845. Munique, Beck, 2012.

JEISMANN, Karl-Ernst. *Das preußische Gymnasium in Staat und Gesellschaft*. Stuttgart, Klett--Cotta, 1996. 2 v.

JERSCH-WENZEL, Stefi. Rechtslage und Emanzipation. In: MEYER, Michael A. (org.). *Deutsch--Jüdische Geschichte in der Neuzeit*, v. II: *Emanzipation und Akkulturation 1780-1871*. Munique, Beck, 1996, p. 15-56.

KADENBACH, Johannes. *Das Religionsverständnis von Karl Marx*. Munique, Schöningh, 1970.

KANDA, Junji. Bruno Bauer und die Promotion von Karl Marx. In: KODALLE, Klaus-M.; REITZ, Tilman (orgs). *Bruno Bauer (1809-1882)*: "Ein Partisan des Weltgeistes"? Würzburg, Königshausen & Neumann, 2010, p. 151-64.

446 KARL MARX E O NASCIMENTO DA SOCIEDADE MODERNA

_____. *Die Gleichzeitigkeit des Ungleichzeitigen und die Philosophie*: Studien zum radikalen Hegelianismus im Vormärz. Frankfurt am Main, Peter Lang, 2003.

KANT, Immanuel. *Die Metaphysik der Sitten* (1797). Org. Wilhelm Weischedel. Frankfurt am Main, Suhrkamp, 1968. Werkausgabe, v. VIII.

_____. *Grundlegung zur Metaphysik der Sitten* (1785). Org. Wilhelm Weischedel. Frankfurt am Main, Suhrkamp, 1968. Werkausgabe, v. VII.

_____. *Kritik der praktischen Vernunft* (1788). Org. Wilhelm Weischedel. Frankfurt am Main, Suhrkamp, 1968. Werkausgabe, v. VII.

_____. *Kritik der reinen Vernunft* (1781). Org. Wilhelm Weischedel. Frankfurt am Main, Suhrkamp, 1968. Werkausgabe, v. III/IV.

KASPER-HOLTKOTTE, Cilli. *Juden im Aufbruch*: zur Sozialgeschichte einer Minderheit im Saar-Mosel-Raum um 1800. Hanôver, Hahnsche Buchhandlung, 1996.

KAUPP, Peter. Karl Marx als Waffenstudent. Burschenschafter an seinem Lebensweg. In: *Darstellungen und Quellen zur Geschichte der deutschen Einheitsbewegung im 19. und 20. Jahrhundert*, v. 15. Heidelberg, Winter, 1995, p. 141-68.

KELLEY, D. R. The Metaphysics of Law: an Essay on the Very Young Marx. *American Historical Review*, v. 83, n. 1, 1978, p. 350-67.

KEMPSKI, Jürgen von. Hermann Samuel Reimarus als Ethologe. In: REIMARUS, Hermann Samuel. *Allgemeine Betrachtungen über die Triebe der Thiere, hauptsächlich über ihre Kunsttriebe*. Göttingen, Vandenhoeck & Ruprecht, 1982, p. 21-56.

KENTENICH, Gottfried. *Geschichte der Stadt Trier von ihrer Gründung bis zur Gegenwart*: Denkschrift zum Hundertjährigen Jubiläum der Zugehörigkeit der Stadt zum Preussischen Staat. Trier, Lintz, 1915.

KIEHNBAUM, Erhard. Der unbekannte Freund oder: wer war Kleinerz alias Richartz? Versuch einer biographischen Skizze. In: LAMBRECHT, Lars (org.). *Umstürzende Gedanken*: radikale Theorie im Vorfeld der 1848er Revolution. Frankfurt am Main, Peter Lang, 2013, p. 191-210.

KIMMICH, Dorothee. *Epikureische Aufklärungen*. Darmstadt, Wissenschaftliche Buchgesellschaft, 1993.

KISCH, Egon Erwin. *Karl Marx in Karlsbad*. Berlin/Weimar, Aufbau, 1983.

KLEIN, Christian (org.). *Grundlagen der Biographik*: Theorie und Praxis des biographischen Schreibens. Stuttgart, Metzler, 2002.

_____. (org.). *Handbuch Biographie*: Methoden, Traditionen, Theorien. Stuttgart, Metzler, 2009.

KLEIN, Dietrich. *Hermann Samuel Reimarus (1694-1768)*: das theologische Werk. Tubinga, Mohr Siebeck, 2009.

KLENNER, Hermann. Der Jurist Marx auf dem Wege zum Marxismus. In: *Vom Recht der Natur zur Natur des Rechts*. Berlin, Akademie, 1984, p. 68-78.

_____. *Deutsche Rechtsphilosophie im 19. Jahrhundert*: Essays. Berlin, Akademie, 1991.

_____. Hegels Rechtsphilosophie in der Zeit. In: HEGEL, G. W. F. *Grundlinien der Philosophie des Rechts oder Naturrecht und Staatswissenschaft im Grundrisse*. De acordo com edição de Eduard Gans, publ. Hermann Klenner. Berlin, Akademie, 1981, p. 565-609.

KLENNER, Hermann; OBERKOFLER, Gerhard. Zwei Savigny-Voten über Eduard Gans nebst Chronologie und Bibliographie. *Topos*, caderno 1, 1991, p. 123-48.

KLIEM, Manfred. *Karl Marx*: Dokumente seines Lebens. Leipzig, Reclam, 1970.

_____. *Karl Marx und die Berliner Universität 1836 bis 1841*. Berlim, Humboldt-Universität, 1988.

KLUPSCH, Tina. *Johann Hugo Wyttenbach*: eine historische Biographie. Trier, Kliomedia, 2012.

_____. Wyttenbach, der Pädagoge. *Kurtrierisches Jahrbuch*, ano 53, 2013, p. 161-73.

KLUTENTRETER, Wilhelm. *Die Rheinische Zeitung von 1842/43*. Dortmund, Ruhfuss, 1966.

KOBER, Adolf. Karl Marx' Vater und das napoleonische Ausnahmegesetz gegen die Juden 1808. *Jahrbuch des Kölnischen Geschichtsvereins*, ano 14, 1932, p. 111-25.

KONDYLIS, Panajotis. *Marx und die griechische Antike*: zwei Studien. Heidelberg, Manutius, 1987.

KÖPKE, Rudolf. *Die Gründung der königlichen Friedrich-Wilhelms-Universität zu Berlin*. Berlim, Schade, 1860.

KÖPPEN, Karl Friedrich. *Ausgewählte Schriften in zwei Bänden*. Org. Heinz Pepperle. Berlim, Akademie, 2003. 2 v.

_____. Friedrich der Große und seine Widersacher: eine Jubelschrift (1840). In: *Ausgewählte Schriften in zwei Bänden*, v. 1. Org. Heinz Pepperle. Berlim, Akademie, 2003, p. 135-227.

_____. *Literarische Einleitung in die nordische Mythologie*. Berlim, Bechtold und Hartje, 1837.

_____. Über Schubarths Unvereinbarkeit der Hegelschen Lehre mit dem Preußischen Staate (1839). In: RIEDEL, Manfred (org.). *Materialien zu Hegels Rechtsphilosophie*, v. 1. Frankfurt am Main, Suhrkamp, 1975, p. 276-84.

KOSELLECK, Reinhart. *Preußen zwischen Reform und Revolution*: allgemeines Landrecht, Verwaltung und soziale Bewegung von 1791-1848 (1967). 2. ed., Stuttgart, Klett, 1975.

KOSSACK, Heinz. Neue Dokumente über die Studienzeit von Karl Marx an der Berliner Universität. *Beiträge zur Marx-Engels-Forschung*, Heft 2. Berlim, Institut für Marxismus-Leninismus beim ZK der SED, 1978, p. 105-8.

KOWALEWSKI, Maxim. Erinnerungen an Karl Marx (1909). In: *Mohr und General*: Erinnerungen an Marx und Engels. Berlim, Dietz, 1983, p. 343-64.

KRACAUER, Siegfried. Die Biographie als neubürgerliche Kunstform (1930). In: *Das Ornament der Masse*. Frankfurt am Main, Suhrkamp, 1970.

_____. *Jacques Offenbach und das Paris seiner Zeit* (1937). Frankfurt am Main, Suhrkamp, 1976.

KRAUL, Margret. *Das deutsche Gymnasium 1780-1980*. Frankfurt am Main, Suhrkamp, 1984.

KRAUS, Hans Christof. Geschichte als Lebensgeschichte: Gegenwart und Zukunft der politischen Biographie. *Historische Zeitschrift*, suplemento 44, 2007, p. 311-32.

KROSIGK, Anna von. *Werner von Veltheim*: eine Lebensgeschichte zum Leben – aus Tagebüchern und Briefen. Bernburg, s.d.

KROSIGK, Konrad von. Ludwig von Westphalen und seine Kinder: Bruchstücke familiärer Überlieferungen. In: *Zur Persönlichkeit von Marx' Schwiegervater Johann Ludwig von Westphalen*. Trier, 1973. Schriften aus dem Karl-Marx-Haus, n. 9, p. 43-79.

448 KARL MARX E O NASCIMENTO DA SOCIEDADE MODERNA

KROSIGK, Lutz Graf Schwerin von. *Die grosse Zeit des Feuers*: der Weg der deutschen Industrie, v. 1. Tubinga, Rainer Wunderlich, 1957.

_____. *Jenny Marx*: Liebe und Leid im Schatten von Karl Marx. Wuppertal, [Staats,] 1975.

KRÜGER, Peter. Johann Steininger (1794-1874): europaweit bekannter Geologe, Naturkundelehrer des Gymnasiasten Karl Marx. *Beiträge zur Marx-Engels-Forschung:* neue Folge. Hamburgo, Argument, 2000, p. 144-56.

KUGELMANN, Franziska. Kleine Züge zu dem großen Charakterbild von Karl Marx. In: *Mohr und General*: Erinnerungen an Marx und Engels. Berlim, Dietz, 1983, p. 252-85.

KUNZE, Erich. Die drei finnischen Runen in der Volksliedersammlung des jungen Marx. *Deutsches Jahrbuch für Volkskunde*, v. 1, cadernos 1/2, 1955, p. 41-63.

KÜNZLI, Arnold. *Karl Marx*: eine Psychographie. Viena, Europa, 1966.

KUX, Ernst. *Karl Marx*: die revolutionäre Konfession. Erlenbach/Zurique, Eugen Rentsch, 1967.

LAFARGUE, Paul. Karl Marx: persönliche Erinnerungen (1890-1891). In: *Mohr und General*: Erinnerungen an Marx und Engels. Berlim, Dietz, 1983, p. 286-312.

LAMBRECHT, Lars. Arnold Ruge: Politisierung der Ästhetik? In: LAMBRECHT, Lars; TIETZ, Karl Ewald (orgs.). *Arnold Ruge (1802-1880)*: Beiträge zum 200. Geburtstag. Frankfurt am Main, Peter Lang, 2002, p. 101-24.

_____. "…Mit der Heftigkeit der französischen Revolution von 1792…"? Zur Rezeption der französischen Revolution und der Philosophie Fichtes durch den Junghegelianer A. Rutenberg. In: LOSURDO, Domenico (org.). *Rivoluzione francese e filosofica classica tedesca*. Urbino, QuattroVenti, 1993, p. 147-68.

LAMBRECHT, Lars (org.). *Umstürzende Gedanken:* radikale Theorie im Vorfeld der 1848er Revolution. Frankfurt am Main, Peter Lang, 2013.

LÄMMERMANN, Godwin. *Kritische Theologie und Theologiekritik*: die Genese der Religions- und Selbstbewußtseinstheorie Bruno Bauers. Munique, Christian Kaiser, 1979.

LANGE, Erhard et al. (org.). *Die Promotion von Karl Marx*. Jena 1841. Eine Quellenedition. Berlim, Dietz, 1983.

LANGE, Friedrich Albert. *Geschichte des Materialismus*. (1866). Berlim, Suhrkamp, 1974. 2 v.

LÄSSIG, Simone. Die historische Biographie auf neuen Wegen? *Geschichte in Wissenschaft und Unterricht*, ano 10, 2009, p. 540-53.

LAUBE, Heinrich. *Erinnerungen 1810-1840* (1875). Org. Heinrich Hubert Houben. Leipzig, Hesse, 1909. Gesammelte Werke, v. 40.

_____. Gans und Immermann (1841). In: *Vermichte Aufsätze*. Org. Heinrich Hubert Houben. Leipzig, Hesse, 1909. Gesammelte Werke, v. 50, p. 98-164.

LAUCHERT, Friedrich. August Wilhelm Heffter. *Allgemeine Deutsche Biographie*, v. 11. Leipzig, Duncker & Humblot, 1880, p. 250-4.

LAUERMANN, Manfred. Bruno Bauer nach zweihundert Jahren: ein Forschungsbericht. *Marx-Engels Jahrbuch 2010*. Berlim, Akademie, 2011, p. 163-76.

LAUFNER, Richard. Heinrich Marx und die Regulierung der Steuerschulden der trierischen Judenschaft. In: LAUFNER, Richard; RAUCH, Albert (orgs.). *Die Familie Marx und die Trierer Judenschaft*. Trier, 1975. Schriften aus dem Karl-Marx-Haus, n. 14, p. 18-41.

BIBLIOGRAFIA 449

LE GOFF, Jacques. Wie schreibt man eine Biographie? In: BRAUDEL, Fernand et al., *Der Historiker als Menschenfresser*: über den Beruf des Historikers. Berlim, Wagenbach, 1989, p. 103-12.

LEHMKÜHLER, Karsten. Offenbarung und Heilige Schrift bei Bauer. In: KODALLE, Klaus-M.; REITZ, Tilman (orgs.). *Bruno Bauer (1809-1882)*: ein "Partisan des Weltgeistes"? Würzburg, Königshausen & Neumann, 2010, p. 47-62.

LENZ, Max. *Geschichte der Königlichen Friedrich-Wilhelms-Universität zu Berlin*. Halle, Buchhandlung des Waisenhauses, 1910. 4 v.

LEO, Heinrich. *Die Hegelingen: Actenstücke und Belege zu der S. G.* Denunciation der ewigen Wahrheit. Halle, Anton, 1838.

_____. *Sendschreiben an J. Görres*. 2. ed., Halle, Anton, 1838.

LEONHARD, Karl Cäsar von. *Aus unserer Zeit in meinem Leben*, v. 2. Stuttgart, Schweizerbart, 1856.

LEOPOLD, David. *The Young Karl Marx*: German Philosophy, Modern Politics and Human Flourishing. Cambridge, Cambridge University Press, 2007.

LESSING, Gotthold Ephraim. Nathan der Weise (1779). In: *Werke 1778-1780*. Frankfurt am Main, Deutscher Klassiker, 1993. Werke und Briefe, v. 9, p. 483-666.

_____. Über den Beweis des Geistes und der Kraft (1777). In: *Werke 1774-1778*. Frankfurt am Main, Deutscher Klassiker, 1989. Werke und Briefe, v. 8, p. 437-46.

LEVINE, Norman. *Marx's Discourse with Hegel*. Houndmills, Palgrave Macmillan, 2012.

LEXIKON Westfälischer Autorinnnen und Autoren 1750-1950. Disponível em: <http://www.lwl.org/literaturkommission/alex/index.php?id=00000002>; acesso em 11 abr. 2018.

LIEBKNECHT, Wilhelm. Karl Marx zum Gedächtnis: ein Lebensabriß und Erinnerungen (1896). In: *Mohr und General*: Erinnerungen an Marx und Engels. Berlim, Dietz, 1983, p. 5-162.

LIEBMANN, Otto. Henrik Steffens. In: *Allgemeine Deutsche Biographie*, v. 35. Leipzig, Duncker & Humblot, 1893, p. 555-8.

LIFSCHITZ, Michail. *Karl Marx und die Ästhetik*. Dresden, Verlag der Kunst, 1960.

LIMMROTH, Angelika. *Jenny Marx*: die Biographie. Berlim, Karl Dietz, 2014.

LINDGREN, Uta. Carl Georg Ritter. *Neue Deutsche Biographie*, v. 21. Berlim, Duncker & Humblot, 2003, p. 655-6.

LINDNER, Urs. *Marx und die Philosophie*: Wissenschaftlicher Realismus, ethischer Perfektionismus und kritische Sozialtheorie. Stuttgart, Schmetterling, 2013.

LONG, A. Arthur; SEDLEY, David N. *Die hellenistischen Philosophen*: Texte und Kommentare (1987). Stuttgart, Metzler, 2000.

LOSURDO, Domenico. *Hegel und das deutsche Erbe*: Philosophie und nationale Frage zwischen Revolution und Reaktion. Colônia, Pahl-Rugenstein, 1989.

LÖWITH, Karl. *Die Hegelsche Linke*. Stuttgart, Frommann, 1962.

_____. *Weltgeschichte und Heilsgeschehen*: die theologischen Voraussetzungen der Geschichtsphilosophie. Stuttgart, Kohlhammer, 1953.

LÖWITH, Karl (org.). Hegels Aufhebung der christlichen Religion. In: OEHLER, Klaus; SCHAEFFLER, Richard (orgs.). *Einsichten*: Gerhard Krüger zum 60. Geburtstag. Frankfurt am Main, Klostermann, 1962, p. 156-203 (também impresso em *Hegel-Studien,* caderno 1, 1964, p. 193-236).

450 KARL MARX E O NASCIMENTO DA SOCIEDADE MODERNA

LÜBBE, Hermann (org.). *Die Hegelsche Rechte*. Stuttgart, Frommann, 1962.

LUCAS, Hans-Christian. "Dieses Zukünftige wollen wir mit Ehrfurcht begrüßen": Bemerkungen zur Historisierung und Liberalisierung von Hegels Rechts- und Staatsbegriff durch Eduard Gans. In: BLÄNKNER, Reinhard; GÖHLER, Gerhard; WASZEK, Norbert (orgs.). *Eduard Gans (1797-1839)*: politischer Professor zwischen Restauration und Vormärz. Leipzig, Leipziger Universitätsverlag, 2002, p. 105-36.

LUCRÉCIO, *Über die Natur der Dinge*. Trad. e coment. Klaus Binder. Berlim, Galiani, 2014.

MAGDANZ, Edda. Gans' Stellung im Konstitutionsprozeß der junghegelianischen Bewegung. In: BLÄNKNER, Reinhard et al. (orgs.). *Eduard Gans (1797-1839)*: politischer Professor zwischen Restauration und Vormärz. Leipzig, Leipziger Universitätsverlag, 2002, p. 177-206.

MAH, Harold. Karl Marx in Love: the Enlightenment, Romanticism and Hegelian Theory in the Young Marx. *History of European Ideas*, v. 7, n. 5, 1986, p. 489-507.

_____. *The End of Philosophy and the Origin of "ideology"*: Karl Marx and the Crisis of the Young Hegelians. Berkeley, University of California Press, 1987.

MALLMANN, Lutwin. *Französische Juristenausbildung im Rheinland 1794 bis 1814*: die Rechtsschule von Koblenz. Colônia, Böhlau, 1987.

MARX, Eleanor. Ein Brief des jungen Marx (1897-1898). In: *Mohr und General*: Erinnerungen an Marx und Engels. Berlim, Dietz, 1983, p. 236-41.

_____. Karl Marx (Erstveröffentlichung: Progress May 1883, 288-294, June 362-366) (1883). In: RJAZANOV, David. *Karl Marx als Denker, Mensch und Revolutionär* (1928). Frankfurt am Main, Makol, 1971.

_____. Karl Marx: lose Blätter (1895). In: *Mohr und General*: Erinnerungen an Marx und Engels. Berlim, Dietz, 1983, p. 242-51.

MARX-Engels-Jahrbuch 8. Berlim, Dietz, 1985.

MARX, Karl. – cf. "Obras de Karl Marx e Friedrich Engels", à p. 461.

MASSICZEK, Albert. *Der menschliche Mensch*: Karl Marx' jüdischer Humanismus. Viena, Europa, 1968.

MAYER, Gustav. Der Jude in Karl Marx (1918). In: *Aus der Welt des Sozialismus*: kleine historische Aufsätze. Berlim, Weltgeist Bücher Verlagsgesellschaft, 1927.

_____. Die Anfänge des politischen Radikalismus im vormärzlichen Preußen. In: *Radikalismus, Sozialismus und bürgerliche Demokratie* (1913). Frankfurt am Main, Suhrkamp, 1969, p. 7-107.

_____. *Friedrich Engels*: eine Biographie (1919/1932). Frankfurt am Main, Ullstein, 1975. 2 v.

MAYR, Ernst. Geleitwort. In: REIMARUS, Hermann Samuel. *Allgemeine Betrachtungen über die Triebe der Thiere, hauptsächlich über ihre Kunsttriebe*. Göttingen, Vandenhoeck & Ruprecht, 1982, p. 9-18.

McIVOR, Martin. The Young Marx and German Idealism: Revisiting the Doctoral Dissertation. *Journal of the History of Philosophy*, v. 46, n. 3, 2008, p. 395-419.

McLELLAN, David. *Die Junghegeliander und Karl Marx*. Munique, DTV, 1974.

_____. *Karl Marx*: Leben und Werk. Munique, Praeger, 1974.

_____. *Marxism and Religion*. Nova York, Harper & Row, 1987.

MEDIGER, Walther; KLINGEBIEL, Thomas. *Herzog Ferdinand von Braunschweig-Lüneburg und die alliierte Armee im Siebenjährigen Krieg (1757-1762)*. Hanôver, Hahnsche Buchhandlung, 2011. Quellen und Forschungen zur Braunschweigischen Landesgeschichte, v. 46.

MEHLHAUSEN, Joachim. *Dialektik, Selbstbewusstsein und Offenbarung*: die Grundlagen der spekulativen Orthodoxie Bruno Bauers in ihrem Zusammenhang mit der Geschichte der theologischen Hegelschule dargestellt. Tese de doutorado, Universität Bonn, 1965.

_____. Die religionsphilosophische Begründung der spekulativen Theologie Bruno Bauers. In: *Vestigia Verbi*: Aufsätze zur Geschichte der evangelischen Theologie. Berlim, Walter de Gruyter, 1999, p. 188-220.

MEHRING, Franz. *Aus dem literarischen Nachlass von Karl Marx, Friedrich Engels und Ferdinand Lassalle*, v. 1: *Gesammelte Schriften von Karl Marx und Friedrich Engels 1841-1850*. Stuttgart, Dietz, 1902.

_____. *Aus dem literarischen Nachlass von Karl Marx, Friedrich Engels und Ferdinand Lassalle*, v. 4: *Briefe von Ferdinand Lassalle an Karl Marx und Friedrich Engels 1849-1862*. 2. ed., Stuttgart, Dietz, 1913.

_____. Die von Westphalen (1892). In: *Zur Deutschen Geschichte II*. Berlim, Dietz, 1960. Gesammelte Schriften, v. 6, p. 404-18.

_____. *Karl Marx*: Geschichte seines Lebens (1918). Berlim, Dietz, 1960. Gesammelte Schriften, v. 3.

MEIER, Olga (org.). *Die Töchter von Karl Marx*: unveröffentlichte Briefe. Frankfurt am Main, Fischer, 1983.

MEURIN, Ferdinand. *Plusquamperfektum*: Erinnerungen und Plaudereien. 2. ed., Coblenz, Schuth, 1904.

MEYEN, Eduard. *Heinrich Leo, der verhallerte Pietist*: ein Literaturbrief. Leipzig, Otto Wigand, 1839.

MICHELET, Karl Ludwig. *Geschichte der letzten Systeme der Philosophie in Deutschland von Kant bis Hegel*, v. 2 (1838). Hildesheim, Olms, 1967.

MILLER, Sepp; SAWADZKI, Bruno. *Karl Marx in Berlin*: Beiträge zur Biographie von Karl Marx (1956). Berlim, Das Neue Berlin, s.d.

MIRUSS, Alexander. *Diplomatisches Archiv für die Deutschen Bundesstaaten*, v. 3. Leipzig, Renger's'sche Buchhandlung, 1848.

MOGGACH, Douglas. *The Philosophy and Politics of Bruno Bauer*. Cambridge, Cambridge University Press, 2003.

MOGGACH, Douglas (org.). *The New Hegelians*: Politics and Philosophy in the Hegelian School. Cambridge, Cambridge University Press, 2006.

MOHR und General: Erinnerungen an Marx und Engels. Berlim, Dietz, 1983.

MONZ, Heinz. Advokatanwalt Heinrich Marx: die Berufsausbildung eines Juristen im französischen Rheinland. *Jahrbuch des Instituts für deutsche Geschichte*, v. 8, Tel Aviv University, 1979, p. 125-41.

_____. "Betrachtung eines Jünglings bei der Wahl eines Berufes": der Deutschaufsatz von Karl Marx und seinen Mitschülern in der Reifeprüfung. In: *Der unbekannte junge Marx*: neue Studien zur Entwicklung des Marxschen Denkens 1835-1847. Mainz, Hase & Köhler, 1973, p. 9-114.

_____. Die jüdische Herkunft von Karl Marx. *Jahrbuch des Instituts für deutsche Geschichte*, v. 2. Tel Aviv University, 1973, p. 173-97.

_____. *Gerechtigkeit bei Karl Marx und in der Hebräischen Bibel*: Übereinstimmung, Fortführung und zeitgenössische Identifikation. Baden-Baden, Nomos, 1995.

_____. *Karl Marx*: Grundlagen der Entwicklung zu Leben und Werk. Trier, NCO, 1973.

_____. Karl Marx und Heinrich Heine verwandt? *Jahrbuch des Instituts für deutsche Geschichte*, v. 2. Tel Aviv University, 1973, p. 199-207.

_____. *Ludwig Gall*: Leben und Werk. Trier, NCO, 1979.

_____. Neue Funde zum Lebensweg von Karl Marx' Vater. *Osnabrücker Mitteilungen*, v. 87. Osnabrück, Meinders & Elstermann, 1981. p. 59-71.

_____. Politische Anschauung und gesellschaftliche Stellung von Johann Ludwig von Westphalen. In: *Zur Persönlichkeit von Marx' Schwiegervater Johann Ludwig von Westphalen*. Trier, 1973. Schriften aus dem Karl-Marx-Haus, n. 9.

_____. Zwei Briefe aus Niederbronn (Elsaß): Berichte der Jenny von Westphalen aus dem Jahre 1838 an Karl Marx in Berlin und ihre Mutter Caroline von Westphalen in Trier. *Kurtrierisches Jahrbuch*, ano 30, 1990, p. 237-52.

MONZ, Heinz (org.). *Trierer Biographisches Lexikon*. Trier, WVT, 2000.

MOOG, Willy. *Hegel und die Hegelsche Schule*. Munique, Reinhardt, 1930.

MOSER, Matthias. *Hegels Schüler C. L. Michelet*: Recht und Geschichte jenseits der Schulteilung. Berlim, Duncker & Humblot, 2003.

MÜLLER, Michael. Die Stadt Trier unter französischer Herrschaft (1794-1814). In: DÜWELL, Kurt; IRSIGLER, Franz (orgs.). *2000 Jahre Trier*, v. III: *Trier in der Neuzeit*. Trier, Spee, 1988, p. 377-98.

MUSEUM FÜR DEUTSCHE GESCHICHTE (org.). *Karl Marx und Friedrich Engels*: ihr Leben und ihre Zeit. 4. ed., Berlim, Dietz, 1986.

NALLI-RUTENBERG, Agathe. *Das alte Berlin*. Berlim, Curt Thiem, 1912.

NEFFE, Jürgen. *Marx*: der Unvollendete. Munique, Bertelsmann, 2017.

NEGRI, Antonio. Rereading Hegel: the Philosopher of Right. In: ŽIŽEK, Slavoj et al. (org.). *Hegel & the Infinite*: Religion, Politics, and the Dialectic. Nova York, Columbia University Press, 2011, p. 31-46.

NEUE Gesellschaft für Bildende Kunst Berlin (NGBK) (org.). *Honoré Daumier und die ungelösten Probleme der bürgerlichen Gesellschaft*. Berlim, NGBK, 1974.

NEUHAUS, Manfred; HUBMANN, Gerald. Halbzeit der MEGA: Bilanz und Perspektiven. *Z. Zeitschrift marxistische Erneuerung*, n. 85, mar. 2011, p. 94-104.

NICOLAEVSKY, Boris; MAENCHEN-HELFEN, Otto. *Karl Marx*: eine Biographie (1937). Frankfurt am Main, Fischer, 1982.

_____; _____. *Karl und Jenny Marx*: ein Lebensweg. Berlim, Der Bücherkreis, 1933.

NICOLIN, Günther (org.). *Hegel in Berichten seiner Zeitgenossen*. Hamburgo, Meiner, 1970.

NOVALIS. Fragmente und Studien (1797-1798). In: *Werke*. Org. Gerhard Schulz. Munique, C. H. Beck, 1969, p. 375-413.

OELKERS, Jürgern. Biographik: Überlegungen zu einer unschuldigen Gattung. *Neue Politische Literatur*, ano 19, 1974, p. 296-309.

OISERMAN, Teodor. *Die Entstehung der marxistischen Philosophie*. Berlim, Dietz, 1980.

OSTERHAMMEL, Jürgen. *Die Verwandlung der Welt*: eine Geschichte des 19. Jahrhunderts. Munique, Beck, 2009.

OTTMANN, Henning. *Individuum und Gemeinschaft bei Hegel*, v. I: *Hegel im Spiegel der Interpretationen*. Berlim, Walter de Gruyter, 1977.

PADOVER, Saul K. *Karl Marx*: an Intimate Biography. Nova York, McGraw-Hill, 1978.

PALATIA. *Corps-Chronik der Palatia zu Bonn*: vom 10. August 1838 bis Dezember 1898. Bonn, J. F. Carthaus, 1899.

_____. *Pfälzer Leben und Treiben von 1838 bis 1913*: dritter Beitrag zur Korpschronik – überreicht bei der Feier des 75. Stiftungsfestes der Bonner Pfälzer am 14. 15. 16. Juli 1913. s.l., s.n., 1913.

PANNENBERG, Wolfhart. *Grundzüge der Christologie*. 5. ed., Gütersloh, Gütersloher, 1976.

PAULSEN, Friedrich. *Geschichte des gelehrten Unterrichts auf den deutschen Schulen und Universitäten vom Ausgang des Mittelalters bis zur Gegenwart mit besonderer Berücksichtigung auf den klassischen Unterricht*. Leipzig, Veit, 1885.

PAULUS, Heinrich Eberhard Gottlob. Rezension von G. W. F. Hegel, Grundlinien der Philosophie des Rechts (1821). In: RIEDEL, Manfred. *Materialien zu Hegels Rechtsphilosophie*, v. 1. Frankfurt am Main, Suhrkamp, 1975, p. 53-66.

PAYNE, Robert. *Marx*. Londres, W. H. Allen, 1968.

PEPPERLE, Ingrid. Einführung in die Hallischen und Deutschen Jahrbücher (1838-1843). *Hallische Jahrbücher für Deutsche Wissenschaft und Kunst*. Glashütten im Taunus, Detlev Auvermann, 1971, p. I-XL.

_____. Einleitung. In: KOPPEN, Karl Friedrich. *Ausgewählte Schriften in zwei Bänden*, v. 1. Berlim, Akademie, 2003, p. 11-123.

_____. *Junghegelianische Geschichtsphilosophie und Kunsttheorie*. Berlim, Akademie, 1978.

PEPPERLE, Heinz; PEPPERLE, Ingrid (orgs.). *Die Hegelsche Linke:* Dokumente zu Philosophie und Politik im deutschen Vormärz. Leipzig, Reclam, 1985.

PETERS, Heinz Frederick. *Die rote Jenny*: ein Leben mit Karl Marx. Munique, Kindler, 1984.

PILGRIM, Volker Ellis. *Adieu Marx*: Gewalt und Ausbeutung im Hause des Wortführers. Reinbek, Rowohlt, 1990.

PINKARD, Terry. *Hegel*: a Biography. Cambridge, Cambridge University Press, 2000.

PÖGGELER, Otto. Hegels Begegnung mit Preußen. In: LUCAS, Hans-Christian; PÖGGELER, Otto (orgs.). *Hegels Rechtsphilosophie im Zusammenhang der europäischen Verfassungsgeschichte*. Stuttgart, Frommann-Holzboog, 1986, p. 311-51.

_____. *Hegels Kritik der Romantik*. Munique, Wilhelm Fink, 1999.

POPPER, Karl. *Die offene Gesellschaft und ihre Feinde*, v. 2 (1945). 7. ed., Tubinga, Mohr Siebeck, 1992.

PRAWER, Siegbert S. *Karl Marx und die Weltliteratur* (1976). Munique, Beck, 1983.

QUANTE, Michael. *Die Wirklichkeit des Geistes*: Studien zu Hegel. Frankfurt am Main, Suhrkamp, 2011.

RADDATZ, Fritz J. *Karl Marx*: der Mensch und seine Lehre. Hamburgo, Hoffmann und Campe, 1975.

RASCHE, Ulrich. Geschichte der Promotion in absentia: eine Studie zum Modernisierungsprozess der deutschen Universitäten im 18. und 19. Jahrhundert. In: SCHWINGES, Rainer Christoph (org.). *Examen, Titel, Promotionen. Akademisches und staatliches Qualifikationswesen vom 13. bis zum 21. Jahrhundert*. Basileia, Schwabe, 2007, p. 275-351.

RAUCH, Albert. Der Große Sanhedrin zu Paris und sein Einfluß auf die jüdische Familie Marx in Trier. In: LAUFNER, Richard; RAUCH, Albert (orgs.). *Die Familie Marx und die Trierer Judenschaft*. Trier, 1975. Schriften aus dem Karl-Marx-Haus, n. 14, p. 18-41.

RAUSSEN, Bernd. Die mathematische Maturitätsprüfung im Jahre 1835 am Trierer Gymnasium: zugleich ein Beitrag zur Karl Marx Forschung. *Kurtrierisches Jahrbuch*, ano 30, 1990, p. 205-36.

REIMARUS, Hermann Samuel. *Allgemeine Betrachtungen über die Triebe der Thiere, hauptsächlich über ihre Kunsttriebe* (1760). Göttingen, Vandenhoeck & Ruprecht, 1982.

_____. *Apologie oder Schutzschrift für die vernünftigen Verehrer Gottes*. Org. Gerhard Alexander a pedido da Sociedade Joachim Jungius. Frankfurt am Main, Insel, 1972.

_____. Die vornehmsten Wahrheiten der natürlichen Religion in zehn Abhandlungen auf eine begreifliche Art erkläret und gerettet (1754). 3. ed. ampl. de 1766. Göttingen, Vandenhoeck & Ruprecht, 1985. Gesammelte Schriften, v. I.

REINALTER, Helmut. Arnold Ruge, der Vormärz und die Revolution 1848/49. In: REINALTER, Helmut (org.). *Die Junghegelianer*: Aufklärung, Literatur, Religionskritik und politisches Denken. Frankfurt am Main, Peter Lang, 2010, p. 139-59.

REINKE, Andreas. *Geschichte der Juden in Deutschland 1781-1933*. Darmstadt, Wissenschaftliche Buchgesellschaft, 2007.

REISSNER, Hanns Günther. *Eduard Gans*: ein Leben im Vormärz. Tubinga, Mohr, 1965.

RIEDEL, Manfred. Einleitung. In: *Materialien zu Hegels Rechtsphilosophie*, v. 1. Frankfurt am Main, Suhrkamp, 1975, p. 11-49.

_____. Hegel und Gans. In: BRAUN, Hermann; RIEDEL, Manfred (orgs.). *Natur und Geschichte*: Karl Löwith zum 70. Geburtstag. Stuttgart, Kohlhammer, 1967, p. 257-73.

RIES, Klaus (org.). *Romantik und Revolution*: zum politischen Reformpotential einer unpolitischen Bewegung. Heidelberg, Universitätsverlag Winter, 2012.

RING, Max. *Erinnerungen*, v. 1. Berlim, Concordia, 1898.

RINGER, Fritz. Die Zulassung zur Universität. RUEGG, Walter (org.). *Geschichte der Universität in Europa*, v. III: *Vom 19. Jahrhundert zum Zweiten Weltkrieg 1800-1945*. Munique, C. H. Beck, 2004, p. 199-226.

RJAZANOV, David. Einleitung. In: *Marx/Engels Gesamtausgabe, Erste Abteilung, Band 1, Zweiter Halbband*. Berlim, Marx-Engels-Verlag, 1929, p. IX-XLV.

RÖDER, Petra. *Utopische Romantik, die verdrängte Tradition im Marxismus*: von der frühromantischen Poetologie zur marxistischen Gesellschaftstheorie. Würzburg, Königshausen & Neumann, 1982.

BIBLIOGRAFIA **455**

ROHLS, Jan. *Protestantische Theologie der Neuzeit*. Tubinga, Mohr Siebeck, 1997. 2 v.

RÖNNE, Ludwig von. *Die höhern Schulen und die Universitäten des Preußischen Staates*. Berlim, Veit, 1855.

ROSEN, Zvi. *Bruno Bauer and Karl Marx*: the influence of Bruno Bauer on Marx's Thought. Haia, Martinus Nijhof, 1977.

ROSENKRANZ, Karl. *Georg Wilhelm Friedrich Hegels Leben* (1844). Darmstadt, Wissenschaftliche Buchgesellschaft, 1977.

RUDA, Frank. *Hegels Pöbel*: eine Untersuchung der "Grundlinien der Philosophie des Rechts". Konstanz, Konstanz University Press, 2011.

RUGE, Arnold. *Aus früherer Zeit*, v. 4. Berlim, Duncker, 1867.

_____. [Resenha sobre] David Friedrich Strauß' Streitschriften, Drittes Heft. *Hallische Jahrbücher*, n. 239-40. Leipzig, Wigand, 1838.

_____. Der christliche Staat: gegen den Wirtemberger über das Preußenthum (Hallische Jahrbücher 1839). *Deutsche Jahrbücher*, cadernos 267-8. Leipzig, Wigand, 1842.

_____. Die Denunciation der Hallischen Jahrbücher. *Hallische Jahrbücher*, n. 179-80. Leipzig, Wigand, 1838.

_____. [Resenha sobre] Die evangelische Landeskirche Preußens und die Wissenschaft. *Hallische Jahrbücher*, n. 229. Leipzig, Wigand, 1840.

_____. [Resenha sobre] Die Philosophie unserer Zeit: Apologie und Erläuterung des Hegel'schen Systems von Dr. Julius Schaller. *Hallische Jahrbücher*, n. 97-8. Leipzig, Wigand, 1838.

_____. Die wahre Romantik und der falsche Protestantismus, ein Gegenmanifest. *Deutsche Jahrbücher*, cadernos 169-71. Leipzig, Wigand, 1842.

_____. [Resenha sobre] Friedrich Köppen, Friedrich der Große und seine Widersacher: eine Jubelschrift. *Hallische Jahrbücher*, n. 125, 25 maio 1840, p. 999.

_____. Karl Streckfuß und das Preußenthum. *Hallische Jahrbücher*, n. 262-4. Leipzig, Wigand, 1839.

_____. Politik und Philosophie. *Hallische Jahrbücher*, n. 292-3. Leipzig, Wigand, 1840.

_____. [Resenha sobre] Sendschreiben an J. Görres von Heinrich Leo. *Hallische Jahrbücher*, n. 147-51. Leipzig, Wigand, 1838.

_____. Unsere gelehrte kritische Journalistik. *Blätter für literarische Unterhaltung*, 1837; caderno 223, p. 905-7; caderno 224, p. 909-10.

_____. *Zwei Jahre in Paris*: Studien und Erinnerungen (1846). Hildesheim, Gerstenberg, 1977. 2 v.

RUGE, Arnold; ECHTERMEYER, Theodor. Der Protestantismus und die Romantik: zur Verständigung über die Zeit und ihre Gegensätze – ein Manifest. *Hallische Jahrbücher*, n. 245- -51, 256-71 e 301-10, 1839; n. 53-4 e 63-5, 1840.

RÜHLE, Otto. *Karl Marx*: Leben und Werk. Hellerau bei Dresden, Avalun, 1928.

RÜHS, Friedrich. *Ueber die Ansprüche der Juden an das deutsche Bürgerrecht*, 2 imp. rev e amp., com um apêndice sobre a história dos judeus na Espanha. Berlim, Realschulbuchhandlung, 1816.

456 KARL MARX E O NASCIMENTO DA SOCIEDADE MODERNA

SALOMON, Ludwig. *Geschichte des deutschen Zeitungswesens von den ersten Anfängen bis zur Wiederaufrichtung des Deutschen Reiches*, v. 3: *Das Zeitungswesen seit 1814*. Oldenburgo, Schulzesche Hof-Buchhandlung, 1906.

SANDBERGER, Jörg F. *David Friedrich Strauß als theologischer Hegelianer*. Göttingen, Vandenhoeck & Ruprecht, 1972.

SANDMANN, Nikolaus. Französische Freimaurerlogen in Osnabrück während der napoleonischen Annexion. In: *Osnabrücker Mitteilungen*, v. 98. Osnabrück, Meinders & Elstermann, 1993. p. 127-59.

_____. Heinrich Marx: Jude, Freimaurer und Vater von Karl Marx – Anmerkungen zu einer überraschenden Entdeckung in der Nationalbibliothek Paris. *Humanität*, caderno 5, 1992, p. 13-5.

SANNWALD, Rolf. *Marx und die Antike*. Zurique, Polygraphischer, 1957.

SARTRE, Jean-Paul. *Der Idiot der Familie*: Gustave Flaubert 1821 bis 1857 (1971-1972). Reinbek, Rowohlt, 1977-1979.

_____. *Marxismus und Existenzialismus*: Versuch einer Methodik. Reinbek, Rowohlt, 1964.

SASS, Hans-Martin. *Untersuchungen zur Religionsphilosophie in der Hegelschule 1830-1850*. Dissertação defendida na faculdade de filosofia na Universidade Vestfaliana Wilhelm de Münster. Münster, Universität Münster, 1963.

SASS, Hans-Martin (org.). *Bruno Bauer, Feldzüge der reinen Kritik*. Frankfurt am Main, Suhrkamp, 1968.

SAß, Friedrich. *Berlin in seiner neuesten Zeit und Entwicklung (1846)* (1846). Berlim, Frölich & Kaufmann, 1983.

SAVIGNY, Friedrich Karl v. Erste Beylage: Stimmen für und wider neue Gesetzbücher (1816). In: HATTENHAUER, Hans (org.). *Thibaut und Savigny*: ihre programmatischen Schriften. 2 ed. ampl., Munique, Vahlen, 2002, p. 172-99.

_____. Über den Zweck dieser Zeitschrift (1815). In: HATTENHAUER, Hans (org.). *Thibaut und Savigny*: ihre programmatischen Schriften. 2 ed. ampl., Munique, Vahlen, 2002, p. 201-5.

_____. Vom Beruf unserer Zeit für Gesetzgebung und Rechtswissenschaft (1814). In: HATTENHAUER, Hans (org.). *Thibaut und Savigny*: ihre programmatischen Schriften. 2. ed. ampl., Munique, Vahlen, 2002, p. 61-127.

SCHEIDLER, Karl Hermann. Hegel (Neuhegelianer). In: ROTTECK, Carl von; WELCKER, Carl (orgs.). *Das Staats-Lexikon*, v. 6. 2. ed. Altona, Hammerich, 1846, p. 629-64.

_____. Hegelsche Philosophie und Schule. In: ROTTECK, Carl von; WELCKER, Carl (orgs.). *Das Staats-Lexikon*, v. 6. 2. ed., Altona, Hammerich, 1846, p. 606-29.

SCHELLING, Friedrich Wilhelm Joseph. Philosophische Briefe über Dogmatismus und Kriticismus (1795). In: *Historisch-kritische Ausgabe*, v. 1. Stuttgart, Frommann-Holzboog, 1982. Werke, v. 3, p. 47-112.

_____. Vom Ich als Princip der Philosophie oder über das Unbedingte im menschlichen Wissen (1795). In: *Historisch-kritische Ausgabe*, v. 1. Stuttgart, Frommann-Holzboog, 1980. Werke, v. 2, p. 67-175.

BIBLIOGRAFIA 457

SCHEUER, Helmut. *Biographie*: Studien zur Funktion und zum Wandel einer literarischen Gattung vom 18. Jahrhundert bis zur Gegenwart. Stuttgart, J. B. Metzler, 1979.

SCHIEL, Hubert. *Die Umwelt des jungen Karl Marx*: ein unbekanntes Auswanderungsgesuch von K. M. Trier, Jacob Lintz, 1954.

SCHILLER, Friedrich. Über Anmut und Würde (1793). In: *Erzählungen, theoretische Schriften*. Munique, Deutscher Taschenbuch, 2004. Sämtliche Werke, v. 5, p. 433-88.

_____. Über die ästhetische Erziehung des Menschen in einer Reihe von Briefen (1795-1796). In: *Erzählungen, theoretische Schriften*. Munique, Deutscher Taschenbuch, 2004. Sämtliche Werke, v. 5, p. 570-669 [ed. bras.: SCHILLER, Friedrich. *A educação estética do homem numa série de cartas*. Trad. Roberto Schwarz e Márcio Suzuki, 4. ed., São Paulo, Iluminuras, 2002].

SCHLEGEL, Friedrich. "Athenäums"-Fragmente. In: *"Athenäums"-Fragmente und andere Schriften*. Stuttgart, Reclam, 1978, p. 76-142 [ed. bras.: SCHILLER, Friedrich. *Dialeto dos fragmentos*. Trad. Márcio Suzuki, São Paulo, Iluminuras, 1997].

SCHLEIERMACHER, Friedrich. *Der christliche Glaube nach den Grundsätzen der evangelischen Kirche im Zusammenhang dargestellt*. Berlim, Reimer, 1821-1822. 2 v.

SCHMIDT AM BUSCH, Hans-Christoph; SIEP, Ludwig; THAMER, Hans-Ulrich et al (orgs.). *Hegelianismus und Saint-Simonismus*. Paderborn, Mentis, 2007.

SCHMIDT, Ernst Günther. MEGA 2 IV/1. Bemerkungen und Beobachtungen. *Klio*, ano 62, caderno 2, 1980, p. 247-87.

_____. Neue Ausgaben der Doktordissertation von Karl Marx (MEGA I/1) und der Promotionsurkunde. *Philologus*: Zeitschrift für klassische Philologie, ano 121, 1977, p. 273-97.

SCHMIDT, Karl. *Schillers Sohn Ernst*: eine Briefsammlung mit Einleitung. Paderborn, Schöningh, 1905.

SCHMIDT, Peter Franz. *Geschichte der Casino-Gesellschaft zu Trier*. Trier, Jacob Lintz, 1955.

SCHNÄDELBACH, Herbert. *Hegels praktische Philosophie*: ein Kommentar der Texte in der Reihenfolge ihrer Entstehung. Frankfurt am Main, Suhrkamp, 2000.

SCHNITZLER, Thomas. Die Anfänge des Trierer Turnens (1817-1820) in Zusammenhang der deutschen Einheits- und Verfassungsbewegung. *Kurtrierisches Jahrbuch*, ano 28, 1988, p. 133-76.

_____. *Zwischen Restauration und Revolution*: das Trierer Turnen im Organisations- und Kommunikationssystem der nationalen Turnbewegung (1815-1852). Frankfurt am Main, Peter Lang, 1993.

SCHÖNCKE, Manfred. "Ein fröhliches Jahr in Bonn"? Was wir über Karl Marx' erstes Studienjahr wissen. *Beiträge zur Marx-Engels-Forschung*: neue Folge, Hamburgo, Argument, 1994, p. 239-55.

_____. *Karl und Heinrich Marx und ihre Geschwister*. Bonn, Pahl-Rugenstein Nachfolger, 1993.

SCHORN, Karl. *Lebenserinnerungen*, v. 1: *1818-1848*. Bonn, [P. Hanstein,] 1898.

SCHUBARTH, Karl Ernst. Über die Unvereinbarkeit der Hegelschen Staatslehre mit dem obersten Lebens- und Entwicklungsprinzip des Preußischen Staates (1839). In: RIEDEL, Manfred (org.). *Materialien zu Hegels Rechtsphilosophie*, v. 1. Frankfurt am Main, Suhrkamp, 1975, p. 249-66.

SCHUBARTH, Karl Ernst; CARGANICO, L. A. Über Philosophie überhaupt und Hegels Encyclopädie der philosophischen Wissenschaften insbesondere (1829). In: RIEDEL, Manfred (org.). *Materialien zu Hegels Rechtsphilosophie*, v. 1. Frankfurt am Main, Suhrkamp, 1975, p. 209-13.

458 Karl Marx e o nascimento da sociedade moderna

SCHULTE, Paul. *Solgers Schönheislehre im Zusammenhang des deutschen Idealismus*: Kant, Schiller, v. Humboldt, Schelling, Solger, Schleiermacher, Hegel. Kassel, Kassel University Press, 2001.

SCHULZ, Wilhelm. *Die Bewegung der Produktion*: eine geschichtlich-statistische Abhandlung (1843). Glashütten im Taunus, Auvermann, 1974.

SCHULZE, Hagen. Die Biographie in der "Krise der Geschichtswissenschaft". *Geschichte in Wissenschaft und Unterricht*, ano 29, 1978, p. 508-18.

SCHWEITZER, Albert. *Geschichte der Leben-Jesu-Forschung* (1906). Tubinga, J. C. B. Mohr/Paul Siebeck, 1984.

SENK, Norman. *Junghegelianisches Rechtsdenken*: die Staats-, Rechts- und Justizdiskussion der "Hallischen" und "Deutschen Jahrbücher"1838-1843. Paderborn, Mentis, 2007.

SENS, Walter. *Karl Marx*: seine irreligiöse Entwicklung und antichristliche Einstellung. Halle, Akademischer Verlag Halle, 1935.

SGRO, Giovanni. "Aus dem einen Metalle der Freiheit errichtet": zu Eduard Gans' Interpretation und Weiterentwicklung der Hegel'schen Rechtsphilosophie. In: LAMBRECHT, Lars (org.). *Umstürzende Gedanken*: radikale Theorie im Vorfeld der 1848er Revolution. Frankfurt am Main, Peter Lang, 2013, p. 21-37.

SIEP, Ludwig. Säkularer Staat und religiöses Bewusstsein: Dilemmata in Hegels politischer Theologie. In: QUANTE, Michael; MOHSENI, Amir (orgs.). *Die linken Hegelianer*: Studien zum Verhältnis von Religion und Politik im Vormärz. Paderborn, Wilhelm Fink, 2015, p. 9-27.

SKINNER, Quentin. *Visionen des Politischen*. Frankfurt am Main, Suhrkamp, 2009.

SOLGER, Karl Wilhelm Ferdinand. *Erwin*: vier Gespräche über das Schöne und die Kunst (1815). Munique, Fink, 1971.

SOMMER, Michael. Karl Marx in Hamburg. *Sozialismus*, ano 35, caderno 1, 2008, p. 55-9.

SPARGO, John. *Karl Marx*: sein Leben und Werk (1909). Leipzig, Meiner, 1912.

SPERBER, Jonathan. *Karl Marx*: sein Leben und sein Jahrhundert. Munique, Beck, 2013 [ed. bras.: SPERBER, Jonathan. *Karl Marx:* uma vida no século XIX. Barueri, Manole, 2015].

SPERL, Richard. *"Edition auf hohem Niveau"*: zu den Grundsätzen der Marx-Engels-Gesamtausgabe. Hamburgo, Argument, 2004.

STEDMAN JONES, Gareth. *Karl Marx*: die Biographie. Frankfurt am Main, Fischer, 2017 [ed. bras.: STEDMAN-JONES, Gareth. *Karl Marx*: grandeza e ilusão. Trad. Berilo Vargas, São Paulo, Companhia das Letras, 2017].

STEIN, Hans. Der Übertritt der Familie Heinrich Marx zum evangelischen Christentum. *Jahrbuch des Kölnischen Geschichtsvereins*, ano 14, 1932, p. 126-9.

_____. Pauperismus und Assoziation. *International Review of Social History*, ano 1, 1936, p. 1-120.

STEINKE, Hannah. Die Begründung der Rechtswissenschaft seit 1810. In: TENORTH, Heinz--Elmar (org.). *Geschichte der Universität Unter den Linden*, v. 4: *Genese der Disziplinen*: die Konstitution der Universität. Berlim, Akademie, 2010, p. 95-121.

STERNE, Lawrence. *Leben und Ansichten von Tristram Shandy, Gentleman* (1759-1767). Trad. e coment. Michael Walter. Frankfurt am Main, Fischer, 2010.

BIBLIOGRAFIA   459

STRAUß, David Friedrich. *Das Leben Jesu kritisch bearbeitet* (1835). Darmstadt, Wissenschaftliche Buchgesellschaft, 2012. 2 v.

_____. *Streitschriften zur Verteidigung meiner Schrift über das Leben Jesu und zur Charakteristik der gegenwärtigen Theologie*, três cadernos em um volume (1837). Hildesheim, Olms, 1980.

STRECKFUß, Adolf. *500 Jahre Berliner Geschichte:* vom Fischerdorf zur Weltstadt. 4. ed., Berlim, Goldschmidt, 1886. 2 v.

STUKE, Horst. *Philosophie der Tat*: Studien zur Verwirklichung der Philosophie bei den Junghegelianern und den Wahren Sozialisten. Stuttgart, Klett, 1963.

TAUBERT, Inge; LABUSKE, Hansulrich. Neue Erkenntnisse über die früheste philosophische Entwicklung von Karl Marx. *Deutsche Zeitschrift für Philosophie*, ano 25, caderno 6, 1977, p. 697-709.

TENORTH, Heinz-Elmar. Eine Universität zu Berlin: Vorgeschichte und Einrichtung. In: *Geschichte der Universität Unter den Linden*, v. 1: *Gründung und Blütezeit der Universität zu Berlin 1810-1918*. Berlim, Akademie, 2012, p. 3-75.

TENORTH, Heinz-Elmar (org.). *Geschichte der Universität Unter den Linden*, v. 4: *Genese der Disziplinen*: die Konstitution der Universität. Berlim, Akademie, 2010.

THEIßEN, Gerd; MERZ, Annette. *Der historische Jesus*: ein Lehrbuch. 4. ed., Göttingen, Vandenhoeck & Ruprecht, 2011.

THIBAUT, Anton Friedrich Justus. Über die Notwendigkeit eines allgemeinen bürgerlichen Rechts in Deutschland (1814). In: HATTENHAUER, Hans (org.). *Thibaut und Savigny*: ihre programmatischen Schriften. 2. ed., Munique, Vahlen, 2002, p. 37-59.

THOM, Martina. *Dr. Karl Marx*: das Werden der neuen Weltanschauung 1835-43. Berlim, Dietz, 1986.

THOMAS, Rüdiger. Der unbekannte junge Marx (1835-1841). In: *Der unbekannte junge Marx*: neue Studien zur Entwicklung des Marxschen Denkens 1835-1847. Mainz, Haase & Köhler, 1973, p. 147-257.

TOMBA, Massimiliano. *Krise und Kritik bei Bruno Bauer*: Kategorien des Politischen im nachhegelschen Denken. Frankfurt am Main, Peter Lang, 2005.

TREITSCHKE, Heinrich von. *Deutsche Geschichte im Neunzehnten Jahrhundert*, v. 1. Leipzig, Hirzel, 1879.

ULLRICH, Volker. Die schwierige Königsdisziplin. *Die Zeit*, n. 15, 4 abr. 2007.

VIEWEG, Klaus. *Das Denken der Freiheit*: Hegels Grundlinien der Philosophie des Rechts. Munique, Wilhelm Fink, 2012.

VON ENSE, Karl August Varnhagen. *Tagebücher*, v. 1. 2. ed., Leipzig, Brockhaus, 1863.

_____. *Tageblätter*. Org. Konrad Feilchenfeldt. Frankfurt am Main, Deutscher Klassiker, 1994. Werke, v. 5.

WACHSTEIN, Bernhard. Die Abstammung von Karl Marx. In: FISCHER, Josef (org.). *Festskrift i anledning af Professor David Simonsens 70-aarige fødselsdag*. Copenhage, Hertz, 1923, p. 277-89.

WALTER, Ferdinand. *Aus meinem Leben*. Bonn, Marcus, 1865.

WALTER, Stephan. *Demokratisches Denken zwischen Hegel und Marx*: die politische Philosophie Arnold Ruges – eine Studie zur Geschichte der Demokratie in Deutschland. Düsseldorf, Droste, 1995.

WASER, Ruedi. *Autonomie des Selbstbewusstseins*: eine Untersuchung zum Verhältnis von Bruno Bauer und Karl Marx (1835-1843). Tubinga, Francke, 1994.

WASZEK, Norbert. *Eduard Gans (1797-1839)*: Hegelianer, Jude, Europäer – Texte und Dokumente. Frankfurt am Main, Peter Lang, 1991. Hegeliana, v. 1.

_____. Eduard Gans on Poverty and the Constitutional Debate. In: MOGGACH, Douglas (org.). *The New Hegelians*: Politics and Philosophy in the Hegelian School. Cambridge (MA), Cambridge University Press, 2006, p. 24-49.

_____. Eduard Gans und die Armut: von Hegel und Saint-Simon zu frühgewerkschaftlichen Forderungen. *Hegel-Jahrbuch*, 1988, p. 355-63.

_____. War Eduard Gans (1797-1839) der erste Links- oder Junghegelianer? In: QUANTE, Michael; MOHSENI, Amir (orgs.). *Die linken Hegelianer*: Studien zum Verhältnis von Religion und Politik im Vormärz. Paderborn, Wilhelm Fink, 2015, p. 29-51.

WEHLER, Hans-Ulrich. *Deutsche Gesellschaftsgeschichte*. Munique, Beck, 2008. 5 v.

WESSELL, Leonard P. *Karl Marx, Romantic Irony, and the Proletariat*: the Mythopoetic Origins of Marxism. Baton Rouge, Louisiana State University Press, 1979.

WESTPHALEN, Ferdinand von. Nekrolog auf Johann Ludwig von Westphalen. *Triersche Zeitung*, n. 72, 15 mar. 1842. Reimp.: SCHÖNCKE, Manfred. *Karl und Heinrich Marx und ihre Geschwister*. Bonn, Pahl-Rugenstein Nachfolger, 1993, p. 882-3.

_____. *Westphalen, der Secretär des Herzogs Ferdinand von Braunschweig-Lüneburg*: Biographische Skizz. Berlim, Verlag der Königlichen Geheimen Ober-Hofbuchdruckerei, 1866.

WESTPHALEN, Ferdinand von (org.). *Philipp von Westphalen*: Geschichte der Feldzüge Herzog Ferdinands von Braunschweig-Lüneburg, v. 1. Berlim, Decker, 1859.

WHEEN, Francis. *Karl Marx* (1999). Munique, Goldmann, 2002.

WHITE, Hayden. *Metahistory*: die historische Einbildungskraft im 19. Jahrhundert in Europa (1973). Frankfurt am Main, Fischer, 1991.

WIGAND'S Conversations-Lexikon: für alle Stände – von einer Gesellschaft deutscher Gelehrten bearbeitet. Leipzig, Otto Wigand, 1846–1852, 15 v.

WILCKE, Gero von. Karl Marx' Trierer Verwandtschaftskreis: zu seinem 100. Todestag. *Genealogie*: Zeitschrift für deutsche Familienkunde, caderno 12, 1983, p. 761-82.

WINDELBAND, Wilhelm. *Die Geschichte der neueren Philosophie in ihrem Zusammenhange mit der allgemeinen Cultur und den besonderen Wissenschaften dargestellt*, v. 2: *Die Blüthezeit der deutschen Philosophie*: von Kant bis Hegel und Herbart. Leipzig, Breitkopf und Härtel, 1880.

WINDFUHR, Manfred. Apparat. In: HEINE, Heinrich. *Samtliche Werke* (Dusseldorfer Ausgabe), v. 8/2. Hamburgo, Hoffmann und Campe, 1981.

WINIGER, Josef. *Ludwig Feuerbach*: Denker der Menschlichkeit. Darmstadt, Schneider, 2011.

WYTTENBACH, Johann Hugo. *Schulreden vom Jahre 1799 bis 1846*. Trier, Lintz, 1847.

ZEDLITZ, L. Freiherr von. *Neuestes Conversations-Handbuch für Berlin und Potsdam zum täglichen Gebrauch der Einheimischen und Fremden aller Stände*. Berlim, [Arani,] 1834.

ZENZ, Emil. *Geschichte der Stadt Trier im 19. Jahrhundert*, v. 1. Trier, Spee, 1979.

Obras de Karl Marx e Friedrich Engels
(mencionadas neste volume)

Obras de Karl Marx

1835

Abituraufsatz, Religion [Redação final do ginásio; disciplina: religião]: MEGA I/1, p. 449-52; MEW 40, p. 598-601.

Abituraufsatz, Deutsch [Redação final do ginásio; disciplina: alemão]: MEGA I/1, p. 454-7; MEW 40, p. 591-4.

1835-1837

Literarische Versuche [Tentativas e esboços literários]: MEGA I/1, p. 475-770; impressas parcialmente em MEW 40, p. 602-15.

Brief an den Vater [Carta ao pai, 10 de novembro de 1837]: MEGA III/1, p. 9-18; MEW 40, p. 3-12.

1839-1841

Hefte zur epikureischen Philosophie, 1839-1840 [Cadernos sobre a filosofia de Epicuro]: MEGA IV/1, p. 5-152; MEW 40, p. 13-255.

Berliner Hefte, 1841 [Cardernos de Berlim]: MEGA IV/1, p. 153-288.

Differenz der demokritischen und epikureischen Naturphilosophie, 1840-1841: MEGA I/1, p. 5-92; MEW 40, p. 257-373 [ed. bras.: *Diferença entre a filosofia da natureza de Demócrito e a de Epicuro.* Trad. Nélio Schneider, São Paulo, Boitempo, 2018].

1842

"Noch ein Wort über 'Bruno Bauer und die akademische Lehrfreiheit' von Dr. O. F. Gruppe" [Mais uma palavra sobre "Bruno Bauer e a liberdade acadêmica de ensino", do dr. O. F. Gruppe], *Deutsche Jahrbücher*, Berlim, 16 nov. 1842: MEGA I/1, p. 245-8, MEW 40, p. 381-4.

462 Karl Marx e o nascimento da sociedade moderna

1843

"Die *Rhein-Mosel Zeitung* als Großinquisitor" [A *Gazeta do Reno-Mosela* como Grande Inquisidora], *Rheinische Zeitung* [*Gazeta Renana*], 12 mar. 1843: MEGA I/1, p. 360-2; MEW 40, p. 1-433.

Zur Kritik der Hegelschen Rechtsphilosophie: MEGA I/2, p. 3-137; MEW 1, p. 201-333 [ed. bras.: *Crítica da filosofia do direito de Hegel*. Trad. Rubens Enderle e Leonardo de Deus, São Paulo, Boitempo, 2005].

1844

Ein Briefwechsel von 1843 [Cartas de 1843]: MEGA I/2, p. 471-89; impressas parcialmente em MEW 1, p. 337-46.

Zur Judenfrage: MEGA I/2, p. 141-69; MEW 1, p. 347-77 [ed. bras.: *Sobre a questão judaica*. Trad. Nélio Schneider e Wanda Nogueira Caldeira Brant, São Paulo, Boitempo, 2010].

"Zur Kritik der Hegelschen Rechtsphilosophie – Einleitung": MEGA I/2, p. 170-83; MEW 1, p. 378-91 [ed. bras.: "Crítica da filosofia do direito de Hegel – Introdução", em *Crítica da filosofia do direito de Hegel*. Trad. Rubens Enderle e Leonardo de Deus, São Paulo, Boitempo, 2005, p. 145-57].

Ökonomisch-philosophische Manuskripte: MEGA I/2, p. 187-322; MEW 40, p. 465-588 [ed. bras.: *Manuscritos econômico-filosóficos*. Trad. Jesus Ranieri, São Paulo, Boitempo, 2004].

1845-1846

Com Friedrich Engels: *Die Heilige Familie oder Kritik der kritischen Kritik: gegen Bruno Bauer und Konsorten*: MEW 2, p. 3-223 [ed. bras.: *A sagrada família, ou A crítica da Crítica crítica: contra Bruno Bauer e consortes*. Trad. Marcelo Backes, São Paulo, Boitempo, 2003].

Com Friedrich Engels: *Die Deutsche Ideologie: Kritik der neuesten deutschen Philosophie, in ihren Repräsentanten, Feuerbach, B. Bauer und Stirner, und des deutschen Sozialismus in seinen verschiedenen Propheten*: MEGA I/5; MEW 3 [ed. bras.: *A ideologia alemã: crítica da mais recente filosofia alemã em seus representantes Feuerbach, B. Bauer e Stirner, e do socialismo alemão em seus diferentes profetas*. Trad. Rubens Enderle, Nélio Schneider, Luciano Cavini Martorano, São Paulo, Boitempo, 2007].

1848

Com Friedrich Engels: *Manifest der Kommunistischen Partei*: MEW 4, p. 459-93 [ed. bras.: *Manifesto Comunista*. Trad. Álvaro Pina e Ivana Jinkings, São Paulo, Boitempo, 1998].

1850

Die Klassenkämpfe in Frankreich 1848 bis 1850: MEGA I/10, p. 119-96; MEW 7, p. 9-107 [ed. bras.: *As lutas de classe na França de 1848 a 1850*. Trad. Nélio Schneider, São Paulo, Boitempo, 2012].

1852

Com Friedrich Engels: *Die großen Männer des Exils* [Os grandes homens do exílio]: MEGA I/11, p. 219-311; MEW 8, p. 233-335.

1857

"Einleitung": MEGA II/1, p. 17-45; MEW 42, p. 15-45 [ed. bras.: "Introdução", em *Grundrisse: manuscritos econômicos de 1857-1858 – Esboços da crítica da economia política*. Trad.: Mario Duayer, Nélio Schneider et al., São Paulo/Rio de Janeiro, Boitempo/Editora UFRJ, 2011, p. 37-64].

1859

Die Lage in Preußen [A situação na Prússia]: MEW 12, p. 683-7.

Zur Kritik der politischen Ökonomie, erstes Heft: MEGA II/2; MEW 13, p. 3-160 [ed. port.: *Para a crítica da economia política: primeiro fascículo*. Trad.: José Barata-Moura, Lisboa/Moscou, Avante!, 1982. Obras Escolhidas em Três Tomos, t. I].

1860

Herr Vogt [Senhor Vogt]: MEGA I/18, p. 51-339; MEW 14, p. 381-686.

1867

Das Kapital, erster Band: MEGA II/5; MEW 23 [ed. bras.: *O capital: crítica da economia política*, Livro I: *O processo de produção do capital*. Trad. Rubens Enderle, São Paulo, Boitempo, 2013].

1872-1873

Das Kapital, erster Band, 2. ed.: MEGA II/6; MEW 23.

Obras de Friedrich Engels

1841

Ernst Moritz Arndt: MEGA I/3, p. 210-22; MEW 41, p. 118-31.

1845

Die Lage der arbeitenden Klasse in England: MEW 2, p. 225-506 [ed. bras.: *A situação da classe trabalhadora na Inglaterra*. Trad. B. A. Schumann, São Paulo, Boitempo, 2008].

1851-1852

Revolution und Konterrevolution in Deutschland [Revolução e contrarrevolução na Alemanha]: MEGA I/11, p. 3-85; MEW 8, p. 3-108.

1883

"Das Begräbnis von Karl Marx" [O enterro de Karl Marx]: MEGA I/25, p. 407-13; MEW 19, p. 355-9 [ed. port.: "Discurso diante do túmulo de Karl Marx". Trad.: José Barata-Moura, Lisboa/Moscou, Avante!, 1982. Obras Escolhidas em Três Tomos, t. III].

1886

Ludwig Feuerbach und der Ausgang der klassischen deutschen Philosophie: MEGA I/30, p. 122-62; MEW 21, p. 259-307 [ed. port.: *Ludwig Feuerbach e o fim da filosofia clássica alemã*. Trad. José Barata-Moura, Lisboa/Moscou, Avante!, 1982. Obras Escolhidas em Três Tomos, t. III].

1892

Marx, Heinrich Karl: MEGA I/32, p. 182-8; MEW 22, p. 337-45.

Índice onomástico

Altenstein, Karl vom Stein zum (1770-1840): reformador prussiano; a partir de 1817, primeiro-ministro da Cultura da Prússia. p. 182-4, 187, 197, 199, 265, 284, 287-90, 309, 324, 334, 348, 352.

Althaus, Karl Heinrich (1806-1886): docente de filosofia em Berlim e membro do "clube de doutores". p. 278-9.

Alton, Eduard d' (1772-1840): historiador da arte, professor com quem Karl Marx teve aulas em Bonn. p. 151.

Anselmo de Canterbury (1033-1109): teólogo e filósofo. p. 293.

Aristóteles (384-324 a.C.): filósofo grego. p. 233, 370, 373, 376-7, 382, 430.

Arndt, Ernst Moritz (1769-1860): historiador e escritor nacionalista alemão. p. 149, 289.

Arnim, Achim von (1771-1831): escritor do romantismo e marido de Bettina von Arnim. p. 177, 193, 284.

Arnim, Bettina von (1785-1859): escritora do romantismo, irmã de Clemens Brentano e esposa de Achim von Arnim. p. 193, 284.

Ascher, Saul (1767-1822): jornalista judeu-alemão. p. 60, 84.

Baader, Franz von (1765-1841): representante de uma filosofia fortemente religiosa. p. 390.

Bachmann, Carl Friedrich (1785-1855): professor de filosofia em Jena e crítico de Hegel. p. 325, 395-7.

Bacon, Francis (1561-1626): político e filósofo inglês. p. 233, 430.

Bauer, Bruno (1809-1882): teólogo e filósofo; amigo próximo de Marx entre 1837 e 1842. p. 33, 240, 266-8, 270, 278-9, 282-5, 290, 292, 310, 314, 318, 332, 334, 336, 342-53, 357-65, 368, 372-3, 375, 380, 389, 392-4, 416, 431.

Bauer, Edgar (1820-1886): jornalista e irmão de Bruno Bauer. p. 285, 361.

Baur, Ferdinand Christian (1792-1860): teólogo protestante. p. 309.

Bernays, Karl Ludwig (1815-1876): jornalista; trabalhou com Marx em Paris. p. 155-6.

Berncastel, Lion (c. 1770-1840): médico da família Marx em Trier. p. 80.

Biedermann, Karl (1812-1901): jornalista e político liberal. p. 154.

Birmann, Johann Michael: aluno do ginásio de Trier; fez o exame final em 1832. p. 154-5.

Bismarck, Otto von (1815-1898): entre 1862 e 1890, primeiro-ministro do reino da Prússia; entre 1871 e 1890, primeiro-chanceler do Império Alemão, fundado em 1871. p. 188, 404.

Böcking, Eduard (1802-1870): jurista, historiador e professor com quem Karl Marx teve aulas em Bonn. p. 151-2.

Boeckh, August (1785-1867): filólogo e pesquisador da Antiguidade; professor em Berlim. p. 202, 270.

Boisserée, Sulpiz (1783-1854): historiador da arte e colecionador de quadros; amigo de Goethe. p. 183.

Börne, Ludwig (1786-1837): jornalista e crítico literário e de teatro. p. 87, 138.

Braunschweig, Ferdinand von (duque) (1721-1792): marechal-general a serviço da Prússia na Guerra dos Sete Anos. p. 100, 166, 296.

Brentano, Clemens (1778-1842): poeta do romantismo e irmão de Bettina von Arnim. p. 193, 284.

Brisack, Michle (1784-1860): esposa de Samuel Marx. p. 63.

Brogi, Joseph (1794-?): estudante da Universidade de Berlim; foi atacado em 1812 por estudantes antissemitas. p. 194.

Büchner, Georg (1814-1837): revolucionário e poeta alemão. p. 90-1, 139, 220.

Buhl, Ludwig (1814-1882): escritor e jornalista; colaborador da *Gazeta Renana*. p. 285.

Bürgers, Heinrich (1820-1878): jornalista, colaborador da *Gazeta Renana* e membro da Liga dos Comunistas. p. 157, 159.

Burkhardt, Johanna (nascida Fischer) (1778-?): mãe do filho ilegítimo de Hegel, Ludwig Fischer. p. 186.

Byron, George Lord (1788-1824): poeta inglês. p. 86, 274.

Carlos Augusto (1757-1828): grão-duque de Weimar e amigo de Goethe. p. 83.

466 KARL MARX E O NASCIMENTO DA SOCIEDADE MODERNA

Carlos X (1757-1836): rei da França entre 1824 e 1830. p. 86-7, 107.

Carlyle, Thomas (1795-1881): historiador britânico. p. 401.

Carové, Friedrich Wilhelm (1789-1852): jornalista, membro da associação estudantil e aluno de Hegel. p. 84.

Carrière, Moriz (1817-1895): escritor, filósofo e historiador da arte. p. 155-6, 278, 285-6.

Chamisso, Adelbert von (1781-1838): naturalista e poeta alemão. p. 221, 431.

Cícero, Marco Túlio (106-45 a.C.): político romano e autor. p. 370.

Cieszkowski, August von (1814-1894): economista e filósofo polonês. p. 327-8.

Cleantes de Assos (331-232 a.C.): filósofo estoico grego. p. 231-2, 357-8, 430.

Clemens, Heinrich (1814-1852): colega de classe, em Trier, e testemunha de casamento, em Kreuznach, de Karl Marx. p. 120, 136, 141, 146, 158.

Cohen, Josef ben Gerson (*c.* 1511-1591): jurista judeu e antepassado de Karl Marx. p. 61.

Cornelius, Wilhelm (1809-?): poeta e jornalista. p. 285.

Creizenach, Theodor (1818-1877): poeta e historiador literário. p. 155-6.

Dante Alighieri (1265-1321): poeta italiano. p. 176.

Daub, Carl (1765-1836): teólogo protestante. p. 309-10.

Daumier, Honoré (1808-1879): pintor, escultor e caricaturista francês. p. 87.

Delacroix, Eugène (1798-1863): pintor francês. p. 87.

Demócrito (*c.* 460-370 a.C.): filósofo grego. p. 368, 370, 374-9, 381, 384.

Descartes, René (1596-1650): filósofo e matemático francês. p. 234, 293, 327.

Destutt de Tracy, Antoine (1754-1836): filósofo e político francês. p. 97.

Dilthey, Wilhelm (1833-1911): teólogo e filósofo. p. 401, 404, 408-10, 418.

Diógenes Laércio (*c.* século III d.C.): autor de um livro popular sobre a vida e os ensinamentos de filósofos famosos. p. 369.

Dohm, Christian Konrad Wilhelm von (1751-1821): jurista e autor de um dos primeiros escritos sobre a emancipação dos judeus. p. 56.

Droste zu Vischering, Clemens August (1773-1845): arcebispo católico de Colônia. p. 98, 320, 359.

Droysen, Johann Gustav (1808-1884): historiador alemão. p. 406-7.

Duller, Eduard (1809-1853): jornalista e poeta austríaco-alemão. p. 48, 138-9, 141.

Echtermayer, Theodor (1805-1844): professor, historiador literário e fundador, com Arnold Ruge, dos *Anais de Halle*. p. 213

Eichhorn, Johann Albrecht Friedrich (1779-1856): ministro da Cultura da Prússia entre 1840 e 1848. p. 289-90, 352.

Eichler, Ludwig (1814-1870): escritor alemão; participou da Revolução de 1848. p. 285.

Engels, Friedrich (1820-1895): socialista, aliado e o amigo mais próximo de Karl Marx. p. 16-8, 25-6, 29-31, 33, 40, 71, 76, 79, 96, 105, 107, 113, 131, 134-5, 137-8, 141, 187, 189, 207, 210, 240, 266, 280, 282, 284-6, 288, 290, 315-6, 328-30, 335-8, 342, 357, 360, 363, 373-4, 393, 402-3.

Epicuro (*c.* 341-*c.* 271 a.C.): filósofo grego. p. 122, 366, 368-70, 372, 374-85, 387.

Ernesto Augusto I (1771-1851): rei de Hanôver a partir de 1837; responsável pela demissão dos "sete de Göttingen". p. 201, 320.

Espinosa, Baruch de (1632-1677): filósofo holandês. p. 293, 297, 327, 373.

Ésquilo (525-456 a.C.): tragediógrafo grego. p. 354, 375.

Esser, Johann Peter (1786-1856): conselheiro em um alto cargo no Tribunal Renano de Recurso e Cassação de Berlim; conhecido de Heinrich Marx. p. 179-80.

Erdmann, Johann Eduard (1805-1892): filósofo e hegeliano conservador. p. 318, 350, 339, 347.

Estobeu, João (século V d.C.): filósofo grego. p. 370.

Eurípides (*c.* 480-406 a.C.): tragediógrafo grego. p. 270.

Evers, Gustav e **Friedrich**: estudaram em Berlim, provavelmente foram conhecidos de Karl Marx. p. 243.

Fenner von Fenneberg, Daniel (1820-1863): um dos líderes da revolta no Palatinado em 1849. p. 154.

Ferrand, Eduard. cf. **Schulz, Eduard.**

Feuerbach, Ludwig (1804-1872): filósofo; crítico de Hegel e da religião. p. 31, 33, 189, 203-4, 233, 268, 292, 310, 324-7, 329, 331-3, 336-8, 349, 359-60, 364, 372, 385, 389, 391, 393, 396, 430.

Feuerbach, Paul Johann Anselm von (1775-1833): fundador da doutrina moderna do direito criminal alemão e pai de Ludwig Feuerbach. p. 233.

Fichte, Immanuel Hermann (1796-1879): filósofo e teólogo; filho de Johann Gottlieb Fichte. p. 311, 325, 391.

Fichte, Johann Gottlieb (1762-1814): filósofo e primeiro reitor eleito da Universidade de Berlim. p. 81, 109, 181-2, 187-8, 194, 225, 231, 300, 393, 427.

Fischer, Karl Philipp (1807-1885): filósofo e teólogo. p. 311, 358, 391.

Fischer, Ludwig (1807-1831): filho ilegítimo de Hegel e Johanna Burckhardt. p. 186.

Fleischer, Karl Moritz (1809-1876): professor e colaborador dos *Anais de Halle* e da *Gazeta Renana*. p. 317.

Florencourt, Louise von (1805-1861): esposa de Ferdinand von Westphalen. p. 142, 166.

Follen, Karl (1796-1840): membro politicamente radical de associações estudantis. p. 316-7.

Forberg, Friedrich Karl (1770-1848): filósofo e filólogo alemão. p. 300.

Fourier, Charles (1772-1837): teórico social e socialista utópico francês. p. 52.

Frederico Guilherme III (1770-1840): rei da Prússia a partir de 1797; sobrinho-neto de Frederico II. p. 82-3, 178, 181, 240, 289, 291, 348.

Frederico Guilherme IV (1795-1861): rei da Prússia a partir de 1840; filho de Frederico Guilherme III. p. 99, 149, 172, 182, 266, 289, 334, 348.

Frederico II (1712-1786): rei da Prússia entre 1740 e 1786. p. 55, 72, 96, 101, 176, 266, 281, 332, 368.

Fries, Jakob Friedrich (1773-1843): filósofo alemão nacionalista, crítico de Hegel e representante do antissemitismo étnico precoce. p. 58-9, 84, 188, 190, 316-7, 396.

Índice onomástico   467

Fuxius, Jakob (1818-1891): colega de classe de Marx que estudou em Bonn. p. 130, 146, 158, 161.

Gabler, Georg Andreas (1786-1853): filósofo, aluno e seguidor de Hegel em Berlim. p. 269-70, 314, 337, 339, 394.

Gall, Ludwig (1791-1863): inventor e autor de escritos social-reformistas de Trier. p. 52, 141.

Gans, Eduard (1797-1839): jornalista, hegeliano e professor de ciências jurídicas em Berlim, deu aulas a Karl Marx. p. 78, 192, 194-207, 222, 269, 272, 278, 288-9, 315, 318-9, 322, 337, 339.

Geibel, Emanuel (1815-1884): poeta; estudou em Bonn e em Berlim mais ou menos no mesmo período que Marx. p. 153, 155-6, 220.

Gentz, Friedrich von (1764-1832): político conservador; trabalhou com Metternich. p. 88.

Geppert, Carl Eduard (1811-1881): filólogo da Antiguidade e historiador na Universidade de Berlim, deu aulas a Karl Marx. p. 270.

Gerlach, Ernst Ludwig von (1795-1877): juiz, autor e político conservador. p. 309.

Giersberg (tenente): conhecido de Marx da época de estudos em Berlim. p. 286

Goethe, Johann Wolfgang von (1749-1832): poeta e naturalista alemão. p. 15-6, 45, 47, 83, 127, 183, 217, 224-5, 227-8, 284, 400-1, 404.

Goeze, Johann Melchior (1717-1786): pastor de Hamburgo. p. 296.

Görres, Joseph (1776-1848): jornalista católico. p. 321-2.

Göschel, Carl Friedrich (1781-1861): jurista e escritor filosófico-teológico. p. 308, 311, 314, 337, 339, 344, 347.

Grach, Emmerich: fez a prova final do ginásio com Karl Marx. p. 137, 146, 151.

Grach, Friedrich (1812-1854): oficial a serviço da Turquia e conhecido de Karl Marx de Trier. p. 137, 140.

Grimm, Jacob (1785-1863) e **Wilhelm** (1786-1859): os irmãos Grimm eram estudiosos de línguas e de literatura; fizeram parte dos "sete de Göttingen", que perderam o cargo de professor graças a Ernesto Augusto I de Hanôver. p. 201, 272, 289, 379.

Grün, Karl (1817-1887): jornalista e socialista. p. 155-6.

Gruppe, Otto Friedrich (1804-1876): filólogo e jornalista. p. 360.

Guizot, François (1787-1874): ministro do Exterior francês entre 1840 e 1848. p. 287.

Gutzkow, Karl (1811-1878): dramaturgo e jornalista; representante do Jovem Alemanha. p. 91, 138-9, 178, 280, 298.

Haller, Karl Ludwig von (1768-1854): jurista conservador, especialista em direito estatal. p. 191, 324-5.

Hamacher, Wilhelm (1808-1875): professor de Karl Marx no ginásio em Trier. p. 122-3.

Hardenberg, Friedrich von: cf. **Novalis**.

Hardenberg, Karl August von (1750-1822): reformador prussiano e chanceler de Estado na Prússia entre 1810 e 1822. p. 105, 182, 287.

Hassenpflug, Ludwig (1794-1862): jurista conservador; a partir de 1840, juiz no tribunal prussiano de mais alta instância em Berlim. p. 289.

Haw, Wilhelm (1793-1862): prefeito de Trier entre 1818 e 1838. p. 51, 80, 92, 95-6, 140.

Haym, Rudolf (1821-1901): especialista em literatura e biógrafo de Hegel. p. 188, 213.

Heffter, August Wilhelm (1796-1880): professor de direito com quem Karl Marx teve aulas em Berlim. p. 179, 204, 207.

Hegel, Georg Wilhelm Friedrich (1770-1831): filósofo e professor na Universidade de Berlim. p. 33, 37, 84, 111, 181-92, 195-200, 206, 213, 219, 221-2, 226-32, 235, 265-6, 269, 272, 278, 280-1, 283-5, 288-90, 292, 296-7, 300-11, 313-4, 317-8, 321, 323-7, 329-30, 333, 335, 337-8, 341, 343, 345-8, 353, 357-9, 362, 366-9, 371-3, 377, 380-1, 384, 387-9, 391-4, 396, 406, 414-5, 417-8, 431.

Hegel, Immanuel (1814-1891): jurista prussiano e filho de G. W. F. Hegel. p. 186.

Hegel, Karl (1813-1901): historiador e filho de G. W. F. Hegel. p. 186.

Heine, Heinrich (1797-1856): poeta, jornalista e ensaísta; fez amizade com Marx em Paris. p. 37, 68, 87-8, 138-9, 152-3, 213, 217, 220, 233, 311, 329-30.

Heinse, Wilhelm (1746-1803): poeta e historiador da arte. p. 333.

Hengstenberg, Ernst Wilhelm Theodor (1802-1869): teólogo protestante, professor na Universidade de Berlim e editor da *Evangelischen Kirchenzeitung* [Gazeta Eclesiástica Evangélica]. p. 197, 309, 314, 324, 338, 344, 346-8.

Heráclito (*c.* 520-*c.* 460 a.C.): filósofo grego. p. 368.

Hermes, Georg (1775-1831): teólogo católico, filósofo e professor em Bonn. p. 98, 359.

Herz, Henriette (1764-1847): organizadora de salões literários em Berlim no início do romantismo. p. 57.

Hess, Moses (1812-1875): socialista, filósofo e jornalista judaico-alemão; trabalhou intensamente com Marx e Engels durante um período. p. 37, 50, 156.

Heubel, Caroline (1779-1856): segunda esposa de Ludwig von Westphalen e mãe de Jenny von Westphalen. p. 103-4, 107, 163-4, 166, 168, 271.

Hinrichs, Hermann Friedrich Wilhelm (1794-1861): teólogo, filósofo e aluno de Hegel. p. 304, 317, 339.

Hoffmann von Fallersleben, August Heinrich (1798-1874): poeta e estudioso da linguagem. p. 287.

Hoffmann, Ernst Theodor Amadeus (1776-1822): jurista, mestre de capela e escritor do romantismo. p. 85, 219-20.

Holbach, Paul-Henri Thiry, barão d' (1723-1789): filósofo e crítico da religião francês. p. 37, 294, 385.

Hölderlin, Friedrich (1770-1843): poeta e amigo de juventude de Hegel e Schelling. p. 190, 301.

Hommer, Josef von (1760-1836): bispo católico em Trier a partir de 1824. p. 47, 51.

Hotho, Heinrich Gustav (1802-1873): filósofo, historiador da arte e aluno de Hegel. p. 184, 228, 339.

Hugo, Gustav von (1764-1844): jurista, professor em Göttingen e fundador da "escola histórica do direito". p. 102, 152, 191-2, 195.

Humboldt, Alexander von (1769-1859): explorador e naturalista prussiano. p. 47, 181, 269.

Humboldt, Wilhelm von (1767-1835): político prussiano, reformador universitário e estudioso da linguagem. p. 57, 85, 109, 111-2, 181-2.

468 KARL MARX E O NASCIMENTO DA SOCIEDADE MODERNA

Hume, David (1711-1776): filósofo, economista e historiador escocês. p. 293, 373.

Isaías (século VIII a.C.): profeta judeu; atuou entre 740 e 701 a.C. p. 270, 284, 348, 358.

Jachmann, Reinhold Bernhard (1767-1843): teólogo, pedagogo e reformador escolar na Prússia. p. 111-2, 127.

Jacobi, Friedrich Heinrich (1743-1819): comerciante, jurista e filósofo. p. 297.

Jacoby, Johann (1805-1877): médico judaico-alemão e jornalista liberal. p. 289, 329.

Jaehnigen, Franz Ludwig (1801-1866): jurista, conselheiro em alto cargo em Berlim; conhecido de Heinrich Marx. p. 179-80.

Jahn, Friedrich Ludwig (1778-1852): pedagogo alemão, fundador do movimento dos ginastas. p. 83, 140, 190.

Jung, Georg Gottlob (1814-1886): jurista e cofundador da *Gazeta Renana*. p. 364.

Kamptz, Karl Albert von (1769-1849): juiz, chefe de polícia e ministro da Justiça da Prússia entre 1832 e 1842. p. 85, 92, 94.

Kant, Immanuel (1724-1804): filósofo e professor em Königsberg. p. 81, 119, 134, 186, 205-6, 231, 283, 298-301, 314, 340, 373, 381, 386, 429.

Katzenellenbogen, Meir (*c.* 1482-1565): erudito judeu e rabino de Pádua e Veneza; antepassado de Karl Marx. p. 61.

Kierkegaard, Sören (1813-1855): teólogo, filósofo e escritor dinamarquês. p. 337.

Kinkel, Gottfried (1815-1882): teólogo protestante, historiador da arte e da literatura. p. 352.

Kircheisen, Friedrich Leopold von (1749-1825): ministro da Justiça da Prússia entre 1810 e 1825. p. 75-6.

Kleinerz: conhecido de Trier do jovem Marx. p. 136, 140.

Köppen, Karl Friedrich (1808-1863): professor, historiador e amigo de Karl Marx. p. 278-82, 285-6, 325, 332, 363, 368, 380, 397.

Körner, Theodor (1791-1813): poeta alemão. p. 82.

Kotzebue, August von (1761-1819): poeta alemão; assassinado por Karl Ludwig Sand. p. 84.

Kowalewski, Maxim (1851-1916): jurista e historiador russo; conhecido de Londres de Marx e Engels. p. 107.

Krosigk, Adolph von (1799-1856): marido de Lisette von Westphalen. p. 166-7, 268.

Küpper, Johann Abraham (1779-1850): pastor evangélico e professor de religião de Karl Marx no ginásio de Trier. p. 119, 121-2.

Ladenberg, Adalbert von (1798-1855): jurista e político prussiano. p. 352.

Laeis, Ernest Dominik (1788-1872): advogado em Trier; amigo de Heinrich Marx. p. 80.

Lafargue, Paul (1842-1911): médico e socialista francês; casou-se com Laura Marx. p. 71.

Lange, Friedrich Albert (1828-1875): filósofo e socialista. p. 187.

Lassalle, Ferdinand (1825-1864): escritor e político socialista. p. 33, 70, 162, 210, 368, 374, 377, 388.

Laube, Heinrich (1806-1884): escritor e membro da Assembleia Nacional de Frankfurt, de 1848. p. 138, 178, 199, 202.

Laven, Franz Philipp (1805-1859): poeta e professor no ginásio de Trier. p. 139.

Leibniz (Leibnitz), Gottfried Wilhelm (1646-1716): filósofo e matemático. p. 78, 181, 293, 354, 373.

Leo, Heinrich (1799-1878): historiador, professor em Halle, aluno de Hegel e, depois, crítico da escola hegeliana. p. 317, 321-5, 331, 334-5, 338, 390.

Leonhard, Karl Cäsar von (1779-1862): mineralogista. p. 203.

Lessing, Gotthold Ephraim (1729-1781): poeta do período iluminista. p. 37, 48, 96, 134, 207-8, 230, 296-7, 429.

Lichtenberg, Georg Christoph (1742-1799): matemático, naturalista e autor. p. 102.

Liebknecht, Wilhelm (1826-1900): jornalista e político socialista; amigo de Marx e Engels. p. 67, 77, 104, 161, 176, 189, 244.

Locke, John (1632-1704): filósofo inglês. p. 78, 293, 354.

Loers, Vitus (1792-1862): professor de Karl Marx no ginásio de Trier. p. 119-21, 123, 136, 141-2.

Löw, Bertha (1803-1883): filha de um fabricante de porcelana, casou-se com Ludwig Feuerbach em 1837. p. 325.

Löwenstamm, Moses Saul (1748-1815): rabino e segundo marido de Chaje Lwów, a avó de Karl Marx. p. 63.

Lucrécio (*c.* 95-55 a.C.): poeta e filósofo romano; discípulo de Epicuro. p. 369-71, 378.

Luden, Heinrich (1778-1847): historiador e professor em Jena. p. 207-8, 396, 429.

Luís Filipe I (1773-1850): rei da França entre 1830 e 1848. p. 87, 107.

Lutero, Martinho (1483-1546): teólogo e mais importante representante da Reforma Protestante. p. 84, 410.

Lützow, Adolf von (1772-1834): major prussiano e comandante de tropas voluntárias [*Freikorps*]. p. 82, 89.

Lwów, Chaje (Levoff, Eva) (*c.* 1757-1823): mãe de Heinrich Marx e avó de Karl Marx. p. 60-1, 63.

Lwów, Moses (?-1788): rabino de Trier, pai de Chaje Lwów e bisavô de Karl Marx. p. 61-2.

Mahmud II (1785-1839): sultão do Império Otomano a partir de 1808. p. 286.

Marheineke, Philipp Konrad (1780-1846): teólogo protestante influenciado por Hegel e professor na Universidade de Berlim. p. 283, 309, 339, 343-4, 348.

Maria Teresa (1717-1780): arquiduquesa da Áustria e rainha da Hungria. p. 55.

Marx, Heinrich (1777-1838): advogado e pai de Karl Marx. p. 38-40, 48, 51-3, 60-70, 72-82, 93-100, 105, 120, 124-5, 131-4, 136-7, 141-3, 145, 148, 150-1, 154, 157-63, 165, 170, 172-4, 179-80, 205, 209-11, 236-47, 265, 271, 274-6, 354, 357.

Marx, Eleanor (1855-1898): filha de Karl Marx e de Jenny von Westphalen. p. 26, 38, 41-2, 66-8, 77-8, 99, 104, 136, 170-2, 217, 237.

Marx, Emilie (1822-1888): irmã de Karl Marx. p. 39-40, 43, 70, 134.

Marx, Henriette: cf. **Presburg, Henriette.**

ÍNDICE ONOMÁSTICO 469

Marx, Laura (1845-1911): filha de Karl Marx e de Jenny von Westphalen; casou-se com Paul Lafargue. p. 26, 70, 168, 210-1.

Marx, Moses (1815-1894): filho de Samuel Marx e primo de Karl Marx. p. 62.

Marx, Samuel (1775-1827): rabino em Trier a partir de 1804; irmão de Heinrich Marx. p. 60-4, 79.

Marx, Sophie (1816-1886): irmã de Karl Marx. p. 39-40, 42, 66, 70, 80, 139, 153, 212, 243, 275.

Mendelssohn, Moses (1729-1786): filósofo judaico-alemão e representante do Iluminismo judaico. p. 57, 297.

Messerich, Johann August (1806-1876): advogado de Trier e amigo de Karl Marx. p. 89-90.

Metternich, Clemens Wenceslaus von (1773-1859): ministro do Exterior da Áustria a partir de 1809; chanceler do Estado austríaco entre 1821 e 1848. p. 88.

Meurin: funcionário público do setor de finanças em Berlim e conhecido de Heinrich Marx. p. 179.

Meyen, Eduard (1812-1870): jornalista, jovem hegeliano e conhecido de Karl Marx do período em Berlim; viria a ser, depois, um liberal nacionalista. p. 177, 285-6, 324, 330, 335, 359, 361.

Michelet, Karl Ludwig (1801-1893): filósofo e aluno de Hegel. p. 285, 314-5, 337, 339, 390-1.

Mordechai (Marx Levi) (c. 1743-1804): rabino em Trier, pai de Heinrich Marx e avô de Karl Marx. p. 60-3.

Mügge, Theodor (1802-1861): escritor de romances de aventura. p. 285.

Muhammad Ali Pascha (c. 1770-1849): vice-rei (governador) do Egito. p. 286

Müller, Adam (1779-1829): economista e teórico do Estado; representante do romantismo político. p. 212.

Mundt, Theodor (1808-1861): escritor e teórico literário; fazia parte do Jovem Alemanha. p. 138.

Napoleão Bonaparte (1769-1821): general francês, primeiro-cônsul da república francesa entre 1799 e 1804 e imperador da França entre 1804 e 1814. p. 46, 56, 58, 64, 82, 84, 97-9, 104, 149, 199, 224, 287.

Niethammer, Friedrich Immanuel (1766-1848): filósofo e teólogo. p. 111, 300.

Nitzsch, Karl Immanuel (1787-1868): teólogo protestante na tradição de Schleiermacher. p.

Notz, Heinrich von (c. 1818-1848): colega de classe de Karl Marx no ginásio de Trier; estudou em Bonn e em Berlim. p. 130, 137.

Novalis (Friedrich von Hardenberg) (1772-1801): poeta do romantismo precoce e filósofo. p. 225.

Oswald, Friedrich: pseudônimo de **Friedrich Engels**. p. 286.

Ovídio (Públio Ovídio Naso) (43 a.C.-17 d.C.): poeta romano. p. 119, 207, 429.

Owen, Robert (1771-1858): empresário britânico e socialista utópico. p. 52.

Pannewitz, Karl von (1803-1856): noivo de Jenny von Westphalen por um breve período. p. 169, 273.

Paulsen, Friedrich (1846-1908): pedagogo, filósofo e professor em Berlim. p. 110.

Paulus, Heinrich Eberhard Gottlob (1761-1851): teólogo evangélico e professor em Heidelberg. p. 302-3.

Perthes, Friedrich Christoph (1772-1843): livreiro e editor. p. 103, 106, 167.

Platão (427-347 a.C.): filósofo grego. p. 317, 371.

Platen, August Graf von (1795-1835): poeta alemão. p. 217.

Plutarco (c. 45-125): escritor e filósofo grego. p. 369-70, 373-5, 384-6.

Presburg, Henriette (1788-1863): esposa de Heinrich Marx e mãe de Karl Marx. p. 38-40, 67-70, 77-9, 131, 247, 274-7. p.

Presburg, Isaac Heijmans (1747-1832): pai de Henriette Presburg e sogro de Heinrich Marx. p. 68.

Puggé, Eduard (1802-1836): jurista e professor em Berlim que deu aulas a Karl Marx. p. 151-2, 204.

Ranke, Leopold von (1795-1886): historiador e professor na Universidade de Berlim. p. 281, 407.

Reimarus, Hermann Samuel (1694-1768): orientalista e crítico da religião de Hamburgo. p. 233-4, 295-6, 298, 312, 430.

Riedel, Karl (1804-1878): escritor e jornalista; conhecido de Karl Marx em Berlim. p. 285.

Ring, Max (1817-1901): médico e poeta. p. 203, 278, 284, 288.

Ritter, Carl (1779-1859): geógrafo e professor na Universidade de Berlim, deu aulas a Karl Marx. p. 269.

Rosbach, Heinrich (1814-1879): estudou com Marx em Bonn e tornou-se, depois, médico em Trier. p. 159.

Rosenkranz, Karl (1805-1879): filósofo alemão e aluno de Hegel. p. 198, 314, 316, 339, 347, 373, 390.

Rotteck, Karl von (1775-1840): liberal, especialista em direito estatal e coeditor do *Staatslexikon* [Dicionário do Estado]. p. 149, 188.

Rousseau, Jean-Jacques (1712-1778): filósofo francês. p. 37, 115.

Rudorff, Adolf August Friedrich (1803-1873): jurista, aluno de Savigny e professor na Universidade de Berlim, deu aulas a Marx. p. 270.

Ruge, Arnold (1802-1880): jornalista, jovem hegeliano, amigo próximo – durante certo período – de Karl Marx e, depois, defensor de Bismarck. p. 170, 198, 213, 281, 314-35, 338-9, 347, 349, 359-61, 364, 372, 387-8, 390, 392.

Rühs, Friedrich (1781-1820): historiador alemão, representante do antissemitismo étnico precoce. p. 58-60.

Rumschöttel, Franz Heinrich (1795-1853): organizador da ginástica em Trier. p. 140.

Rutenberg, Adolf Friedrich (1808-1869): professor e jornalista; amigo de Marx em Berlim. p. 177, 235, 240, 265, 277-80, 283, 363, 431.

Saal, Nikolaus: professor no ginásio de Trier na década de 1830. p. 138-9

Saint-Simon, Henri de (1760-1825): jornalista e socialista utópico. p. 107-8, 200.

Sallet, Friedrich von (1812-1842): escritor que viveu em Trier por um período. p. 48, 138-9, 141, 285.

Salomon, Friedrich von (1790-1861): juiz universitário em Bonn. p. 149, 159.

Sand, Karl Ludwig (1795-1820): membro de associações estudantis; assassinou August von Kotzebue. p. 84.

Savigny, Friedrich Carl von (1779-1861): jurista, representante da "escola histórica do direito" e

470   Karl Marx e o nascimento da sociedade moderna

professor na Universidade de Berlim, deu aulas a Marx. p. 152, 179, 191-7, 204-6, 233, 270, 288, 427, 430.

Schapper, Karl (1812-1870): participou do ataque à guarda de Frankfurt; foi membro da Liga dos Comunistas e da associação internacional dos trabalhadores. p. 90.

Scheidler, Karl Hermann (1795-1866): membro de associações estudantis, jurista, filósofo e professor em Jena. p. 188.

Schelling, Friedrich Wilhelm Joseph (1775-1854): filósofo, amigo de juventude de Hölderlin e Hegel, professor em Munique a partir de 1827 e em Berlim a partir de 1841. p. 188, 190, 204, 229, 232, 290, 301-2, 309, 313, 357-8, 373, 375, 385, 430.

Schiller, Ernst von (1796-1841): filho de Friedrich Schiller e juiz em Trier durante muitos anos. p. 43-4, 46-8.

Schiller, Friedrich (1759-1805): poeta, médico e historiador. p. 43, 48, 111, 127, 217, 224, 227.

Schlegel, August Wilhelm (1767-1845): historiador literário, tradutor, indólogo, importante representante do romantismo e professor em Bonn, deu aulas a Marx. p. 149-53, 155.

Schlegel, Friedrich (1772-1829): poeta, filósofo, indólogo e importante representante do romantismo. p. 150, 214, 225, 229.

Schleicher, Robert (1806-1846): médico da família Westphalen em Trier. p. 95.

Schleiermacher, Friedrich (1768-1834): teólogo evangélico, filósofo e professor na Universidade de Berlim. p. 109, 181, 183, 272, 301, 303-4, 348, 418.

Schlesinger, Johann Jakob (1892-1855): pintor e restaurador. p. 186.

Schlink, Johann Heinrich (1793-1863): advogado em Trier e amigo de Heinrich Marx. p. 52-3, 80, 93, 274-5.

Schlözer, August von (1735-1809): historiador, especialista em direito estatal e professor em Göttingen. p. 102.

Schmalz, Theodor (1760-1830): jurista e reitor fundador da Universidade de Berlim. p. 65.

Schmidt, Johann Caspar: cf. **Stirner, Max**.

Schnabel, Heinrich (1778-1853): conselheiro regional na província do Reno. p. 88.

Schneemann, Johann Gerhard (1796-1864): professor de Karl Marx no ginásio de Trier. p. 95, 117-8.

Schubarth, Karl Ernst (1796-1861): professor e jornalista conservador. p. 280-1, 325.

Schuckmann, Friedrich von (1755-1834): ministro do Interior da Prússia entre 1814 e 1830. p. 58, 76, 105.

Schulz, Eduard (1813-1842): poeta que vivera em Trier na época em que Marx frequentava o ginásio. p. 285.

Schulz, Wilhelm (1797-1860): jornalista, amigo de Georg Büchners e membro da Assembleia Nacional de Frankfurt. p. 220.

Schulze, Johannes (1786-1869): conselheiro governamental no Ministério de Altenstein e amigo de Hegel. p. 115, 184.

Schwendler, Heinrich (1792-1847): professor de Karl Marx no ginásio de Trier. p. 117-8.

Semler, Johann Salomo (1725-1791): teólogo evangélico. p. 294.

Sêneca (c. 4 a.C.-65 d.C.): filósofo romano estoico e naturalista. p. 130, 370, 378.

Sethe, Christoph Wilhelm Heinrich (1767-1855): jurista prussiano, juiz na Província do Reno e, depois, em Berlim. p. 75-6.

Sexto Empírico (século II d.C.): médico, filósofo e representante do ceticismo. p. 369.

Seydelmann, Karl (1793-1843): importante ator alemão. p. 176.

Shakespeare, William (1564-1616): poeta, dramaturgo e ator inglês. p. 42, 167, 176.

Simon, Ludwig (1819-1872): filho de Thomas Simon; concluiu o ginásio em 1836 em Trier e foi deputado da Assembleia Nacional de Frankfurt em 1848. p. 117.

Simon, Thomas (1794-1869) professor de Karl Marx no ginásio de Trier. p. 117-8.

Solger, Karl Wilhelm Ferdinand (1780-1819): filósofo, filólogo e professor na Universidade de Berlim. p. 207-8, 229-30, 232, 429.

Stahl, Friedrich Julius (1802-1861): conservador, especialista em direito estatal e professor que sucedeu a Eduard Gans na Universidade de Berlim. p. 172, 289, 313, 325.

Stahr, Adolf (1805-1876): professor e colaborador dos *Anais de Halle*. p. 317, 319, 364.

Steffens, Henrik (1773-1845): filósofo e naturalista norueguês-alemão; professor na Universidade de Berlim, deu aulas a Marx. p. 204, 270.

Steininger, Johannes (1794-1874): professor de Karl Marx no ginásio de Trier. p. 118-9.

Sterne, Lawrence (1713-1768): escritor e pastor anglo-irlandês. p. 219.

Stirner, Max (Johann Caspar Schmidt) (1806-1856): filósofo, jornalista e jovem hegeliano. p. 177, 336, 373, 393, 462.

Storr, Gottlob Christian (1746-1805): teólogo protestante. p. 301.

Strauß, David Friedrich (1808-1874): teólogo protestante. p. 268, 272, 292, 310-5, 318, 320, 331, 334-5, 339-40, 342-7, 349-50, 390.

Tácito, Públio Cornélio (c. 55-120): historiador romano. p. 207, 429.

Thibaut, Anton Friedrich Justus (1772-1840): jurista e professor em Heidelberg. p.

Thiers, Adolphe (1797-1877): político e historiador francês. p. 286-7.

Tholuck, August (1799-1877): teólogo protestante influenciado pelo pietismo. p. 308-9.

Tieck, Ludwig (1773-1853): poeta, tradutor e importante representante do romantismo. p. 229.

Tomás de Aquino (1225-1274): teólogo e filósofo. p. 293.

Treitschke, Heinrich von (1834-1896): historiador alemão. p. 401, 407.

Trendelenburg, Friedrich Adolf (1802-1872): filósofo alemão e crítico de Hegel. p. 380.

Tucher, Marie von (1791-1855): esposa de G. W. F. Hegel. p. 186.

Tzschoppe, Gustav Adolf von (1794-1842): jurista administrativo prussiano e membro da Comissão de Investigação de Práticas Demagógicas. p. 178, 202.

Valdenaire, Nikolaus (1772-1849): membro da Assembleia Provincial do Reno. p. 137.

ÍNDICE ONOMÁSTICO 471

Valdenaire, Viktor (1812-1881): filho de Nikolaus Valdenaire e conhecido de Karl Marx. p. 137, 141.

Varnhagen von Ense, Karl August (1785-1858): escritor e diplomata prussiano. p. 201-2, 285, 288.

Varnhagen von Ense, Rahel, nascida Levin (1771--1833): escritora e organizadora de salões literários em Berlim. p. 57, 177, 202.

Vatke, Wilhelm (1802-1882): teólogo protestante. p. 309, 311, 315, 339.

Veltheim, Elisabeth (Lisette) von (1778-1807): primeira esposa de Ludwig von Westphalen. p. 102-3, 164, 169, 268.

Veltheim, Werner von (1817-1855): parente de Elisabeth von Veltheim e amigo de Edgar von Westphalen. p. 267-8, 273.

Vitória (1819-1901): rainha da Inglaterra entre 1837 e 1901. p. 201.

Voltaire (pseudônimo de **François-Marie Arouet**, 1694-1789): filósofo e escritor francês. p. 37, 42, 55, 102, 119, 294.

Wachsmuth, Wilhelm (1784-1866): historiador e censor dos *Anais de Halle*. p. 333.

Walter, Ferdinand (1794-1879): jurista e professor na Universidade de Bonn, deu aulas a Marx. p. 151-2.

Weber, Carl Maria von (1786-1826): compositor. p. 48.

Weidig, Friedrich Ludwig (1791-1837): pastor que organizou a distribuição do *Hessischen Landboten* [Mensageiro Rural de Hessen] de Georg Büchner. p. 91.

Weisse, Christian Herrman (1801-1866): teólogo protestante. p. 311.

Welcker, Friedrich Gottlieb (1784-1868): filólogo da Antiguidade, arqueólogo e professor na Universidade de Bonn; deu aulas a Marx. p. 149, 151.

Welcker, Carl Theodor (1790-1859): liberal, especialista em direito do Estado e professor na Universidade de Freiburg; coeditor do Dicionário Estatal publicado a partir de 1834. p. 149, 188-9, 280.

Westphalen, Edgar von (1819-1890): irmão de Jenny von Westphalen e amigo de Karl Marx. p. 41-2, 96, 103-4, 120, 127, 129, 134-6, 138, 146, 164-5, 167, 169-70, 209, 247, 267-70, 272.

Westphalen, Elisabeth (Lisette) von (1800-1863): meia-irmã de Jenny von Westphalen. p. 100, 103, 164-7, 169, 268.

Westphalen, Ferdinand von (1799-1876): meio-irmão de Jenny von Westphalen e ministro do Interior da Prússia entre 1850 e 1858. p. 71, 80, 100, 102-4, 107, 142, 164-9, 236, 245, 247, 267.

Westphalen, Franziska von (1807-1896): meia-irmã de Jenny von Westphalen. p. 103, 164-5.

Westphalen, Carl Hans Werner von (1803-1840): meio-irmão de Jenny von Westphalen e amigo de Karl Marx. p. 164-7, 271.

Westphalen, Ludwig von (1770-1842): pai de Jenny von Westphalen. p. 42-3, 51, 80, 99-100, 102-8, 118, 134, 141, 163-9, 172, 217, 236, 245, 247, 267-8.

Westphalen, Philip von (1724-1792): pai de Ludwig von Westphalen. p. 100-2, 164.

Wienbarg, Ludolph (1802-1872): autor do grupo Jovem Alemanha. p. 138.

Wienenbrügge, Christian Hermann (1813-1851): estudante de filosofia em Bonn e, depois, pastor; conhecido de Marx. p. 150-1.

Wigand, Otto Friedrich (1795-1870): editor em Leipzig (Saxônia) responsável pela publicação de livros dos jovens hegelianos e de *A situação da classe trabalhadora na Inglaterra*, em 1845, de Friedrich Engels. p. 187, 240, 320, 349, 431.

Winckelmann, Johann Joachim (1717-1768): arqueólogo e historiador da arte. p. 110, 207-8, 230, 429.

Windelband, Wilhelm (1848-1915): filósofo e historiador da filosofia alemão. p. 188.

Wishart de Pittarow, Jeanie (1742-1811): esposa de Philip von Westphalen e mãe de Ludwig von Westphalen. p. 101, 164.

Wolff, Christian (1679-1754): filósofo alemão. p. 293.

Wolff, Oskar Ludwig Bernhard (1799-1851): escritor, historiador da literatura e professor na Universidade de Jena. p. 395.

Woolston, Thomas (1668-1733): teólogo inglês. p. 293.

Wyttenbach, Friedrich Anton (1812-1845): pintor e filho de Johann Hugo Wyttenbach. p. 138.

Wyttenbach, Johann Hugo (1867-1848): diretor do ginásio de Trier e professor de Karl Marx. p. 45-7, 51, 115-7, 119-20, 122-3, 127-8, 130, 138.

Ilustração, de autoria desconhecida, que
representa a primeira infância de Marx.

Publicado em maio de 2018, quando se completam
200 anos do nascimento de Karl Marx, este livro foi
composto em Adobe Garamond Pro, corpo 11/13,5,
e impresso em papel Avena 80 g/m² na gráfica Rettec,
para a Boitempo, com tiragem de 5 mil exemplares.